# 1 Betriebssystem und Anwendungen

In diesem Kapitel lernen Sie verschiedene Betriebssysteme und Anwendungsprogramme zur Bedienung von Personal Computern kennen. Sie stellen Daten in Form von Diagrammen dar und führen Berechnungen mithilfe von Funktionen durch. Außerdem erfahren Sie, wie Sie ansprechende Präsentationen grafisch gestalten können. In diesem Kapitel beschäftigen Sie sich mit

- der Entwicklung und dem Aufbau eines Betriebssystems,
- verschiedenen Betriebssystemen für PCs,
- der Erstellung von Präsentationen sowie
- der Verwendung von Tabellenkalkulationen und Diagrammen.

### Lerneinheit 1: Betriebssysteme

| | |
|---|---|
| **Lernen** | 2 |
| 1 Entwicklung von Software | 2 |
| 2 Arten von Software | 3 |
| 3 Aufbau des Betriebssystems | 5 |
| 4 Linux | 8 |
| 5 Apple | 10 |
| 6 Microsoft | 11 |
| **Üben** | 14 |
| **Sichern** | 15 |
| **Wissen** | 15 |

### Lerneinheit 2: Präsentationsgrafik

| | |
|---|---|
| **Lernen** | 17 |
| 1 Folien erstellen | 17 |
| 2 OLE-Objekte verwenden | 18 |
| 3 Folienmaster und -design | 18 |
| 4 Animationen | 20 |
| 5 Grafikformate | 21 |
| **Üben** | 22 |
| **Sichern** | 23 |
| **Wissen** | 24 |

### Lerneinheit 3: Tabellenkalkulation

| | |
|---|---|
| **Lernen** | 25 |
| 1 Basisfunktionen | 25 |
| 2 Berechnungen | 27 |
| 3 Layoutfunktionen | 29 |
| 4 Diagramme | 31 |
| 5 Datums- und Uhrzeitfunktionen | 33 |
| 6 Logische Funktionen | 35 |
| 7 Statistische und mathematische Funktionen | 37 |
| **Üben** | 39 |
| **Sichern** | 43 |
| **Wissen** | 44 |

### Lerneinheit 4: Textverarbeitung

| | |
|---|---|
| **Lernen** | 46 |
| 1 Formatvorlagen | 46 |
| 2 Formatvorlagen bearbeiten | 48 |
| **Üben** | 50 |
| **Sichern** | 51 |
| **Wissen** | 52 |

Informieren Sie sich mit dem ergänzenden Material im SbX, trainieren Sie mit Online-Übungen und wenden Sie Ihr Wissen an!

Ms. Check

## Lerneinheit 1
# Betriebssysteme

**SbX**
Alle SbX-Inhalte zu dieser Lerneinheit finden Sie unter der ID: 1110.

Sicher ist Ihnen schon aufgefallen, dass Mobiltelefone, Navigationsgeräte oder Spielkonsolen ganz unterschiedlich bedient werden. Alle diese elektronischen Geräte haben aber etwas gemeinsam: Sie besitzen einen Mikroprozessor, der die Eingaben des Benutzers verarbeitet. Den einfachen Umgang mit diesen Geräten ermöglichen die verschiedenen Betriebssysteme. Auch ein PC besitzt ein Betriebssystem, das die Bedienung durch den Benutzer möglich macht, z. B. Microsoft Windows oder Linux.

# Lernen

**SbX ID: 1111**

## 1 Entwicklung von Software
### Von der Hochsprache in die Maschinensprache

Die **Maschinensprache** entspricht dem Befehlssatz eines Mikroprozessors.

Ein **Compiler** übersetzt ein Programm, das in einer Hochsprache geschrieben wurde, in Maschinensprache.

Ein Mikroprozessor führt Programme in Maschinensprache aus. Doch es wäre sehr unpraktisch, alle Programme in **Maschinensprache** schreiben zu müssen. Das gilt auch für die Entwicklung eines Betriebssystems. Daher werden zuerst Hochsprachen für einen Prozessortyp entwickelt (z. B. C, C++), in denen dann Programme geschrieben und in Maschinensprache übersetzt werden können. Ein **Compiler** übersetzt die Hochsprache in die Maschinensprache.

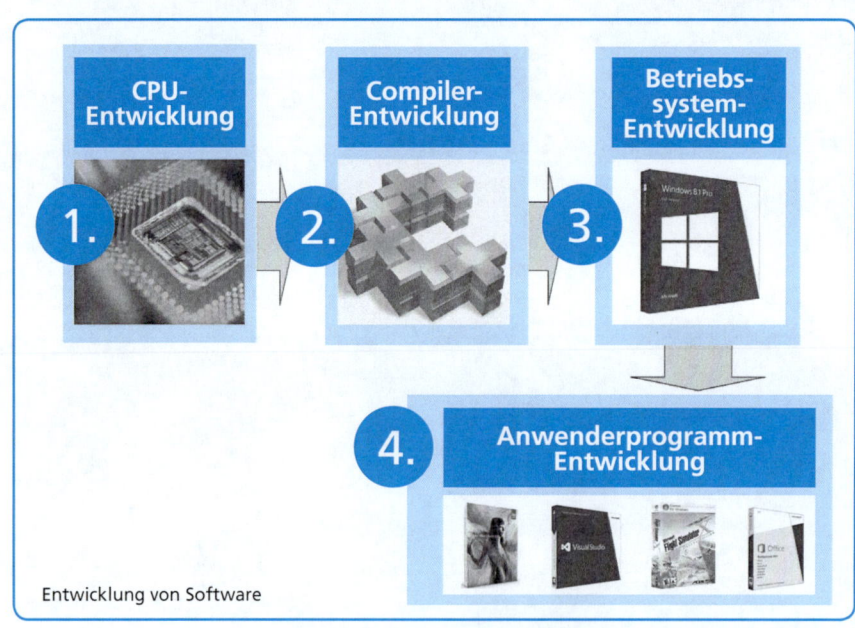

Entwicklung von Software

**SbX**
Eine Bildschirmpräsentation mit allen Abbildungen zum Schritt LERNEN finden Sie unter der ID: 1111.

Auf einer Playstation 4 kann Windows 8.1 z. B. nicht betrieben werden.

### Schritte der Softwareentwicklung

❶ **Der Compiler und das Betriebssystem sind vom Prozessor abhängig.**
Compiler und Betriebssystem sind auf den Mikroprozessorbefehlssatz abgestimmt. Microsoft Windows 8.1 läuft z. B. nur auf Prozessoren mit dem x86- und dem x64-Befehlssatz.

# Ihr MANZ-Lernpaket

## Das Schülerbuch

**Lerneinheiten**
führen Sie Schritt für Schritt durch den Lernstoff

**Marginalspalte**
enthält Zusatzinformationen und Beispiele

**Kennzeichnung der Übungsbeispiele:**
★ einfach, ★★ mittelschwer, ★★★ komplex

**SbX-Leiste und SbX-ID:**
Übersicht über die SbX-Inhalte zu jedem Arbeitsschritt

**Dialoge zwischen Mr. What, Ms. Check und Mr. Expert**

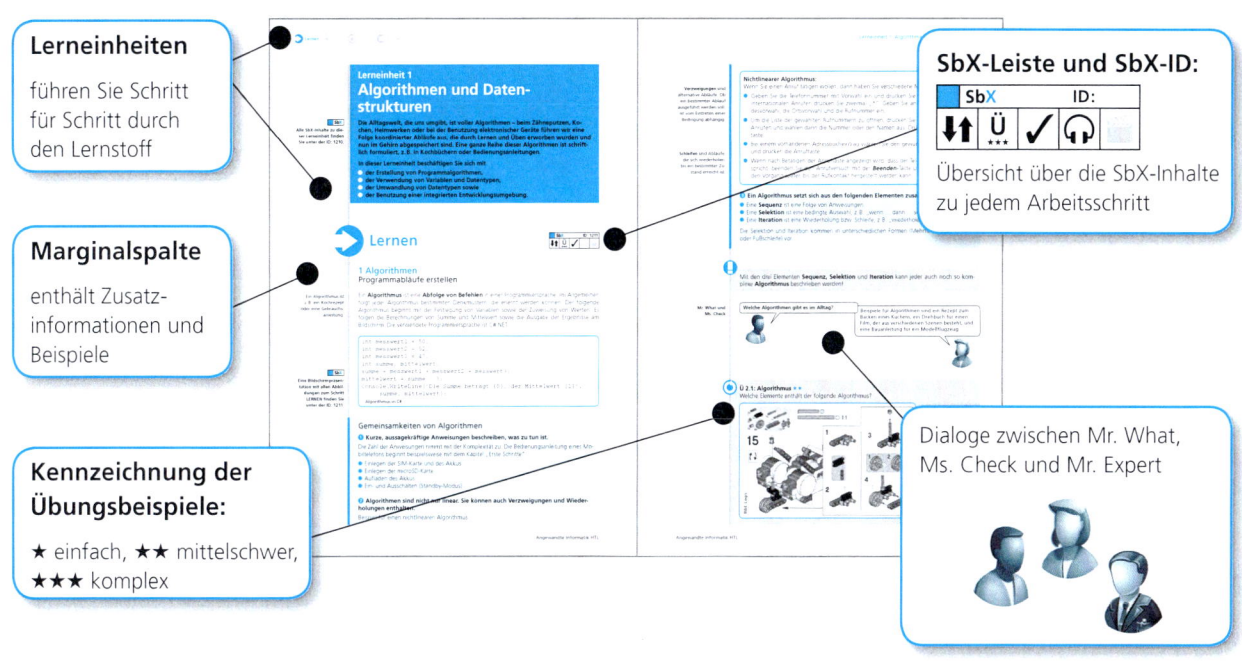

## SbX – Schülerbuch*Extra*

**ID-Eingabe**
führt direkt zu den passenden Online-Inhalten

**Inhaltsverzeichnis**
Übersichtliche Darstellung der Inhalte

**Aufbau**
SbX und Buch folgen demselben Aufbau

**Online-Ergänzungen**
abwechslungsreiche Übungsmöglichkeiten und aktuelle Informationen zum Lernstoff

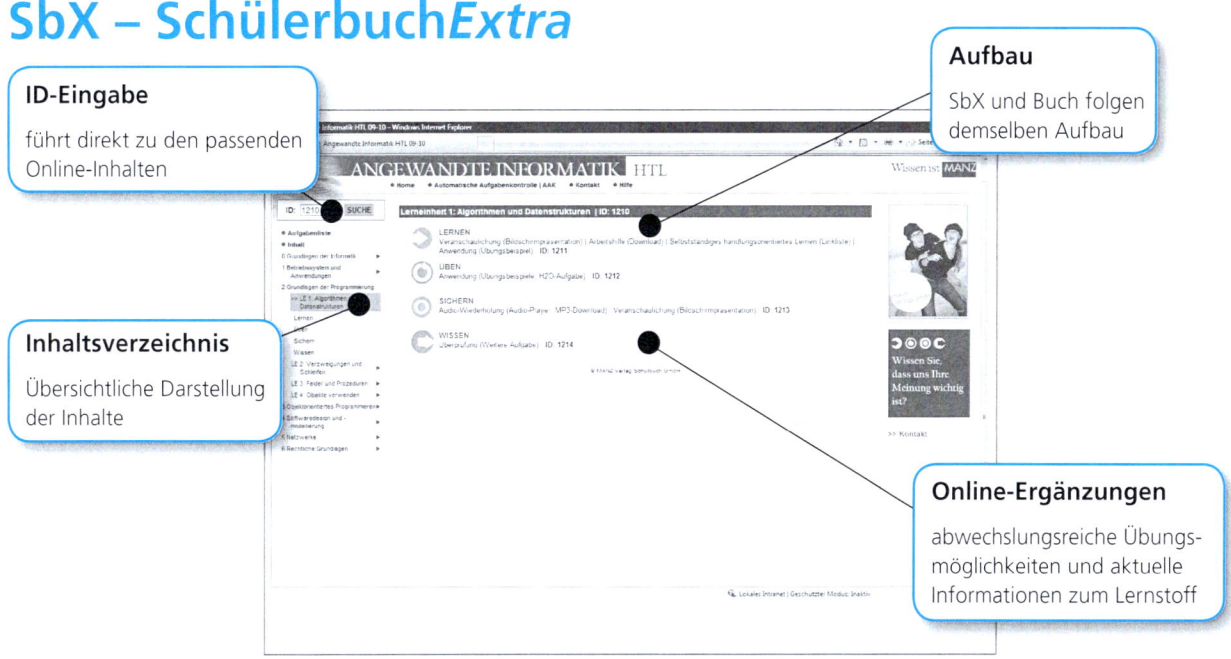

## Aktivieren Sie kostenlos Ihr SbX:

 **www.sbxdirekt.at**

 **Startcode: 00254824**

# Inhaltsverzeichnis

# Angewandte Informatik HTL

**Kapitel: Grundlagen der Informatik** — SbX ID: 1010
- 1 Begriffe und Grundlagen
- 2 Personal Computer
- 3 Anschaffungsplanung

**Kapitel 1: Betriebssystem und Anwendungen** .................................................. 1
- 1 Betriebssysteme ............................................................................................ 2
- 2 Präsentationsgrafik ..................................................................................... 17
- 3 Tabellenkalkulation ..................................................................................... 25
- 4 Textverarbeitung ......................................................................................... 46

**Kapitel 2: Grundlagen der Programmierung** ................................................... 53
- 1 Algorithmen und Datenstrukturen ............................................................ 54
- 2 Verzweigungen und Schleifen ................................................................... 75
- 3 Felder und Prozeduren ............................................................................... 88
- 4 Objekte verwenden ................................................................................... 104

**Kapitel 3: Objektorientiertes Programmieren** .............................................. 121
- 1 Klassen und Objekte ................................................................................. 122
- 2 Vererbung ................................................................................................... 142
- 3 Webanwendung erstellen ......................................................................... 158
- 4 Datenbankanbindung ............................................................................... 173

**Kapitel 4: Softwaredesign und -modellierung** .............................................. 191
- 1 Unified Modelling Language .................................................................... 192
- 2 Datenmodellierung ................................................................................... 204
- 3 Relationale Auflösung ............................................................................... 215
- 4 Anforderungsdefinition und Dokumentation ........................................ 225

**Kapitel 5: Netzwerke** ......................................................................................... 243
- 1 Datenübertragung ..................................................................................... 244
- 2 Netzwerkprotokolle ................................................................................... 262
- 3 Netzwerksicherheit ................................................................................... 282

**Kapitel 5: Netzwerke auf Englisch** — SbX ID: 1511

**Kapitel 6: Rechtliche Grundlagen** ................................................................... 293
- 1 Datenschutz ............................................................................................... 294
- 2 Urheberrecht .............................................................................................. 304

**Anhang** ............................................................................................................... 313
- Stichwortverzeichnis .................................................................................. 313
- Bildnachweis ............................................................................................... 315

Lerneinheit 1: Betriebssysteme

**② Die Betriebssysteme MS Windows und Linux laufen auf allen Intel-kompatiblen PCs. Das Apple-Betriebssystem OS X läuft nur auf Apple-PCs.**

Das Betriebssystem MS Windows 8.1 wurde für den x86-/x64-Befehlssatz erstellt und ist daher nur mit Prozessoren verwendbar, die diese Befehlssätze unterstützen. Der Grund dafür ist, dass die Befehlssätze verschiedener Prozessoren (z. B. Intel i5/i7 und ARM-Prozessoren) völlig unterschiedlich sind. Einige Betriebssysteme sind daher in unterschiedlichen Versionen erhältlich, z. B. Linux.

> **Linux** wird für unterschiedliche Prozessorbefehlssätze angeboten.

**❸ Ein Hochsprachen-Compiler erstellt Maschinensprache-Programme für einen bestimmten Prozessorbefehlssatz.**

Programme werden in einer Hochsprache erstellt, z. B. in C++. Der Quellcode eines Programms ist eine Textdatei, die von einem **Compiler** in Maschinensprache übersetzt wird. Das übersetzte Maschinensprache-Programm kann nur auf einem bestimmten Prozessortyp ausgeführt werden. Außerdem ist das erstellte Programm vom verwendeten Betriebssystem abhängig, z. B. kann MS Office für Apple-PCs nur auf Apple-PCs, MS Office für Windows nur auf Windows-PCs benutzt werden.

> Die **Maschinensprache** besteht aus Binärzahlen. Um Maschinensprache besser lesbar zu machen, werden Mnemonics verwendet.
>
> **Mnemonics** sind Abkürzungen für Maschinensprache-Befehle.

### L 1.1: Programm in Assembler
Der folgende Teil eines **Assembler-Programms** gehört zum BIOS und veranschaulicht, wie x86-Prozessorbefehle benutzt werden.

Eine kommentierte Linkliste zur Assembler-Programmierung finden Sie unter der ID: 1111.

| Speicheradresse | Maschinencode | Befehl (Mnemonic) | Parameter | Kommentar |
|---|---|---|---|---|
| 0000 | FA | CLI | | ; Interrupts sperren |
| 0001 | 33C0 | XOR | AX,AX | ; Exklusives Oder - AX = 0 |
| 0003 | 8ED0 | MOV | SS,AX | ; Kopiere AX nach SS |
| 0005 | BC007C | MOV | SP,7C00 | ; Stack unterhalb von 07C00 |
| 0008 | 8BF4 | MOV | SI,SP | ; ab 07C00 umkopieren |
| 000A | 50 | PUSH | AX | ; AX in den Stack schieben |
| 000B | 07 | POP | ES | ; Wort aus dem Stack holen |
| ... | | | | |

> Ein **Assembler** übersetzt Mnemonics in Maschinensprache und erzeugt daraus eine EXE-Datei.

### L 1.2: Programm in C++
In einer Hochsprache geschriebene Programme sind einfacher zu erstellen. In der Folge finden Sie ein Beispiel für ein Programm in C++:

```
#include <iostream>
int main ()
{
    /* "Guten Tag!" auf Standard-Ausgabekanal std::cout
     * gefolgt von einem Zeilenende (std::endl) ausgeben
     */
    std::cout << "Guten Tag!" << std::endl;
}
```

(Quelle: Nicolai Josuttis: Objektorientiertes Programmieren in C++. München 2001.

## 2 Arten von Software
### Das Zusammenspiel unterschiedlicher Software

> **Software** kann anhand ihrer Hardware- bzw. Benutzerorientierung in **Betriebssysteme und Anwenderprogramme** unterschieden werden.

Wenn Sie morgens aufstehen, knipsen Sie das Licht an und es wird hell, ohne dass Sie sich Gedanken darüber machen müssen, warum das so ist. Ohne Schalter, Kabel und Verteiler, ohne Hausanschluss, Hochspannungsleitung und Kraftwerk und ohne Bezahlen der Stromrechnung würde das Licht nicht brennen. Wenn Sie am PC einen Brief schreiben, ist das ganz ähnlich. Sie sehen nur die „Spitze des Eisbergs". Die verschiedenen Arten von Software arbeiten auf unterschiedlichen Ebenen und greifen ineinander.

▶ Lernen  ◯ Üben  ◉ Sichern  ⟳ Wissen

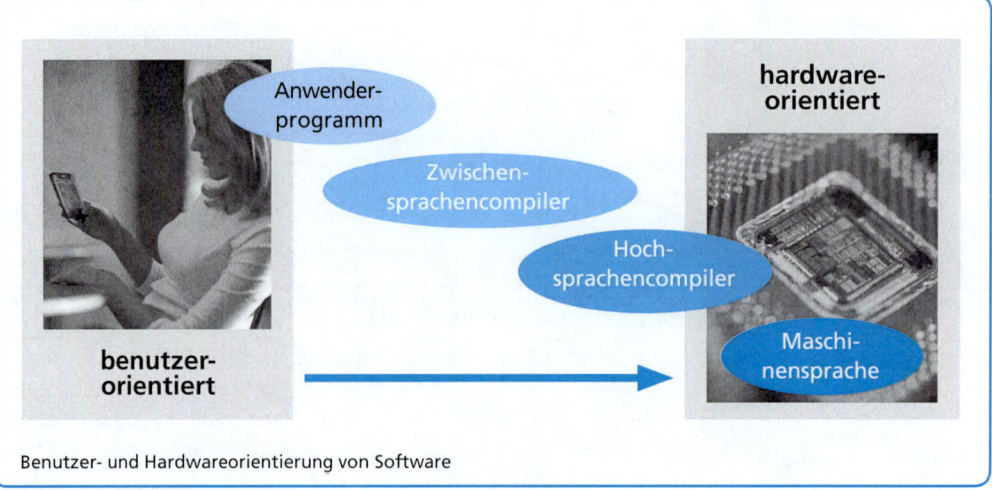

Benutzer- und Hardwareorientierung von Software

Die Softwarearten können anhand des Grades ihrer Orientierung an der Hardware in drei Ebenen eingeteilt werden.

## Abstraktionsebenen von Software

**❶ Daten werden mithilfe eines Anwenderprogramms vom Benutzer erstellt. Es gibt aber auch Konfigurationsdaten, die das Programm selbst erstellt.**

Daten werden mit einem Anwenderprogramm in Form von Dokumenten, Berechnungen oder in einer Datenbank abgelegten Informationen produziert. Die im Programm vorgenommenen Einstellungen werden Konfigurationsdaten genannt. Um Daten verarbeiten zu können, wird ein entsprechendes Programm benötigt.

**❷ Anwenderprogramme und Erweiterungen des Betriebssystems können als Zwischencode vorliegen und auf mehreren Plattformen laufen.**

Java- und .NET-Programme werden in einen Zwischencode (Intermediate Language Code) übersetzt. Diese Programme sind unabhängig vom verwendeten Prozessor und Betriebssystem, was sie vor allem für die Anwendung im Internet interessant macht. Allerdings benötigt das Betriebssystem eine spezielle **Laufzeitumgebung,** bei Java ist dies die **Virtual Machine,** bei .NET die **Common Language Runtime** des .NET-Frameworks, die den Zwischencode zum Zeitpunkt der Ausführung in Maschinensprache übersetzt.

**❸ Anwenderprogramme und Betriebssysteme, die in Maschinensprache vorliegen, können nur auf den zur Maschinensprache kompatiblen Prozessoren ausgeführt werden.**

Hochsprachencompiler wie C, C++ und Objective C erzeugen eine Maschinensprache für einen bestimmten Mikroprozessor. Anwenderprogramme und Betriebssysteme sind nur auf dieser Plattform ausführbar.

Die **Softwareschichten** Betriebssystem, Anwendung und Daten werden häufig als Pyramide dargestellt. Daten benötigen eine Anwendung zur Darstellung. Die Anwendung ist ohne Betriebssystem nicht ausführbar.

**Anwenderprogramme** verwenden Funktionen des Betriebssystems, z. B. Dateizugriffsoperationen, oder Funktionen der grafischen Benutzeroberfläche, wie Fenster, Befehlsschaltflächen und Eingabefelder. Daher läuft das Anwenderprogramm nur unter dem für das Programm bestimmten Betriebssystem. Ein für Linux entwickeltes Anwenderprogramm lässt sich unter Windows nicht ausführen.

▶ **L 1.3: Ereignisanzeige**
In **Windows 8.1** können die Eventlogs, das sind Textdateien, die alle Aktivitäten des Betriebssystems protokollieren, über *Start | Verwaltung | Ereignisanzeige* aufgerufen werden.

# Lerneinheit 1: Betriebssysteme

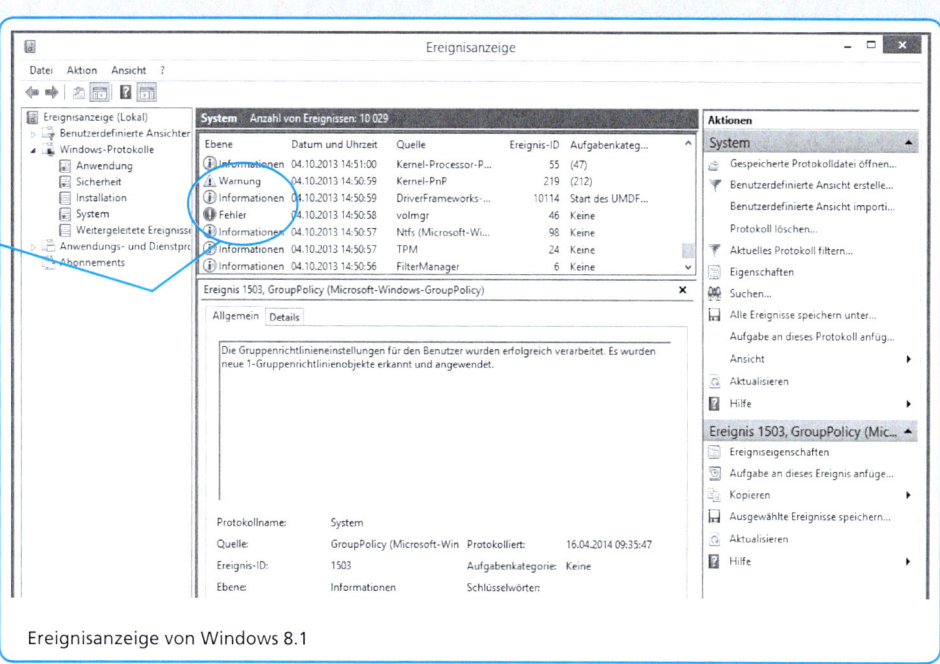

 Fehler
 Warnung
 Informationen

Im **Ereignisprotokoll** (Eventlog) werden die Ereignisse des Betriebssystems in drei Stufen angezeigt: **Fehler**, **Warnung** und **Informationen**.

Ereignisanzeige von Windows 8.1

### Ü 1.1: Ereignisanzeige ★★
Rufen Sie die Ereignisanzeige Ihres Betriebssystems auf. Wie viele Fehlermeldungen und Warnungen sind in den letzten sieben Tagen aufgetreten?

**Hinweis:** Für die Abfrage der **Zusammenfassung administrativer Ereignisse** benötigen Sie Administrator-Rechte, die Sie am PC in der Schule vermutlich nicht haben. Probieren Sie es daher auf Ihrem PC zu Hause oder auf Ihrem Notebook!

## 3 Aufbau des Betriebssystems
### Kernel, Dateimanagement und Benutzerschnittstelle

Ein Betriebssystem ist eine sehr komplexe Software mit zahlreichen Bestandteilen.

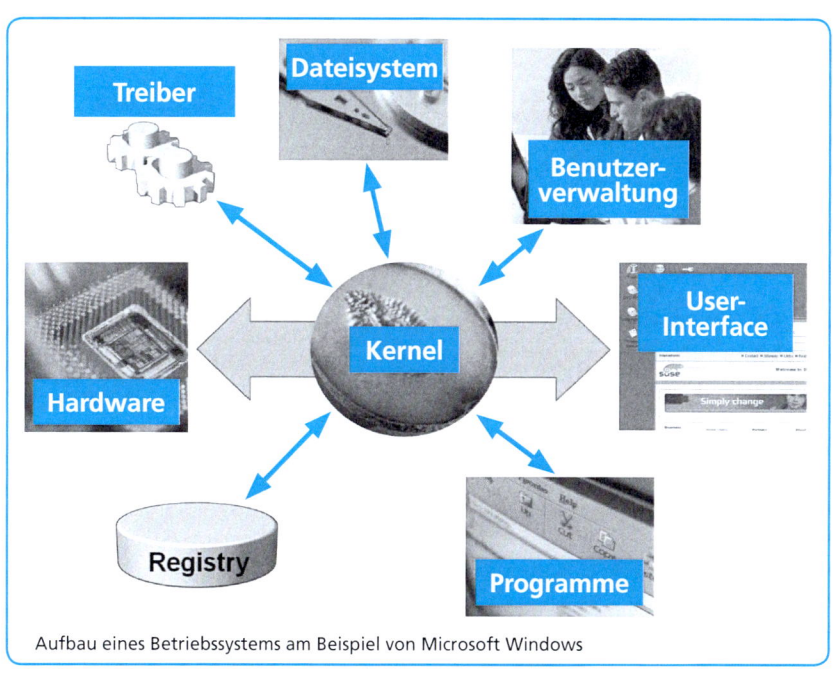

Aufbau eines Betriebssystems am Beispiel von Microsoft Windows

Moderne Betriebssysteme wie **Microsoft Windows 8.1, Mac OS X** oder **Linux** bieten wesentlich mehr als die in der Abbildung veranschaulichten Basisfunktionen. Während MS-DOS noch auf eine Diskette passte, werden viele Linux-Distributionen und Windows auf DVD ausgeliefert.

## Bestandteile eines Betriebssystems

**❶ Der Systemkern wird als Kernel bezeichnet. Er ist das Bindeglied zwischen der Hardware und den Anwendungen für den Benutzer.**

Die Kernelprozesse, also jene Programme, die direkt im Systemkern ausgeführt werden, dürfen von außen nicht beeinflussbar sein. Daher wird dieser speziell geschützte Bereich auch als **„Kernelland"** bezeichnet.

Graphical User Interface (GUI) = grafische Benutzeroberfläche

**❷ Das User-Interface weist bei allen modernen Betriebssystemen eine grafische Benutzeroberfläche (GUI) auf.**

Auf der anderen Seite steht das **„Userland".** Der Benutzer kann mittels Befehlseingabe oder über eine grafische Oberfläche (z. B. Explorer, KDE, Gnome, Aqua) mit dem Betriebssystem kommunizieren. Das **GUI** bietet für alle Programme eine einheitliche Plattform.

Filesystem = Dateisystem

**❸ Das Dateisystem verwaltet die Speichermedien des PCs (z. B. Festplatte, CD, DVD, USB-Stick).**

Eine wichtige Aufgabe jedes Betriebssystems ist die Verwaltung der Massenspeicher. Das verwendete **Dateisystem** ist aber nicht mit jedem Betriebssystem kompatibel. So kann z. B. eine NTFS-Partition mit Windows 8.1 benutzt werden, nicht aber mit Linux.

Windows 8.1 kann alle gängigen Microsoft-**Dateisysteme** verarbeiten:

| File-system | max. Partitionsgröße |
|---|---|
| FAT12 | 17 MB |
| FAT16 | 2 GB |
| FAT32 | 2 TB |
| NTFS | 2 TB |

**❹ Damit in einem PC möglichst viele Hardwarekomponenten verwendet werden können, gibt es für jedes Gerät einen Treiber. Das Treiberprogramm vermittelt dem Betriebssystem, wie es die Hardware zu benutzen hat.**

Meist sind Treiber bereits Bestandteil des Betriebssystems und werden automatisch geladen, wenn ein neues Gerät angeschlossen wird. Kennt das Betriebssystem den Treiber nicht, so kann dieser von einer CD, einer DVD oder aus dem Internet heruntergeladen werden.

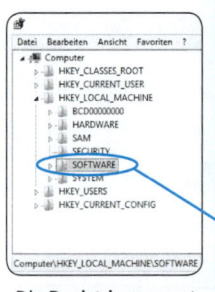

**❺ Die gesamte Betriebssystem-Konfiguration wird in einer Datenbank, der Systemregistrierung (engl. Registry), gespeichert.**

Jede Veränderung in MS Windows wird in der Registrierung vermerkt. Bei Windows kann der Administrator die Registrierung mit **Start | Ausführen | Regedit** ⏎ bearbeiten.

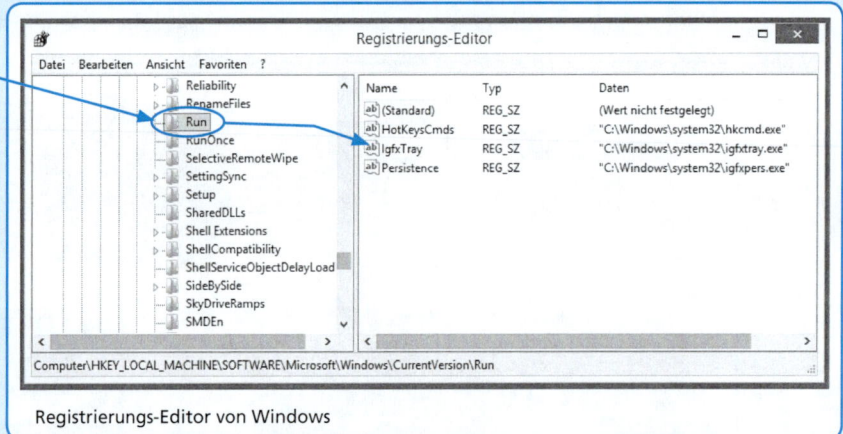

Die **Registrierung** enthält Schlüssel (Keys) und Werte. In HKEY_LOCAL_MACHINE (kurz HKLM) befinden sich wichtige Einstellungen, wie z. B. unter **HKLM\SOFTWARE\Microsoft\Windows\CurrentVersion\Run**. Unter diesem Key finden Sie alle Programme, die beim Systemstart automatisch geladen werden.

Registrierungs-Editor von Windows

**❻ Arbeiten mehrere Benutzer auf einem PC, muss das Betriebssystem deren persönliche Einstellungen und Daten getrennt speichern.**

Wenn sich mehrere Benutzer einen PC oder Netzwerkserver teilen, so muss gewährleistet sein, dass niemand auf Daten zugreifen kann, die er nicht sehen soll oder darf. Solche Systeme nennen wir **Mehrbenutzersysteme**.

Bei **Microsoft Windows 8.1** gibt es drei Versionen, die sich hinsichtlich dieser Eigenschaft unterscheiden: Die „Basic"-Version ist nur eingeschränkt mehrbenutzerfähig, während die „Professional"- und „Enterprise"-Versionen die Verwaltung mehrerer Benutzer erlauben. **Linux** und **Mac OS X** sind mehrbenutzerfähige Betriebssysteme.

> **Windows 8.1** speichert benutzerspezifische Daten, wie z. B. Desktop-Verknüpfungen oder Bilder, unter *C:\Benutzer*.
>
> **Windows XP** verwendet dafür das Verzeichnis *C:\Dokumente und Einstellungen*.

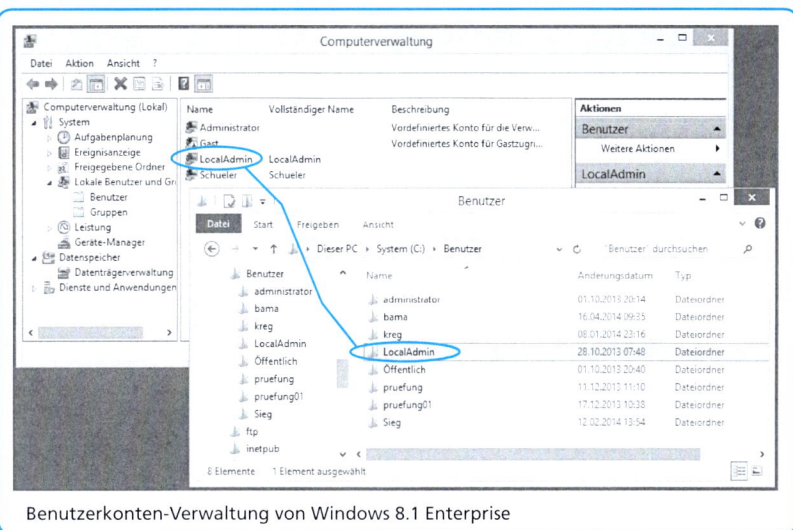

Benutzerkonten-Verwaltung von Windows 8.1 Enterprise

## Dateisystem und Datenträger

Eine der wichtigsten Aufgaben eines Betriebssystems ist die Verwaltung von Speichermedien, wie z. B. Festplatten, CDs, DVDs, BDs und USB-Sticks.

Um ein Speichermedium benutzen zu können, muss dieses **Partitionen** mit zum Betriebssystem kompatiblen Filesystemen besitzen.

> Unter **Linux** gibt es die Möglichkeit des Zugriffs auf **NTFS-Partitionen**, indem der Treiber von Windows verwendet wird. Doch dafür benötigt man eine Microsoft-Windows-Lizenz.

Eine Festplatte mit einer NTFS-Partition kann z. B. nur von Windows 8.1, Windows 7 und Windows XP verwendet werden. Andere Betriebssysteme, wie Windows 98, Windows ME oder Linux, sind zu diesem Filesystem inkompatibel.

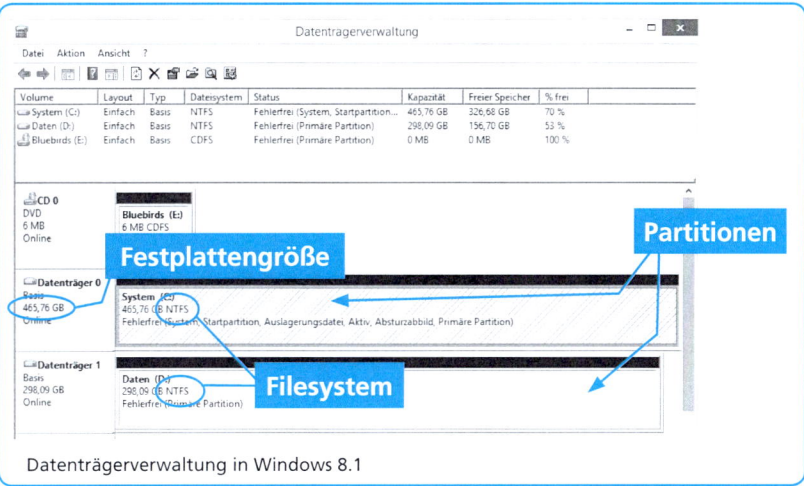

Datenträgerverwaltung in Windows 8.1

Jeder **Datenträger** enthält eine oder mehrere **Partitionen**. Eine Partition ist mit einem **Filesystem** versehen. Ein Datenträger, wie z. B. eine Festplatte, kann auch mehrere Partitionen verschiedener Größen beinhalten. Es ist auch möglich, auf einem Datenträger Partitionen mit verschiedenen Filesystemen zu erstellen.

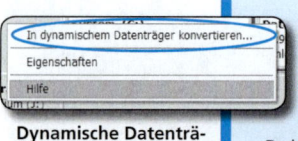

**Dynamische Datenträger** ermöglichen das nachträgliche Ändern der Partitionsgröße.

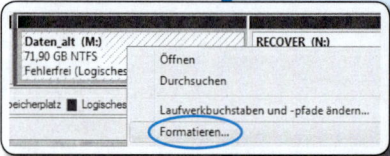

Eine neu erstellte Partition muss formatiert werden.

## Partitionierung und Formatierung

❶ **Ein neuer Datenträger wird in Partitionen gewünschter Größe unterteilt. Jeder Partition wird ein Filesystem, z. B. NTFS oder FAT32, zugeordnet.**

Bei modernen Festplatten mit großer Speicherkapazität ist es meist sinnvoll, mindestens zwei Partitionen zu erstellen. Die erste Partition wird für das Betriebssystem und die Anwenderprogramme verwendet, die zweite Partition ausschließlich zum Speichern der Daten.

❷ **Um mit einer neuen Partition arbeiten zu können, muss diese formatiert werden.**

Sobald eine Partition erstellt wurde, ist diese als Laufwerk im Betriebssystem sichtbar. Doch erst mit einer formatierten Partition kann gearbeitet werden. Unter Windows wird nach einem Rechtsklick auf den Laufwerksbuchstaben im Kontextmenü die Funktion **Formatieren** ausgewählt.

Beim **Partitionieren** bzw. **Formatieren** gehen alle bereits gespeicherten Daten auf der betroffenen Partition eines Datenträgers unwiederbringlich verloren!

## 4 Linux
### Ein freies Betriebssystem

Die **GNU General Public License (GPL)** ist eine Lizenzform, bei der alle ihr unterliegenden Programme frei kopiert, genutzt, verändert und verbreitet werden dürfen. Der Begriff **Open Source** wird meist synonym verwendet.

Unter Linux wird eine Sammlung von Programmen verstanden, die zu einem Betriebssystem-Paket, einer sogenannten **Distribution,** kombiniert wird. Alle Bestandteile einer Linux-Distribution dürfen frei genutzt, kopiert, verbreitet und verändert werden. Im engeren Sinn ist Linux aber nur der **Betriebssystem-Kernel.** Dieser wurde von **Linus Torvalds** entwickelt und der Allgemeinheit gestiftet.

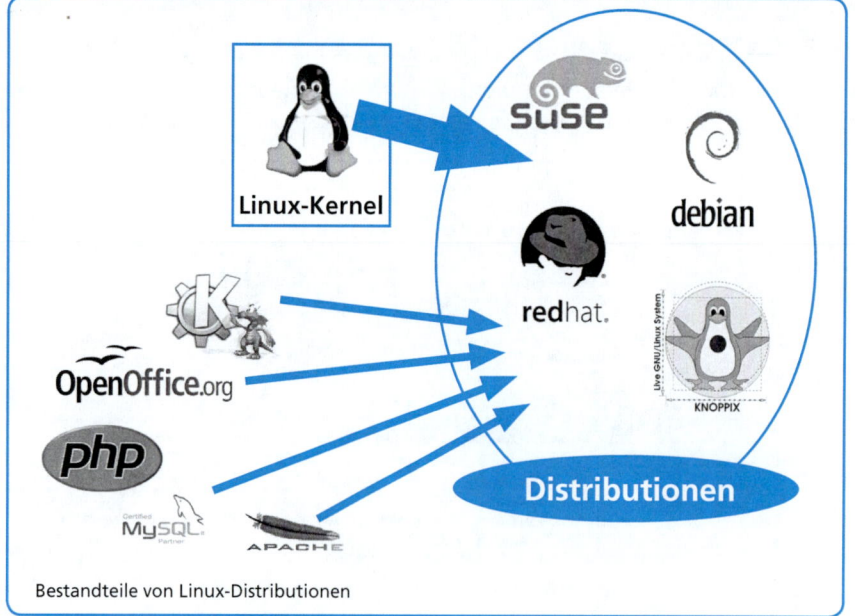

Bestandteile von Linux-Distributionen

**Linus B. Torvalds** entwickelte 1991 das Betriebssystem Linux an der Universität Helsinki.

### Wissenswertes über Linux

❶ **Eine Distribution ist eine Sammlung von Betriebssystem, Tools und Programmen mit einem Installationsprogramm.**

Gängige Linux-Distributionen gibt es von Redhat, Suse, Debian und Mandrake. Ein bekanntes Live-Linux ist Knoppix, das direkt von der CD gebootet werden kann.

Der Pinguin **Tux** ist das Maskottchen von Linux.

❷ **Linux wird vor allem im Netzwerkbereich angewendet.**

Im Oktober 2012 wurden mindestens 32 % aller Websites auf Linux-Webservern gehostet (Quelle: W3Techs).

❸ **LAMP ist eine Kombination aus Linux-Betriebssystem, Apache-Webserver, MySQL-Datenbank und PHP-Skriptsprache. LAMP wird häufig für Internetserver eingesetzt.**

Ein Grund für die starke Verbreitung von Linux im Netzwerkbereich sind die besonders gute Eignung für den Betrieb von Internetservern sowie die Beliebtheit der Skriptsprache PHP.

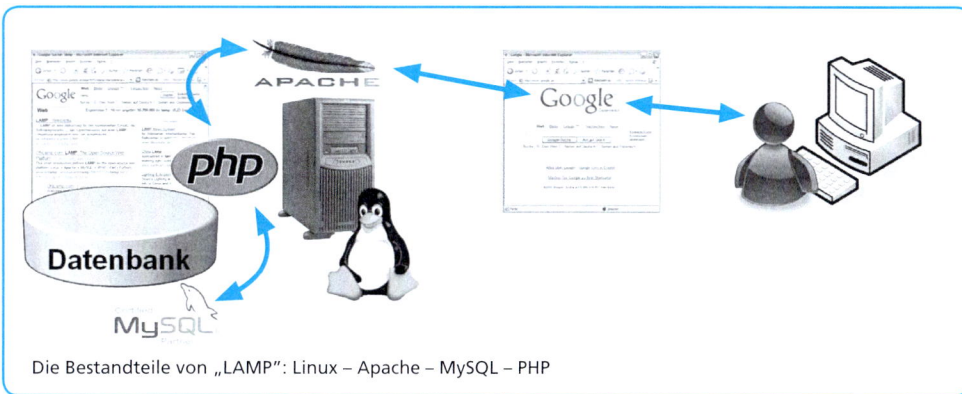

Die Bestandteile von „LAMP": Linux – Apache – MySQL – PHP

❹ **Apache OpenOffice stellt dem Anwender Textverarbeitung, Tabellenkalkulation, Präsentationsgrafik, Grafikbearbeitung und Datenbankanwendung zur Verfügung.**

OpenOffice entspricht in etwa dem Funktionsangebot von Microsoft Office Professional.

Apache OpenOffice ist für die Betriebssysteme Linux, Apple OS X und Microsoft Windows kostenlos verfügbar.

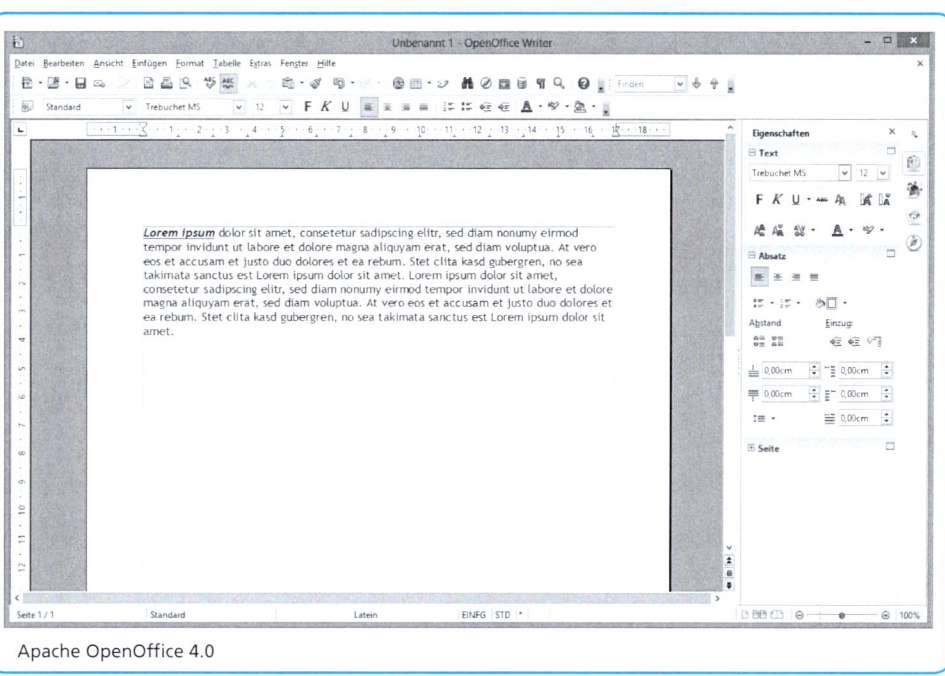

Apache OpenOffice 4.0

## 5 Apple
### Entwickler der grafischen Benutzeroberfläche

**Steve Jobs (1955–2011)** gründete 1976 gemeinsam mit Steve Wozniak die Firma Apple. 1986 gründete er das Trickfilmstudio Pixar, das u. a. für die Filme „Findet Nemo" und „Die Unglaublichen" einen Oscar erhielt.

1976 gründeten **Steve Jobs** und **Steve Wozniak** die Firma Apple in der Garage von Jobs' Eltern. Vom **Apple II** wurden bis zur Mitte der 1980er-Jahre über zwei Millionen Stück verkauft, was damals einen sehr großen Erfolg darstellte. 1983 schaffte das Unternehmen als erster Computerhersteller den Durchbruch der grafischen Benutzeroberfläche mit dem **Apple Lisa,** benannt nach Jobs' Tochter, lange bevor Microsoft im November 1985 seine erste Windows-Version verkaufte. 1984 wurde der **Apple Macintosh** der bis dahin größte wirtschaftliche Erfolg von Apple. In den 1990er-Jahren rutschte Apple in eine handfeste Unternehmenskrise. Der Vergleich im Rechtsstreit mit Microsoft rettete Apple damals vor dem Konkurs. Nachdem Jobs das Unternehmen Mitte der 1990er verlassen hatte, kehrte er nach der Fusion mit seiner neuen Firma „NeXT" an die Unternehmensspitze von Apple zurück. Das Betriebssystem „NeXTStep" wurde zu Apple OS X weiterentwickelt. Weitere erfolgreiche Produkte von Apple sind die Erfindung von Computermaus und USB, der iMac-PC, das PowerBook-Notebook sowie der MP3-Player „iPod". Seit 2006 verwendet Apple in seinen Computern Intel-Prozessoren, davor waren es IBM-Power-PC-Prozessoren. Steve Jobs starb am 5. Oktober 2011.

Steve Wozniak und Steve Jobs 1975

### Apple-Betriebssysteme

Im Unterschied zu Windows und Linux sind die Apple-Betriebssysteme nur auf der Hardware von Apple lauffähig. Die folgende Abbildung zeigt einen Screenshot von **Mac OS X.**

MacBook Air mit grafischer Benutzeroberfläche von Mac OS X

❶ **Das Betriebssystem Mac OS X basiert auf dem Unixkern „Darwin" und der grafischen Benutzeroberfläche „Aqua".**

Mac OS X wurde auf Basis der freien Softwareprodukte **FreeBSD** sowie **Mach-Kernel** entwickelt und baut auf Unix auf. Die grafische Benutzeroberfläche **Aqua** erinnert in ihrem Aussehen an Wassertropfen und wurde durch Licht- und Schatteneffekte sowie fotorealistische Elemente erweitert.

Lerneinheit 1: Betriebssysteme

❷ **Die Stärken der Apple-Computer liegen in der grafischen Bearbeitung von Texten und Bildern sowie in der Multimedia-Bearbeitung (Videoschnitt, Soundbearbeitung).**

Im Jahr 2013 betrug der weltweite Marktanteil von Apple-Computern laut Macwelt 7,19 %.

❸ **Apple bietet neben seinen Computern (iMac, MacBook Pro, MacBook Air) auch den bekannten MP3-Player „iPod" sowie die Musikdownloadseite „iTunes Music Store" an.**

Apples Einstieg in das Musikgeschäft begann 2001 mit der Vorstellung des **iPods,** einem sehr erfolgreichen, tragbaren MP3-Player. Über **iTunes Musik Store** können Lieder aus dem Internet heruntergeladen werden.

Anfang 2007 stellte Apple das iPhone vor, eine Kombination aus iPod, PDA und Mobiltelefon.

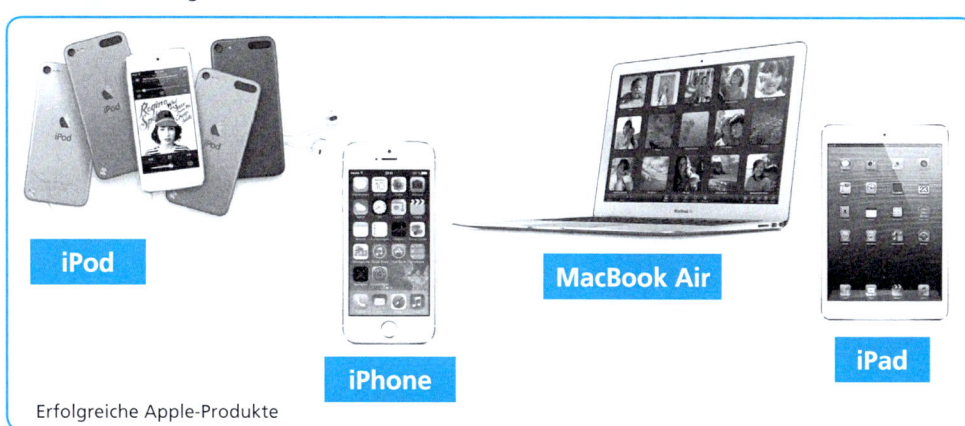
Erfolgreiche Apple-Produkte

## 6 Microsoft
### Der weltweite Marktführer

MS-DOS = Microsoft Disk Operating System

1975 gründeten Paul Allen und Bill Gates die Firma Microsoft, Foto 1981

Das weltweit erfolgreichste Betriebssystem kommt von Microsoft und heißt Windows. Finden Sie heraus, wie sich Microsoft zum größten Anbieter von Software entwickelte!

1981 entschied sich IBM, das Betriebssystem **MS-DOS** von Microsoft für seine auf dem Intel 8086 basierende PC-Reihe einzusetzen. IBM nannte das System **PC-DOS.** Microsoft lizenzierte **MS-DOS** auch für andere PC-Produzenten.

MS-Windows war bis zur Version 3.11 eine Erweiterung für MS-DOS. Erst **Windows 95** startete ohne MS-DOS direkt im Grafikmodus.

Der Siegeszug des PCs wurde vor allem eine Erfolgsgeschichte für Microsoft. 1983 wurde mit **Windows** eine grafische Erweiterung für den PC angekündigt, deren Aussehen bis 1985 an das Macintosh-System von Apple angepasst wurde. 1990 startete der Verkauf von **Windows 3.0,** zwei Jahre später folgte **Windows 3.1.** 1995 gelang mit **Windows 95** ein riesiger Verkaufserfolg nach einer bislang unübertroffenen Marketingkampagne. Es folgten **Windows 98** und schließlich **Windows Millennium Edition** (ME), mit dem Ende des Jahres 2000 die Ära der auf DOS basierenden Betriebssysteme zu Ende ging.

**Desktop-Betriebssysteme** sind für die Verwendung auf einem Benutzer-PC optimiert.

**Server-Betriebssysteme** sind für den Dauerbetrieb optimiert und enthalten zahlreiche Netzwerkfunktionen.

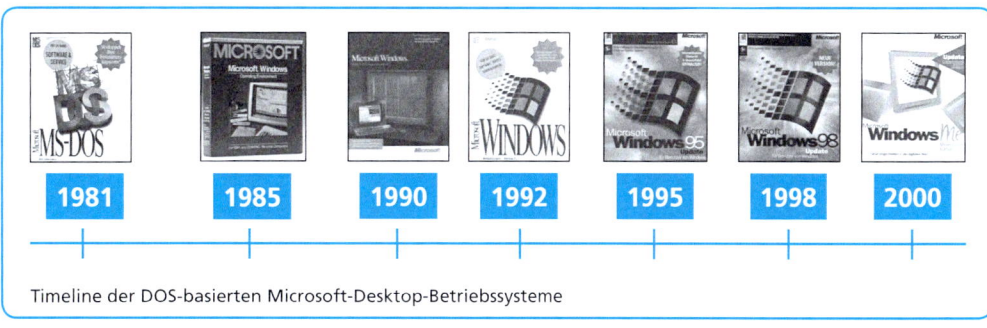
Timeline der DOS-basierten Microsoft-Desktop-Betriebssysteme

## Windows New Technology

1993 präsentierte Microsoft erstmals **Windows NT,** das aus einer Kooperation mit IBM zur Entwicklung des Betriebssystems OS/2 hervorging. Es handelte sich dabei um ein völlig neues Windows (New Technology, NT) mit einem stabileren Systemkern. Die erste Version von Windows NT war 3.1. Bedeutende Weiterentwicklungen waren **NT 3.5, NT 4.0, Windows 2000** und **Windows XP,** mit dem schließlich die Zusammenführung von Consumer- und NT-Schiene gelang. XP steht für „Experience" und kam im Jahr 2001 als Home- bzw. Professional-Version auf den Markt.

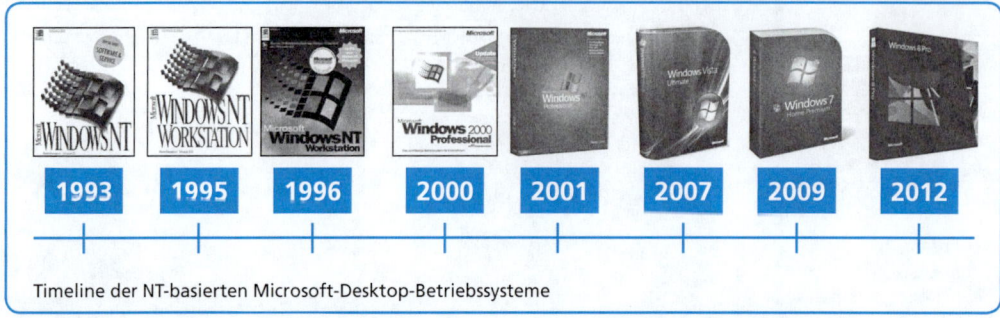

Timeline der NT-basierten Microsoft-Desktop-Betriebssysteme

**Windows 8.1** wird seit Oktober 2013 angeboten. Der Nachfolger von Windows 8 ist als **32- und 64-Bit-Version** verfügbar. Die Benutzeroberfläche **Modern UI** bietet zur Auswahl und Verwaltung von Programmen und Apps einen Start-Bildschirm im Kacheldesign.

Programme und Apps lassen sich am Windows-8.1-Startbild frei positionieren.

Der **Internet Explorer** ist als Desktop-Anwendung und als App verfügbar.

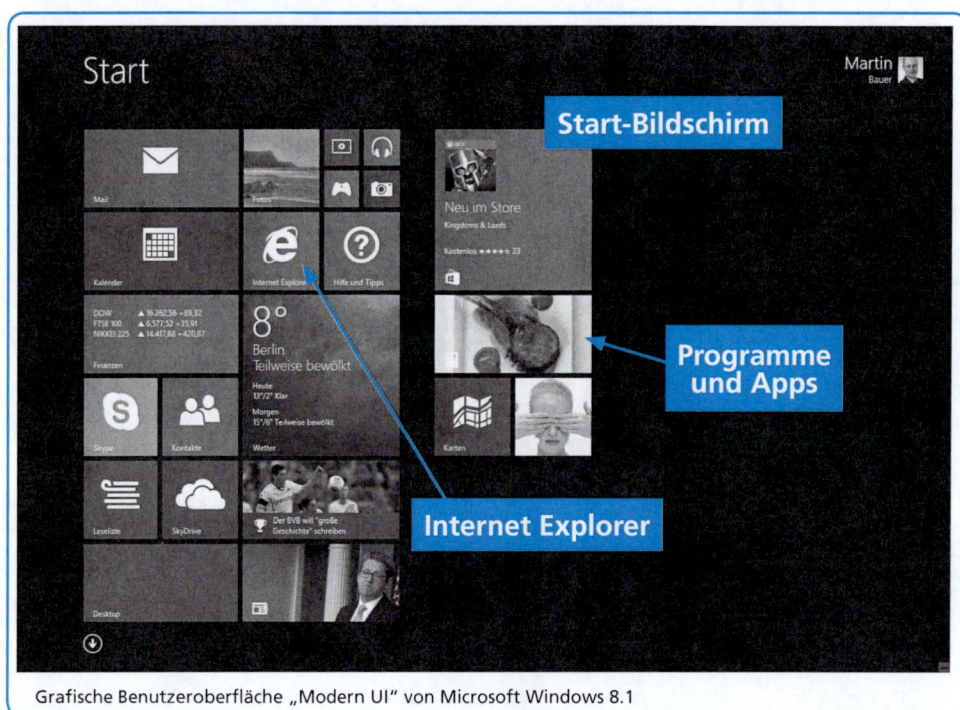

Grafische Benutzeroberfläche „Modern UI" von Microsoft Windows 8.1

**Net Applications** bietet hilfreiche Dienste für Statistiken aller Art zum Thema Informatik.

Laut einer Marktforschungsstudie betrug der Marktanteil von Microsoft Windows im Bereich der PC-Betriebssysteme im Mai 2014 90,87 %. Die Marktanteile von Windows 8 und 8.1 betrugen zusammen 12,64 %, Windows 7 kam auf 50,06 %, Windows XP auf 25,27 %. Mitbewerber Apple hatte mit OS X einen Marktanteil von 4,15 %, Linux lief auf 1,62 % der PCs. (Quelle: Net Applications).

Lerneinheit 1: Betriebssysteme

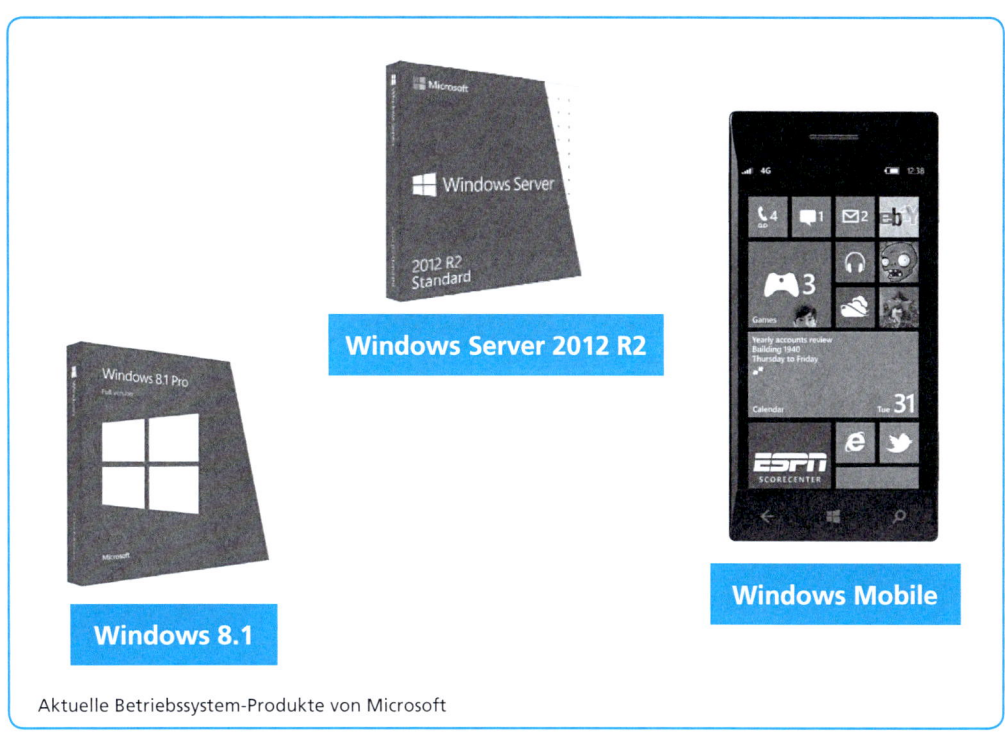

Aktuelle Betriebssystem-Produkte von Microsoft

Das **DHCP** (Dynamic Host Configuration Protocol) ermöglicht mithilfe eines entsprechenden Servers die dynamische Zuweisung einer IP-Adresse an Computer in einem Netzwerk.

Das **DNS** (Domain Name System) verwaltet die IP-Adressen und Hostnamen von Computern in einem Netzwerk.

**SbX**
Ein Video zum Vergleich zwischen Windows und Mac OS finden Sie unter der ID: 1111.

## Aktuelle Betriebssystem-Produkte von Microsoft

❶ **Windows 8.1 ist ein Betriebssystem für Desktop-PCs, Tablets und Notebooks.**

Für Desktop-PCs und Notebooks bietet Microsoft das Betriebssystem Windows 8.1 an. Wer seinen PC in einem Netzwerk betreiben oder Software entwickeln will, sollte unbedingt zur Professional-Version greifen. Für Heimanwender, die Office-Anwendungen benutzen, sollte die etwas günstigere Basic-Version genügen.

❷ **Windows Server 2012 R2 ist das Serverbetriebssystem im Windows-8.1-Look&Feel.**

Die Serverversion von Windows enthält zahlreiche Netzwerkfunktionen, wie z. B. Benutzerverwaltung, dynamische IP-Adressen-Zuweisung (DHCP), Domain Name System (DNS), Datensicherungstools und erweiterte Funktionen des Dateisystems NTFS zur Erstellung von Stripesets, um mehrere Festplatten zu einer großen Partition zusammenzufügen.

❸ **Windows Mobile ist das Betriebssystem für das Smartphone.**

Smartphones werden mit der Windows Mobile Edition zu Multimedia-Devices für unterwegs.

# Üben

**SbX** ID: 1112

**Übungsbeispiele**

SbX

Sie finden diese Übungsbeispiele mit automatischer Aufgabenkontrolle unter der ID: 1112.

erledigt: ✔

Ü 1.2–Ü 1.4, Ü 1.6: ☐
Ü 1.8: ☐

### Ü 1.2: Arten der Software ★
Reihen Sie die Arten der Software gemäß ihrer Benutzerorientierung!

| Software-Art | Reihung |
|---|---|
| Java-Compiler | |
| Microsoft Word | |
| Linux-Kernel | |
| Microsoft C++ | |

### Ü 1.3: Aussagen beurteilen ★
Markieren Sie die folgenden Aussagen als richtig bzw. falsch und stellen Sie falsche Aussagen richtig!

| Aussage | Richtig | Falsch | Richtigstellung |
|---|---|---|---|
| Compiler und Betriebssystem arbeiten CPU-unabhängig. | | | |
| Mithilfe einer Zwischensprache können Programme auf verschiedenen Plattformen ausgeführt werden. | | | |
| Mac OS X läuft nur auf Apple-Rechnern. | | | |
| Ein Compiler übersetzt den Quelltext einer Hochsprache in Maschinensprache. | | | |
| Daten können nur vom Anwender erzeugt werden. | | | |

### Ü 1.4: Bestandteile eines Betriebssystems ★
Erklären Sie die folgenden Bestandteile eines Betriebssystems stichwortartig:

Kernel: _____

Registry: _____

Treiber: _____

GUI: _____

Filesystem: _____

### Ü 1.5: GNU-GPL-Freiheiten ★
Nennen Sie die vier GNU-GPL-Freiheiten im Zusammenhang mit der Nutzung von Linux!

### Ü 1.6: Betriebssysteme aufzählen ★
Nennen Sie jeweils drei Betriebssystem-Versionen von Microsoft, die auf DOS bzw. NT basieren:

DOS-basierte Betriebssysteme: _____

NT-basierte Betriebssysteme: _____

---

SbX
ID: 1112

**Weitere Übungen im SbX**

### Ü 1.7: Dateiverwaltung ★
Ordnen Sie die Dateien zu einem Projekt übersichtlich!

### Ü 1.8: Aufbau des Betriebssystems ★
Vervollständigen Sie die Grafik zum Aufbau des Betriebssystems!

Lerneinheit 1: Betriebssysteme

## Sichern

In dieser Lerneinheit haben Sie erfahren, wie ein Betriebssystem funktioniert und welche Betriebssysteme für PCs erhältlich sind.

**Maschinensprache**  Als **Maschinensprache** bezeichnet man ein **System von Instruktionen,** die der jeweilige Prozessor eines datenverarbeitenden Systems **direkt und ohne Compiler** ausführen kann. Die Programmierung in Maschinensprache wäre sehr mühsam, daher werden zur **Programmierung Hochsprachen,** wie z. B. C++, eingesetzt.

**Compiler**  Ein Compiler **übersetzt den Quellcode einer Hochsprache in Maschinensprache** und speichert das Ergebnis als ausführbare Programmdatei (z. B. unter Windows als EXE-Datei).

**Kernel**  Der **Systemkern eines Betriebssystems** wird als Kernel bezeichnet. Das Kernel-Programm kontrolliert die Speicherzugriffe der laufenden Prozesse und teilt diesen eine Rechenzeit zu.

**Filesystem**  Unter einem Filesystem versteht man ein Protokoll, das den Zugriff auf Dateien über ein Netzwerk ermöglicht. Datenträger, wie z. B. Festplatten, werden in **Partitionen** unterteilt, die **mit einem Filesystem versehen** sind. Ein Datenträger kann mehrere Partitionen mit verschiedenen Filesystemen beinhalten.

**Treiber**  Damit ein Betriebssystem möglichst unabhängig von der **Hardware** arbeiten kann, wird diese **mittels Treibersoftware in das Betriebssystem eingebunden.** Jeder Hardwarehersteller bietet Treiber für die unterschiedlichen Betriebssysteme an.

**User Interface**  Die Interaktion des Benutzers mit dem Betriebssystem erfolgt über die **Benutzerschnittstelle.** Diese war bis Mitte der 1980er-Jahre kommandozeilenorientiert und wurde danach durch grafische Benutzerschnittstellen (GUIs) abgelöst.

**Linux**  Linux ist ein **freies Betriebssystem,** das in Form von Distributionen angeboten wird.

**Apple**  Apple erfand Anfang der 1980er-Jahre die **grafische Benutzeroberfläche** und die **Maus.**

**Microsoft**  Microsoft lizenzierte **1981** das **Betriebssystem MS-DOS** für den IBM-PC und entwickelte **Mitte der 1980er-Jahre** das **Betriebssystem Windows,** das heute einen Marktanteil von über 90 % bei Desktop-Betriebssystemen hat.

Zusätzlich zu dieser Zusammenfassung finden Sie im SbX eine Audio-Wiederholung zur Wiedergabe mit dem Audio-Player und als MP3-Datei sowie eine Bildschirmpräsentation.

## Wissen

### W 1.1: Kontrollfragen und -aufgaben

1. Erklären Sie den Unterschied zwischen Maschinen-, Zwischen- und Hochsprache!

2. Mit einem C-Compiler wurde auf einem Windows-PC eine EXE-Datei erzeugt. Kann dieses Programm auf einem Apple-PC ausgeführt werden?

3. Ein Java-Programm wurde auf einem Linux-PC compiliert und steht nun über das Internet zur Verfügung. Kann dieses Programm unter Windows ausgeführt werden?

4. Welche Aufgaben hat der Betriebssystemkern (Kernel)?

5. Mit einer Garfikkarte wird ein Programm mitgeliefert, das die Grafikkarte für Windows 8.1 verwendbar macht. Wie nennt man diese Art von Betriebssystemkomponente?

6. Ein Windows-Benutzer hat seine Grafikdateien auf einer NTFS-Partition seiner Wechselfestplatte gespeichert. Kann diese Partition unter Linux benutzt werden?

7. Ein Benutzer möchte Windows 8.1 und Linux auf einem Gerät parallel installieren. Welches Filesystem könnte er für den Datenaustausch zwischen den Betriebssystemen verwenden?

### W 1.2: Betriebssystemauswahl

Sie sind in der H2Ö GmbH für IT und Prozessmanagement verantwortlich. Der Geschäftsführer, Herr Mag. Lucas Turek, stellt Ihnen eine verantwortungsvolle Aufgabe:

*Wir müssen alle PCs unserer Mitarbeiter/innen tauschen, außerdem die PCs in den beiden Besprechungszimmern und die Reserve-Notebooks. Auch die beiden Server müssen neu angeschafft werden.*

*Sie wissen ja, wie das ist, jetzt kommt wieder die leidige Frage nach der Wahl des Betriebssystems. Sollen wir auf den Geräten Windows 8.1 bzw. Windows Server 2012 R2 oder Linux installieren? Ich übertrage Ihnen diese Entscheidung, erstellen Sie aber bitte eine PowerPoint-Präsentation und nennen Sie darin die Argumente für und gegen eine Anschaffung von Microsoft Windows 8.1/Server 2012 R2 bzw. für und gegen eine Anschaffung von Linux!*

**SbX**
Sie finden W 1.3 mit automatischer Aufgabenkontrolle unter der ID: 1114.

erledigt: ✔
W 1.3: ☐

**Weitere Aufgabe im SbX**

### W 1.3: Betriebssysteme
Lösen Sie das Kreuzworträtsel zum Thema Betriebssysteme!

Ein kurzer Wissens-Check bevor's weitergeht!

## Wissens-Check

|  | ☺ | 😐 | ☹ |
|---|---|---|---|
| **Ich kann Vor- und Nachteile marktüblicher Betriebssysteme benennen.** |  |  |  |
| **Ich kann ein Betriebssystem konfigurieren.** |  |  |  |
| **Ich kann die Arbeitsumgebung einrichten und gestalten.** |  |  |  |

Lerneinheit 2: Präsentationsgrafik

## Lerneinheit 2
# Präsentationsgrafik

SbX
Alle SbX-Inhalte zu dieser Lerneinheit finden Sie unter der ID: 1120.

In dieser Lerneinheit verwenden Sie Folienmaster und Entwurfsvorlagen für Folien, um diese einheitlich zu gestalten. Sie animieren Objekte auf Folien und beschäftigen sich mit den Vorbereitungen für den Druck und den Ablauf der Präsentation. Außerdem lernen Sie die unterschiedlichen Farbmodelle und Grafikformate kennen.

# Lernen

SbX  ID: 1121

## 1 Folien erstellen
### Die einzelnen Seiten einer Präsentation

Ein wichtiges Ziel beim Erstellen von Präsentationen ist es, die zu präsentierenden Informationen mithilfe von Folien möglichst selbsterklärend darzustellen. Hier erfahren Sie, welche Möglichkeiten es zur Erstellung von Foliensätzen gibt und mit welchen Elementen die Inhalte perfekt visualisiert werden können. Dazu öffnen Sie in MS Office das Programm PowerPoint bzw. in Open Office das Programm Impress. Wir beschäftigen uns hier mit dem Programm PowerPoint.

❶ **Eine leere Präsentation, die über den Punkt *Neu* geöffnet wird, kann nach den eigenen Vorstellungen gestaltet werden.**

Nach dem Starten von PowerPoint wird die erste Folie einer leeren Präsentation angezeigt. Eine alternative Möglichkeit zum Erstellen einer neuen Präsentation ist das Drücken der Tastenkombination [Strg][N].

❷ **Entwurfsvorlagen bestimmen das Erscheinungsbild von Präsentationen.**

Vorlagen sind standardmäßig im Vorlagenordner gespeichert und haben die Dateierweiterung **.potx.** Über den Menüpunkt *Entwurf | Design* kann eine Vorlage nachträglich verändert werden.

Erstellen einer **neuen Folie** mit der Tastenkombination [Strg][M]

❸ **Über *Neue Folie | Folien wiederverwenden* bzw. *Folien aus Gliederung* können fertige Folien aus einer anderen Präsentation oder einer Textdatei hinzugefügt werden.**

Dabei können wir entscheiden, ob die ursprüngliche Formatierung beibehalten oder ob das Layout der aktuellen Präsentation übernommen werden soll.

Aus fast allen Dateien können Inhalte in Folien importiert werden. Dabei wird z. B. bei Word-Dokumenten die Überschrift 1 standardmäßig als Folienüberschrift verwendet, die Überschriften zweiten Grades als Aufzählungspunkte. Normale Texte werden nicht übernommen.

Für die Foliengestaltung verwenden Sie das **Startregister** mit der Schaltfläche **Layout.** Hier können wir eine der verfügbaren Folienarten auswählen und anschließend den Inhalt der Folie bearbeiten. Die Abbildung auf der folgenden Seite zeigt, welche verschiedenen Folienlayouts zur Verfügung stehen.

**Lernen** ● Üben ● Sichern ● Wissen

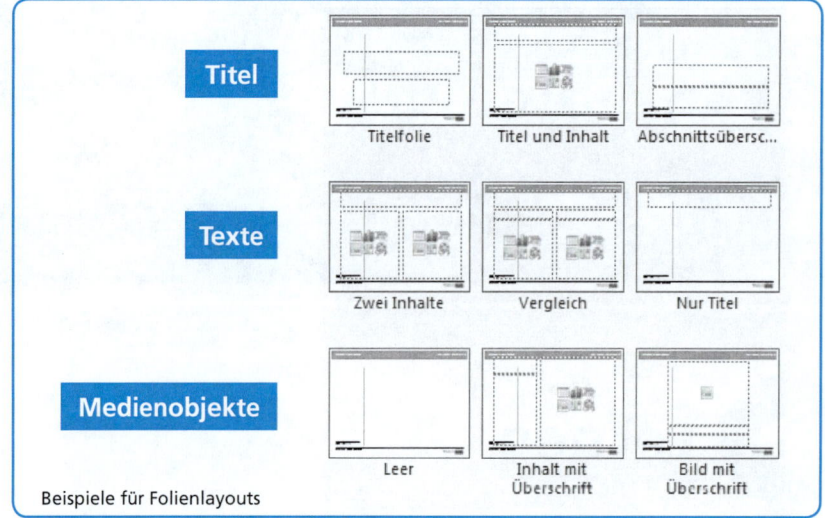

Beispiele für Folienlayouts

**SbX**
Eine Bildschirmpräsentation mit allen Abbildungen zum Schritt LERNEN finden Sie unter der ID: 1121.

## 2 OLE-Objekte verwenden
### Folien mit externen Daten verknüpfen

**OLE** (Object Linking and Embedding) ermöglicht die Verknüpfung von Objekten.

In PowerPoint-Präsentationen können Tabellen, Diagramme, Grafiken und Texte aus anderen Programmen verwendet werden. Dafür können Sie die Daten entweder in die Präsentation kopieren oder eine Verknüpfung zur Quelldatei erstellen.

### Externe Daten in Folien einfügen

❶ **Ein markiertes Element der Quelldatei wird in die Zwischenablage kopiert und in die Präsentation eingefügt.**

Zum Kopieren kann die Tastenkombination [Strg][C] verwendet werden, zum Einfügen [Strg][V].

Kopierte Daten verlieren ihren Bezug zur Quelldatei und werden nicht aktualisiert. Veränderungen müssen in PowerPoint manuell korrigiert werden, z. B. indem die Daten neuerlich kopiert werden.

❷ **Ein markiertes Element der Quelldatei wird in die Zwischenablage kopiert und über das Register *Start | Einfügen | Inhalte einfügen* in PowerPoint eingefügt.**

Bearbeitung eines Excel-OLE-Objektes in PowerPoint

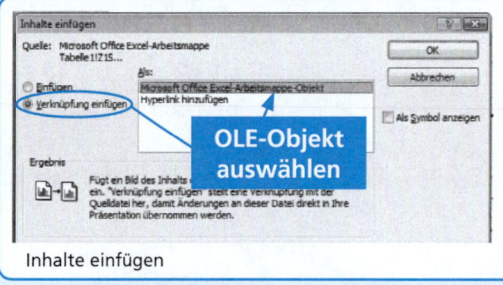

Inhalte einfügen

Die Option ***Verknüpfung einfügen*** bewirkt das Einfügen der Daten in Form eines OLE-Objektes. Ein Doppelklick auf das OLE-Objekt öffnet das Quellprogramm (z. B. Excel oder Word). Die Änderungen an den Daten werden automatisch übernommen.

❸ **Wird eine Präsentation mit OLE-Objekten geöffnet, schlägt PowerPoint eine Aktualisierung vor, wenn sich die Daten der Quelldatei geändert haben.**

Ein einheitliches Foliendesign ist wichtig. Neben der Wahl aus vielen vorgefertigten Entwurfsvorlagen haben Sie die Möglichkeit, über den Folienmaster ein eigenes Design zu entwerfen.

## 3 Folienmaster und -design
### Individuelles Layout

Für die einheitliche Gestaltung aller Folien einer Präsentation dient der **Folienmaster** als Layoutvorlage. Damit ist es z. B. möglich, auf jeder Folie das Firmen- oder Projektlogo zu platzieren.

Lerneinheit 2: Präsentationsgrafik

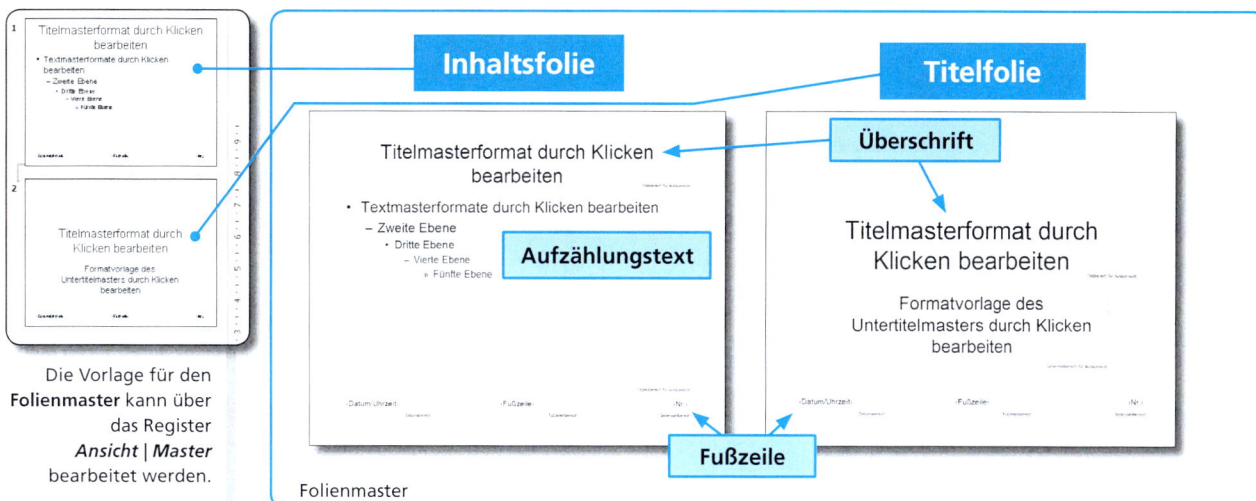

Die Vorlage für den **Folienmaster** kann über das Register *Ansicht | Master* bearbeitet werden.

## Mastervorlagen

**❶ Der Folienmaster wird über *Ansicht | Folienmaster* bearbeitet.**

Im **Folienmaster** wird das Erscheinungsbild einer Folie definiert, z. B. Schriftart, Schriftgröße und Farbe der Aufzählungstexte sowie das Hintergrunddesign und das Logo in der Fußzeile. Eine Änderung im Folienmaster wirkt sich auf jede Folie der Präsentation aus.

Symbol *Folienmaster einfügen*

Neben dem **Folienmaster** gibt es auch den Notizen- und den Handzettelmaster.

**❷ Ein Master kann aus mehreren Layouts zur Inhaltsformatierung bestehen.**

Falls die Titelfolie in einem anderen Design als die Inhaltsfolien dargestellt werden soll, definieren Sie dieses Layout auf der Titelfolie. Die verschiedenen Layouts sind über eine **Linie** miteinander verbunden.

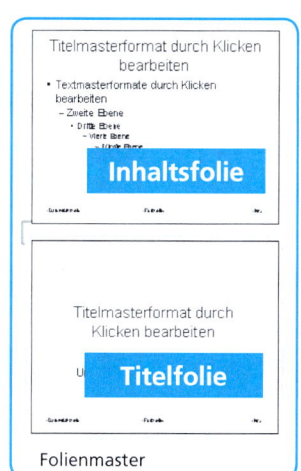

**❸ Wurden mehrere Folienmaster erstellt, können Sie auswählen, auf welche Folien diese angewendet werden sollen.**

Über *Start | Neue Folie* können Sie den gewünschten Master für neue Folien auswählen. In der Normalansicht kann der Folienmaster auf die Folien angewendet werden. Das Masterlayout kann entweder auf alle Folien oder nur auf die gerade markierte übertragen werden.

## Präsentationsdesign und Farbskala

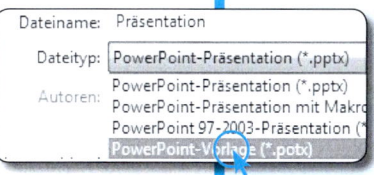

Speichern einer Entwurfsvorlage

**❶ Über das Register *Entwurf | Designs* wird eine Vorlage für eine Präsentation ausgewählt.**

Die **Vorlagen** sind im Ordner **Templates** von Microsoft Office gespeichert. PowerPoint-Vorlagen haben die Dateierweiterung **.potx.** Bei der Auswahl der Vorlage sollte darauf geachtet werden, dass diese zum Inhalt der Präsentation passt.

**❷ Jeder Master kann als Entwurfsvorlage gespeichert werden.**

Dazu wird die Präsentation einfach als Entwurfsvorlage mit der Dateiendung **.potx** gespeichert. Beim Öffnen einer neuen Präsentation kann die Entwurfsvorlage aus dem Vorlagenordner zugewiesen werden.

Farben

❸ **Ein Farbschema ist eine Gruppe von zusammenpassenden Farben.**
Durch die Veränderung der Farben werden sämtliche Text- und Objektfarben angepasst, z. B. an bestimmte Firmenfarben. Neben den Standardfarben können Sie über die Auswahl *Neue Designfarben erstellen* für jeden Bereich eine eigene Farbe wählen.

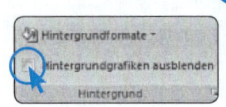

Über das Register *Entwurf | Hintergrund* können Sie Hintergrundbilder aus dem Master auf den gerade markierten Folien ausblenden.

## 4 Animationen
### Bewegung in einer Präsentation

Mithilfe von Animationen kann z. B. ein Objekt erst dann eingeblendet werden, wenn der dazugehörige Inhalt präsentiert wird. Folien wirken dadurch übersichtlicher und Sie verhindern, dass das Publikum Informationen zu früh erhält.

Animationen sollten zu einem besseren **Verständnis** des Folieninhalts beitragen. Verwenden Sie sie sparsam und vermeiden Sie allgemein zu viele unterschiedliche Texteffekte, da diese leicht vom Inhalt der Präsentation ablenken können.

### Animationsschema

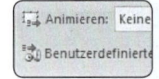
Symbole *Animation*

❶ Über die Registerkarte *Animation* können Textkörper und Folienübergänge animiert werden.
Diese sind in die Kategorien **verblassen, wischen** und **einfliegen** eingeteilt.

❷ Markierte Objekte werden über das Symbol *Benutzerdefinierte Animation* animiert.
Zur Animation von Objekten stehen die Effekte **Eingang, Hervorheben, Beenden** und **Animationspfade** zur Verfügung. Animationen können über das Kontextmenü angepasst werden, z. B. die Geschwindigkeit oder eine Verzögerung.

Für die Animation der Objekte stehen unterschiedliche Effektoptionen zur Verfügung, z. B. kann bei einem Diagramm eingestellt werden, ob die Datenreihen nach Serien, Kategorien oder als einzelne Objekte angezeigt werden. Jede Animation kann durch einen Sound unterstützt werden, was allerdings meist eher störend oder lächerlich wirkt.

❸ **Der Animationsablauf kann beliebig verändert werden.**
Über den Button *Reihenfolge ändern* wird die Reihenfolge der Animationseffekte festgelegt. Durch Drücken der Tastenkombination ⇧ F5 bzw. der Schaltfläche *Wiedergabe* kann eine Vorschau der Animationsabfolge dargestellt werden.

Symbol *Benutzerdefinierte Animation*

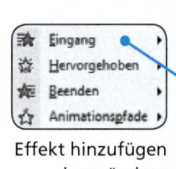
Effekt hinzufügen bzw. ändern

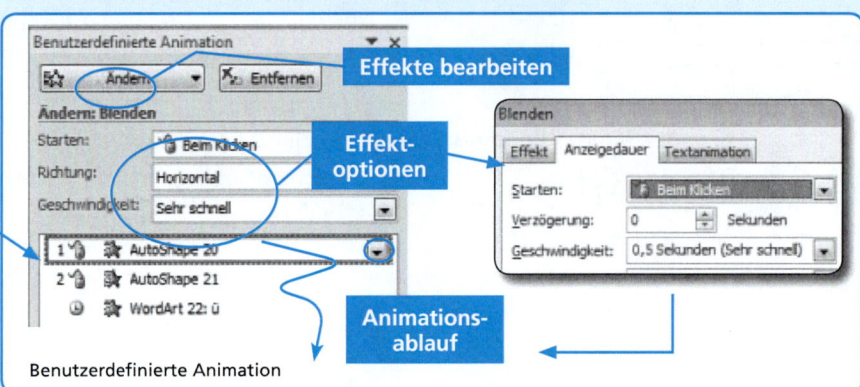
Benutzerdefinierte Animation

Lerneinheit 2: Präsentationsgrafik

## 5 Grafikformate
### Digitale Bilder verwenden

**Skalierung** bedeutet Größenänderung.

Bei digitalen Bildern werden **Vektor-** und **Bitmap-Grafiken** unterschieden.

Vektorgrafik nach der Vergrößerung

❶ **Vektorgrafiken sind ohne Qualitätsverlust skalierbar und benötigen wenig Speicherplatz.**

Vektorgrafiken bestehen aus Punkten, Linien, Kurven und Flächen. Bei einer Größenänderung wird die Grafik neu berechnet und in der gewünschten Auflösung dargestellt. Vektorgrafiken eignen sich zur Erstellung einfacher Cliparts, nicht jedoch für Fotos.

ausgepixelte **Bitmap-Grafik** nach der Vergrößerung

❷ **Bei Bitmap-Grafiken wird jeder Bildpunkt mit seinem Farbwert gespeichert. Das Vergrößern von Bitmaps führt zum „Auspixeln" des Bildes.**

Bitmap-Grafiken haben eine bestimmte Auflösung, da jeder Bildpunkt separat gespeichert wird. Für eine Vergrößerung einer Pixelgrafik ist nicht ausreichend Bildinformation vorhanden, daher werden die einzelnen Bildpunkte vergrößert – das Bild „pixelt aus". Bitmap-Grafiken sind z. B. Digitalfotos und eingescannte Bilder.

### Bitmap-Grafiken

Bei Pixelgrafiken beeinflussen die **Bildauflösung** und die **Farbtiefe** die Qualität des Bildes sowie den dafür erforderlichen Speicherplatz.

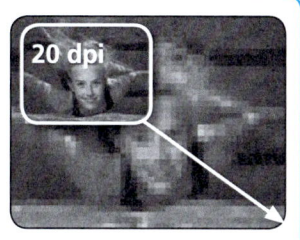

Unterschiedliche Bildauflösung einer Bitmap-Grafik

Der Speicherplatzbedarf einer Bitmap-Grafik kann mit folgender Formel berechnet werden:

Breite in Pixel = Breite in cm / 2,54 · Auflösung in dpi

$$\text{Speicherplatzbedarf} = \frac{\text{Breite in Pixel} \cdot \text{Höhe in Pixel} \cdot \text{Farbtiefe in Bit}}{8}$$

1 Zoll = 2,54 cm

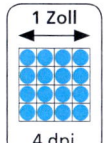
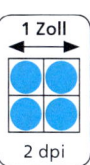

❶ **Die Bildauflösung gibt die Anzahl an Bildpunkten an, die auf einer Breite von einem Zoll dargestellt werden.**

Die **Bildauflösung** wird in **Pixel per Inch** (ppi) angegeben. Je größer die Auflösung ist, desto mehr Details können im Bild erkannt werden. Die **Auflösung eines Druckers** wird in **Dots per Inch** (dpi) angegeben. Das Bild am Monitor besteht aus **horizontalen** und **vertikalen** Bildpunkten, z. B. 1024 · 768 Pixel. Soll das Bild in einer Größe von 13 · 9,75 cm ausgedruckt werden, muss die horizontale Monitorauflösung von 1024 Pixel auf 13 cm verteilt werden: 1024 / (13 / 2,54) = 200 dpi. Wir erhalten eine Druckauflösung von 200 dpi.

❷ **Die Farbtiefe ist die bei der Speicherung des Farbwerts verfügbare Bitanzahl pro Pixel.**

Mit einem Bit können zwei Farbwerte, z. B. Schwarz und Weiß, dargestellt werden. Mit acht Bit sind 256 Farben ($2^8$), mit 16 Bit 65 536 Farben ($2^{16}$), mit 24 Bit über 16,7 Mio. Farben ($2^{24}$) und mit 32 Bit über 4,2 Mrd. Farben ($2^{32}$) darstellbar.

Lernen  Üben  Sichern  Wissen

## Grafik-Dateiformate

Neben der Auflösung, der Farbtiefe und der Art der Grafik (Vektor- bzw. Bitmap-Grafik) beeinflusst das verwendete Dateiformat den Speicherplatzbedarf.

| Merkmale | GIF | JPEG | PNG |
| --- | --- | --- | --- |
| max. Farbtiefe | 8 Bit | 24 Bit | 48 Bit |
| Bildinhalt | Zeichnung, Clipart | Farbfoto | Farbfoto |
| Kompression | verlustfrei | verlustbehaftet | verlustfrei |
| Besonderheiten | einfache Transparenz, Animation | keine Transparenz | komplexe Transparenz |

**GIF** = Graphics Interchange Format

**Animated-GIFs** werden z. B. für Werbebanner im Internet verwendet.

**JPEG** = Joint Photographic Experts Group

Kompressionsartefakte beim JPEG-Format

**PNG** = Portable Network Graphics

❶ **Das GIF-Format eignet sich für simple Zeichnungen mit wenigen Farben (Cliparts).**

Ein GIF-Bild hat eine Farbtiefe von maximal **8 Bit,** womit sich bis zu **256 Farben** darstellen lassen. Die Bilddaten werden **verlustfrei** komprimiert. GIF-Bilder können mit einem **durchsichtigen Hintergrund** gespeichert werden. Eine Datei kann mehrere Bilder enthalten, wodurch eine animierte Bildfolge entsteht (Animated-GIF).

❷ **JPEG wird für hochauflösende Fotos in Echtfarben (True Color) verwendet.**

Ein JPEG-Bild hat eine Farbtiefe von **24 Bit,** womit rund **16,7 Mio. Farben** darstellbar sind. Um den Speicherplatzbedarf zu reduzieren, wird ein **verlustbehaftetes** Kompressionsverfahren eingesetzt, das Bilddaten reduziert. Eine zu starke Bildkompression führt zu sichtbaren Bildartefakten (störenden Pixeln, Unschärfe), wenn das Bild vergrößert wird.

❸ **PNG ermöglicht eine verlustfreie Komprimierung sowie einen echten transparenten Hintergrund für verlaufende Schlagschatten.**

Das PNG-Format kombiniert die Vorteile von GIF und JPEG zu einem leistungsfähigen Grafikformat. Es wird von allen modernen Webbrowsern unterstützt und zeichnet sich durch seine verlustfreie Kompression und echte Transparenz aus. Allerdings sind im Gegensatz zu GIF keine Animationen möglich.

# Üben

SbX ID: 1122

**Übungsbeispiele**

SbX

Die Ausgangsdateien zu allen Übungsbeispielen im Schritt ÜBEN finden Sie unter der ID: 1122.

### Ü 1.9: Foliendesign zuweisen ★★
Weisen Sie der Präsentation **PowerPointLernen.pptx** das Design **kleine Wasserwellen** zu.

### Ü 1.10: Excel-Tabelle verknüpfen ★★
Fügen Sie eine neue Folie mit dem Titel „Excel-Verknüpfung" in die Präsentation **PowerPointLernen.pptx** ein und verknüpfen Sie die Daten der Datei **Geburtstag.xlsx** aus dem Angabeordner mit dieser Folie. Ändern Sie in der Excel-Datei ein Geburtsdatum und aktualisieren Sie die Daten in der Präsentation. Wandeln Sie anschließend die Daten in ein Zeichnungsobjekt um.

### Ü 1.11: Animationen ★★
Testen Sie in der Präsentation **PowerPointLernen.pptx** verschiedene Animationen für Texte, Bilder und andere Objekte. Wählen Sie zum Abschluss eine Animation, die nicht aufdringlich wirkt und den Zuschauer nicht vom Inhalt ablenkt.

### Ü 1.12: Folienübergang ★★
Weisen Sie der Präsentation **PowerPointLernen.pptx** einen Folienübergang zu, wobei die nächste Folie **nach Mausklick** erscheinen soll. Reduzieren Sie die Geschwindigkeit des Folienüberganges auf **Langsam.**

### Ü 1.13: Bildauflösung berechnen ★★
Ein Bild wird mit einer Auflösung von 100 dpi eingescannt. Das Bild hat eine Größe von 9 · 13 cm. Wie groß ist die Auflösung in Pixel?

Lerneinheit 2: Präsentationsgrafik

**Ü 1.14: Speicherplatzbedarf für ein Bild berechnen ★★**
Berechnen Sie den Speicherplatzbedarf von einem Bild, das 10 · 15 cm groß ist und eine Auflösung von 620 dpi sowie eine Farbtiefe von 24 Bit hat.

ID: 1122

**Weitere Übungen im SbX**

**Ü 1.15: Milka ★★**
Bearbeiten Sie das Übungsbeispiel „Milka"!

**Ü 1.16: H2Ö GmbH ★★★**
Bearbeiten Sie das Übungsbeispiel „H2Ö" zum Thema Präsentationen erstellen!

ID: 1123

**In dieser Lerneinheit haben Sie sich mit dem Layout von Folien, Animationen, den Präsentationseinstellungen sowie dem Einsatz von Farben und Grafiken beschäftigt.**

| | |
|---|---|
| Erstellen von Präsentationen | Eine Präsentation kann auf Basis einer **Entwurfsvorlage** oder individuell aus einer **leeren** Präsentation über **das Office-Symbol | Neu** erstellt werden. |
| Folien | Als Folien werden die **einzelnen Seiten** einer Präsentation bezeichnet. Eine weitere Folie kann mit der Tastenkombination [Strg][M] erzeugt werden. |
| Inhaltslayout | Für jeden Inhalt gibt es ein passendes **Folienlayout,** z. B. Titelfolien, Aufzählungsfolien, Tabellen, Diagramme, SmartArts, Cliparts und Medienclips, die über das Register **Start | Neue Folie** ausgewählt werden können. |
| Master | Das Layout aller Folien einer Präsentation wird mit dem **Titel- und Folienmaster** festgelegt. Folienmaster dienen als Entwurfsvorlagen für neue Folien. |
| Animationen | Animationen verdeutlichen **Bewegungsabläufe** und strukturieren Folien. Über den Menüpunkt **Bildschirmpräsentation** können vordefinierte **Animationsschemas** oder **benutzerdefinierte Animationen** eingestellt werden. |
| Grafikarten | **Vektorgrafiken** werden mit einem Grafikprogramm, z. B. Corel Draw, mithilfe von **mathematischen Funktionen** erzeugt, wodurch sie ohne Qualitätsverlust skalierbar sind. **Pixel- oder Bitmap-Grafiken** entstehen durch **digitale Fotografie** oder mit einem Bildbearbeitungsprogramm, wie z. B. Photoshop, und bestehen aus einer festgelegten Anzahl an **Bildpunkten.** |
| Bitmap-Grafiken | Bei **Bitmap-Grafiken** handelt es sich um eine **punktweise (pixelweise) Form der Speicherung** von Computerbildern bzw. -grafiken. Die **Bildauflösung** gibt an, wie viele **Bildpunkte auf einem Zoll** (inch) dargestellt werden können. Als **Farbtiefe** wird die Anzahl der verwendeten **Farbinformationen je Bit** bezeichnet. |
| Grafik-Dateiformate | Das **GIF-Format** eignet sich für **einfach** gezeichnete Objekte. Es können **256 Farben** dargestellt werden. Das **JPEG-Format** ist der Spezialist für **Fotos** und kann **16,7 Mio. Farben** darstellen. |
| PNG-Format | Das **PNG-Format,** das eigens für den **Einsatz im Web** konzipiert wurde, unterstützt wie das JPEG-Format 16,7 Mio. Farben, erlaubt aber wahlweise auch das **Abspeichern mit indizierten Farben,** also mit einer begrenzten Farbpalette. |
| ID: 1123 | Zusätzlich zu dieser Zusammenfassung finden Sie im SbX eine Audio-Wiederholung zur Wiedergabe mit dem Audio-Player und als MP3-Datei sowie eine Bildschirmpräsentation. |

### W 1.4: PowerPoint-Vorlage für den Tag der offenen Tür
Erstellen Sie für den Tag der offenen Tür Ihrer Schule eine einheitliche Vorlage!

❶ Der Master soll auf jeder Seite das Schullogo anzeigen.

❷ Eine leere Folie soll kein Schullogo haben.

❸ Der Hintergrund der Folien sowie die Schrift sollen auf Ihr Schullogo abgestimmt sein.

❹ Schützen Sie die Vorlage mit dem Kennwort „TOFT".

### W 1.5: PowerPoint-Präsentation zu den Bildformaten
Erstellen Sie eine kurze Präsentation in einem ansprechenden Design, in der Sie die drei Bildformate PNG, GIF und JPG einander gegenüberstellen!

❶ Die Präsentation soll mindestens vier Seiten umfassen.

❷ Geben Sie Tipps, für welche Arten von Bildern sich welches Bildformat am besten eignet.

❸ Demonstrieren Sie, was bei Bildern unter Artefakten verstanden wird.

❹ Verwenden Sie für alle Folien einen einheitlichen Folienübergang.

---

Sie finden W 1.6 mit automatischer Aufgabenkontrolle unter der ID: 1124.

erledigt: ✔

W 1.6: ☐

**Weitere Aufgaben im SbX**

### W 1.6: Layout und Animation
Lösen Sie das Kreuzworträtsel zum Thema Layout und Animation!

### W 1.7: PowerPoint-Test
Bearbeiten Sie Fragen zu PowerPoint in einer selbsterstellten Präsentation.

### W 1.8: Folien mit unterschiedlichen Layouts
Erstellen Sie eine PowerPoint-Präsentation mit unterschiedlichen Folienlayouts und Animationen.

---

Ein kurzer Wissens-Check bevor's weitergeht!

## Wissens-Check

|  | ☺ | 😐 | ☹ |
|---|---|---|---|
| Ich kann die Grafik-Dateiformate unterscheiden und richtig einsetzen. |  |  |  |
| Ich kann Präsentationen erstellen. |  |  |  |

# Lerneinheit 3
# Tabellenkalkulation

Mit einem Tabellenkalkulationsprogramm können Sie technische Aufgabenstellungen lösen, passende Diagramme darstellen und logische bzw. statistische Funktionen für Ihre Berechnungen anwenden. In dieser Lerneinheit beschäftigen Sie sich mit der grundlegenden Bedienung von Excel. Praktisch alle Funktionen von Excel stehen Ihnen auch in anderen Office-Produkten, wie z. B. in Open Office Calc, zur Verfügung.

**SbX** — Alle SbX-Inhalte zu dieser Lerneinheit finden Sie unter der ID: 1130.

## Lernen

**SbX** ID: 1131

## 1 Basisfunktionen
### Excel in der Praxis

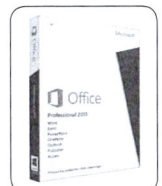

Microsoft Office 2013 Professional umfasst die Programme Word, Excel, PowerPoint, OneNote, Outlook und Access. Über **Office 365 Pro Plus** erhalten Sie eine kostenlose Schülerversion.

**SbX** — Eine Bildschirmpräsentation mit allen Abbildungen zum Schritt LERNEN finden Sie unter der ID: 1131.

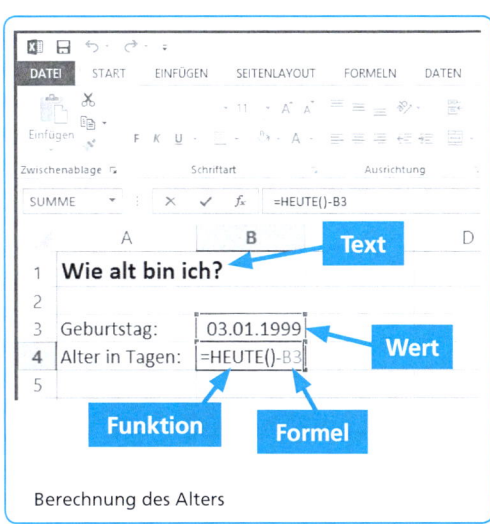

Berechnung des Alters

Excel ist ein elektronisches Rechenblatt. Es beinhaltet **Texte sowie Zahlen, Formeln und Funktionen** für Berechnungen. Daten können sortiert, gefiltert und ausgewertet werden. Ergebnisse lassen sich übersichtlich darstellen.

Excel eignet sich besonders gut zur Berechnung von mathematischen und technischen Aufgabenstellungen. Jede **Veränderung eines Ausgangswertes** im Tabellenblatt führt zur **unmittelbaren Neuberechnung** aller davon abhängigen Ergebnisse. Bei mathematischen Berechnungen und technischen Analysen ist das ein enormer Vorteil.

**Diagramme** veranschaulichen komplexe Zusammenhänge in Form von übersichtlichen Grafiken.

### Elemente einer Tabellenkalkulation

Über dieses Symbol können **Funktionen** bequem eingefügt werden.

❶ **Mit Formeln, Funktionen und Zellbezügen werden Berechnungen durchgeführt.**

Formeln werden durch das Gleichheitszeichen [=] eingeleitet. Innerhalb von Formeln können **Funktionen,** wie z. B. *HEUTE(),* und **Zellbezüge,** wie z. B. *B3,* verwendet werden.

❷ **Werte, z. B. Texte, Zahlen oder Datum/Uhrzeit, werden in Zellen gespeichert und dienen als Ausgangsdaten für Berechnungen.**

Um mit Werten Berechnungen durchführen zu können, werden Zellbezüge verwendet.

❸ **Ein Zellbezug enthält die Spalte und die Zeile des gewünschten Feldes.**

Damit sich die Veränderung von Ausgangswerten in den Ergebnissen niederschlägt, müssen diese in separaten Zellen gespeichert werden. Im obigen Beispiel kann das Geburtsdatum in der Zelle *B3* jederzeit geändert werden. Das Ergebnis in *B4* wird sofort neu berechnet.

Eine Excel-Tabelle hat bis zu **16 000 Spalten** und **1 Mio. Zeilen.**

## Aufbau einer Arbeitsmappe

*Eine **Arbeitsmappe** besteht aus mehreren Tabellen.*

Die Oberfläche von Excel enthält die **Datei-Schaltfläche**, die **Symbolleiste für den Schnellzugriff**, die **Multifunktionsleiste mit den Registerkarten**, die **Bearbeitungsleiste** sowie den **Arbeitsbereich** mit den Zellen, die in Spalten (A, B, C usw.) und Zeilen (1, 2, 3 usw.) eingeteilt sind.

Die **Datei-Schaltfläche** enthält die Grundbefehle zum Öffnen, Speichern und Drucken einer Datei. Die **Multifunktionsleiste** hilft, rasch die für eine Aufgabe notwendigen Befehle zu finden. Die Befehle sind in logischen Gruppen strukturiert, die in **Registerkarten** zusammengefasst sind. Jede Registerkarte bezieht sich auf eine Art von Aktivität (z. B. Schreiben oder Gestalten einer Seite). Zur Verbesserung der Übersichtlichkeit werden einige Registerkarten nur bei Bedarf angezeigt. Beispielsweise wird die Registerkarte **Bildtools** nur angezeigt, wenn ein Bild ausgewählt ist.

*Die Dateiendung **.xlsx** leitet sich von **E**xcel **s**heet ab. Das Dateiformat basiert auf **XML**.*

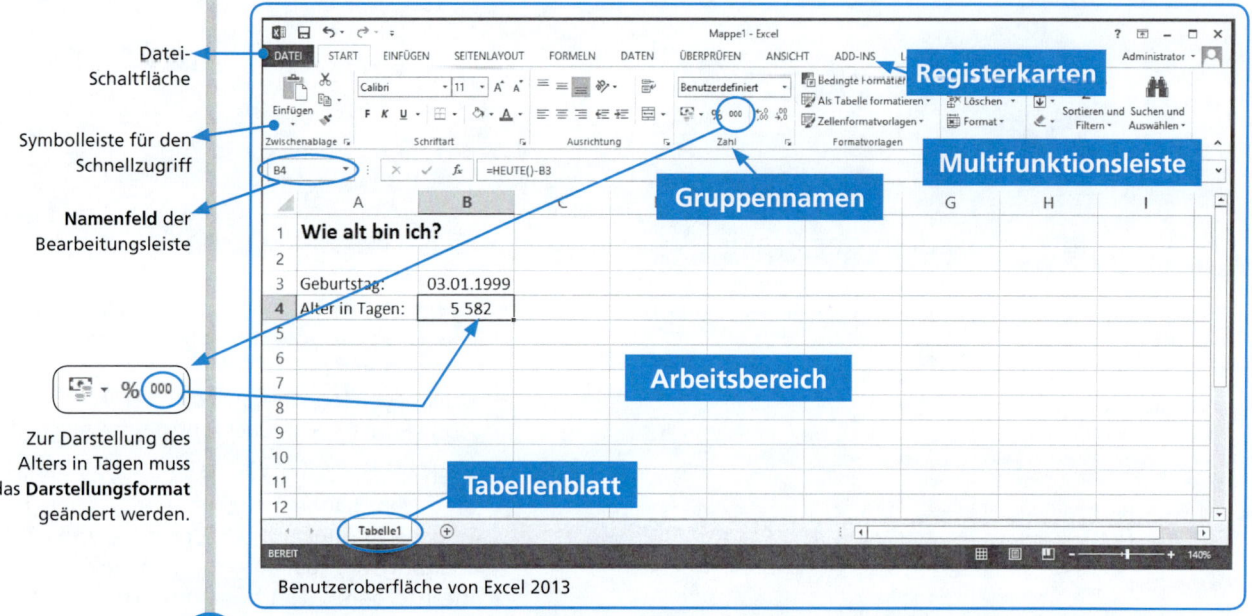

Benutzeroberfläche von Excel 2013

*Zur Darstellung des Alters in Tagen muss das **Darstellungsformat** geändert werden.*

Um **schnell zu einer bestimmten Zelle** zu gelangen, können das **Namenfeld** oder die Funktionstaste F5 verwendet werden. Sie klicken dazu in das Namenfeld und ersetzen den momentanen Eintrag durch die Bezeichnung der gewünschten Zelle. Bei Betätigung der Taste F5 öffnet sich ein Dialogfeld, in das die gewünschte Zelle unter dem Befehl **Verweis** eingegeben wird. Nach der Eingabe springt der Cursor in diese Zelle. Beim Drücken der Tastenkombination Strg+Pos1 springt der Cursor in die Zelle A1.

*Mit dem **Namenfeld** wird eine beliebige Zelle aktiviert.*

## Ansichtsfunktionen

Mithilfe verschiedener Ansichtsfunktionen kann die Anzeige eines Tabellenblattes verändert werden. In der Registerkarte **Ansicht** können folgende Einstellungen vorgenommen werden.

Normal

❶ **Die „Normalansicht" erscheint grundsätzlich nach dem Starten von Excel.**
Seitenumbrüche erkennt man an den strichlierten Linien.

Seitenlayout

❷ **Das „Seitenlayout" gibt einen Überblick bezüglich der Platzeinteilung, des Druckbereiches sowie der Seitenumbrüche.**
Im Seitenlayout können Kopf- und Fußzeile mittels Klick hinzugefügt werden.

Umbruchvorschau

❸ **Bei der Darstellungsvariante „Umbruchvorschau" werden alle Leisten ausgeblendet.**
Um zur Normalansicht zu wechseln, wird aus dem Kontextmenü der Befehl **Ganzer Bildschirm schließen** ausgewählt.

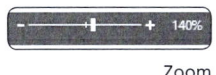
Zoom

❹ **Mithilfe der Ansicht „Zoom" kann auch bei sehr großen Tabellen das gesamte Blatt angezeigt werden.**

Sie können entweder einen vordefinierten Zoomfaktor wählen oder eine benutzerdefinierte Einstellung vornehmen, die allerdings zwischen 10 und 400 % liegen muss. Auch über die Statusleiste kann gezoomt werden.

Die Ansichten **Normal, Seitenlayout** und **Umbruchvorschau** sind am unteren Ende des Tabellenblattes neben der Statusleiste als Symbole verfügbar.

## Darstellungsformate

Excel erkennt bereits bei der Eingabe, in welchem Format die Daten vorliegen. Die Darstellung wird an dieses Format automatisch angepasst, kann aber bei Bedarf auch geändert werden.

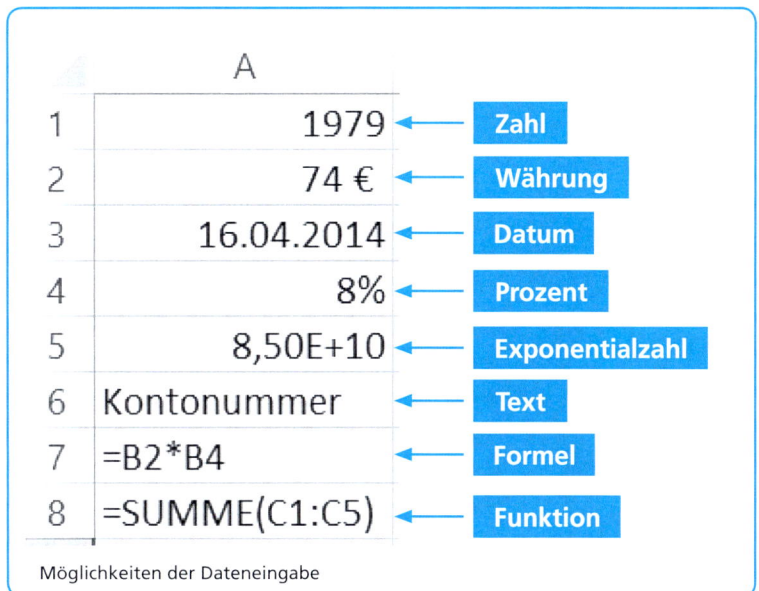

Möglichkeiten der Dateneingabe

Über den Pfeil wird das Dialogfenster geöffnet.

Die **Darstellungsformate** können über die Registerkarte **Start** und das Dialogfenster **Zellen formatieren** der Gruppe **Zahl** verändert werden.

## 2 Berechnungen
### Formeln eingeben

Mit einer Formel führen Sie eine Berechnung innerhalb einer Zelle durch. Das Ergebnis wird in dieser Zelle dargestellt, die Formel wird in der Bearbeitungszeile angezeigt.

Die **Formel** der Zelle **B3** wird in der Bearbeitungszeile dargestellt.

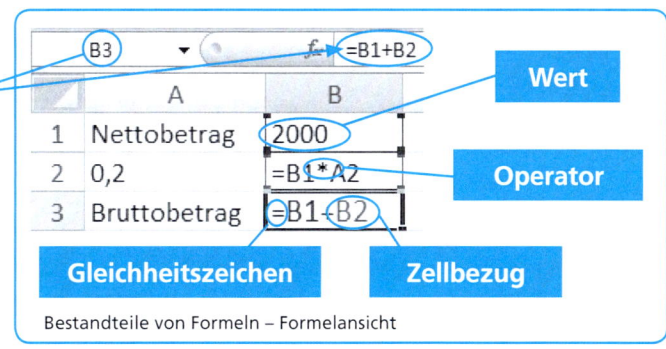

Bestandteile von Formeln – Formelansicht

## Formeln für Berechnungen nutzen

❶ **Eine Formel beginnt mit einem Gleichheits- 🔲 oder Pluszeichen 🔲.**

Eingaben ohne 🔲 oder 🔲 werden als Text erkannt. Dies kann manchmal zu ungewollten Ergebnissen führen, z. B. wenn Sie versuchen, in die Zelle **A2** den Text **„+ 20% USt"** einzugeben. Da der Text mit einem Pluszeichen beginnt, erkennt Excel eine in diesem Fall ungültige Formel und reagiert mit einer Fehlermeldung.

*Texte, die mit „+" oder „=" beginnen, müssen mit einem **Hochkomma** eingegeben werden, z. B. '+ 20% USt.*

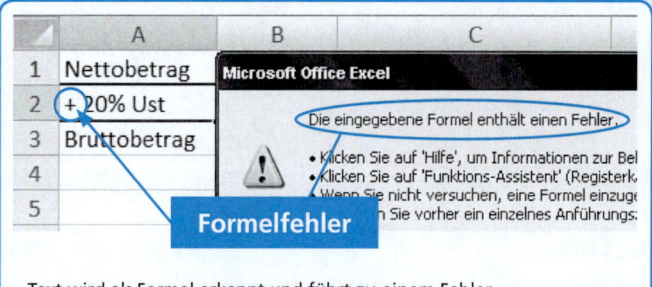

Text wird als Formel erkannt und führt zu einem Fehler

❷ **Bei Formeln gelten die mathematischen Rechenregeln.**

Die Reihenfolge lautet: 1. potenzieren, 2. multiplizieren und dividieren sowie 3. addieren und subtrahieren. **Klammern** umgehen diese Reihenfolge, z. B. **=((A1+B1+C1)/3)^(1/2)**.

*Folgende **Rechenzeichen** sind für Berechnungen in Formeln vorgesehen:*
*+ zum Addieren*
*- zum Subtrahieren*
*\* zum Multiplizieren*
*/ zum Dividieren*
*^ zum Potenzieren*

❸ **In einer Formel befinden sich nach Möglichkeit nur Zellbezüge.**

Wird ein Wert, auf den sich eine Formel bezieht, geändert, wird das Ergebnis automatisch neu berechnet. Parameter für eine Berechnung, wie im folgenden Beispiel der Umsatzsteuersatz, sollten in eine eigene Zelle eingegeben werden. Dies erleichtert das Ändern des Wertes von z. B. 20 % auf 10 %. Im linken Beispiel müsste dafür die Formel geändert werden.

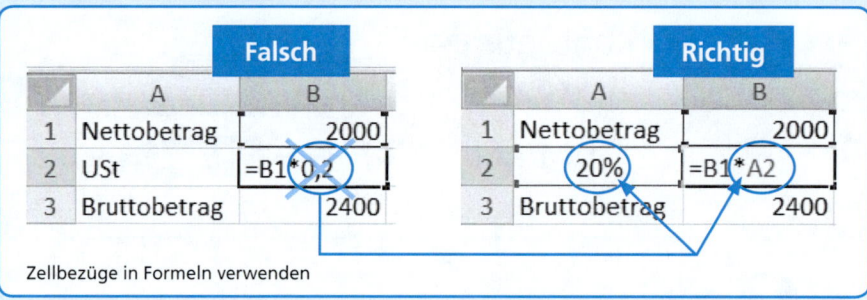

Zellbezüge in Formeln verwenden

## Relative, absolute und gemischte Bezüge

Zellbezüge und Bereiche, wie z. B. **A1** oder **B1:B9,** haben wir bereits kennengelernt und in Formeln verwendet.

## Arten von Zellbezügen

❶ Ein **relativer Zellbezug** verändert sich relativ zur Kopierbewegung.

❷ Ein **absoluter Zellbezug** wird mit je einem **„$"-Zeichen** vor der Spalten- und der Zeilenangabe gekennzeichnet. Der **Bezug bleibt** beim Kopieren **unverändert.**

❸ Ein **gemischter Zellbezug** enthält ein **„$"-Zeichen** entweder **vor der Spalten- oder vor der Zeilenangabe.** Der absolute Teil bleibt unverändert, der relative verändert sich entsprechend der Kopierbewegung.

*Die Funktionstaste F4 wird zum Wechseln zwischen den Bezugsarten verwendet.*

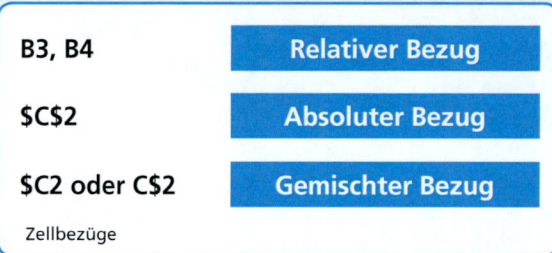

Zellbezüge

## 3 Layoutfunktionen
### Optische Gestaltung einer Tabelle

Durch die Formatierung wird eine Tabelle übersichtlicher und aussagekräftiger. Sie müssen zwischen der **Zellenformatierung** und der Einstellung unterschiedlicher **Zahlenformate** unterscheiden.

### Formatfunktionen

**❶ Das Zellenformat definiert die Schriftart, -größe und -farbe sowie die Ausrichtung und die Hintergrundfarbe einer Zelle.**

Die wichtigsten Zellenformate können über die Registerkarte **Start** eingestellt werden.

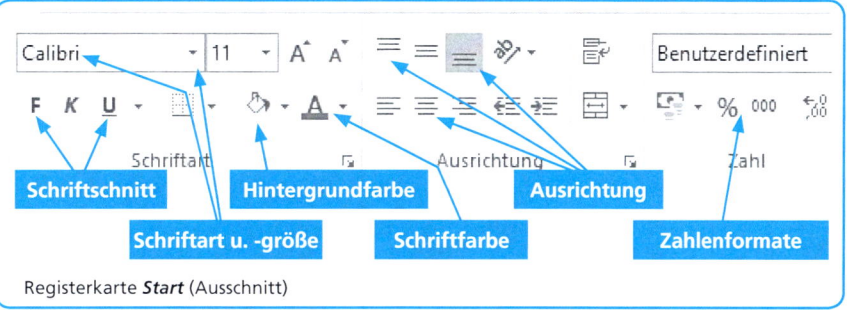

Registerkarte *Start* (Ausschnitt)

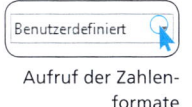

Aufruf der Zahlenformate

**❷ Das Zahlenformat legt das Erscheinungsbild von Werten einer Zelle fest.**

Der Zahlenwert 5 kann z. B. als Dezimalzahl (5,00), als Währung (5,00 €), als Prozentsatz (500 %) oder als Datum (5.1.1900) dargestellt werden. Unabhängig von der Darstellung wird immer mit der Zahl 5 gerechnet.

Zahlenformate in der Registerkarte *Start*

Die Gruppe **Zahl** in der Registerkarte **Start** enthält häufig benötigte Zahlenformate zur Auswahl: **Währungsformat, Prozentformat, Buchhaltungsformat** und **Euro**. Kommastellen können mithilfe von 🔢 hinzugefügt und mit 🔢 entfernt werden. Das Drop-Down-Feld **Standard** beinhaltet Symbole für alle weiteren gängigen Zahlenformate.

Sollte als Standard-Währungssymbol nicht **Euro** eingestellt sein, kann dies in der **Systemsteuerung** unter **Regions- und Sprachoptionen** geändert werden.

Format übertragen

Die Funktion **Format übertragen** in der **Gruppe Zwischenablage** der **Registerkarte Start** ermöglicht das Kopieren der Zellenformatierung. Dabei werden alle Einstellungen einer Zelle in den Zielzellen übernommen.

Die Zahlenformate können entweder über das Symbol **Zahlenformat** der Registerkarte **Start | Zahl** bzw. über das Dialogfeld **Zellen formatieren | Zahl** festgelegt werden.

Zahlenformat *Zahl*

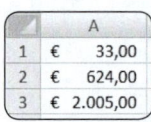

Zahlenformat *Buchhaltung*

## Zahlenformate

❶ **Standard** ist kein bestimmtes **Zahlenformat.** Über das Format **Standard** werden alle zuvor gewählten Formate wieder gelöscht.

❷ Die Einstellungsmöglichkeiten bei **Zahl** sind die **Anzahl der Dezimalstellen** sowie das **Tausender-Trennzeichen.** Weiters kann die **Darstellung negativer Zahlen** festgelegt werden.

❸ Bei **Währung** wird zusätzlich zu den Einstellungen einer Zahl das **Währungssymbol** aus einer Liste ausgewählt.

❹ Bei **Buchhaltung** werden links das **Eurosymbol** und rechts die Zahl mit **Tausenderpunkt** und **zwei Dezimalstellen** dargestellt. Der Vorteil dieses Formates ist, dass die Stellenwerte korrekt untereinander geschrieben werden.

❺ **Prozent** stellt den Wert der Zelle **mit 100 multipliziert** und mit einem **Prozentsymbol** dar.

❻ Als **Text** formatierte Zahlen werden als solcher behandelt und **linksbündig** dargestellt.

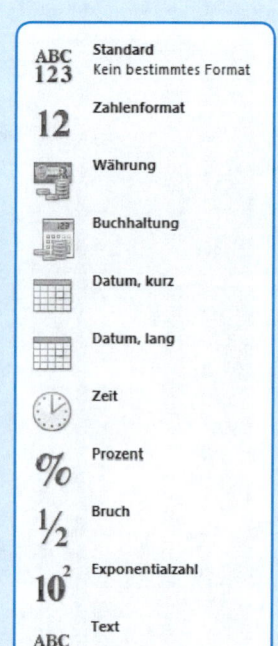

Zahlenformate

Ein falsch gewähltes Zahlenformat kann sich äußerst negativ auf die Lesbarkeit und die korrekte Darstellung von Werten und Formelergebnissen auswirken.

Die unterschiedlichen Datums- und Zeitformate werden im Input 5 ausführlich beschrieben.

## Datums- und Zeitformate

Excel erkennt die Eingabe eines Datums automatisch, wenn zur Trennung von Tages-, Monats- und Jahresangabe die Zeichen **Punkt**, **Komma** oder **Schrägstrich** verwendet werden. Die Eingabe der Uhrzeit wird erkannt, wenn zwischen Stunden, Minuten und Sekunden ein **Doppelpunkt** gesetzt wird. Datums- und Uhrzeitangaben werden als Zahlen gespeichert und können für Berechnungen verwendet werden.

Die Tastenkombination ⇧ Strg . bzw. die Funktion *JETZT()* liefern die aktuelle **Uhrzeit**.

❶ **Das aktuelle Tagesdatum wird mit der Funktion *HEUTE()* in einer Zelle gespeichert.**

Die Tastenkombination Strg . liefert das aktuelle Tagesdatum, ohne es zu aktualisieren, wenn die Tabelle an einem anderen Tag geöffnet wird. Die Funktion **HEUTE()** liefert immer das aktuelle Tagesdatum.

❷ **Ein Datum wird als Zahl gespeichert. Der 1.1.1900 ist der erste Tag.**

Excel verwendet das **1900-Datumswertsystem.** Hierbei wird jeder Tag, beginnend mit dem 1.1.1900, als Zahl repräsentiert. Schaltjahre werden automatisch berücksichtigt.

Datumsformate

❸ **Die Uhrzeit ist der Bruchteil eines Tages und wird als Dezimalzahl gespeichert.**

Die Uhrzeit wird prinzipiell im 24-Stunden-Modus angezeigt. Soll die Anzeige im 12-Stunden-Modus erfolgen, ist die Eingabe der Zusätze **AM** oder **a** bzw. **PM** oder **p** nach der Uhrzeit und einem Leerzeichen erforderlich.

## 4 Diagramme
### Visualisierung von Daten

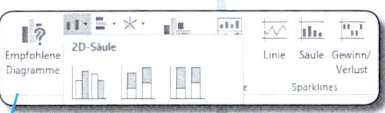

*Einfügen | Diagramme*

**Diagramme** ermöglichen eine übersichtliche Präsentation von Daten in Form von Säulen, Balken, Linien, Kreisen, Punkten oder Flächen. Diagramme werden über die **Diagrammtools** in wenigen Schritten erstellt und bearbeitet.

**L 1.4: Diagramm erstellen**
Für ein Autohaus sollen die **PKW-Verkaufszahlen** des ersten und zweiten Halbjahres übersichtlich in einem Säulen- bzw. Balkendiagramm dargestellt werden.

**Markieren** Sie den **Bereich A1 bis C4,** wählen Sie **Einfügen | Diagramme | Säule** und suchen Sie das gewünschte Diagramm aus!

Der **Diagrammtyp** kann über die Registerkarte **Entwurf** der Diagrammtools verändert werden.

Die Diagrammgröße kann über alle Eckpunkte des Diagramms mit gedrückter Maustaste verändert werden.

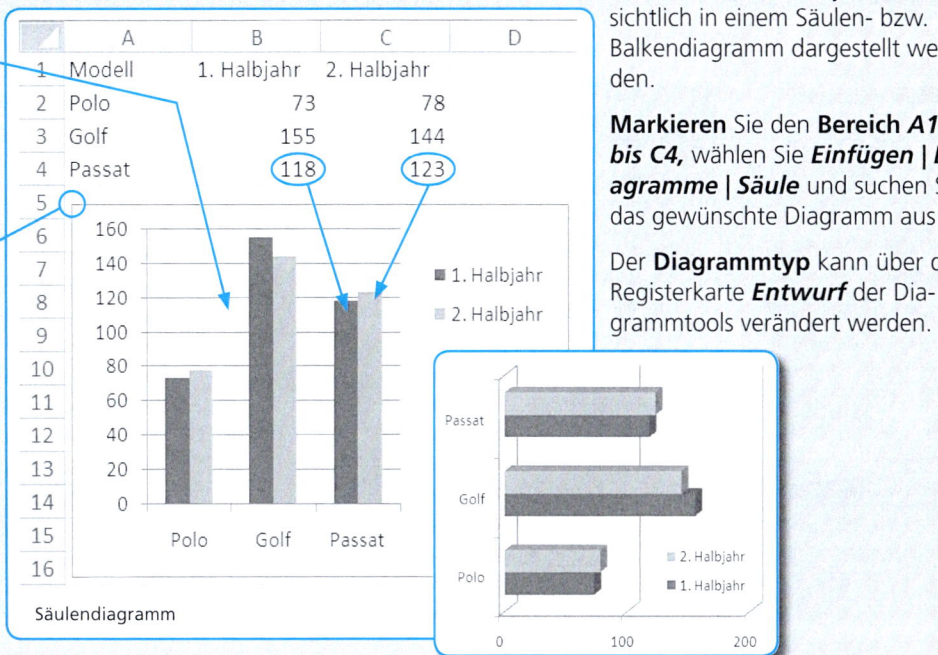

### Diagrammtypen

❶ **Säulen und Balken:** Säulen sind die am häufigsten verwendete Diagrammform. Sie eignen sich vor allem zum Vergleich mehrerer Größen zu einem bestimmten Zeitpunkt.

❷ **Linien und Flächen:** Sie eignen sich zur Darstellung eines zeitlichen Ablaufs einer oder mehrerer Datenreihen.

❸ **Kreis und Ring:** Sie stellen Anteile am Ganzen dar. Während mit einem Kreis die Darstellung von nur einer Datenreihe möglich ist, können mit einem Ring auch mehrere Datenreihen gezeigt werden. Die Anteile werden als Segmente bezeichnet und sehen wie Tortenstücke aus.

❹ **Punkt:** Diese Darstellungsform eignet sich vor allem für mathematische Funktionen.

Die **Formatierung** der Diagrammelemente, z. B. der **Diagrammfläche,** der **Legende,** der **Zeichnungsfläche,** der **Achsen** und **Datenreihen,** erfolgt über das Kontextmenü bzw. über die Diagrammtools.

Das Diagramm kann durch einen Klick auf die Diagrammfläche und bei gedrückt gehaltener Maustaste am Tabellenblatt verschoben werden.

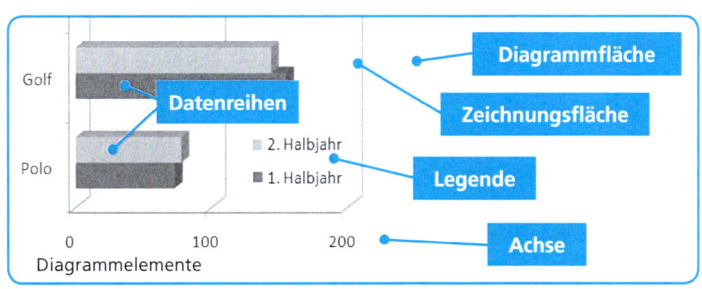

Angewandte Informatik HTL

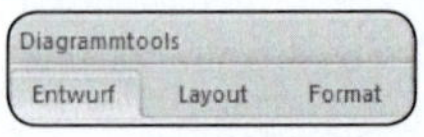

Sobald das Diagramm in die bestehende Tabelle eingefügt und an einer beliebigen Stelle markiert wurde, öffnen sich die **Diagrammtools,** die Formatierungs- und Bearbeitungsmöglichkeiten bieten.

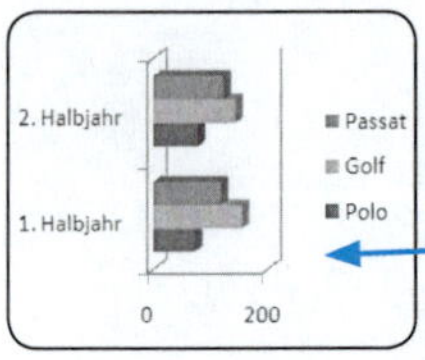

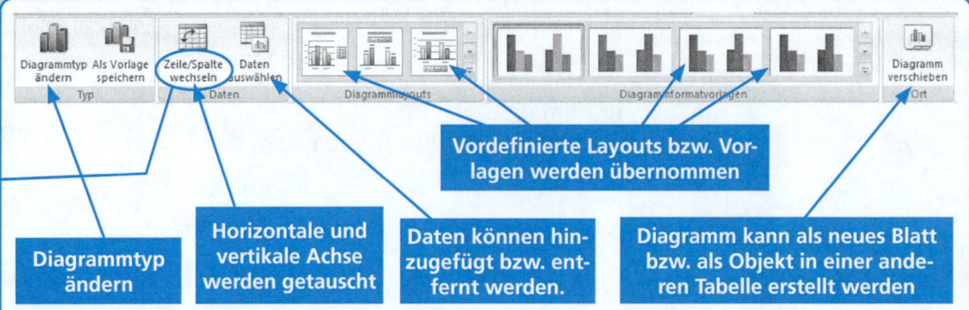

**Diagrammtools**

**Zeile/Spalte wechseln**

- Vordefinierte Layouts bzw. Vorlagen werden übernommen
- **Diagrammtyp ändern**
- Horizontale und vertikale Achse werden getauscht
- Daten können hinzugefügt bzw. entfernt werden.
- Diagramm kann als neues Blatt bzw. als Objekt in einer anderen Tabelle erstellt werden

**Diagrammtools** *Entwurf*

Die Auswahl kann auch über das **Kontextmenü** des jeweiligen Diagrammelementes erfolgen.

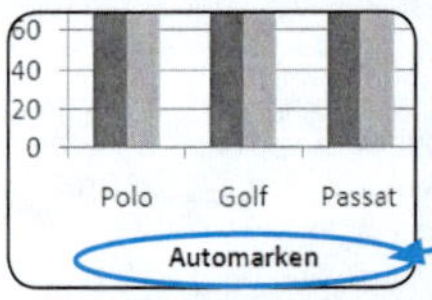

**Achsentitel unterhalb der horizontalen Primärachse**

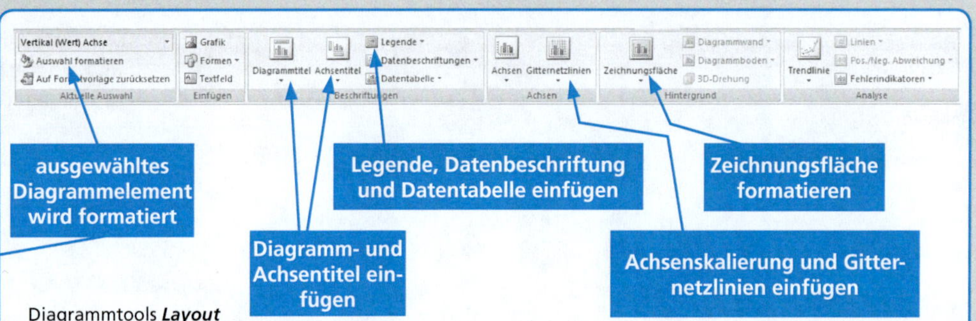

- ausgewähltes Diagrammelement wird formatiert
- Diagramm- und Achsentitel einfügen
- Legende, Datenbeschriftung und Datentabelle einfügen
- Zeichnungsfläche formatieren
- Achsenskalierung und Gitternetzlinien einfügen

**Diagrammtools** *Layout*

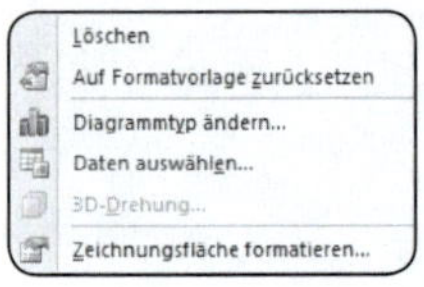

**Kontextmenü**

Jedes Diagrammelement kann individuell formatiert werden. Über das **Kontextmenü** bzw. die **Diagrammtools** können Sie die Einstellungen verändern.

## Diagrammelemente formatieren

### ❶ Beschriftungen formatieren

Bei Beschriftungen, wie Titel, Legende oder Achsenbeschriftungen, können **Schriftart, Schriftschnitt, Schriftgröße, Schriftfarbe, Zahlenkategorie** sowie **Effekte** (z. B. Orientierung, Textausrichtung, Unterstreichung) verändert werden.

### ❷ Achsen skalieren

Achsenoptionen aus dem Kontextmenü bzw. den Diagrammtools

Im Register **Achsenoptionen** können **Minimum** und **Maximum** für die Y-Achse bestimmt werden. Das Beispiel zeigt anhand der Kursschwankungen des **Schweizer Franken** (CHF) den Unterschied bei der Darstellung des Kursverlaufes. Beide Diagramme sind bis auf die **Minimum-Einstellung** ident und verwenden die Basisdaten von A2 bis A25.

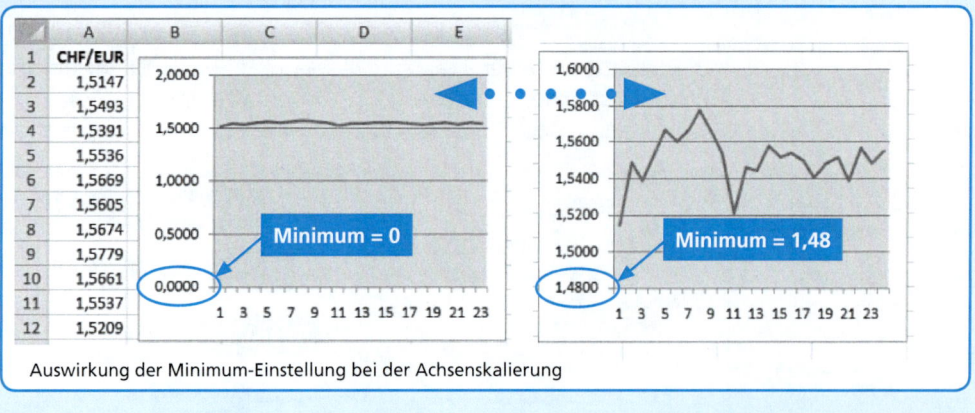

Auswirkung der Minimum-Einstellung bei der Achsenskalierung

Lerneinheit 3: Tabellenkalkulation

### ❸ Zeichnungs- und Diagrammfläche formatieren

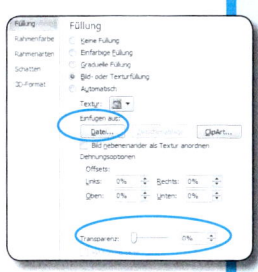

Füllung der Zeichnungs- und Diagrammfläche

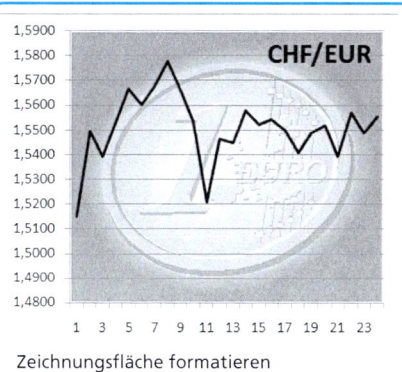

Zeichnungsfläche formatieren

Die **Zeichnungsfläche** ist der Hintergrund der Datenreihen. Sie kann in verschiedenen Farben oder mit Effekten gestaltet werden. Dazu müssen Sie bei der Füllung **Bild- oder Texturfüllung** auswählen. Danach kann über die Schaltfläche **Datei** eine Grafik ausgewählt werden.

Bei Hintergrundbildern ist es oftmals ratsam, diese **transparent** darzustellen, da sonst das eigentliche Diagramm in den Hintergrund rückt.

Die **Diagrammfläche** umgibt die Zeichnungsfläche und ist in der Regel weiß. Sie kann ebenso wie die Zeichnungsfläche geändert werden.

### ❹ Datenpunkte und Datenreihen formatieren

Datenpunkt in einer markierten Datenreihe

Ein **Datenpunkt** ist ein Element des gewählten Diagrammtyps, z. B. eine Säule oder ein Kreisausschnitt. Eine **Datenreihe** umfasst mehrere Datenpunkte. Ein Klick auf einen Datenpunkt markiert zunächst die Datenreihe, ein weiterer Klick den Datenpunkt.

Zur **Datenbeschriftung** können die jeweiligen Werte oder Prozentsätze verwendet werden.

Durch Herausziehen eines Tortenstückes kann in einem Kreisdiagramm ein **Segment hervorgehoben** werden. Wir klicken zuerst auf den Kreis, kurz danach auf das gewünschte Segment, das wir mit der Maus herausziehen können.

Kreissegment herausziehen

## 5 Datums- und Uhrzeitfunktionen
Die Funktionen *HEUTE, JETZT, TAG, MONAT, JAHR, WOCHENTAG, DATUM, STUNDE, MINUTE* und *SEKUNDE*

| Datum | Zahlenwert |
|---|---|
| 1.1.1900 | 1 |
| 2.1.1900 | 2 |
| 1.2.1900 | 32 |
| 7.4.2008 | 39.545 |

Alle Datums- und Uhrzeitfunktionen basieren darauf, dass ein Datum einen Zahlenwert hat, der sich aus der Differenz zum 1.1.1900 ergibt. Das Datum **1.1.1900** erhält den **Zahlenwert 1,** alle weiteren Tage erhalten fortlaufend eine Zahl zugewiesen.

### Aktuelles Datum und aktuelle Uhrzeit

❶ **Der Zahlenwert des Datums gibt die Anzahl der Tage seit dem 1.1.1900 an.**

Das Tagesdatum wird mit den Tasten [Strg][.] eingefügt.

Das Tagesdatum kann in einer Zelle mit der Tastenkombination [Strg][.] eingegeben werden. Im Unterschied dazu bewirkt die **Funktion HEUTE()** bei einem späteren Öffnen der Arbeitsmappe die automatische Anzeige des aktuellen Tagesdatums. Bei der Verwendung der Tastenkombination erfolgt keine automatische Aktualisierung. Wird kein Datumsformat für die Zelle gewählt, erscheint ein Datum als Zahlenwert.

Soll immer das **aktuelle Datum** erscheinen, wird die **Funktion HEUTE()** verwendet.

❷ **Die Uhrzeit wird als Dezimalzahl dargestellt.**

Mit der Funktion *JETZT()* wird neben dem Datum auch die Uhrzeit angezeigt.

Die Uhrzeit kann über die Tastenkombination [⇧][Strg][.] eingefügt werden. Nach einem neuerlichen Öffnen der Arbeitsmappe wird die gespeicherte Uhrzeit nicht aktualisiert, bei der Eingabe der Funktion *JETZT()* hingegen schon.

Angewandte Informatik HTL

**Uhrzeitangaben** werden als Bruchteile eines Tages, als **Dezimalzahlen**, gespeichert, z. B. **12:00 Uhr = 0,5**.

| 21.03.2015 | 21.03.2015 15:10 | Format *Datum* |
| 42084 | 42084,63194 | Format *Standard* |
| =HEUTE() | =JETZT() | Formelansicht |
| | | |
| 21.03.2015 | 15:10 | Format *Datum* |
| 42084 | 0,631944444 | Format *Standard* |

Darstellungsmöglichkeit von Datum und Uhrzeit

## Datumsfunktionen

❶ **Die Bestandteile eines Datums, Tag, Monat und Jahr, können als Zahlen dargestellt werden.**

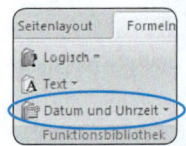

Alle Funktionen zu Datum und Uhrzeit sind in der Registerkarte *Formeln* in der **Funktionsbibliothek** unter *Datum und Uhrzeit* zu finden.

| Funktion | Beschreibung |
|---|---|
| **TAG(Datum)** | Der Tag eines Datums wird als Zahl ausgegeben (1–31). |
| **MONAT(Datum)** | Der Monat eines Datums wird als Zahl ausgegeben (1–12). |
| **JAHR(Datum)** | Das Jahr eines Datums wird als Zahl ausgegeben (1900–9999). |

❷ **Der Wochentag eines Datums kann als Zahl dargestellt werden.**

Wird kein Typ angegeben, wird als Typ 1 angenommen.

| Funktion | Beschreibung |
|---|---|
| **WOCHENTAG(Datum; Typ)** | Der Wochentag eines Datums wird als Zahl ausgegeben. |
| **Typ = 1** | Sonntag = 1, Montag = 2 ... Samstag = 7 |
| **Typ = 2** | Montag = 1, Dienstag = 2 ... Sonntag = 7 |

❸ **Der Wochentag eines Datums kann als Text ausgegeben werden.**

| Funktion | Beschreibung |
|---|---|
| **TEXT(Datum; Typ)** | Der Wochentag eines Datums wird als Text ausgegeben. |
| **ttt** | „ttt" liefert den Wochentag als Abkürzung, z. B. Mo, Di usw. |
| **tttt** | „tttt" liefert den Wochentag vollständig ausgeschrieben. |

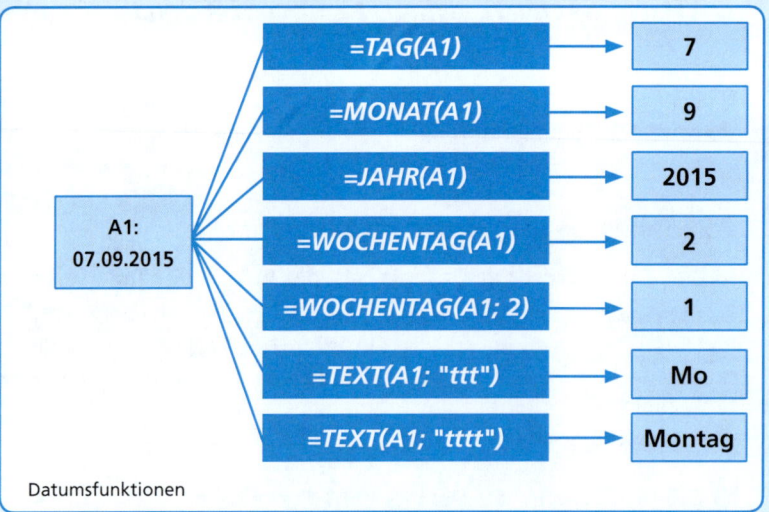

Datumsfunktionen

❹ **Das Datum kann zusammengesetzt werden.**

Mithilfe der **Funktion *DATUM(Jahr; Monat; Tag)*** kann ein Datum aus seinen Einzelteilen zusammengesetzt werden. Das Datum wird standardmäßig mit der Formatierung **„TT.MM.JJJJ"** dargestellt.

# 6 Logische Funktionen
## WENN-, UND-, ODER-Funktionen

Mithilfe von **logischen Funktionen** wird überprüft, ob eine oder mehrere Bedingungen erfüllt sind. Ist dies der Fall, wird ein bestimmter Wert oder das Ergebnis einer Berechnung ausgegeben. Wird die Bedingung nicht erfüllt, wird eine Alternative angezeigt.

Alle logischen Funktionen sind in der Registerkarte *Formeln* in der **Funktionsbibliothek** unter *Logisch* zu finden.

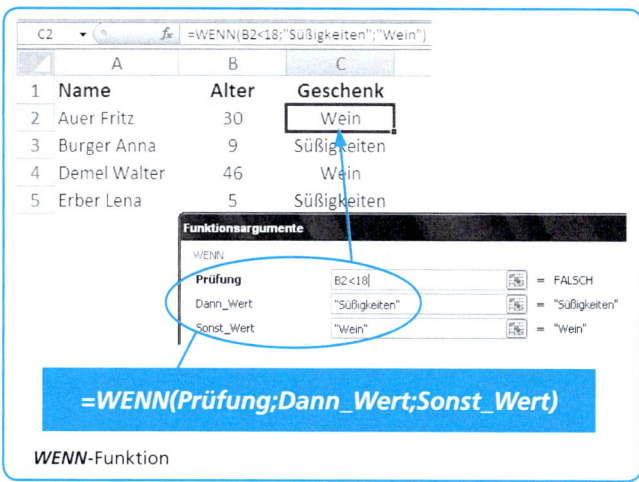

## Parameter der WENN-Funktion

**❶ Die Prüfung ist eine Bedingung, ein logischer Ausdruck, dessen Ergebnis wahr oder falsch ist.**

Das Ergebnis der **Prüfbedingung** ist der Ausdruck **wahr** (*true*) oder **falsch** (*false*). Die Prüfbedingung wird mithilfe von **Vergleichsoperatoren** (=, <, >, <>, <=, >=) erstellt, z. B. *E7=1000, A5>A4, D10<>"nein"* oder *A7<=5*.

Ein **Parameter** ist ein Wert, der an eine Funktion übergeben wird.

**❷ Der *Dann_Wert* wird ausgegeben, wenn das Ergebnis der Prüfbedingung wahr (*true*) ist.**

Der **Dann_Wert** kann eine Zahl, einen Text, einen Zellbezug, eine Formel bzw. weitere Funktionen enthalten. Soll ein Text ausgegeben werden, muss dieser unter Anführungszeichen gesetzt werden, z. B. 100, "ausgezeichnet", B2*5%, C2*D2.

**❸ Der *Sonst_Wert* wird ausgegeben, wenn das Ergebnis der Prüfbedingung falsch (*false*) ist.**

Der **Sonst_Wert** stellt die Alternative zum **Dann_Wert** dar und kann ebenso Zahlen, Texte, Zellbezüge, Formeln und Funktionen enthalten.

## Verschachtelte Funktionen

**Mehrere Funktionen ineinander werden als verschachtelte Funktionen bezeichnet.**

Zur Überprüfung mehrerer Bedingungen wird eine verschachtelte **WENN**-Funktion verwendet. Beim **Sonst_Wert** wird eine weitere **WENN**-Funktion eingefügt. Es gibt dafür maximal **sieben Verschachtelungsebenen**. Alle **WENN**-Funktionen werden erst am Ende der Formel mit einer Klammer abgeschlossen.

Zur Verbesserung der Lesbarkeit verschachtelter Funktionen erhalten zusammengehörende Funktionen **Klammern in gleicher Farbe**.

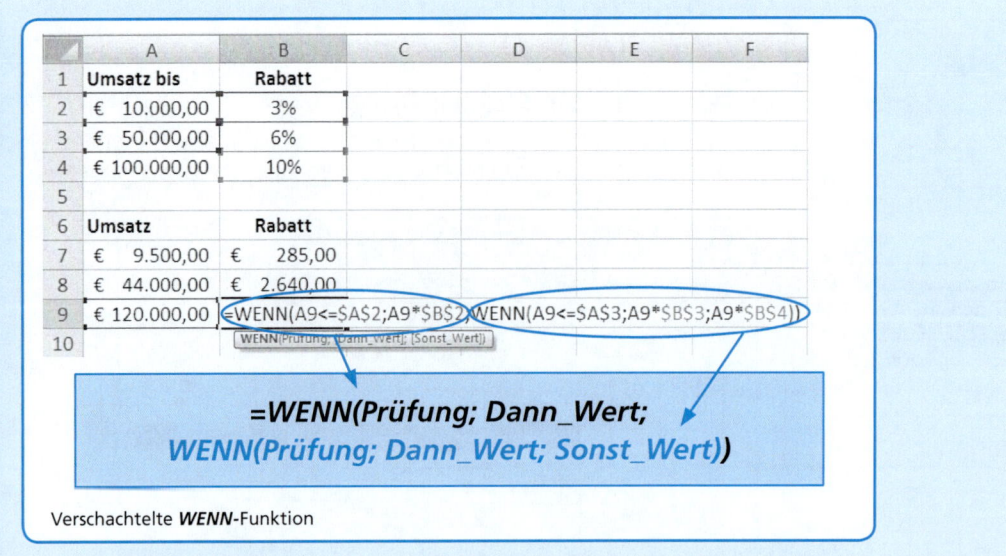

Verschachtelte **WENN**-Funktion

## Logische Verknüpfungen

**Um mehrere Prüfbedingungen zu verknüpfen, werden die Funktionen UND bzw. ODER verwendet.**

Das Ergebnis einer **UND-** bzw. **ODER**-Funktion ist der logische Ausdruck **wahr** oder **falsch**. Da das Ergebnis dieser beiden Funktionen lediglich ein **Wahr** oder **Falsch** liefert, werden **UND** bzw. **ODER** sehr häufig in Kombination mit anderen Funktionen, z. B. der **WENN**-Funktion, verwendet.

| Funktion | Beschreibung |
|---|---|
| UND(Wahrheitswert1; Wahrheitswert2; …) | **Alle** Prüfbedingungen der **UND**-Funktion müssen wahr sein, damit das Ergebnis **wahr** ist. |
| ODER(Wahrheitswert1; Wahrheitswert2; …) | **Mindestens eine** Prüfbedingung der **ODER**-Funktion muss wahr sein, damit das Ergebnis **wahr** ist. |

Die **ODER**-Funktion ist auch dann erfüllt, wenn alle Wahrheitswerte **wahr** sind.

Die **UND-** bzw. **ODER**-Funktion wird sofort mit einer runden Klammer geschlossen!

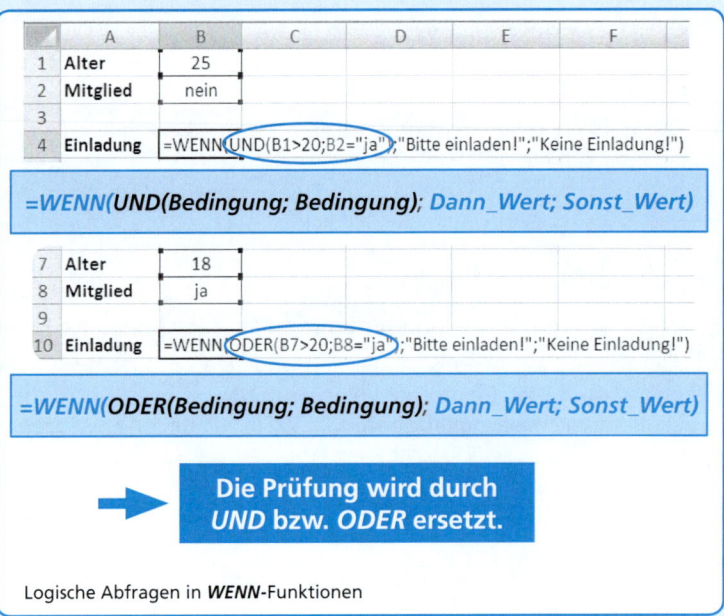

Die Prüfung wird durch **UND** bzw. **ODER** ersetzt.

Logische Abfragen in **WENN**-Funktionen

Angewandte Informatik HTL

Lerneinheit 3: Tabellenkalkulation

## 7 Statistische und mathematische Funktionen
### Die Funktionen *ANZAHL2* und *ZÄHLENWENN*

**Statistische Funktionen** dienen der Analyse großer Datenmengen. Das Lehrbeispiel zeigt die wichtigsten statistischen Funktionen, die in der Technik Bedeutung haben.

**L 1.5: Statistische Funktionen**
Wie lauten die Funktionen zur Berechnung der Zellinhalte von B8 bis B11?

B8:  =MAX(B2:B6)
B9:  =MIN(B2:B6)
B10: =MITTELWERT(B2:B6)
B11: =ANZAHL(B2:B6)

|  | A | B |
|---|---|---|
| 1 | Mitarbeiter | Umsätze 20.. |
| 2 | Gerstner | € 710.000,00 |
| 3 | Gruber | € 750.000,00 |
| 4 | Mayerhofer | € 630.000,00 |
| 5 | Pils | € 380.000,00 |
| 6 | Stelzeneder | € 475.000,00 |
| 7 |  |  |
| 8 | größter Umsatz | € 750.000,00 |
| 9 | kleinster Umsatz | € 380.000,00 |
| 10 | durchschnittlicher Umsatz | € 589.000,00 |
| 11 | Anzahl der Umsatzwerte | 5 |

*Alle statistischen Funktionen sind in der Registerkarte Formeln in der Funktionsbibliothek unter Mehr Funktionen | Statistisch zu finden.*

Speziell für das Zählen von Texten gibt es weiters die Funktion **ANZAHL2**. Mithilfe der Funktion **ZÄHLENWENN** können bestimmte vorkommende Werte in einem Bereich gezählt werden.

| Funktion | Beschreibung |
|---|---|
| ANZAHL2(Wert1; Wert2; ...) | Alle Zellen eines Bereiches, die einen Wert enthalten, werden gezählt. Leere Zellen zählen nicht. |
| ZÄHLENWENN(Bereich; Suchkriterien) | In einem Bereich werden jene Zellen gezählt, deren Inhalte dem Suchkriterium entsprechen. Das Suchkriterium kann auch eine Bedingung sein. |

*Die Funktion ANZAHL2 zählt ein Leerzeichen in einer Zelle als Wert.*

Die Funktion **ANZAHL** zählt nur **Zellen mit Zahlen,** während **ANZAHL2** alle Zellen mit **beliebigen Werten** in einem Bereich zählt, also z. B. auch Wörter und Texte.

*Beispiele:*
*ZÄHLENWENN*
*(A2:A5;"Cola")*

*ZÄHLENWENN*
*(A2:A5;"<1")*

*ZÄHLENWENN*
*(A2:A5;"A*")*
*→ Wert beginnt mit A*

*ZÄHLENWENN*
*(A2:A5;"????")*
*→ Wort mit 4 Buchstaben*

|  | A | B | C |
|---|---|---|---|
| 1 | Artikel | Dosen |  |
| 2 | Cola | 32 |  |
| 3 | Sprite | 54 |  |
| 4 | Eistee | 75 |  |
| 5 | Fanta | 44 |  |
| 6 |  |  |  |
| 7 | ANZAHL | 4 | =ANZAHL(A2:B5) |
| 8 | ANZAHL2 | 8 | =ANZAHL2(A2:B5) |
| 9 | ZÄHLENWENN > 50 Dosen | 2 | =ZÄHLENWENN(B2:B5;">50") |

=ANZAHL2(Wert1; Wert2; ...)

=ZÄHLENWENN(Bereich; Suchkriterien)

ANZAHL2- und ZÄHLENWENN-Funktionen

### *SUMMEWENN*- und *RUNDEN*-Funktionen

Eine sehr häufig verwendete **mathematische Funktion** haben Sie bereits kennengelernt, die Funktion **SUMME.** Die Funktionen **SUMMEWENN** und **RUNDEN** sehen Sie sich nun an.

*PRODUKT(Zahl1; Zahl2; ...) multipliziert alle Zahlen bzw. Bezüge.*

Angewandte Informatik HTL

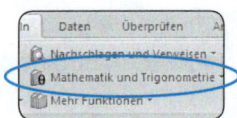

Alle mathematischen Funktionen sind in der Registerkarte **Formeln** in der **Funktionsbibliothek** unter **Mathematik und Trigonometrie** zu finden.

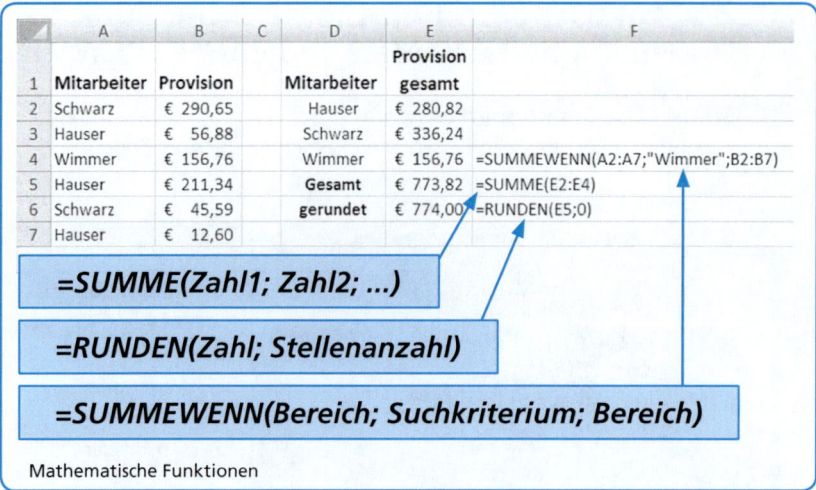

=SUMME(Zahl1; Zahl2; ...)

=RUNDEN(Zahl; Stellenanzahl)

=SUMMEWENN(Bereich; Suchkriterium; Bereich)

Mathematische Funktionen

## Mathematische Funktionen

**① Die Funktion SUMMEWENN addiert Werte, die einem Suchkriterium entsprechen.**

Mithilfe dieser Funktion werden Zellen eines Bereiches addiert, die einem **Suchkriterium** entsprechen. Als Kriterium kann eine Zahl, ein Bezug sowie ein Text gewählt werden.
Beispiele: =SUMMEWENN(B2:B7; 9); =SUMMEWENN(A2:A5; "Hauser"; B2:B7); =SUMMEWENN(B2:B7; "<>9"); =SUMME(SUMMEWENN(A2:A5; {"Hauser"; "Schwarz"}; B2:B7))

Wird ein Text als Kriterium gewählt, so muss dieser unter Anführungszeichen gesetzt werden.

**② Die Funktion RUNDEN rundet eine Zahl auf eine bestimmte Stellenanzahl.**

In die Funktion **RUNDEN** kann auch eine Funktion integriert werden, z. B. **RUNDEN (SUMME(E2:E4);0)**.

| Stellenanzahl | Rundungsergebnis |
|---|---|
| 2 | auf 2 Dezimalstellen |
| 1 | auf 1 Dezimalstelle |
| 0 | auf eine ganze Zahl |
| −1 | auf die Zehnerstelle |
| −2 | auf die Hunderterstelle |
| −3 | auf die Tausenderstelle |

**③ Auf- und Abrunden**

Neben dem mathematischen Runden bietet Excel auch entsprechende Funktionen zum **Auf- und Abrunden** an:

=AUFRUNDEN(Zahl; Stellenanzahl)
=ABRUNDEN(Zahl; Stellenanzahl)

*Ganzzahl(Zahl)* rundet auf die **nächstkleinere ganze Zahl** ab.

**④ Zufallszahlen**

Mit der Funktion **ZUFALLSZAHL()** können **zufällige Dezimalzahlen zwischen 0 und 1** in einer Zelle dargestellt werden. Bei jeder Neuberechnung ändern sich die Ergebnisse.

| | A | B |
|---|---|---|
| 1 | Zufallszahl | Formel |
| 2 | 0,991456102 | =ZUFALLSZAHL() |
| 3 | 6,493443102 | =ZUFALLSZAHL()*10 |
| 4 | 85 | =RUNDEN(ZUFALLSZAHL()*100;0) |

ZUFALLSZAHL-Funktionen

Lerneinheit 3: Tabellenkalkulation

**Übungsbeispiele**

SbX

Die Ausgangsdateien zu allen Übungsbeispielen im Schritt ÜBEN finden Sie unter der ID: 1132.

### Ü 1.17: Preisliste formatieren ★★

Ausgangsbasis für dieses Beispiel ist die Datei **„Ü1.17_Preisliste"**. Formatieren Sie diese entsprechend der Angaben in der folgenden Abbildung!

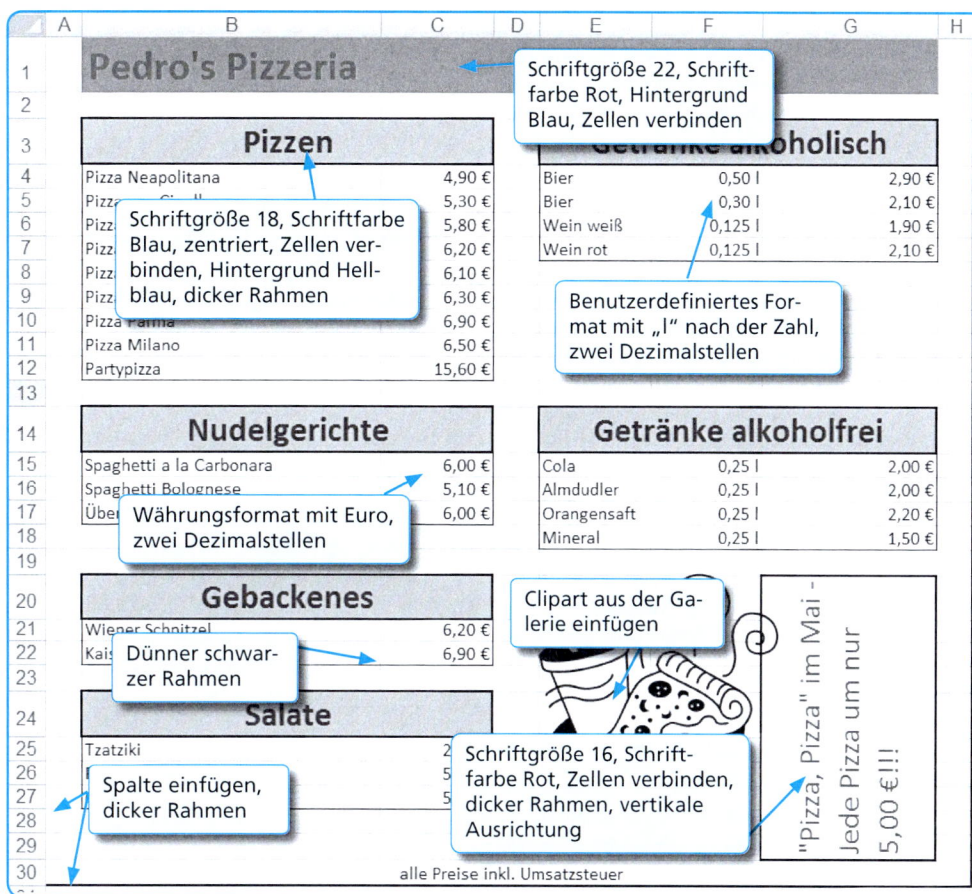

### Ü 1.18: Formeln und Funktionen verwenden ★★

Öffnen Sie die Datei **„Ü1.18_Urlaub"**! Verwenden Sie zur Lösung Formeln und Funktionen!

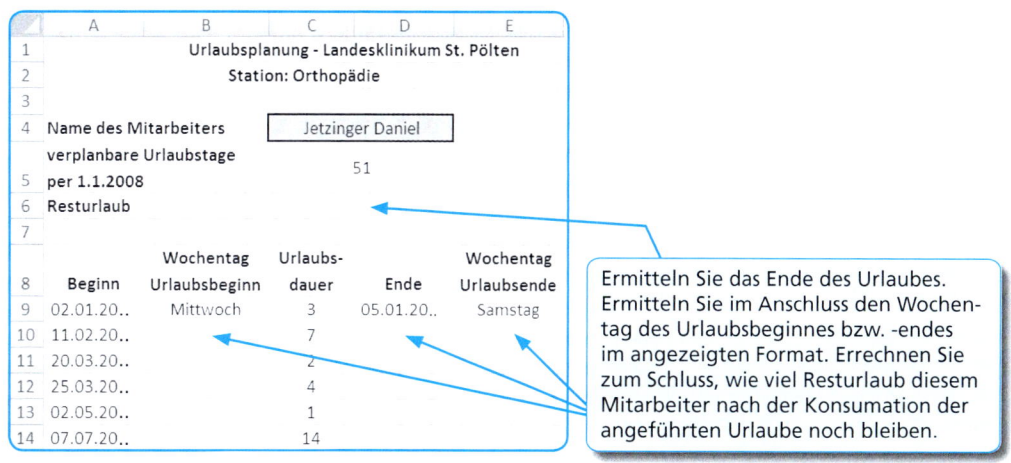

### Ü 1.19: Basketball ★★
Formatieren Sie die Datei **„Ü1.19_Basketball"** gemäß der folgenden Aufgabenstellungen!

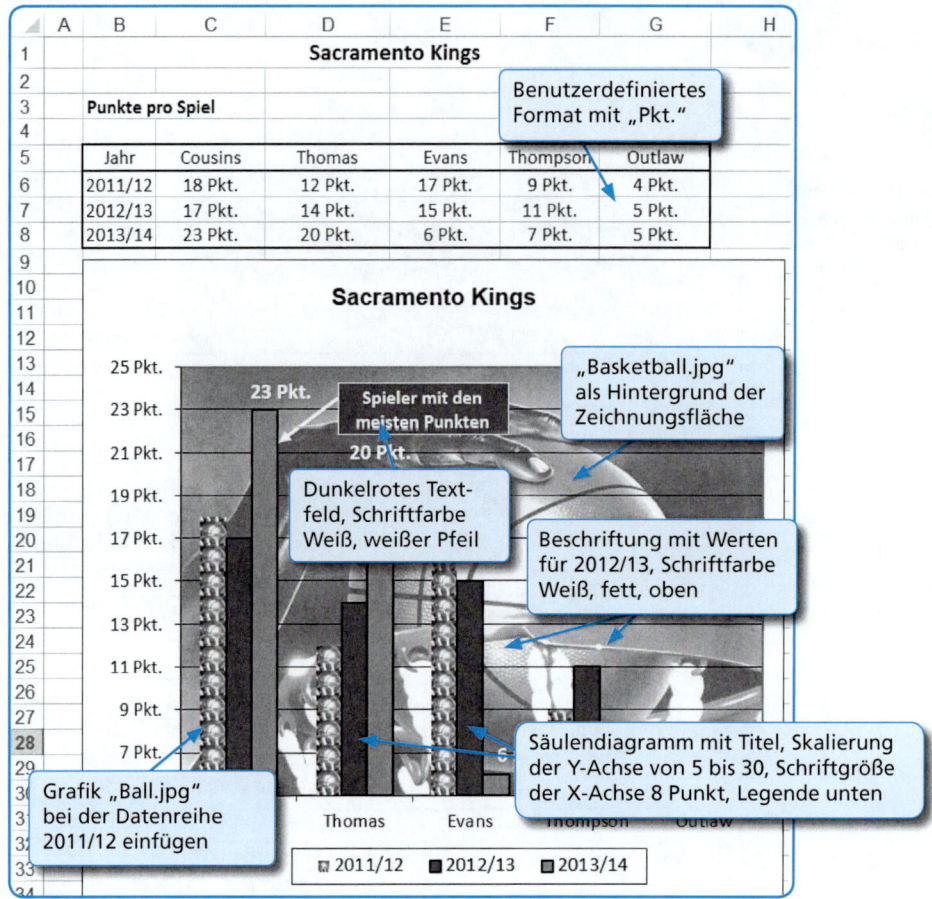

### Ü 1.20: Mitarbeiterbefragung ★★
Öffnen Sie die Datei **„Ü1.20_Mitarbeiterbefragung"**! Im Rahmen von Umfragen der H2Ö GmbH in den letzten Jahren wurden die beliebtesten Urlaubsziele der Mitarbeiter/innen ermittelt. Stellen Sie die Ergebnisse der Befragung in einem Kreisdiagramm gemäß der Abbildung dar.

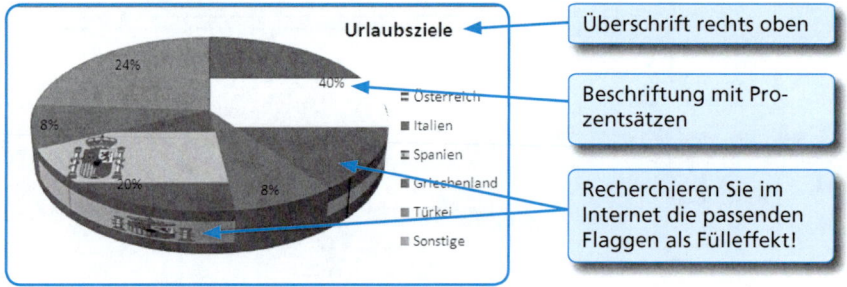

### Ü 1.21: Zeiterfassung ★★★
Öffnen Sie die Datei **„Ü1.21_Zeiterfassung"**! Ermitteln Sie den Wochentag mithilfe einer Funktion! Berechnen Sie die Arbeitszeit auf fünf Minuten genau und stellen Sie das Ergebnis als Dezimalzahl dar! Verwenden Sie dazu die Funktionen **OBERGRENZE, STUNDE** und **MINUTE**! Berechnen Sie den Gesamtlohn mit einer kopierbaren Formel!

**OBERGRENZE(Zahl; Schritt)**
Die Funktion rundet eine Zahl betragsmäßig auf das kleinste Vielfache von **Schritt** auf.

| | A | B | C | D | E | F | G |
|---|---|---|---|---|---|---|---|
| 1 | Zeiterfassungstabelle | | | | Stundenlohn: | € 25,00 | |
| 2 | | | | | | | |
| 3 | Wochentag | Datum | kommt | geht | Arbeitszeit auf 5 Min. aufgerundet | Arbeitszeit im Dezimalsystem | Gesamtlohn |
| 4 | Montag | 21.04.20.. | 08:00 | 12:12 | 04:15 | 4,25 | € 106,25 |
| 5 | Dienstag | 22.04.20.. | 07:02 | 15:36 | 08:35 | 8,58 | € 214,58 |
| 6 | Mittwoch | 23.04.20.. | 07:45 | 00:00 | 16:15 | 16,25 | € 406,25 |
| 7 | Donnerstag | 24.04.20.. | 22:00 | 06:20 | 08:20 | 8,33 | € 208,33 |

## Ü 1.22: Wenn ★★

Öffnen Sie die Datei **„Ü1.22_Wenn"** mit den verschiedenen Tabellenblättern! Verwenden Sie zur Lösung die **logischen Funktionen** sowie die **Datumsfunktionen** und formatieren Sie die Zellen entsprechend der Abbildung! Alle Formeln sollen kopierbar sein.

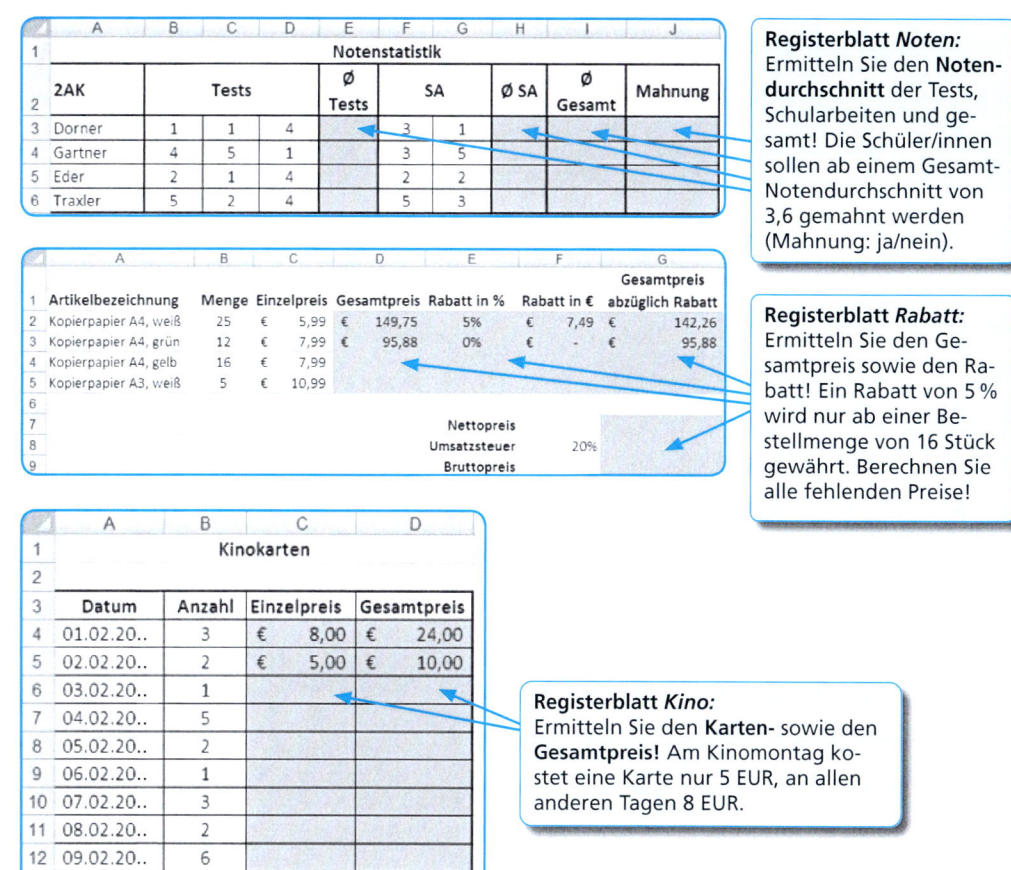

**Registerblatt Noten:**
Ermitteln Sie den **Notendurchschnitt** der Tests, Schularbeiten und gesamt! Die Schüler/innen sollen ab einem Gesamt-Notendurchschnitt von 3,6 gemahnt werden (Mahnung: ja/nein).

**Registerblatt Rabatt:**
Ermitteln Sie den Gesamtpreis sowie den Rabatt! Ein Rabatt von 5 % wird nur ab einer Bestellmenge von 16 Stück gewährt. Berechnen Sie alle fehlenden Preise!

**Registerblatt Kino:**
Ermitteln Sie den **Karten-** sowie den **Gesamtpreis**! Am Kinomontag kostet eine Karte nur 5 EUR, an allen anderen Tagen 8 EUR.

## Ü 1.23: Verschachtelte Wenn-Funktionen ★★

Öffnen Sie die Datei **„Ü1.23_Verschachtelung"** mit drei Tabellenblättern! Lösen Sie die Beispiele mithilfe von **verschachtelten WENN-Funktionen** und formatieren Sie die Zellen entsprechend der Abbildung! Alle Formeln sollen kopierbar sein.

**Registerblatt Umsatzrabatt:**
Ermitteln Sie die **Rabattstufe** und den **Rabattbetrag**, der sich aus der Staffelung ergibt! Beide Ergebnisse sollen mithilfe von verschachtelten **WENN**-Funktionen ermittelt werden.

**Registerblatt Umsatzsteuer:**
Ermitteln Sie die Umsatzsteuer anhand der Artikelnummern. Alle Artikel sind in Klassen mit fünfstelliger Nummer eingeteilt:

Klasse 1..... Briefmarken
Klasse 2..... Bücher und Zeitschriften
Klasse 3..... Getränke
Klasse 4..... Lebensmittel
Klasse 5..... Diverses 20 %

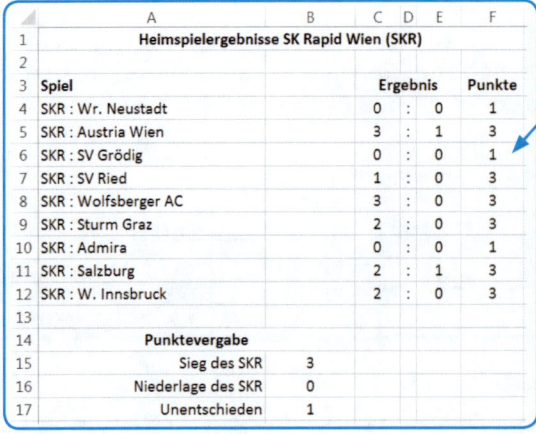

**Registerblatt *Fußball*:**
Ermitteln Sie die Punkte, die der SK Rapid Wien für jedes Spiel erhält! Für einen Sieg werden 3 Punkte, eine Niederlage 0 Punkte und für ein Unentschieden 1 Punkt vergeben. Verwenden Sie die vergebenen Punkte laut Punktevergabeschema!

### Ü 1.24: Spendenaktion ★★

Vor Ihnen liegt eine Liste der Erlöse einer Spendenaktion für ein Kinderdorf in Ihrer Umgebung. Die Daten wurden allerdings nur in eine txt-Datei eingegeben (*Spendenaktion_Angabe.txt*) und noch nicht weiter bearbeitet. Bereiten Sie die Daten in Excel für die weitere Verarbeitung auf!

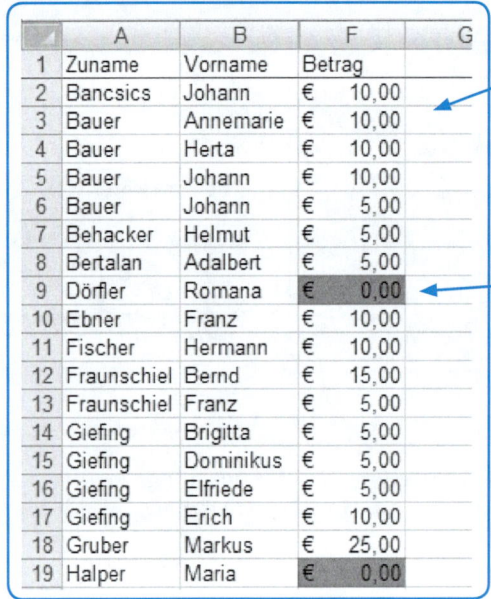

Um die Teilnehmer/innen der Spendenaktion schneller in der Liste zu finden, sortieren Sie die Daten nach Zunamen und nach Vornamen.

Bei Personen, die noch nichts gespendet haben, soll der Betrag durch eine rote Hintergrundfarbe gekennzeichnet werden. Wenn aber eine dieser Personen später etwas spendet und der neue Betrag dann in die Zelle eingetragen wird, soll diese Markierung automatisch verschwinden.

Sie wollen auch beim Scrollen zu den untersten Datensätzen noch die Überschrift sehen. Bringen Sie die gespendeten Beträge in das Format, das Sie in der nachfolgenden Abbildung sehen. Mit den Beträgen soll weiterhin gerechnet werden können!

Für die Spenderversammlung benötigen Sie eine **Teilnehmer/innenliste.** Bereiten Sie die Daten für einen Ausdruck vor, bei dem die gesamte Adresse nicht aufscheint. Die Daten sollen allerdings keinesfalls gelöscht oder verschoben werden!

Berechnen Sie abschließend die Gesamtsumme der abgegebenen Spenden.

### Ü 1.25: Vorzug ★★

Öffnen Sie die Datei *Ü1.25_Vorzugsberechnung* und geben Sie mittels verschachtelter Funktionen sowie den in dieser Lerneinheit behandelten statistischen und mathematischen Funktionen eine Möglichkeit an, ob es sich um einen ausgezeichneten Erfolg, einen guten Erfolg oder keines von beiden handelt. Beachten Sie dabei die Hinweise im Tabellenblatt, wie ein ausgezeichneter bzw. guter Erfolg definiert ist. Änderungen der Noten sollen stets eine richtige Berechnung nach sich ziehen.

Lerneinheit 3: Tabellenkalkulation

**SbX**
Sie finden das Übungsbeispiel Ü 1.29 mit automatischer Aufgabenkontrolle unter der ID: 1132.
erledigt: ✔
Ü 1.29: ☐

**Weitere Übungen im SbX**

**Ü 1.26: Weltreligionen ★★**
Bearbeiten Sie das Übungsbeispiel „Weltreligionen"!

**Ü 1.27: Tordifferenz ★**
Bearbeiten Sie das Übungsbeispiel „Tordifferenz-Statistik"!

**Ü 1.28: Kfz-Verbrauch ★★**
Bearbeiten Sie das Übungsbeispiel „Kfz-Verbrauch"!

**Ü 1.29: Excel-Funktionen ★★**
Vervollständigen Sie die Übersicht zu den Funktionen in Excel!

 # Sichern

In dieser Lerneinheit haben Sie sich mit der Erstellung von Tabellenkalkulationen und der Formatierung von Arbeitsblättern sowie mit dem Einsatz von Diagrammen zur Visualisierung von Daten beschäftigt. Sie haben auch Funktionen aus den Kategorien **Datum und Zeit, Logik, Text, Statistik und Mathematik** kennengelernt und in Berechnungen verwendet.

| | |
|---|---|
| Tabelle | Eine Tabelle besteht aus **16 000 Spalten** und bis zu **einer Million Zeilen.** Sie enthält **Texte, Werte, Formeln und Funktionen.** Spalten werden mit Großbuchstaben, Zeilen mit Zahlen gekennzeichnet. |
| Zelle | Der Schnittpunkt einer Spalte und einer Zeile wird als **Zelle oder Feld** bezeichnet. |
| Zellbezug | Um in Formeln Zellinhalte zu verwenden, wird ihr **Zellbezug** (z. B. A1 oder B9) verwendet. |
| Bereich | Ein Bereich umfasst **mehrere Zellen** und wird durch die Bezeichnungen der ersten und der letzten Zelle, getrennt durch einen **Doppelpunkt,** angegeben (z. B. A1:B9). |
| Formel | Mit **Formeln** werden **Berechnungen** in einer Tabelle durchgeführt. Formeln sollten Zellbezüge – keine konstanten Werte – beinhalten. |
| Funktion | Eine **Funktion** ist eine **vordefinierte Formel,** bei der die Rechenoperation bereits festgelegt ist. Die zu berechnenden Werte werden als **Argumente** in runden Klammern an die Funktion übergeben. |
| Operator | Ein **Operator** dient zur Durchführung einer Rechenaufgabe. In Formeln gilt die **mathematische Reihenfolge: ^, *, /, + und –.** Um die Reihenfolge zu umgehen, werden **Klammern** benutzt. |
| Relativer Bezug | **Relative Bezüge** sind an der Kombination aus Spalte und Zeile erkennbar. Sie **verändern sich relativ zur Kopierbewegung.** |
| Absoluter Bezug | **Absolute Bezüge** erkennt man an zwei „$"-Zeichen. Sie **ändern sich beim Kopieren nicht.** |
| Gemischer Bezug | **Gemischte Bezüge** sind an einem „$"-Zeichen entweder vor der Spalten- oder vor der Zeilenreferenz zu erkennen. Beim Kopiervorgang wird **entweder nur die Spalte oder nur die Zeile verändert.** |
| Zahlenformate | Als Zahlenformate stehen **Zahl, Währung, Buchhaltung, Prozent, Bruch** und **Wissenschaft** zur Verfügung. Auch **Datum** und **Uhrzeit** sind Zahlenformate, da mit ihnen Berechnungen durchgeführt werden können. Ein Datum wird als fortlaufende Zahl ab dem 1.1.1900, die Uhrzeit als Dezimalzahl gespeichert. |

| | |
|---|---|
| Diagramme | Diagramme werden zur **grafischen Darstellung von Zahlen** verwendet. |
| Diagrammtyp | Der Diagrammtyp legt fest, wie die Daten im Diagramm dargestellt werden. Es stehen **Säulen, Balken, Linien, Kreise, Punkte, Ringe** usw. zur Auswahl. |
| Gitternetzlinien | Gitternetzlinien unterteilen die Diagrammfläche. Sie werden in **Haupt- und Hilfsgitternetzlinien** eingeteilt. |
| 1900-Datumswerte | Alle **Datums- und Uhrzeitfunktionen** basieren auf der Annahme, dass jedes Datum einen Zahlenwert hat, der sich aus der Differenz zum 1. Jänner 1900 ergibt. Das Datum **1.1.1900** erhält den **Zahlenwert 1**. |
| Datums- und Zeitfunktionen | Zu dieser Kategorie gehören z. B. die Funktionen *HEUTE, JETZT, TAG, MONAT, JAHR, WOCHENTAG, DATUM, TAGE360, STUNDE* und *MINUTE*. |
| Logische Funktionen | Zu den **logischen Funktionen** zählen *WENN, UND* und *ODER*. |
| Vergleichsoperatoren | Zur **Prüfung von Bedingungen** werden Vergleichsoperatoren, wie z. B. *A4>100,* verwendet. Mögliche Vergleichsoperatoren sind =, <, >, <>, <=, >=. |
| Statistische Funktionen | Zu den **statistischen Funktionen** zählen *MIN, MAX, MITTELWERT, ANZAHL, ANZAHL2, ZÄHLENWENN* und *HÄUFIGKEIT*. |
| Mathematische Funktionen | Zu den **mathematischen Funktionen** gehören *SUMME, PRODUKT, SUMMEWENN, RUNDEN, ABRUNDEN, AUFRUNDEN* und *ZUFALLSZAHL*. |
| Zufallszahl | Mithilfe der Funktion *ZUFALLSZAHL* wird eine zufällige **Dezimalzahl zwischen 0 und 1** zurückgegeben. |

**SbX ID: 1133**

Zusätzlich zu dieser Zusammenfassung finden Sie im SbX eine Audio-Wiederholung zur Wiedergabe mit dem Audio-Player und als MP3-Datei sowie eine Bildschirmpräsentation.

# Wissen

**SbX**
Die Ausgangsdateien zu allen Aufgaben im Schritt WISSEN finden Sie unter der ID: 1134.

### W 1.9: Zeiteinteilung
Für eine Präsentation wird eine Zeiteinteilung benötigt.

① Geben Sie die Tabelle ein und formatieren Sie sie wie abgebildet.

② Der Abteilungsvorstand benötigt fünf Minuten für die Begrüßung.

③ Berechnen Sie die Start-Uhrzeit der Präsentationen sowie die Ende-Zeit, wenn die Zeit pro Schüler/in 7 min 30 s beträgt. Runden Sie jeweils auf die nächste Minute auf.

| Titel und Schüler | Uhrzeit | Schüleranzahl |
|---|---|---|
| **Begrüßung** durch den AV | 08:30 | |
| *Das sichere Schulnetz* Meier, Müller, Wurlitz | | 3 |
| *RasbPI-Cluster* Obradovic, Won | | 2 |
| *Health 4 Pupils* Hochreiter, Ölmetz, Kouka, Pirhan | | 4 |
| *Intelligente E-Tankstelle* (Abteilungsübergreifend mit der Mechatronik) Bauer, **Jeremic**, Mihok (Güven, Ilk, Kritziwania) | | 6 |
| *Matura-Prüfungsumgebung* Bytyqi, Fent, Kaar, Peric | | 4 |
| Ende | | |

Lerneinheit 3: Tabellenkalkulation

 SbX

Sie finden die Aufgabe W 1.10 mit automatischer Aufgabenkontrolle unter der ID: 1134.

erledigt: ✔

W 1.10: ☐

**Weitere Aufgaben im SbX**

**W 1.10: Funktionen**
Lösen Sie das Kreuzworträtsel zum Thema Funktionen!

**W 1.11: Währungsumrechnung**
Bearbeiten Sie die Aufgaben zur Währungsumrechnung und erstellen Sie ein Diagramm.

**W 1.12: Notenschlüssel**
Bearbeiten Sie die Aufgaben zur Erstellung einer Notenstatistik.

**W 1.13: Excel-Test**
Beantworten Sie Fragen zu Excel in einer Excel-Arbeitsmappe.

Ein kurzer Wissens-Check bevor's weitergeht!

# Wissens-Check

|  | ☺ | 😐 | ☹ |
|---|---|---|---|
| Ich kann Daten in Excel eingeben und bearbeiten. |  |  |  |
| Ich kann Formatierungen in Excel durchführen. |  |  |  |
| Ich kann Berechnungen in Excel durchführen. |  |  |  |
| Ich kann Entscheidungsfunktionen einsetzen. |  |  |  |
| Ich kann Diagramme erstellen. |  |  |  |

● Lernen ○ Üben ○ Sichern ○ Wissen

## Lerneinheit 4
# Textverarbeitung

In dieser Lerneinheit lernen Sie, wie Sie Formatvorlagen verwenden und erstellen können. Es wird davon ausgegangen, dass Sie bereits mit Word gearbeitet haben und grundlegende Textverarbeitungsschritte bereits beherrschen, wie z. B.:
- einfache Strukturierungsmöglichkeiten
- einfache Formatierungen
- Tabulatoren,
- Einfügen von Grafiken

Weiterführende Themen der Textverarbeitung finden Sie in Kapitel 4, Lerneinheit 4.

**SbX** Alle SbX-Inhalte zu dieser Lerneinheit finden Sie unter der ID: 1140.

# Lernen

**SbX ID: 1141**

## 1 Formatvorlagen
### Was sind Formatvorlagen?

Der längerfristig einfachste Weg, einem Dokument einfach und schnell ein durchgängiges und professionelles Layout zu geben, ist das Verwenden von Formatvorlagen und/oder eines Designs.

Formatvorlagen sind **Kombinationen von Formatierungen** (z. B. Schriftgröße, Schriftschnitten und -effekten, Zeichenabständen, Absatzausrichtung, Abständen vor/nach Absätzen, Schattierungen …), die als Gruppe gespeichert werden. Beim Zuweisen einer Formatvorlage werden alle Formatierungen gleichzeitig angewendet. Sämtliche Befehle zu den Formatvorlagen finden Sie in der Registerkarte *Start* | Gruppe *Formatvorlagen.*

**SbX** Eine Bildschirmpräsentation mit allen Abbildungen zum Schritt LERNEN finden Sie unter der ID: 1141.

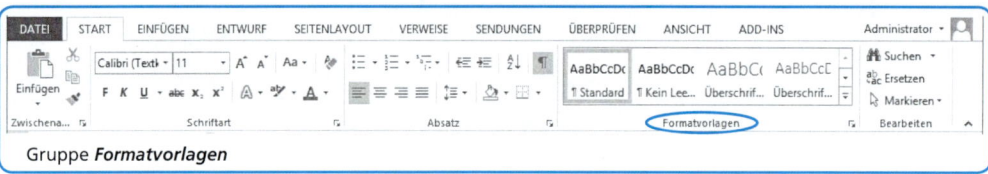

Gruppe *Formatvorlagen*

### Vorgefertigte Formatvorlagen verwenden

Um eine vorgefertigte Formatvorlage zu verwenden, markieren Sie den Textteil und klicken auf die gewünschte Formatvorlage in der Gruppe *Formatvorlagen.* Sie finden Ihre gewünschte Formatvorlage nicht? Klicken Sie auf die Schaltfläche **Weitere**, um den Katalog **Schnellformatvorlagen** zu erweitern. Sind Sie auch im **Schnellformat**-Katalog nicht fündig geworden, klicken Sie auf das Pfeilsymbol im Bereich *Formatvorlagen.* Der Formatvorlagenbereich mit allen zur Verfügung stehenden Formatvorlagen wird eingeblendet.

Werden nicht alle Formatvorlagen angezeigt, wählen Sie *Optionen* (rechts unten im Formatvorlagenbereich) | *Anzuzeigende Formatvorlagen auswählen* | *Alle Formatvorlagen.*

Formatvorlagen

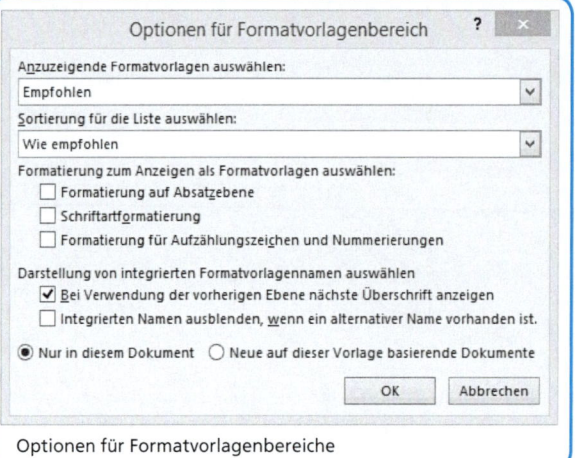

Optionen für Formatvorlagenbereiche

46 — Angewandte Informatik HTL

**Sie finden drei Typen von Vorlagen:**

- Vorlagen, für die nur Zeichenformatierungen festgelegt sind
- Vorlagen, für die nur Absatzformatierungen festgelegt sind
- Vorlagen, für die sowohl Zeichen- als auch Absatzformatierungen festgelegt sind

**L 1.6: Formatvorlagen verwenden**
Öffnen Sie die Datei **Schülerwettbewerb**! Weisen Sie folgende Formatvorlagen zu:

Die Ausgangsdateien zu allen Beispielen im Schritt LERNEN finden Sie unter der ID: 1141.

- Überschrift 1: Schülerwettbewerb „Jetzt teste ich"
- Überschrift 2: „Teilnahmebedingungen", „So meldest du dich an"

Markieren Sie die Tabellen und weisen Sie selbständig eine Tabellenformatvorlage zu!

---

## Schülerwettbewerb „Jetzt teste ich"

### Teilnahmebedingungen

1. Teilnehmen können Jugendliche, die zwischen 1995 und 2002 geboren worden sind – also alle zwischen 12 und 19 Jahren (plus/minus ein paar Monate).
2. Der Verein für Konsumenteninformation erhält das Recht der Veröffentlichung der Testergebnisse.
3. Mit der Teilnahme erklärst du dich damit einverstanden, dass Journalisten, die über den Wettbewerb und die Teilnehmer berichten wollen, an dich weitergeleitet werden.

| 1. Preis | 1.000,00 EUR |
|---|---|
| 2. Preis | 700,00 EUR |
| 3. Preis | 500,00 EUR |

### So meldest du dich an

- Online-Anmeldung auf unserer Homepage. Dort gibt's auch alle Informationen rund um den Wettbewerb.
- Oder du schickst eine Mail an jetzt-teste-ich@konsument.at.
- Jede Gruppe braucht einen Sprecher (kein Lehrer). Dieser meldet sich unter seinem Namen und mit seiner Wohnadresse zum Wettbewerb an.

| Anmeldeschluss | 15. November |
|---|---|
| Einsendeschluss | 31. März |

---

**Formatvorlagen zuweisen:**

❶ Überschrift Schülerwettbewerb „Jetzt teste ich" markieren
❷ Registerkarte **Start** | Gruppe **Formatvorlagen** | Schaltfläche **Überschrift 1**
❸ Überschriften „Teilnahmebedingungen" und „So meldest du dich an" markieren
❹ Registerkarte **Start** | Gruppe **Formatvorlagen** | Schaltfläche **Überschrift 2**
❺ Tabelle 1 markieren
❻ Registerkarte **Entwurf** | Gruppe **Tabellenformatvorlagen** | beliebige Vorlage wählen
❼ Punkte 5 und 6 für Tabelle 2 wiederholen

## Formatvorlagensatz

Formatvorlagensätze ändern das Aussehen Ihres gesamten Dokuments mit einem Klick. Probieren Sie es aus!

Formatvorlagensätze beinhalten einheitliche Gestaltungselemente und verleihen Ihrem Dokument schnell und einfach ein professionelles und modernes Layout. Jeder Formatvorlagensatz enthält Formatvorlagen, die typografisch aufeinander abgestimmt sind, z. B. mehrere Überschriftenebenen, Hervorhebungen usw. Somit ist eine einheitliche Gestaltung Ihres Dokuments gewährleistet. Alle in Ihrem Dokument mit Formatvorlagen formatierten Textteile ändern sich nach dem gewählten Formatvorlagensatz automatisch. Trotzdem können Sie die Farben und Schriftarten jedes Formatvorlagensatzes nach Ihren Vorstellungen anpassen.

Lernen  Üben  Sichern  Wissen

### L 1.7: Formatvorlagensatz
Öffnen Sie die Datei **Schülerwettbewerb** aus **L 1.6**! Wählen Sie einen ansprechenden Formatvorlagensatz! Ändern Sie Farben und Schriftarten selbständig! Probieren Sie weitere Formatvorlagensätze aus und ändern Sie Farben und Schriftarten!

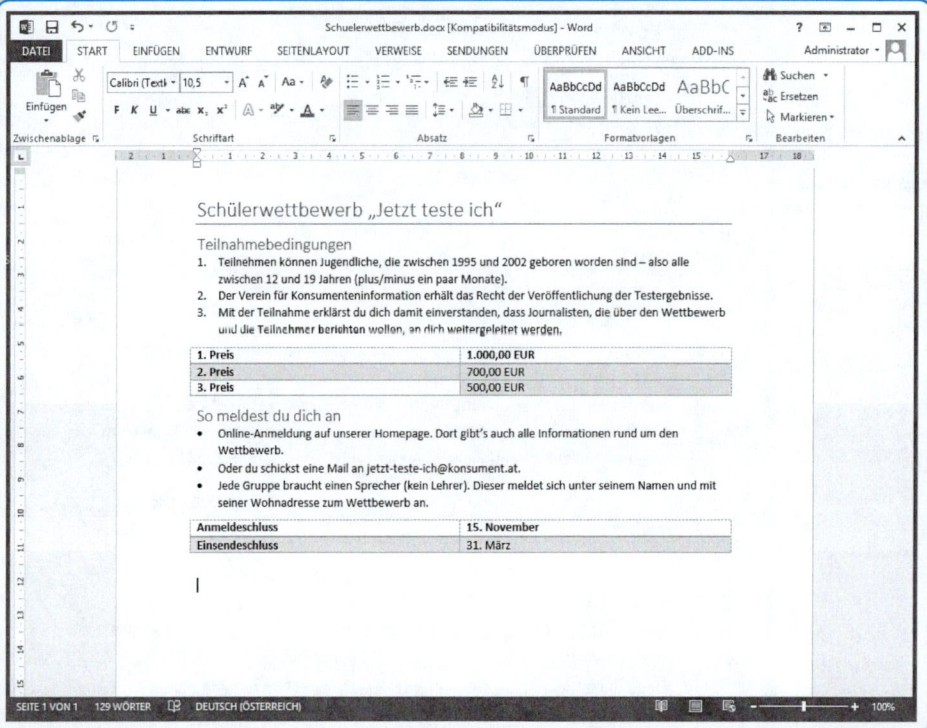

**Formatvorlagensatz zuweisen – Farben und Schriftarten ändern:**

❶ Registerkarte **Start** | Gruppe **Formatvorlagen** | **Formatvorlagen ändern** | **Formatvorlagensatz**

❷ Formatvorlagensatz **Modern** auswählen

❸ Registerkarte **Start** | Gruppe **Formatvorlagen** | **Formatvorlagen ändern** | **Farben** bzw. **Schriftarten**

## 2 Formatvorlagen bearbeiten
### Ein Dokument nach Ihren persönlichen Vorstellungen gestalten

Ihr Dokument sieht zwar schon ganz attraktiv aus, aber so richtig perfekt ist es noch nicht? Kein Problem – Sie können alle Formatvorlagen ändern. Sämtliche Änderungen wirken sich dabei automatisch auf alle Textteile im aktuellen Dokument aus, denen diese Formatvorlage zugewiesen wurde.

Zum Ändern Ihrer Formatvorlagen stehen Ihnen zwei Möglichkeiten zur Verfügung. Probieren Sie beide Möglichkeiten aus und entscheiden Sie sich dann für Ihren persönlichen Favoriten!

### L 1.8: Vordefinierte Formatvorlagen ändern

❶ **Formatvorlagen direkt im Dokument ändern**
Öffnen Sie die Datei **Schülerwettbewerb** aus **L 1.6** und ändern Sie die Formatvorlagen!

- Überschrift „Jetzt teste ich" markieren und selbständig Änderungen vornehmen (z. B. Schriftgrad vergrößern, Abstände definieren).
- Mit der rechten Maustaste in der Registerkarte **Start** | Gruppe **Formatvorlagen** auf die Schaltfläche **Überschrift 1** klicken.

- Punkt 1 und 2 für die beiden Überschriften „Teilnahmebedingungen" und „So meldest du dich an" wiederholen.
- Grundtext, Aufzählung und Tabellen nach typografischen Richtlinien formatieren.
- Datei überspeichern und ausdrucken.

**❷ Formatvorlagen im Dialogfeld ändern**
Klicken Sie mit der rechten Maustaste auf die Schaltfläche der gewünschten Formatvorlage in der Registerkarte **Start** | Gruppe **Formatvorlagen** und wählen Sie **Ändern.** Im Dialogfeld **Formatvorlage ändern** nehmen Sie alle Änderungen mithilfe der Symbole und der jeweiligen Dialogfelder (Schaltfläche **Format**) vor. Im Dialogfeld **Formatvorlage ändern** finden Sie zusätzliche Optionen:

- **Zur Liste der Schnellformatvorlagen hinzufügen:** Die geänderte Formatvorlage wird in die Liste der Schnellformatvorlagen aufgenommen.
- **Automatisch aktualisieren:** Alle direkt im Dokument vorgenommenen Änderungen werden automatisch in die Formatvorlage übernommen („einmalige" Korrekturen im Dokument, z. B. Abstand vor einer Überschrift am Seitenbeginn, sind nicht möglich).
- **Nur in diesem Dokument:** Änderungen betreffen nur das aktuelle Dokument.
- **Neue auf dieser Vorlage basierende Dokumente:** Änderungen betreffen alle Dokumente, die neu erstellt werden.

**Ü 1.30: Schülerwettbewerb ★★**
Öffnen Sie die Datei **Schülerwettbewerb** aus **L 1.6**! Ändern Sie selbständig die Formatvorlagen über das Dialogfeld **Formatvorlage ändern**! Probieren Sie die verschiedenen Optionen aus!

## Eigene Formatvorlagen erstellen

Sie möchten Ihre eigenen Formatvorlagen erstellen? Blenden Sie den **Formatvorlagenbereich** ein (Klick auf das kleine Pfeilsymbol im Bereich **Formatvorlagen**) und klicken Sie auf die Schaltfläche **Neue Formatvorlagen.** Im Dialogfeld **Neue Formatvorlage von Formatierung erstellen** legen Sie den Namen, den Formatvorlagentyp und alle Formatierungen fest.

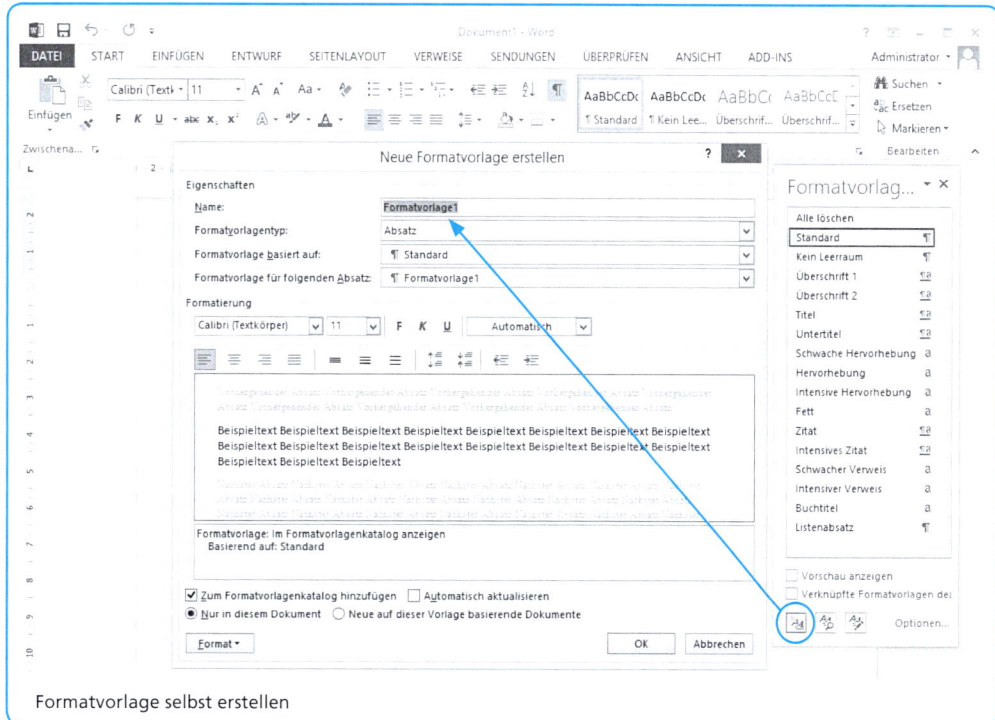

Formatvorlage selbst erstellen

# Üben

**Übungsbeispiele**

Die Ausgangsdateien zu allen Übungsbeispielen im Schritt ÜBEN finden Sie unter der ID: 1142.

### Ü 1.31: Pause für die Augen ★★

Öffnen Sie die Datei **Pause fuer die Augen**! Wählen Sie selbständig die Schriftart und den Schriftgrad für den Grundtext. Erstellen Sie auf der ersten Seite des Dokuments ein Deckblatt.

**Verwenden Sie für die Überschriften folgende Formatvorlagen:**

- Überschrift 1: „Pause für die Augen"
- Überschrift 2: „Bei Beschwerden zum Arzt", „So beugt man vor", „Keine bleibenden Schäden"

Wählen Sie einen passenden Formatvorlagensatz. Ändern Sie eventuell Farben und Schriftarten sowie die Formatvorlagen. Beachten Sie dabei die typografischen Richtlinien. Formatieren Sie den Text selbständig (Abstände im Grundtext definieren, wichtige Textteile hervorheben, eventuell Grafiken einfügen …).

**Erstellen Sie Kopf- und Fußzeilen ab Seite 2:**

- Kopfzeile: „P@use für die Augen"
- Fußzeile: eigener Name, Tagesdatum, Seitennummerierung

Speichern Sie die Datei und drucken Sie das Dokument aus!

### Ü 1.32: Elektrosmog ★

Öffnen Sie die Datei **Elektrosmog**! Wählen Sie die Schriftart und den Schriftgrad für den Grundtext.

**Verwenden Sie für die Überschriften folgende Formatvorlagen:**

- Überschrift 1: „Drahtlos glücklich?", „Strahlung lässt sich abschirmen – Interview", „Tipps für weniger, Strahlenbelastung", „Strahlenwolken"
- Überschrift 2: „Angst isst Seele auf", „Ständig unter Strom", „Schnurlos", „WLAN", „Wechselstrom", „Handys", „Funkmasten"

Ändern Sie die Formatvorlagen und beachten Sie dabei typografische Richtlinien. Formatieren Sie den Text selbständig (Abstände im Grundtext definieren, wichtige Textteile hervorheben …). Ändern Sie das Design nach eigenem Ermessen.

**Erstellen Sie folgende Kopf- und Fußzeilen:**

- Kopfzeile: Elektrosmog
- Fußzeile: eigener Name, Tagesdatum, Seitennummerierung

Speichern Sie die Datei und drucken Sie das Dokument aus!

Lerneinheit 4: Textverarbeitung

### Drahtlos glücklich?

Elektromagnetische Felder können krank machen. Die Angst vor ihnen ebenso. Angesagt ist ein sinnvoller Umgang mit diesem Risiko: Belastungen verringern, Panik vermeiden.

Als sich Professor Franz Adlkofer und seine Kollegen an die Arbeit machten, waren sie sicher, nichts zu finden. Doch es kam anders. Adlkofer koordinierte die von der EU finanzierte REFLEX-Studie, an der Wissenschaftler aus sieben Ländern beteiligt waren. Sie sollten untersuchen, ob elektromagnetische (EM) Felder krank machende Wirkungen auf menschliche Zellen haben. Dazu setzten die Wissenschaftler blutbildende Zellen einem elektromagnetischen Feld aus, wie es typisch ist für das Telefonieren mit einem Handy. Sie erwarteten kein sichtbares Ergebnis. Doch sie fanden vermehrt Schäden im Erbgut dieser Zellen. Professor Adlkofer kommentierte die Ergebnisse vorsichtig: „Beim jetzigen Stand der Forschung kann ich nur feststellen, dass ein kausaler Zusammenhang zwischen der Exposition mit elektromagnetischen Feldern und der Entstehung von Erkrankungen zwar nicht bewiesen ist, aufgrund der REFLEX-Ergebnisse jedoch als wahrscheinlicher als bisher anzusehen ist."

Erik Huber, der Referent für Umweltmedizin der Ärztekammer für Wien, ist da deutlicher: „Würden Medikamente dieselben Prüfergebnisse wie Handystrahlen liefern, müsste man sie sofort vom Markt nehmen." Seine Organisation hatte im Sommer mit Verweis auf die REFLEX-Studie „Leitlinien für mobiles Telefonieren" veröffentlicht. Deren Tenor: Kinder unter 16 Jahren sollten überhaupt kein Handy benutzen, Erwachsene möglichst selten. Die Mobilfunkbetreiber sprachen daraufhin von „Panikmache" und „Schauermärchen". Wiens Ärztekammerpräsident Walter Dorner konterte: „Für uns Ärzte gilt auch in diesem Fall das Vorsorgeprinzip. Sollen wir weitere fünf oder zehn Jahre auf noch konkretere Studienergebnisse warten? Es ist unsere Pflicht, mögliche Gesundheitsgefährdungen dann aufzuzeigen, wenn sich die Hinweise darauf verdichten." Das sehen immer mehr Ärzte so. Seit Jahren steigt die Zahl der Mediziner, die strengere Grenzwerte fordern und den weiteren Ausbau des Mobilfunknetzes stoppen wollen.

Manche Hausärzte werden selbst zu Forschern, so wie Horst Eger und seine vier Kollegen im oberfränkischen Ort Naila. Sie hatten die Daten von knapp 1 000 Patienten von 1994 bis 2004 ausgewertet. 1993 war in Naila eine Mobilfunkantenne in Betrieb gegangen. Bis 1999 ergab die Auswertung keine Effekte. Doch dann stieg im Umkreis von 400 Metern um die Sendeanlage die Zahl der Krebsfälle signifikant an. Sie war dreimal höher als in größerer Entfernung von der Strahlenquelle. Die fünf Ärzte werteten dies als ersten konkreten Hinweis auf einen örtlichen und zeitlichen Zusammenhang zwischen Handymast und Krebserkrankungen. Die Mobilfunkbetreiber bestritten dies und verwiesen auf methodische Schwächen der Studie.

### Angst isst Seele auf

Der Streit der Wissenschaftler über schädliche Auswirkungen elektromagnetischer Felder zieht sich seit Jahren hin. Über 8 000 wissenschaftliche Veröffentlichungen haben allein die Initiatoren der Datenbank www.emf-portal.de zusammengetragen. Das Fazit der Datenflut fällt je nach Standpunkt unterschiedlich aus. „Kein Problem", sagen die Mobilfunkbetreiber. Vor großen Risiken warnen Bürgerinitiativen und Umweltmediziner. Derweil wächst der Absatz an Handys ungebrochen, 80 % der Bundesbürger besitzen eines. Gleichzeitig sorgen sich in Infas-Umfrage für das Bundesamt für Strahlenschutz 30 % der Befragten über die gesundheitlichen Folgen der Mobilfunkstrahlung, 9 % fühlen sich davon sogar gesundheitlich beeinträchtigt. Kopfschmerzen und Schlafstörungen waren die am häufigsten genannten Probleme.

**Ü 1.33: Nobody ★★**
Öffnen Sie das Dokument **Nobody** und bearbeiten Sie das Word-Dokument so, dass es vergleichbar mit dem Design in der Datei „nobody.pdf" wird! Achten Sie auf die Verwendung von passenden Formatvorlagen.

 ## Sichern

**In dieser Lerneinheit haben Sie sich mit Formatvorlagen zur Formatierung von Texten beschäftigt.**

Formatvorlagen — Formatvorlagen enthalten alle **Zeichen- und Absatzformatierungen** und schließen auch Tabellenformate ein.

Formatvorlagensatz — Der Formatvorlagensatz enthält **verschiedene Formatvorlagen** für die einheitliche Gestaltung eines Dokuments.

SbX ID: 1143 — **Zusätzlich zu dieser Zusammenfassung finden Sie im SbX eine Audio-Wiederholung zur Wiedergabe mit dem Audio-Player und als MP3-Datei sowie eine Bildschirmpräsentation.**

**Die Ausgangsdatei finden Sie unter der ID: 1144.**

### W 1.14: Firmengeschichte H2Ö GmbH

1. Öffnen Sie die Datei *„Firmengeschichte H2Oe"* im SbX! Wählen Sie selbständig die Schriftart und den Schriftgrad für den Grundtext.

2. **Verwenden Sie für die Überschriften folgende Formatvorlagen:**
   - Überschrift 1: „Die Firmengeschichte"
   - Überschrift 2: „2002: Firmengründung – Start up!", „2003: H2Ö in Biosupermärkten und Einführung in der steirischen Gastronomie", „2004: H2Ö steigert den Absatz und bringt Bio-Fruchtsirup auf den Markt", „2005: H2Ö gewinnt den österreichischen Innovationspreis", „2006: H2Ö bringt Glasmanufakturen auf den Markt", „2007: Organisches Wachstum und WiL-Engagement"

3. Wählen Sie einen passenden **Formatvorlagensatz.** Ändern Sie eventuell Farben und Schriftarten!

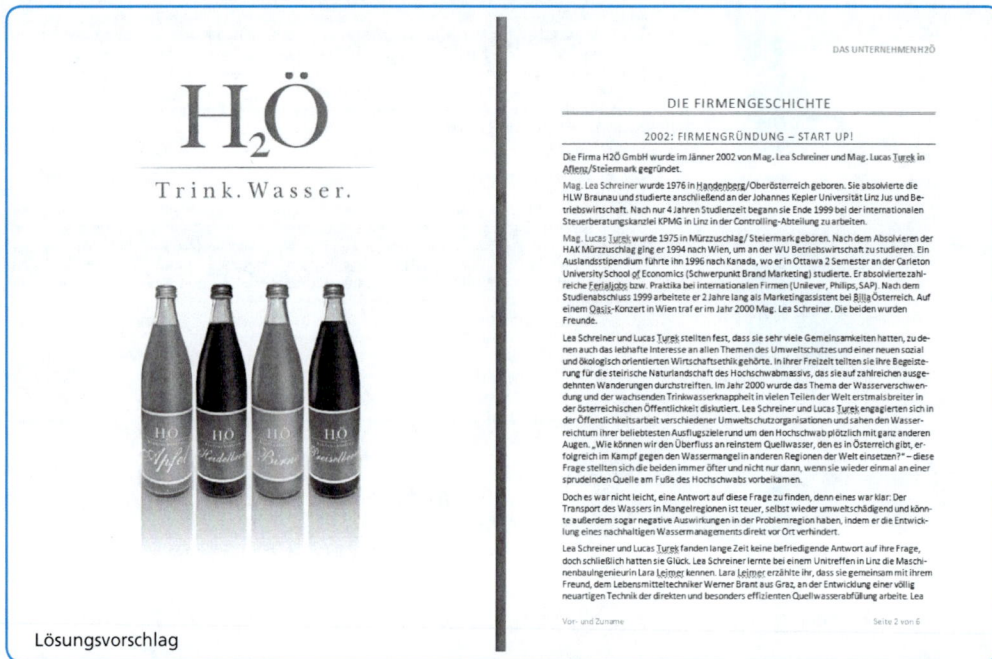

Lösungsvorschlag

4. Ändern Sie die Formatvorlagen selbständig! Beachten Sie typografische Richtlinien!

5. Formatieren Sie den Text (Abstände im Grundtext definieren, wichtige Textteile hervorheben, eventuell Grafiken einfügen usw.).

6. Erstellen Sie **Kopf- und Fußzeilen** ab Seite 2:
   - Kopfzeile: „Das Unternehmen H2Ö"
   - Fußzeile: eigener Name und Seitennummerierung

7. Speichern Sie die Datei und drucken Sie das Dokument aus!

**Ein kurzer Wissens-Check bevor's weitergeht!**

## Wissens-Check

|  | 😊 | 😐 | ☹ |
|---|---|---|---|
| **Ich kann Daten in Word eingeben und bearbeiten.** |  |  |  |
| **Ich kann Word-Dokumente professionell formatieren.** |  |  |  |

# 2 Grundlagen der Programmierung

In diesem Kapitel erarbeiten Sie die Grundlagen der Programmierung mithilfe der integrierten Entwicklungsumgebung Microsoft Visual Studio 2010 und der Programmiersprache Visual C#.NET.

In diesem Kapitel beschäftigen Sie sich mit
- der Erstellung von Algorithmen und Programmen,
- der Verwendung von Variablen, Datentypen, Verzweigungen und Schleifen,
- dem Einsatz von Feldern zur effizienten Verwaltung großer Datenmengen,
- der Behandlung von Laufzeitfehlern,
- der Verwendung von Prozeduren und Funktionen sowie
- der Instanzierung verschiedener Objekte aus .NET-Klassen.

### Lerneinheit 1: Algorithmen und Datenstrukturen

| | |
|---|---|
| **Lernen** | **54** |
| 1 Algorithmen | 54 |
| 2 Programmiersprachen | 56 |
| 3 Ein Programm erstellen | 58 |
| 4 Datenstrukturen | 64 |
| Üben | 71 |
| Sichern | 73 |
| Wissen | 73 |

### Lerneinheit 2: Verzweigungen und Schleifen

| | |
|---|---|
| **Lernen** | **75** |
| 1 *if*-Verzweigung | 75 |
| 2 *switch*-Verzweigung | 78 |
| 3 Zählerschleifen | 80 |
| 4 Bedingte Schleifen | 82 |
| 5 Zuweisungsoperatoren | 84 |
| Üben | 85 |
| Sichern | 86 |
| Wissen | 87 |

### Lerneinheit 3: Felder und Prozeduren

| | |
|---|---|
| **Lernen** | **88** |
| 1 Felder (Arrays) | 88 |
| 2 Prozeduren und Funktionen (Methoden) | 92 |
| 3 Fehlerbehandlung | 97 |
| Üben | 100 |
| Sichern | 102 |
| Wissen | 103 |

### Lerneinheit 4: Objekte verwenden

| | |
|---|---|
| **Lernen** | **104** |
| 1 Objekte | 104 |
| 2 Collections | 108 |
| 3 *String*-Objekte | 109 |
| 4 Dateizugriff mit Stream-Objekten | 111 |
| ✓ Expertenwissen: Grafikprogrammierung | 114 |
| Üben | 116 |
| Sichern | 117 |
| Wissen | 118 |

Achtung! In diesem Kapitel teile ich mein Expertenwissen mit besonders Interessierten!

Mr. Expert

Informieren Sie sich mit dem ergänzenden Material im SbX, trainieren Sie mit Online-Übungen und wenden Sie Ihr Wissen an!

Ms. Check

## Lerneinheit 1
# Algorithmen und Datenstrukturen

Die Alltagswelt, die uns umgibt, ist voller Algorithmen – beim Zähneputzen, Kochen, Heimwerken oder bei der Benutzung elektronischer Geräte führen wir eine Folge koordinierter Abläufe aus, die durch Lernen und Üben erworben wurden und nun im Gehirn abgespeichert sind. Eine ganze Reihe dieser Algorithmen ist schriftlich formuliert, z. B. in Kochbüchern oder Bedienungsanleitungen.

In dieser Lerneinheit beschäftigen Sie sich mit
- der Erstellung von Programmalgorithmen,
- der Verwendung von Variablen und Datentypen,
- der Umwandlung von Datentypen sowie
- der Benutzung einer integrierten Entwicklungsumgebung.

**SbX** Alle SbX-Inhalte zu dieser Lerneinheit finden Sie unter der ID: 1210.

# Lernen

**SbX** ID: 1211

## 1 Algorithmen
### Programmabläufe erstellen

Ein **Algorithmus** ist eine **Abfolge von Befehlen** in einer Programmiersprache. Im Allgemeinen folgt jeder Algorithmus bestimmten Denkmustern, die erlernt werden können. Der folgende Algorithmus beginnt mit der Festlegung von Variablen sowie der Zuweisung von Werten. Es folgen die Berechnungen von Summe und Mittelwert sowie die Ausgabe der Ergebnisse am Bildschirm. Die verwendete Programmiersprache ist C#.NET.

Ein Algorithmus ist z. B. ein Kochrezept oder eine Gebrauchsanleitung.

```
int messwert1 = 50;
int messwert2 = 52;
int messwert3 = 47;
int summe, mittelwert;
summe = messwert1 + messwert2 + messwert3;
mittelwert = summe / 3;
Console.WriteLine("Die Summe beträgt {0}, der Mittelwert {1}",
    summe, mittelwert);
```
Algorithmus in C#

**SbX** Eine Bildschirmpräsentation mit allen Abbildungen zum Schritt LERNEN finden Sie unter der ID: 1211.

### Gemeinsamkeiten von Algorithmen

**❶ Kurze, aussagekräftige Anweisungen beschreiben, was zu tun ist.**

Die Zahl der Anweisungen nimmt mit der Komplexität zu. Die Bedienungsanleitung eines Mobiltelefons beginnt beispielsweise mit dem Kapitel „Erste Schritte":
- Einlegen der SIM-Karte und des Akkus
- Einlegen der microSD-Karte
- Aufladen des Akkus
- Ein- und Ausschalten (Standby-Modus)

**❷ Algorithmen sind nicht nur linear. Sie können auch Verzweigungen und Wiederholungen enthalten.**

Beispiel für einen nichtlinearen Algorithmus:

Lerneinheit 1: Algorithmen und Datenstrukturen

**Verzweigungen** sind alternative Abläufe. Ob ein bestimmter Ablauf ausgeführt werden soll, ist vom Eintreten einer Bedingung abhängig.

**Nichtlinearer Algorithmus:**
Wenn Sie einen Anruf tätigen wollen, dann haben Sie verschiedene Möglichkeiten:
- Geben Sie die Telefonnummer mit Vorwahl ein und drücken Sie die Anruftaste. Bei internationalen Anrufen drücken Sie zweimal „*". Geben Sie anschließend die Landesvorwahl, die Ortsvorwahl und die Rufnummer ein.
- Um die Liste der gewählten Rufnummern zu öffnen, drücken Sie kurz die Taste zum Anrufen und wählen dann die Nummer oder den Namen aus. Drücken Sie die Anruftaste.
- Bei einem vorhandenen Adressbucheintrag wählen Sie den gewünschten Namen aus und drücken die Anruftaste.
- Wenn nach Betätigen der Anruftaste angezeigt wird, dass der Telefonpartner gerade spricht, beenden Sie den Anrufversuch mit der **Beenden-**Taste und wiederholen Sie den Vorgang später, bis der Rufkontakt hergestellt werden kann.

**Schleifen** sind Abläufe, die sich wiederholen, bis ein bestimmter Zustand erreicht ist.

❸ **Ein Algorithmus setzt sich aus den folgenden Elementen zusammen:**
- Eine **Sequenz** ist eine Folge von Anweisungen.
- Eine **Selektion** ist eine bedingte Auswahl, z. B. „wenn … dann … sonst".
- Eine **Iteration** ist eine Wiederholung bzw. Schleife, z. B. „wiederhole … bis".

Die Selektion und Iteration kommen in unterschiedlichen Formen (Mehrfachauswahl, Kopf- oder Fußschleife) vor.

Mit den drei Elementen **Sequenz, Selektion** und **Iteration** kann jeder auch noch so komplexe **Algorithmus** beschrieben werden!

Mr. What und Ms. Check

| Welche Algorithmen gibt es im Alltag? |

| Beispiele für Algorithmen sind ein Rezept zum Backen eines Kuchens, ein Drehbuch für einen Film, der aus verschiedenen Szenen besteht, und eine Bauanleitung für ein Modellflugzeug. |

**Ü 2.1: Algorithmus** ★★
Welche Elemente enthält der folgende Algorithmus?

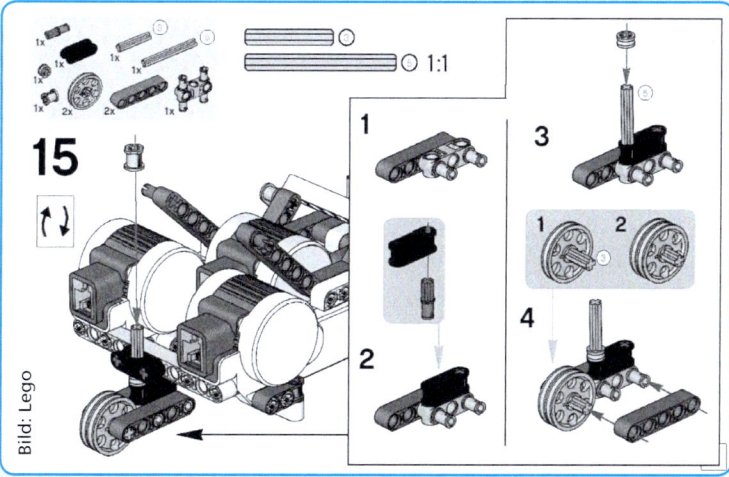

Bild: Lego

Angewandte Informatik HTL

Lernen　Üben　Sichern　Wissen

### Ü 2.2: Programmablauf ★★
Beschriften Sie die Symbole im folgenden Programmablaufplan mit A = Sequenz, B = Selektion und C = Iteration!

**Hinweis:** Sprünge werden durch eine Iteration oder eine Selektion bewirkt.

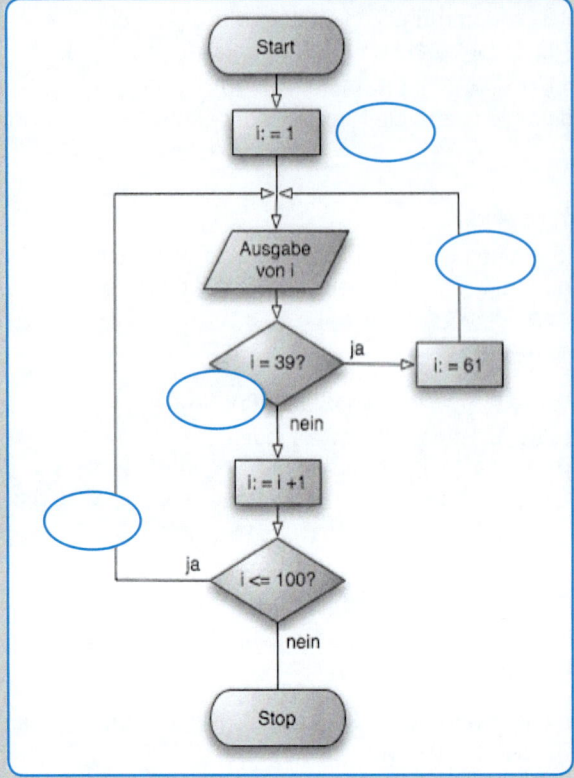

## 2 Programmiersprachen
### Codierung

Zur Erstellung von Computerprogrammen kann aus einer Vielzahl an Programmiersprachen ausgewählt werden. Einige Beispiele für beliebte Sprachen sind C, C++, Java, oder C#. In diesem Buch lernen Sie die Sprache C# (gesprochen „si: scha:p") kennen. Diese Sprache nutzt viele Gemeinsamkeiten der zuvor aufgezählten Programmiersprachen. Wenn Sie sich später mit C++ oder Java beschäftigen möchten, wird Ihnen ein Umstieg keine Probleme bereiten.

### Visual C#.NET

**Visual C#.NET** ist eine von Microsoft speziell für .NET entwickelte Programmiersprache.

C# ist, wie erwähnt, eng verwandt mit den Sprachen C++ und Java, jedoch teilweise einfacher in der Handhabung. C# wurde von Mircosoft völlig neu entwickelt und 2003 von der **ISO** (International Organization for Standardization) standardisiert. C# ist ein offener Standard. Unter dem Namen „Mono" ist eine C#-Version für das Open-Source-Betriebssystem Linux verfügbar.

C# wurde in den letzten Jahren ständig weiterentwickelt und verbessert. Die Entwicklung von C# ist eng an die Entwicklung von **Windows,** das **.NET-Framework** und das integrierte Entwicklungssystem **Visual Studio** gekoppelt, das Sie in der Folge zur Programmierung verwenden werden.

**Anders Hejlsberg** entwickelte die Sprachen Turbo Pascal und Delphi für die Firma Borland, wechselte 1992 zu Microsoft und war dort für die Entwicklung von C# zuständig.

Die Programmiersprache **C#,** das **.NET-Framework** und die **Express-Edition von Visual Studio** zur komfortablen Entwicklung von Windows- und Webanwendungen sind **kostenlos** über die Microsoft-Website **www.microsoft.com** beziehbar. **Visual Studio** bietet eine einheitliche Oberfläche für die Entwicklung von Programmen in verschiedenen Programmiersprachen an.

Wir beschränken uns im Rahmen dieses Buches auf die Standardsprache für objektorientierte .NET-Programme: **C#.**

## .NET-Programmiersprachen

### ❶ Visual C#

**C#** ist die Standardsprache für das .NET-Framework und kann für die Programmierung von Anwendungen unter Windows sowie von ASP.NET-Webseiten verwendet werden.

### ❷ Visual Basic

**VB.NET** ist als **Einsteigersprache** nach wie vor sehr beliebt, da viele Programmierer bereits über Basic-Kenntnisse verfügen, z. B. in VBA, das als Programmiersprache in Microsoft Office zur Verfügung steht.

### ❸ Visual J#

**J#** (gesprochen „tschej: scha:p") ist eine von Microsoft entwickelte **Java-Sprache.** J#-Programme laufen nicht mit der Java-Virtual-Machine von Sun, sondern mit dem .NET-Framework von Microsoft.

### ❹ Visual C++

Die Programmiersprache **C++** wurde **1979** von **Bjarne Stroustrup** entwickelt und 1982 um **objektorientierte Konzepte** erweitert. Mit **Visual C++** lassen sich maschinennahe Anwendungen, z. B. Treiber oder Betriebssystemkomponenten, erstellen.

Alan Cooper gilt als Vater von Visual Basic.

Bjarne Stroustrup entwickelte 1979 die Sprache C++ bei AT&T.

## Das .NET-Framework

Ende der 1990er-Jahre sah Microsoft seine Marktposition durch den Konkurrenten **Sun** mit der damals bei Softwareentwicklern beliebten Programmiersprache **Java** arg bedroht und wollte einen Gegenpol etablieren. Im Juni 2000 stellte Microsoft erstmals seine .NET-Vision vor. Im Jänner 2002 wurde .NET 1.0 gemeinsam mit Visual Studio 2002 gelauncht. Die überarbeitete Version 1.1 erschien gemeinsam mit Visual Studio 2003 ein Jahr später. Die Weiterentwicklung zu .NET 2.0 und Visual Studio 2005 war eng an die Entwicklung des SQL-Datenbankservers 2005 gekoppelt. Beide Produkte wurden im November 2005 eingeführt. Mit der Markteinführung von Windows Vista wurde .NET 3.0 ausgeliefert, das die Neuerungen der Aero-Benutzeroberfläche unterstützte. Mit Windows Server 2008 wurden .NET 3.5 und gleichzeitig Visual Studio 2008 und SQL-Server 2008 gelauncht. Visual Studio 2010 und die .NET-Version 4.0 folgten der Markteinführung von Windows 7 sowie Windows Server 2008 R2 im Frühjahr 2010. Später folgten mit Windows 8 und Windows 8.1 ebenfalls neuere Versionen von Visual Studio und dem .NET-Framework, z. B. die Unterstützung von Apps im Modern UI.

Die .NET-Technologie ist für Microsoft eine sehr **wichtige Kerntechnologie,** auf der alle Softwareprodukte zukünftig basieren sollen. Produkte, die diese Technologie verwenden, sind z. B. Windows Server 2012 R2, SQL-Server und Windows 8.1.

### Was ist ein Framework?

Moderne Softwareentwicklung erfolgt **objektorientiert** unter Verwendung fertiger **Softwarekomponenten** mithilfe eines **Frameworks,** wie zum Beispiel mittels .NET-Framework oder Java.

Ein Framework enthält Softwarekomponenten in Form von Klassenbibliotheken. Damit ist es möglich, vorhandene Funktionen für eigene Programme zu nutzen. Die bekanntesten Frameworks sind das .NET-Framework von Microsoft sowie Java von Sun.

Die .NET-Laufzeitumgebung kann von Microsoft kostenlos heruntergeladen werden.

Eine **Klasse** ist eine wichtige Basis für objektorientiertes Programmieren (siehe Kapitel 3).

Mr. What und Ms. Check

**Was ist ein Compiler?**
Ein Compiler übersetzt den Sourcecode einer höheren Programmiersprache wie C++ in Maschinensprache.

**Was ist ein JIT-Compiler?**
Ein JIT-Compiler übersetzt den Sourcecode von VB.NET, C# oder Java in einen Zwischencode (CIL, Bytecode).

## Schichten des .NET-Frameworks

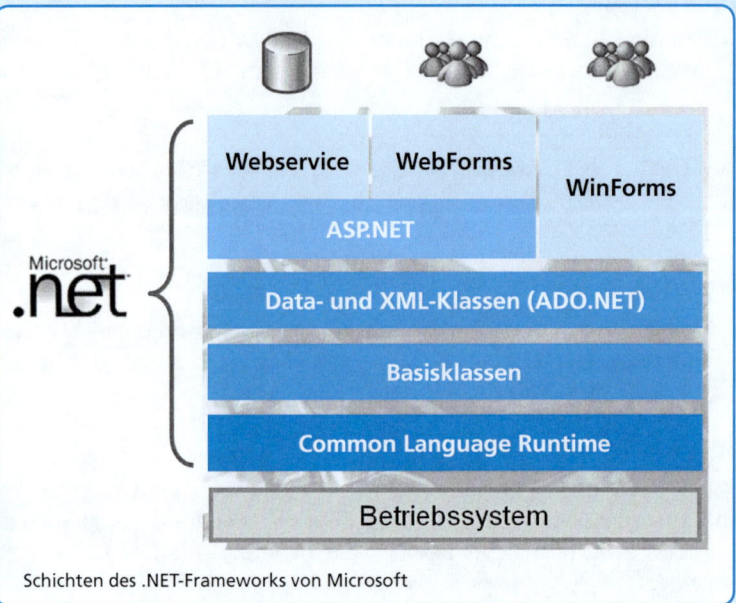

Schichten des .NET-Frameworks von Microsoft

**Plattformunabhängig** sind Java und .NET durch CLR und JIT-Compiler.

### ❶ .NET fungiert als Erweiterung bzw. Teil des Betriebssystems.

Das .NET-Framework ist eine Laufzeitumgebung, von der .NET-Programme während ihrer Ausführung gesteuert und verwaltet werden.

### ❷ Common Language Runtime (CLR)

**Zwischencode** Was bei .NET als CIL bezeichnet wird, heißt bei Java Bytecode. Das Prinzip ist jedoch ähnlich.

Ein .NET-Programm liegt in einem Zwischencode, der **Common Intermediate Language** (CIL), vor. Programme werden durch einen Compiler in den **CIL-Code** übersetzt und werden somit zu EXE- oder DLL-Dateien, können jedoch ohne das .NET-Framework nicht ausgeführt werden. Die Ausführung der Programme übernimmt ein **JIT-Compiler,** der Bestandteil der **Common Language Runtime** ist.

### ❸ Just-in-time-Compiler (JIT)

Der **JIT-Compiler** heißt bei Java Virtual Machine (VM).

Der CIL-Code muss für den jeweiligen Mikroprozessor während der Laufzeit des Programmes in Maschinensprache übersetzt werden. Für jedes Betriebssystem wird daher ein **JIT-Compiler** benötigt. Microsoft liefert den JIT-Compiler als Bestandteil der CLR. Für Linux ist seit 2004 eine CLR mit JIT-Compiler unter dem Namen „Mono" verfügbar.

### ❹ Framework Class Library (FCL)

**ADO.NET** bezeichnet jene Klassen in der FCL, die für Datenbankzugriffe und XML zuständig sind.

Das gesamte Framework wurde objektorientiert entwickelt. Das hat zur Folge, dass unsere Programme ebenfalls objektorientiert sind. Das Framework gliedert sich in **Basisklassen** und spezielle Klassen für den Datenzugriff, die unter dem Begriff **ADO.NET** zusammengefasst werden.

### ❺ Benutzerschnittstellen

**Extensible Markup Language (XML)** ist ein standardisiertes, sich selbst beschreibendes Datenformat unter Verwendung von Tags.

.NET-Anwendungen können für Windows (WinForms) und einen Webbrowser (WebForms) entwickelt werden. Auch mobile Geräte, wie Smartphones und PDAs, werden unterstützt. Web-Services ermöglichen den Zugriff auf Datenbanken über das Internet, wobei als Datenaustauschformat XML benutzt wird.

## 3 Ein Programm erstellen
### Temperaturmessungen auswerten

Wer programmiert, hat gelernt, genau zu arbeiten und auf Kleinigkeiten zu achten. Dennoch machen alle Programmierer Fehler. Auch Sie werden Fehler machen. Aber lassen Sie sich nicht entmutigen! Programmieren ist eine feine Sache, auch wenn aller Anfang schwer ist.

## L 2.1: Ein Programm mit Visual Studio erstellen

Starten Sie Visual Studio und erstellen Sie ein **neues Projekt** als Konsolenanwendung in C#! Geben Sie den Projektnamen ein, wählen Sie den Zielordner und klicken Sie auf **OK!**

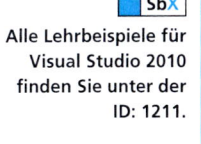

**SbX**
Alle Lehrbeispiele für Visual Studio 2010 finden Sie unter der ID: 1211.

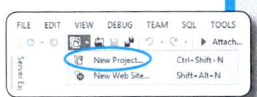

Neues Projekt erstellen

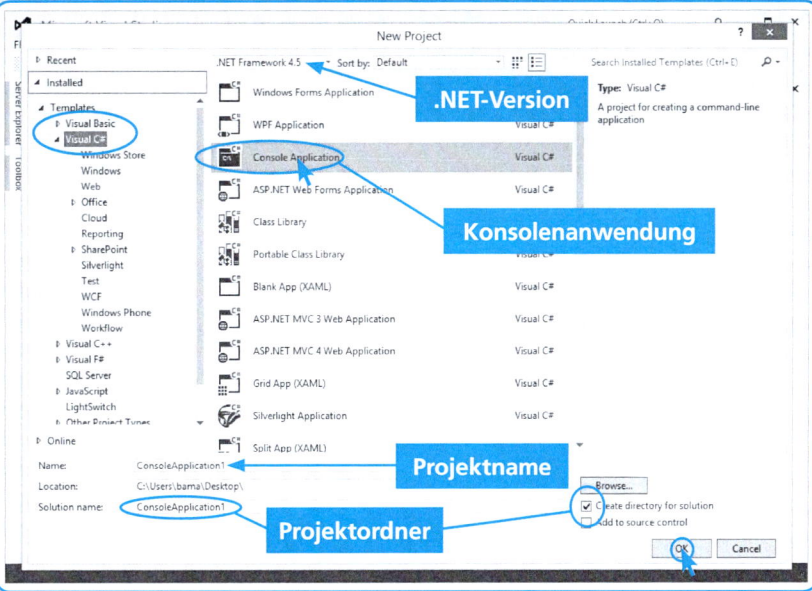

Eine leere Konsolenanwendung wird erstellt und am Bildschirm dargestellt.

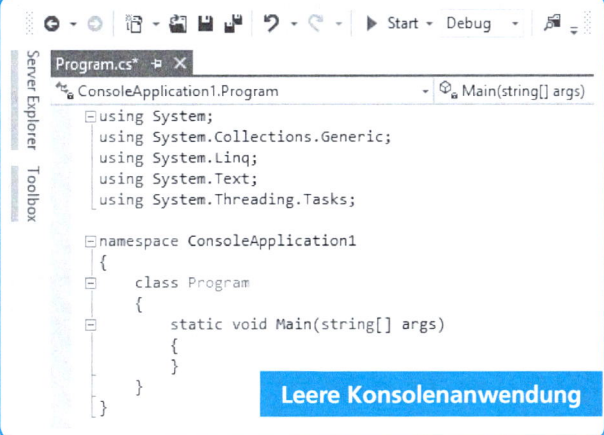

Die integrierte Entwicklungsumgebung Visual Studio erstellt automatisch ein leeres Konsolenprogramm, das Sie nur noch ergänzen müssen.

Ergänzen Sie den folgenden Programmcode im Editor von Visual Studio!

Achten Sie bei der Eingabe auf die Groß- und Kleinschreibung!

```csharp
using System;
using System.Collections.Generic;
using System.Linq;
using System.Text;

namespace Temperaturmessung
{
    class Program
    {
        static void Main(string[] args)
        {
            // Tageshöchsttemperaturen
            double m1 = 5.5, m2 = 6.2, m3 = 7.4;

            // Summe berechnen
            double summe = m1 + m2 + m3;

            // Mittelwert berechnen
            double mittelwert = summe / 3;

            // Mittelwert auf eine Dezimalstelle runden
            mittelwert = Math.Round(mittelwert, 1);

            // Ausgabe in der Konsole
            Console.WriteLine("Mittelwert: {0}", mittelwert);
        }
    }
}
```

**Kommentare:**
// bewirkt einen einzeiligen Kommentar, /* ... */ bewirkt einen mehrzeiligen Kommentar. Kommentare werden in Visual Studio grün dargestellt und bei der Übersetzung in die Maschinensprache einfach übersprungen.

Kontrollieren Sie, ob Sie alles richtig abgetippt haben und drücken Sie anschließend [Strg][F5], um das Programm auszuführen!

```
C:\Windows\system32\cmd.exe
Mittelwert: 6,4
Drücken Sie eine beliebige Taste . . .
```

Nach dem Drücken einer beliebigen Taste wird das Konsolenprogramm beendet und Sie können bei Bedarf das Programm im Editor verändern sowie anschließend neuerlich starten.

### Ü 2.3: Temperatur ★
Ergänzen Sie im Temperaturprogramm aus dem **Lehrbeispiel L 2.1** die Temperaturen **m4 = 12.1** und **m5 = 10.9**! Berechnen Sie den Mittelwert aller Messwerte!

Mr. What und Ms. Check

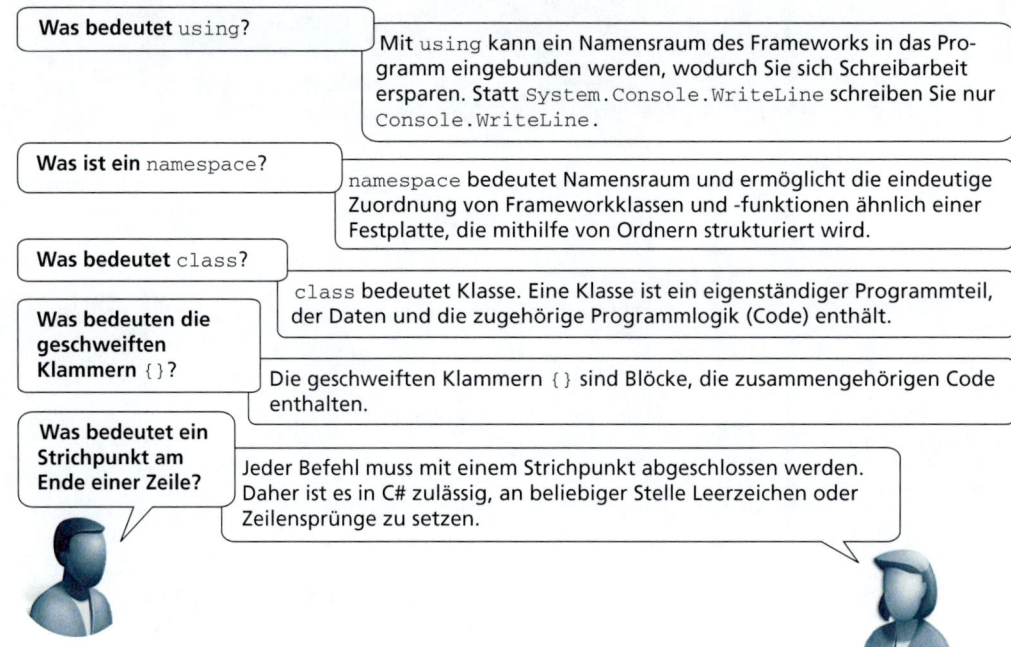

**Was bedeutet** `using`?

Mit `using` kann ein Namensraum des Frameworks in das Programm eingebunden werden, wodurch Sie sich Schreibarbeit ersparen. Statt `System.Console.WriteLine` schreiben Sie nur `Console.WriteLine`.

**Was ist ein** `namespace`?

`namespace` bedeutet Namensraum und ermöglicht die eindeutige Zuordnung von Frameworkklassen und -funktionen ähnlich einer Festplatte, die mithilfe von Ordnern strukturiert wird.

**Was bedeutet** `class`?

`class` bedeutet Klasse. Eine Klasse ist ein eigenständiger Programmteil, der Daten und die zugehörige Programmlogik (Code) enthält.

**Was bedeuten die geschweiften Klammern** `{}`?

Die geschweiften Klammern `{}` sind Blöcke, die zusammengehörigen Code enthalten.

**Was bedeutet ein Strichpunkt am Ende einer Zeile?**

Jeder Befehl muss mit einem Strichpunkt abgeschlossen werden. Daher ist es in C# zulässig, an beliebiger Stelle Leerzeichen oder Zeilensprünge zu setzen.

### L 2.2: Ein Windows-Programm mit Visual Studio erstellen
Wir erstellen ein neues Projekt, wählen die Programmiersprache Visual C#, klicken auf **Windows-Anwendung,** geben als Projektname „cs_Uhrzeit" ein und wählen den Projektordner.

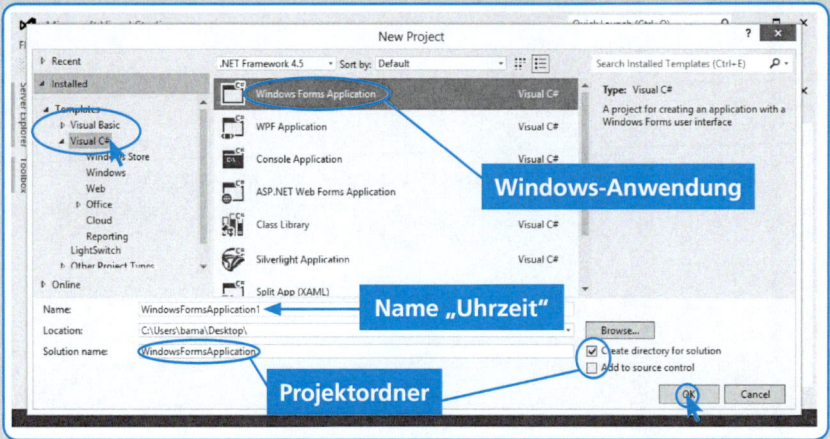

60 Angewandte Informatik HTL

Aus der **Toolbox** erstellen wir eine **Befehlsschaltfläche**, der wir im **Eigenschaftenfenster** den Text „Uhrzeit" als Beschriftung und „btUhrzeit" als Name zuweisen.

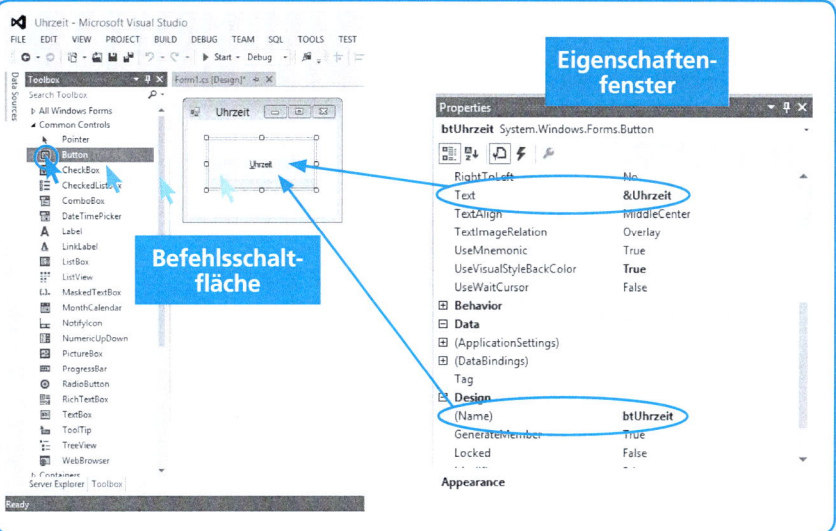

**Button**
= Befehlsschaltfläche

Nachdem die Befehlsschaltfläche **btUhrzeit** im Formular positioniert und die Eigenschaften **Text** und **Name** dafür festgelegt wurden, erstellen wir mit einem Doppelklick auf den Button einen **Eventhandler.** Ein Eventhandler ist ein Programm, das beim Auftreten eines bestimmten Ereignisses abläuft. Für das Klicken des Uhrzeit-Buttons wird ein Eventhandler erstellt.

**Eventhandler**
= Ereignisprozedur

**C# ist case sensitive,** d. h., die Groß-/Kleinschreibung wird in C# genau unterschieden.

```
namespace cs_Uhrzeit
{
  public partial class Form1 : Form
  {
    public Form1()
    {
      InitializeComponent();
    }
    private void btUhrzeit_Click(object sender, EventArgs e)
    {
      MessageBox.Show("Es ist jetzt "
        + DateTime.Now.Hour + " Uhr und "
        + DateTime.Now.Minute + " Minuten");
    }
  }
}
```

Der **Eventhandler** wird beim **Klicken** der Befehlsschaltfläche **btUhrzeit** aufgerufen.

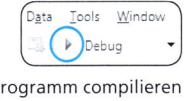

Der Tipptext zeigt die Namensraum-Verortung der Klasse **MessageBox** im Framework an.

Der Befehl **MessageBox.Show()** gibt den übergebenen Text in einer Messagebox am Bildschirm aus. Mit **DateTime.Now.Hour** bzw. **DateTime.Now.Minute** werden die Stunde bzw. Minuten der aktuellen Uhrzeit abgefragt.

Programm compilieren und ausführen

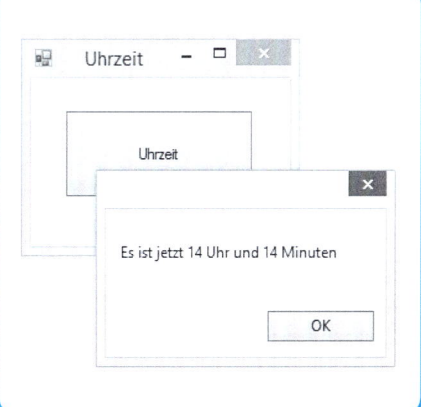

Nachdem Sie das Programm ausgeführt haben, wird das Formular **Form1** mit der Befehlsschaltfläche **btUhrzeit** und der Beschriftung „Uhrzeit" auf dem Bildschirm angezeigt. Sobald Sie auf den Button klicken, wird der Eventhandler ausgeführt, der die Messagebox mit der Uhrzeit ausgibt.

Angewandte Informatik HTL

## Compilieren und Ausführen

Nachdem Sie ein Programm fertig geschrieben haben, interessiert Sie natürlich das Ergebnis. Um ein Programm im Debugging-Modus, d.h. im Modus mit Fehlerüberwachung, zu starten, drücken Sie **F5** oder Sie klicken auf den grünen **Start**-Knopf in der Symbolleiste.

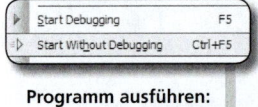

**Programm ausführen:** mit **F5** oder **Strg+F5**

Mit **Strg+F5** starten Sie das Programm **ohne Debugging.** Bei **Konsolenanwendungen** ist dieser Modus praktisch, da das Konsolenprogramm auf einen beliebigen Tastendruck wartet, bevor es beendet wird (siehe Lehrbeispiel L 2.1).

### Ü 2.4: Uhrzeit mit grafischer Sekundenanzeige ★

In einer Windows-Anwendung erstellen Sie ein Label mit dem Text „Uhrzeit:" und dem Namen **lblUhrzeit** sowie den Progressbar **progressBarSekunde** mit dem Maximum 60 zur Darstellung der Sekunden.

Sie ziehen ein **Timer**-Control in das Formular und ändern die Eigenschaft **Enabled** auf **True.** Damit wird alle 100 Millisekunden der Programmcode im Eventhandler des **Timer**-Controls aufgerufen. Mittels Doppelklick auf das **Timer**-Control erstellen Sie den folgenden Eventhandler.

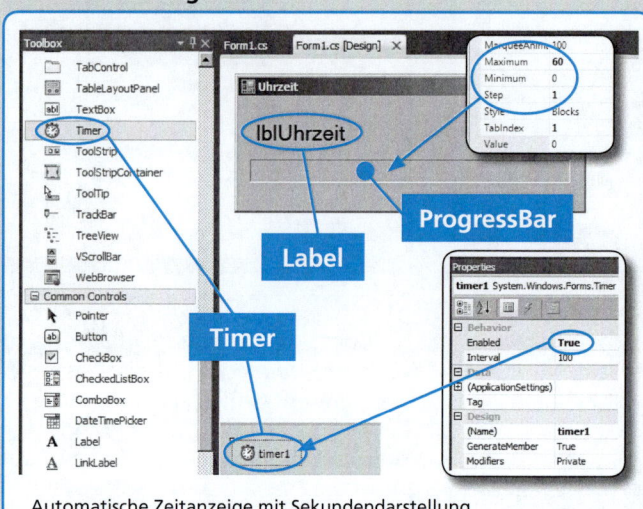

Automatische Zeitanzeige mit Sekundendarstellung

Das **Timer**-Control aktualisiert den Progressbar alle 100 Millisekunden.

```
private void timer1_Tick(object sender, EventArgs e)
{
   progressBarSekunde.Value = DateTime.Now.Second;
   lblUhrzeit.Text = "Uhrzeit: " + DateTime.Now.Hour
      + " Uhr und " + DateTime.Now.Minute + " Minuten";
}
```

### Programmierfehler

Was passiert eigentlich, wenn ein Programm fehlerhaft ist? Hier werden zwei ganz unterschiedliche Fehlermöglichkeiten unterschieden:

### Fehlerarten

Der C#-Compiler übersetzt den eingegebenen C#-Quellcode in eine Maschinensprache, die das .NET-Laufzeitsystem ausführt. Das Ergebnis der Übersetzung ist eine ausführbare Programmdatei mit der Endung *.exe*.

❶ **Ein Compilierfehler wird durch den Compiler erkannt. Die Entwicklungsumgebung liefert einen entsprechenden Hinweis und zeigt an, wo sich der Fehler befindet.**

Ein Programm mit Compilierfehlern kann nicht ausgeführt werden. Mit einem Doppelklick auf den Fehlertext wird der fehlerhafte Programmcode angezeigt.

❷ **Ein Laufzeitfehler wird durch den Compiler nicht erkannt. Er tritt erst während der Ausführung eines Programmes auf und führt zu einem Programmabbruch.**

Die Entwicklungsumgebung zeigt den Fehlerort an und ermöglicht im Rahmen der Fehleranalyse (Debugging) die Anzeige des Programmzustandes zum Zeitpunkt des Fehlers.

❸ **Ein Breakpoint wird vom Programmierer gesetzt, um an einer gewünschten Stelle ein Debugging zu ermöglichen.**

**Programmieren heißt „Fehler machen".** Der gute Programmierer unterscheidet sich vom schlechten dadurch, dass er seine Fehler rascher findet.

### L 2.3: Fehler erkennen und beheben

Entfernen Sie im Programm aus dem **Lehrbeispiel L 2.1** in Zeile 13 den Strichpunkt und versuchen Sie, das Programm zu starten! Der Compilierfehler wird in der Fehlerliste angezeigt.

```
Program.cs*
Temperaturmessung.Program
 1  using System;
 2  using System.Collections.Generic;
 3  using System.Linq;
 4  using System.Text;
 5
 6  namespace Temperaturmessung
 7  {
 8      class Program
 9      {
10          static void Main(string[] args)
11          {
12              // Tageshöchsttemperaturen
13              double m1 = 5.5, m2 = 6.2, m3 = 7.4
```

Die Tageshöchsttemperaturen sind in Grad Celsius angegeben.

Error List
🔴 1 Error   ⚠ 0 Warnings   ⓘ 0 Messages
Description
🔴 1  ; expected

Ein Doppelklick auf die Fehlermeldung führt Sie zum Fehlerort.

Klicken Sie in Zeile 22 in die Spalte ganz links vor der Zeilennummer, um dort einen Breakpoint zu setzen! Drücken Sie [F5], um das Programm im **Debugging-Modus** zu starten. Um einen Breakpoint zu entfernen, klicken Sie einfach darauf.

```
21        // Mittelwert auf eine Dezimalstelle runden
22        mittelwert = Math.Round(mittelwert, 1);
23          ⦿ mittelwert  6.3666666666666671
24        // Ausgabe in der Konsole
25        Console.WriteLine("Mittelwert: {0}", mittelwert);
```

Mit [⇧][F5] wird der Debugging-Modus abgebrochen und das Programm beendet.

**Breakpoint**         **Aktueller Programmzustand**

Wenn Sie ein Programm mit [Strg][F5] **ohne Debugging starten,** bleiben **Breakpoints wirkungslos!** Ein **Laufzeitfehler** führt zum **Programmabsturz** und der Programmzustand wird nicht angezeigt.

### Ü 2.5: Breakpoint ★

Ergänzen Sie in einer neuen Konsolenanwendung den folgenden Programmcode und setzen Sie den Breakpoint wie abgebildet! Welchen Zustand hat *temp?*

```
12        Random rnd = new Random();
13        double temp = rnd.NextDouble() * 20 + 5;
14        temp = Math.Round(temp, 2);
15        Console.WriteLine("Temperaturvorhersage: {0}°C", temp);
16        Console.ReadLine();
```

## 4 Datenstrukturen
### Werte in Variablen abspeichern

In einem Computerprogramm können Daten verwaltet oder Ergebnisse berechnet werden. Um **Rechenergebnisse und Daten** abspeichern zu können, verwenden Sie **Variablen.** Dabei handelt es sich um Platzhalter für Werte, die eine Beschreibung des Datentyps enthalten und unter einem definierten Namen erreichbar sind. Die Werte selbst befinden sich im Hauptspeicher.

**Beispiele für Variablen sind:**

> In Variablen abgespeicherte **Dezimalzahlen** verwenden als **Dezimaltrennzeichen** einen **Punkt** statt eines Kommas.

| Beschreibung | Variablenname | Datentyp | Wert |
|---|---|---|---|
| Vorname einer Person | *vorname* | *String* | "Gerald" |
| Eingabedatum | *datum* | *DateTime* | 25.08.2009 |
| Verkaufspreis | *preis* | *Double* | 2345.90 |

### Datentypen

Jede Variable und Konstante muss einem Datentyp zugeordnet sein. Alle .NET-Sprachen verwenden ein gemeinsames Typsystem. Da Java- und C-Programmierer an die Begriffe aus der jeweiligen Sprache gewöhnt sind, hat Microsoft für die **Datentypen Aliasnamen** definiert. Die folgende Tabelle zeigt diese Datentypen mit ihren **allgemeinen CLR-Namen** sowie den sprachspezifischen **C#-Aliasnamen** und die Wertebereiche.

> **Common Type System (CTS)**
> Die Datentypen für alle .NET-Sprachen sind im gemeinsamen Typsystem des .NET-Frameworks definiert.

| CLR-Datentyp | C#-Alias | Wertebereich |
|---|---|---|
| SByte | sbyte | –128 bis 127 |
| Byte | byte | 0 bis 255 |
| Int16 | short | –32 768 bis 32 767 |
| UInt16 | ushort | 0 bis 65 535 |
| Int32 | int | –2 147 483 648 bis 2 147 483 647 |
| UInt32 | uint | 0 bis 4 294 967 295 |
| Int64 | long | $-2^{63}$ bis $2^{63}-1$ |
| UInt64 | ulong | 0 bis $2^{64}-1$ |
| Single | float | $\pm 3{,}4 \cdot 10^{38}$; Postfix F, z. B. *float f = 8.3F;* |
| Double | double | $\pm 1{,}7 \cdot 10^{308}$; kein Postfix, z. B. *double d = 4.7;* |
| Decimal | decimal | $\pm 7{,}9 \cdot 10^{28}$; Postfix M, z. B. *decimal d = 12.1M;* |
| Boolean | bool | true/false |

> ☞ **Beachten Sie:**
> **Decimal** bietet die höchste Genauigkeit, hat aber einen kleineren Wertebereich als Single und Double.

Die oben abgebildete Tabelle enthält **Typen** für Zahlenwerte. Sie unterscheiden sich lediglich in ihrem Wertebereich. Eine **Variable** vom **Typ** *byte* kann beispielsweise Werte im Bereich zwischen 0 und 255 enthalten, eine **Variable** vom **Typ** *bool* dagegen nur „richtig" oder „falsch".

Einer Zahl vom Typ *decimal* wird ein **M,** einer Zahl vom Typ *float* ein **F** nachgestellt.

| Klasse | C#-Alias | Wertebereich |
|---|---|---|
| Char | char | Ein Unicode-Zeichen, z. B. 'A' |
| String | string | Unicode-Zeichenfolge, z. B. "Adam" |
| DateTime | DateTime | Datum und Uhrzeit ab dem 1.1.1900 |
| Object | object | Allgemeinster Typ; jeder Datentyp ist auch ein Object-Typ |

> Variablen vom Typ **Object** sollten in der Praxis **nur ausnahmsweise** verwendet werden.

Die zweite Tabelle enthält weitere häufig verwendete Datentypen, z. B. um Variablen zu erzeugen, die Texte oder ein Datum zwischenspeichern können. Der Typ **Object** ist ein ganz allgemeiner Datentyp, von dem alle anderen Typen abgeleitet werden. Jeder Datentyp ist also immer auch ein **Object**-Typ. In einer Variablen vom Typ **Object** könnten Sie daher ganz beliebige Werte abspeichern, z. B. Werte, Texte und sogar ein Datum und eine Uhrzeit.

## Variablen, Konstanten und Datentypen

**❶ Eine Variable ermöglicht das Abspeichern von Werten, wobei sich diese Werte im Programmverlauf ändern können.**

Sie definieren die Variable *summe* und weisen ihr einen beliebigen Zahlenwert zu. Später wird der Zahlenwert durch ein anderes Ergebnis überschrieben.

**❷ Eine Konstante ermöglicht das einmalige Speichern eines Wertes. Der Inhalt einer Konstanten darf im Programmverlauf nicht geändert werden.**

Sie definieren z. B. eine **Konstante** für die Zahl PI. Im Lauf des Programms kann sich die Konstante PI nicht mehr ändern.

**❸ Jede Variable muss einem Datentyp entsprechen.**

Die Variable *summe* soll einen EUR-Betrag aufnehmen, daher weisen Sie ihr z. B. den Datentyp **double** oder **decimal** zu. Um in einer Variablen das Alter einer Person abzuspeichern, ist **byte** vollkommen ausreichend. Das Alter eines Menschen kann nicht über den Maximalwert von 255 hinausgehen.

Das folgende Lehrbeispiel demonstriert die Verwendung von Variablen und Konstanten zur Berechnung und Ausgabe der Ergebnisse.

### L 2.4: Bordcomputer für ein Auto
Erstellen Sie das folgende Programm für einen Bordcomputer eines Autos als neue Konsolenanwendung!

```csharp
static void Main(string[] args)
{
    // Variablen
    string auto = "Audi A5 1.8 TFSI multitronic";
    double verbrauch = 7.4; // Liter/100 km
    double kraftstoffpreis = 0.982; // EUR
    double fahrstrecke = 450; // km

    // Konstante
    const int tankinhalt = 65; // Liter

    // Berechnung
    double kostenProKm = verbrauch / 100 * kraftstoffpreis;
    double kostenFahrstrecke = Math.Round(kostenProKm * fahrstrecke, 2);
    double maxReichweite = Math.Round(tankinhalt / verbrauch * 100, 1);
    double restReichweite = maxReichweite - fahrstrecke;

    // Ausgabe
    Console.WriteLine("Die maximale Reichweite für einen\n\n\t{0}\n\n" +
        "mit einer Tankfüllung von {1} Litern beträgt {2} km.\n\n" +
        "Die Fahrtkosten für {3} km betragen {4} EUR.\n\nNach der Fahrt " +
        "können noch {5} km zurückgelegt\nwerden, bis der " +
        "Tank leer ist.\n", auto, tankinhalt, maxReichweite,
        fahrstrecke, kostenFahrstrecke, restReichweite);
}
```

**Variablen** müssen mit einem **Datentyp** versehen werden.

Mit dem Schlüsselwort *const* wird eine Konstante erzeugt.

Die Methode **Math.Round(formel, 2)** rundet das Ergebnis der Formel auf zwei Dezimalstellen.

\n = nächste Zeile
\t = Tabulatorsprung
{0}, {1} = Platzhalter für Variablen

```
Die maximale Reichweite für einen

        Audi A5 1.8 TFSI multitronic

mit einer Tankfüllung von 65 Litern beträgt 878,4 km.

Die Fahrtkosten für 450 km betragen 32,7 EUR.

Nach der Fahrt können noch 428,4 km zurückgelegt
werden, bis der Tank leer ist.

Drücken Sie eine beliebige Taste . . .
```

Ein VW Polo hat einen Tankinhalt von 45 l.

**Zusatzaufgabe:** Berechnen Sie mit dem Bordcomputer für einen **VW Polo** mit einem Verbrauch von **5,3 l/100 km** die Kosten einer Fahrt **von Wien nach Berlin**. Ermitteln Sie die Fahrstrecke mit **www.map24.at**!

▶ Lernen  ◉ Üben  ◉ Sichern  ◉ Wissen

**Ü 2.6: Datentypen** ★

Finden Sie für die folgenden Variablen den geeignetsten Datentyp! Stellen Sie die Deklaration und die Initialisierung der Variablen in C# dar!

- Variable *einheit* für den Wert **Kiloohm**
- Variable *frequenz* für den Wert **1897,67**
- Variable *widerstand* für den Wert **45**
- Variable *gleichstrom* für den Wert **ja**
- Variable *einheit* für den Wert **Stunde**
- Variable *startzeit* für den Wert **18:35 Uhr**
- Variable *änderungsdatum* für den Wert **12.09.2010**

**Ü 2.7: Variablen deklarieren** ★★

Vervollständigen Sie das folgende Programm in C#! Beachten Sie dabei, dass alle verwendeten Variablen deklariert sein müssen.

```
int zahl1, zahl2;
zahl1 = 4560;
zahl2 = 3289;
summe = zahl1 + zahl2;
produkt = zahl1 * zahl2;
Console.WriteLine("Die Summe ist {0} und das Produkt ist {1}",
   summe, produkt);
```

## Verwendung unterschiedlicher Datentypen

Mit der Deklaration einer Variablen wird ein Datentyp angegeben, dem die in der Variablen gespeicherten Werte entsprechen müssen. Werden bei Zuweisungen bzw. Berechnungen Variablen mit unterschiedlichen Datentypen kombiniert, entsteht möglicherweise ein Informationsverlust.

**L 2.5: Typkonflikt bei einer Berechnung**

Welches Ergebnis enthält die Variable *summe*?

```
int zahl1, zahl2;
zahl1 = 125;
zahl2 = 200;
byte summe = zahl1 + zahl2;
```

Der **C#-Compiler** führt das Programm nicht aus. Er erkennt in der letzten Zeile ein potenzielles Genauigkeitsproblem, da das Berechnungsergebnis von **zahl1 + zahl2** den Datentyp **int** hat und in einer Variablen vom Typ **byte** abgespeichert werden soll. Sofern das Berechnungsergebnis einen größeren Wert als 255 hat, wäre ein Laufzeitfehler die Folge. Der C#-Compiler verhindert solche Fehler von vornherein. Er lässt einen möglichen Verlust an Genauigkeit nicht zu.

```
byte summe = zahl1 + zahl2;
              Cannot implicitly convert type 'int' to 'byte'. An explicit conversion exists (are you missing a cast?)
```

Bei der **Verwendung unterschiedlicher Datentypen** muss darauf geachtet werden, dass der **zugewiesene Wert** dem **Zieldatentyp entspricht.** Andernfalls tritt ein Compilierfehler auf.

66                                                                                      Angewandte Informatik HTL

## Wertebereiche und Genauigkeiten von Datentypen

Wie Sie gesehen haben, ist die Zuweisung von Variablen bzw. Berechnungsergebnissen mit unterschiedlichen Datentypen problematisch. Die folgende Abbildung veranschaulicht die Unterschiede zwischen den verschiedenen Datentypen:

**Hellblau:** Ganze Zahlen

**Dunkelblau:** Fließkommazahlen

*Byte, UInt16, UInt32* und *UInt64* können keine negativen Zahlen enthalten. *SByte, Int16, Int32* und *Int64* können negative und positive Zahlen enthalten.

*Single* speichert Dezimalzahlen auf 7 Stellen, *Double* auf 15 Stellen genau. *Decimal* ist noch genauer, kann dafür aber nur kleinere Zahlen als *Single* und *Double* repräsentieren.

**Hinweis:** Die Skaleneinteilung ist nicht maßstäblich.

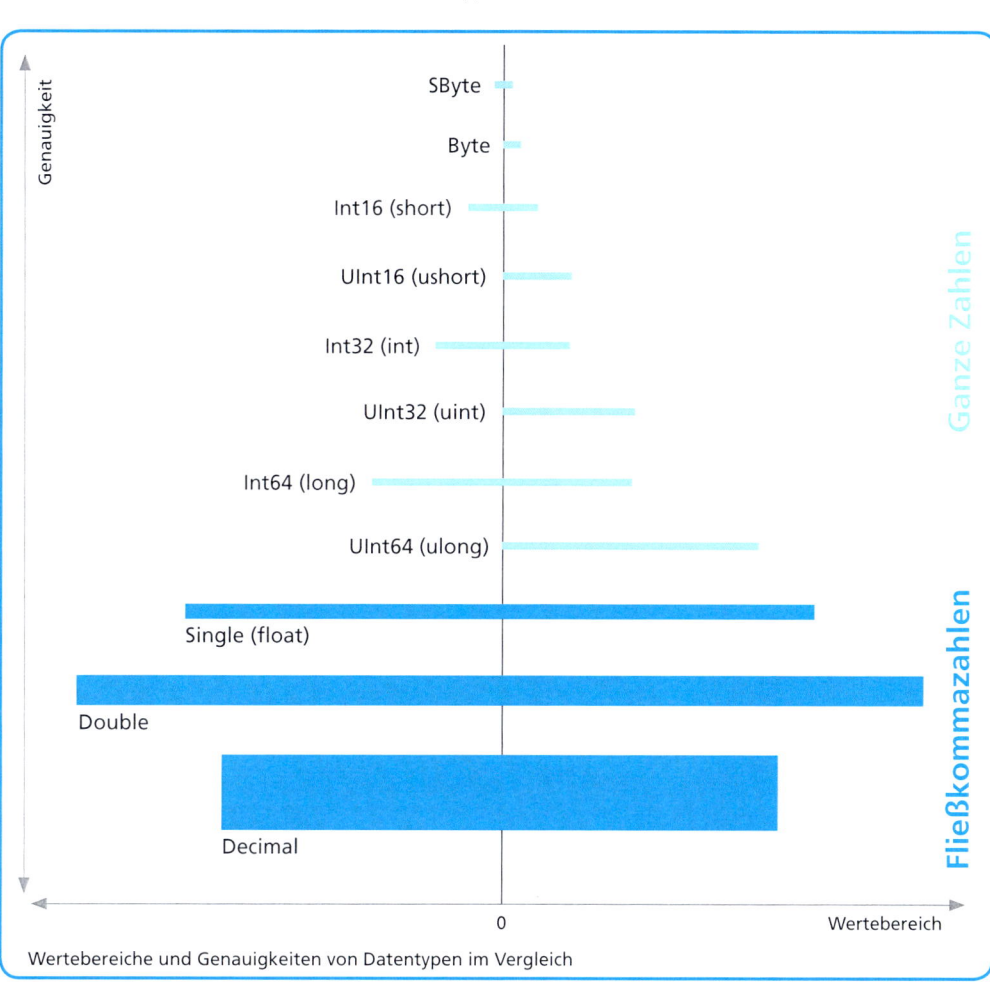

Wertebereiche und Genauigkeiten von Datentypen im Vergleich

**SbX** Weitere Informationen zur Datenkonvertierung finden Sie in der Linkliste unter der ID: 1211.

### Typkonvertierung

In C# gilt generell eine **strenge Typkonvertierung**. Eine Konvertierung ist nicht erforderlich, wenn durch das Übertragen unterschiedlicher Typen keine Genauigkeit verloren gehen kann. Die Überprüfung erfolgt unabhängig von den in der Variablen gespeicherten Werten!

**Folgende Methoden zur Typkonvertierung sind in C# vorgesehen:**

**❶ Die implizite Typkonvertierung erfolgt automatisch, wenn keine Genauigkeit verloren gehen kann.**

Wenn z. B. eine Variable vom Typ **byte** in eine Variable vom Typ **int** übertragen werden soll, ist ein **Verlust an Genauigkeit ausgeschlossen,** da der Wertebereich von **int** den Wertebereich von **byte** umfasst und sogar darüber hinausgeht.

**Casting** wandelt Typen innerhalb der gleichen Typenfamilie um.

**❷ Casting ermöglicht die Konvertierung innerhalb einer Typenfamilie.**

Mittels Casting kann man z. B. eine Variable vom Typ **int** in den Zieltyp **byte** umwandeln, da es sich in allen Fällen um Zahlen handelt: **(byte) intzahl.** Man kann aber einen **string** oder **bool** nicht in eine Zahl umwandeln, also z. B. nicht **string** zu **byte** casten.

Die **explizite Konvertierung** ermöglicht die Umwandlung in jeden beliebigen Datentyp.

**❸ Explizite Konvertierung**

Die Konvertierung mittels der Methode **Convert.To...** kann auch dann eingesetzt werden, wenn die Variablen unterschiedlichen Typenfamilien angehören. So kann z. B. mit **Convert.ToString(intzahl)** eine Zahl vom Typ **int** in einen **string** umgewandelt werden. Eine andere Form für diese Umwandlung wäre **intzahl.ToString()**.

> Bei Verwendung des Typs *decimal* muss **gecastet** werden, da sich die Genauigkeit zwischen den Fließkommatypen *float* und *double* bzw. *decimal* unterscheidet. *Decimal* ist zwar genauer als beispielsweise *float* und *double,* lässt aber keine so großen Wertebereiche zu.

## Ü 2.8: Konvertierung von Variablen ★★
Welche Formen der Konvertierung sind bei den folgenden Variablen möglich?

> **SbX**
> Sie finden Ü 2.8 mit automatischer Aufgabenkontrolle unter der ID: 1211.
> erledigt: ✔
> Ü 2.8: ☐

| Typ -> Typ | implizit | Casting | explizit |
|---|---|---|---|
| int -> decimal | | | |
| int -> byte | | | |
| short -> float | | | |
| string -> decimal | | | |
| decimal -> double | | | |
| double -> short | | | |
| bool -> byte | | | |
| long -> string | | | |

## L 2.6: Bordcomputer mit Eingabe der Fahrstrecke
Erweitern Sie das Lehrbeispiel L 2.3 um die Möglichkeit der Eingabe der Fahrstrecke!

```
12        // Deklaration
13        string auto = "Audi A5 1.8 TFSI multitronic";
14        double verbrauch = 7.4; // Liter/100 km
15        double kraftstoffpreis = 0.982; // EUR
16        double fahrstrecke, kostenProKm, kostenFahrstrecke,
17            maxReichweite, restReichweite;
18        const int tankinhalt = 65; // Liter
19
20        // Eingabe
21        Console.Write("Fahrstrecke? ");
22        fahrstrecke = Convert.ToDouble(Console.ReadLine());
23
24        // Berechnung
25        kostenProKm = verbrauch / 100 * kraftstoffpreis;
26        kostenFahrstrecke = Math.Round(kostenProKm * fahrstrecke, 2);
27        maxReichweite = Math.Round(tankinhalt / verbrauch * 100, 1);
28        restReichweite = maxReichweite - fahrstrecke;
29
30        // Ausgabe
31        Console.WriteLine("Die maximale Reichweite für einen\n\n\t{0}\n\n" +
32            "mit einer Tankfüllung von {1} Litern beträgt {2} km.\n\n" +
33            "Die Fahrtkosten für {3} km betragen {4} EUR.\n\nNach der Fahrt " +
34            "können noch {5} km zurückgelegt\nwerden, bis der " +
35            "Tank leer ist.\n", auto, tankinhalt, maxReichweite,
36            fahrstrecke, kostenFahrstrecke, restReichweite);
```

> Die Methode **Console.ReadLine()** liefert den eingegebenen Text als Datentyp **String** zurück. Um den eingegebenen Wert in der Variablen *fahrstrecke* abspeichern zu können, muss eine **Konvertierung** in den Zieldatentyp *Double* erfolgen.

## Ü 2.9: Konvertierung und Casting ★★
Vervollständigen bzw. korrigieren Sie das folgende Programm und verwenden Sie dafür die verschiedenen Formen der Konvertierung bzw. des Castings!

```
byte b = 85;              // Jahre
long l = 80000;           // t
int i = 120000;           // kg
string str = "7500.85";   // EUR
short s = 4500;           // mm
double dbl = 8350.6;      // cm
decimal dec = 8945.342M;  // l
```

```
// Berechnungen
int e1 = b * i;
byte e2 = b * i;
double e3 = l + dec;
short e4 = dbl - s + str;
decimal e5 = b + l + i + str + s + dbl + dec;
string e6 = l / b;
double e7 = dbl % b;
```

Der Operator % berechnet den Rest einer Division.

## Begrenzte Genauigkeit von Fließkomma-Datentypen

*Float*-Werte können in allen Programmiersprachen nur bis zu einer begrenzten Anzahl von Stellen gespeichert werden und sind begrenzt genau.

 **Ü 2.10: Genauigkeit ★**

Testen Sie das folgende Programm und rechnen Sie das Ergebnis händisch nach!

```
// Berechnung mit float
float x = 0.5F, y = 0.4F;
Console.WriteLine("Ergebnis: {0}", x - y);
```

Welche Ergebnisse liefern das Programm bzw. Ihre händische Berechnung?

Im Fach Mathematik haben Sie gelernt, dass der Ausdruck **a·(b−c)** gleich sein sollte wie **a·b−a·c**. Das regelt das Distributivgesetz. Wenn nun die beiden Zahlen **b** und **c** sehr ähnlich sind, ist ein (kleiner) Fehler festzustellen. Die Messwerte **a, b** und **c** haben dabei folgende Werte:
a = 1,1111111111; b = 1,00000000002; c = 1,00000000001.

 **Ü 2.11: Distributivgesetz ★★**

Überprüfen Sie die Gültigkeit des Distributivgesetzes!

Das **Distributivgesetz** regelt das Ausmultiplizieren und Herausheben bei Klammerausdrücken.

```
// Berechnung mit double
double a = 1.111111111, b = 1.00000000002, c = 1.00000000001;
double d;
Console.WriteLine("Überprüfung des Distributivgesetzes:");
d = a * (b - c);
Console.WriteLine("Ergebnis von a * (b - c) = {0}", d);
d = a * b - a * c;
Console.WriteLine("Ergebnis von a * b - a * c = {0}", d);
```

a) Ab welcher Nachkommastelle treten Ungenauigkeiten auf?

b) Multiplizieren Sie die Messwerte a, b und c mit dem Faktor 1000 und vergleichen Sie die Ergebnisse mit a)!

c) Ändern Sie den Datentyp der Variablen in **decimal**! Vergleichen Sie die Ergebnisse mit a) und b)!

Mr. What und Ms. Check

Welche Genauigkeit haben *float* und *double*?

*Float* stellt insgesamt 7 Stellen einer Fließkommazahl genau dar, *double* 15 Stellen. Der genaueste Fließkommatyp ist *decimal*.

## Werte- und Verweistypen

Datentypen werden in Werte- und Verweistypen unterschieden:

### ❶ Wertetypen

Ein Wertetyp wird im **Stack** gespeichert. ***SByte, Byte, Int16, UInt16, Int32, UInt32, Int64*** und ***UInt64*** sind **ganzzahlige** Wertetypen. ***Single, Double*** und ***Decimal*** sind **Fließkomma**-Wertetypen. ***Boolean*** ist ein Wertetyp, der nur die beiden Zustände ***true*** und ***false*** kennt.

### ❷ Verweistypen

Ein Verweistyp wird im **Heap** gespeichert. ***Char*** und ***string*** sind **Verweistypen.** Sie werden für die Darstellung von **Zeichen** verwendet.

Ein **Stack** speichert Datenobjekte in einem Stapel nach dem Last-in-/First-out-Prinzip.

Ein **Heap** speichert große Mengen von Datenobjekten in einem Baum.

Anders als in Java kann in C# mit Strings, die Verweistypen sind, so umgegangen werden, als wären es Wertetypen. Die Verarbeitung von Strings wird dadurch wesentlich vereinfacht.

Die folgende Abbildung veranschaulicht, wie Werte- und Verweistypen im Hauptspeicher gehandhabt werden.

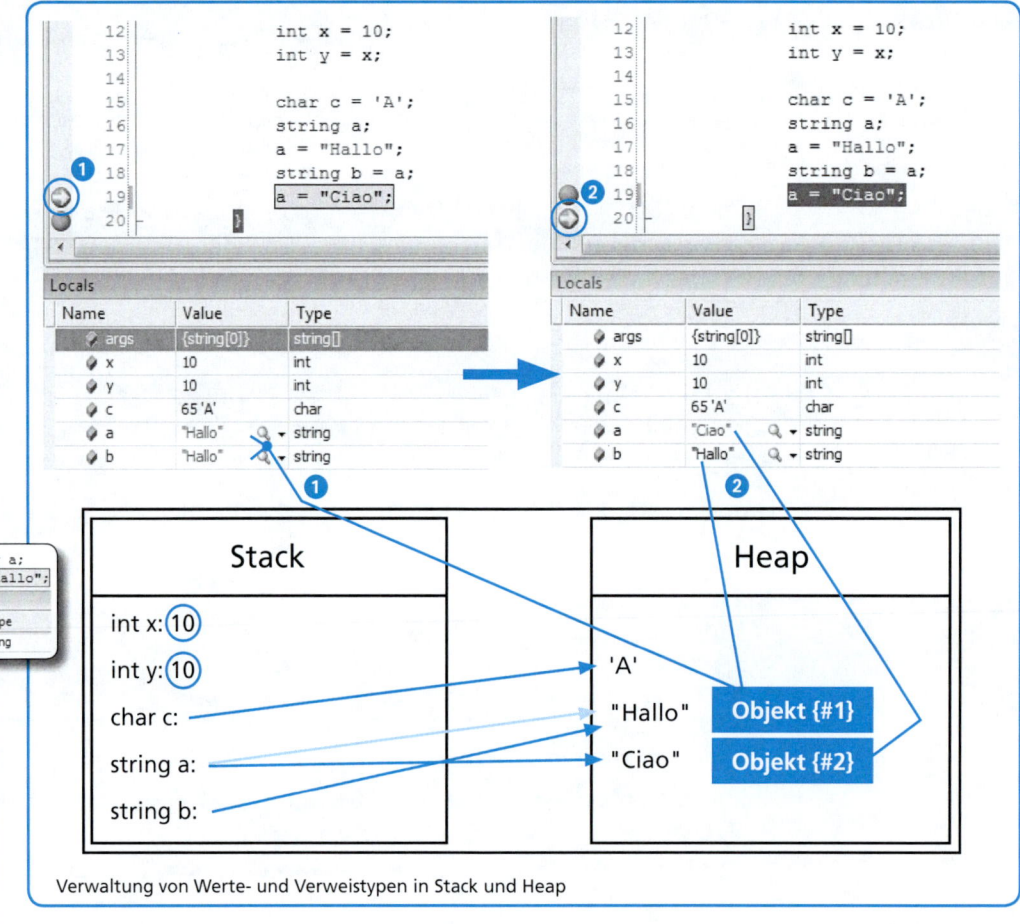

Verwaltung von Werte- und Verweistypen in Stack und Heap

Ein Verweistyp ohne einen Objektverweis auf den Heap hat den Wert *null*, das bedeutet **kein Wert.**

Mehr zur Verwendung von Verweistypen, z. B. zur Verwendung von Instanzen einer Klasse, erfahren Sie in Lerneinheit 4.

## Ü 2.12: Temperaturumrechnung ★★★

Der Wetterbericht auf CNN sagt für New York eine Temperatur von 85° voraus. Die Temperatur wird in den USA in Grad Fahrenheit (°F) angegeben. Die wissenschaftliche Temperaturskala ist die Kelvin-Skala (°K). In Europa wird die Celsius-Skala (°C) verwendet.

| °C | °F | °K |
|---|---|---|
| 0 | 32 | 273,15 |
| 100 | 212 | 373,15 |

a) Erstellen Sie eine Konsolenanwendung, die den Gefrier- und Siedepunkt von Wasser (0 °C, 100 °C) in allen drei Temperaturskalen ausgibt!

b) Erstellen Sie eine Konsolenanwendung, in der Grad Fahrenheit eingegeben und in Grad Celsius und Grad Kelvin umgerechnet werden!

**Temperaturumrechnungstabelle**

| °C | °F | °K |
|---|---|---|
| °C | °F = °C · 9 : 5 + 32 | °K = °C + 273,15 |
| °C = (°F − 32) · 5 : 9 | °F | °K = (°F + 459,67) · 5 : 9 |
| °C = °K − 273,15 | °F = °K · 9 : 5 − 459,67 | °K |

## Zufallszahlen

In Simulationsprogrammen oder Spielen werden Zufallszahlen benötigt, um eine nicht vorhersehbare Spielsituation zu schaffen.

### Die Klasse *System.Random*

**❶ Das Framework stellt zur Erzeugung von Zufallszahlen die Klasse *System.Random* zur Verfügung.**

Sie benutzen die Klasse **System.Random,** um neue Zufallszahlen zu erzeugen. Damit Sie dies tun können, müssen Sie zuvor die Klasse **System.Random** in ein Objekt dieses Typs instanzieren. Was das genau bedeutet, lernen Sie in Kapitel 3.

> *Klasse, Objekt und Methode sind Begriffe der objektorientierten Programmierung und werden in Kapitel 3 genauer besprochen.*

**❷ Die Methode *Next()* erzeugt eine Zufallszahl vom Typ *Int32*.**

Nachdem Sie ein Zufallszahlenobjekt erzeugt haben, können Sie es verwenden und eine Zufallszahl mit der Methode **Next(von, bis)** generieren lassen. Die Parameter **von** und **bis** stehen für den gewünschten Wertebereich, in dem sich die erzeugte Zufallszahl befinden soll.

> *NextDouble() erzeugt eine Zufallszahl zwischen 0 und 1 vom Typ Double.*

Das folgende Programm erzeugt die Variablen **zahl1** und **zahl2** mit je einer Zufallszahl zwischen 1 und 100. Die Variable **zahl1** ist eine ganze Zahl, **zahl2** ist eine Dezimalzahl.

```
Random rnd = new Random();
int zahl1 = rnd.Next(1, 101);
double zahl2 = rnd.NextDouble() * 99 + 1;
```

> *Next(1, 101) erzeugt eine Zufallszahl zwischen 1 und 100 vom Typ Int32.*

## Üben

**Übungsbeispiele**

### Ü 2.13: Zufallszahlen ★★

Geben Sie in einer neuen Konsolenanwendung folgende Zufallszahlen aus:

a) Ganze Zahl zwischen 1 und 1000
b) Dezimalzahl zwischen 10 000 und 1 Mio., gerundet auf zwei Dezimalstellen
c) Ganze Zahl zwischen 11 und 15

### Ü 2.14: Datentyp ★
Für folgende Variablen soll der geeignete Datentyp gefunden werden. Die korrekte Deklaration und Initialisierung der Variablen ist in C# darzustellen.

- Variable **Baustelle** für den Wert **Donaubrücke Traismauer**
- Variable **Projektkosten** für den Wert **122.786.302,50 EUR**
- Variable **Dauer** für den Wert **53**
- Variable **Plankonform** für den Wert **ja**
- Variable **Arbeiteranzahl** für den Wert **35**

### Ü 2.15: Fehlerbehebung ★
Korrigieren Sie die Fehler im folgenden Algorithmus!

```
int zahl1 = 30;
string zahl2 = 16;
Console.Write("Ergebnis: [0]", zahl1 + zahl2);
```

### Ü 2.16: Konvertierung und Casting ★★
Vervollständigen bzw. korrigieren Sie das folgende Programm und verwenden Sie dafür die verschiedenen Formen der Konvertierung bzw. des Castings!

```
byte alterJahre = 15;
long tage = 365;
int alterTage = alterJahre * tage;

string vorname = "Konrad";
string zuname = "Hoffmann";
string initialen = vorname[0] + zuname[0];
short laenge = zuname.Length;

string login = vorname + laenge;
string password = initialen + alterJahre;
```

### Ü 2.17: Potentiometerschaltungen ★★
Potentiometerschaltungen dienen der Regelung von Spannungen: Wenn die Spannung U an einem Widerstand R anliegt, soll die variable Endspannung $U_v$ – z. B. um einen Elektromotor betreiben zu können –, mit einem Regelwiderstand $R_x$ aufscheinen.

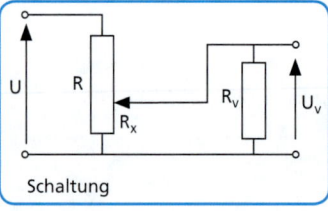

Schaltung

$R_v$ ist dabei der Widerstand, über den die Ausgangsspannung $U_v$ stabilisiert wird.

Erstellen Sie das C#-Programm „Spannung", das mit den Eingangskenngrößen U, R, $R_x$, $R_v$ die Ausgangsspannung $U_v$ berechnet. Die zugehörige Formel nach der Auflösung durch die Maschenregel und Umwandlungen der parallel liegenden Widerstände R bzw. $R_x$ und $R_v$ lautet:

$$U_v \cdot (R_x \cdot R_v + (R - R_x) \cdot (R_x + R_v)) = U \cdot (R_x \cdot R_v)$$ [R in Ohm; U in Volt]

Die Gleichung ist nach $U_v$ aufzulösen; im Hauptprogramm soll für die Berechnung der Ausgangsspannung $U_v$ geschrieben werden, wenn die Widerstände R = 10 Ohm und $R_v$ = 5 Ohm gewählt wurden und $R_x$ auf der halben Länge von R angreift. U wird als Zufallszahl zwischen 5 und 10 Volt erzeugt.

Lerneinheit 1: Algorithmen und Datenstrukturen

**SbX**
Sie finden Ü 2.18 mit automatischer Aufgabenkontrolle unter der ID: 1212.

erledigt: ✔

Ü 2.18: ☐

**Weitere Übungen im SbX**

**Ü 2.18: Datentypen ★**
Vervollständigen Sie die Übersicht zu den Datentypen!

**Ü 2.19: H2Ö GmbH ★★★**
Programmieren Sie eine Anwendung für die H2Ö GmbH!

## Sichern

SbX ID: 1213

In dieser Lerneinheit haben Sie die ersten Schritte des Programmierens und die Elemente des Microsoft .NET-Frameworks kennengelernt.

Variable — Eine Variable **speichert einen Wert** als Werte- oder Verweistyp. Ihr Wert kann während eines Programmablaufs jederzeit verändert werden.

Datentypen — Datentypen, z. B. **String, Double** oder **Decimal,** sind im **Common Type System** (CTS) des .NET-Frameworks festgelegt und gelten für alle .NET-Sprachen gleichermaßen.

Typkonvertierung — In C# gilt eine strenge Verwendung von Typkonvertierungen, was den Einsatz von **Casting** und **expliziter Konvertierung** erforderlich macht.

Casting — **Casting** ist eine Typkonvertierung innerhalb einer Typfamilie, z. B. muss die Variable **wert** vom Typ **int** für die Zuweisung an die Variable **summe** vom Typ **byte** in den Zieltyp **byte** gecastet werden: **int wert = 20; byte summe = (byte) wert;**

Explizite Typkonvertierung — Eine **explizite Typkonvertierung** ist erforderlich, wenn Werte aus unterschiedlichen Typfamilien zugewiesen werden sollen, z. B. **string ergebnis = Convert.ToString(750);**

**SbX**
ID: 1213

Zusätzlich zu dieser Zusammenfassung finden Sie im SbX eine Audio-Wiederholung zur Wiedergabe mit dem Audio-Player und als MP3-Datei sowie eine Bildschirmpräsentation.

## Wissen

SbX ID: 1214

### W 2.1: Kontrollfragen und -aufgaben
1. Was ist eine integrierte Entwicklungsumgebung?
2. Welche Gemeinsamkeiten haben C++, Java und C#?
3. Was versteht man unter einem Namensraum (Namespace)?
4. Erklären Sie den Unterschied zwischen Variablen und Konstanten!
5. Erklären Sie die Begriffe Stack und Heap im Zusammenhang mit Werte- und Verweistypen!
6. Welche Datentypen sind Verweistypen?
7. Erklären Sie den Begriff Casting anhand eines selbst gewählten Beispiels!

### W 2.2: Variablen verwenden
Erstellen Sie eine Konsolenanwendung in C#, deklarieren Sie Variablen mit passenden Datentypen und weisen Sie die Werte wie folgt zu: a) Primzahl: 7, b) Gehalt: 2.278,45 EUR, c) Familienstand: Ledig, d) Alter: 15 Jahre

Angewandte Informatik HTL

### W 2.3: Casting und Konvertierung

Ein C#-Programm verwendet folgende Programmzeile:

```
double verkaufspreis = 79.90;
```

Vervollständigen Sie das Programm um die verkaufte Stückzahl vom Typ **Int32.** Es wurden 8670 Stück verkauft. Berechnen Sie den Nettoumsatz in einer Variablen vom Typ **Decimal.** Berechnen Sie die Umsatzsteuer in Höhe von 20 % in einer Variablen mit einfacher Genauigkeit und geben Sie das Ergebnis am Bildschirm aus.

ID: 1214

**Weitere Aufgaben im SbX**

### W 2.4: Wetterdaten
Bearbeiten Sie die Projektaufgabe zur Auswertung von Wetterdaten!

### W 2.5: Algorithmen
Lösen Sie die Aufgaben zum Thema Algorithmen!

### W 2.6: Pegelrechner
Bearbeiten Sie die Projektaufgabe zum Pegelrechner!

*Ein kurzer Wissens-Check bevor's weitergeht!*

## Wissens-Check

|  | ☺ | 😐 | ☹ |
|---|---|---|---|
| **Ich kann mit Visual Studio eine Konsolenanwendung erstellen und starten.** |  |  |  |
| **Ich kann einen Programmalgorithmus eigenständig erstellen.** |  |  |  |
| **Ich kann Variablen zum Zwischenspeichern von Benutzereingaben und Berechnungsergebnissen verwenden.** |  |  |  |

Lerneinheit 2: Verzweigungen und Schleifen

## Lerneinheit 2
# Verzweigungen und Schleifen

|SbX|
Alle SbX-Inhalte zu dieser Lerneinheit finden Sie unter der ID: 1220.

In dieser Lerneinheit erweitern Sie Ihr Wissen um wichtige Basiskonzepte der Programmierung. Verzweigungen (*if* und *switch*) sowie Schleifen (*for, foreach, while, do/while*) werden in nahezu jedem Programm benötigt.

**Sie beschäftigen sich mit**
- den *if*- und *switch*-Verzweigungen und deren Verwendung,
- den Zählerschleifen *for* und *foreach* sowie
- den kopf- und fußgesteuerten Schleifen *while* und *do/while*.

## Lernen

SbX ID: 1221

### 1 *if*-Verzweigung
Sein oder nicht sein, das ist hier die Frage.

Verzweigung = Selektion

In einem Programm sind oft Bedingungen zu prüfen, von denen der weitere Programmablauf abhängt.

Die *if*-Anweisung bewirkt **Alternativen, die von einer Bedingung abhängen.** Die Bedingung ist ein **logischer Ausdruck,** der wahr *(true)* oder falsch *(false)* sein kann.

Die *if*-Verzweigung gibt es auch in **Excel** in Form der ***Wenn***-Funktion.

Wenn bei einem Auto der Benzinvorrat unter 10 % des Tankvolumens sinkt, sollte bald getankt werden, da bereits die Reserve erreicht ist. Andernfalls muss nicht getankt werden. Eine Verzweigung würde sich wie folgt darstellen lassen:

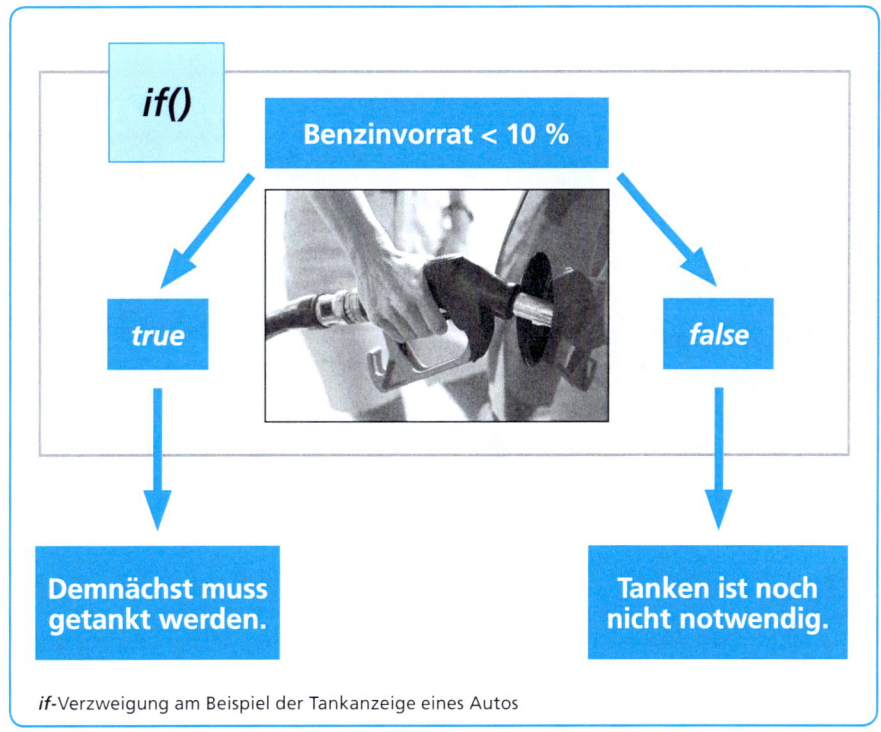

|SbX|
Eine Bildschirmpräsentation mit allen Abbildungen zum Schritt **LERNEN** finden Sie unter der ID: 1221.

*if*-Verzweigung am Beispiel der Tankanzeige eines Autos

Angewandte Informatik HTL

 Lernen  Üben  Sichern  Wissen

 **Ü 2.20: Wenn-Funktion** ★★
Sehen Sie sich das Beispiel aus der Abbildung an! Formulieren Sie die Bedingung als **Wenn**-Funktion in Excel und ergänzen Sie noch eine weitere Bedingung: Wenn der Tankvorrat erschöpft ist, darf das Auto nicht mehr fahren.

### *if*-Verzweigung

Die Lösung zum **Übungsbeispiel Ü 2.20** in C# finden Sie im nächsten **Lehrbeispiel.**

**L 2.7: *if*-Anweisung in C#**
Codieren Sie die Verzweigung aus der Abbildung in C#!

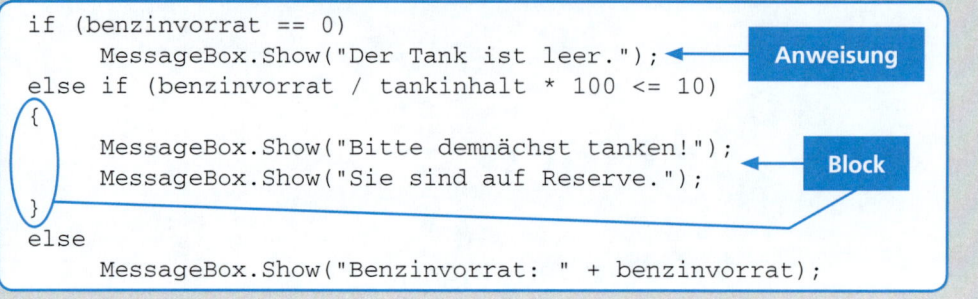

Die *if*-Verzweigung besteht aus maximal zwei Schlüsselwörtern: *if* und *else*.

Auf *if* folgt die Bedingung in runden Klammern, auf *else* dürfen keine runden Klammern folgen.

Einem *if* oder *else* folgt **ein Befehl,** der mit einem Strichpunkt zu beenden ist. Sollen wie in **Lehrbeispiel L 2.7** mehrere Befehle zu einem *if*- oder *else*-Zweig gehören, müssen diese Befehle in einem **Block mit geschwungenen Klammern { ... }** eingeschlossen sein.

 Auf eine *if*- bzw. *else*-Anweisung muss entweder ein **Befehl mit Strichpunkt** oder eine Blockanweisung folgen.

Bei der Programmierung soll der Inhalt einer *if*-Verzweigung erst später erstellt werden. Sehen Sie sich an, wie Sie dies mithilfe von **Kommentaren** berücksichtigen können:

**L 2.8: Kommentare in einer *if*-Verzweigung**
Wie dürfen in einer *if*-Verzweigung Kommentare verwendet werden?

```
if (benzinvorrat == 0)
    // später           ← Falsch, Anweisung oder Block fehlt.
else
{
    // später           ← Richtig
}
```

☛ **Fehler!**
Auf *if* und *else* muss eine **Anweisung** oder ein **Block** folgen!

Mr. What und Ms. Check

Warum wird bei einem Vergleich ein doppeltes Gleichheitszeichen „==" verwendet?

C# unterscheidet **Zuweisungsoperatoren**, das einfache Gleichheitszeichen, und **Vergleichsoperatoren**, das doppelte Gleichheitszeichen.

Warum gibt es in C# kein *ElseIf* wie in VB?

In C# benötigen Sie kein *ElseIf*. Schachteln Sie eine weitere *if*-Anweisung in einen vorangehenden *else*-Zweig, so erzielen Sie den gleichen Effekt.

76     Angewandte Informatik HTL

## Vergleichsoperatoren und logische Operatoren

Um eine *if*-Anweisung erstellen zu können, benötigen Sie eine **Bedingung.** Diese Bedingung ist ein Vergleich, der mittels **Vergleichsoperatoren** formuliert wird.

Bei **&** und **|** werden beide logischen Ausdrücke geprüft, bei **&&** und **||** erfolgt die Überprüfung beider Ausdrücke nur dann, wenn nach Prüfung des ersten Ausdrucks noch kein eindeutiges Ergebnis feststeht.

| Bedeutung | Vergleichs-operator |
|---|---|
| gleich | == |
| kleiner | < |
| kleiner oder gleich | <= |
| größer | > |
| größer oder gleich | >= |
| ungleich | != |

| Bedeutung | Logischer Operator |
|---|---|
| NOT | ! |
| AND | & bzw. && |
| OR | \| bzw. \|\| |
| XOR | ^ |

Das Ergebnis einer **Bedingung,** die mithilfe eines **Vergleichsoperators** gebildet wird, ist entweder *true* oder *false.*

Zwei Bedingungen können mit einem logischen Operator verknüpft werden. Die folgende Tabelle enthält die **Ergebnisse der logischen Operatoren:**

Die Ergebnisse für **&** bzw. **|** gelten für **&&** bzw. **||** sinngemäß.

| Ausdruck | Ergebnis |
|---|---|
| true & true | true |
| true & false | false |
| false & true | false |
| false & false | false |

| Ausdruck | Ergebnis |
|---|---|
| true \| true | true |
| true \| false | true |
| false \| true | true |
| false \| false | false |

| Ausdruck | Ergebnis |
|---|---|
| true ^ true | false |
| true ^ false | true |
| false ^ true | true |
| false ^ false | false |

Sehen Sie sich dazu folgende Beispiele an:

### Ü 2.21: Verzweigung ★★
Was ist an den folgenden Verzweigungen falsch?

```
if (vmax < 50 && vmax > 80) {...}
if (vmax >= 40 || vmax <= 40) {...}
if (! vmax = 50) {...}
```

**Wo stecken die Fehler?**

### Ü 2.22: Codierung von Verzweigungen ★★
Codieren Sie die Verzweigungen in C#! Wie muss die Bedingung formuliert werden, ...

1. wenn das Gewicht kleiner als 50 kg ist?
2. wenn das Gewicht größer als 100 kg ist?
3. wenn das Gewicht größer als 60 kg und die Größe kleiner/gleich 160 cm ist?
4. wenn das Gewicht kleiner als 70 kg oder die Größe größer als 150 cm ist?
5. wenn das Gewicht nicht genau 75 kg ist?
6. wenn es sich beim Geschlecht einer Person nicht um einen Mann handelt?
7. wenn das Alter einer Person genau 30 Jahre beträgt?
8. wenn die Person ein Arbeiter, Angestellter oder Lehrling ist? Für Arbeiter beginnt der Dienst um 7 Uhr, für Angestellte um 8 Uhr und für Lehrlinge um 8.30 Uhr.

Der **logische XOR-Operator** ^ kann im Gegensatz zu Excel, VBA oder VB.NET nicht zur Berechnung von **Potenzen** verwendet werden, dafür gibt es die Methode **Math.Pow().**

Neben der *if*-Verzweigung gibt es noch eine weitere Verzweigung, die vor allem für Variablen benutzt wird, die verschiedene Ausprägungen annehmen können. Diese Verzweigung sehen Sie sich nun genauer an.

**Ü 2.23: Die Funktion *Math.Abs()* ★**
Vereinfachen Sie das folgende Programm durch die Verwendung der Funktion *Math.Abs()*!

```
double messwert, ausgabe;
Console.Write("Geben Sie den Messwert ein: ");
messwert = double.Parse(Console.ReadLine());
if (messwert < 0)
   ausgabe = messwert * (-1);
else
   ausgabe = messwert;
Console.WriteLine("Der Betrag des Messwert ist {0}", ausgabe);
```

*Math.Abs(Zahl)* berechnet den Absolutbetrag einer Zahl.

Bei Längenmessungen hängt die Darstellung des Ergebnisses vom verwendeten Messgerät ab. Mit einem Zollstock kann auf 1 mm genau gemessen werden, mit einer Schiebelehre auf 0,1 mm genau und mit einer Mikrometerschraube auf 0,01 mm genau. Da das Messergebnis nur mit den am Gerät tatsächlich angezeigten Ziffern angegeben werden sollte, könnte man dies programmtechnisch folgendermaßen lösen:

**L 2.9: Mehrfachauswahl mit der *if*-Anweisung**
Wie kann die Ausgabe von Messergebnissen an die verwendete Skala angepasst werden?

```
Console.Write("Messgerätetyp (1) Zollstock, " +
   "(2) Schiebelehre, (3) Mikrometerschraube: ");
string typ = Console.ReadLine();
double messwert = 3.567;   // mm
if (typ == "1")
   Console.WriteLine ("{0:##}", messwert);
else if (typ == "2")
   Console.WriteLine ("{0:##.#}", messwert);
else if (typ == "3")
   Console.WriteLine ("{0:##.##}", messwert);
```

## 2 *switch*-Verzweigung
Mehrfachverzweigung für eine Variable

Wie könnte man das **Lehrbeispiel L 2.9** eleganter lösen?

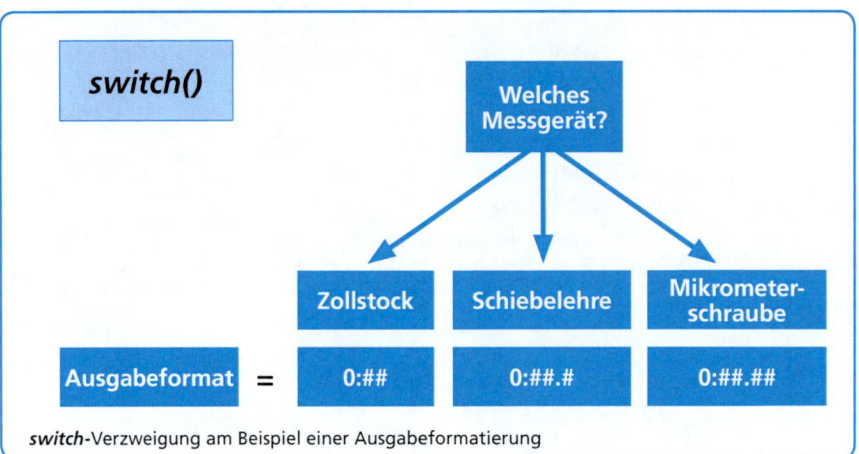

*switch*-Verzweigung am Beispiel einer Ausgabeformatierung

Die *switch*-Anweisung **unterscheidet für jeden Fall *(case)*** einen Wert.

Lerneinheit 2: Verzweigungen und Schleifen

### L 2.10: Mehrfachauswahl mit der *switch*-Anweisung
Lösen Sie das **Lehrbeispiel L 2.9** mithilfe einer *switch*- anstatt einer *if*-Anweisung!

```
Console.Write("Messgerätetyp (1) Zollstock, " +
  "(2) Schiebelehre, (3) Mikrometerschraube: ");
string typ = Console.ReadLine();
double messwert = 3.567; // mm
switch(typ)
{
  case "1":
    Console.WriteLine ("{0:##}", messwert);
    break;
  case "2":
    Console.WriteLine ("{0:##.#}", messwert);
    break;
  case "3":
    Console.WriteLine ("{0:##.##}", messwert);
    break;
  default:
    Console.WriteLine ("Ungültiger Messgerätetyp!");
    break;
}
```

Die *switch*-Verzweigung besteht aus den Schlüsselwörtern *switch*, *case*, *default* und *break*.

Jeder *case*- bzw. *default*-Block wird mit *break* beendet.

### Fall-through (Durchfallen)
Die Mehrfachverzweigung kommt bei Größen, die typischerweise mehrere ganzzahlige Ausprägungen haben und unregelmäßig auftreten, zum Einsatz, z. B. Wochentage, Anzahl der Tage pro Monat, Berechnung von Steuern und Tarifen.

### L 2.11: Durchfallen der *switch*-Anweisung
Berechnen Sie die Anzahl der Tage pro Monat mithilfe einer *switch*-Anweisung!

```
Console.Write("Monat: ");
byte tage = 0, monat = byte.Parse(Console.ReadLine());
switch (monat)
{
  case 1: case 3: case 5: case 7: case 8: case 10: case 12:
    tage = 31;
    break;
  case 2:
    tage = 28;
    break;
  case 4: case 6: case 9: case 11:
    tage = 30;
    break;
  default:
    Console.WriteLine ("Ungültiges Monat!");
    break;
}
Console.WriteLine("Anzahl der Tage {0}", tage);
```

**Fall-through** bedeutet, dass mehrere Alternativen zusammengefasst werden können. Alle Cases fallen bis zur nächstfolgenden *break*-Anweisung durch.

Schaltjahre bleiben aus Vereinfachungsgründen unberücksichtigt.

Anstatt einer *break*-Anweisung kann mithilfe des Befehls *goto* ein expliziter Sprung zu einem anderen Case erfolgen.

### Ü 2.24: Programmcode analysieren ★★
Analysieren Sie den abgebildeten Programmcode und finden Sie heraus, welchen Wert x hat, wenn q die Werte 1, 2 oder 3 annimmt!

```
int x = 0;
switch (q)
{
  case 1:
    x += 1; goto 2;
  case 2:
    x += 2; goto 3;
  case 3:
    x += 3; break;
}
```

q = 1; Ergebnis von x = _____

q = 2; Ergebnis von x = _____

q = 3; Ergebnis von x = _____

Die Verwendung von **goto** ist bei umfangreichen Mehrfachverzweigungen nicht zu empfehlen, da die Logik nur schwer nachvollziehbar ist.

## 3 Zählerschleifen
### Iteration mit *for* und *foreach*

**Iteration** = Wiederholung

Mit Schleifen können Sie Wiederholungen in ein Programm einbauen, z. B. können Sie Summen und Mittelwerte von eingegebenen Messwerten berechnen. Schleifen kommen in Programmen sehr häufig vor und sind ein wichtiges Basiskonzept der Programmierung.

#### *for-* und *foreach-*Schleifen

*for* zählt vom Startwert bis zum Endwert.

❶ **Die *for*-Schleife zählt von einem Startwert bis zu einem Endwert. Sie durchläuft einen Anweisungsblock für jeden gezählten Wert.**

Wollen Sie eine bestimmte Operation zehnmal ausführen, so lassen Sie eine **For**-Schleife von 1 bis 10 zählen. Die Schleifenvariable erhält den Wert 1 im ersten Durchlauf, den Wert 2 im zweiten Durchlauf usw. bis zum Wert 10 im zehnten Durchlauf.

*foreach* liefert jeden Wert des angegebenen Arrays.

❷ **Die *foreach*-Schleife durchläuft einen Anweisungsblock für jeden Wert einer Liste, z. B. Werte einer ListBox in einer Windows-Form.**

Haben Sie eine ListBox mit tausend Zufallszahlen, so wird die **foreach**-Schleife tausendmal durchlaufen. Die Schleifenvariable erhält den jeweiligen Wert der Liste.

Das folgende Lehrbeispiel ermittelt 1000 Temperaturmesswerte zwischen –30 und +30 °C und speichert diese in eine ListBox für die Darstellung in einer Windows-Form.

**L 2.12:** *for*-Schleife
Speichern Sie 1000 Temperaturmesswerte zwischen –30 und +30 °C in einer ListBox ab!

```
private void FormTemperaturen_Load(object sender, EventArgs e)
{
  Random rnd = new Random();
  for (int i = 0; i < 1000; i++)
  {
    double messwert = rnd.NextDouble() * 60 - 30;
    listBoxMesswerte.Items.Add(Math.Round(messwert, 1));
  }
}
```

Zählvariable vom Typ *int*

Die Schleifenvariable *i* läuft von 0 bis 999.

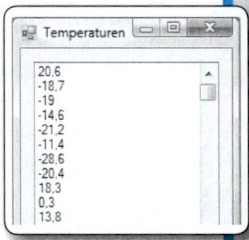

Mit der Methode ***listBoxMesswerte.Items.Add()*** werden der ListBox ***listBoxMesswerte*** neue Elemente hinzugefügt. ***Math.Round()*** rundet den Messwert auf eine Dezimalstelle.

## Lerneinheit 2: Verzweigungen und Schleifen

Bei der **for**-Schleife wird eine Laufbedingung angegeben. Im **Lehrbeispiel L 2.12** beginnt die Schleifenvariable *i* bei 0. Mit dem Operator **++** wird die Variable *i* bei jedem Schleifendurchlauf um 1 erhöht (inkrementiert). Diese Operation wird so lange ausgeführt, wie die Schleifenvariable *i* der Laufbedingung *i < 1000* entspricht.

### Ü 2.25: Mittelwert berechnen ★★
Berechnen Sie zu **Lehrbeispiel L 2.6** den Mittelwert der Temperaturen und geben Sie das Ergebnis in einer TextBox aus!

### L 2.13: *for*-Schleife zur Berechnung eines Paritätsbits
Ermitteln Sie eine zufällige Bitfolge für ein Byte und berechnen Sie das Paritätsbit!

Paritätsbit = Prüfbit

Die **for**-Schleife kann auch abwärts zählen.

```
Random rnd = new Random();
int summe = 0;
for (int i = 7; i >= 0; i--)
{
   int zahl = rnd.Next(0, 2);
   summe += zahl;
   Console.Write("{0} ", zahl);
}
int parity = summe % 2;
Console.WriteLine("Paritybit {0}", parity);
```

### *foreach*-Schleife
Verwenden Sie die **foreach**-Schleife, wenn Sie eine vorhandene Datenliste vollständig durchsuchen müssen, ohne die Werte selbst zu verändern.

### L 2.14: *foreach*-Schleife
Ermitteln Sie den Mittelwert aller Temperaturen in der ListBox mit einer **foreach**-Schleife!

```
// Ergänzung zu L 12
...
double summe = 0;
foreach (double item in listBoxMesswerte.Items)
{
   summe += item;
}
textBoxMittelwert.Text =
   (summe / listBoxMesswerte.Items.Count).ToString("F1");
```

*ListBox-Elemente sind vom Typ double* (→ `.Items`)

*Schleifenvariable vom Typ double*

Mr. What und Ms. Check

**Worin unterscheiden sich *for* und *foreach*?**

Die **for**-Schleife zählt von einem Wert bis zu einem anderen Wert. Dadurch wird die Anzahl der Schleifendurchläufe festgelegt. Mit **foreach** können alle Werte einer Liste ausgelesen werden.

### Ausblick: Felder
In den nächsten zwei Lerneinheiten lernen Sie das Konzept der Felder (Arrays und Collections) kennen. Für die Arbeit mit Feldern ist die **foreach**-Schleife sehr gut geeignet.

### L 2.15: *foreach*-Schleife
Wie häufig kommt ein bestimmter Buchstabe in einem String vor?

```
string adresse = "HTL WIEN 3, Rennweg 89b, 1030 Wien";
int anzahl = 0;
foreach (char ch in adresse)
{
  if (ch.CompareTo('n') == 0 || ch.CompareTo('N') == 0)
    anzahl++;
}
Console.WriteLine ("Der Buchstabe 'N' ist {0} mal enthalten",
  anzahl);
```

### Ü 2.26: Häufigkeiten ★★★
Ermitteln Sie die Häufigkeiten aller Buchstaben des Alphabets in einem einzugebenden String!

### Ü 2.27: Cäsar-Verschlüsselung ★★★
Bei der Cäsar-Verschlüsselung wird jeder Buchstabe einer Botschaft im Klartext um k-Stellen verschoben. Mit dieser Verschlüsselung ergibt sich ein Buchstabentext, der nicht mehr sofort lesbar ist.

Ein Text, nennen wir die Stringvariable *input,* wird eingelesen und mit *input.ToUpper()* in Großbuchstaben umgewandelt. Ebenso wird die Verschiebungskonstante *k* eingelesen (kann Werte zwischen 0 und 26 annehmen, das ist die Anzahl der Buchstaben im Alphabet). In einer *foreach*-Schleife wird jeder Buchstabe des eingegebenen Textes herausgenommen (z. B. *char ch in input*) und mit *Convert.ToInt32 (ch)* in seine Unicode-Nummer umgewandelt. Mit der Formel *chVerschlüsselt = (ch – 'A' + k) % 26 + 'A'* wird nun der verschlüsselte Großbuchstabe ermittelt und ausgegeben.

**Beantworten Sie folgende Fragen:**
a) Warum wird in der Formel *ch – 'A'* geschrieben?
b) Wie würde die Formel für Kleinbuchstaben lauten?
c) Was bedeutet *% 26?*

**Erstellen Sie das Programm als Konsolenanwendung!**

## 4 Bedingte Schleifen
### Iteration mit *while* und *do*

> So lange die **Laufbedingung** *true* ist, wird die Schleife durchlaufen.

Der Durchlauf einer bedingten Schleife ist von der **Laufbedingung** abhängig, die wie die *if*-Verzweigung als Ergebnis *true* oder *false* liefert.

Bedingte Schleifen werden je nachdem, ob die Schleifenbedingung im Kopf- oder im Fußteil der Schleife vorkommt, in **kopf- und fußgesteuerte Schleifen** unterteilt.

### Kopf- und fußgesteuerte bedingte Schleifen

> Komplizierte Laufbedingungen bei Schleifen führen häufig zu Denkfehlern und damit zu falschen Schleifendurchläufen.

❶ *while* ist eine kopfgesteuerte Schleife. Die Laufbedingung wird am Beginn der Schleife angegeben.

Nur wenn die Laufbedingung am Beginn der Schleife *true* ergibt, wird eine *while*-Schleife ausgeführt. Wenn die Laufbedingung bereits zu Beginn *false* liefert, wird die *while*-Schleife nie ausgeführt.

## Lerneinheit 2: Verzweigungen und Schleifen

❷ **do/while** ist eine fußgesteuerte Schleife. Die Laufbedingung wird am Ende der *do*-Schleife nach der Anweisung *while* angegeben.

Eine **do-/while**-Schleife wird auf jeden Fall zumindest einmal durchlaufen, da die Prüfung der Bedingung erst am Ende der Schleife erfolgt.

Wenn innerhalb einer bedingten Schleife die **Laufbedingung niemals *false*** ist, liegt eine **Endlosschleife** vor. Diese kann nur durch einen Programmabbruch mittels Taskmanager beendet werden. Endlosschleifen **werden vom Compiler nicht erkannt**. Sie treten **erst während der Laufzeit** auf.

Eine Schleife kann mit einer **break**-Anweisung sofort beendet werden. Befindet sich diese innerhalb einer **if**-Verzweigung, hat man eine bedingte Schleife.

```
// Bedingte Schleife mit for
int = 0;
for(;;)
{
   i++;
   if(i == 10)
     break;
}
```

```
// Endlosschleifen
for(;;)
{
  // ...
}

while(true)
{
  // ...
}

do
{
  // ...
}
while(true);
```

Die beiden folgenden Lehrbeispiele simulieren das Würfelglück beim Mensch-ärgere-dich-nicht-Spiel – einmal mit einer kopf- und einmal mit einer fußgesteuerten Schleife.

### L 2.16: Mensch-ärgere-dich-nicht mit einer *while*-Schleife
Nach wie vielen Würfen kommt ein Sechser?

*while*-Schleife mit Laufbedingung am Anfang

```
Random rnd= new Random();
int i = 1, wurf = rnd.Next(1, 7);
while (wurf != 6)
{
   i++;
   wurf = rnd.Next(1, 7);
}
Console.WriteLine ("Nach dem {0}. Wurf ein Sechser!", i);
```

**kopfgesteuerte Schleife**

### L 2.17: Mensch-ärgere-dich-nicht mit einer *do/while*-Schleife
Nach wie vielen Würfen kommt ein Sechser?

*do-/while*-Schleife mit Laufbedingung am Ende

```
Random rnd= new Random();
int i = 0, wurf;
do
{
   i++;
   wurf = rnd.Next(1, 7);
} while (wurf != 6);
Console.WriteLine ("Nach dem {0}. Wurf ein Sechser!", i);
```

**fußgesteuerte Schleife**

### Ü 2.28: Schleife mit *break*-Anweisung ★★
Programmieren Sie die Algorithmen in **L 2.16** bzw. **L 2.17** mit einer Endlosschleife und einer Abbruchbedingung mit einer **break**-Anweisung!

Angewandte Informatik HTL

Mr. What und Ms. Check

**Was ist eine Laufbedingung?** Eine Bedingung, die erfüllt sein muss, damit eine bedingte Schleife durchlaufen wird.

**Worin unterscheiden sich die *while*- und die *do-/while*-Schleife?** Die Schleifenbedingung muss zutreffen, damit die *while*-Schleife ausgeführt werden kann. Bei *do/while* wird die Schleife zumindest einmal durchlaufen, selbst wenn die Bedingung *false* liefert, da diese erst am Schleifenfuß geprüft wird.

 **Ü 2.29: Messwerte summieren** ★★
Erstellen Sie eine Konsolenanwendung zur Eingabe von beliebig vielen Messwerten! Addieren Sie die Messwerte während der Eingabe in einer Schleife und geben Sie die Summe aus, wenn „E" eingegeben wird.

In den Lehrbeispielen zu den Schleifen haben Sie bereits gesehen, dass Schleifenvariablen (Zähler) in *for*-Schleifen um den Wert 1 erhöht werden müssen. Wir nennen diesen Vorgang **Inkrementieren.**

## 5 Zuweisungsoperatoren
### Inkrement- und Dekrementoperatoren

In den Lehrbeispielen zu den Schleifen haben Sie den Zuweisungsoperator **++** verwendet, z. B. zur Erhöhung der Schleifenvariablen *i* mittels *i++*.

Welche wichtigen Zuweisungsoperatoren gibt es?

| Auswirkung auf die Variable *v* | Zuweisungs-operator |
|---|---|
| ändere *v* in *wert* | `v = wert;` |
| erhöhe *v* um *wert* | `v += wert;` |
| vermindere *v* um *wert* | `v -= wert;` |
| multipliziere *v* mit *wert* | `v *= wert;` |
| dividiere *v* durch *wert* | `v /= wert;` |
| füge den *String str* an *v* an | `v += str;` |

### Präfix- und Postfix-Operatoren

Darüber hinaus gibt es in C# noch weitere Operatoren, die vor bzw. nach einer Variablen benutzt werden können.

#### Inkrement-Operator ++
Der Inkrement-Operator **++** erhöht eine Variable um den Wert 1.

**Präfix-Inkrement:** Zuerst wird *x* erhöht, danach wird das Ergebnis an *y* zugewiesen.

**Postfix-Inkrement:** Zuerst wird *x* an *y* zugewiesen, danach wird *x* erhöht.

```
x = 1;
y = ++x;
// Ergebnis: x = 2 und y = 2

x = 1;
y = x++;
// Ergebnis: x = 2 und y = 1
```

### Dekrement-Operator --
Der Dekrement-Operator **--** vermindert den Wert einer Variablen um 1.

**Präfix-Dekrement:**
Zuerst wird *x* vermindert, dann wird das Ergebnis an *y* zugewiesen.

**Postfix-Dekrement:**
Zuerst wird *x* an *y* zugewiesen, danach wird *x* vermindert.

```
x = 2;
y = --x;
// Ergebnis: x = 1 und y = 1

x = 2;
y = x--;
// Ergebnis: x = 1 und y = 2
```

### Ü 2.30: Operatoren ★
Formulieren Sie den Programmcode für folgende Problemstellungen:
1. Erhöhen Sie die Variable x um den Wert 1!
2. Erhöhen Sie die Variable x um den Wert 5!
3. Verdreifachen Sie den Wert der Variablen x!
4. Halbieren Sie den Wert der Variablen x!
5. Speichern Sie Ihren Namen in den Variablen **vorname** und **zuname** ab. Weisen Sie der Variablen **name** Ihren vollständigen Namen getrennt durch einen Leerschritt zu!

## Üben

*Übungsbeispiele*

### Ü 2.31: Messwerte auswerten ★★
Erstellen Sie eine Konsolen-Anwendung und berechnen Sie mit einer **for**-Schleife 250 000 Messwerte zur Simulation der Durchflussmenge einer Rohrleitung. Ermitteln Sie das Minimum und das Maximum, die Spannweite (Differenz von Maximum und Minimum) sowie den Mittelwert und geben Sie die Ergebnisse am Bildschirm aus!

### Ü 2.32: Monatsumsätze berechnen ★★
Erstellen Sie eine Windows-Anwendung mit einer ListBox und drei Labels darunter. Stellen Sie in der ListBox 12 zufällige Monatsumsätze zwischen 100.000 und 250.000 EUR dar und geben Sie in den Labels Minimum, Maximum und Mittelwert aus!

### Ü 2.33: Roulette ★★
Erstellen Sie eine Konsolen-Anwendung zur Vorhersage der Wahrscheinlichkeit eines Gewinnes beim Roulette! Der Benutzer gibt jene Zahl ein, auf die er sein Spielkapital von 1 EUR setzen möchte. Wie oft muss der Spieler 1 EUR auf diese Zahl setzen, damit er gewinnt? Berechnen Sie den Gewinn bzw. Verlust, den der Spieler bis zum ersten Vorkommen der Zahl erzielt!

**Hinweis:** Beim Roulette können Zahlen zwischen 0 und 36 gezogen werden.

### Ü 2.34: Operatoren ★★
```
int benzinvorrat = 10;
int liter = 5;
```
Welchen Wert haben **benzinvorrat** und **liter** nach der folgenden Codezeile?

a) `benzinvorrat =+ liter;`
b) `benzinvorrat == liter;`
c) `benzinvorrat += liter;`
d) `benzinvorrat = ++liter;`
e) `benzinvorrat = liter++;`
f) `benzinvorrat -= ++liter;`

 Lernen  Üben  Sichern  Wissen

**SbX**
ID: 1222

**Weitere Übungen im SbX**

**Ü 2.35: Bestimmung des ggT nach Euklid ★★**
Üben Sie den Einsatz von Verzweigungen und Schleifen zur Bestimmung des größten gemeinsamen Teilers!

**Ü 2.36: Roulette ★★**
Simulieren Sie ein Roulette-Spiel mit Schleifen und Zufallszahlen!

**Ü 2.37: Bitmuster ★★**
Programmieren Sie eine Anwendung zum Verschieben von Bitmustern!

#  Sichern

**SbX** ID: 1223

**In dieser Lerneinheit haben Sie sich mit Verzweigungen, Vergleichsoperatoren und Zufallszahlen beschäftigt.**

| | |
|---|---|
| *if* und *else* | Die *if*-Anweisung enthält eine oder mehrere **Bedingungen.** Sie gliedert sich in einen **Wenn-** und einen **Dann-Teil.** Der Dann-Teil kann eine **weitere *if*-Anweisung** enthalten. Der letzte *else*-Teil fängt alle weiteren, bisher nicht überprüften Bedingungen ab. |
| Vergleichs-operatoren | Mit Vergleichsoperatoren, wie **gleich, kleiner, größer** und **ungleich,** kann eine Bedingung für eine *if*-Verzweigung formuliert werden. Weiters können mit den logischen Operatoren **&, &&, \|, \|\|** und **^** mehrere Bedingungen zu einem logischen Gesamtergebnis kombiniert werden. |
| *switch* | Die *switch*-Anweisung unterscheidet sich von *if* dadurch, dass sie auf die **Überprüfung des Wertes nur einer Variablen** abzielt. Die Variable wird auf einen vorkommenden Wert geprüft. |
| *for*-Schleife | Die *for*-Schleife gehört zur Kategorie der **Zählerschleifen.** Im Kopf der *for*-Schleife wird ein **Zählerbereich** definiert. Die *for*-Schleife zählt mit einer Schleifenvariablen vom Beginn bis zum Ende des angegebenen Bereichs. |
| *foreach*-Schleife | Die *foreach*-Schleife gehört zur Kategorie der **Zählerschleifen.** Sie wird im Zusammenhang mit Arrays verwendet, um **jeden Wert einer Arrayvariablen** in der Schleife zu repräsentieren. |
| *while*-Schleife | Die *while*-Schleife ist eine **kopfgesteuerte bedingte Schleife.** Solange die Bedingung im Schleifenkopf erfüllt *(true)* ist, wird die Schleife durchlaufen. Daraus ergibt sich die **Gefahr einer Endlosschleife,** wenn die Schleifenbedingung nie *false* wird. |
| *do-/while-*Schleife | Die *do-/while*-Schleife ist eine **fußgesteuerte bedingte Schleife.** Sie wird **auf jeden Fall einmal durchlaufen,** da die Schleifenbedingung erst am Schleifenende geprüft wird. Solange die Schleifenbedingung erfüllt ist, wird die Schleife wiederholt. Daraus ergibt sich die **Gefahr einer Endlosschleife,** wenn die Schleifenbedingung nie *false* wird. |
| Zuweisungs-operatoren | Mit Zuweisungsoperatoren können **Wertzuweisungen verkürzt** geschrieben werden. Häufig werden die **Inkrement- und Dekrementoperatoren +=, –=, \*=** und **/=** sowie die **Präfix- und Postfixoperatoren ++** und **--** verwendet. |

**SbX**
ID: 1223

**Zusätzlich zu dieser Zusammenfassung finden Sie im SbX eine Audio-Wiederholung zur Wiedergabe mit dem Audio-Player und als MP3-Datei sowie eine Bildschirmpräsentation.**

## W 2.7: Kontrollfragen und -aufgaben

1. Erstellen Sie ein konkretes selbst gewähltes Beispiel für eine verschachtelte *if*-Anweisung!
2. Worin besteht der Unterschied zwischen einem Zuweisungs- und einem Vergleichsoperator?
3. Erklären Sie den Unterschied zwischen **&, |** und **^** anhand eines selbst gewählten Beispiels!
4. Erklären Sie die Anwendung der *switch*-Verzweigung anhand eines geeigneten, selbst gewählten Beispiels in C#!
5. Erklären Sie den Unterschied zwischen einer *for*- und einer *foreach*-Schleife!
6. Welches Ergebnis liefert die Zuweisung **a += 5,** wenn a zuvor den Wert 10 hatte?
7. Die Variable **text** enthält den **String** „Guten Morgen" und soll um den Vornamen (Variable **vorname**) und den Zunamen (Variable **zuname**) des Benutzers ergänzt werden. Wie lautet die Zuweisung an die Variable **text,** wenn mit einem Operator gearbeitet werden soll?
8. Welchen Wert hat die Variable **b** nach dem folgenden Programmcode?
   *int b = 5; b += ++b + b;*

## W 2.8: Primzahlenrechner
Erstellen Sie mithilfe einer Schleife eine Konsolenanwendung in C# und geben Sie damit alle Primzahlen bis 1000 aus!

## W 2.9: Sparbuchverzinsung
Auf ein Sparbuch wird ein Geldbetrag von 10.000 EUR einbezahlt. Jährlich werden von der Bank 2 % gutgeschrieben. Die gutgeschriebenen Zinsen des Vorjahres verzinsen sich somit neuerlich. Lösen Sie die Aufgabe mit einer Schleife in einer C#-Konsolenanwendung, wobei die Laufzeit in Jahren vom Benutzer einzugeben ist. Geben Sie das Endergebnis auf ganze Euro gerundet aus.

**Weitere Aufgabe im SbX**

## W 2.10: Einser- und Zweierkomplement
Bearbeiten Sie die Projektaufgabe „Einser- und Zweierkomplement"!

## Wissens-Check

Ein kurzer Wissens-Check bevor's weitergeht!

| | ☺ | 😐 | ☹ |
|---|---|---|---|
| Ich kann *if*- und *switch*-Verzweigungen verwenden. | | | |
| Ich kann Schleifen programmieren. | | | |
| Ich kann Operatoren einsetzen. | | | |

## Lerneinheit 3
# Felder und Prozeduren

**SbX** — Alle SbX-Inhalte zu dieser Lerneinheit finden Sie unter der ID: 1230.

In dieser Lerneinheit befassen Sie sich mit der effizienten Datenhaltung mithilfe von Feldern (Arrays) sowie mit der Auslagerung von Algorithmen in Unterprogramme (Prozeduren und Funktionen). Außerdem werden Sie Methoden zur Behandlung von Laufzeitfehlern kennenlernen.

# Lernen

**SbX ID: 1231**

## 1 Felder (Arrays)
### Containervariablen für viele gleichartige Werte

Oft benötigt ein Programm mehrere gleichartige Variablen. Zum Beispiel sollen mehrere Messwerte für eine spätere Auswertung und Berechnung zwischengespeichert werden. Es wäre wenig komfortabel, wenn Sie hierfür viele Einzelvariablen vom Typ **Double** anlegen würden. Stattdessen erzeugen Sie ein **Feld (Array)** vom Typ **Double** und legen die benötigte **Anzahl der Werte** fest. Das Feld hat z. B. den Namen **Temperaturen** und enthält die Messwerte eines Monats oder Jahres. Um die Werte in einem Feld zu speichern, erhält jeder Wert eine fortlaufende Indexnummer. Der Index beginnt immer bei 0.

Ein Feld funktioniert wie eine Parkgarage. Jeder Stellplatz beherbergt ein anderes Auto.

Ein Feld ist ein Container für viele Werte.

*SbX — Eine Bildschirmpräsentation mit allen Abbildungen zum Schritt LERNEN finden Sie unter der ID: 1231.*

### Arrays verwenden
In den zwei folgenden Lehrbeispielen werden Arrays erzeugt und mit Werten belegt. Ein Array ist typsicher, d. h., es können nur Werte des vereinbarten Datentyps darin abgelegt werden. Mit der **foreach**-Schleife wird durch alle Werte des Feldes iteriert.

### Arrays deklarieren und gleichzeitig mit Werten initialisieren

```
double[] temperaturen = { 19.5, 19.8, 20.7, 23.1, 19.9 };
string[] vornamen = { "Max", "Julia", "Hans", "Ulli" };
bool[] bitmaske = { true, true, false, true, false, true };
```

*Die Anzahl der Werte in einem Array ist durch die angegebenen Werte in den geschwungenen Klammern determiniert.*

### L 2.18: Mittelwert für die Werte in einem Array berechnen
Erstellen Sie ein Feld mit fünf Temperaturmesswerten und berechnen Sie den Mittelwert mithilfe einer **foreach**-Schleife!

```
double summe = 0;
double[] temperaturen = { 19.5, 19.8, 20.7, 23.1, 19.9 };
foreach(double temp in temperaturen)
{
   summe += temp;
}
Console.WriteLine("Mittelwert der Temperaturen: {0}",
   Math.Round(summe / temp.Length, 1));
```

*Mit der foreach-Schleife wird durch alle Werte eines Arrays iteriert. Die Schleifenvariable temp erhält den Datentyp des Arrays.*

## Lerneinheit 3: Felder und Prozeduren

**Ü 2.38: Buchstabenhäufigkeit ermitteln** ★★
Wie oft kommt der Buchstabe "a" in den Vornamen des Feldes **vornamen** aus dem **Programmcode auf S. 88** vor? Verwenden Sie eine **foreach**-Schleife und die **String**-Methode **CompareTo()** zur Lösung der Aufgabe!

**Ü 2.39: Bitmaske in Dezimalzahl umwandeln** ★★★
Berechnen Sie den Dezimalwert der Bitmaske aus dem **Programmcode auf S. 88** mithilfe einer **for**-Schleife! Das Ergebnis wird wie folgt berechnet: $1 \cdot 2^0 + 0 \cdot 2^1 + 1 \cdot 2^2 + 0 \cdot 2^3 + 1 \cdot 2^4 + 1 \cdot 2^5$, wobei 1 für **true** und 0 für **false** steht. Beachten Sie, dass die Bit in verkehrter Reihenfolge addiert werden müssen.

### Zufallszahlen in Arrays abspeichern

Zum Abspeichern von Zufallszahlen muss das Array für eine bestimmte Anzahl an Werten dimensioniert werden. Das folgende Lehrbeispiel demonstriert das Erzeugen von 365 zufälligen Temperaturmesswerten sowie die Darstellung der Spannweite.

**L 2.19: Array mit Zufallszahlen**
Berechnen Sie die Spannweite von 365 zufälligen Messwerten zwischen –30 und +30°C!

```
Random rnd = new Random();
double min = 30, max = -30;
double[] temperaturen = new double[365];
for(int i = 0; i < 365; i++)
{
  temperaturen[i] = rnd.NextDouble() * 60 - 30;
  if (temperaturen[i] < min)
    min = temperaturen[i];
  if (temperaturen[i] > max)
    max = temperaturen[i];
}
Console.WriteLine("Spannweite: {0}", max - min);
```

*Das Array **temperaturen** wird für 365 Werte vom Typ **double** dimensioniert.*

Betrachten wir die Anweisung zur Erstellung des Feldes etwas näher. Genaugenommen handelt es sich um zwei Anweisungen:

**❶** `double[] temperaturen;`
**❷** `temperaturen = new double[365];`

**❶** Die erste Anweisung erzeugt die Variable **temperaturen** vom Arraytyp **double[]** am **Stack**. Die Variable zeigt zunächst nirgendwohin und hat den Wert **null.**

**❷** Der zweite Befehl erstellt ein **Arrayobjekt** mit 365 leeren Speicherstellen am **Heap**. Die Speicherstellen werden für den Typ **double** vorbereitet. Gleichzeitig wird die Variable **temperaturen** am Stack mit dem Arrayobjekt am Heap verknüpft.

*Die Deklaration einer Array-Variablen und die Dimensionierung des Arrayobjekts am Heap können auch in einer Anweisung erfolgen.*

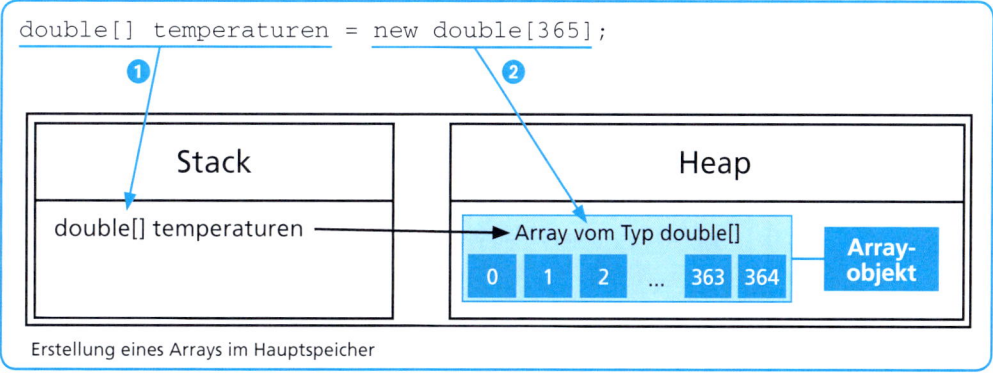

Erstellung eines Arrays im Hauptspeicher

Angewandte Informatik HTL

## L 2.20: Minenfeld
Für ein Computerspiel soll ein quadratisches Minenfeld mit einer Größe von 400 km² erstellt werden. Darin sollen 20 Minen mit einer Zerstörungskraft von je 1 km² versteckt werden. Geben Sie das Minenfeld mit den Minen am Bildschirm aus!

```
Random rnd = new Random();
bool[] minenfeld = new bool[400];
// Spielfeld erzeugen
for (int i = 0; i < 400; i++)
{
  minenfeld[i] = false; // Keine Mine
}
// Minen auslegen
for (int i = 0; i < 20; i++)
{
  int index;
  do
  {
    index = rnd.Next(0, 400);
  } while (minenfeld[index]);
  minenfeld[index] = true;
}
// Ausgabe
for(int y = 0; y < 20; y++)
{
  for (int x = 0; x < 20; x++)
  {
    if (minenfeld[y * 20 + x])
      Console.Write("X");
    else
      Console.Write(".");
  }
  Console.WriteLine();
}
```

Die *do*-Schleife verhindert, dass zwei Minen im gleichen Quadranten platziert werden.

Spielfeld mit Minen

## Ü 2.40: Minenspiel ★★★
Erstellen Sie für das Minenfeld aus **Lehrbeispiel L 2.20** eine Eingabelogik, die nach dem Weg durch das Minenfeld fragt, und stellen Sie das Spiel fertig! Der Spieler muss 20 Werte zwischen 1 und 20 eingeben. Er darf sich von Zeile zu Zeile maximal um ein Feld nach links oder rechts bewegen. Im Fall einer Fehleingabe soll der Spieler seine letzte Eingabe wiederholen. Kommt der Spieler unbeschadet durch das Minenfeld? Falls er auf eine Mine trifft, hat der Spieler verloren und das Spiel ist vorzeitig beendet. Wenn der Spieler alle 20 Zeilen des Feldes korrekt durchläuft, hat er gewonnen.

### Arrays sortieren, durchsuchen und berechnen
Arrays bieten die Möglichkeit, darin gespeicherte Werte zu sortieren, nach diesen zu suchen sowie die Summe, den Mittelwert und das Minimum/Maximum zu berechnen.

## L 2.21: Sortieren, suchen und berechnen
Berechnen Sie Summe, Mittelwert, Minimum und Maximum der Werte eines Arrays!

```
double[] temperaturen = { 19.5, 19.8, 20.7, 23.1, 19.9 };
Array.Sort(temperaturen);
int index = Array.BinarySearch(temperaturen, 20.7);
Array.Reverse(temperaturen);
double summe = temperaturen.Sum(),
  mittelwert = temperaturen.Average(),
  minimum = temperaturen.Min(), maximum = temperaturen.Max();
```

Die Funktion *Array.BinarySearch()* verlangt nach einem aufsteigend sortiert vorliegenden Array.

Die Anweisung **Array.Sort(array)** sortiert ein Array aufsteigend, **Array.Reverse(array)** dreht die Reihenfolge der Sortierung um.

❷ Mit **Array.BinarySearch(array, suchwert)** wird jener Index eines **aufsteigend sortierten Arrays** zurückgeliefert, wo sich der gesuchte Wert befindet.

❸ Die Methoden **Sum(), Average(), Min()** und **Max()** berechnen die Summe, den Mittelwert bzw. das Minimum oder das Maximum aller Werte im entsprechenden Array.

### Ü 2.41: Durchschnittstemperatur berechnen ★
Verwenden Sie die Methoden **Min(), Max()** und **Average()** zur Berechnung der Durchschnittstemperatur und der Spannweite in **Lehrbeispiel L 2.12** auf S. 80!

## Arraytypen

Wir unterscheiden eindimensionale, zweidimensionale und verschachtelte Jagged Arrays:

Ein **Jagged Array** bezeichnet ein Array in einem Array.

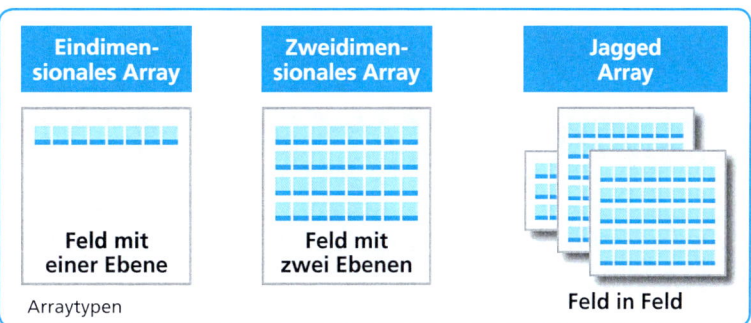

Arraytypen

❶ **Eindimensionale Arrays**

Die einfachste Form eines Arrays ist die eindimensionale, z. B. können gleichartige Messwerte in einer Liste abgespeichert werden, wie etwa die Temperatur von Wasser jede Minute.

❷ **Zweidimensionale Arrays**

Wenn bei einer Messung die Messwerte von zwei verschiedenen Variablen abhängen, verwendet man zweidimensionale Arrays, z. B. bei Kurven, die von den Ortsvariablen x und y abhängen, Temperatur- und Druckgrößen, die in unterschiedlichen Richtungen unterschiedlich groß sind, inhomogenen chemischen Reaktionen oder Grafikprogrammen in der Ebene.

❸ **Jagged Arrays**

Ein Jagged Array ist ein Array innerhalb eines Arrays, also ein **verschachteltes Array.** Mit diesem Arraytyp können Sie von mehreren Maschinen verschiedenartige Messwerte abspeichern, wobei die Messungen sogar unterschiedlich sein können. Bei Maschine A messen Sie z. B. nur Temperatur und Druck, bei Maschine B zusätzlich pH-Wert und Härtegrad.

 **L 2.22: Zweidimensionale und jagged Arrays**
Speichern Sie 600 Messwertkombinationen für drei Maschinen in einem Array ab!

```
// 600 Messungen für Temperatur, Druck, pH-Wert und Härte
double[,] messwerte = new double[600, 4];
messwerte[0,0] = 5.8;
// 3 Maschinen mit 600 Messungen
double[][,] messwerte = new double[3][,];
messwerte[0] = new double[600, 4];
messwerte[1] = new double[600, 2];
messwerte[2] = new double[600, 2];
messwerte[0][0,0] = 5.8;
```

 Lernen  Üben  Sichern  Wissen

 **Ü 2.42: Zweidimensionales Array** ★★
Bei einer elektronischen Messung wird die Übereinstimmung von Laufzeiten aus jeweils zwei Kanälen mithilfe einer so genannten **Koinzidenzmatrix** überprüft. Die ermittelten Koeffizienten werden über Zufallszahlen simuliert und liegen zwischen 0 und 1. Füllen Sie eine 2·2-Matrix mit Zufallszahlen diesen Typs und berechnen Sie die Determinante. Je kleiner der Wert der Determinante, desto besser stimmen die Messungen aus den drei Kanälen überein. Der Wert der Determinante ist die Summe der Elemente der Hauptdiagonale – von links oben nach rechts unten – minus der Summe der Elemente der Nebendiagonale.

Mr. What und Ms. Check

Kann ein Array zur Laufzeit neu dimensioniert werden?

Nein, Arrays sind statisch und erlauben keine Neudimensionierung. Dafür gibt es im .NET-Framework eigene Klassen, die dynamische Felder bereitstellen, z. B. *ArrayList* und *List<T>*.

## 2 Prozeduren und Funktionen (Methoden)
### Wiederverwendbare Programmteile

Prozeduren und Funktionen werden als **Methoden** bezeichnet.

Prozeduren und Funktionsprozeduren (= Funktionen) sind wichtige Bestandteile von Programmen. Sie werden auch als **Methoden** bezeichnet. Sie verbessern die Übersichtlichkeit und erleichtern die Programmierung. Prozeduren und Funktionen sind Anweisungsblöcke, die unter einem Namen beliebig oft angesprochen und ausgeführt werden können. Dadurch kann ein Codeblock in einem Programm öfter verwendet werden, ohne dass der Block kopiert werden muss. Eine erforderliche Änderung muss nur einmal durchgeführt werden.

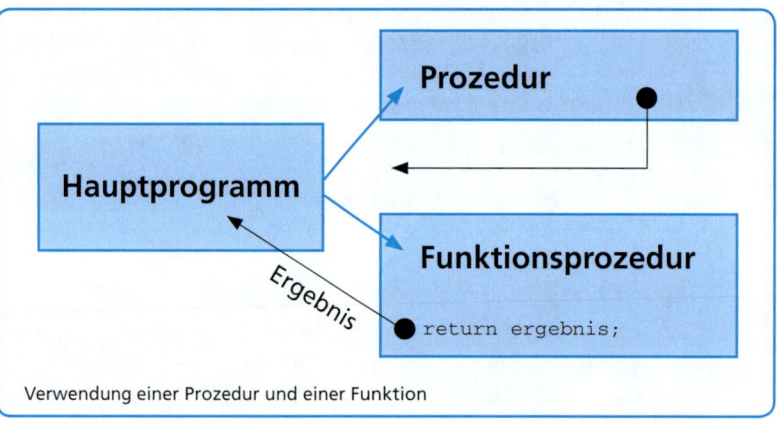

Verwendung einer Prozedur und einer Funktion

Das folgende Lehrbeispiel zeigt die Verwendung von bereits programmierten Prozeduren und Funktionen aus dem .NET-Framework.

 **L 2.23: Prozedur- und Funktionsaufrufe mit Parametern**
Wie können an die Prozedur *Array.Sort()* bzw. an die Funktion *Array.BinarySearch()* Werte als Parameter übergeben werden?

```
string[] vornamen = { "Lissi", "Arni", "Ulli", "Beni" };

// Prozeduraufruf
Array.Sort(vornamen);

// Funktionsaufruf
int i = Array.BinarySearch(vornamen, "Ulli");
```

Die Prozedur *Sort()* liefert kein Ergebnis zurück, die Funktion *BinarySearch()* schon.

## Prozeduren und Funktionen selbst programmieren

Sie können nicht nur vorprogrammierte Methoden verwenden, sondern auch selbst welche erstellen, um Ihren Programmcode übersichtlicher und flexibler zu machen.

### Eigene Methoden erstellen

**❶ Eine Prozedur ist ein Anweisungsblock, der eine bestimmte Aktion ausführt.**

Eine Prozedur führt ihren Code aus, wenn sie aufgerufen wird. Die Prozedur ist ein Teilprogramm, das vom aufrufenden Programmcode Informationen in Form von Argumenten (Parametern) erhalten kann. Einer Prozedur werden immer runde Klammern nachgestellt.

*Die Prozedur Verminen() setzt eine Mine auf ein noch unvermintes Spielfeldelement.*

```
void Verminen()
{
  int index;
  do
  {
    index = rnd.Next(0, 400);
  } while (minenfeld[index]);
  minenfeld[index] = true;
}

void Verminen(int anzahl)
{
  for(int i = 0; i < anzahl; i++)
  {
    Verminen();           // Prozeduraufruf
  }
}
```

*Die Prozedur Verminen(int anzahl) ruft die obere Prozedur in einer Schleife wiederholt auf, bis die gewünschte Anzahl erreicht wurde.*

**❷ Eine Funktion ist ein Anweisungsblock, der eine bestimmte Aktion ausführt und ein Ergebnis an den aufrufenden Code übermittelt.**

Sie wollen beispielsweise überprüfen, ob der Spieler ein vermintes Spielfeldelement betreten hat. Sie können dieses Problem mit einer Funktion lösen, der Sie die Spielfeldposition des Spielers übergeben und die *true* zurückliefert, wenn das Feld vermint ist.

```
bool Mine(int x, int y)
{
  int index = y * 20 + x;        // Funktionsaufruf
  return minenfeld[index];
}
                                 // Rückgabewert
// Hauptprogramm
...
if (Mine(eingabeX, eingabeY) == true)
  Console.Write("Sie sind explodiert!");
else
  Console.Write("Sie leben noch!");
```

*Da die Funktion einen bool-Wert zurückliefert und if einen bool-Wert als Bedingung erwartet, können Sie wie folgt abkürzen: if(Mine(eingabeX, eingabeY)) ...*

### Überladen von Methoden

Wenn Sie **mehrere Prozeduren bzw. Funktionen mit dem gleichen Namen** in einem Programm definieren, wird von **überladenen Methoden** gesprochen. Überladene Methoden müssen sich durch verschiedene Datentypen ihrer Parameter unterscheiden, z. B. **Verminen()** und **Verminen(int)**.

Anhand des Typs einer an die Methode übergebenen Variablen erkennt die Laufzeitumgebung, welche Methode aufzurufen ist – in unserem Fall entweder ohne Parameter oder mit einem Parameter vom Typ *int.*

## L 2.24: Übersichtlicheres Minenspiel

Das Programm aus **Lehrbeispiel L 2.20** soll übersichtlicher werden. Programmieren Sie die Methode *Verminen()*, die entweder eine Mine im Spielfeld platziert, wenn kein Argument angegeben wird, oder eine beliebige Anzahl von Minen im Spielfeld verlegt.

Wenn Sie Variablen auf **Klassenebene** deklarieren, können alle Methoden der Klasse darauf zugreifen. Diese Variablen werden als **Eigenschaften einer Klasse** bezeichnet.

Die Methoden der Klasse *Program* können sich untereinander aufrufen.

Mit dem Schlüsselwort *static* im Methodenkopf wird vereinbart, dass die Methode direkt über den Namen der Klasse aufgerufen wird. Fehlt *static*, so muss die Methode über ein Objekt verwendet werden. Nähere Informationen dazu erhalten Sie in Kapitel 3.

```csharp
class Program
{
    static Random rnd = new Random();          // Eigenschaften der Klasse
    static bool[] minenfeld = new bool[400];

    static void Main(string[] args)
    {
        SpielfeldErzeugen();                    // Hauptprogramm
        Verminen(50);
        SpielfeldAnzeigen();
    }

    static void SpielfeldErzeugen()
    {
        for (int i = 0; i < 400; i++)
        {
            minenfeld[i] = false;
        }
    }
    static void Verminen()
    {
        int index;
        do
        {
            index = rnd.Next(0, 400);
        } while (minenfeld[index]);
        minenfeld[index] = true;
    }
    static void Verminen(int anzahl)
    {
        for(int i = 0; i < anzahl; i++)
        {
            Verminen();
        }
    }
    static void SpielfeldAnzeigen()
    {
        for(int y = 0; y < 20; y++)
        {
            for (int x = 0; x < 20; x++)
            {
                if (minenfeld[y * 20 + x])
                    Console.Write("X");
                else
                    Console.Write(".");
            }
            Console.WriteLine();
        }
    }
}
```

In einer **Konsolenanwendung** müssen Sie alles, was Sie außerhalb des Hauptprogramms deklarieren, ebenso wie das Hauptprogramm selbst mit dem **Schlüsselwort *static*** versehen.

## Ü 2.43: Würfelspiel ★★

a) Erstellen Sie die Funktion *Würfeln()* ohne Parameter, die eine Zufallszahl zwischen 1 und 6 zurückliefert!

b) Erstellen Sie die Funktion *Pasch(),* die sich der Funktion *Würfeln()* bedient, um die Summe der gewürfelten Augen zu berechnen und zurückzuliefern!

c) Erstellen Sie die Prozedur *Würfeln(int anzahl)* und rufen Sie in einer Zählerschleife die Funktion *Würfeln()* auf! Geben Sie die Summe der gewürfelten Augen und die Anzahl der Sechser am Bildschirm aus!

### Methoden in Windows-Forms

In Windows-Programmen erzeugen Sie Methoden ohne das Schlüsselwort *static.* Ein Beispiel für Prozeduren in Windows-Forms sind **Ereignisprozeduren (Eventhandler).**

### L 2.25: Prozedur- und Funktionsaufrufe in Windows-Forms

Verwenden Sie Methoden zur Berechnung und Ausgabe der Reichweite eines Autos!

Eine **Ereignisprozedur** wird aufgerufen, wenn ein bestimmtes Ereignis eintritt, z. B. das *Click-*Ereignis des Buttons mit dem Namen *button1*.

*void* erzeugt eine Prozedur ohne Rückgabewert.

*double* ist der Datentyp des Rückgabewertes der Funktion.

*return* liefert das Ergebnis an den aufrufenden Code.

```
private void button1_Click(object sender, EventArgs e)
{
    double reichweite = Reichweite(34.4, 7.5);
    ReichweiteAusgabe(reichweite);
}

void ReichweiteAusgabe(double reichweite)
{
    MessageBox.Show("Reichweite: " + reichweite);
}

double Reichweite(double benzinvorrat, double verbrauch)
{
    return Math.Round(benzinvorrat / (verbrauch / 100), 2);
}
```

Das folgende Beispiel zeigt den Aufruf von Prozedur und Funktion in einer einzigen Codezeile:

### L 2.26: Prozedur- und Funktionsaufrufe verschachteln

Verwenden Sie für den Methodenaufruf im Eventhandler des Buttons nur einen Befehl!

Das **Funktionsergebnis** ist der **Parameterwert** für die **Prozedur**.

```
void button1_Click(object sender, EventArgs e)
{
    ReichweiteAusgabe( Reichweite(34.4, 7.5) );
}
```

Sie können sich eine **Funktion** im Prinzip **wie eine Variable** vorstellen, deren Inhalt bei jedem **Funktionsaufruf neu berechnet** wird. Das Ergebnis des Funktionsaufrufes ist die Reichweite. Dieses Ergebnis dient gleichzeitig als Parameter für die Prozedur *ReichweiteAusgabe.*

Mr. What und Ms. Check

Ist das Verwenden von Methoden nicht unnötig kompliziert?

Keinesfalls! Methoden machen Programme deutlich übersichtlicher und besser lesbar. Eine komplexe Logik kann in mehrere kleine Module zerlegt werden, was die Wartung vereinfacht.

## Ü 2.44: Abfüllmenge ★★★

Speichern Sie in einem jagged Array die Abfüllmengen von H2Ö-Wasser von 30 Tagen! Verwenden Sie dafür die abgebildete Funktion und ergänzen Sie das Hauptprogramm als Konsolenanwendung!

```csharp
static int[] AbfüllmengenProTag()
{
  int[] abfüllmengen = new int[24];
  Random rnd = new Random();
  for (int i = 0; i < 24; i++)
  {
    abfüllmengen[i] = rnd.Next(0, 1500);
  }
  return abfüllmengen; // Mengen pro Stunde eines Tages
}
```

## Ü 2.45: Zufälliges Binärpasswort ★★★

Erstellen Sie die fehlende Funktion **GetByte** zum abgebildeten Programm! Die Funktion liefert die übergebene Anzahl zufälliger Bit in einem Array vom Typ **bool.**

```csharp
// Hauptprogramm
static void Main(string[] args)
{
  bool[] einByte = GetByte(8);
  Ausgabe(einByte);
  Ausgabe(GetByte(16));
  Ausgabe(GetByte(24));
}

static int Dezimalwert(bool[] bit)
{
  int summe = 0;
  for (int i = 0; i < bit.Length; i++)
  {
    summe +=
      Convert.ToInt32(bit[i]) *
      (int)Math.Pow(2, bit.Length - i - 1);
  }
  return summe;
}

static void Ausgabe(bool[] bit)
{
  foreach (bool b in bit)
  {
    Console.Write("{0} ", Convert.ToInt32(b));
  }
  Console.WriteLine(" bin = {0}", Dezimalwert(bit));
}
```

**Rekursive Methoden**

Unter **Rekursion** versteht man das Aufrufen einer Methode in sich selbst. Dies geschieht solange, bis eine Abbruchbedingung erfüllt ist.

Das folgende Lehrbeispiel demonstriert die Verwendung einer rekursiven Methode zur Erstellung von **Fibonacci-Zahlenfolgen.** Die Startwerte für die Fibonacci-Folge lauten $a_0 = 1$ und $a_1 = 1$. Jedes weitere Element der Fibonacci-Folge wird durch Addition der zwei letzten Zahlen gebildet. Die Fibonacci-Folge für die ersten 12 Zahlen lautet 1, 1, 2, 3, 5, 8, 13, 21, 34, 65, 89 und 144.

## L 2.27: Fibonacci-Folge
Der folgende Algorithmus bildet eine Fibonacci-Folge aus 12 Zahlen. Ändern Sie das Programm, so dass die Zahlen mit einer rekursiven Methode berechnet werden!

```
class Program
{
  static void Main(string[] args)
  {
    Console.Write("1, 1, ");
    int a = 1, b = 1, c;
    for (int i = 2; i < 12; i++)
    {
      c = a + b;
      a = b;
      b = c;
      Console.Write(b + ", ");
    }
  }
}
```

Die Lösung der Fibonacci-Folge mithilfe von Rekursion:

```
class Program
{
  static int x = 1;

  static void Main(string[] args)
  {
    Console.Write("1");
    Fibonacci(1, 1);
    Console.WriteLine();
  }

  static int Fibonacci(int a, int b)
  {
    x++;
    if (x <= 12)
    {
      Console.Write(", " + b);
      return Fibonacci(b, a + b);
    }
    else
      return b;
  }
}
```

**Rekursion**

# 3 Fehlerbehandlung
## Syntax- und Laufzeitfehler

**Syntaxfehler** werden durch falsche Anwendung von Befehlen oder falsch geschriebene Befehle verursacht.

Wie schon in der ersten Lerneinheit erwähnt, passieren beim Programmieren oft Fehler. Sie entstehen z. B., wenn ein Befehl oder Variablenname falsch geschrieben wird. Solche Fehler sind kein großes Problem, denn sie werden vom Compiler erkannt, bevor das Programm an den Benutzer ausgeliefert wird. Ein Programm kann erst dann vom Compiler vollständig übersetzt werden, wenn keine **Syntaxfehler** mehr auftreten.

> Lernen ◯ Üben ◯ Sichern ◯ Wissen

**Laufzeitfehler** werden vom Compiler nicht erkannt und treten erst während des Betriebes auf.

Problematischer sind Fehler, die nur unter ganz bestimmten Umständen während des Betriebes eines Programmes auftreten. Solche Fehler werden **Laufzeitfehler** (runtime error) genannt.

Ein **Laufzeitfehler** tritt z. B. bei *zahl = 50 / a* auf, wenn die Variable *a* den Wert **0** hat.

Ein Benutzer soll in eine Textbox eine Zahl zwischen 0 und 36 eingeben. Was passiert, wenn der Benutzer die Zahl 37 eingibt? Wir könnten diesen Fall mit einer *if*-Verzweigung abfragen und nur die Zahlen 0 bis 36 zulassen:

```
int zahl = Convert.ToInt32(Console.ReadLine());
if (zahl < 0 || zahl > 36)
    Console.WriteLine("Eingabe ungültig. Bitte wiederholen.");
```

Was passiert aber, wenn der Benutzer keine Zahl, sondern gar nichts, einen Buchstaben oder ein Sonderzeichen eingibt? Dann würde **Convert.ToInt32** einen Laufzeitfehler verursachen.

### Behandlung von Laufzeitfehlern mittels *try-catch-finally*

*try-catch-finally* ermöglicht die Behandlung von Laufzeitfehlern.

❶ **Wenn der erfolgreiche Ausgang einer Operation ungewiss ist, sollte diese Operation in einen *try*-Block geschrieben werden.**

Zum Beispiel wollen Sie eine Division durchführen, aber Sie sind nicht sicher, dass der Divisor ungleich 0 ist.

❷ **Im Fall eines Fehlers können Sie in einem dem *try*-Block folgenden *catch*-Block das Auftreten eines bestimmten Fehlers überprüfen und darauf reagieren.**

Wenn der Divisor 0 ist, so ist z. B. dem Benutzer eine Fehlermeldung auszugeben oder der Benutzer hat die Eingabe mit einem gültigen Wert zu wiederholen.

❸ **In einem *finally*-Block können Operationen angegeben werden, die, egal ob Fehler auftreten oder nicht, auf jeden Fall ausgeführt werden sollen.**

Steht im *try*-Block das Öffnen einer Datenbankverbindung, so muss diese im *finally*-Block auf jeden Fall geschlossen werden, egal ob die Datenbank erfolgreich geöffnet werden kann und Daten gelesen werden oder ob ein Fehler auftritt.

Wie Sie mittels *try-catch* falsche bzw. unsinnige Eingaben vermeiden können, zeigt das folgende **Lehrbeispiel**.

> **L 2.28: Laufzeitfehler durch Texteingabe**
> Verbessern Sie den oben abgebildeten Programmcode mithilfe eines try-catch-Blocks und verhindern Sie Laufzeitfehler, die durch die Eingabe von Buchstaben oder Sonderzeichen erfolgen.

```
int zahl;
while (true) // Endlosschleife
{
  Console.Write("Zahl: ");
  try
  {
    zahl = Convert.ToInt32(Console.ReadLine());
    if (zahl >= 0 && zahl <= 36)
       break; // Gültiger Wert -> Endlosschleife abbrechen
  }
  catch (Exception)
  {
  }
  Console.WriteLine("Eingabe ungültig. Bitte wiederholen.");
}
```

## Lerneinheit 3: Felder und Prozeduren

Mr. What und Ms. Check

**Warum sollte ich das mögliche Auftreten von Laufzeitfehlern speziell berücksichtigen?**

Falls ein Laufzeitfehler in einem Programm auftritt, so wird das Programm beendet und der Benutzer erhält eine ihm relativ wenig sagende Fehlermeldung.

**Wann tritt ein Laufzeitfehler auf?**

Ein Laufzeitfehler tritt bei einem Programmfehler auf, der zum Zeitpunkt des Compilierens nicht vorhersehbar war.

**Kann ich das Auftreten von Laufzeitfehlern verhindern?**

Nein. Sie können auftretende Laufzeitfehler nur abfangen und behandeln. Wenn Sie z.B. durch das Ergebnis einer Berechnung dividieren, so ist der Ausgang vom Ergebnis der vorhergehenden Berechnung abhängig. Das kann funktionieren oder auch nicht.

### Fehlerbehandlung in Methoden

Die **Behandlung von Laufzeitfehlern** muss innerhalb der Prozedur oder Funktion erfolgen.

Ein innerhalb einer Prozedur oder Funktion auftretender Laufzeitfehler kann dadurch abgefangen werden, dass der Methodenaufruf in einen **try**-Block geschrieben wird. Der von der Methode erzeugte Fehlermeldungstext kann vom Hauptprogramm ausgegeben werden.

**L 2.29: Laufzeitfehler weiterreichen**

Das Programm aus **Lehrbeispiel L 2.24** soll verbessert werden. Es können nicht mehr Minen erzeugt werden, als Elemente des Spielfelds vorhanden sind.

```
class Program
{
  static Random rnd = new Random();
  static bool[] minenfeld = new bool[400];

  static void Main(string[] args)
  {
    SpielfeldErzeugen();
    try
    {
      Verminen(401);
    }
    catch(Exception exp)          ◄── Fehler weiterreichen
    {
      Console.WriteLine(exp.Message);
    }
    SpielfeldAnzeigen();
  }

  static void SpielfeldErzeugen() ...
  static void Verminen() ...
  static void Verminen(int anzahl)
  {
    if (anzahl > minenfeld.Length)
      throw new Exception("Zu viele Minen!");
    for(int i = 0; i < anzahl; i++)
    {
      Verminen();
    }
  }
  static void SpielfeldAnzeigen() ...
}
```

Sofern in der Methode ein **Laufzeitfehler** auftritt, wird dieser mittels *try-catch* abgefangen.

Mittels *throw new Exception* wird ein Laufzeitfehler erzeugt, wenn eine Operation nicht erlaubt ist.

| Prozeduren und Funktionen sollten möglichst **unabhängig vom aufrufenden Code** sein. | Um eine Prozedur bzw. Funktion möglichst unabhängig von der Gültigkeit der übergebenen Parameter zu machen, sollte mittels **throw new Exception("Fehlertext")** innerhalb der Prozedur bzw. Funktion ein Laufzeitfehler erzeugt werden, der im aufrufenden Programmcode durch einen **try-catch**-Block abgefangen wird. |

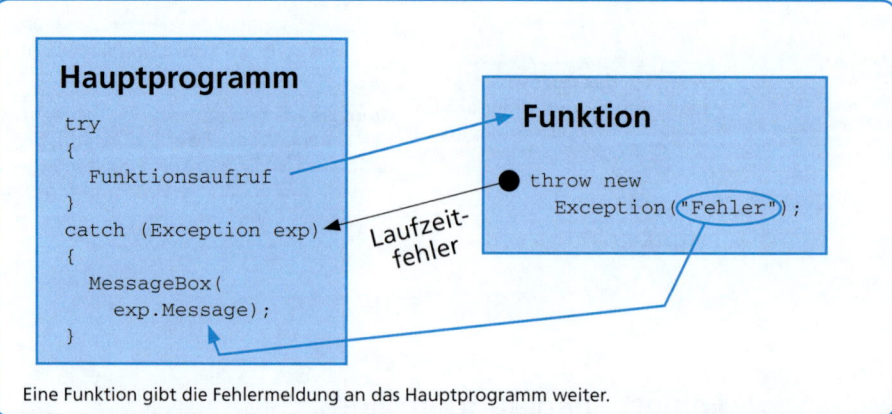

Eine Funktion gibt die Fehlermeldung an das Hauptprogramm weiter.

Das Hauptprogramm ruft eine Funktion auf, die aufgrund ungültiger Werte einen Ausnahmefehler **Exception** erzeugt. Der erzeugte Fehler mit dem Fehlertext wird an den aufrufenden Code übergeben und dort vom **catch**-Block aufgefangen. Die Eigenschaft **Message** des **Exception**-Objektes *exp* enthält den **Fehlertext.**

In einer **Prozedur oder Funktion** sollte **keine Fehlermeldung ausgegeben** werden, sondern ein **Ausnahmefehler erzeugt** werden.

| Mr. What und Ms. Check | Warum sollte ich in einer Prozedur keine MessageBox mit dem Fehlertext ausgeben? | Wenn die Prozeduren und Funktionen nur einen Laufzeitfehler erzeugen, ohne diesen auszugeben, können Sie diese Programmteile für Konsolen-, Windows- und Web-Anwendungen verwenden. Die Ausgabe des Fehlers erfolgt im Hauptprogramm. |

**Übungsbeispiele**

**Ü 2.46: Paritätsbit berechnen ★★**
Erstellen Sie eine Konsolenanwendung, die in einem Array vom Typ **bool** acht zufällige Bit abspeichert! Das Array entspricht einem Byte (= 8 Bit).

a) Berechnen Sie den Wert des Arrays als Dezimalzahl und geben Sie diesen am Bildschirm aus!

b) Berechnen Sie das Paritätsbit! Es ist bei einer geraden Anzahl von **true** im Array 0 und bei einer ungeraden Anzahl 1.

c) Erstellen Sie für die Berechnung des Paritätsbits eine Methode!

### Ü 2.47: Größter gemeinsamer Teiler ★★

Erstellen Sie eine **Funktion** zur Bestimmung des größten gemeinsamen Teilers zweier natürlicher Zahlen! Der griechische Mathematiker **Euklid** führt im zehnten Buch seiner „Elemente" dazu den folgenden Algorithmus aus:

1. Eingabe der beiden natürlichen Zahlen a und b.
2. Wenn a < b ist, vertausche a und b.
3. Setze den Rest r = a % b.
4. Setze a = b und b = r (Neudefinition der Restbestimmung).
5. Wenn r > 0 ist, sind wir noch nicht fertig und gehen zu Schritt 3 (Schleife) zurück.
6. Ausgabe von a (= ggT).

### Ü 2.48: Fakultätszahlen ★★★

a) Die **Fakultätszahl** von **n** (n!, n-faktorielle) wird wie folgt berechnet: n! = 1·2·3...·n, z. B. 5! = 120. Erstellen Sie zur Berechnung der Fakultätszahl eine rekursive Methode und probieren Sie diese in einer Konsolenanwendung mit den Zahlen 5, 10 und 20 aus!

b) Berechnen Sie mithilfe der Fakultätszahl die Wahrscheinlichkeit (1 : w) für einen Hauptgewinn im Lotto 6 aus 45! Verwenden Sie dafür die Formel für den Binomialkoeffizienten:

w = n! / (k! · (n − k)!) = 45! / (6! · (45 − 6)!) = 45! / (6! · 39!) = 8 145 060

Wie groß sind die Wahrscheinlichkeiten, in Deutschland (6 aus 49) bzw. in Italien (6 aus 50) zu gewinnen?

**Hinweis:** Verwenden Sie aufgrund der großen Zwischenergebnisse den Datentyp **double** für die Rückgabe der Fakultätszahlen!

### Ü 2.49: Passwort ★★

Erstellen Sie eine Windows-Anwendung zur Ermittlung eines zufälligen Passworts, das aus den acht zufälligen Zeichen A..Z, a..z und 0..9 besteht!

Speichern Sie die Zeichen des Passworts im Array **passwort** vom Typ **byte** ab und übergeben Sie das Array der Methode **System.Text.Encoding.ASCII.GetString()**, um es in einen String umzuwandeln und in einem Label auszugeben!

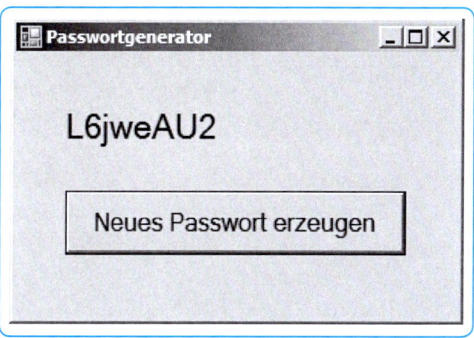

### Ü 2.50: Buchstabenzähler ★★★

Erstellen Sie eine Windows-Anwendung zum Zählen von Buchstaben in einem Text! Ziehen Sie in eine Windows-Form eine Textbox, einen Button und eine Listbox! Ändern Sie die Textbox im Taskmenü auf **Multiline!** Zum Testen fügen Sie über die Zwischenablage einen beliebigen Text ein und klicken auf die Schaltfläche zum Zählen der Zeichen.

**Hinweis:** Zählen Sie die Anzahl der Zeichen in einem Array vom Typ *int*!

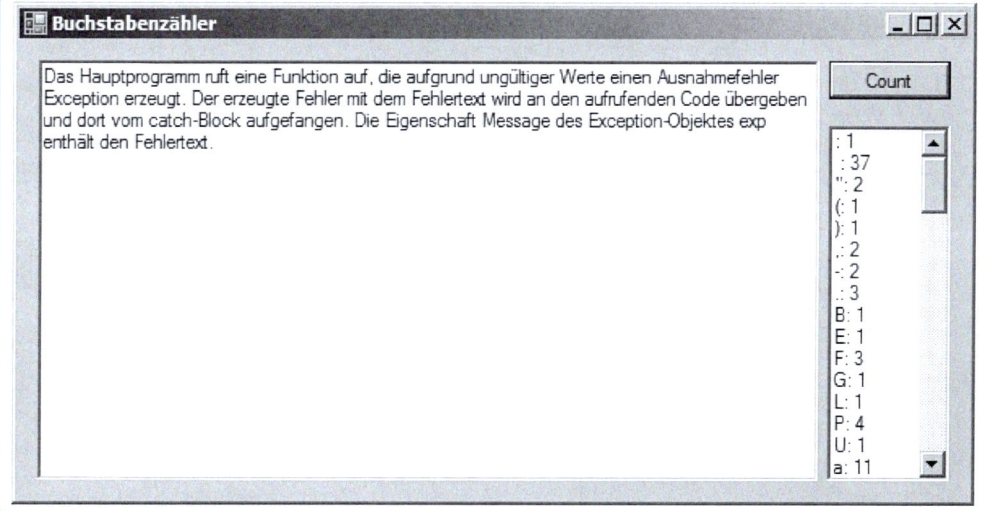

**Weitere Übungen im SbX**

SbX ID: 1232

**Ü 2.51: Bitmuster ★★**
Üben Sie die Verwendung von Feldern für Bitmuster und zur Umwandlung von Zahlen!

**Ü 2.52: Algorithmen auf Feldern ★★**
Bearbeiten Sie die Problemstellungen zur Auswertung von Messwerten und zum Suchen!

**Ü 2.53: Messwertanalyse ★★★**
Üben Sie die Anwendung von Methoden und Arraytypen!

**Ü 2.54: Calculator-Simulation ★★★**
Programmieren Sie einen Taschenrechner!

# Sichern

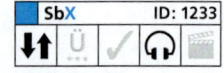
SbX ID: 1233

**In dieser Lerneinheit haben Sie Felder, den Einsatz von Prozeduren und Funktionen sowie die Behandlung von Laufzeitfehlern kennengelernt.**

*Arrays* — Arrays sind **Containervariablen,** die unter einem Namen **mehrere Werte** enthalten. Um einen bestimmten Wert im Array anzusprechen, wird ein **Index** benutzt.

*try-catch-finally* — Laufzeitfehler können mit einem ***try*-Block abgefangen** und in einem ***catch*-Block behandelt** werden. Der ***finally*-Block** enthält jene Anweisungen, die **auf jeden Fall,** egal ob ein Fehler auftritt oder nicht, **ausgeführt werden** sollen.

*throw new Exception* — Mit dem Befehl *throw new Exception()* wird ein **Laufzeitfehler ausgelöst.** Dies ist z.B. **innerhalb von Prozeduren oder Funktionen** sinnvoll, um dem aufrufenden Code einen Fehler zu signalisieren. Der aufrufende Code muss die Prozedur bzw. Funktion in einem ***try*-Block** aufgerufen haben, da andernfalls das Programm mit dem Fehler beendet wird.

*Prozedur* — Prozeduren sind **Programmteile,** die beliebig oft aufgerufen werden können und **keinen Rückgabewert** an den aufrufenden Code liefern.

*Funktion* — Funktionen sind **Programmteile,** die beliebig oft aufgerufen werden können und einen **Rückgabewert** an den aufrufenden Code liefern.

*Methode* — **Prozeduren und Funktionen** werden allgemein als Methoden bezeichnet.

*Parameter* — An Prozeduren und Funktionen können **Parameter als Werte- oder Verweistypen übergeben** werden. Die Übergabe von Parametern ermöglicht die Unabhängigkeit der Prozedur bzw. Funktion von den Variablen des aufrufenden Programmcodes.

*Überladen* — Die Definition **mehrerer gleichnamiger Methoden** wird als Überladen bezeichnet. Die überladenen Methoden müssen sich durch ihre Parametertypen **unterscheiden.**

SbX ID: 1233

**Zusätzlich zu dieser Zusammenfassung finden Sie im SbX eine Audio-Wiederholung zur Wiedergabe mit dem Audio-Player und als MP3-Datei sowie eine Bildschirmpräsentation.**

# Wissen

### W 2.11: Kontrollfragen und -aufgaben

1. Erklären Sie die Verwendung eines ein- und eines zweidimensionalen Arrays anhand selbst gewählter Beispiele!
2. Würden Sie der Aussage „Ein Array speichert mehrere Datentypen in einer Variablen." zustimmen? Wenn nicht, formulieren Sie die Aussage so um, dass sie richtig ist!
3. Erklären Sie den Unterschied zwischen Syntax- und Laufzeitfehlern!
4. Nennen Sie ein Beispiel, bei dem vom Programmierer mittels **throw new Exception** ein Laufzeitfehler bewusst erzeugt wird!
5. Erklären Sie den Unterschied zwischen einer Prozedur und einer Funktion!
6. Warum sollten Prozeduren und Funktionen von den Variablen des aufrufenden Programmcodes unabhängig sein?
7. Wie kann ein Laufzeitfehler in einer Prozedur oder Funktion an den aufrufenden Code weitergereicht werden? Erklären Sie den Vorgang anhand eines selbst gewählten Beispiels!

### W 2.12: Programm vervollständigen

Vervollständigen Sie das folgende fehlerhafte Programm um die fehlende Funktion und korrigieren Sie die Fehler!

```
string primzahlen, int i;
for(i = 1; i <= 1000; i+);
{
   if(Primzahl(i))
      primzahlen += i + ",";
}
Console.Writeline(primzahlen);
```

**Weitere Aufgaben im SbX**

### W 2.13: Prozeduren und Funktionen
Lösen Sie die Aufgaben zu den Prozeduren und Funktionen!

### W 2.14: Records
Bearbeiten Sie die Aufgaben zu den Records!

### W 2.15: Taschenrechnersimulation
Bearbeiten Sie das Projekt „Taschenrechnersimulation"!

*Ein kurzer Wissens-Check bevor's weitergeht!*

## Wissens-Check

|  | ☺ | 😐 | ☹ |
|---|---|---|---|
| Ich kann Arrays, Prozeduren und Funktionen verwenden. |  |  |  |
| Ich kann Methoden überladen. |  |  |  |
| Ich kann Laufzeitfehler weiterreichen und behandeln. |  |  |  |

## Lerneinheit 4
# Objekte verwenden

In dieser Lerneinheit werden Objekte zum Programmieren verwendet. Eine genauere Beschreibung des Konzeptes einer objektorientierten Sprache finden Sie in Kapitel 3. Hier wird das prinzipielle Arbeiten mit Objekten vorgestellt.

**SbX** Alle SbX-Inhalte zu dieser Lerneinheit finden Sie unter der ID: 1240.

# Lernen

**SbX** ID: 1241

## 1 Objekte
### Instanzen einer Klasse

C# ist eine objektorientierte Programmiersprache, das bedeutet, dass man anhand von Bauplänen – sogenannten Klassen – Objekte erzeugen kann. Ein großer Vorteil dieser Art der Programmierung ist einerseits die Möglichkeit, selbst solche Klassen zu programmieren und immer wieder zu verwenden, und andererseits die unglaubliche Fülle von bereits vorhandenen Klassen zu nutzen.

### Objektvariablen und Objekte

**❶ Objektvariablen erhalten den Klassennamen als Typ vorangestellt:**
*KlassenName meinObjekt;*

Um eine Instanz (= Objekt) einer Klasse zu erzeugen, vereinbaren Sie zunächst eine Variable, z. B. **meinObjekt.** Als Datentyp geben Sie den Namen der Klasse an, z. B. **KlassenName.** Die Variable **meinObjekt** wird als Objektvariable bezeichnet. Die Variable ist eine Verweisvariable, die auf den **Heap** zeigt. Bei der Deklaration der Variablen wird nur Speicher für die Referenz angelegt. Das Objekt selbst existiert noch nicht. Die Objektvariable besitzt den Wert **NULL.**

**SbX** Eine Bildschirmpräsentation mit allen Abbildungen zum Schritt LERNEN finden Sie unter der ID: 1241.

```
String text;
DateTime geburtsDatum;
StreamReader datei;
```

**❷ Objekte werden durch den Aufruf des Konstruktors *new* erzeugt und können in einer Objektvariablen abgespeichert werden:** *meinObjekt = new KlasseName();*

Mithilfe des Schlüsselwortes **new** wird Speicherplatz am **Heap** angefordert, der die erzeugte Instanz aufnimmt. Die Adresse des Speicherplatzes wird der Objektvariablen zugewiesen, sodass die Objektvariable auf die neu erzeugte Instanz verweist.

```
text = new String('*', 20);   // Zwanzig Sterne
geburtsDatum = new DateTime(2010,9,18);
datei = new StreamReader("Config.txt");
```

Die Deklaration der Objektvariablen sowie die Instanzierung werden häufig in einem Befehl zusammengefasst:

```
String text = new String('*', 20);   // Zwanzig Sterne
DateTime geburtsDatum = new DateTime(2010,9,18);
StreamReader datei = new StreamReader("Config.txt");
```

Die folgende Abbildung veranschaulicht die Verwaltung von Objektvariablen sowie die Verweise auf die Instanzen der Klassen im Speicher.

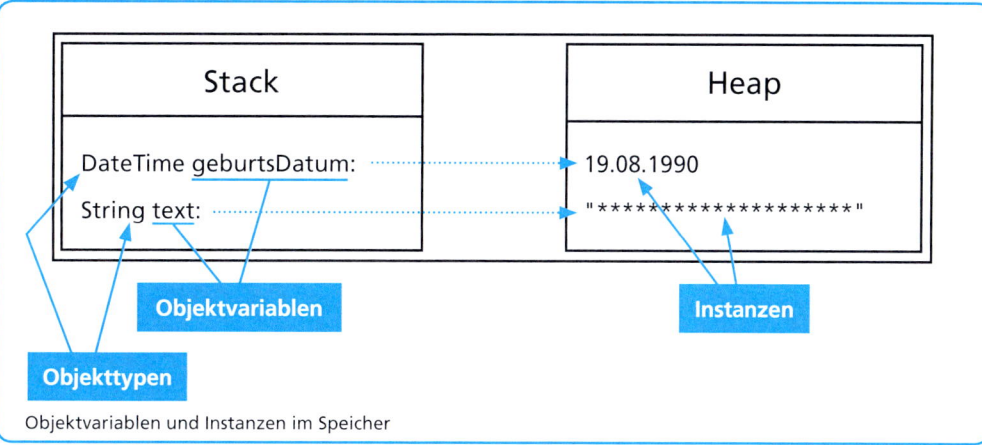

Objektvariablen und Instanzen im Speicher

### L 2.30: Rechteck zeichnen

Erstellen Sie eine Windows-Anwendung mit einem Button und tippen Sie den folgenden Eventhandler ab! Führen Sie das Programm aus und klicken Sie auf die Schaltfläche!

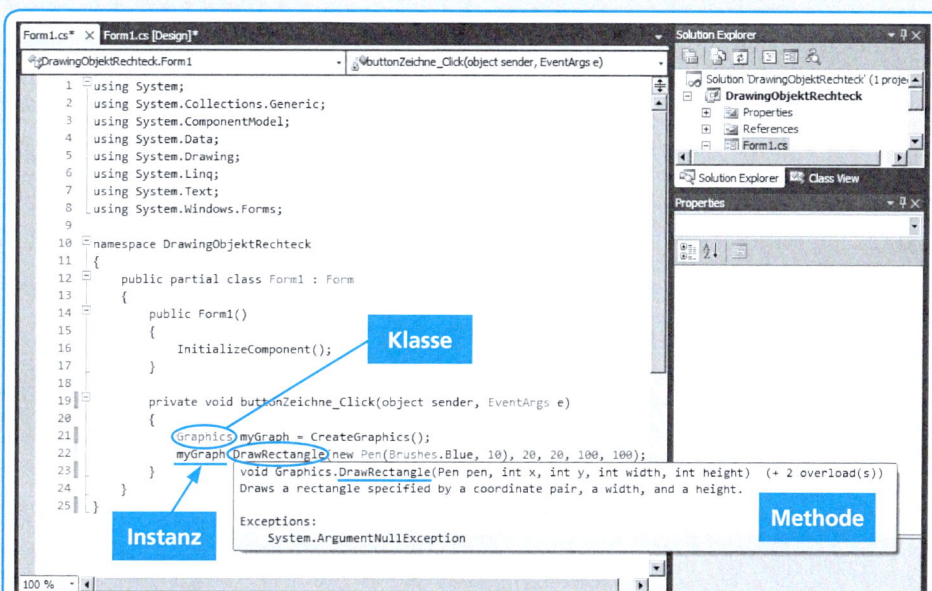

Objekte übernehmen den Bauplan ihrer Klasse und haben **Eigenschaften** (Daten und Felder) sowie **Methoden**. Die Instanz *myGraph* von der Klasse *Graphics* bietet beispielsweise die Methode *DrawRectangle* zur Verwendung an.

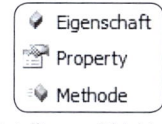

Intellisense-Objekte

### Intellisense

Bei der Auswahl von Objektelementen hilft Ihnen Visual Studio mit Intellisense, indem die passenden Eigenschaften, Propertys und Methoden dargestellt werden.

Üblicherweise bietet ein Objekt **Propertys** und **Methoden** zur Verwendung an. Propertys sind Zugriffsmethoden für Eigenschaften. Mehr darüber erfahren Sie in Kapitel 3.

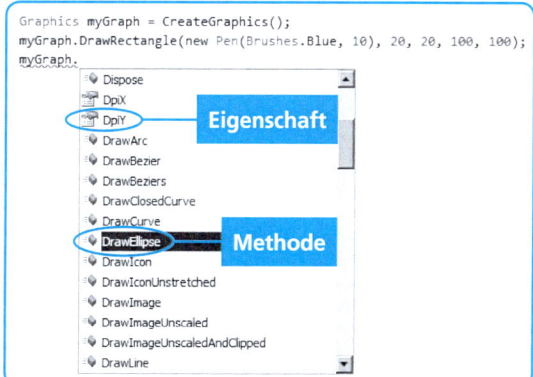

### Namensräume (Namespaces)

Da einerseits jeder Programmierer auf der ganzen Welt Klassen programmieren und andererseits jeder Programmierer diese Klassen für seine Programme verwenden kann, kann es zu Namenskonflikten kommen. Das ist zum Beispiel dann der Fall, wenn jemand in Südamerika eine Klasse **Auto** programmiert, die jemand in Europa verwenden will. Hat aber der Europäer selbst schon eine Klasse **Auto,** würde man die beiden Klassen aufgrund des gleichen Namens nicht im selben Programm verwenden können.

Eine Lösung des Problems ist die Verwendung von **Namensräumen.** Nur innerhalb eines solchen Namensraumes muss der Name eindeutig sein. So können in unserem Beispiel beide Klassen mit dem Namen „Auto" verwendet werden, wenn sich die eine im Namensraum „Südamerika" und die andere im Namensraum „Europa" befindet.

Um in einem Projekt die Klassen von einem bestimmten Namensraum zu verwenden, muss eine Referenz auf den betreffen Namensraum erfolgen. Die Referenzen können im Projektmappen-Explorer aufgelistet bzw. mit Rechtsklick auf **References | Add References** neu hinzugefügt werden. Einige Verweise werden von Visual Studio automatisch angelegt.

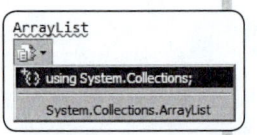

Eine weitere Möglichkeit zur Einbindung von Namensräumen ist die Verwendung eines Klassennamens und das Anklicken des *using-*Smarttags.

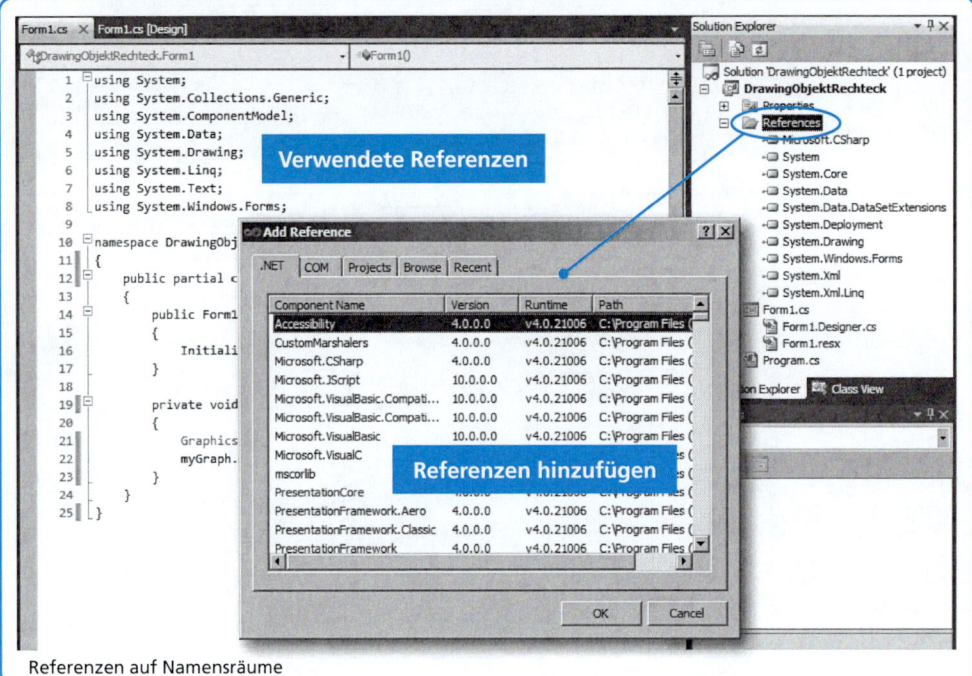

Referenzen auf Namensräume

Ohne eine Referenz auf den Namensraum müsste der Name der Klasse inklusive der Namensraumangabe verwendet werden:

```
myGraph.DrawRectangle(new System.Drawing.Pen(...
```

```
using System.Drawing;
...
myGraph.DrawRectangle(new Pen(...
```

> **Ü 2.55: Grafikobjekte zeichnen** ★
> Ergänzen Sie im Lehrbeispiel **L 2.30** eine rote Ellipse mit der Strichstärke 5 und positionieren Sie deren Mittelpunkt mit einer Breite von 120 und einer Höhe von 70 in der rechten unteren Ecke des Rechtecks!

## Die Klassen *DateTime* und *Math*

Die Klassen *DateTime* und *Math* bieten zahlreiche nützliche Verwendungsmöglichkeiten für Objekte und deren Eigenschaften sowie Methoden.

### L 2.31: *DateTime*-Objekte verwenden
Berechnen Sie Ihr Alter in Tagen und Sekunden sowie die Zeit bis Weihnachten in Minuten!

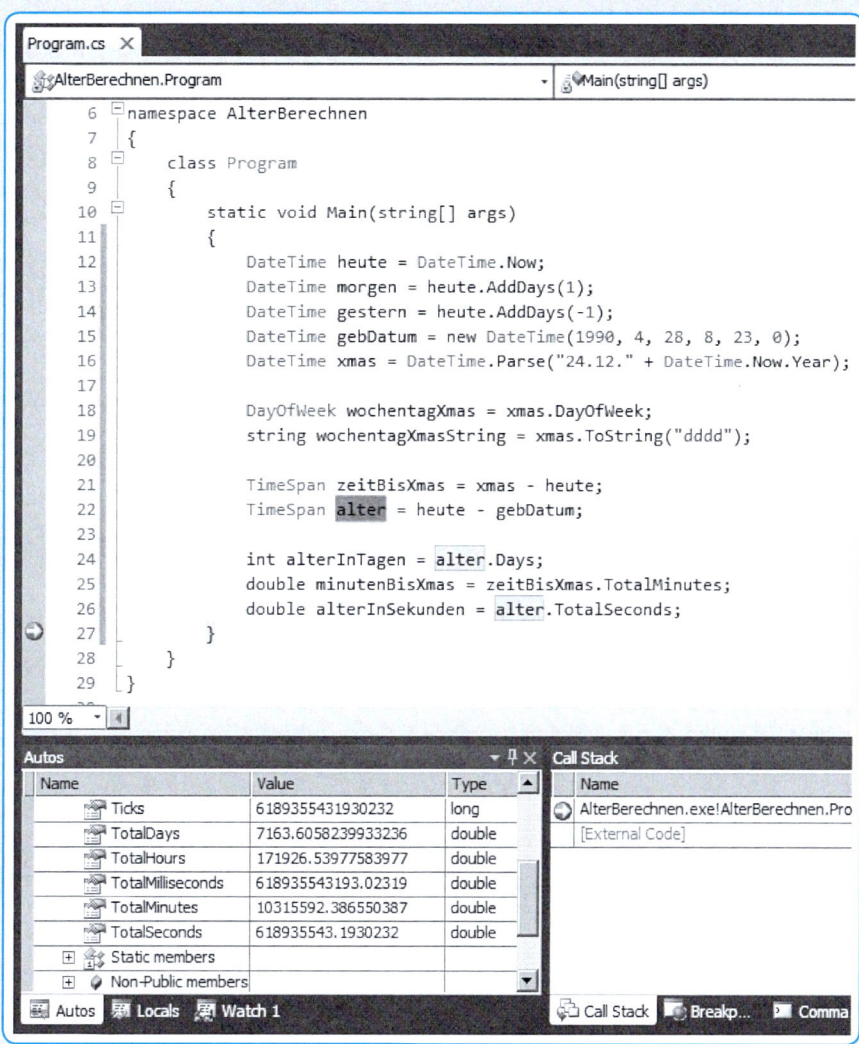

### L 2.32: *Math*-Objekte verwenden
Berechnen Sie Ihr Alter in Tagen und Sekunden sowie die Zeit bis Weihnachten in Minuten!

```
double a = 5, b = -5, phiGrad = 90;
double phiRad = Math.PI * 2 * phiGrad / 360;  // PI = 3.1415927
double y = Math.Sin(phiRad);  // Sinus
double c = Math.Pow(a, 2);  // c = 25
double d = Math.Abs(a) + Math.Abs(b);  // d = 10
```

## 2 Collections
### Typsichere Auflistungen

Zum Abspeichern größerer Datenmengen des selben Typs haben Sie bereits Arrays kennengelernt. Alternativ zu diesen Feldern können Sie typsichere **Collections** verwenden, z. B. **List<T>**-Objekte, um mehrere Daten des Typs **T** flexibel zu verwalten. Collections können im Gegensatz zu Arrays zur Laufzeit neue Elemente hinzugefügt werden. Collection-Objekte bieten zahlreiche praktische Methoden zum Bearbeiten, Sortieren und Suchen an.

Steuerelemente wie ListBox, ComboBox, ListView und TreeView verwenden Collections zur Repräsentation ihrer Inhalte. Die beschriebenen Eigenschaften und Methoden von Collections gelten daher auch für diese Steuerelemente.

Die Klasse **ArrayList** und die generische Klasse **List<T>** besitzen folgende wichtige Eigenschaften und Methoden:

- **Count:** Gibt die Anzahl der Listenelemente zurück.
- **Capacity:** Gibt die Kapazität der Liste an. Standardmäßig wird beim Hinzufügen des ersten Elements zunächst Platz für vier Elemente bereitgestellt. Wenn dies nicht ausreicht, wird die Kapazität jeweils verdoppelt.
- **Add():** Fügt am Ende der Liste ein neues Element hinzu.
- **Insert():** Fügt an einer bestimmten Indexposition ein neues Element ein.
- **Clear():** Löscht alle Elemente der Liste
- **Remove():** Sucht und entfernt das erste Element, das mit einem übergebenen Suchmuster übereinstimmt.
- **RemoveAt():** Löscht ein Element an der übergebenen Indexposition.

### L 2.33: Lottotipp 6 aus 45
Erstellen Sie eine Windows-Anwendung, die auf Buttonklick einen Lottotipp ausgibt!

```
private void button1_Click(object sender, EventArgs e)
{
  Random rnd = new Random();
  SortedSet<int> tipp = new SortedSet<int>();
  do
  {
    tipp.Add(rnd.Next(1, 46));
  } while (tipp.Count < 6);
  List<int> tippListe = tipp.ToList<int>();
  listBox1.Items.Clear();
  foreach (int item in tippListe)
  {
    listBox1.Items.Add(item);
  }
}
```

Ein **SortedSet** speichert eine sortierte Liste, wobei die Werte nicht mehrfach vorkommen.

Eine **List** speichert alle Werte des angegebenen Typs.

### Ü 2.56: Geheimzahlen ★
Erstellen Sie eine **List**-Collection vom Typ **string** und speichern Sie darin 20 zufällig generierte Bankomat-Geheimzahlen! Die Geheimzahlen sind vierstellig und bestehen aus den Ziffern 0 bis 9.

**Enumerator**
Auflistungen und Arrays implementieren die Schnittstelle **IEnumerable**. Dadurch steht ein Positionszeiger, ein sogenannter **Enumerator**, zur Verfügung, mit dessen Hilfe man einen iterativen Lesezugriff auf die Auflistungs-Elemente erhält. Im Unterschied zur **foreach**-Schleife lässt sich der Enumerator mit der Methode **GetEnumerator()** ermitteln, mit **Reset()** jederzeit auf den Anfang der Liste zurücksetzen und mit **MoveNext()** zum jeweiligen nächsten Element bewegen.

## L 2.34: Enumerator
Erstellen Sie eine **ArrayList** mit 10 Einträgen und iterieren Sie mit einer **while**-Schleife durch die Auflistung!

```
System.Collections.ArrayList oneArrayList =
  new System.Collections.ArrayList();
for (int i = 0; i < 10; i++)
{
  oneArrayList.Add("test " + i.ToString());
}
System.Collections.IEnumerator e =
  oneArrayList.GetEnumerator();
while (e.MoveNext())
{
  Console.WriteLine(e.Current.ToString());
}
```

## 3 *String*-Objekte
### Eigenschaften und Methoden von *Char*-Feldern

String = Zeichenfolge

Die ersten Computer wurden zunächst dazu benutzt, Raketenflugbahnen zu berechnen. Es war die Zeit, in der Programmieren in den mathematischen Fachbereichen der großen Universitäten gelehrt und Informatik als ein Fach für Mathematiker angesehen wurde.

Heute haben die meisten Programmierer mehr mit Zeichenfolgen als mit Zahlenfolgen zu tun. In der Regel dienen diese **Strings** der Textverarbeitung, der Bearbeitung von Dokumenten und der Erstellung von Webseiten.

Escape-Zeichen:
In C# wird der Backslash zum Maskieren von Escape-Zeichen verwendet, z. B.
\n = neue Zeile
\t = Tabulator
\\ = Backslash

```
foreach (char c in "Guten Morgen")
{
  Console.Write(c);                     // oder kürzer ...
}                                       Console.WriteLine(
Console.Write("\n"); // neue Zeile        "Guten Morgen");
```

Ein **String** wird als **Array** vom Typ **Char** abgespeichert und verwaltet. Zusätzlich bieten **String**-Objekte Methoden zum Verändern, Sortieren und Durchsuchen an.

Verbatim-Stringliteral:
Wird einem String ein **Klammeraffe @** vorangestellt, werden **Backslashes nicht als Escape-Zeichen** interpretiert.

```
string text = "Das ist ein Stringliteral";
string pfad2009 = "\\\\server\\messdaten\\2009\\temperatur";
string pfad2010 = @"\\server\messdaten\2010\temperatur";
```

**Verbatim-Stringliterale** beginnen mit dem Symbol **@.** Es bedeutet, dass der **String wortwörtlich verwendet** werden muss, auch wenn er Escape-Zeichen enthält.

### Die Methode *ToString()*
Einige Klassen bieten die Methode **ToString()** zur Umwandlung des Objektinhalts in einen String an, z. B. Zahlentypen wie **Byte, Int32, Double, Decimal** und **DateTime**-Objekte. Durch die Angabe eines Formatstrings kann die Ausgabe formatiert werden.

Datumsformat angeben:
```
string heute =
  DateTime.Now.
  ToString("D",
  new System.
  Globalization.
  CultureInfo("en-
  US"));
```

```
string heute = DateTime.Now.ToString("d"); // 08.09.2009
string morgen = DateTime.Now.AddDays(1)
  .ToString("D"); // Mittwoch, 09. Dezember 2009
```

```
string zeitHHMM = DateTime.Now.ToString("t"); // 10:58
string zeitHHMMSS = DateTime.Now.ToString("T"); // 10:58:36

string zahl1 = (11560.2).ToString("C"); // € 11.560,20
string zahl2 = (74568.34).ToString("##,#0.00"); // 74.568,34
string zahl3 = (250).ToString("0000"); // 0250
```

Die folgende Tabelle enthält einige häufig benötigte **Eigenschaften und Methoden** der **Klasse *String*:**

| Eigenschaft bzw. Methode | Zweck |
|---|---|
| *Compare()* | überladene öffentliche, statische Methode, die zwei Strings vergleicht |
| *CompareOrdinal()* | überladene öffentliche, statische Methode, die zwei Strings ohne Rücksicht auf lokale oder kulturelle Gegebenheiten vergleicht |
| *Concat()* | überladene öffentliche, statische Methode, die aus einem oder mehreren Strings einen neuen String macht |
| *Copy()* | überladene öffentliche, statische Methode, die durch Kopieren eines anderen Strings einen neuen String erstellt |
| *Equals()* | überladene öffentliche, statische und Instanzmethode, die feststellt, ob zwei Strings den gleichen Wert haben |
| *Format()* | überladene öffentliche, statische Methode, die einen String anhand einer Formatspezifikation formatiert |
| *Join()* | überladene öffentliche, statische Methode, die alle Elemente eines String-Arrays verknüpft, wobei sie einen angegebenen String zwischen jedes Element setzt |
| *Chars* | String-Indexer |
| *Length* | Anzahl der Zeichen in der Instanz |
| *ComareTo()* | vergleicht diesen String mit einem anderen |
| *CopyTo()* | kopiert die angegebene Anzahl Zeichen in ein Array von Unicode-Zeichen |
| *EndsWith()* | gibt an, ob der angegebene String mit dem Ende dieses Strings übereinstimmt |
| *Equals()* | stellt fest, ob zwei Strings den gleichen Wert haben |
| *Insert()* | gibt einen neuen String zurück, in den der angegebene String eingefügt wurde |
| *LastIndexOf()* | meldet, an welchem Index ein angegebenes Zeichen oder ein Teil-String innerhalb des Strings zuletzt aufgetreten ist |
| *Remove()* | löscht die angegebene Anzahl an Zeichen |
| *Split()* | gibt Teil-Strings als String-Array zurück, die durch die angegebenen Zeichen abgegrenzt werden |
| *StartsWith()* | teilt mit, ob der String mit den angegebenen Zeichen anfängt |
| *Substring()* | ruft einen Teil-String ab |
| *ToCharArray()* | kopiert die Zeichen aus dem String in ein Zeichen-Array |
| *ToLower()* | gibt eine kleingeschriebene Kopie des Strings zurück |
| *ToUpper()* | gibt eine großgeschriebene Kopie des Strings zurück |
| *Trim()* | entfernt alle Zeichen aus einer angegebenen Zeichenmenge am Anfang und am Ende des Strings |

```
string g1 = "Spannung";
string g2 = "Stromstärke";
string g3 = "StromStärke";
bool stringVergleich = (g1 == g2); // nicht gleich (false)
int vergleich1 = String.Compare(g1, g2); // nicht gleich (! 0)
int vergleich2 = String.Compare(g2, g3); // nicht gleich (! 0)
int vergleich3 = String.Compare(g2, g3, true); // gleich (0)
```

Das Ergebnis von ***String.Compare()*** ist 0, wenn die zwei Strings gleich sind, andernfalls ist das Ergebnis ungleich 0.

**Ü 2.57: Login-Dialog** ★
Erstellen Sie einen Login-Dialog mit einer Textbox zur Eingabe eines Passworts! Vervollständigen Sie den abgebildeten Programmcode und überprüfen Sie, ob das eingegebene Passwort in der Passwortliste enthalten ist! Die Passwörter sind nicht case-sensitive.

```
string[] passwortListe = { "AFFE", "FEE", "CAFE", "ACE" };
string passwort = textBoxPasswort.Text;
```

**L 2.35: Strings verarbeiten**
Welche Login-Namen enthalten die Variablen *login1, login2* und *login3*?

```
string klasse = "1ah ";
string vorname = "Julian";
string zuname = "Kraus";

string login1 = String.Concat(vorname, zuname);
string login2 = klasse.Substring(0,2) + vorname[0] + zuname;
string login3 = klasse.ToUpper().Trim() + zuname;
```

login1 = "JulianKraus", login2 = "1aJKraus", login3 = "1AHKraus";

**L 2.36: Strings zerlegen**
Geben Sie die Namen der folgenden Namensliste in einer Listbox aus!

Die *Split*-Methode kommt häufig beim Verarbeiten von CSV-Dateien zum Einsatz.

```
string namen = "Konrad,Elfriede,Gustav,Max,Günther,Rosa,Ulf";

string[] liste = namen.Split(','); // String in Array zerlegen
foreach(string name in liste)
{
  listNamen.Items.Add(name);
}
```

**Ü 2.58: Passwortliste verarbeiten** ★
Ändern Sie das Übungsbeispiel **Ü 2.57** so, dass die folgende Passwortliste verarbeitet werden kann: *string passwortliste = "AFFE;FEE;CAFE;ACE";*

## 4 Dateizugriff mit Stream-Objekten
### *StreamReader* und *StreamWriter*

Die Dateioperationen der Klassen des .NET-Frameworks basieren auf sogenannten Streams (Datenströmen), mit denen Daten sequenziell (hintereinander) als eine Folge von Bytes gelesen und geschrieben werden können.

**Streams besitzen folgende Merkmale:**
- Ein Datenstrom kann Daten **von einer beliebigen Quelle** repräsentieren, z. B. von der Tastatur, einer Datei, einem String oder einer Netzwerkverbindung.
- Ein Stream kann **in ein beliebiges Ziel** schreiben, z. B. auf den Bildschirm, in eine Datei oder in einen String.
- Jeder Datenstrom kann unabhängig von seiner Quelle und von seinem Ziel nach dem gleichen Prinzip und **mit den selben Methoden** verarbeitet werden.
- Ein Datenstrom kann Daten nur **in eine Richtung** senden.

 Lernen  Üben  Sichern  Wissen

### Mit Textdateien arbeiten
Textdateien sind zeichenorientierte Dateien, die man mithilfe der Klasse **System.IO.StreamReader** lesen und mithilfe von **System.IO.StreamWriter** beschreiben kann.

#### L 2.37: Textdatei lesen
Lesen Sie die Messwerte aus der Datei **temp.txt** ein, speichern Sie diese in einem **string**-Array ab und geben Sie alle Messwerte in einer Listbox aus!

**Hinweis:** Erstellen Sie die Datei **temp.txt** mithilfe des Editors selbständig:

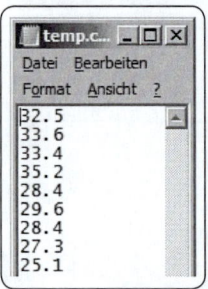

Inhalt der Datei *temp.csv*

```
using System.IO;
...
StreamReader sr = new StreamReader(@"c:\temp.txt");
string messwerte = sr.ReadToEnd();
sr.Close();
string[] temp = messwerte.Split('\n'); // \n = nächste Zeile
foreach(string t in temp)
{
  listBoxTemp.Items.Add(t);
}
```

Alternativ können Sie statt eines **StreamReader**-Objekts die statische Methode **ReadAllText()** der Klasse **System.IO.File** verwenden:

```
string messwerte = System.IO.File.ReadAllText(@"c:\temp.txt");
```

#### L 2.38: Textdatei schreiben
Rechnen Sie alle Temperaturen aus der Datei **temp.txt** in **Grad Kelvin** um und speichern Sie die Messwerte in die Datei **kelvin.csv,** durch Strichpunkte getrennt. Rufen Sie die Kelvin-Messwerte mit **Excel** auf!

```
using System.IO;
...
string messwerte = File.ReadAllText(@"c:\temp.txt");
string[] temp = messwerte.Split('\n');
StreamWriter sw =
  new StreamWriter(@"c:\kelvin.csv", false, Encoding.Default);
foreach (string t in temp)
{
  try
  {
    double celsius = Convert.ToDouble(t);
    double kelvin = celsius + 273.15;
    sw.Write(kelvin + ";");
  }
  catch (Exception){}
}
sw.Flush();
sw.Close();
System.Diagnostics.Process.Start(@"c:\kelvin.csv");
```

Damit Excel automatisch gestartet wird, muss es als Standardprogramm für CSV-Dateien festgelegt sein.

Mr. What und Ms. Check

Kann ich mit Streams auch Binärdateien, z. B. jpg-Bilder einlesen?

Ja, das Einlesen von Binärdateien funktioniert grundsätzlich mit *FileStream*-Objekten. Für Bilder gibt es aber bessere Möglichkeiten, die auf die Besonderheiten von Bildern speziell abgestimmt sind, z. B. *Image*- und *Bitmap*-Objekte.

| Eigenschaft bzw. Methode | Zweck |
|---|---|
| BaseStream | gibt den zugrunde liegenden Stream an |
| Encoding | gibt die Codierung der Ausgabe an, z. B. Encoding.Default |
| CurrentEncoding | ruft die Codierung ab, die von der aktuellen StreamReader-Instanz verwendet wird |
| Close() | schließt die StreamWriter- bzw. StreamReader-Instanz und den zugrunde liegenden Datenstrom |
| Flush() | löscht den Puffer für die aktuelle StreamWriter-Instanz |
| Write() | schreibt Daten fortlaufend in den Stream |
| Read() | liest das nächste Zeichen aus dem Stream |
| WriteLine() | schließt das Schreiben von Daten mit einem Zeilenumbruch ab |
| ReadLine() | liest eine Zeile von Zeichen aus dem Stream |
| ReadToEnd() | liest den Stream bis zum Ende |
| Peek() | gibt das nächste Zeichen zurück, ohne den Lesezeiger weiterzubewegen; am Dateiende wird –1 zurückgegeben |
| EndOfStream | besitzt den Wert *true*, wenn das Ende der Datei erreicht ist |

### L 2.39: Steganografie: Geheimbotschaften in Bildern verstecken

Im SbX finden Sie das Visual-Studio-Projekt SteganoTool, mit dessen Hilfe Sie eine geheime Botschaft in einem beliebigen png- oder jpg-Bild verstecken bzw. aus diesem auslesen können. Probieren Sie es aus!

*Das Projekt SteganoTool finden Sie unter der ID: 1241.*

*Die **Steganografie** ist die Kunst oder Wissenschaft der verborgenen Speicherung oder Übermittlung von Informationen (Wikipedia).*

*Die vom Benutzer eingegebene geheime Botschaft wird in den Bilddaten versteckt. In diesem Beispiel wird die Zeichenfolge in eine Bitfolge zerlegt. In den Blau-Werten jedes Pixels wird je ein Bit an der kleinsten Stelle gespeichert. Die geringfügige Veränderung des Farbwerts ist kaum wahrnehmbar.*

*Zur Verarbeitung der Bilddaten werden **Image**- und **Bitmap**-Objekte verwendet. Bildobjekte können in einer PictureBox dargestellt werden.*

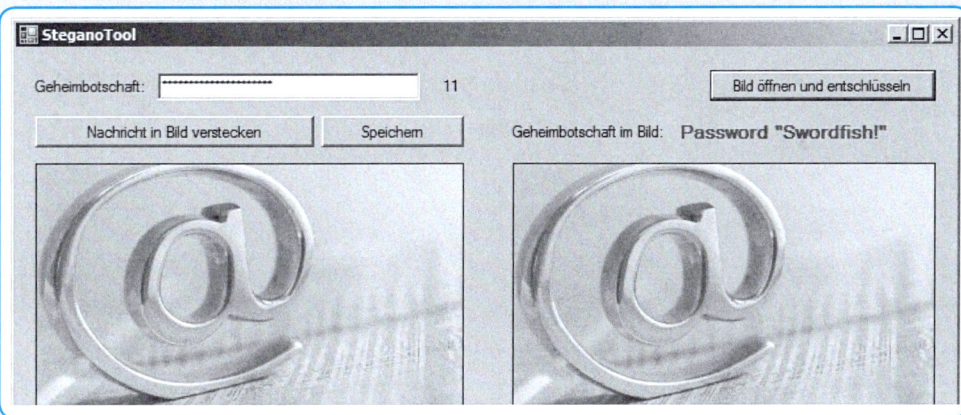

```
openFileDialog1.Filter =
  "PNG Dateien (*.png)|*.png|JPG Dateien (*.jpg)|*.jpg";
openFileDialog1.ShowDialog();
pictureBox1.Image = Image.FromFile(openFileDialog1.FileName);
...
Image img = pictureBox1.Image; // Bildobjekt erzeugen
Bitmap bitmap = (Bitmap)img;
for (int y = 0; y < bitmap.Height; y++)
{
  for (int x = 0; x < bitmap.Width; x++)
  {
    Color col = bitmap.GetPixel(x, y);
    int red = col.R; // RGB-Farbwerte jedes Pixels auslesen
    int green = col.G;
    int blue = col.B;
    ...
  }
}
pictureBox1.Image = bitmap; // verändertes Bild anzeigen
```

**Expertenwissen für besonders Interessierte**

**GDI** bedeutet **Graphical Device Interface**, das + deutet auf eine Weiterentwicklung hin.

## Achtung! Expertenwissen: Grafikprogrammierung

Für die grafische Programmierung stehen Ihnen folgende Namespaces der Schnittstelle GDI+ zur Verfügung:

① ***System.Drawing:*** Das ist der elementarste Namespace, der die Grundelemente der Grafikprogrammierung enthält, wie z. B. die Klasse ***Graphics.*** Bei Windows-Anwendungen wird standardmäßig auf diesen Namespace verwiesen.

② ***System.Drawing.Design:*** In diesem Namespace sind Elemente enthalten, um die Entwurfszeit-Benutzeroberflächen von Grafikoberflächen zu erweitern, z. B. Font- und Bitmap-Editor.

③ ***System.Drawing.Drawing2D:*** In diesem Namespace sind Typen für die erweiterte zweidimensionale Grafikprogrammierung enthalten. Dazu gehören beispielsweise auch Füllmuster und Farbverläufe.

④ ***System.Drawing.Printing:*** Mit den Typen in diesem Namespace können Bilder oder Texte auf einer Druckseite dargestellt werden.

⑤ ***System.Drawing.Text:*** Mit diesem Namespace kann man die Auflistungen der Schriftarten bearbeiten.

Die Möglichkeiten, die Ihnen GDI+ mit den vielen Klassen und deren Methoden zur Verfügung stellt, sind enorm. Wir werden hier nur einige davon betrachten.

**Die Klasse *Graphics***

Verschiedene Objekte, vor allem Form und Picturebox, verfügen über ein ***Graphics*-Objekt**.

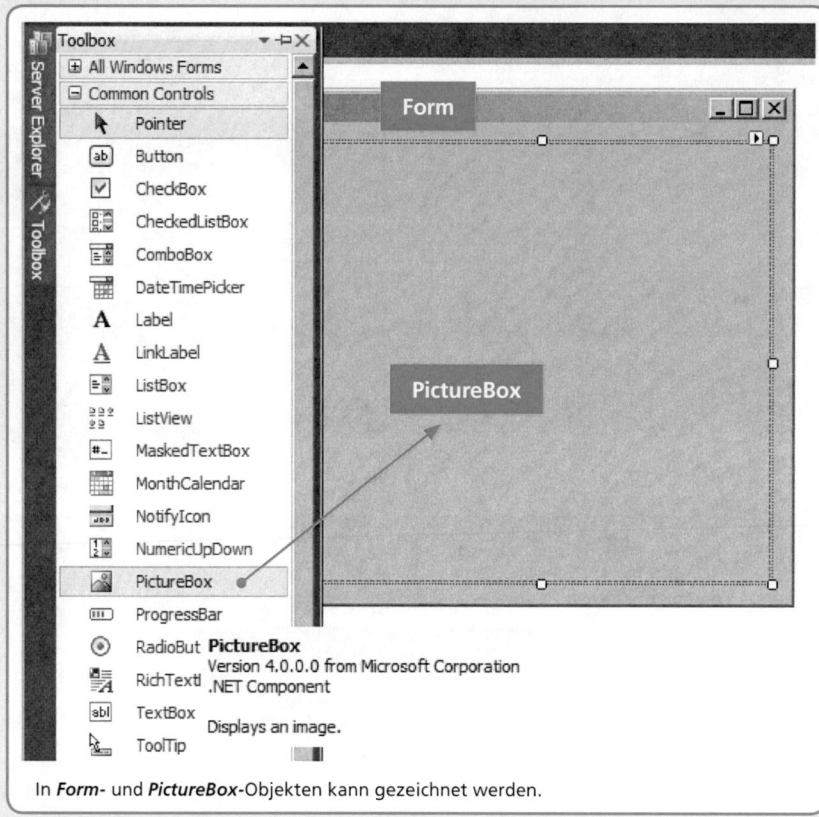

In *Form*- und *PictureBox*-Objekten kann gezeichnet werden.

Auf dem ***Graphics*-Objekt** werden **Zeichenoperationen** ausgeführt. Dazu bietet ***Graphics*** zwei Gruppen von Methoden an:

① **Methoden, die mit dem Präfix *Draw* beginnen**
Man kann damit Rechtecke zeichnen, aber auch Linien, Kreise, Polygone usw., z. B. ***DrawRectangle, DrawLinie, DrawEllipse.***

② **Methoden zum Füllen von Flächen von geometrischen Figuren**
Diese Methodengruppe hat das Präfix ***Fill,*** z. B. ***FillEllipse, FillRectangle.***

Das Besondere an **Graphics** ist, dass die Klasse keinen öffentlichen Konstruktor hat und deshalb nicht instanziert werden kann. Um ein Grafikobjekt zeichnen zu können, müssen Sie eine Referenz auf das **Graphics**-Objekt verwenden. Dazu bieten sich drei Möglichkeiten an:

- **Paint**-Ereignis einer Komponente
- Referenz auf das **Graphics**-Objekt über **CreateGraphics**
- Statische Methode **FromHwnd** der Klasse **Graphics**

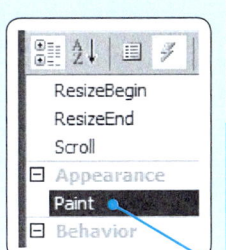

*Paint*-Event für eine Form erzeugen

❶ **Das *Paint*-Ereignis** wird ausgelöst, wenn zumindest Teile des Steuerelementes (vor allem eine Form oder eine Picturebox) neu gezeichnet werden müssen. Das ist auch der Fall, wenn das Steuerelement zum ersten Mal sichtbar wird oder wenn es von einem anderen Fenster verdeckt war.

In einer Form werden eine Ellipse und ein ausgefülltes Rechteck gezeichnet.

```
private void Form1_Paint(
  object sender, System.Windows.Forms.PaintEventArgs e)
{
  e.Graphics.DrawEllipse(
    new Pen(Color.Blue), 30, 10, 120, 70);
  e.Graphics.FillRectangle(
    new SolidBrush(Color.Red), 20, 110, 35, 69);
}
```

In einer PictureBox werden eine ausgefüllte Ellipse und eine Linie gezeichnet, wobei für die Linie die Breite der PictureBox verwendet wird.

```
private void pictureBox1_Paint(
  object sender, System.Windows.Forms.PaintEventArgs e)
{
  e.Graphics.FillEllipse(
    new SolidBrush(Color.Azure), 30, 10, 120, 70);
  e.Graphics.DrawLine(
    new Pen(Color.Black), 0, 0,
    pictureBox1.ClientSize.Width, 80);
}
```

❷ Um außerhalb des **Paint**-Ereignisses Zeichenoperationen auszuführen, können Sie die **CreateGraphics**-Methode verwenden.

Das Schlüsselwort *this* bezieht sich auf die Form.

```
private void button1_Click(object sender, EventArgs e)
{
  Graphics graph1 = this.CreateGraphics();
  graph1.DrawRectangle(
    new Pen(Brushes.Blue, 10), 20, 20, 100, 100);

  Graphics graph2 = pictureBox1.CreateGraphics();
  graph2.DrawRectangle(
    new Pen(Brushes.Beige, 10), 30, 20, 100, 100);
}
```

❸ **FromHwnd** ist eine Alternative zu **CreateGraphics**.

Zeichnet eine Linie in einer PictureBox.

```
private void button1_Click(object sender, EventArgs e)
{
  Graphics graph = Graphics.FromHwnd(pictureBox1.Handle);
  graph.DrawLine(new Pen(Brushes.Black), 0, 0, 100, 100);
}
```

**Ü 2.59 zum Expertenwissen: Sternenhimmel** ★★
Erstellen Sie eine Windows-Anwendung mit einer PictureBox und zeichnen Sie darin einen Sternenhimmel mit 100 gelben Sternen als Hintergrund für ein Actionspiel! Jeder Stern ist ein Kreis mit einem zufällig ausgewählten Durchmesser zwischen 2 und 4 Pixeln.

# Üben

**Übungsbeispiele**

### Ü 2.60: Rechnen mit Einheiten ★★
In eine Textbox soll die Temperatur eines Gases mit Einheit (°C oder °K) eingegeben werden. In eine zweite Textbox soll das Volumen des Gases mit Einheit (in m³ oder cm³) eingegeben werden.

Nach der idealen Gasgleichung **p = (n · $R_m$ · T) : V** soll in einem Label der dazugehörige Druck p in Pascal berechnet werden.

**Hinweis:** hier gilt n = 1 mol und $R_m$ = 8,314 J/(molK).

Trennen Sie den eingegebenen String in Zahl und Einheit mit der Methode **Split()** auf. Berücksichtigen Sie die eingegebenen Einheiten.

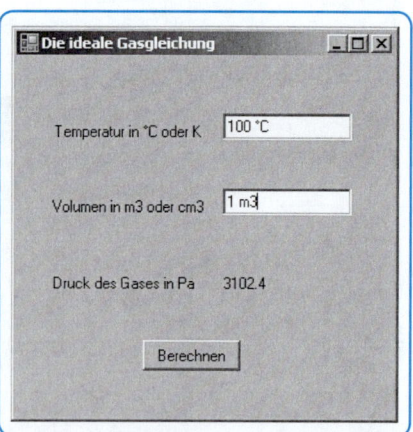

**Die Ausgangsdatei zu Ü 2.61 finden Sie unter der ID: 1242.**

### Ü 2.61: Einlesen von Daten ★★
Lesen Sie die Messdaten aus der Datei **Daten.csv** ein! Der Name und der Pfad der Datei sollen jeweils in ein Textfeld eingegeben werden können. Die Daten in der csv-Datei, die in zwei Spalten angeordnet sind, sind mit Semikolon (Strichpunkt) getrennt und sollen in ein Array gespeichert werden. Die erste Spalte stellt eine Kraft und die zweite Spalte den dazugehörigen Weg dar. Gesucht ist die Anzahl der Daten. Weiters soll die Arbeit der Wertepaare (Arbeit = Kraft mal Weg) in einer neuen Datei abgespeichert werden.

### Ü 2.62: Grafische Darstellung ★★★
Stellen Sie die in Übungsbeispiel **Ü 2.61** berechnete Kraft grafisch mithilfe einer Picturebox und mittels **CreateGraphics** und **PointF** dar!

### Ü 2.63: Formelsammlung ★
Erstellen Sie eine mathematische und physikalische Formelsammlung mit ca. zehn Formeln! Aus einer Listbox soll der Name der Formel ausgewählt und in einem Label soll die dazugehörige Formel dargestellt werden.

**Erweiterung:** Stellen Sie in einem weiteren Label die Beschreibung der Formel dar.

### Ü 2.64: Steganografie ★★★
Ändern Sie das **Lehrbeispiel L 2.39** (SteganoTool) so, dass auch längere Geheimbotschaften mit mehr als 32 Zeichen in einem Bild versteckt werden können!

### Ü 2.65: Komplexe Zahlen ★★★
Definieren Sie die Klasse **KomplexeZahl** mit den Eigenschaften **Real- und Imaginärteil** und instanzieren Sie davon zwei Objekte, z. B. **z1** und **z2**. Die Eigenschaften sollen zufällige Werte zwischen –10 und +10 erhalten. Programmieren Sie in einem weiteren Schritt die Grundrechnungsarten mit komplexen Zahlen (Addieren, Subtrahieren, Multiplizieren, Dividieren mittels Rationalmachen des Nenners) iterativ und machen Sie diese auf Wunsch des Users öfter ausführbar. Definieren Sie außerdem die Methoden „Betrag von KomplexeZahl" und „Phasenwinkel von KomplexeZahl" in der Klasse. Potenzieren Sie komplexe Zahlen bzw. berechnen Sie die Wurzeln von komplexen Zahlen!

### Ü 2.66: Sortieren ★★★
Deklarieren Sie die Zu- und Vornamen von Schülern und Schülerinnen einer Klasse als Strings mit **30 char-**Feldern. Mithilfe der Methoden der Klasse **String** und mit den Erkenntnissen zum Sortieren von Zahlen (S. 90f.) soll die willkürlich aufgenommene Schülerliste für das Klassenbuch dem Alphabet nach sortiert werden. Wie gehen Sie vor, wenn zwei Schüler/innen den gleichen Zunamen haben?

Lerneinheit 4: Objekte verwenden

| SbX |
|---|
Sie finden Ü 2.67 mit automatischer Aufgabenkontrolle unter der ID: 1242.

erledigt: ✔

Ü 2.67: ☐

**Weitere Übungen im SbX**

**Ü 2.67: Objekte ★**
Ordnen Sie die Begriffe ihrer Beschreibung zu!

**Ü 2.68: Komplexe Zahlen ★★★**
Erstellen Sie ein Programm zur Berechnung komplexer Zahlen!

**Ü 2.69: Stromstärke ★★**
Üben Sie den Einsatz des Steuerelements *NumericUpDown!*

**Ü 2.70: Schallleistungspegel ★★★**
Erstellen Sie ein Programm zur Berechnung des Schallleistungspegels!

**Ü 2.71: Schaltkreis ★★**
Erstellen Sie eine Windows-Forms-Anwendung für einen elektronischen Schaltkreis!

 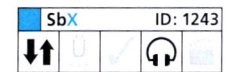

# Sichern

SbX ID: 1243

**In dieser Lerneinheit haben Sie sich mit der Verwendung von Objekten beschäftigt.**

Objekt, Klasse — **Objekte** werden aus **Klassen** erstellt. Klassen können als Baupläne betrachtet werden. Die Objekte übernehmen die **Eigenschaften und Methoden** (Members) der Klasse.

Namensraum — Klassen werden in **Namensräumen** (Namespaces) organisiert. Mit dem **Befehl *using*** bindet man Namensräume ein.

*DateTime* — *DateTime* ist eine Klasse, mit der man Datumswerte darstellen und bearbeiten kann.

*Math* — *Math* ist eine Klasse, mit der man mathematische Funktionen verwenden kann. Sie hat statische Members, d.h., man erstellt keine Objekte (Instanzen) der Klasse, sondern ruft die Members direkt mit der Klasse auf.

Collections — **Collections** (Auflistungen) sind **Arrays ähnlich.** Der große Unterschied liegt in der Tatsache, dass man beim Definieren der Auflistung die **Größe nicht festlegen muss.** Beispiele für Collections sind das **Steuerelement *Listbox*** sowie die **typsichere Liste *List<T>*.**

Strings — Mit **String**-Objekten kann man Texte manipulieren.

Stream-Objekte — Mit den Klassen *StreamReader* und *StreamWriter* im Namensraum *System.IO* können Dateien zum Lesen geöffnet und abgespeichert werden.

Grafikobjekte — Im Namensraum *System.Drawing* befinden sich die Klassen für grafische Darstellungen.

Grafikobjekte zeichnen — Mit dem *Paint*-Ereignis, mittels *CreateGraphics* oder *FromHwnd* können grafische Darstellungen realisiert werden.

SbX ID: 1243 — Zusätzlich zu dieser Zusammenfassung finden Sie im SbX eine Audio-Wiederholung zur Wiedergabe mit dem Audio-Player und als MP3-Datei sowie eine Bildschirmpräsentation.

 **Wissen**

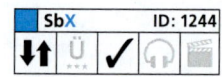

### W 2.16: Kontrollfragen und -aufgaben

1. Welche Klassen werden zum Abspeichern in bzw. Lesen von Textdateien verwendet?
2. Worin liegt der Unterschied zwischen einer Collection und einem Array?
3. Welche Möglichkeiten zur Verwendung von Graphics-Objekten kennen Sie?
4. Wie sortiert man die Inhalte in einem Array aufsteigend?
5. Wie fügt man bei einer Auflistung ein Element hinzu?
6. Worin liegt der Unterschied zwischen *ArrayList* und *List<T>?*
7. Was versteht man unter einem Verbatim-Stringliteral?
8. Welche Methoden von *String*-Objekten kennen Sie und wofür werden sie verwendet?

### W 2.17: Schere, Stein, Papier

Die Erzeugung von Zufallszahlen am Computer ist ein gutes Beispiel, die Entwicklung von kleinen Programmen kennenzulernen. Das Problem dabei: Der Computer kann nur rechnen. Kann er auch mit dem Zufall umgehen?

In jeder C#-Bibliothek befindet sich Random (1), wobei 1 ein Startwert ist und bei den nächsten Zahlen die Bandbreite zwischen 0 und 6 aufgespannt wird, ein simulierter Würfel also. Mit der Funktion **Next** wird die nächste Zufallszahl in der angeführten Spannweite geliefert. 0 ist die einschließlich untere Grenze und 7 die ausschließlich obere. In einer Schleife ergibt das zugehörige Programm

```
Random r = new Random(1);
for (int i = 0; i < 5; ++i)
{
    Console.Write(r.Next(0, 7)+ " ");
}
```

immer den gleichen Output: 1,0,2,4,3. Das ist eher enttäuschend. Beim Debuggen kann es zwar hilfreich sein, wenn immer die gleiche Folge generiert wird, aber nicht für diese Zwecke. Machen wir die Sache noch etwas deutlicher:

```
Random r1 = new Random();
Random r2 = new Random();
for (int i = 0; i < 10; ++i)
{
    Console.WriteLine(String.Format("{0}/{1}",
        r1.Next(10), r2.Next(10)));
}
```

Man erwartet zwei Zufallszahlen pro Zeile, doch bekommt – leider – dieselben Zahlen: 2/2, 6/6, 8/8 …

Da die Zeit (Timestamp) der beiden angelegten Instanzen dieselbe ist, erhält man die gleichen Zahlen. Also was tun?

Wenn man die Zuweisung der Zufallszahl in die Schleife aufnimmt, erhält man eventuell unterschiedliche Zufallszahlen. Die Random-Objekte werden dann mehrfach erzeugt. Ein Versuch:

```
for (int i = 0; i < 5; ++i)
{
    Random r = new Random();
    Console.Write("{0} ", r.Next());
}
```

ergibt die Ausgabe: 4 4 4 4 4. Was ist falsch?

Random-Objekte, die unmittelbar nacheinander erzeugt werden, haben idente Startwerte und erzeugen idente Zufallszahlen. Das Programm läuft einfach zu schnell.

Um diese Probleme zu lösen, gibt es zwei Möglichkeiten:

❶ Die Random-Instanz wird außerhalb der Schleife erzeugt – oder nur einmal pro Objekt oder nur einmal pro Klasse:

```
private void GenerateRandom()
{
   Random r = new Random();
   for (int i = 0; i < 5; ++i)
   {
      Console.Write("{0} ", r.Next());
   }
}
```

❷ Führt man das etwas weiter, kann man eine schön instanzierte Folge von Zufallszahlen im Bytemuster erreichen:

```
byte[] bytes = new byte[100];
Random r = new Random();
r.NextBytes(bytes);
Console.WriteLine("Zufallszahlen:");
for(int i=bytes.GetLowerBound(0); i<=bytes.GetUpperBound(0); i++)
{
   Console.Write("{0, 5}", bytes[i]);
   if ((i + 1) % 10 == 0) Console.WriteLine();
}
```

Erstellen Sie das Textfeld `string[] hand = {"Schere", "Stein", "Papier"}` und programmieren Sie das Spiel für 20 Würfe!

### W 2.18: Body-Mass-Index

Im Rahmen eines Schulprojektes soll das Thema „Gesunde Ernährung" thematisiert werden. Ihr Beitrag dazu ist die Erstellung einer Windows-Applikation zur Berechnung des Body-Mass-Index (BMI). Dieser wird mit folgender Formel berechnet: $BMI = m : l^2$, wobei m die Körpermasse in kg und l die Körpergröße in Metern angibt. Eine Internetrecherche ergibt folgende Gewichtsklassifikation für Erwachsene (WHO 2008):

| Kategorie | BMI | Körpergewicht |
|---|---|---|
| starkes Untergewicht | 0,0–16,0 | |
| mäßiges Untergewicht | 16,0–17,0 | Untergewicht |
| leichtes Untergewicht | 17,0–18,5 | |
| Normalgewicht | 18,5–25,0 | Normalgewicht |
| Präadipositas | 25,0–30,0 | Übergewicht |
| Adipositas Grad I | 30,0–35,0 | |
| Adipositas Grad II | 35,0–40,0 | Adipositas |
| Adipositas Grad III | > 40,0 | |

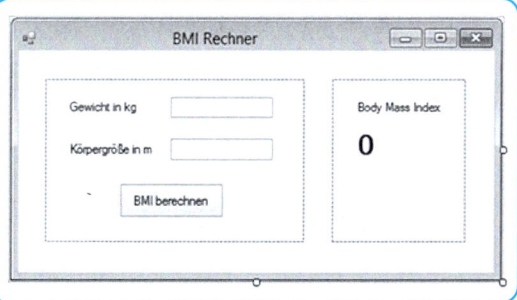

Erstellen Sie die nebenstehende Windows-Anwendung. Das linke Panel besteht aus zwei Labels, zwei Textboxen und einem Button. Das Ausgabe-Panel zeigt das berechnete Ergebnis in einem Label (Schriftgröße 20, fett) an. Das Ausgabe-Panel wird eingefärbt – verwenden Sie dafür vier Farben: Untergewicht Blau, Normalgewicht Grün, Übergewicht Orange, Adipositas Rot.

Sichern Sie die Umwandlung der Texteingaben von Gewicht und Größe in den Datentyp **Double** für die Berechnung des BMI mit **try-catch**-Blöcken ab und geben Sie eine Fehlermeldung als MessageBox aus. So kann Ihre Anwendung beispielhaft aussehen:

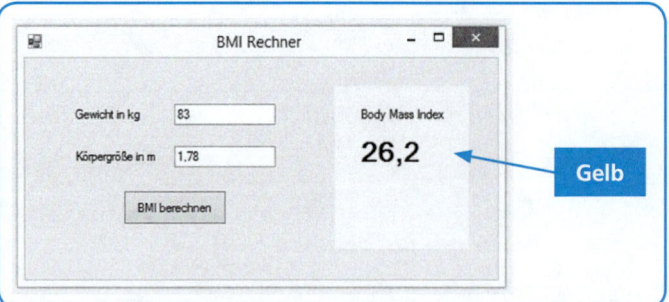

**Weitere Aufgaben im SbX**

**W 2.19: Aufgabe Objekte**
Bearbeiten Sie die Aufgabe zu den Objekten!

**W 2.20: Quiz Objekte**
Stellen Sie sich einem Quiz zum Thema Objekte!

**W 2.21: Kreuzworträtsel Objekte**
Lösen Sie das Kreuzworträtsel zum Thema Objekte!

Sie finden W 2.20 und W 2.21 mit automatischer Aufgabenkontrolle unter der ID: 1244.

erledigt: ✔
W 2.20: ☐
W 2.21: ☐

Ein kurzer Wissens-Check bevor's weitergeht!

## Wissens-Check

|  | ☺ | 😐 | ☹ |
|---|---|---|---|
| Ich kann Objekte aus Klassen instanzieren. |  |  |  |
| Ich kann Eigenschaften und Methoden von Objekten verwenden. |  |  |  |
| Ich kann Grafikobjekte am Bildschirm zeichnen. |  |  |  |

# 3 Objektorientiertes Programmieren

In diesem Kapitel erarbeiten Sie die Konzepte der objektorientierten Programmierung, wie gekapselte Klassen, Instanzierung von Objekten und Verwendung von Vererbung und Polymorphie, anhand der Programmiersprache C#.

Sie beschäftigen sich mit
- der Erstellung gekapselter Klassen sowie der Instanzierung von Objekten,
- Methoden, Eigenschaften, Zugriffsmethoden und Konstruktoren,
- der Nutzung von Vererbung und Polymorphie,
- der Erstellung von Webanwendungen mithilfe von ASP.NET,
- der Verwendung von Masterpages mit Cascading Stylesheets sowie
- der Integration von Daten aus Microsoft Access in Webseiten.

### Lerneinheit 1: Klassen und Objekte

| | |
|---|---|
| Lernen ........................... | 122 |
| 1 Klasse erstellen................. | 122 |
| 2 Eigenschaften und Methoden....... | 125 |
| 3 Kapselung....................... | 127 |
| 4 Zugriffsmethoden ................ | 129 |
| 5 Konstruktor und Destruktor ...... | 131 |
| 6 Statische Elemente.............. | 136 |
| Üben.............................. | 138 |
| Sichern........................... | 139 |
| Wissen ........................... | 140 |

### Lerneinheit 2: Vererbung

| | |
|---|---|
| Lernen ........................... | 142 |
| 1 Subklassen ...................... | 142 |
| 2 Konstruktoren in Subklassen..... | 145 |
| 3 Methoden verdecken.............. | 147 |
| 4 Methoden überschreiben .......... | 148 |
| 5 Abstrakte und versiegelte Klassen ... | 150 |
| 6 Interfaces ...................... | 152 |
| Üben.............................. | 154 |
| Sichern........................... | 156 |
| Wissen ........................... | 156 |

### Lerneinheit 3: Webanwendung erstellen

| | |
|---|---|
| Lernen ........................... | 158 |
| 1 Windows- und Webanwendungen... | 158 |
| 2 Statische Webseite erstellen ........ | 161 |
| 3 Layoutvorlagen .................. | 162 |
| 4 Hyperlinks....................... | 163 |
| 5 Master- und Contentpages ........ | 165 |
| Üben.............................. | 170 |
| Sichern........................... | 171 |
| Wissen ........................... | 171 |

### Lerneinheit 4: Datenbankanbindung

| | |
|---|---|
| Lernen ........................... | 173 |
| 1 Dynamische Webseite erstellen ..... | 173 |
| 2 Formulare für die Dateneingabe .... | 178 |
| 3 Interaktive Formulare ............. | 182 |
| ✓ Expertenwissen: Kombinationsfeld verbessern ..................... | 186 |
| Üben.............................. | 187 |
| Sichern........................... | 188 |
| Wissen ........................... | 188 |

Achtung! In diesem Kapitel teile ich mein Expertenwissen mit besonders Interessierten!

Mr. Expert

Informieren Sie sich mit dem ergänzenden Material im SbX, trainieren Sie mit Online-Übungen und wenden Sie Ihr Wissen an!

Ms. Check

Angewandte Informatik HTL

○ Lernen  ○ Üben  ○ Sichern  ○ Wissen

## Lerneinheit 1
# Klassen und Objekte

In dieser Lerneinheit lernen Sie die wichtigsten Basiskonzepte objektorientierter Programmierung, wie z. B. Klassen und Objekte sowie deren Eigenschaften und Methoden, kennen. Sie beschäftigen sich mit dem Grundprinzip der Kapselung sowie deren Auswirkung auf Klassen und Objekte. Außerdem sehen Sie sich an, wie die Kapselung anhand von Zugriffsmethoden realisiert wird.

In einem immer komplexer werdenden Lehrbeispiel beschäftigen Sie sich mit
- der Erstellung von Klassen und der Instanzierung von Objekten,
- gekapselten Eigenschaften, Methoden und Zugriffsmethoden,
- Konstruktoren, Destruktoren sowie dem Überladen von Methoden und
- der Verwendung statischer Elemente.

| SbX |
|---|
Alle SbX-Inhalte zu dieser Lerneinheit finden Sie unter der ID: 1310.

SbX  ID: 1311

## 1 Klasse erstellen
### Das Objekt-Datenmodell

Wie könnten Sie einem Außerirdischen erklären, was Sie unter einem Auto verstehen? Natürlich wissen Sie, was ein Auto ist. Aber wie können Sie ein Auto ganz allgemein beschreiben? Es hat z. B. meist vier Räder, aber auch ein Auto mit sechs Rädern wäre vorstellbar. Es hat ein Lenkrad, aber auch ein Fahrschulauto mit zwei Lenkrädern wäre denkbar. Es hat einen Motor, aber auch ein Modellauto ohne Motor ist ein Auto. Also, was ist nun eigentlich ein Auto?

 **Ü 3.1: Merkmale definieren** ★
Beschreiben Sie generelle Merkmale für jedes auf der Welt existierende Auto!

Wie Sie gesehen haben, ist es kaum möglich, für Objekte der Wirklichkeit allgemeingültige, konkrete Eigenschaften zu nennen. Nicht jedes Auto hat vier Räder, nicht jedes Auto hat nur ein Lenkrad. Aber – jedes Auto hat **Räder** und mindestens ein **Lenkrad**! Wie viele Räder und Lenkräder es hat, kann im Allgemeinen nicht festgelegt werden.

Zugegeben – diese Art der Darstellung ist sehr **abstrakt,** aber **für jedes Auto gültig.**

### Klasse und Objekt

Eine **Klasse** beschreibt generelle Merkmale und Funktionen.

❶ **Eine Klasse beschreibt allgemeine, abstrakte Merkmale, die für alle der Klasse zugehörigen Objekte gültig sind.**
Die Klasse **Auto** weist z. B. folgende Merkmale auf: Räder, Lenkrad, Türen, Sitze, Fahren, Tanken. Jedes Auto muss Maut bezahlen, wenn es die Autobahn benutzt.

Ein **Objekt** ist eine konkrete Ausprägung einer Klasse.

❷ **Ein Objekt ist eine konkrete Ausprägung einer Klasse.**
Ein Objekt der Klasse **Auto** wäre z. B. der blaue BMW 320d von Julia Kern mit dem amtlichen Kennzeichen S-JULY1, einem Kilometerstand von 67 845 km und einem aktuellen Tankinhalt von 23,7 Litern Diesel.

Die folgende Grafik veranschaulicht den Zusammenhang zwischen Klasse und Objekt.

Lerneinheit 1: Klassen und Objekte

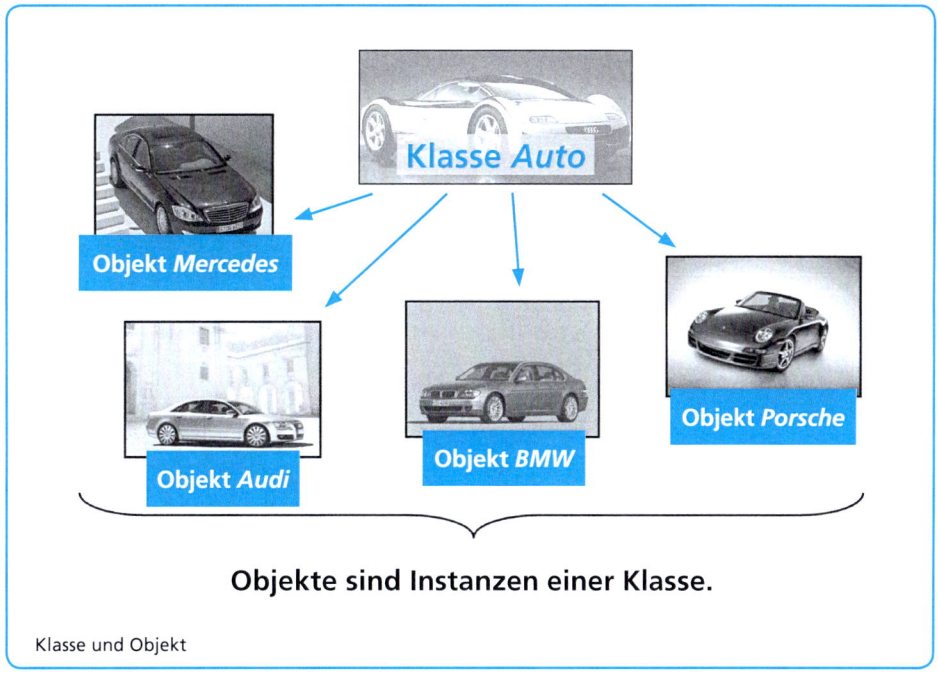

Objekte sind Instanzen einer Klasse.

Klasse und Objekt

**SbX**
Eine Bildschirmpräsentation mit allen Abbildungen zum Schritt LERNEN finden Sie unter der ID: 1311.

## Vererbung

Die **Basisklasse** ist die übergeordnete Klasse.

Die **Subklasse** ist die untergeordnete Klasse, die von der Basisklasse erbt.

Eine Klasse wie z. B. *Auto* kann aus weiteren Klassen, sogenannten Subklassen, bestehen. So könnte es beispielsweise eine Klasse *Pkw* und eine Klasse *Lkw* geben. Die Klasse *Pkw* könnte wiederum in eine Klasse *Benzin* und eine Klasse *Diesel* unterteilt werden.

Vererbung ist ein Grundprinzip objektorientierter Programmierung. Dabei erbt eine **Subklasse** alle Merkmale und Funktionen einer übergeordneten Klasse, der **Basisklasse**. Mit der Anwendung der Vererbung beschäftigen Sie sich in der nächsten Lerneinheit in diesem Kapitel.

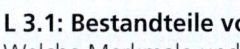

**L 3.1: Bestandteile von Klassen**
Welche Merkmale und Funktionen enthalten die Klassen *Auto*, *Pkw* und *Lkw*?

*Auto:* Kennzeichen, Marke, Verbrauch, Tankinhalt, Kraftstoffvorrat, Fahren, Tanken
*Pkw:* alle Merkmale von Auto + Transportkapazität, Sitzplatzanzahl
*Lkw:* alle Merkmale von Auto + Transportkapazität, Achszahl

Mr. What und Ms. Check

Welche Merkmale und Funktionen hat die Klasse *Schüler*?

Vorname, Zuname, Klasse, Katalognummer, Erziehungsberechtigte, Fächer, Lernen, Prüfung, Noten usw.

Bin ich eine Klasse oder ein Objekt?

Sie sind ein Objekt, da Sie konkrete Merkmale und Funktionen aufweisen.

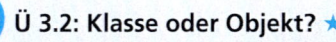

**Ü 3.2: Klasse oder Objekt?** ★
Handelt es sich bei den folgenden Aussagen um Angaben zu einer Klasse oder einem Objekt?

1. Ein Auto hat ein Reserverad.
2. Ein Pkw mit Anhänger darf auf dem Firmenparkplatz nicht parken.
3. Ein Auto ist blau.
4. Ein Pkw kann Personen befördern.
5. Ein Auto hat eine Klimaanlage.

Angewandte Informatik HTL

## Objekte aus einer Klasse instanzieren

Im Rahmen der objektorientierten Programmierung verwenden Sie **Klassen,** in denen Eigenschaften und Operationen (Methoden) festgelegt werden. Bei der Erzeugung eines Objektes wird der Inhalt einer Klasse auf das Objekt übertragen, ein **Objekt** wird daher auch als **Instanz einer Klasse** bezeichnet.

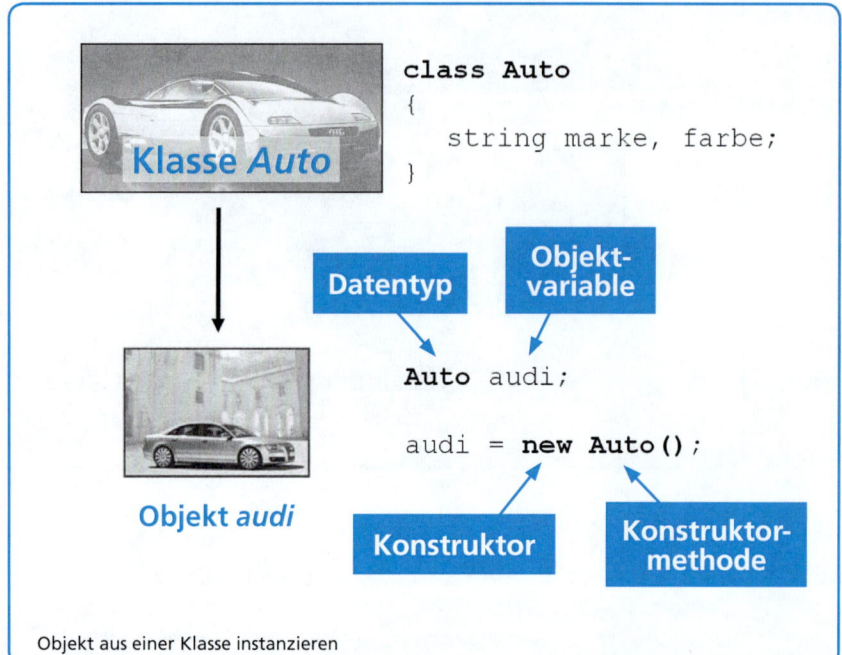

Objekt aus einer Klasse instanzieren

Der **Konstruktor** *new* ruft die **Konstruktormethode** *Auto()* auf, die das Objekt erzeugt.

Jede Klasse erhält automatisch eine **Standard-Konstruktormethode** ohne Parameter, z. B. *Auto()*.

### Instanzierung

**❶ Ein Objekt wird in einer Objektvariablen mit dem Datentyp der Klasse gespeichert.**

*null* = kein Wert

Die Deklaration der Objektvariablen mittels **Auto audi** erzeugt die Variable **audi** vom Datentyp der angegebenen Klasse **Auto.** Bei diesem Vorgang wird **noch kein Objekt** instanziert! Der Inhalt der Objektvariablen **audi** ist zu diesem Zeitpunkt **null.**

Objektvariablen:
```
Auto audi;
Auto bmw;
```

**❷ Ein Objekt wird durch den Aufruf eines Konstruktors mit einer entsprechenden Konstruktormethode instanziert.**

Objekte erzeugen:
```
audi = new Auto();
bmw = new Auto();
```

Die Initialisierung der Objektvariablen **audi** mit **new Auto()** erzeugt ein neues Objekt, indem die Konstruktormethode **Auto()** aus der Klasse **Auto** aufgerufen wird.

Jede Klasse hat eine **Standard-Konstruktormethode,** die ein neues Objekt aus der Klasse erzeugt. Der Name dieses Standardkonstruktors ist der **Klassenname,** z. B. *Auto()*.

### L 3.2: Klasse mit Objekten
Erstellen Sie die Klasse **Auto** mit den Eigenschaften **Kennzeichen** und **Marke** vom Typ **String** und erzeugen Sie die Objekte **Audi** und **BMW**.

```
class Auto    // Deklaration der Klasse Auto
{
   string kennzeichen, marke;   // Deklaration der Eigenschaften
}
Auto audi = new Auto();   // Objekt Audi aus Auto instanzieren
Auto bmw  = new Auto();   // Objekt BMW aus Auto instanzieren
```

Die Variablen *audi* und *bmw* sind vom Typ der Klasse *Auto* und beinhalten die Objekte.

Lerneinheit 1: Klassen und Objekte

## 2 Eigenschaften und Methoden
### Inhalte von Klassen und Objekten

Sie haben gesehen, dass eine Klasse abstrakte Inhalte hat, während ein Objekt über sehr konkrete Inhalte verfügt. Doch welche Inhalte können das sein?

Sehen Sie sich anhand der folgenden Abbildung die **Inhalte der Klasse Auto** genauer an!

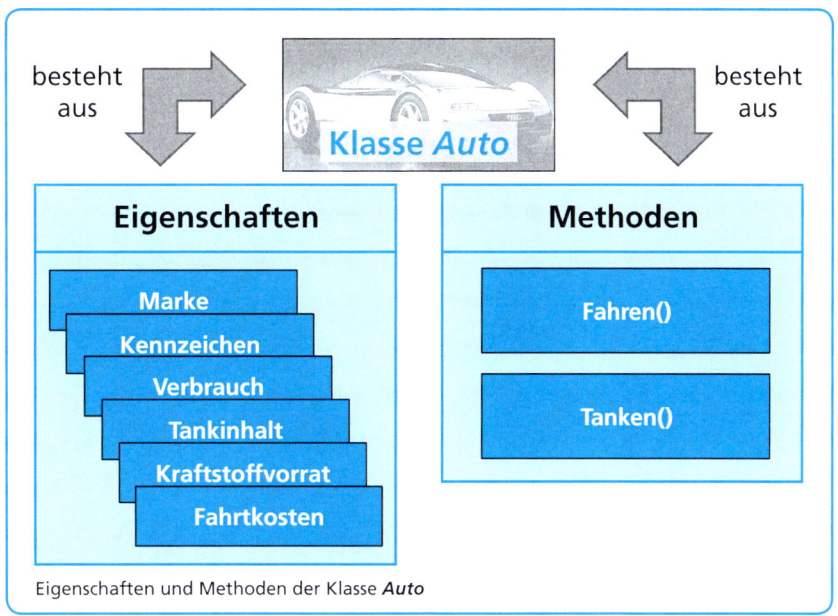

Eigenschaften und Methoden der Klasse *Auto*

Die Klasse **Auto** beschreibt **Eigenschaften** und **Methoden** für alle Autos. Jedes Auto-Objekt besitzt die gleichen Eigenschaften und Methoden wie die gesamte Klasse. Aber jedes **Objekt** kann für eine **Eigenschaft** einen **eigenen konkreten Wert** enthalten. So könnte es in einem Programm beispielsweise folgende Auto-Objekte geben:

| Eigenschaften der Klasse | Eigenschaften Objekt 1 | Eigenschaften Objekt 2 | Eigenschaften Objekt 3 |
| --- | --- | --- | --- |
| Marke | Audi A6 | BMW 525d | Porsche 911 |
| Kennzeichen | W-702AB | KS-545AM | S-911C |
| Verbrauch | 8,9 l/100 km | 7,5 l/100 km | 16,2 l/100 km |
| Tankinhalt | 80 l | 75 l | 70 l |
| Kraftstoffvorrat | 45,6 l | 12,9 l | 58,4 l |
| Fahrtkosten | 195,80 EUR | 157,50 EUR | 356,40 EUR |

### Eigenschaften und Methoden

*Eigenschaften sind Variablen einer Klasse.*

❶ **Eine Eigenschaft beschreibt den Zustand eines Objekts.**

Jedes Auto-Objekt aus der Klasse **Auto** hat einen **Verbrauch** und einen **Benzinvorrat.** Die Eigenschaften verändern sich, wenn ein Auto fährt oder aufgetankt wird.

*Methoden sind Prozeduren bzw. Funktionen einer Klasse.*

❷ **Eine Methode beschreibt das Verhalten eines Objekts.**

Die Methode **Fahren()** erhöht für jedes Auto-Objekt die Eigenschaft **Fahrtkosten** und vermindert den **Kraftstoffvorrat.** Die Methode **Tanken()** erhöht den **Kraftstoffvorrat.**

Eigenschaften können durch Methoden beeinflusst und verändert werden. Die Methode **Tanken()** hat z. B. die Aufgabe, den Kraftstoffvorrat zu erhöhen. Jedes Objekt ist in der Lage, seine eigenen Eigenschaften zu speichern und durch seine Methoden zu verändern. Die Eigenschaften von Objekten können jederzeit abgefragt werden.

Lernen  Üben  Sichern  Wissen

### Ü 3.3: Eigenschaften oder Methoden? ★
Bei welchen dieser Inhalte handelt es sich um Eigenschaften, bei welchen um Methoden?

1. Tanken
2. Tankinhalt
3. Maut entrichten
4. Anzahl der Sitzplätze
5. Durchschnittlicher Kraftstoffverbrauch
6. Serviceintervall
7. Service durchführen
8. Farbe

*Mr. What und Ms. Check*

**Ist die Farbe Rot eines VW-Käfers die Eigenschaft einer Klasse oder eines Objekts?**

Eine Eigenschaft der Klasse *Auto* ist die Farbe. Rot ist eine konkrete Farbe und gehört daher zu einem bestimmten Auto-Objekt.

**Welche Methoden könnte es bei einer Klasse *Schüler* geben?**

Für die Klasse *Schüler* wären z. B. folgende Methoden denkbar: *Lernen(), Prüfung(), Zeugnis(), Aufsteigen(), Wiederholen(), Schulabschluss()* usw.

Sie haben nun die wichtigsten Bestandteile einer Klasse kennengelernt. Im Rahmen eines immer komplexer werdenden Lehrbeispiels wenden Sie Ihre Kenntnisse an.

## Das Lehrbeispiel „Frachtkostenoptimierung"

In diesem Kapitel erstellen Sie Schritt für Schritt eine Anwendung in der Programmiersprache C#. In dieser Lerneinheit beginnen Sie mit der Klasse **Auto** sowie der Erstellung von **Auto-**Objekten. Unsere Anwendung soll das günstigste Transportmittel aus einem vorhandenen Fuhrpark ermitteln. Im Fuhrpark gibt es Autos mit unterschiedlichen Transportkapazitäten und Kosten pro gefahrenen Kilometer. Nachdem der Anwender das Transportgewicht sowie die Fahrtstrecke eingegeben hat, soll das Programm die Kosten für jedes Auto berechnen und jenes mit den geringsten Gesamtkosten ermitteln.

### L 3.3: Klasse
Sie beginnen in Visual Studio eine neue C#-Windows-Anwendung und erstellen eine neue Klasse mit dem Namen „Auto".

```
class Auto
{
    // Eigenschaften
    string kennzeichen, marke;
    double verbrauch, tankinhalt, kraftstoffvorrat, fahrtkosten;

    // Methode Tanken
    void Tanken(double liter)
    {
        kraftstoffvorrat += liter;
    }
}
```

*Beim Tanken wird der Kraftstoffvorrat um die getankte Menge erhöht.*

Das wichtigste Grundprinzip objektorientierter Programmierung ist die Eigenständigkeit der Klassen bzw. Objekte. Ein Objekt darf nur gültige Werte in seinen Eigenschaften speichern und nur dann eine Methode ausführen, wenn dies auch zulässig ist. Über definierte Schnittstellen kann jeder beliebige Programmierer Klassen und Objekte benutzen. Dieses Prinzip nennt sich **Kapselung**.

## 3 Kapselung
Objekte sind eigenverantwortlich.

Ein wichtiges Ziel objektorientierter Programmierung ist die Modularisierung von Programmkomponenten, damit auch andere Programmierer mit diesen Komponenten arbeiten können. Dazu ist es notwendig, dass Klassen möglichst selbständig funktionieren und fehlerhafte Aufrufe oder Daten nicht zulassen. Die Umsetzung dieses Grundsatzes wird als **Kapselung** bezeichnet.

> *Kapselung bedeutet Zusammenfassen von Daten und Methoden.*

### Kapselung
bedeutet, dass

❶ **Methoden für ihre korrekte Funktion selbst verantwortlich sind**

und dass

❷ **Eigenschaften nur durch zulässige Methodenaufrufe verändert werden dürfen.**

Die **Fahrtkosten** dürfen nur durch das **Fahren** des Autos verändert werden. Außerdem dürfen sich die **Fahrtkosten** nur erhöhen und niemals verringern, z. B. wenn ein Auto rückwärts fährt. Gleichzeitig vermindert die Methode *Fahren()* den **Kraftstoffvorrat**. Die Kontrolle darüber hat die Methode *Fahren()*. Das **Tanken** bewirkt die Erhöhung des **Kraftstoffvorrates**. Die Methode *Tanken()* muss prüfen, dass der Tank nicht überläuft.

> *Eigenschaften sind private.*
>
> *Methoden sind public.*

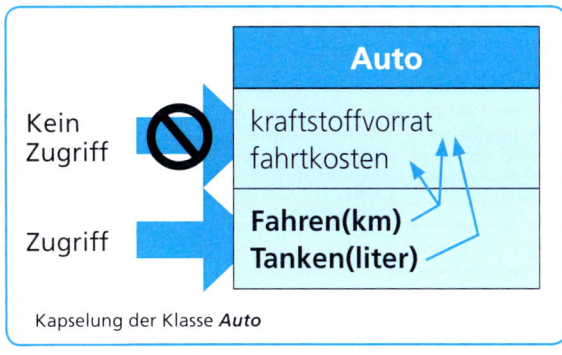

Kapselung der Klasse *Auto*

Ein direkter Zugriff auf Eigenschaften von außen würde die **Kontrollfunktion der Methoden** unterlaufen. Aus diesem Grund dürfen Eigenschaften nicht von außen veränderbar sein. Sie sind in der Klasse **eingekapselt** und können nur mithilfe von Methoden (Zugriffsmethoden) gelesen oder verändert werden.

**Eigenschaften** dürfen **von außen nur mittels Methoden** gelesen oder verändert werden. Daher sind Eigenschaften innerhalb einer Klasse **gekapselt** und **niemals** als *public* deklariert.

Aus dem Prinzip der Kapselung ergibt sich zwangsläufig, dass nur über genau festgelegte Schnittstellen, nämlich die Methoden, auf eine Klasse bzw. ein Objekt zugegriffen werden kann. Würde ein Programmierer Eigenschaften von außen zugänglich machen, so könnten diese Eigenschaften ohne die Kontrolle der Methoden verändert werden. In unserem Beispiel wäre es dann z. B. denkbar, die Transportkosten eines Auto-Objektes auf betrügerische Art und Weise zu ändern, um einem bestimmten Auto den Vorzug zu geben.

▶ Lernen  ⊙ Üben  ⊙ Sichern  ⊙ Wissen

## Grundsätze der Kapselung

*private* Eigenschaft: ist nur ihrer Klasse bekannt

*protected* Eigenschaft: ist der Klasse und ihren Subklassen bekannt

❶ **Eigenschaften sind nur Objekten der eigenen Klasse *(private)* oder einer Subklasse *(protected)* bekannt.**

Die Eigenschaft **Verbrauch** ist für die Klasse **Auto** und für jedes Auto-Objekt eine als *private* festgelegte Variable. Wenn **Verbrauch** auch bei der Klasse **Lkw,** die alle Eigenschaften von **Auto** erbt, bekannt ist, wird die Variable als *protected* deklariert.

❷ **Eigenschaften dürfen nur durch Methoden verändert werden.**

Die Eigenschaft **Kraftstoffvorrat** darf nur durch die Methode **Tanken()** erhöht werden. Eine Reduzierung des Kraftstoffvorrates ist nur durch die Methode **Fahren()** möglich.

❸ **Methoden bedienen sich der Eigenschaften einer Klasse. Öffentliche Methoden dienen als Schnittstelle der Klassen. Private Methoden dienen innerhalb der Klasse als Hilfsmethoden.**

Die öffentliche Methode **Fahren()** reduziert z. B. die Eigenschaft **Kraftstoffvorrat** um den verbrauchten Kraftstoff, egal ob das Auto vorwärts oder rückwärts fährt.

Mr. What und Ms. Check

| Welchen Vorteil haben Kapseln bei Veränderungen von Objekteigenschaften? | Kapseln kontrollieren vor einer Veränderung, ob diese zulässig ist. |

| Welchen Vorteil haben Kapseln bei der objektorientierten Programmierung? | Klassen können als Komponenten auch von anderen Entwicklern verwendet werden, bieten genau definierte Schnittstellen nach außen und sorgen selbst für ihre korrekte Verwendung. |

### ▶ L 3.4: Kapselung

Die Klasse **Auto** soll dem Prinzip der Kapselung entsprechen. Eigenschaften dürfen von außen nicht direkt beeinflusst werden, sondern werden über die Methoden verändert.

**Eigenschaften** dürfen nicht *public* sein.

```
class Auto
{
   // Eigenschaften
   private string kennzeichen, marke;
   private double verbrauch, tankinhalt,
      kraftstoffvorrat, fahrtkosten;

   // Methode Tanken
   public void Tanken(double liter)
   {
      if (kraftstoffvorrat + liter > tankinhalt)
         throw new
            Exception("So viel passt nicht in den Tank.");
      else
         kraftstoffvorrat += liter;
   }
}
```

**Methoden** sind *public,* da sie von außerhalb der Klasse bzw. des Objektes aufgerufen werden.

Die **Methoden** sorgen für gültige Werte in den Eigenschaften.

Sie haben gelernt, dass Sie Klassen kapseln müssen und Eigenschaften niemals von außen zugänglich machen dürfen. Um dennoch mit Eigenschaften effizient arbeiten zu können, benötigen Sie **Zugriffsmethoden** als Schnittstelle nach außen. Nun besprechen wir, welche Zugriffsmethoden es gibt und welche Aufgaben sie erfüllen.

Lerneinheit 1: Klassen und Objekte

## 4 Zugriffsmethoden
„Property" ist nicht gleich „Eigenschaft".

**Property bedeutet Zugriffsmethode.**

Die Kapselung bewirkt, dass Eigenschaften nur noch der Klasse bzw. dem aus der Klasse erzeugten Objekt bekannt sind. Für jeden Zugriff auf eine Eigenschaft benötigen wir daher eine Methode – eine **Zugriffsmethode.**

Eine **Methode,** deren Aufgabe darin besteht, eine **Eigenschaft zu lesen *(Get-Property)* oder zu verändern *(Set-Property),*** nennt man eine **Zugriffsmethode.**

Ein Auto-Objekt hat die Eigenschaften *Kraftstoffvorrat* und *Fahrtkosten* sowie die Methoden *Fahren()* und *Tanken(),* welche diese beiden Eigenschaften verändern. Beim Fahren werden die Fahrtkosten erhöht und der Kraftstoffvorrat verringert. Beim Tanken wird der Kraftstoffvorrat erhöht.

**Eine Zugriffsmethode kann entweder nur ein *Get-*, nur ein *Set-* oder ein *Get-* und ein *Set-Property* implementieren.**

Über **Zugriffsmethoden** können Sie die berechneten **Fahrtkosten** und den **Kraftstoffvorrat** eines Auto-Objekts abfragen. Ein *Get-Property* dient zum **Lesen** einer Eigenschaft. Die Veränderung einer Eigenschaft erfolgt mittels *Set-Property*.

**In C# haben Eigenschaften einen kleinen und Propertys einen großen Anfangsbuchstaben.**

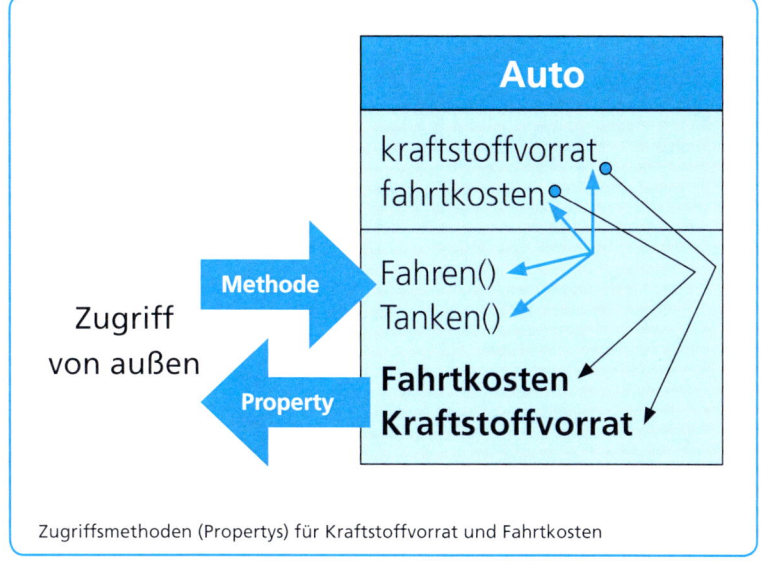

Zugriffsmethoden (Propertys) für Kraftstoffvorrat und Fahrtkosten

### Anwendung von Propertys

❶ **Ein Property ist eine Methode zum Lesen oder Schreiben von Eigenschaften. Es ist immer *public* und dient als Schnittstelle für eine Eigenschaft.**

Das Property *Fahrtkosten* ist als *public* deklariert. Es liest die private Eigenschaft *Fahrtkosten* und liefert das Ergebnis nach außen.

**Ein *Get-*Property dient zum Lesen von Eigenschaften.**

❷ ***Get-*Propertys ermöglichen das Lesen von Eigenschaften.**
Die Eigenschaften *Fahrtkosten* und *Kraftstoffvorrat* haben *Get-*Propertys.

**Ein *Set-*Property dient dem Setzen von Eigenschaften.**

❸ ***Set-*Propertys ermöglichen das Ändern von Eigenschaften.**
Anstelle der Methode *Tanken()* könnte auch die Eigenschaft *Kraftstoffvorrat* ein *Set-*Property haben. Von dieser Methode müsste dann geprüft werden, ob eine gültige Kraftstoffmenge getankt wird und dieser neue Kraftstoffvorrat auch wirklich in den Tank passt.

> Lernen  ◉ Üben  ◉ Sichern  ◉ Wissen

**Mr. What und Ms. Check**

**Was unterscheidet ein Property von einer Eigenschaft?**
Eigenschaften sind nur der Klasse bekannt. Ein Property ermöglicht den Zugriff auf eine Eigenschaft von außen.

**Worin unterscheiden sich Propertys von anderen Methoden?**
Propertys haben die Funktion, eine bestimmte Eigenschaft zu lesen oder zu ändern. Eine Methode ist in der Lage, mehrere Eigenschaften gleichzeitig zu ändern.

**Was sind Get- und Set-Propertys? Muss es immer beide für eine Eigenschaft geben?**
Ein Get-Property liest und ein Set-Property verändert eine Eigenschaft. Je nach Situation kann es kein Property, ein Set-, ein Get- oder beide Propertys geben.

**Warum muss ich überhaupt Propertys verwenden? Wäre es nicht einfacher, die Eigenschaften *public* zu deklarieren?**
Ja, aber dann würden wir die Kontrolle über die Eigenschaften verlieren und jedes Programm könnte Objekteigenschaften beliebig verändern. Da der Grundsatz der Kapselung genau dies vermeiden soll, sind Propertys eine sinnvolle Möglichkeit, die Kapselung umzusetzen.

### L 3.5: Propertys

Für die Eigenschaften **Kraftstoffvorrat** und **Fahrtkosten** der Klasse **Auto** sollen Zugriffsmethoden (Propertys) erstellt werden, die **nur das Lesen der Eigenschaften** erlauben.

```
class Auto
{
   // Eigenschaften
   private string kennzeichen, marke;
   private double verbrauch, tankinhalt,
      kraftstoffvorrat, fahrtkosten;

   // Methode Tanken
   public void Tanken(double liter)
   {
      if (kraftstoffvorrat + liter > tankinhalt)
         throw new
            Exception("So viel passt nicht in den Tank.");
      else
         kraftstoffvorrat += liter;
   }

   // Get-Propertys
   public double Kraftstoffvorrat
   {
      get { return kraftstoffvorrat; }
   }

   public double Fahrtkosten
   {
      get { return fahrtkosten; }
   }
}
```

*Propertys ermöglichen den Zugriff auf die gekapselten Eigenschaften.*

*Der Wert der Eigenschaft wird mit return an das aufrufende Programm zurückgegeben.*

## Kurzschreibweise für Eigenschaften mit Propertys

Eigenschaften und Zugriffsmethoden können ab .NET 3.0 auch in einer kürzeren Schreibweise gemeinsam deklariert werden.

Lerneinheit 1: Klassen und Objekte

**L 3.6: Kurzschreibweise für Eigenschaften und Propertys**
Für die Eigenschaften *Kraftstoffvorrat* und *Fahrtkosten* der Klasse *Auto* sollen Zugriffsmethoden (Propertys) erstellt werden, die **nur das Lesen der Eigenschaften** erlauben.

```
class Auto
{
  private string marke; // Eigenschaft
  public string marke { get { return marke; } } // Property
  // Eigenschaft und Get-Property in Kurzschreibweise
  public string Kennzeichen { get; private set; }
}
```

Das **private Set**-Property ersetzt die Eigenschaft.

Die Verwendung der Kurzschreibweise ist nur möglich, wenn das Property keinen Programmcode ausführen muss. Das Property im folgenden Lehrbeispiel wäre daher nicht in Kurzschreibweise programmierbar.

**L 3.7: Set-Property**
Erstellen Sie ein *Set-Property* zum Tanken und erhöhen Sie mit dem übergebenen Wert die Eigenschaft *Kraftstoffvorrat*.

```
// Get- und Set-Property
public double Kraftstoffvorrat
{
  get { return kraftstoffvorrat; }
  set
  {
    if (kraftstoffvorrat + value > tankinhalt)
      throw new
        Exception("So viel passt nicht in den Tank.");
    else
      kraftstoffvorrat += value;
  }
}
```

Auch ein **Set**-Property muss die Gültigkeit der Eigenschaft überprüfen.

Der übergebene Wert wird in *value* repräsentiert.

Die Aufgabe einer Klasse besteht darin, die erforderlichen Methoden und Eigenschaften für ihre Objekte festzulegen. Ein Objekt wird aus einer Klasse erzeugt – instanziert. Das Objekt wird als Instanz einer Klasse bezeichnet. Für die Konstruktion des Objektes gibt es in einer Klasse eine dafür verantwortliche Methode: den **Konstruktor**.

## 5 Konstruktor und Destruktor
Objekte erzeugen und zerstören

Ihre Klasse *Auto* besteht nun aus Eigenschaften, Propertys und Methoden. Um ein Auto-Objekt erzeugen zu können, benötigen Sie einen **Konstruktor**:

Ein **Konstruktor** ist eine Methode, die beim Erzeugen eines neuen Objektes aufgerufen wird.

- Jede Klasse enthält einen **Standardkonstruktor** – es sei denn, wir schreiben selbst eigene Konstruktoren. Der Standardkonstruktor hat **keine Parameter** und **keine Implementierung**.
- Die Konstruktormethode trägt den **Namen der Klasse,** z. B. *Auto()*.
- Es kann **viele Konstruktormethoden** mit unterschiedlichen Parametern geben. Wir nennen diese **überladene Konstruktormethoden.**

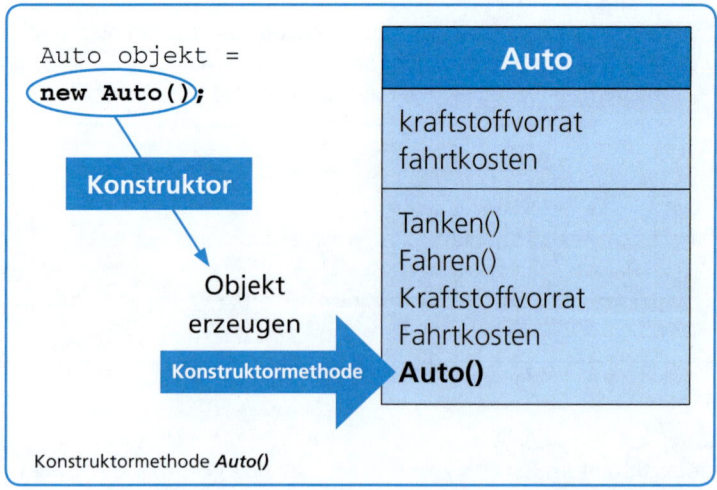

Konstruktormethode *Auto()*

Der **Garbage-Collector** ist die Müllabfuhr in .NET und entsorgt nicht mehr benötigte Objekte, um Ressourcen und Speicher freizugeben.

Die **Destruktormethode** wird beim **Zerstören eines Objektes** aufgerufen. Ein Objekt wird durch den **Garbage-Collector** verworfen, nachdem wir der Objektvariablen *null* zugewiesen haben. Wann der Garbage-Collector den Destruktor aufruft, ist nicht vorhersehbar. Die Destruktormethode erhält den **Namen der Klasse** mit einer **voranstehenden Tilde,** z. B. *~Auto()*.

Wie beim Konstruktor gibt es auch beim Destruktor einen **Standarddestruktor,** der vom Compiler automatisch generiert wird. Ein Objekt kann auch dann zerstört werden, wenn kein Destruktor explizit implementiert wurde. **Destruktoren** können **nicht überladen** werden.

## Konstruktormethoden verwenden

❶ **Eine Konstruktormethode ist für die korrekte Erzeugung eines Objektes zuständig.**

Mit einer Konstruktormethode werden die für die Gültigkeit eines Objektes erforderlichen Eigenschaften, wie z. B. der Verbrauch und die Marke eines Autos, mit Werten initialisiert. Um ein Auto-Objekt erzeugen zu können, müssen diese Werte als Parameter der Konstruktormethode angegeben werden.

Das **Überladen** ist nicht nur für Konstruktoren, sondern **für alle Methoden möglich.**

❷ **Konstruktormethoden können überladen werden.**

Für die Klasse *Auto* sind folgende Fälle möglich:

1. Das zu erzeugende Auto-Objekt ist ein **Anhänger.** Es gibt demnach keinen Verbrauch. Diese Aufgabe kann ein **Konstruktor ohne Parameter** lösen: *Auto()*.

2. Das Auto-Objekt ist ein **Neuwagen.** Hierzu benötigen wir eine Konstruktormethode, die den Verbrauch als Parameter erhält: *Auto(verbrauch)*.

3. Das Auto-Objekt ist ein **angemeldetes Kfz.** Hierzu benötigen wir eine Konstruktormethode, die sowohl den Verbrauch als auch das amtliche Kennzeichen als Parameter erhält: *Auto(verbrauch, kennzeichen)*.

Die Konstruktoren *public Auto(int km)* und *public Auto(double verbrauch)* unterscheiden sich z. B. anhand der Datentypen ihrer Parameter.

❸ **Überladene Konstruktormethoden müssen anhand der Datentypen ihrer Parameter eindeutig unterscheidbar sein.**

Die drei oben beschriebenen **Konstruktoren** unterscheiden sich anhand ihrer Parameter. Der **Standardkonstruktor** *Auto()* enthält keinen Parameter. Er kann den Anhänger erzeugen, da dieser keinen Verbrauch benötigt. Die beiden **überladenen Konstruktoren** *Auto(verbrauch)* und *Auto(verbrauch, kennzeichen)* erhalten als Parameter den Verbrauch bzw. zusätzlich das Kennzeichen und können voneinander und vom Standardkonstruktor unterschieden werden.

Mr. What und Ms. Check

 Woran erkenne ich eine Konstruktormethode?

 Die Konstruktormethode hat den gleichen Namen wie die Klasse. Konstruktormethoden dürfen keinen Rückgabewert haben.

## Lerneinheit 1: Klassen und Objekte

### L 3.8: Konstruktormethode
Erstellen Sie für die Klasse **Auto** einen Konstruktor, der die Parameter **Kennzeichen, Marke, Tankinhalt** und **Verbrauch** zwingend vorschreibt.

*Der Konstruktor hat keinen Rückgabedatentyp, void fehlt also.*

*Bei gleichen Variablennamen für den Parameter des Konstruktors und die Eigenschaft wird mit this klargestellt, welche Variable gemeint ist.*

```
// Konstruktor
public Auto(string kennzeichen, string marke,
    double tankinhalt, double verbrauch)
{
    this.kennzeichen = kennzeichen;
    this.marke = marke;
    this.tankinhalt = tankinhalt;
    if (verbrauch > 0)
        this.verbrauch = verbrauch;
    else
        throw new Exception("Der Verbrauch ist ungültig.");
    fahrtkosten = 0;
}
```

*this* verweist auf die Objekt-Eigenschaft

### L 3.9: Destruktormethode
Erstellen Sie für die Klasse **Auto** einen **Destruktor,** der die globale Variable *anzahlAutos* um eins reduziert, wenn ein Auto-Objekt zerstört wird.

*In einer Klasse darf es nur einen Destruktor geben. Überladen und Zugriffsmodifizierer, z. B. public, sind nicht erlaubt.*

```
// Destruktor
~Auto()
{
    anzahlAutos--;
}
```

*Statt eines Destruktors wird zum Freigeben von Ressourcen häufig die Methode Dispose() verwendet.*

Auf die Verwendung von **Destruktormethoden** können Sie in der Praxis **verzichten,** wenn Sie mit einer **Cleanup-Methode,** z. B. *Dispose(),* für die Freigabe der Ressourcen sorgen.

## Andere Konstruktoren mit *this* aufrufen

Ein wichtiges Prinzip objektorientierter Programmierung ist die Wiederverwendbarkeit von Programmcodes. Ein **überladener Konstruktor** kann sich der Implementierung eines **anderen Konstruktors** mithilfe von **: this(Parameter)** bedienen. In den runden Klammern werden die Parameter an die aufzurufende Konstruktormethode übergeben. Um einen besseren Überblick zu erhalten, sehen wir uns nun die gesamte Klasse **Auto** zusammenfassend an:

### L 3.10: Konstruktormethoden mit *this* wiederverwenden
Erstellen Sie für die Klasse **Auto** überladene Konstruktormethoden für Neu- und Gebrauchtwagen!

*Aufgrund der Kapselung sind die Eigenschaften private.*

```
class Auto
{
    // Eigenschaften
    private string kennzeichen;
    private string marke;
    private double verbrauch;
    private double tankinhalt;
    private double kraftstoffvorrat;

    // Eigenschaft mit Get-Property in Kurzschreibweise
    public double Fahrtkosten { get; private set; }
```

> Lernen  ◐ Üben  ◑ Sichern  ◯ Wissen

Der **Konstruktor** sorgt für gültige Werte der Eigenschaften, wenn ein Objekt erzeugt wird.

Mit : *this()* wird zunächst der Standardkonstruktor aufgerufen. Erst danach wird der Codeblock des überladenen Konstruktors ausgeführt.

Der Gebrauchtwagenkonstruktor verwendet den Neuwagenkonstruktor und ergänzt ihn danach.

Die **Methode** *Tanken* erlaubt die Veränderung der Eigenschaft *Kraftstoffvorrat* und überprüft vor der Wertzuweisung deren Gültigkeit.

Mithilfe der **Propertys** kann auf die gekapselten Eigenschaften zugegriffen werden.

```csharp
// Standardkonstruktor
public Auto()
{
    Fahrtkosten = 0;
}

// Konstruktor für einen Neuwagen
public Auto(string marke, double verbrauch)
    : this()   // Standardkonstruktor aufrufen
{
    this.kennzeichen = "Neu";
    this.marke = marke;
    this.tankinhalt = 0;
    if (verbrauch > 0)
        this.verbrauch = verbrauch;
    else
        throw new Exception("Der Verbrauch ist ungültig.");
}

// Konstruktor für einen Gebrauchtwagen
public Auto(string kennzeichen, string marke,
    double tankinhalt, double verbrauch)
    : this(marke, verbrauch)   // Neuwagenkonstruktor aufrufen
{
    this.kennzeichen = kennzeichen;
    this.tankinhalt = tankinhalt;
}

// Methode Tanken
public void Tanken(double liter)
{
    if (kraftstoffvorrat + liter > tankinhalt)
        throw new Exception("So viel passt nicht in den Tank.");
    else
        kraftstoffvorrat += liter;
}

// Propertys
public double Kraftstoffvorrat
{
    get { return kraftstoffvorrat; }
    set
    {
        if (kraftstoffvorrat + value > tankinhalt)
            throw new Exception("Der Tank ist dafür zu klein.");
        else
            kraftstoffvorrat += value;
    }
}
}
```

Die Klasse **Auto** besteht aus Eigenschaften, einer Konstruktormethode, der Methode **Tanken** sowie den Propertys **Kraftstoffvorrat** und **Fahrtkosten.** Nun sehen wir uns an, wie wir eine Klasse dazu verwenden, Objekte zu erzeugen.

### Instanzierung von Objekten

Sie haben bereits den Unterschied zwischen einer Klasse und einem Objekt kennengelernt: Die Klasse **Auto** legt abstrakte Eigenschaften und Methoden fest, ein Objekt der Klasse **Auto** kann konkrete Werte für jede Eigenschaft beinhalten.

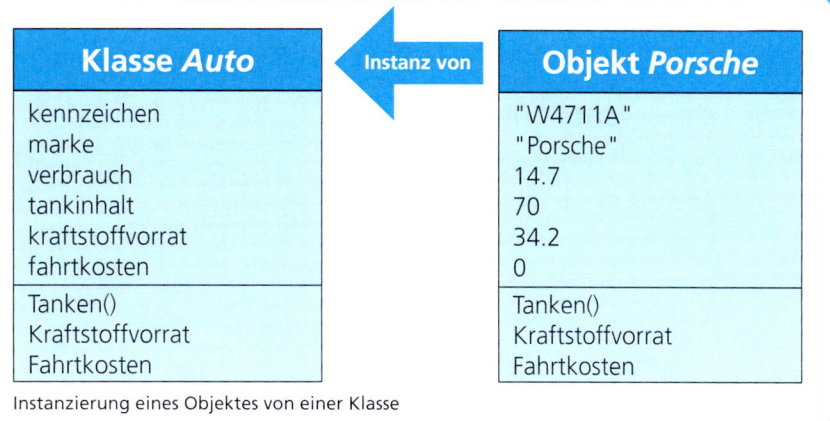

Instanzierung eines Objektes von einer Klasse

Das **Objekt Porsche** ist eine **Instanz der Klasse Auto.** Ein Objekt kennt die Klasse, von der es instanziert wurde. Sie können somit die folgende Aussage über ein **Porsche-Objekt** treffen: **„Ein Porsche ist ein Auto."**

Natürlich ist das wenig überraschend. Entscheidend ist aber, dass jedes von einer Klasse instanzierte Objekt die Klasse kennt, von der es abgeleitet wurde. In der Lerneinheit 2 wird das bei der Nutzung der Vererbung von Bedeutung sein.

Das folgende Lehrbeispiel zeigt, wie Sie **Objekte instanzieren und verwenden.**

### L 3.11: Objekte instanzieren
Instanzieren Sie zwei **Auto**-Objekte im Formularkonstruktor!

**Objekte** werden mittels eines **Konstruktors** von der Klasse instanziert.

**Objekte** bieten **Methoden** und **Propertys** zur Verwendung an.

```
public partial class Form1 : Form
{
   Auto porsche = new Auto("W4711A", "Porsche", 70, 14.7);
   Auto golf = new Auto("S457GA", "VW", 50, 6.4);

   // Formularkonstruktor
   public Form1()
   {
      InitializeComponent();
      porsche.Tanken(70);
      golf.Tanken(10);
      golf.Kraftstoffvorrat = 5;
   }
}
```

Die **Objektvariablen** *porsche* und *golf* werden als **Klassenvariablen** erzeugt. Beiden Objektvariablen wird ein neues **Auto-**Objekt über die **Konstruktormethode** der **Klasse Auto** zugewiesen.

Im **Formularkonstruktor** wird für jedes **Auto-**Objekt die **Methode** *Tanken* aufgerufen. Alternativ kann auch das **Set-Property** *Kraftstoffvorrat* zum Tanken verwendet werden.

Zur Berechnung der Fahrtkosten jedes Auto-Objektes benötigen Sie neben dem Verbrauch und der Fahrstrecke den **Kraftstoffpreis.** Warum Sie diesen nicht einfach als Eigenschaft der Klasse *Auto* erstellen können, sehen Sie sich nun genauer an.

## 6 Statische Elemente
### Eigenschaften für mehrere Objekte

**Eigenschaften,** wie z. B. der Benzin- bzw. Dieselpreis, sind **für alle Auto-Objekte** mit einem Benzin- bzw. Dieselmotor **gleich.** Eine Preisänderung der Kraftstoffe wirkt sich auf alle Autos aus. Hingegen sind der Verbrauch oder der Kraftstoffvorrat bei jedem Objekt individuell. **Statische Eigenschaften** gelten auf Klassenebene und sind für alle Objekte gleich. Sie können **nur durch statische Methoden geändert** werden.

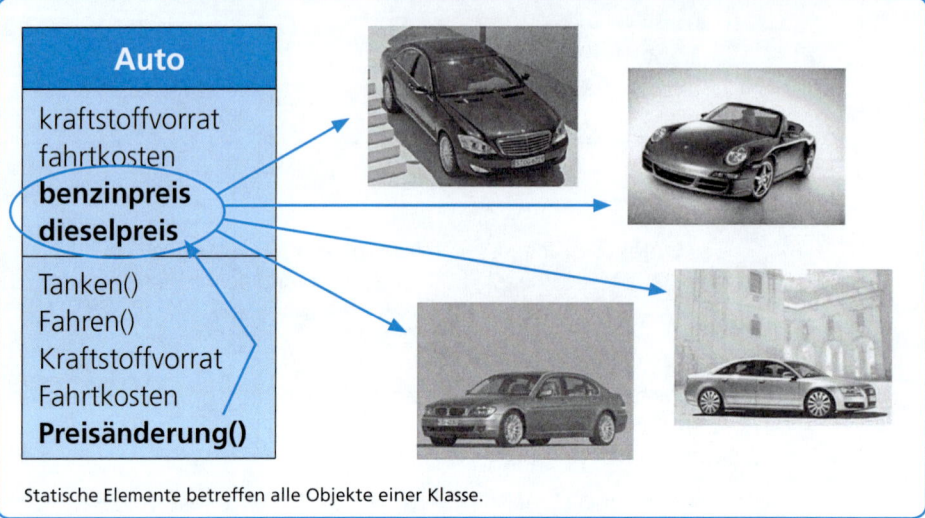

Die Preisänderung erfolgt über eine statische Methode.

Statische Elemente betreffen alle Objekte einer Klasse.

❶ **Der Wert einer statischen Eigenschaft gilt für alle Objekte einer Klasse.**
*Benzinpreis* und *Dieselpreis* sind statische Eigenschaften. Deren Werte gelten für alle Objekte der Klasse *Auto.* Der Wert einer statischen Eigenschaft kann nur über die Klasse zugewiesen werden, nicht über das Objekt wie bei den Objekt-Eigenschaften.

Wird eine **statische Eigenschaft über die Klasse angesprochen,** kann diese gelesen und geändert werden, auch von einem Objekt aus.

❷ **Nicht-statische Methoden können statische Eigenschaften lesen, aber nicht verändern. Zum Ändern muss die statische Eigenschaft über die Klasse aufgerufen werden.**
Die nicht-statische Methode *Tanken()* kann den Benzin- bzw. Dieselpreis zwar lesen, aber nicht verändern. Dafür ist eine statische Methode oder die Angabe der Klasse erforderlich.

Das **Verändern einer statischen Eigenschaft durch eine nicht-statische Methode** ist durch die **Angabe des Klassennamens** möglich, z. B. *public void ChangePreis() { Auto.benzinpreis = 1.15; }*

❸ **Statische Eigenschaften können nur durch statische Methoden oder die Referenzierung über den Klassennamen verändert werden.**
Die statische Methode *Preisänderung()* ändert die statischen Eigenschaften *Benzinpreis* und *Dieselpreis. Preisänderung()* wird über die Klasse aufgerufen – nicht über das Objekt, wie eine nicht-statische Methode.

❹ **Statische Elemente erhalten das Schlüsselwort** *static.*
Um eine **statische Eigenschaft** oder eine **statische Methode** zu erstellen, wird das Schlüsselwort *static* bei der Deklaration verwendet, z. B. *private static double benzinpreis* oder *public static void Preisänderung(double benzin, double diesel) { ... }.*

❺ **Wertzuweisungen an statische Eigenschaften erfolgen über einen statischen Konstruktor.**
Wertzuweisungen an Objekt-Eigenschaften erfolgen über einen Konstruktor, wenn das Objekt erzeugt wird. Da statische Eigenschaften selbst dann einen Wert erhalten könnten, wenn es keine Objekte gibt, muss die Wertzuweisung über die Klasse, also einen statischen Konstruktor, erfolgen.

Das folgende Lehrbeispiel zeigt die Verwendung der statischen Elemente.

**L 3.12: Statische Elemente in einer Klasse**
Erstellen Sie für die Klasse **Auto** die statischen Eigenschaften **Benzinpreis** und **Dieselpreis** mit einem statischen Konstruktor sowie eine Methode zur Änderung beider Kraftstoffpreise.

```
// Statische Eigenschaften
private static double benzinpreis, dieselpreis;

// Statischer Konstruktor
static Auto()
{
  benzinpreis = 1.1;
  dieselpreis = 1.05;
}

// Statische Methode
public static void Preisänderung
  (double benzin, double diesel)
{
  if (benzin > 0 && diesel > 0)
  {
    benzinpreis = benzin;
    dieselpreis = diesel;
  }
  else
    throw new Exception("Ungültiger Kraftstoffpreis.");
}
```

Der **statische Konstruktor** weist den statischen Eigenschaften **gültige Werte** zu. Ein statischer Konstruktor kann **nicht überladen** werden.

Die **Wertänderung** statischer Eigenschaften ist **über die statische Methode** *Preisänderung* möglich.

Falls die Methode *Preisänderung* nicht statisch wäre, müssten die statischen Eigenschaften über die Klasse *Auto* angesprochen werden, z. B. *Auto.benzinpreis*.

**als nicht-statische Methode:**
```
public void Preisänderung(..)
{ ..
    Auto.benzinpreis = benzin;
    Auto.dieselpreis = diesel;
.. }
```

Sie können sich den Einsatz eines statischen Konstruktors ersparen, wenn Sie die **Wertzuweisung bei der Deklaration der statischen Eigenschaften** vornehmen. Außerdem kann **statt einer statischen Methode** zur Preisänderung auch ein **statisches Property** verwendet werden.

```
// Statische Eigenschaften mit Wertzuweisung
private static double benzinpreis = 1.1;
private static double dieselpreis = 1.05;

// Statische Set-Propertys
public static double Benzinpreis
{
  set
  {
    if (value > 0)
      benzinpreis = value;
    else
      throw new Exception("Ungültiger Benzinpreis.");
  }
}

public static double Dieselpreis
{
  set
  {
    if (value > 0)
      dieselpreis = value;
    else
      throw new Exception("Ungültiger Dieselpreis.");
  }
}
```

Mr. What und Ms. Check

**Wodurch unterscheiden sich statische von nicht-statischen Eigenschaften?**

Die Werte statischer Eigenschaften gelten auf Klassenebene und sind somit für alle Objekte lesbar, nicht-statische hingegen gelten nur für das jeweilige Objekt.

**Kann eine statische Methode auf nicht-statische Eigenschaften zugreifen?**

Nein, aber eine nicht-statische Methode kann den Wert einer statischen Eigenschaft ansprechen.

Sie haben nun alle erforderlichen Grundlagen für die Erstellung der Klasse **Auto** kennengelernt. Die folgenden Aufgaben helfen Ihnen dabei, Ihre Kenntnisse anzuwenden und zu vertiefen.

# Üben

Übungsbeispiele

### Ü 3.4: Kraftstoffart ★★
Erweitern Sie die Klasse **Auto** um die Eigenschaft **Diesel** vom Datentyp **Bool.** Berücksichtigen Sie dies auch bei den Konstruktoren, denn die Kraftstoffart muss zur Erzeugung von **Auto**-Objekten mittels **True** oder **False** angegeben werden.

### Ü 3.5: Fahrtkontrolle ★★
Erweitern Sie die Klasse **Auto** um die Methode **Fahren(km)** und berücksichtigen Sie dabei folgende Anforderungen:
1. Der Parameter **km** hat den Datentyp **Double.**
2. Autos dürfen **nur vorwärts** fahren.
3. Autos dürfen nur fahren, wenn **genug Kraftstoffvorrat** für die Fahrstrecke vorhanden ist.
4. **Vermindere den Kraftstoffvorrat** um den Kraftstoffverbrauch für die zurückgelegte Fahrstrecke.

### Ü 3.6: Fahrtkostenberechnung ★★
Erweitern Sie die Klasse **Auto** um die Eigenschaft **Tankwert** vom Datentyp **Double.** Diese Eigenschaft repräsentiert den **Gesamtwert des Kraftstoffvorrats,** der sich aktuell im Tank eines Autos befindet.

a) Erweitern Sie die Methode **Tanken** so, dass **Tankwert** um das Produkt aus Liter und Kraftstoffpreis erhöht wird. Berücksichtigen Sie, ob das Auto einen Benzin- oder Dieselmotor hat. Dafür benötigen Sie die Eigenschaft **Diesel** aus **Ü 3.4.**

b) Ergänzen Sie die Methode **Fahren** aus **Ü 3.5** um die **Erhöhung der Fahrtkosten.** Die Formel dafür lautet **Fahrtkosten + Tankwert / Kraftstoffvorrat \* Verbrauch / 100 \* Fahrstrecke.**

### Ü 3.7: Taschenrechner ★★★
Erstellen Sie in der abgebildeten Klasse **Rechenoperation** mit den Propertys **Zahl1** und **Zahl2** die Methoden **Addieren(), Subtrahieren(), Multiplizieren()** und **Dividieren()!** Erzeugen Sie bei der Division eine Exception, wenn eine Division durch 0 auftritt.

```
class Rechenoperation
{
    public int Zahl1 { get; private set; }
    public int Zahl1 { get; private set; }
}
```

Lerneinheit 1: Klassen und Objekte

In diesem komplexen Übungsbeispiel verwenden Sie alle bisher gelernten Basiskonzepte der objektorientierten Programmierung.

### Ü 3.8: Pedro's Pizzeria ★★

Erstellen Sie eine neue C#-Projektdatei „cs_Pizzeria" mit Visual Studio und darin die Klasse **Pizza** wie folgt:

a) Jede Pizza hat die Eigenschaften **Tischnummer** vom Typ **Integer, Zutaten** vom Typ **String** sowie **Pizzapreis** vom Typ **Double.**

b) Jede Pizza besteht mindestens aus den Zutaten „Teig", „Tomatensauce" und „Käse" und hat einen Grundpreis von 4,50 EUR. Fügen Sie diese Zutaten im **Standardkonstruktor** als Text an die Eigenschaft **Zutaten** an und setzen Sie die Eigenschaft **Pizzapreis** auf den Grundpreis.

c) Erstellen Sie ein **Set**-Property für die Eigenschaft **Zutaten,** das diese um den als Wert übergebenen Text erweitert. Bereits bestellte Zutaten dürfen dadurch nicht überschrieben werden. Erhöhen Sie die Zutatenanzahl um 1.

d) Erstellen Sie ein **Get**-Property für die Eigenschaft **Zutaten.**

e) Erstellen Sie einen überladenen Konstruktor ähnlich dem Standardkonstrukor, wobei zusätzlich als Parameter die Tischnummer übergeben wird. Im Restaurant gibt es 14 Tische. Weisen Sie die Tischnummer der Eigenschaft **Tischnummer** zu.

f) Erstellen Sie die statische Eigenschaft **Zutatenpreis,** die für jeden zusätzlich gewählten Pizzabelag einen einheitlichen Preis von 0,50 EUR festlegt. Das **Set**-Property für die Eigenschaft **Zutaten** soll den Pizzapreis um den Zutatenpreis erhöhen, wenn der Belag einer Pizza um eine zusätzliche Zutat ergänzt wird.

g) Erstellen Sie die Methode **Preiserhöhung** ohne Parameter, die den Zutatenpreis bei jedem Aufruf um 2 % erhöht.

h) Erstellen Sie ein **Set**-Property für die Eigenschaft **Zutatenpreis.**

ID: 1312

### Weitere Übungen im SbX

### Ü 3.9: Klassen ★★
Bearbeiten Sie die Übungsaufgabe zu den Klassen!

### Ü 3.10: Klassendiagramm ★★
Bearbeiten Sie die Übungsaufgabe zum Klassendiagramm der H2Ö GmbH!

# ⊙ Sichern

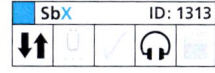

**In dieser Lerneinheit haben Sie die wichtigsten Bestandteile von Klassen und Objekten kennengelernt.**

| | |
|---|---|
| Klasse | Eine Klasse beschreibt **allgemeine abstrakte Merkmale,** die für alle der Klasse zugehörigen Objekte gültig sind. Eine Klasse **beinhaltet Eigenschaften und Methoden.** |
| Objekt | Ein Objekt ist eine **Instanz einer Klasse.** Es hat konkrete Ausprägungen in Form von **Eigenschaften und Methoden.** Ein Objekt erbt alle Eigenschaften und Methoden von einer Klasse. |
| Vererbung | Eine Klasse kann ein Abbild einer **Basisklasse** sein. Als **Subklasse erbt** sie alle Eigenschaften und Methoden der Basisklasse. |
| Kapselung | Eigenschaften einer Klasse werden als **private Variablen** festgelegt. Dadurch wird ein unkontrollierter Zugriff auf Eigenschaften verhindert. Nur Methoden erhalten Zugang zu den Eigenschaften ihrer Klasse. Durch Kapselung wird erreicht, dass eine Klasse bzw. ein Objekt möglichst **eigenverantwortlich** und losgelöst vom aufrufenden Programm agieren kann. |
| Zugriffsmethode | Ein **Property** ist eine **Zugriffsmethode für eine Eigenschaft.** |

| | |
|---|---|
| **Propertys** | Ein **Get**-Property darf Eigenschaften einer Klasse **lesen**. Ein **Set**-Property darf Eigenschaften einer Klasse **verändern**. |
| **Konstruktor** | Eine **Konstruktormethode** wird bei der **Erzeugung eines Objektes** aufgerufen. Konstruktoren können mithilfe sich unterscheidender Datentypen bei den **Parametern überladen** werden. Eine Konstruktormethode legt die Art und Weise fest, unter welchen Bedingungen ein Objekt erzeugt werden darf. |
| **Statische Eigenschaft** | Der **Wert einer statischen Eigenschaft** wird entweder **direkt bei der Deklaration** oder über die Klasse in Form eines **statischen Konstruktors,** einer **statischen Methode** oder eines **statischen Propertys** festgelegt. Objekte können statische Eigenschaften lesen, jedoch nicht verändern. |
| **Statische Methode** | Eine **statische Methode** dient der **Änderung** eines Wertes einer **statischen Eigenschaft**. Auch statische Propertys können dafür verwendet werden. |
|  | **Zusätzlich zu dieser Zusammenfassung finden Sie im SbX eine Audio-Wiederholung zur Wiedergabe mit dem Audio-Player und als MP3-Datei sowie eine Bildschirmpräsentation.** |

### W 3.1: Kontrollfragen und -aufgaben

1. Welche Bestandteile hat eine Klasse?

2. Warum ist die Kapselung ein wichtiger Grundsatz objektorientierter Programmierung?

3. Erklären Sie den Unterschied zwischen einer statischen und einer nicht-statischen Eigenschaft!

### W 3.2: Flugzeug-Ticketreservierung

**Klasse *Sitzplatz***
Erstellen Sie die Klasse *Sitzplatz* mit den Eigenschaften *Businessclass* (bool), *Reserviert* (bool) und *Name* (string).

Erstellen Sie eine **Konstruktormethode** für *Sitzplatz,* die als Parameter *Businessclass* (true/false) erhält. Die Eigenschaft *Reserviert* ist **false**.

Eine überladene Konstruktormethode für *Sitzplatz* erhält als Parameter *Businessclass* (true/false) sowie *Name,* die Eigenschaft *Reserviert* ist **true.**

Die Methode *Reservieren* erhält den Parameter Name und prüft die Eigenschaft *Reserviert:* Falls der Sitzplatz bereits reserviert ist, soll eine Exception erzeugt werden. Andernfalls wird die Eigenschaft *Reserviert* auf **true** gesetzt und die Eigenschaft *Name* erhält den Namen des Fluggastes (= Parameter). Für alle drei Eigenschaften werden Get-Propertys benötigt.

**Klasse *Flugzeug***
Erstellen Sie die Klasse *Flugzeug* mit den Eigenschaften *Flugziel* (string), *Flugmeilen* (int), *Flugzeugtyp* (string), dem Array *Sitz[..]* vom Typ der Klasse *Sitzplatz* sowie *SitzplatzAnzahl* (int) und *NächsterSitz* (int). Eigenschaften beginnen mit kleinen Anfangsbuchstaben und sollen später in Subklassen vererbbar sein.

Die Konstruktormethode erhält die Parameter *Flugziel, Flugmeilen* und *Flugzeugtyp.* Der Flugzeugtyp Boeing hat 20, Fokker 12 Sitze. Andere Flugzeugtypen gibt es nicht – sofern ein anderer Flugzeugtyp als Parameter übergeben wird, soll eine Exception erzeugt werden. Die Anzahl der Sitze ist in der Eigenschaft *SitzplatzAnzahl* zu speichern. Verwenden Sie dafür eine **switch-**Anweisung. Das Array *Sitz[..]* ist mit der nötigen Anzahl an Sitz-Objekten zu befüllen. Rufen Sie dafür den Sitzplatz-Konstruktor mit dem Parameter *false* auf, da standardmäßig keine Businessclass-Reservierung erfolgt. Weisen Sie der Eigenschaft *nächsterSitz* den Wert 0 zu.

Schreiben Sie die Methode **SitzReservierung** mit dem Parameter **Name** vom Typ String. Wenn die Eigenschaft **nächsterSitz** kleiner als die maximale Sitzplatzanzahl ist, führen Sie eine Reservierung durch – andernfalls erzeugen Sie eine Exception mit der Meldung „Das Flugzeug ist bereits voll belegt!". Rufen Sie zur Reservierung die Methode **Reservieren** des entsprechenden Sitzplatzes auf und übergeben Sie als Parameter den Passagiernamen. Das Sitzplatzobjekt sprechen Sie über **sitz[nächsterSitz]** an. Inkrementieren Sie die Eigenschaft **nächsterSitz**.

> SbX
> Sie finden W 3.3 mit automatischer Aufgabenkontrolle unter der ID: 1314.
>
> erledigt: ✔
>
> W 3.3: ☐

**Weitere Aufgabe im SbX**

**W 3.3: OOP**
Stellen Sie sich einem Quiz zum Thema OOP!

> Ein kurzer Wissens-Check bevor's weitergeht!

# Wissens-Check

|  | ☺ | 😐 | ☹ |
|---|---|---|---|
| Ich kann Klassen und Objekte verwenden. |  |  |  |
| Ich kann Eigenschaften, Propertys und Methoden programmieren. |  |  |  |
| Ich kann Objekte mit Konstruktormethoden erzeugen. |  |  |  |

▶ Lernen   ⏺ Üben   ⏺ Sichern   ⏺ Wissen

## Lerneinheit 2
# Vererbung

In dieser Lerneinheit beschäftigen Sie sich mit den Konzepten der Vererbung und der Polymorphie sowie dem Einsatz von Interfaces.

Sie erweitern das bereits in der Lerneinheit 1 begonnene Lehrbeispiel zur Frachtkostenoptimierung um

- die Vererbung von Klassen und Konstruktoren,
- das Überschreiben virtueller Methoden (Polymorphie),
- die Verwendung abstrakter und versiegelter Klassen sowie
- die Verwendung der Mehrfachvererbung mithilfe von Interfaces.

**SbX**
Alle SbX-Inhalte zu dieser Lerneinheit finden Sie unter der ID: 1320.

# ▶ Lernen

**SbX** ID: 1321

## 1 Subklassen
### Klassen vererben

Sie haben in der ersten Lerneinheit anhand der Klasse **Auto** die Bestandteile einer Klasse besprochen. Diese Klasse dient als Basis für die weitere Entwicklung des Fallbeispieles für die Frachtkostenoptimierung eines Fuhrparks.

**SbX**
Das komplexe Fallbeispiel *Fuhrpark* finden Sie unter der ID: 1321.

### L 3.13: Basis- und Subklassen
Der Fuhrpark eines Unternehmens besteht aus Lkw und Pkw. Für beide Fahrzeugkategorien sollen unterschiedliche Klassen erstellt werden, da Pkw und Lkw unterschiedliche Eigenschaften haben. Für einen Lkw muss zur Berechnung der Autobahnmaut die Achszahl bekannt sein, Pkw benötigen eine Vignette. Eine einfache Lösung besteht darin, eine gemeinsame Basisklasse **Auto** zu erstellen und die beiden Subklassen **Pkw** und **Lkw** davon abzuleiten.

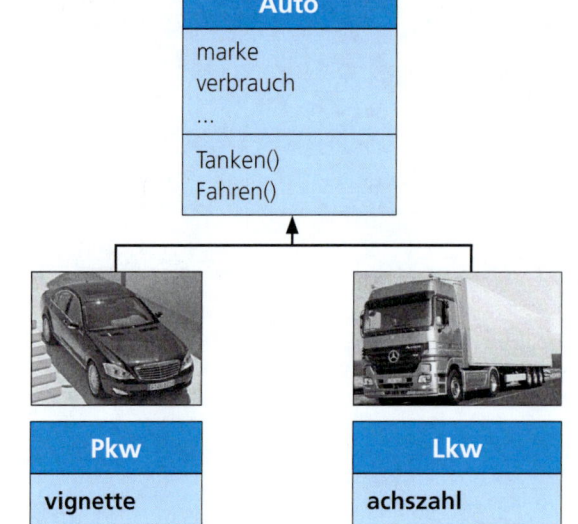

Die **Basisklasse** *Auto* enthält allgemein gültige Eigenschaften und Methoden.

Die **Subklassen** *Pkw* und *Lkw* erweitern oder verändern die Eigenschaften und Methoden der Basisklasse.

**SbX**
Eine Bildschirmpräsentation mit allen Abbildungen zum Schritt LERNEN finden Sie unter der ID: 1321.

Vererbung von Basisklassen an Subklassen

## Wiederverwendbarkeit durch Vererbung

Die Abbildung zeigt, dass sich Pkw von Lkw nur durch die Eigenschaften *Vignette* und *Achszahl* unterscheiden. Alle anderen Bestandteile sind gleich.

Ein wichtiges Prinzip beim objektorientierten Programmieren ist die **Wiederverwendbarkeit von Programmcode.** Sie erstellen daher die Klasse *Auto* mit den **gemeinsamen Merkmalen** beider Subklassen. Die **speziellen Eigenschaften** *Vignette* und *Achszahl* werden **in den Subklassen ergänzt.**

Eine spätere Erweiterung, z. B. das Hinzufügen der Frachtkapazität, wird in der Basisklasse vorgenommen. Die Frachtkapazität steht durch die Vererbung in allen Subklassen zur Verfügung.

## Vererbung verwenden

❶ **Eine Subklasse greift auf die Elemente ihrer Basisklasse zu.**

Die Subklassen *Pkw* und *Lkw* kennen die Eigenschaften und Methoden der Basisklasse *Auto.* Alle Elemente der Basisklasse werden an die Subklassen vererbt – sofern der Zugriffsmodifizierer dies erlaubt.

❷ **Der Zugriffsmodifizierer legt fest, ob auf eine Eigenschaft einer Klasse zugegriffen werden darf.**

- Der **Zugriffsmodifizierer** *private* legt den Zugriff auf **die eigene Klasse** fest. Aus einer Subklasse ist der Zugriff nicht möglich. Private Eigenschaften werden **nicht vererbt!**
- Der **Zugriffsmodifizierer** *protected* erlaubt den Zugriff für die eigene Klasse und für alle von dieser Klasse **abgeleiteten Subklassen.** Sollen die Eigenschaften der Basisklasse an die Subklassen vererbt werden, müssen Sie *protected* verwenden.
- Der **Zugriffsmodifizierer** *public* erlaubt den Zugriff für **alle Klassen.**

❸ **Von einer abstrakten Klasse dürfen keine Objekte instanziert werden.**

Wird für eine Klasse das Schlüsselwort *abstract* benutzt, muss es mindestens eine Subklasse geben, wenn Objekte erzeugt werden sollen. Eine **abstrakte Klasse verbietet** das **Instanzieren von Objekten.**

❹ **Von einer versiegelten Klasse können keine Subklassen abgeleitet werden.**

Wenn von einer Klasse **keine weiteren Subklassen** mehr abgeleitet werden dürfen, muss die Klasse mit dem Schlüsselwort *sealed* versiegelt werden.

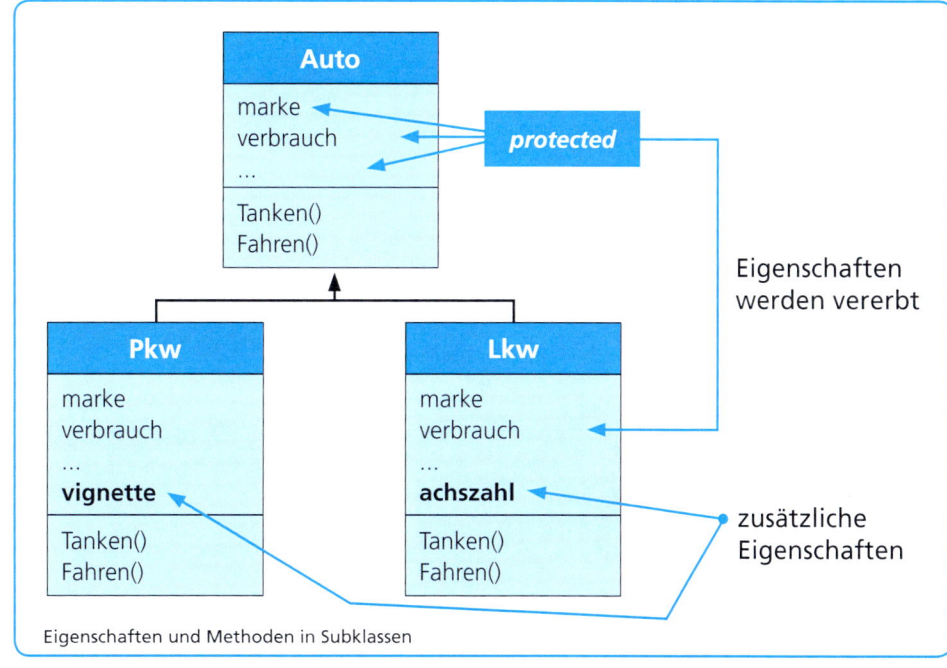

Eigenschaften und Methoden in Subklassen

Der Zugriffsmodifizierer **protected** kapselt die Eigenschaften innerhalb der Klasse **Auto** und ihrer Subklassen **Pkw** und **Lkw.** Der Zugriff für andere Klassen ist nicht zulässig. Die Methoden **Tanken()** und **Fahren()** sind hingegen weiterhin öffentlich (**public**) und damit auch für andere Klassen verwendbar.

> Eine **Subklasse erbt** alle nicht privaten **Eigenschaften, Methoden und Zugriffsmethoden** von ihrer Basisklasse. **Konstruktormethoden werden nicht vererbt!**

### L 3.14: Vererbung anwenden
Erstellen Sie die Basisklasse **Auto** sowie die beiden Subklassen **Pkw** und **Lkw** gemäß der Abbildung auf der vorigen Seite!

```
// Basisklasse Auto
abstract class Auto
{
   // Eigenschaften
   protected string marke;
   protected double verbrauch, tankinhalt,
      fahrtkosten, kraftstoffvorrat;

   // Methoden
   public void Tanken() {
      kraftstoffvorrat = tankinhalt;
   }

   public void Fahren() {
      // do something
   }
}

// Subklasse für Pkw
class Pkw : Auto
{
   private bool vignette;
}
// Subklasse für Lkw
class Lkw : Auto
{
   private byte achszahl;
}
```

Da nur von den Subklassen *Pkw* und *Lkw* Objekte erzeugt werden dürfen, ist **Auto** eine **abstrakte Klasse.**

Die Implementierung der Methode *Fahren()* erfolgt später.

Die **Vererbung** erfolgt mit einem **Doppelpunkt** und der Angabe der **Basisklasse.**

Mr. What und Ms. Check

**Wie kann ich ein Objekt von einer Subklasse instanzieren, wenn die Konstruktormethoden nicht vererbt werden?**

Jede Klasse hat einen Standardkonstruktor, wenn Sie keine eigenen Konstruktoren implementieren. Das gilt auch für Subklassen – aber nur, wenn es in der Basisklasse auch einen Standardkonstruktor gibt!

**Können statische Eigenschaften und Methoden auch vererbt werden?**

Ja, alle statischen und nicht-statischen Elemente werden vererbt. Die Konstruktoren werden nicht vererbt.

Wie Sie bereits erfahren haben, werden Konstruktormethoden nicht vererbt. Sehen Sie sich an, wie Sie dennoch die vorhandenen Konstruktormethoden einer Basisklasse verwenden können.

## 2 Konstruktoren in Subklassen
### Konstruktormethoden wiederverwenden

Das **Lehrbeispiel L 3.14** funktioniert, da Sie keine speziellen Konstruktormethoden verwendet haben. Aus allen Klassen können Objekte instanziert werden. Was passiert aber, wenn in einer Basisklasse **überladene Konstruktormethoden** vorhanden sind? Sehen Sie sich dazu das folgende Lehrbeispiel an!

**L 3.15: Vererbung und Konstruktoren**
Die Klasse *Auto* aus dem **Lehrbeispiel L 3.14** soll um eine **Konstruktormethode** mit den Parametern *Marke* und *Kraftstoffvorrat* erweitert werden.

```
// Basisklasse Auto
class Auto
{
   // Eigenschaften
   protected string marke;
   protected double verbrauch, tankinhalt,
      fahrtkosten, kraftstoffvorrat;
   // Konstruktor
   public Auto(string marke, double verbrauch, double tank) {
      this.marke = marke;
      this.verbrauch = verbrauch;
      this.tankinhalt = tank;
      this.kraftstoffvorrat = 0;
      this.fahrtkosten = 0;
   }
   // Methoden
   public void Tanken() {
      kraftstoffvorrat = tankinhalt;
   }
   public void Fahren() {
      // do something
   }
}

// Subklasse Pkw
class Pkw : Auto
{
   private bool vignette;
}

// Objekt instanzieren
Pkw audi = new Pkw();
```

Fehler! –>

> Diese Konstruktormethode fehlt in der Basisklasse.

Das Objekt *audi* wird bottom-up erzeugt, d.h., es werden der Reihe nach alle Konstruktoren der Subklassen bis hin zur Basisklasse aufgerufen.

Wenn es in einer Klasse **keine überladenen Konstruktormethoden** gibt, wird vom Compiler automatisch ein **Standardkonstruktor** erzeugt. Das gilt auch für die Subklasse *Pkw*.

Da das *audi*-Objekt bottom-up erzeugt wird, verlangt der Standardkonstruktor in der Subklasse *Pkw* auch nach einem Standardkonstruktor in der Basisklasse *Auto*. Doch diesen **gibt es nicht** und wir erhalten in der Folge einen **Compilierfehler**.

In einer **Basisklasse** muss es **Konstruktormethoden** geben, derer sich die **Subklassen-Konstruktormethoden** bedienen können.

## L 3.16: Basisklassen-Konstruktor verwenden

Die Subklasse *Pkw* aus dem **Lehrbeispiel L 3.15** soll so verändert werden, dass **Pkw-Objekte** instanziert werden können.

```
// Subklasse Pkw
class Pkw : Auto
{
   private bool vignette;

   public Pkw(string marke, double verbrauch, double tank)
      : base(marke, verbrauch, tank)
   {
      this.vignette = false;
   }
   public Pkw(string marke, double verbrauch,
      double tank, bool vignette)
      : base(marke, verbrauch, tank)
   {
      this.vignette = vignette;
   }
}
```

Beide **Subklassenkonstruktoren** rufen denselben **Basisklassenkonstruktor** auf.

## Konstruktoren wiederverwenden

**❶ Konstruktormethoden werden nicht vererbt und müssen daher in der Subklasse neu deklariert werden.**

Die Konstruktormethode **Auto(marke, kraftstoffvorrat)** muss auch in der **Subklasse** *Pkw* implementiert werden. Jede Klasse, egal ob Basisklasse oder Subklasse, muss alle benötigten Konstruktormethoden implementieren.

**❷ Mit *base* wird die Basisklasse angesprochen.**

Mithilfe von **base** ruft die Subklassen-Konstruktormethode **Pkw(marke, kraftstoffvorrat)** die Basisklassen-Konstruktormethode **Auto(marke, kraftstoffvorrat)** auf. Alle dort implementierten Anweisungen werden zunächst ausgeführt, danach die im Subklassenkonstruktor zusätzlich festgelegten.

**❸ Eine Subklasse kann zusätzliche Konstruktormethoden implementieren, die sich eines gemeinsamen Basisklassenkonstruktors bedienen.**

Die überladene Subklassen-Konstruktormethode **Pkw(marke, kraftstoffvorrat, vignette)** ruft denselben Basisklassenkonstruktor auf, wie der Konstruktor **Pkw(marke, kraftstoffvorrat).**

## Ü 3.11: Subklasse *Lkw* ★★

Ergänzen Sie zum **Lehrbeispiel L 3.16** die **Subklasse** *Lkw* mit dem Konstruktor **Lkw(marke, verbrauch, tankinhalt, achszahl).** Ein Lkw ohne Angabe der Achszahl darf nicht instanziert werden.

Mr. What und Ms. Check

**Kann ich mit *base* auch Methoden, wie z. B. *Fahren()*, aus der Basisklasse aufrufen?**

Ja, das ist z. B. sinnvoll, wenn Sie die Methode der Basisklasse um zusätzliche Anweisungen erweitern möchten.

## 3 Methoden verdecken
### Unterschiedliches Verhalten von Objekten

Sehen Sie sich die beiden Methoden der Basisklasse **Auto** genauer an! Die **Methode *Tanken()*** kann **für Pkw und Lkw in der gleichen Art und Weise** eingesetzt werden. Sie erhöht den Kraftstoffvorrat um die getankte Menge und sorgt dafür, dass der Tank nicht überfüllt wird.

Für **Autobahnfahrten** benötigt ein **Pkw** eine **Vignette**, ein **Lkw** bezahlt hingegen einen von der **Achszahl abhängigen Mautsatz pro Autobahnkilometer**. In der **Basisklasse** wird die folgende Methode ***Fahren()*** hinzugefügt:

**Hinweis:**
Gehen Sie vereinfacht davon aus, dass Benzin und Diesel gleich viel kosten.

```
// Fahren-Methode der Basisklasse Auto
public void Fahren(int km, bool autobahn)
{
   double preis = 1.15; // Kraftstoffpreis
   if (km <= 0)
      throw new Exception("Das Auto darf nur vorwärts fahren!");
   else
   {
      if (kraftstoffvorrat < km * verbrauch / 100)
         throw new Exception("Zu wenig Kraftstoff im Tank!");
      else
      {
         kraftstoffvorrat -= km * verbrauch / 100;
         fahrtkosten += km * verbrauch / 100 * preis;
      }
   }
}
```

Da die **Basisklasse** für Pkw und Lkw gilt, können nur die **allgemeinen Fahrtkosten** berechnet werden, die zusätzlichen **Fahrtkosten** für **Autobahnfahrten** jedoch nicht.

Die ***Fahren*-Methode** der **Basisklasse** aktualisiert den Kraftstoffvorrat und erhöht die Fahrtkosten um die Kosten für den verbrauchten Treibstoff. Da ein Pkw für eine Autobahnfahrt eine Vignette haben muss und ein Lkw pro Kilometer bezahlt, können diese Kosten in der Basisklasse noch nicht berechnet werden. Diese Ergänzung müssen wir in den Subklassen vornehmen:

**Verdecken** der geerbten ***Fahren*-Methode**

**Aufruf der *Fahren*-Methode in der Basisklasse**

Ein **Pkw** benötigt für Autobahnfahrten eine Vignette, die Fahrtkosten erhöhen sich um deren Anschaffungspreis.

```
// Neue Fahren-Methode in der Subklasse Pkw (Verdecken)
public new void Fahren(int km, bool autobahn)
{
   base.Fahren(km, autobahn);
   if (autobahn == true && vignette == false)
   {
         fahrtkosten += vignettenpreis; // Vignette kaufen
         vignette = true; // Vignette aufkleben
   }
}
// Neue Fahren-Methode in der Subklasse Lkw (Verdecken)
public new void Fahren(int km, bool autobahn)
{
   base.Fahren(km, autobahn);
   if (autobahn == true)
   {
      switch (achszahl)
      {
         case 2: fahrtkosten += km * 0.158; break;
         case 3: fahrtkosten += km * 0.2212; break;
         default: fahrtkosten += km * 0.3318; break;
      }
   }
}
```

Ein **Lkw** bezahlt einen Mautsatz pro Kilometer, der von seiner Achszahl abhängig ist.

Lernen  Üben  Sichern  Wissen

Die *Fahren*-Methoden der **Subklassen** **überschreiben** die *Fahren*-Methode der **Basisklasse**. Sie können Pkw- und Lkw-Objekte erzeugen, die bei Autobahnfahrten ein unterschiedliches Verhalten haben:

### L 3.17: Objekte aus Subklassen instanzieren
Sie erzeugen ein *Pkw-* und ein *Lkw-*Objekt und lassen beide Objekte **200 km auf der Autobahn** fahren.

Zur Objektinstanzierung werden die **Subklassen-Konstruktormethoden** aufgerufen.

```
// Formularklasse: Klassenvariablen und Objekte instanzieren
// Subklassen-Konstruktoraufruf
Pkw auto1 = new Pkw("Mercedes", 7.5, 70, true); // mit Vignette
Lkw auto2 = new Lkw("Actros", 15.3, 250, 5);   // mit fünf Achsen

// Objekte fahren
auto1.Fahren(200, true); // 200 km; Autobahnfahrt = true
auto2.Fahren(200, true);

// Ausgabe der Fahrtkosten beider Objekte
MessageBox.Show("Fahrtkosten von " + auto1.Marke + ": "
   + Convert.ToString(auto1.Fahrtkosten));
MessageBox.Show("Fahrtkosten von " + auto2.Marke + ": "
   + Convert.ToString(auto2.Fahrtkosten));
```

**Hinweis:** *Marke* und *Fahrtkosten* müssen als **Propertys** in der **Basisklasse** implementiert werden.

**Mr. What und Ms. Check**

**Kann ich die Autos des Fuhrparks auch in einem Array verwalten?**

Ein Array verlangt nach der Angabe eines Datentyps, aber Sie haben zwei – *Pkw* und *Lkw*. Sie können trotzdem ein Array erstellen, wenn Sie dafür als Datentyp *Auto* verwenden.

## 4 Methoden überschreiben
### Polymorphie durch das späte Binden von Objekten

Im **Lehrbeispiel L 3.16** wurde deutlich, dass für die Verwaltung mehrerer Pkw und Lkw in einem Fuhrpark ein **Array** sinnvoll eingesetzt werden kann. Allerdings stoßen Sie hier auf ein Problem, denn bei der Deklaration des Arrays müssen Sie einen Datentyp angeben – aber welchen?

Jedes **Objekt einer Subklasse** lässt sich in den Typ der **Basisklasse casten**.

### L 3.18: Objekte in den Basisklassentyp casten

Für die Verwaltung des Fuhrparks wird ein **Array vom Typ der Basisklasse *Auto*** verwendet.

Jedes *Pkw-* und *Lkw-*Objekt **erscheint im Array als *Auto*.**

Die **Subklassen** *Pkw* und *Lkw* bieten **verschiedene Konstruktormethoden** an.

```
// Fuhrpark-Array mit Pkw- und Lkw-Objekten
Auto[] fuhrpark =
{
   new Pkw("Mercedes", 7.5, 70, true),
   new Lkw("Actros", 15.3, 250, 5),
   new Pkw("VW Sprinter", 9.2, 80)
};
```

**Die *Pkw-* und *Lkw*-Objekte werden implizit in den Typ *Auto* gecastet.**

Das Fuhrpark-Array enthält Pkw und Lkw, die nach außen als Autos erscheinen. Dennoch weiß jedes Objekt, dass es entweder ein Pkw oder ein Lkw ist.

Damit das Fuhrpark-Array mit den Objekten aus dem **Lehrbeispiel L 3.18** richtig funktioniert, nehmen Sie an den *Fahren*-Methoden der Basis- und Subklassen eine kleine Veränderung vor.

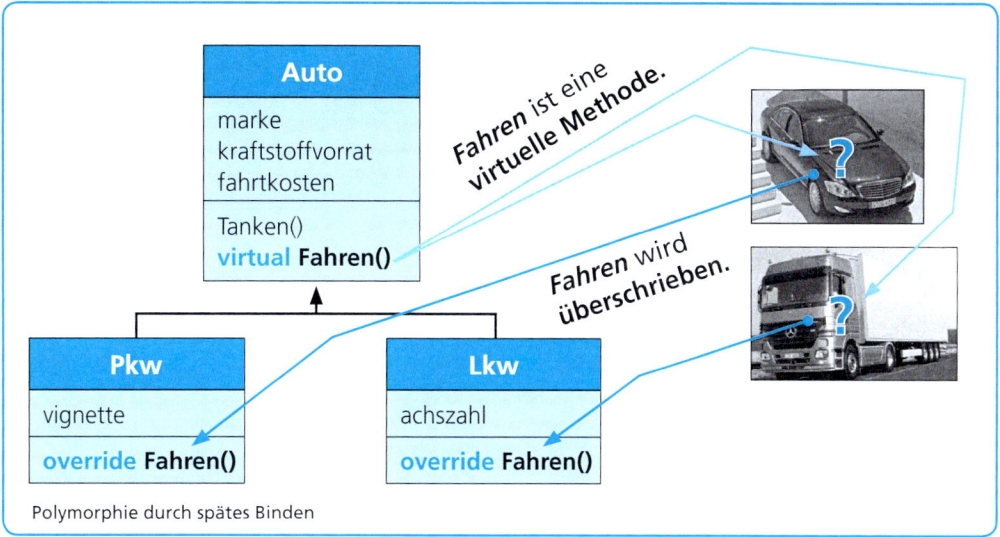

Polymorphie durch spätes Binden

## Virtuelle Methoden überschreiben

**❶ Wenn eine Methode der Basisklasse in den Subklassen überschrieben werden soll, wird die Basisklassenmethode als virtuelle Methode gekennzeichnet.**

Die *Fahren*-Methode wird in der Basisklasse *Auto* mit dem Schlüsselwort *virtual* versehen.

**❷ Die virtuelle Basisklassenmethode muss in jeder Subklasse als überschreibende Methode neu implementiert werden.**

Die *Fahren*-Methoden in den Subklassen *Pkw* und *Lkw* müssen mit dem Schlüsselwort *override* versehen werden, da die virtuelle Basisklassenmethode dies zwingend vorschreibt.

Late Binding = spätes Binden

**❸ Der Aufruf der virtuellen Basisklassenmethode bewirkt den automatischen Aufruf der überschreibenden Subklassenmethode. Welche Subklassenmethode aufgerufen wird, bestimmt das Objekt. Dies wird als „spätes Binden" bezeichnet.**

Im Fuhrpark-Array erscheint jedes Objekt als Auto, nicht als Pkw oder Lkw. Daher ruft die Methode *Fahren()* zunächst die **virtuelle Methode der Klasse *Auto*** auf. Je nachdem, welches Objekt angesprochen wird, Pkw oder Lkw, wird die entsprechende ***Fahren*-Methode der Subklasse** ausgeführt.

Das folgende Lehrbeispiel veranschaulicht, wie mithilfe einer Schleife alle Objekte des Fuhrparks 200 km auf der Autobahn fahren. Die Fahrtkosten werden dabei für Pkw und Lkw durch das **späte Binden** unterschiedlich berechnet.

### L 3.19: Polymorphie
Die **virtuelle Methode *Fahren()*** wird in den Subklassen überschrieben.

[SbX]

Das Fallbeispiel *Fuhrpark_Polymorphie* finden Sie unter der ID: 1321.

Die *Fahren*-Implementierung der **Basisklasse** wird mit *base* aufgerufen.

```
// Fahren-Methode in der Klasse Auto
public virtual void Fahren(int km, bool autobahn) {
   // do something
}
// Fahren-Methode in den Subklassen Pkw und Lkw
public override void Fahren(int km, bool autobahn) {
   base.Fahren(km, autobahn);
   // do something else
}
```

Die **polymorphe Methode** *Fahren()* funktioniert mit unterschiedlichen Objekten – egal ob Pkw oder Lkw – und ruft die entsprechenden überschriebenen Methoden der Klassen **Pkw** und **Lkw** auf.

### L 3.20: Polymorphie mit Objekten
Alle Objekte des Fuhrparks fahren 200 km auf der Autobahn.

```
Auto[] fuhrpark = {
  new Pkw("Mercedes", 7.5, 70, true),
  new Lkw("Actros", 15.3, 250, 5),
  new Pkw("VW Sprinter", 9.2, 80)
};
foreach(Auto auto in fuhrpark)
{
  auto.Fahren(200, true); // 200 km; Autobahnfahrt = true
}
```

Die *foreach*-Schleife iteriert durch das **Array** *fuhrpark* und repräsentiert in jedem Schleifendurchlauf **ein anderes Objekt** in der Variablen *auto*.

Mr. What und Ms. Check

Kann ich statt eines Arrays auch eine ArrayList für den Fuhrpark verwenden?

Ja, eine ArrayList-Collection ist sogar eine noch bessere Lösung, da Sie Objekte jederzeit hinzufügen und entfernen können.

### Ü 3.12: ArrayList verwenden ★★
Verändern Sie das **Lehrbeispiel L 3.20** so, dass statt eines Arrays eine **ArrayList** für den Fuhrpark verwendet wird. **Hinweis:** Sie müssen dafür den **Collection**-Namensraum einbinden.

## 5 Abstrakte und versiegelte Klassen
Instanzen und Vererbung verbieten

Um die Klassen **Pkw** und **Lkw** besser abzusichern, sollten Sie das Erzeugen von Objekten aus der Klasse **Auto** verbieten. Nur Instanzen von **Pkw** und **Lkw** dürfen möglich sein, wenn Sie die Polymorphie nutzen wollen. Die Klasse **Auto** ist eine **abstrakte Klasse**.

**❶ Das Instanzieren von Objekten aus einer abstrakten Klasse ist nicht zulässig.**
Wenn Sie die Klasse **Auto** als **abstrakte Klasse** festlegen, dürfen nur noch **Pkw-** und **Lkw-**Objekte erzeugt werden. Das Schlüsselwort *abstract* definiert eine abstrakte Klasse.

```
abstract class Auto { }
Auto auto;
auto = new Auto(); -> Konstruktoraufruf ist nicht mehr zulässig!
```

*Auto auto* ist zulässig, da hier kein Objekt instanziert, sondern lediglich eine Objektvariable deklariert wird. Der **Konstruktoraufruf von Auto** ist **nicht erlaubt**.

**❷ Eine versiegelte Klasse erlaubt keine weitere Vererbung mehr.**
Wird die Klasse **Pkw** **versiegelt,** darf keine Subklasse von **Pkw,** wie z. B. **Sportwagen,** abgeleitet werden. Zum Versiegeln wird das Schlüsselwort *sealed* verwendet.

```
sealed class Pkw { }
class Sportwagen : Pkw { } -> Vererbung ist nicht mehr zulässig!
```

Die Vererbung ist nicht zulässig, da die Klasse **Pkw** versiegelt ist.

Lerneinheit 2: Vererbung

Mr. What und Ms. Check

**Warum sollte ich abstrakte und versiegelte Klassen einsetzen?**

**Klassen sollten möglichst sicher und gegen Fehler resistent sein. Mit abstrakten und versiegelten Klassen schränken Sie mögliche Fehlerquellen ein.**

Wie Sie wissen, verbietet eine abstrakte Klasse das Instanzieren von Objekten. Sie haben sich das bereits anhand des Beispiels der Basisklasse *Auto* und der Subklassen *Pkw* und *Lkw* angesehen. Da es nur *Pkw*- oder *Lkw*-Objekte geben kann, wäre das Instanzieren von Auto-Objekten sinnlos.

**Abstrakte Klassen** können noch einen weiteren Zweck erfüllen: das **Vorschreiben von abstrakten Methoden,** die in einer Subklassen zwingend zu implementieren sind.

## Abstrakte Methoden

Das Schlüsselwort *abstract* ist nicht nur für Klassen, sondern auch für **Methoden und Propertys** zulässig.

> **Abstrakte Methoden** und **abstrakte Propertys** haben **keine Implementierung,** sind **nur in abstrakten Klassen** erlaubt und dürfen **nicht** *private* sein.

### L 3.21: Abstrakte Methoden vererben

Die Klasse *Fahrzeug* schreibt für alle Subklassen die Methode *Transportieren* vor, ohne sie selbst zu implementieren.

```
// abstrakte Basisklasse Fahrzeug
abstract class Fahrzeug
{
   protected double kostenProKm;
   public abstract void Transportieren(int km);
}
// Subklasse Auto
class Auto : Fahrzeug
{
   public override void Transportieren(int km)
   {
      // do something
   }
}
// abstrakte Subklasse Zweirad
abstract class Zweirad : Fahrzeug
{
   // erbt die abstrakte Methode Transportieren(int km)
}
// Subklasse Fahrrad
class Fahrrad : Zweirad
{
   public override void Transportieren(int km)
   {
      // do something
   }
}
```

*public **abstract*** → **Abstrakte Methode**

Eine abstrakte Methode muss sich in einer abstrakten Klasse befinden.

In einer **nicht abstrakten Klasse** müssen alle **geerbten abstrakten Methoden** mithilfe von *override* implementiert werden.

Erbt eine abstrakte Klasse abstrakte Methoden, müssen diese nicht implementiert werden.

Die Klasse *Fahrrad* erbt die **abstrakte Methode** durch die Vererbungshierarchie und **muss sie implementieren.**

> Lernen  ○ Üben  ○ Sichern  ○ Wissen

**Mr. What und Ms. Check**

Wofür setze ich abstrakte Methoden ein?

Eine abstrakte Methode schreibt einer Subklasse die Implementierung der Methode vor. Eine nicht abstrakte Subklasse muss alle geerbten abstrakten Methoden implementieren.

Im Gegensatz zu C++ unterstützt C# keine direkte Mehrfachvererbung. Eine Subklasse hat genau eine Basisklasse. **Interfaces** stellen aber eine Alternative zur Mehrfachvererbung dar.

## 6 Interfaces
### Vorschriften für Klassen

Sie haben erfahren, dass Sie mithilfe von Vererbung viel Zeit und Arbeit einsparen können, indem Sie Klassen in Subklassen erweitern bzw. verändern. Um die Notwendigkeit von Mehrfachvererbung zu verstehen, erweitern Sie das Fallbeispiel um die Klasse **Bahn**. Das Programm soll berechnen, mit welchem Transportmittel die günstigsten Fahrtkosten erzielt werden. Sie erstellen zunächst die Klasse **Bahn** in gewohnter Art und Weise.

**L 3.22: Klasse *Bahn***
Die Klasse **Bahn** beinhaltet die Eigenschaften **preisProKm** und **transportkosten** sowie die Methode **Transportieren**.

*SbX — Das Fallbeispiel Fuhrpark_Interface finden Sie unter der ID: 1321.*

```
// Klasse Bahn
class Bahn
{
   private double transportkosten;
   private double kostenProKm = 0.35;

   public void Transportieren(int km)
   {
      transportkosten += km * kostenProKm;
   }
}
```

Wenn Sie nun das **Fuhrpark**-Array im Hauptprogramm um ein **Bahn-Objekt** erweitern, stoßen Sie unweigerlich auf ein Problem: Das **Bahn**-Objekt hat mit der Klasse **Auto** nichts zu tun und lässt sich daher auch nicht in den Typ **Auto** casten!

Die Lösung des Problems ist das **Interface IFahrzeug,** das Sie in alle Klassen vererben, die Sie zur Transportkostenberechnung verwenden, z. B. die Klassen **Bahn, Pkw** und **Lkw**.

**L 3.23: Interface**
Das **Interface *IFahrzeug*** implementiert die Methode **Transportieren** sowie die Propertys **Kosten** und **Bezeichnung**.

*Ein Interface enthält ausschließlich abstrakte Methoden und Propertys.*

```
// Interface IFahrzeug
interface IFahrzeug
{
   // Methode Transportieren        [Abstrakte Methode]
   void Transportieren(int km);
   // Propertys
   double Kosten { get; }           [Abstrakte Propertys]
   string Bezeichnung { get; }
}
```

Angewandte Informatik HTL

Lerneinheit 2: Vererbung

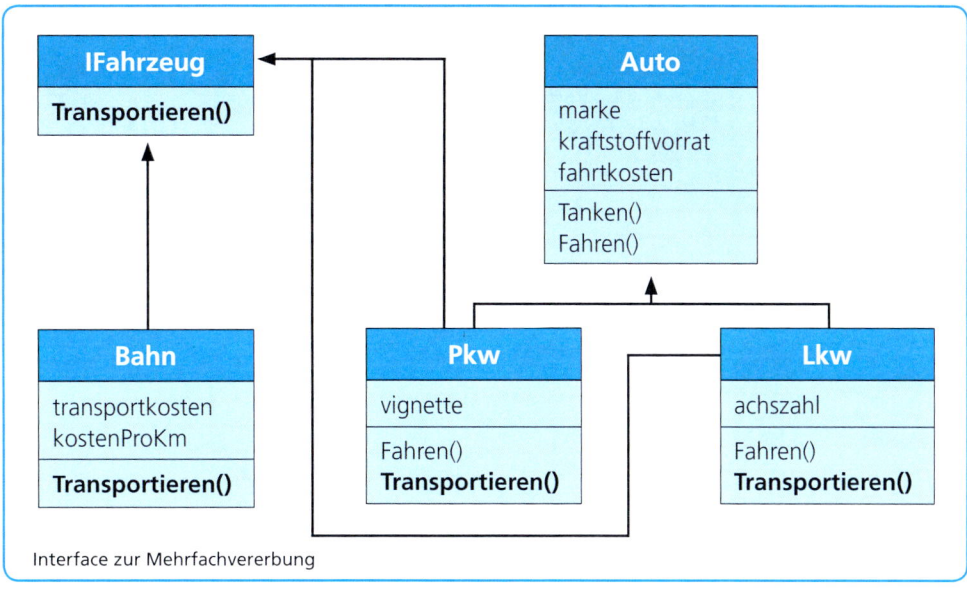

Interface zur Mehrfachvererbung

## Interfaces verwenden

**❶ Ein Interface legt Methoden und Propertys ohne Implementierung fest.**

Die **Methode** *Transportieren()* und die **Get-Propertys** im **Interface** *IFahrzeug* aus dem Lehrbeispiel **L 3.23** enthalten keine Implementierungen – sie sind abstrakt.

**❷ Eine Klasse darf aus maximal einer Basisklasse und zusätzlich aus mehreren Interfaces abgeleitet werden.**

Die Klasse *Bahn* erbt z. B. nur vom Interface *IFahrzeug*. Die Klassen *Pkw* und *Lkw* erben von der Klasse *Auto* und vom Inferface *IFahrzeug*.

**❸ Wenn eine Klasse von einem Interface erbt, muss sie alle Methoden und Propertys aus dem Interface implementieren oder selbst abstrakt sein.**

Die Klassen *Bahn, Pkw* und *Lkw* müssen die im Interface *IFahrzeug* festgelegte Methode *Transportieren()* implementieren, falls nicht, müssten sie abstrakte Klassen sein.

Ein **Objekt** lässt sich in den **Typ eines Interfaces casten,** wenn es von einer **Klasse** instanziert wird, die das **Interface implementiert.**

Für das **Array,** das alle Transportmittelobjekte enthält, verwenden Sie **als Datentyp** statt einer Klasse nun das **Interface** *IFahrzeug*. Da Sie alle Objekte des Arrays vom Interface ableiten, können Sie jedes Objekt in den Typ des Interfaces casten.

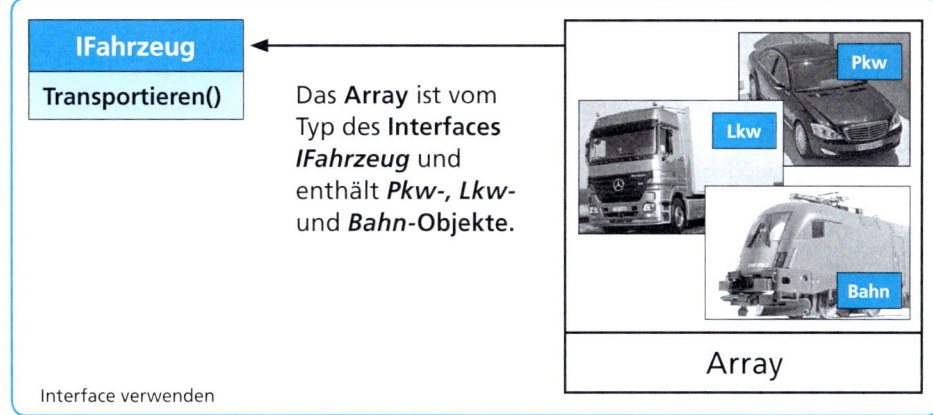

Interface verwenden

Angewandte Informatik HTL

Lernen  Üben  Sichern  Wissen

### L 3.24: Array vom Typ eines Interfaces
Das Array mit den Transportmitteln ist vom Typ des Interfaces *IFahrzeug.*

```
IFahrzeug[] transportmittel =
{
   new Pkw("Mercedes", 7.5, 70, true),
   new Lkw("Actros", 15.3, 250, 5),
   new Pkw("VW Sprinter", 9.2, 80),
   new Bahn()
};
foreach(IFahrzeug fahrzeug in transportmittel)
{
   fahrzeug.Transportieren(200);
}
```

Damit dieses Beispiel funktioniert, müssen auch die Klassen *Pkw* und *Lkw* die Methode *Transportieren()* und die beiden Propertys des Interfaces *IFahrzeug* verwenden.

**Mr. What und Ms. Check**

Was bedeutet gegen eine Klasse bzw. gegen ein Interface programmieren?

Wenn Sie als Datentyp eine Klasse verwenden, programmieren Sie gegen eine Klasse. Gegen ein Interface programmieren Sie, wenn Sie ein Interface als Datentyp benutzen. Mit der zweiten Methode sind Sie wesentlich flexibler, wenn Sie mehrere verschiedene Klassen verwenden, die nicht vererbbar sind.

**SbX ID: 1321**

Im SbX finden Sie das Lehrbeispiel *Fuhrpark* unter Verwendung von Vererbung, Polymorphie und Interfaces.

## Üben

**SbX ID: 1322**

**Übungsbeispiele**

### Ü 3.13: Flugzeug ★★
Erstellen Sie die **Basisklasse Flugzeug** mit den Eigenschaften **Flugnummer, Reiseziel, Sitzplatzanzahl** und der **Anzahl der Reservierungen.** Die Parameter für den Konstruktor sind **Flugnummer, Reiseziel** und **Sitzplatzanzahl.** Ein Standardkonstruktor ist nicht zulässig. Erstellen Sie die Methode **Reservieren(),** die die Anzahl der Reservierungen erhöht. Die Methode darf keine Überbuchung eines Flugzeuges zulassen.

a) Erstellen Sie die Subklassen **Hubschrauber** und **Transportflugzeug.**
b) Die Klasse **Transportflugzeug** erhält zusätzlich die Eigenschaft **Transportgewicht.**
c) Erstellen Sie die Konstruktormethoden für die Subklassen. Das Transportgewicht ist bei einem Transportflugzeug verpflichtend anzugeben.

### Ü 3.14: Pizzeria ★★
Erstellen Sie zur nachfolgend abgebildeten Klasse **Artikel** die Subklassen **Speise** und **Getränk.**

a) Die Subklassen erben alle Eigenschaften der Basisklasse.
b) Ändern Sie die Methode **Verkaufen()** in der Basisklasse in eine **virtuelle Methode** und berücksichtigen Sie das in den Subklassen.

*Lerneinheit 2: Vererbung*

c) Die Methode **Verkaufen()** in den Subklassen berechnet den Nettoumsatz. Für Speisen beträgt der Umsatzsteuersatz 10 %, für Getränke 20 %.

d) Im Hauptprogramm sollen die Speisen und die Getränke in einem Array abgelegt werden. Erstellen Sie ein Array für eine Pizza Diabolo und ein Coca Cola. Wählen Sie die Preise selbst aus.

e) Erstellen Sie das **Interface IArtikel** mit der Methode **Verkaufen()** und den Get-Propertys **Bezeichnung** und **NettoUmsatz.** Vererben Sie das Interface in die Klasse **Artikel.**

```
class Artikel
{
   // Eigenschaften
   private string bezeichnung;
   private double bruttoPreis, nettoUmsatz;
   private static byte[] ust = { 10, 20 };
   // Konstruktor
   public Artikel(string bezeichnung, double bruttoPreis)
   {
      this.bezeichnung = bezeichnung;
      this.bruttoPreis = bruttoPreis;
      this.nettoUmsatz = 0;
   }
   // Methode Verkaufen()
   public void Verkaufen(int stk)
   {
      if (stk <= 0)
         throw new Exception("Die Verkaufsmenge ist ungültig.");
      else
      {
         // Nettoumsatz berechnen, Speise = 10%, Getränk = 20% USt
         // nettoUmsatz += bruttoPreis * stk / (1 + ust[?] / 100)
      }
   }
   // Propertys
   public Bezeichnung { get { return bezeichnung; } }
   public NettoUmsatz { get { return nettoUmsatz; } }
}
```

### Ü 3.15: Hotel ★★★

a) Erstellen Sie das **Interface IArtikel** mit der Methode **Verkaufen()** und den Get-Propertys **Bezeichnung** und **NettoUmsatz.** Vererben Sie das Interface in die Klasse **Hotel.**

b) Erstellen Sie die neue Klasse **Hotel** und vererben Sie ihr das Interface **IArtikel.** Implementieren Sie alle dadurch erforderlichen Methoden und Propertys.

c) Erstellen Sie die Eigenschaft **Nächtigungspauschale** in der Klasse **Hotel.**

d) Implementieren Sie die Methode **Nächtigung()** mit dem Parameter **AnzahlNächte** und erhöhen Sie den Nettoumsatz um **AnzahlNächte x Nächtigungspauschale.** Das Nächtigungspauschale ist bereits netto.

e) Das Hotel bietet Zimmer mit Halbpension bzw. Zimmer/Frühstück an. Erstellen Sie die Subklassen **Halbpension** und **Frühstück** und ändern Sie die Methode **Nächtigung()** in der Basisklasse in eine virtuelle Methode. Die Methoden in den Subklassen erhöhen den Nettoumsatz zusätzlich um die Kosten für das Essen (Halbpension 18 EUR, Frühstück 6 EUR).

**Weitere Übungen im SbX**

ID: 1322

### Ü 3.16: Campingplatz ★★
Bearbeiten Sie das Übungsbeispiel „Campingplatz"!

### Ü 3.17: H2Ö GmbH ★★
Bearbeiten Sie die Übungsaufgabe zur H2Ö GmbH!

 ## Sichern

In dieser Lerneinheit haben Sie die Grundlagen der Vererbung sowie die Verwendung von Polymorphie und Mehrfachvererbung kennengelernt.

**Vererbung**
Eine **Basisklasse vererbt** ihre **Eigenschaften, Methoden und Propertys** an die Subklasse, sofern die Zugriffsmodifizierer **protected** oder **public** verwendet werden.

**Konstruktoren wiederverwenden**
**Konstruktormethoden** werden nicht vererbt, sondern müssen **in der Subklasse neu implementiert** werden. Die Konstruktormethode der Subklasse kann aber mit dem Schlüsselwort *base* einen **Basisklassenkonstruktor aufrufen.**

**Methoden überschreiben**
Eine **Subklasse** kann geerbte **Methoden überschreiben** und damit **neu implementieren**, z. B. verändern oder erweitern. Die **Methode der Basisklasse** wird mit **base.Methode()** aufgerufen.

**Polymorphie**
Wird eine **Methode in der Basisklasse** als *virtual* deklariert, muss jede **Subklasse** diese Methode mit *override* neu implementieren.

**Spätes Binden**
Durch die **Verwendung virtueller Methoden** (Polymorphie) ist es möglich, Objekte vom Typ einer Subklasse in den **Typ der Basisklasse zu casten,** z. B. in einem Array. Erst **beim Ausführen** der virtuellen Methode steht fest, **welches Objekt die Methode aufgerufen hat** und welche Methode daher auszuführen ist.

**Interface**
Eine **Klasse** kann nur **von einer Klasse erben,** aber dafür von **mehreren Interfaces.** Ein **Interface** enthält die **Deklaration von Methoden und Propertys,** jedoch **keine Implementierung.** Wird ein Interface in eine Klasse vererbt, so **muss** die **Klasse** alle **Methoden und Propertys** des Interfaces **implementieren.**

Zusätzlich zu dieser Zusammenfassung finden Sie im SbX eine Audio-Wiederholung zur Wiedergabe mit dem Audio-Player und als MP3-Datei sowie eine Bildschirmpräsentation.

 ## Wissen

### W 3.4: Kontrollfragen und -aufgaben

1. Erklären Sie die Begriffe Basis- und Subklasse!

2. Welche Problematik tritt auf, wenn die Subklasse keinen Konstruktor implementiert, die Basisklasse aber schon?

3. Welche Auswirkung hat das Schlüsselwort *virtual* auf die Verwendung von Methoden?

4. Erklären Sie das späte Binden (late binding) im Rahmen der Polymorphie!

5. Beschreiben Sie Unterschiede zwischen einem Interface und einer Klasse!

6. Welche Konsequenzen hat das Einbinden eines Interfaces in eine Klasse?

7. Welche Vorteile bietet die Verwendung von Interfaces gegenüber Klassen?

Lerneinheit 2: Vererbung

### W 3.5: Vererbung
Erstellen Sie die Klassenhierarchie und den Programmcode für das folgende Hauptprogramm:

```
List<ISchwimmen> wettschwimmen = new List<ISchwimmen>();
wettschwimmen.Add(new Mann());
wettschwimmen.Add(new Frau());
wettschwimmen.Add(new Fisch());
foreach (ISchwimmen s in wettschwimmen)
{
   s.Schwimmen();
   s.Schwimmen(99);
}
MessageBox.Show(
   Schwimmer.Gesamtstrecke(wettschwimmen).ToString());
   // Ergebnis ist 400 m
```

1. Programmieren Sie das Interface **ISchwimmen** mit den Methoden **Schwimmen()** und **Schwimmen(int meter)** sowie dem Get-Property **Strecke** vom Typ **Int32**.

2. Erstellen Sie die Klasse **Schwimmer**, die das Interface **ISchwimmen** implementiert. Von dieser Klasse dürfen keine Instanzen erzeugt werden. Erstellen Sie die Eigenschaft zum Property und implementieren Sie alle erforderlichen Methoden, die das Interface vorschreibt. Die beiden **Schwimmen**-Methoden sind virtuell. Die Methode **Schwimmen()** ruft die überladene **Schwimmen**-Methode mit dem Wert 1 auf. Die überladene **Schwimmen**-Methode erhöht die Eigenschaft der Klasse um den Wert des Arguments (Meter). Erstellen Sie die Funktion **Gesamtstrecke** mit dem Rückgabetyp **Int32**. Diese Methode liefert die zurückgelegten Meter aller Objekte einer **ISchwimmen**-Liste (siehe Aufruf im Hauptprogramm). Iterieren Sie mit einer **foreach**-Schleife durch die Liste.

3. Die Klasse **Fisch** ist eine Subklasse von **Schwimmer**. Implementieren Sie alle erforderlichen Methoden. Jede Schwimmbewegung eines Fisches führt zur doppelten Wegstrecke. Zählen Sie die Meter nochmals hinzu!

4. Erstellen Sie die Klasse **Mensch**, die von **Schwimmer** erbt. Fügen Sie die abstrakte Methode **Ertrinken()** hinzu und implementieren Sie alle erforderlichen Methoden.

5. Erstellen Sie die Subklassen **Mann** und **Frau** zur Klasse **Mensch**. Implementieren Sie alle vorgeschriebenen Methoden.

SbX
Sie finden W 3.7 mit automatischer Aufgabenkontrolle unter der ID: 1324.

erledigt: ✔

W 3.7: ☐

### Weitere Aufgabe im SbX

### W 3.6: Zoo
Bearbeiten Sie die Programmieraufgabe zum Thema Vererbung!

### W 3.7: Vererbung
Stellen Sie sich einem Quiz zum Thema Vererbung!

Ein kurzer Wissens-Check bevor's weitergeht!

## Wissens-Check

| | ☺ | 😐 | ☹ |
|---|---|---|---|
| Ich kann Bestandteile einer Klasse vererben und Konstruktormethoden verketten. | | | |
| Ich kann Methoden verdecken und überschreiben. | | | |
| Ich kann abstrakte Methoden in Interfaces und Klassen verwenden. | | | |

● Lernen  ● Üben  ● Sichern  ● Wissen

## Lerneinheit 3
# Webanwendung erstellen

**SbX**
Alle SbX-Inhalte zu dieser Lerneinheit finden Sie unter der ID: 1330.

Um Kunden über aktuelle Produkte und deren Preise zu informieren, verwenden viele Unternehmen eine Webanwendung. In dieser Lerneinheit erstellen Sie Webseiten mit einem einheitlichen Layout. Dafür benutzen Sie Visual Studio mit Cascading Stylesheets und Masterpages.

SbX  ID: 1331

## 1 Windows- und Webanwendungen
Executables und HTML

**Sourcecode** wird eine Textdatei genannt, die ein Computerprogramm in einer Programmiersprache enthält.

Um eine **Softwareanwendung** zu erstellen, benötigt man im Grunde nur zwei Dinge:
① Einen **Texteditor,** um Befehle in einer Programmiersprache zu schreiben, und
② einen **Compiler,** der die Befehle in **Maschinensprache** übersetzt.

Das **Ergebnis** ist ein **ausführbares Programm,** das ein Benutzer jederzeit aufrufen und verwenden kann.

**Ein Compiler** ist ein Programm, das den Sourcecode in Maschinensprache übersetzt.

Zur Erstellung von Programmen wird also mit einem Editor eine Abfolge von Befehlen in einer Textdatei gespeichert. Anschließend wird dieser **Sourcecode** in der Textdatei von einem **Compiler** in Maschinensprache übersetzt. Das entstandene Programm (= Executable, kurz Exe) kann vom Benutzer jederzeit gestartet werden.

Beispiele für Programme sind *calc.exe, notepad.exe* oder *winword.exe.* Programme können direkt über *Start* oder mittels **Doppelklick auf den Programmnamen** aufgerufen werden.

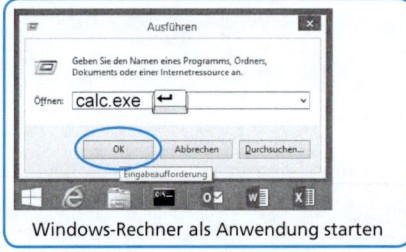

Windows-Rechner als Anwendung starten

**Prozesse** sind laufende und durch das Betriebssystem verwaltete **Anwendungen** und **Dienste.**

Windows-Programme liegen in Maschinensprache vor. Die Ausführung von Programmen wird durch das Betriebssystem verwaltet. Mit dem **Task-Manager** können alle laufenden **Prozesse** (= Programme) analysiert werden. Das Betriebssystem unterscheidet hierbei zwischen Anwendungen und Diensten:

● Eine **Anwendung** wird von einem Benutzer gestartet und ist von diesem bedienbar.
● Ein **Dienst** ist für den Benutzer unsichtbar. Das Programm wird im Hintergrund ausgeführt.

**Ü 3.18: Windows-Rechner ★**
Starten Sie den Windows-Rechner *calc.exe* und finden Sie mithilfe des Task-Managers heraus, welche **Prozess-ID (PID)** das Programm auf Ihrem PC hat!

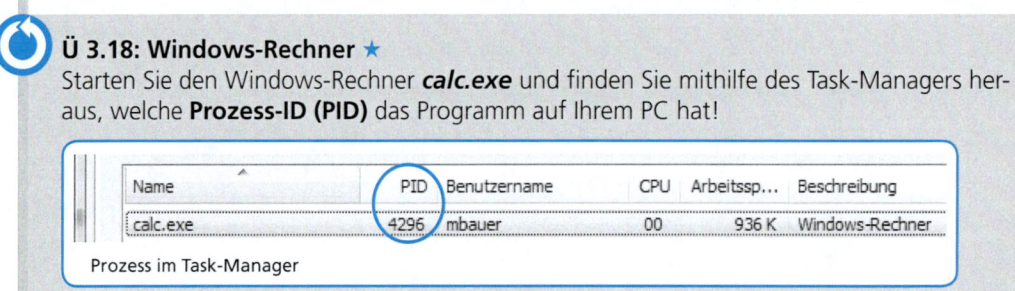

Prozess im Task-Manager

158 Angewandte Informatik HTL

Mr. What und
Ms. Check

Wie kann ich ein Programm als Dienst starten?

Mit dem Befehl *net start Dienstname* können Sie einen Dienst starten, mit *net stop Dienstname* können Sie ihn beenden.

## Webapplikationen

Seit Jahren nimmt die Bedeutung des **World Wide Web** immer mehr zu. Viele Anwendungen, die früher als Windows-Programme benutzt wurden, sind heute Webanwendungen, z. B. Webbanking oder Webshops.

Im Gegensatz zu Windows-Programmen haben **Webapplikationen** eine Reihe von Vorteilen:

- Jeder Benutzer, der über einen HTML-Browser verfügt, kann die Anwendung benutzen – unabhängig vom verwendeten Betriebssystem.
- Der Benutzer muss auf seinem PC keine Software oder Programme installieren.
- Webapplikationen benötigen keine speziellen Rechte, weshalb auch Benutzer mit eingeschränkten Rechten am System die Applikationen bedienen können.
- Da die Anwendung zentral auf einem Server hinterlegt wird, können einfach neue Versionen ausgerollt werden, ohne dass alle Benutzer zusätzliche Tätigkeiten (Updates) durchführen müssen.
- Webapplikationen sind in der Lage, Daten über die Benutzung der Anwender zu protokollieren. Dies erleichtert die Fehlersuche und ermöglicht die Verbesserung häufig verwendeter Funktionen und Systemteile.

Ebenso wie Windows-Programme bestehen **Webanwendungen** aus einer **Textdatei mit Befehlen** und einem **Übersetzer,** der diese **Befehle in HTML-Tags** umwandelt. Diese Aufgabe übernimmt bei Webanwendungen ein **Webserver.**

## Die ASP.NET-Plattform

HTML = Hypertext Markup Language

HTML ist für die Darstellung von Informationen in einem Browserfenster zuständig. Für die Programmierung einer Applikation ist das allerdings zu wenig. ASP.NET verbindet HTML-Code zur grafischen Aufbereitung der Webseite mit .NET-Programmcode zur Programmierung der Logik.

## Aufbau einer ASP.NET-Webapplikation

Der **Parser** im Webserver zerlegt eine ASP.NET-Seite in ihre Bestandteile: Der HTML-Teil wird zwischengespeichert, der Programmcode wird compiliert und das Ergebnis zu einem HTML-Dokument zusammengeführt.

**❶ Ein beliebiger Client richtet über einen Browser eine Anfrage an einen Webserver.**

Dies geschieht normalerweise durch Eingabe einer Adresse (URL) in das Browserfenster.

**❷ Der Webserver startet ein ASP.NET-Programm.**

Die Programmlogik bearbeitet die Benutzeranfrage und erstellt eine HTML-Seite als Antwort. In diese Seite sind die Ergebnisse der Anfrage eingearbeitet.

**❸ Diese Ausgabe wird als Antwort an den Client zurückgeschickt.**

Die Antwort besteht aus reinem HTML- und eventuell JavaScript-Code. Somit kann eine ASP.NET-Seite praktisch mit jedem Browser dargestellt werden.

**❹ Der Client zeigt die Antwort im Browserfenster an.**

Das dargestellte HTML-Dokument ist ein Formular, in das wir nun Daten eingeben und diese zur Verarbeitung an den Server zurückschicken können.

Eine Webapplikation wird erweitert, indem neue ASP.NET-Seiten auf dem Server bereitgestellt werden.

ASP.NET-Webseiten werden im Normalfall erst **beim ersten Zugriff compiliert.** Dadurch können einzelne Webseiten im laufenden Betrieb geändert oder ausgetauscht werden. Diese Flexibilität bringt aber den Nachteil mit sich, dass manche Fehler erst zur Laufzeit erkannt werden, z. B. wenn Unterseiten übersetzt werden müssen.

Mr. What und Ms. Check

**Warum dauert der erste Aufruf einer Webseite so lange, weitere Aufrufe aber nicht?**

Nach der ersten Übersetzung werden die Seiten in einem Zwischenspeicher (Cache) gehalten. Beim zweiten Aufruf wird die Seite nicht neu übersetzt, sondern aus dem Cache zurückgeliefert.

## Microsoft Visual Studio

Download von Visual Studio:
www.microsoft.com/germany/express

Zur Entwicklung von Webanwendungen würde zwar ein einfacher Texteditor, wie z. B. Notepad, ausreichen, doch wäre die Website-Erstellung damit äußerst zeitaufwendig, fehleranfällig und wenig komfortabel. Stattdessen werden in der Praxis integrierte Entwicklungsumgebungen, z. B. Adobe Dreamweaver oder MS Visual Studio, verwendet.

In diesem Buch benutzen wir die kostenlose Web-Developer-Express-Edition von Visual Studio, die Sie von der Microsoft-Website herunterladen können.

Nach der Installation über das Setup-Programm können Sie eine neue Website über **File | New | Web Site** oder das **New**-Symbol in der Symbolleiste, Funktion **New Web Site,** erstellen.

Eine *ASP.NET Web Site* enthält bereits eine Masterpage *Site.master,* einen **Loginbereich** im Ordner *Account* sowie die Startseite *Default* und eine **About**-Seite.

Eine *Empty Web Site* ist ein leeres Webprojekt ohne Inhalte.

**SbX**

Eine Bildschirmpräsentation mit allen Abbildungen zum Schritt LERNEN finden Sie unter der ID: 1331.

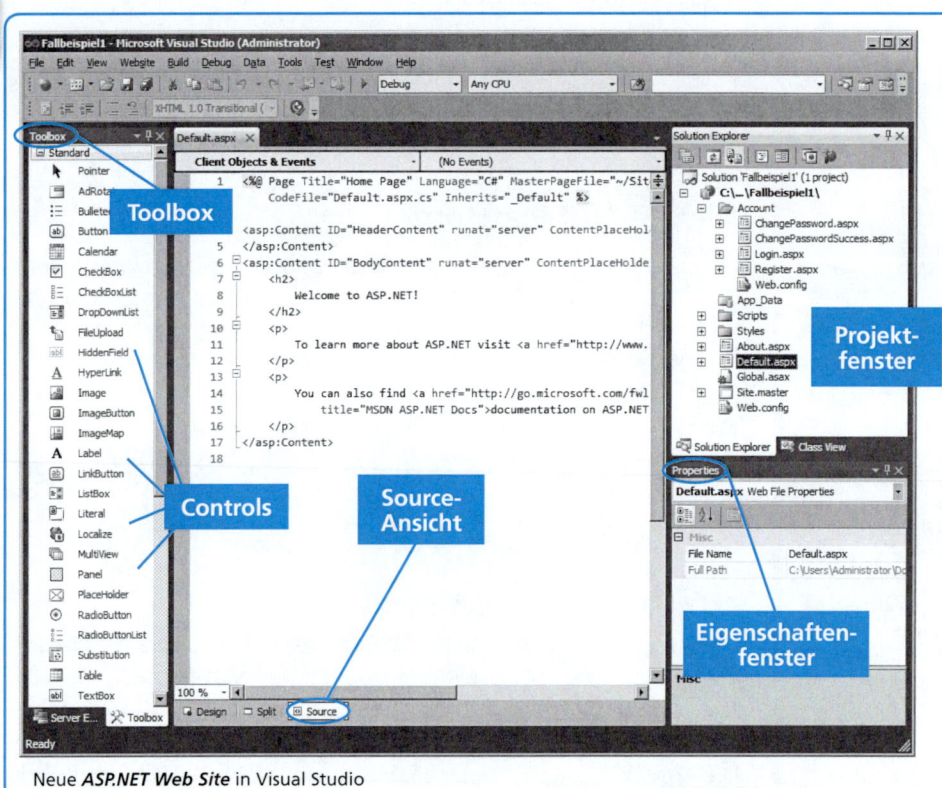

Neue *ASP.NET Web Site* in Visual Studio

**Die Benutzeroberfläche von Visual Studio gliedert sich in vier Hauptbereiche:**
- Die **Toolbox** (links) enthält Formularelemente (= Controls) zur Erstellung von Webseiten.
- Der **Arbeitsbereich** in der Mitte enthält den Inhalt einer Website. Dieser kann in der Source- oder Design-Ansicht betrachtet werden. Die Design-Ansicht entspricht dem Ergebnis, das auch der Benutzer in seinem Browserfenster sehen würde.
- Das **Projektfenster** (rechts oben) enthält alle Webseiten der Webapplikation.
- Das **Eigenschaftenfenster** *Propertys* (rechts unten) ermöglicht die Konfiguration der Einstellungen von Formularelementen bzw. anderen Objekten einer Website.

Lerneinheit 3: Webanwendung erstellen

## 2 Statische Webseite erstellen
### Visual Studio als HTML-Editor

Wie Sie bereits gesehen haben, besteht eine Webseite aus HTML-Tags, die vom Browser interpretiert werden. Ohne eine entsprechende Entwicklungsumgebung müssten Sie die Tags, wie in der Source-Ansicht dargestellt, manuell in das HTML-Dokument eingeben.

Viel einfacher ist die Verwendung von Visual Studio in der Design-Ansicht. Hier können über die grafische Oberfläche HTML-Elemente eingefügt und formatiert werden. Visual Studio erstellt die dafür erforderlichen Tags automatisch, was Sie auch jederzeit in der Source-Ansicht überprüfen können.

**L 3.25: Statische Webseite erstellen**
Erstellen Sie in einer neuen **Empty Web Site** die abgebildete Webseite mit Visual Studio und verwenden Sie die angegebenen Fotos aus SbX!

**SbX**
Die Ausgangsdateien zu allen Beispielen im Schritt LERNEN finden Sie unter der ID: 1331.

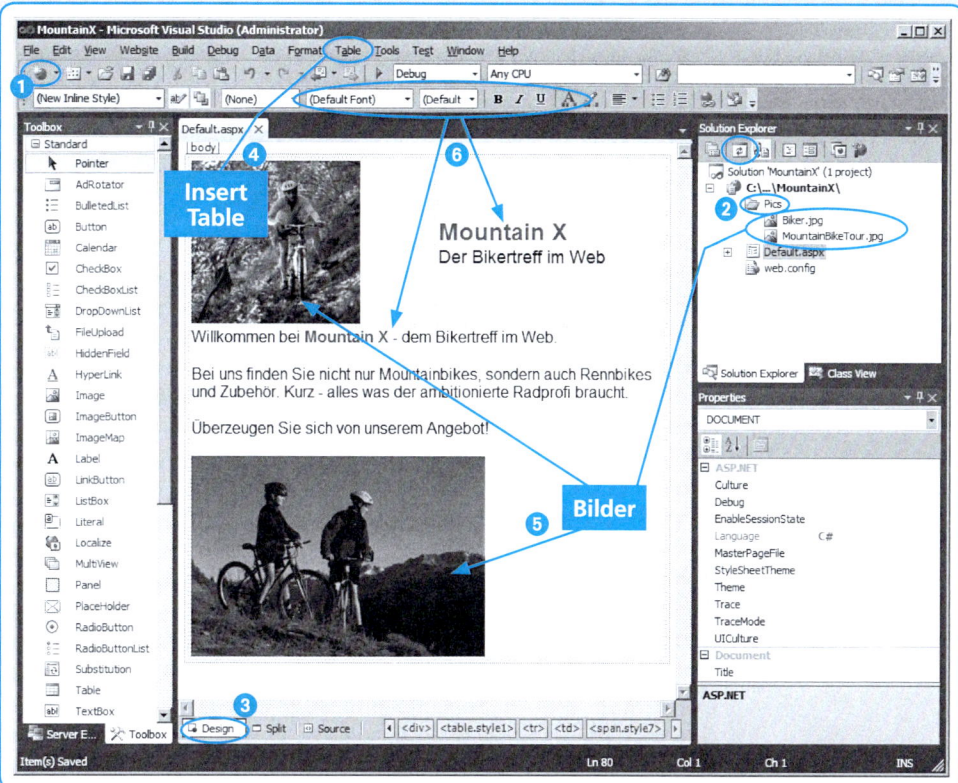

① Erstellen Sie mit **File | New | Web Site** eine neue **Empty Web Site!**

② Erstellen Sie im Ordner der Webanwendung den Unterordner **Pics,** kopieren Sie die Bilddateien aus SbX in den Ordner und aktualisieren Sie den Inhalt des Solution Explorers mit der Schaltfläche **Refresh,** um den neuen Ordner **Pics** mit seinen Dateien anzuzeigen!

③ Erstellen Sie mit **Website | Add New Item** eine neue **Web Form** mit dem Namen **Default.aspx!** Wechseln Sie in die **Design-**Ansicht und klicken Sie in das **div-**Tag von **body.**

④ Fügen Sie über **Table | Insert Table** eine neue Tabelle mit zwei Zeilen und einer Spalte ein. Über **Table | Modify | Split Cells** unterteilen Sie die erste Zeile der Tabelle in zwei Spalten.

⑤ Ziehen Sie das Bild **Biker.jpg** in die linke obere Zelle der Tabelle, das zweite Bild **MountainBikeTour.jpg** in die untere Zeile der Tabelle.

⑥ Geben Sie die Texte ein und formatieren Sie sie mithilfe der Formatfunktionen in der **Formatting-**Symbolleiste.

Angewandte Informatik HTL

## Webseite ausführen/starten

Zum Ausführen bzw. Starten einer Webseite markieren Sie die gewünschte Seite im **Solution Explorer** und drücken [F5]. Wenn eine Webanwendung das erste Mal gestartet wird, fordert Sie Visual Studio auf, die **Konfigurationsdatei *web.config*** so zu ändern, dass Programmfehler im Browser angezeigt werden. Solange Sie Webseiten entwickeln und testen, ist dies ein großer Vorteil. Fertige Webseiten sollten allerdings nicht mit dieser Einstellung betrieben werden, da Programmfehler unter Umständen viel über die Art der Programmierung an Hacker verraten könnten.

**Ü 3.19: Webseite erstellen ★**
Erstellen Sie die abgebildete Webseite mit Visual Studio und führen Sie sie aus! Verwenden Sie die angegebenen Fotos aus SbX.

Erstellen Sie eine Tabelle mit drei Zeilen, die erste Zeile hat zwei Spalten. Fügen Sie die beiden Bilder wie abgebildet ein und geben Sie die Texte ein. Die Schriftart aller Texte ist Arial. Ändern Sie die Hintergrundfarbe (BgColor) der letzten Tabellenzeile in Hellgrau. Die Überschrift neben dem Logo ist graublau und fett.

# 3 Layoutvorlagen
## Cascading Stylesheets (CSS)

Bei den bisher erstellten Webseiten haben Sie die Eigenschaften von Texten für jeden Absatz bzw. jedes Wort separat definiert, z. B. Schriftart, Schriftgröße, Schriftschnitt und Schriftfarbe. Auch die Zellen von Tabellen haben Sie separat eingefärbt, falls dies erforderlich war.

Mithilfe von Cascading Stylesheets, das sind Layoutvorlagen für eine oder mehrere Webseiten, können Sie die gewünschten Layoutformen definieren und auf einfache Art und Weise verwenden. Änderungen an den Stylesheets bewirken auch die Änderung aller davon abhängigen Textformatierungen.

## L 3.26: Cascading Stylesheets verwenden
Verwenden Sie zur Formatierung der Texte der Webseite des **Lehrbeispiels L 3.25** Layoutvorlagen für die Haupt- und Unterüberschrift!

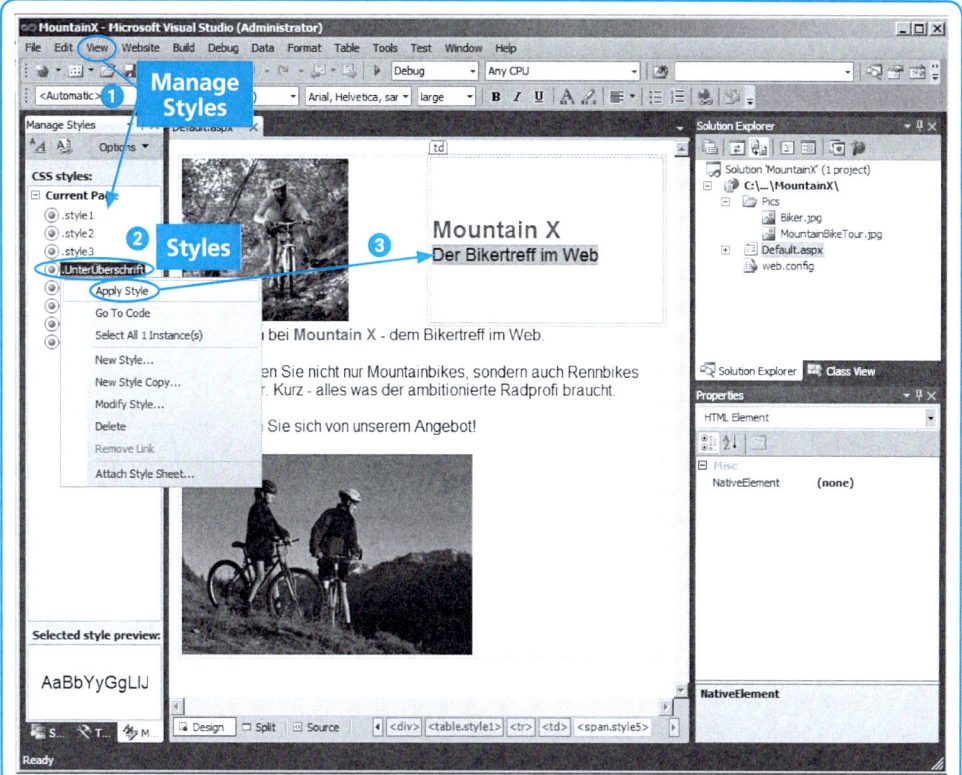

 Blenden Sie die Styles mit *View | Manage Styles* ein!

❷ Finden Sie die Stile für die beiden Überschriften und wählen Sie im **Kontextmenü der Stile** *Modify Style!* Benennen Sie die Stile in *Überschrift* und *UnterÜberschrift* um!

❸ Verändern Sie die Layoutvorgaben für die Stile und wenden Sie den Stil auf die gewünschten Texte mit *Apply Style* aus dem Kontextmenü der Stile an!

## Ü 3.20: CSS für die Überschrift ★
Definieren Sie für die Überschrift der Website von **Elektro Binder** das Stylesheet *Überschrift* mit der Schriftart Arial, der Textfarbe Grau, der Schriftgröße 18 Punkt sowie dem Schriftschnitt Fett. Wenden Sie das Stylesheet auf die Überschrift neben dem Logo an!

# 4 Hyperlinks
## Einfache Navigation

Bisher bestanden Ihre Webanwendungen jeweils nur aus einer Seite, der **Startseite *Default.aspx.*** Wenn weitere Seiten in die Webanwendung aufgenommen werden, muss der Benutzer diese auch finden und aufrufen können. Eine Möglichkeit dafür sind Hyperlinks.

**URL** = Uniform Resource Locator

Ein Hyperlink ist ein, meistens durch eine Unterstreichung, hervorgehobener Text. Wenn man auf diesen klickt, wird eine andere Webseite aufgerufen und dargestellt. Ein Hyperlink ist also eine Verknüpfung zu einer Webadresse (URL).

## Hyperlinks

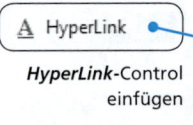

HyperLink-Control einfügen

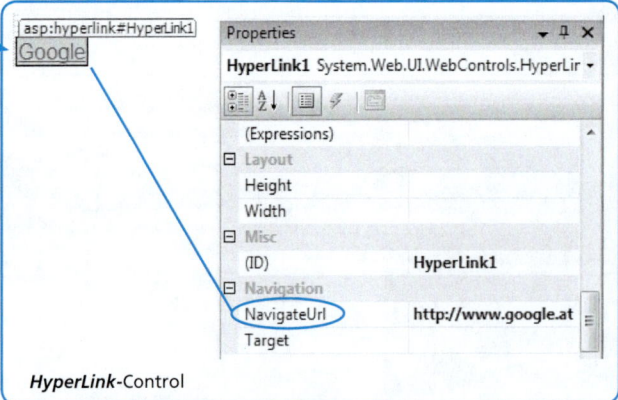

HyperLink-Control

Mit dem **HyperLink**-Control aus der **Toolbox** wird eine andere Webseite aufgerufen, wenn der Benutzer auf das Control klickt.

Die Zieladresse wird in der Eigenschaft **NavigateUrl** festgelegt.

Die Eigenschaft **Text** enthält die Beschreibung des Hyperlinks, z. B. „Google".

### Arten von Hyperlinks

❶ **Ein externer Hyperlink auf eine Webadresse beginnt mit *http://*.**

Um eine Adresse aus dem World Wide Web aufzurufen, muss die Adresse mit dem Protokoll *http://* beginnen, z. B. **http://www.google.at**.

❷ **Ein Hyperlink auf eine E-Mail-Adresse, die mit dem Kürzel *mailto:* beginnt, startet das Mailprogramm und trägt die angegebene Adresse unter *Empfänger* ein.**

Wird als **NavigateUrl** z. B. **mailto:office@blumenbinder.at** eingetragen und klickt der Benutzer auf den Hyperlink, so wird sein Mailprogramm gestartet und die Adresse als Empfängeradresse eingetragen.

❸ **Ein Datei-Hyperlink besteht aus ~/, dem Pfad sowie jener aspx-Seite, die aufgerufen werden soll.**

Tilde: ~
Slash: /

Tilde und Slash geben das Hauptverzeichnis der Webanwendung an. Um beispielsweise die Startseite anzuzeigen, verwenden wir als **NavigateUrl ~/default.aspx.** Der Eintrag **~/Login/Auftrag.aspx** führt z. B. die Seite **Auftrag.aspx** im Unterordner **Login** aus.

### Webseiten hinzufügen

Um einer Webanwendung eine neue Seite hinzuzufügen, klicken Sie im Menü **Website** auf **Add New Item** und wählen **Web Form** aus. Für jede Webseite (Web Form) müssen ein **Name** eingegeben und eine **Programmiersprache ausgewählt** werden. Als Programmiersprachen stehen Visual Basic und Visual C# zur Verfügung. In einer Webanwendung können auch Webseiten kombiniert werden, die in verschiedenen Sprachen geschrieben wurden. Empfehlenswert ist das aber nicht.

Webseite hinzufügen: Menü **Website** | **Add New Item** | **Web Form** oder über das Kontextmenü der Solution im Solution Explorer

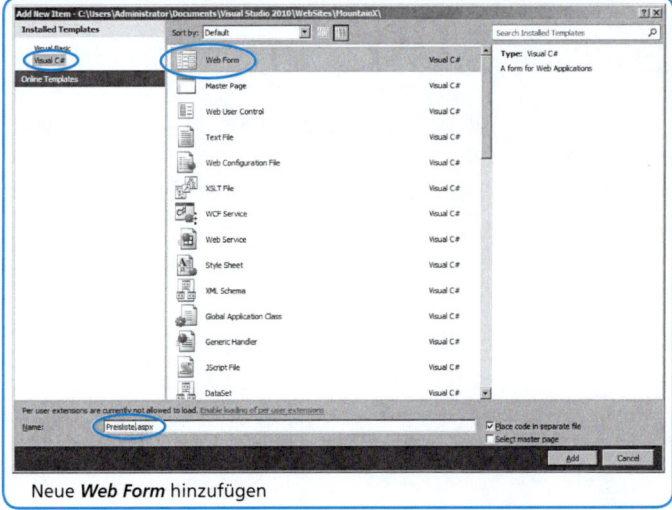

Neue **Web Form** hinzufügen

**Ü 3.21: Hyperlink erstellen** ★
Erstellen Sie auf der Startseite der Website von **Elektro Binder** einen Hyperlink zur Mailadresse *elektro@binder.at!*

**Ü 3.22: Impressum** ★★
Erstellen Sie in der Webanwendung **Elektro Binder** die neue Webseite *Impressum.aspx* mit folgenden Daten: Elektro Binder OG, Praterstraße 48, 1020 Wien, Telefon 01/47110815. Erstellen Sie auf der Startseite einen Hyperlink zur Seite *Impressum.aspx!*

## 5 Master- und Contentpages
### Webseiten einheitlich strukturieren

Im Normalfall besteht eine Webapplikation aus mehreren einzelnen Webseiten. Ein einheitliches Layout aller Seiten ist ein wesentliches Merkmal gut strukturierter und dadurch leicht bedienbarer Webseiten. ASP.NET ermöglicht das einfache **Erstellen durchgängiger Webseiten** anhand von **Masterpages.**

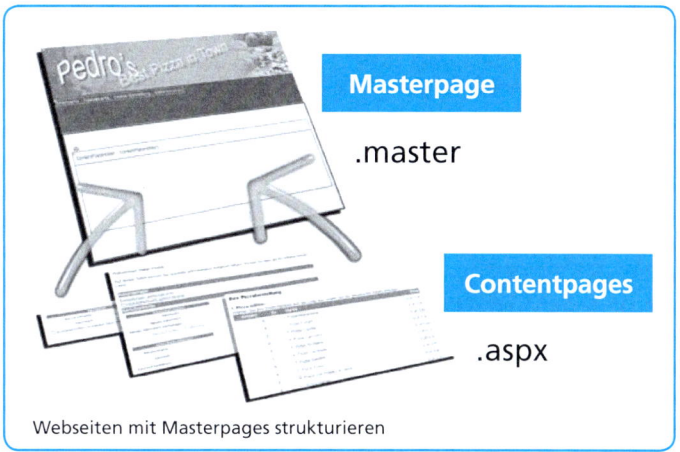

Webseiten mit Masterpages strukturieren

### Masterpages und Contentpages

**❶ Eine Masterpage dient als Schablone für alle Webseiten einer Webapplikation.**

Die Masterpage unterscheidet sich nur unwesentlich von einer regulären ASP.NET-Seite. Sie gibt das Layout und den Inhalt vor, der auf allen Seiten einer Webapplikation erscheinen soll. Auf einer Masterpage können Kontrollelemente, Texte und Bilder hinterlegt werden, die dann auf allen der Masterpage zugeordneten Seiten angezeigt werden. Das *ContentPlaceHolder*-**Steuerelement** dient als **Platzhalter für die Contentpages.**

*Eine Masterpage dient als Schablone für alle Webseiten der Applikation und endet mit der Dateierweiterung .master.*

**❷ Die Contentpage ist eine Webseite mit dem darzustellenden Inhalt.**

Im Gegensatz zu herkömmlichen Webseiten wird die Contentpage im *ContentPlaceHolder*-**Steuerelement** der zugeordneten Masterpage angezeigt.

**Masterpages** arbeiten immer **im Zusammenhang mit Contentpages.** Weder Masterpages noch Contentpages können getrennt voneinander existieren oder gestartet werden.

## Masterpage erstellen

Zur Erstellung einer Masterpage klicken Sie im **Solution Explorer** mit der rechten Maustaste auf das Projekt und wählen im Kontextmenü den Eintrag **Add New Item** aus. Im Dialog wählen Sie die Vorlage **Master Page.**

*Masterpage erstellen: Menü Website | Add New Item | Masterpage oder über das Kontextmenü der Solution im Solution Explorer*

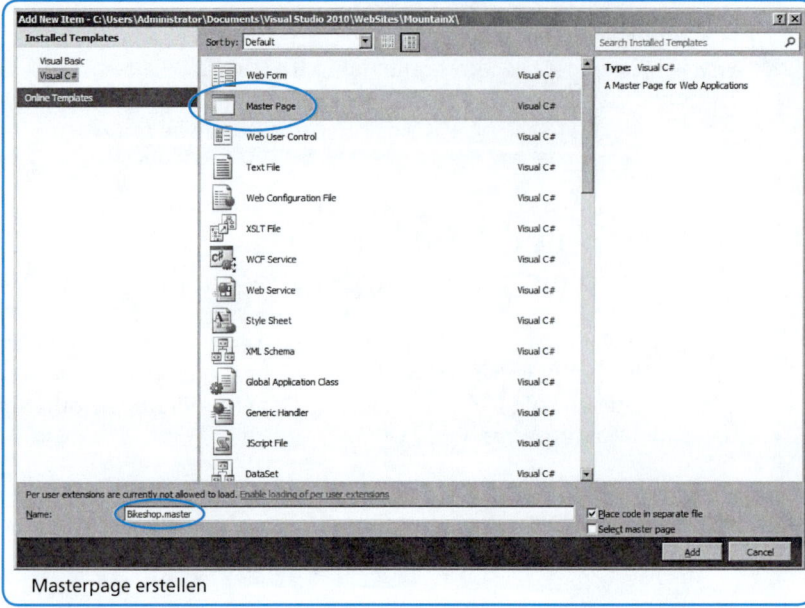

Masterpage erstellen

Um die Seite zu ändern, wechseln Sie in die **Design-Ansicht.** Mithilfe der CSS-Layoutvorlagen (Stylesheets) definieren Sie die Layoutmerkmale aller Texte auf den künftigen Webseiten.

## Elemente und Controls in Masterpages

**❶ Zur übersichtlicheren Einteilung einer Masterpage werden Tabellen verwendet.**

Eine Masterpage gilt als Layoutvorlage für jede Webseite, die die Masterpage verwendet. Der grundlegende Aufbau ist daher für alle Webseiten gleich. Die Abbildung zeigt den Designprozess für eine Masterpage von der Skizze zum Ergebnis.

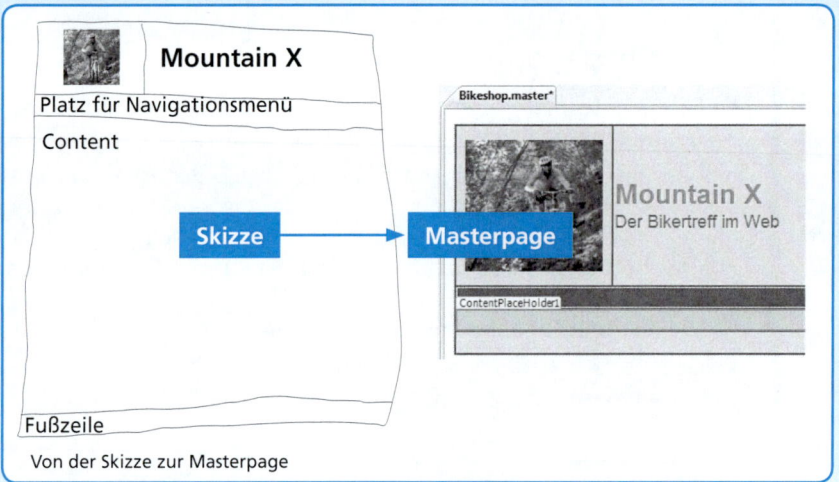

Von der Skizze zur Masterpage

**❷ Die Tabelle unterteilt die Masterpage in die verschiedenen Bereiche.**

Tabellen ermöglichen eine flexible Gestaltung der Masterpage. Das **Navigationsmenü** kann entweder **horizontal** oder **vertikal** angeordnet werden.

**❸ Innerhalb des ContentPlaceHolders wird später der Seiteninhalt dargestellt.**

Der Inhalt der **Contentpages** wird später innerhalb des **ContentPlaceHolder-Controls** dargestellt. Alle anderen Elemente kommen von der Masterpage.

Lerneinheit 3: Webanwendung erstellen

## L 3.27: Masterpage erstellen

Erstellen Sie für Ihre Webapplikation eine Masterpage mit einem horizontalen Menü!

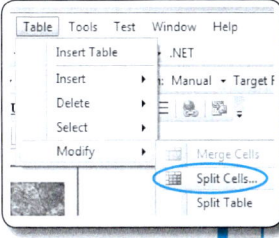

Tabelle einfügen:
*Table | Insert Table*

Zeile splitten:
*Table | Modify | Split Cells*

① Erstellen Sie eine Masterpage über das Menü **Website | Add New Item** und den Eintrag **Masterpage!** Nennen Sie die Masterpage **Bikeshop.master**.

② Schalten Sie in die **Design-Ansicht** um und erstellen Sie über *Table | Insert Table* eine neue Tabelle in der Masterpage! Wählen Sie 4 Zeilen (Rows) und 1 Spalte (Columns). Legen Sie die Breite der Tabelle auf 800 Pixel fest und definieren Sie Dunkelgrün als Hintergrundfarbe (Background Color).

③ Klicken Sie in die erste Zeile der Tabelle und wählen Sie aus dem Menü **Table** die Option **Modify | Split Cells**, um die erste Zeile in zwei Spalten zu unterteilen!

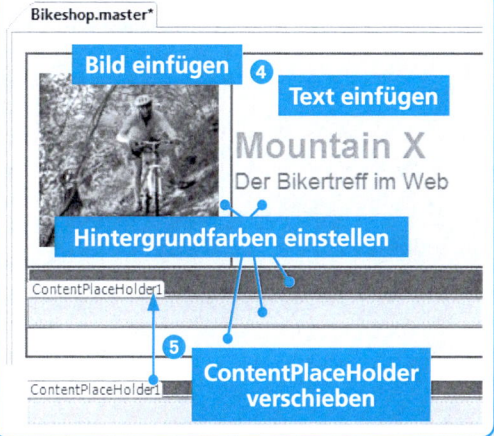

Zum Verschieben von Controls fassen Sie mit der Maus den Bezeichner des Controls und ziehen in die gewünschte Richtung.

④ Fügen Sie das Bild in die linke Spalte und die Überschrift „Mountain X – Der Bikertreff im Web" in die rechte Spalte der ersten Tabellenzeile ein! Ändern Sie die Hintergrundfarben aller Tabellenzeilen wie folgt: 1. und 4. Zeile Hellgrün, 2. Zeile Dunkelgrün, 3. Zeile Weiß.

⑤ Verschieben Sie das Control **ContentPlaceHolder1** in die dritte Zeile der Tabelle!

Angewandte Informatik HTL

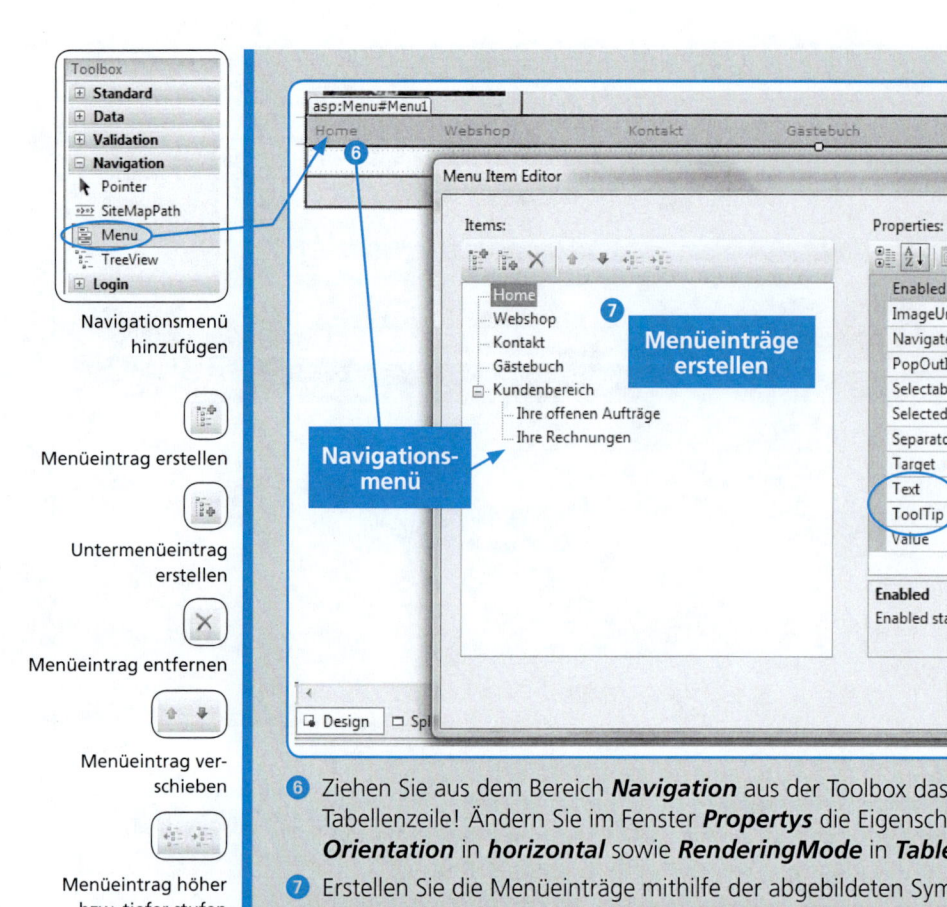

Navigationsmenü hinzufügen

Menüeintrag erstellen

Untermenüeintrag erstellen

Menüeintrag entfernen

Menüeintrag verschieben

Menüeintrag höher bzw. tiefer stufen

❻ Ziehen Sie aus dem Bereich **Navigation** aus der Toolbox das **Menu**-Control in die zweite Tabellenzeile! Ändern Sie im Fenster **Propertys** die Eigenschaften **Width** in **800px**, **Orientation** in **horizontal** sowie **RenderingMode** in **Table**!

❼ Erstellen Sie die Menüeinträge mithilfe der abgebildeten Symbole!

❽ Definieren Sie für jeden Menüeintrag unter **Propertys** die Bezeichnung unter **Text** sowie einen Hilfetext unter **ToolTip**.

Mr. What und Ms. Check

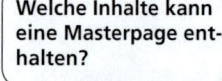

Welche Inhalte kann eine Masterpage enthalten?

Eine Masterpage kann alle Controls enthalten, die auch auf einer Contentpage verwendet werden können, z. B. Bilder, Logos, Texte, Eingabefelder, Kalender usw.

### Ü 3.23: Masterpage erstellen ★★

Erstellen Sie in der Webanwendung **Elektro Binder** eine Masterpage mit einer Tabelle, bestehend aus vier Zeilen! Unterteilen Sie die erste Zeile in zwei Spalten und fügen Sie hier das Firmenlogo (links) sowie den Firmennamen (rechts) ein. Erstellen Sie in der zweiten Zeile ein Navigationsmenü mit folgenden Menüeinträgen: Home, Preisliste, Gästebuch, Kontakt. Der ContentPlaceHolder soll in der dritten Zeile erscheinen. In der vierten Zeile soll sich ein Hyperlink zur E-Mail-Adresse befinden.

## Contentpage erstellen

Die **Masterpage** definiert die **gemeinsam genutzten Teile** einer Gruppe von Seiten sowie **Platzhalter für die individuellen Teile** jeder einzelnen Seite. Diese individuellen Teile werden durch **Contentpages** realisiert.

Für Contentpages stehen alle Möglichkeiten der Gestaltung von Webseiten zur Verfügung. **Contentpages werden zur Laufzeit** in den **Platzhalter** der Masterpage **eingebettet.**

Sie erstellen eine Contentpage in einem neuen Webformular, wählen jedoch die Option *Select master page* aus.

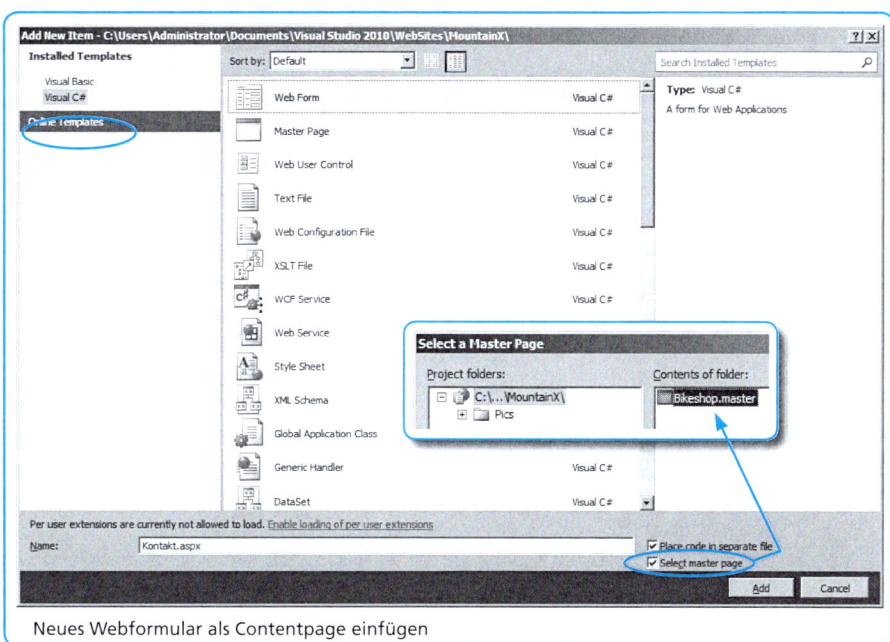

Neues Webformular als Contentpage einfügen

Der neuen Webseite wird eine Masterpage zugeordnet – aus ihr wird damit automatisch eine **Contentpage.**

Bei der **Verwendung von Masterpages** muss der **Titel** einer Webseite **in der Contentpage** definiert werden, da das *Title*-Tag in der Masterpage ignoriert wird.

```
Kontakt.aspx*
Client Objects & Events                           ▼ (No Events)
1  <%@ Page Language="C#" MasterPageFile="~/Bikeshop.master"
2      AutoEventWireup="true" CodeFile="Kontakt.aspx.cs"
3      Inherits="Kontakt" Title="Kontakt" %>
4
5  <asp:Content ID="Content1" ContentPlaceHolderID="head" Runat="Server">
6  </asp:Content>
7  <asp:Content ID="Content2" ContentPlaceHolderID="ContentPlaceHolder1" Runat="Server">
8  </asp:Content>
```

**Ü 3.24: Contentpages erstellen** ★★
Erstellen Sie die Contentpages *Webshop.aspx* sowie *Guestbook.aspx* für **Mountain-X** und ändern Sie den Titel der Seiten in „Webshop" bzw. „Gästebuch"! Ergänzen Sie im Menü der Masterpage die Navigation-URLs und probieren Sie die Funktion des Menüs aus!

**Ü 3.25: Startseite als Contentpage erstellen** ★★
Entfernen Sie in Mountain-X die vorhandene *Default.aspx*-Webseite und erstellen Sie sie neu als Contentpage. Verwenden Sie die vorhandene Masterpage *Bikeshop.master!*

 # Üben

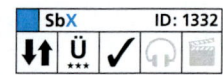

## Übungsbeispiele

**SbX**
Die Ausgangsdateien zu allen Übungsbeispielen im Schritt ÜBEN finden Sie unter der ID: 1332.

### Ü 3.26: Kontaktformular ★★
Erstellen Sie für Mountain-X das nachfolgend abgebildete Kontaktformular in einer Contentpage unter Verwendung einer Tabelle. Die Eingabe der Daten erfolgt in **TextBox**-Controls. Verwenden Sie zum Absenden der Kontaktdaten ein **Button**-Control!

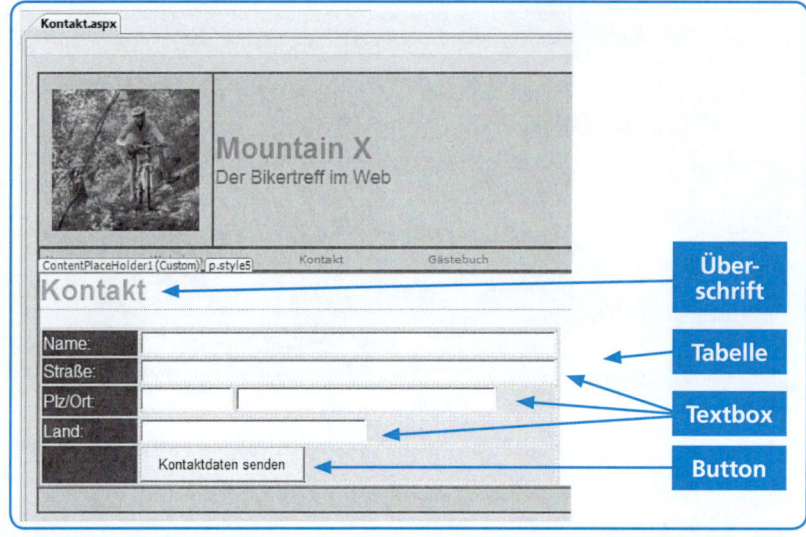

**Hinweis:**
Um die Kontaktdaten z. B. als E-Mail versenden zu können, wäre zusätzlich ein kleines C#-Programm im Click-Eventhandler des Buttons erforderlich.

### Ü 3.27: Admin-Bereich ★★
Erstellen Sie für die Webapplikation **Elektro Binder** eine weitere Masterpage für den späteren Administrationsbereich! Die Hintergrundfarbe der Tabellenzelle mit dem ContentPlaceHolder-Control ist Weiß.

Fügen Sie ein **Navigationsmenü** mit den folgenden Menüeinträgen ein:
- Home
- Stammdaten, Untermenüs: Fahrräder, Mopeds, Kunden
- Bewegungsdaten, Untermenüs: Aufträge, Rechnungen

### Ü 3.28: Gebrauchtwagen-Website ★★★
Erstellen Sie eine neue Webapplikation für den Verkauf von Gebrauchtwagen!
- Erstellen Sie eine **Masterpage** mit einer Tabelle mit drei Zeilen. Teilen Sie die erste Zeile in zwei Spalten und fügen Sie in die beiden entstehenden Zellen das Firmenlogo sowie den Firmennamen ein.
- Erstellen Sie in der zweiten Zeile der Tabelle das Navigationsmenü mit folgenden Einträgen: Home, Gebrauchtwagenliste, Gebrauchtwagen suchen, Kontakt.
- Die dritte Zeile der Tabelle enthält den ContentPlaceHolder.
- Erstellen Sie die Startseite **Default.aspx** als **Contentpage.** Die Startseite enthält ein Foto vom Gebrauchtwagenplatz sowie den folgenden Text: Willkommen auf unserem virtuellen Gebrauchtwagenplatz!
- Erstellen Sie die restlichen Contentpages für alle Menüeinträge des Navigationsmenüs. Fügen Sie auf jeder Contentpage eine Überschrift ein und verknüpfen Sie die Webseiten mit dem Navigationsmenü auf der Masterpage!

**SbX**
Sie finden Ü 3.29 mit automatischer Aufgabenkontrolle unter der ID: 1332.

erledigt: ✔
Ü 3.29: ☐

### Weitere Übungen im SbX

#### Ü 3.29: Visual Studio ★
Vervollständigen Sie die Übersicht zur Benutzeroberfläche von Visual Studio!

#### Ü 3.30: H2Ö Website ★★
Bearbeiten Sie das Beispiel zur Erstellung einer Webseite für die H2Ö GmbH!

Lerneinheit 3: Webanwendung erstellen

## Sichern

In dieser Lerneinheit haben Sie die ersten Schritte zur Erstellung von Webapplikationen mittels ASP.NET kennengelernt.

| | |
|---|---|
| Programme | Ein Programm wird mithilfe einer **Programmiersprache** in einer **Textdatei** erstellt und anschließend in **Maschinensprache** übersetzt (compiliert). Die Ausführung von Programmen wird durch das **Betriebssystem** kontrolliert. |
| Webapplikationen | Applikationen, die **auf einem Webserver** liegen und von **Benutzern über einen Webbrowser betrachtet** werden, nennt man Webapplikationen. Sie **laufen am Server,** lediglich die **Benutzerschnittstelle** wird in Form einer **Webseite** realisiert. |
| Statische Websites | Statische Websites bestehen aus **HTML-Seiten,** deren Inhalte ausschließlich vom Web-Entwickler verändert werden. |
| Dynamische Websites | Dynamische Websites verwenden eine **Programmiersprache,** mit deren Hilfe erst **zur Laufzeit** eine HTML-Webseite entsteht. Dadurch ist es möglich, dass sich das Erscheinungsbild einer Webseite laufend an die Bedürfnisse des Benutzers anpasst, z. B. bei einem **Webshop.** |
| ASP.NET | ASP.NET ist eine von Microsoft entwickelte Technologie zur **Erstellung dynamischer Websites.** Durch die Verwendung der **integrierten Entwicklungsumgebung Visual Studio** reduziert sich der erforderliche Programmieraufwand enorm. |
| Cascading Stylesheets (CSS) | Zur einheitlichen Definition der **Formatierung von Webseiten** werden **Layoutvorlagen** verwendet. |
| Web-Controls | Web-Controls sind **Elemente auf Webseiten,** die vom Webserver verwaltet und gesteuert werden. Beispiele für Web-Controls sind Hyperlink, Textbox, Button oder Image. |
| Master- und Contentpage | In einer **Masterpage** werden das Aussehen jeder Webseite sowie das Navigationsmenü für eine Webapplikation festgelegt. Die einzelnen **Contentpages** bedienen sich der Masterpage und ergänzen diese um die konkreten Inhalte. |

**SbX ID: 1333** Zusätzlich zu dieser Zusammenfassung finden Sie im SbX eine Audio-Wiederholung zur Wiedergabe mit dem Audio-Player und als MP3-Datei sowie eine Bildschirmpräsentation.

## Wissen

### W 3.8: Kontrollfragen und -aufgaben

1. Wodurch unterscheiden sich statische und dynamische Websites?

2. Wofür werden Cascading Stylesheets verwendet?

3. Welche Vorteile hat die Verwendung von Master- und Contentpages?

4. Warum wird ein Navigationsmenü in eine Masterpage eingefügt?

5. Was ist ein Hyperlink?

6. Welche Vorteile bietet die Verwendung of Visual Studio für die Entwicklung dynamischer Webseiten?

▶ Lernen  ◉ Üben  ◉ Sichern  ▶ Wissen

### W 3.9: Fahrradverleih-Website
Erstellen Sie eine neue Webapplikation für den Verleih von Fahrrädern!

- Erstellen Sie eine **Masterpage** mit einer Tabelle mit vier Zeilen. Teilen Sie die erste Zeile in zwei Spalten und fügen Sie in die beiden entstehenden Zellen das Firmenlogo sowie den Firmennamen ein.
- Erstellen Sie in der zweiten Zeile der Tabelle das Navigationsmenü mit folgenden Einträgen: Home, Fahrradmodelle, Fahrrad suchen, Gästebuch.
- Die dritte Zeile der Tabelle enthält den ContentPlaceHolder. In der vierten Zeile erstellen Sie einen Copyright-Vermerk mit Ihrem Namen.
- Erstellen Sie die Startseite **Default.aspx** als **Contentpage.** Die Startseite enthält ein selbst erstelltes Foto von Fahrrädern sowie den folgenden Text: Willkommen in unserem Fahrradverleih!
- Erstellen Sie die restlichen Contentpages für alle Menüeinträge des Navigationsmenüs. Fügen Sie auf jeder Contentpage eine Überschrift ein und verknüpfen Sie die Webseiten mit dem Navigationsmenü auf der Masterpage!

**SbX**
ID: 1334

**Weitere Aufgabe im SbX**

### W 3.10: Website erstellen
Bearbeiten Sie die Aufgabe zur Erstellung einer Website!

*Ein kurzer Wissens-Check bevor's weitergeht!*

## Wissens-Check

|  | ☺ | 😐 | ☹ |
|---|---|---|---|
| **Ich kann die Komponenten und den Aufbau einer ASP.NET-Webapplikation erklären.** |  |  |  |
| **Ich kann eine statische Webanwendung erstellen.** |  |  |  |
| **Ich kann Master- und Contentpages mit Layoutvorlagen verwenden.** |  |  |  |

# Lerneinheit 4
# Datenbankanbindung

Alle SbX-Inhalte zu dieser Lerneinheit finden Sie unter der ID: 1340.

Stellen Sie sich vor, Sie möchten in einem Webshop die Artikel aus einer Datenbank mit Beschreibungen, Preisen und Bildern darstellen. Auf einer weiteren Seite sollten Kunden mit dem Webshop-Betreiber in Kontakt treten oder sich in ein Gästebuch eintragen können.

In dieser Lerneinheit erstellen Sie dynamische Webseiten mit Datenbankanbindung. Die Inhalte der Webseite werden durch die Inhalte der Datenbank bestimmt. Die Benutzer der Webapplikation können Daten eingeben, verändern und löschen.

## Lernen

ID: 1341

### 1 Dynamische Webseite erstellen
Datenbankinhalte mit Webseiten verwenden

Dynamische Webapplikationen sind so aufgebaut, dass sie Daten aus einer Datenquelle lesen, diese entsprechend der Aufgabe aufbereiten und im Browser darstellen. Das Aussehen der selben Seite kann für jede Anforderung anders sein.

Ein Beispiel für eine dynamische Webapplikation sind Webshops, deren Artikeldaten aus einer Datenbank gelesen werden. Die Bestellungen der Kunden werden in der Datenbank abgespeichert. Die Verwaltung der Datenbank kann entweder direkt über die Webapplikation, ein Windows-Programm oder die Datenbank selbst erfolgen, z. B. Microsoft Access.

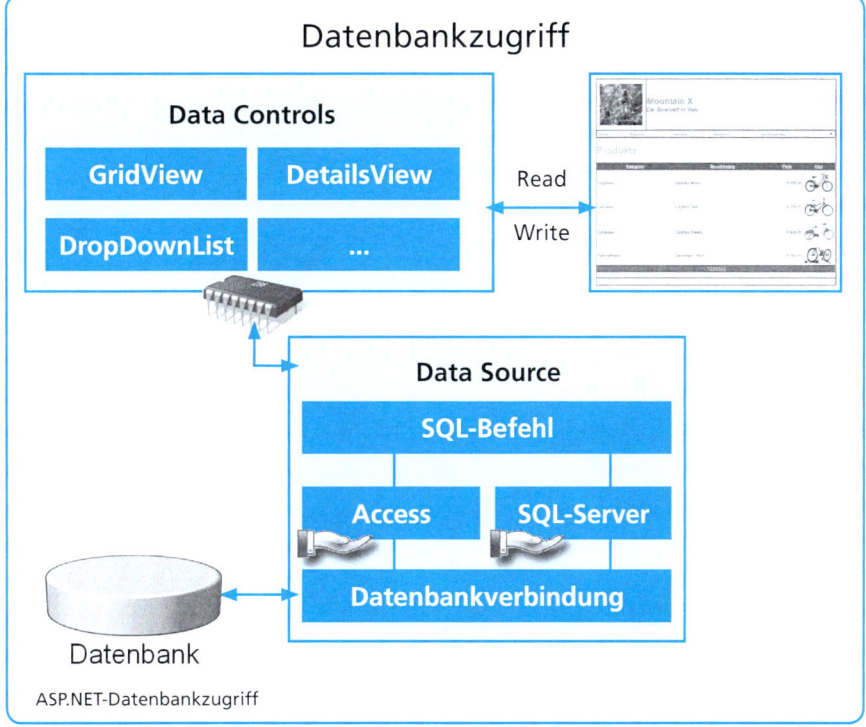

ASP.NET-Datenbankzugriff

Eine Bildschirmpräsentation mit allen Abbildungen zum Schritt LERNEN finden Sie unter der ID: 1341.

Sie erweitern Ihre Webapplikation um eine Produktliste, die alle Artikel und Preise aus einer Access-Datenbank ausliest. Die Datenbank muss sich in dem dafür vorgesehenen Ordner **App_Data** im Projektverzeichnis befinden.

## Preisliste mit dem *GridView*-Control erstellen

Zur Darstellung von Daten aus einer Datenbanktabelle oder -abfrage in Form einer Liste verwenden Sie das GridView-Control. Die folgende Abbildung zeigt die fertige Mountain-X-Preisliste als GridView.

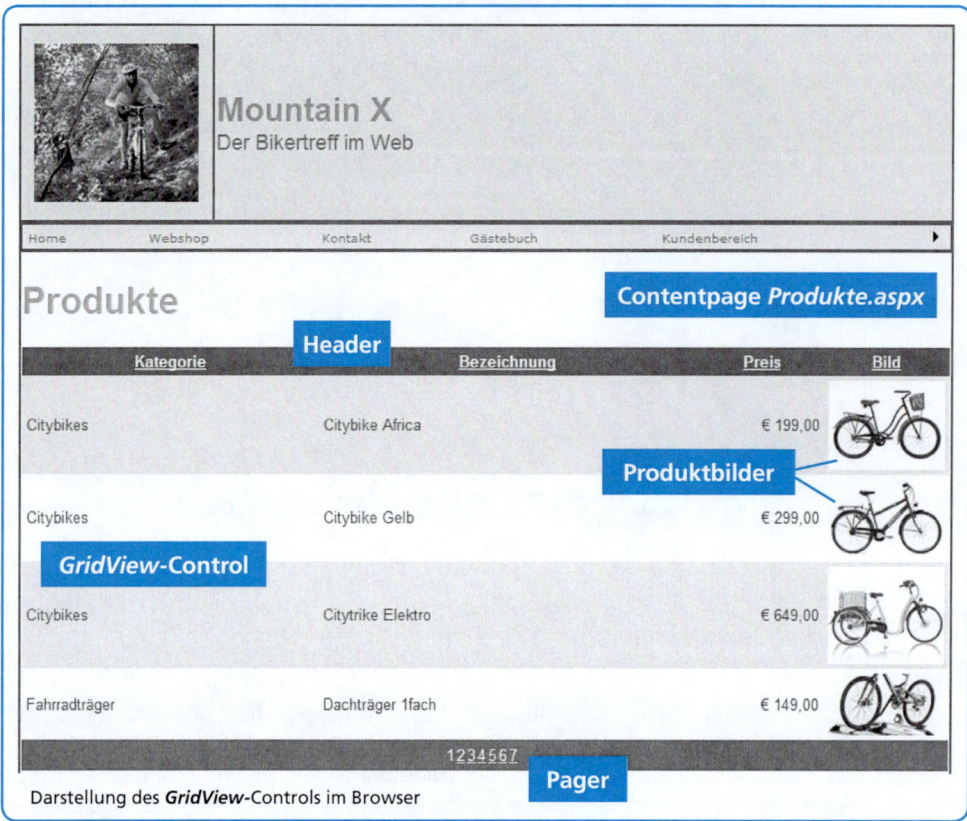

Darstellung des *GridView*-Controls im Browser

### L 3.28: Preisliste mit Produktbildern mit dem *GridView*-Control erstellen

Erstellen Sie für die Mountain-X-Webapplikation die Contentpage *Produkte.aspx* mit der oben abgebildeten Produktliste als GridView!

**SbX**
Die Ausgangsdateien zu allen Beispielen im Schritt LERNEN finden Sie unter der ID: 1341.

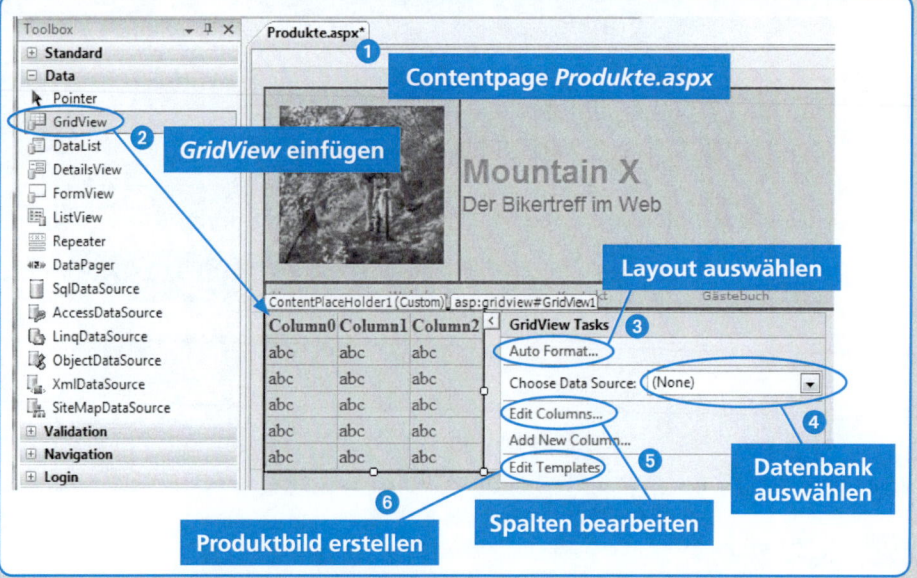

① Erstellen Sie die Contentpage *Produkte.aspx* über **Website | Add New Item | Web Form!** Definieren Sie als Titel den Namen *Produkte* und wechseln Sie in die **Design-Ansicht!**

Lerneinheit 4: Datenbankanbindung

❷ Ziehen Sie ein **GridView-**Control aus dem Bereich **Data** der Toolbox in den Content-PlaceHolder der Contentpage!

❸ Klicken Sie im **GridView-Tasks-**Menü auf die Option **Auto Format** und wählen Sie ein passendes Layout, z. B. **Simple.** Wenn Sie das GridView markieren, können Sie außerdem die Schriftart und die Schriftgröße über die Symbolleiste verändern.

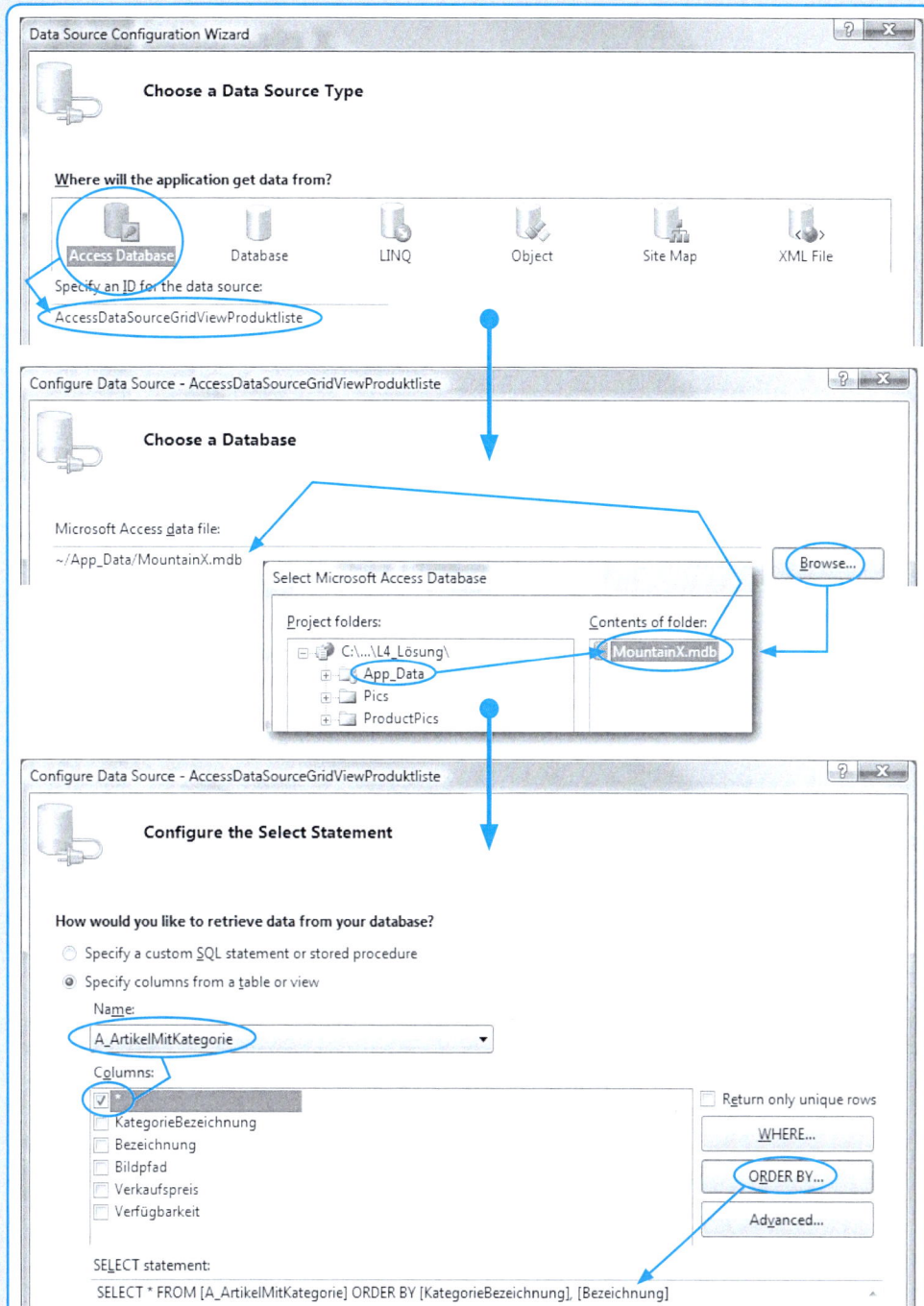

Das **GridView-**Control akzeptiert Access-Datenbanken mit den Endungen *.mdb* und *.accdb.*

Der **SELECT**-Befehl gehört zur Datenabfragesprache **SQL.**

❹ Öffnen Sie im **GridView-Tasks-**Menü das Kombinationsfeld **Choose Data Source** und wählen Sie darin den Eintrag **<New Data Source>** aus. Verknüpfen Sie die Access-Datenbank **MountainX.mdb** im Ordner **App_Data.** Verwenden Sie aus der Abfrage **A_ArtikelMitKategorie** alle Felder und definieren Sie unter **ORDER BY** die **Kategorie-Bezeichnung** und die **Bezeichnung** als Sortierkriterien! Kontrollieren Sie abschließend den **SELECT**-Befehl auf Übereinstimmung!

Angewandte Informatik HTL

● **Lernen** ○ Üben ○ Sichern ○ Wissen

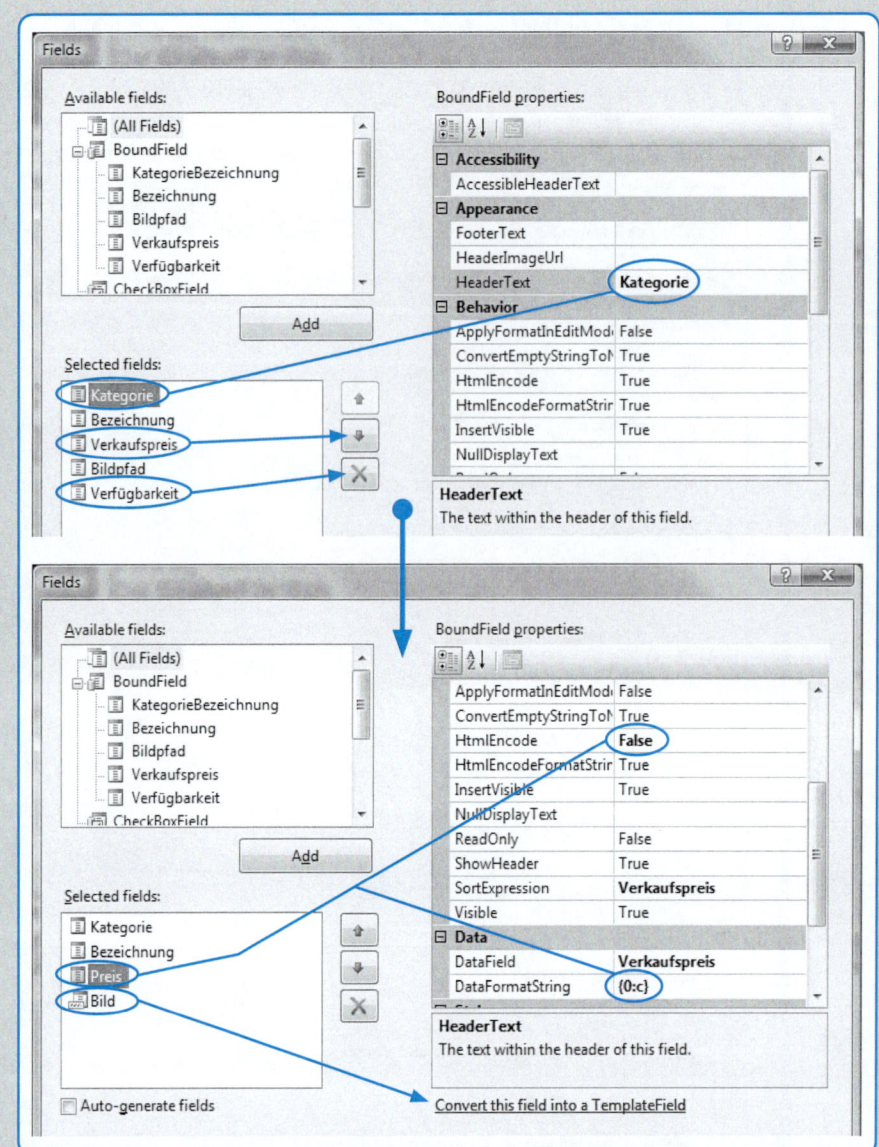

5. Klicken Sie im *GridView-Tasks*-Menü auf die Option *Edit Columns* und bearbeiten Sie die ausgewählten Felder der zuvor verknüpften Abfrage! Entfernen Sie das Feld *Verfügbarkeit* in *Selected Fields*! Benennen Sie das Feld *KategorieBezeichnung* in *Kategorie* um, indem Sie die Eigenschaft *HeaderText* bei *BoundField-Propertys* ändern! Ändern Sie auch die Namen *Verkaufspreis* in *Preis* und *Bildpfad* in *Bild*! Ändern Sie die Anordnung der ausgewählten Felder so, dass der Verkaufspreis vor dem Bildpfad steht!

Markieren Sie das Feld *Preis* und ändern Sie die Eigenschaften *HtmlEncode* in *False* sowie *DataFormatString* in *{0:c},* damit der Preis im **Währungsformat** angezeigt wird. Ändern Sie die **horizontale Ausrichtung** des Feldes in **rechtsbündig,** indem Sie in der Kategorie *ItemStyle* der *BoundField-Propertys* die Option *HorizontalAlign* auf *Right* umstellen. Markieren Sie das Feld *Bild* und konvertieren Sie es in ein *TemplateField,* da Sie statt des Dateipfades das Bild selbst anzeigen möchten.

In den BoundField-Propertys können Sie unter *Item Style* die Breite jeder Spalte festlegen, indem Sie die Eigenschaft *Width* auf eine bestimmte Pixelgröße setzen. Definieren Sie für *Kategorie* eine *Width* von 200 px, für *Preis* 150 px und für *Bild* 100 px!

Verlassen Sie den *Edit-Column*-Dialog und ändern Sie die Breite des *GridView*-Controls bei den *Propertys* auf eine *Width* von 800 px!

Aktivieren Sie im *GridView-Tasks*-Menü die Option *Enable Paging,* um die Ausgabe der Liste einzuschränken. Die Artikelanzahl pro Seite wird unter *PageSize* in den *GridView*-Propertys festgelegt. Die Option *Enable Sorting* ermöglicht die Sortierung nach den Feldern des GridViews.

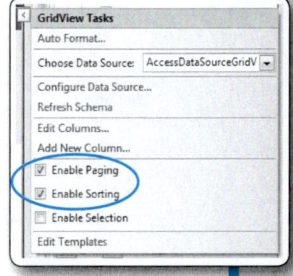

*Paging* und *Sorting* aktivieren

## Lerneinheit 4: Datenbankanbindung

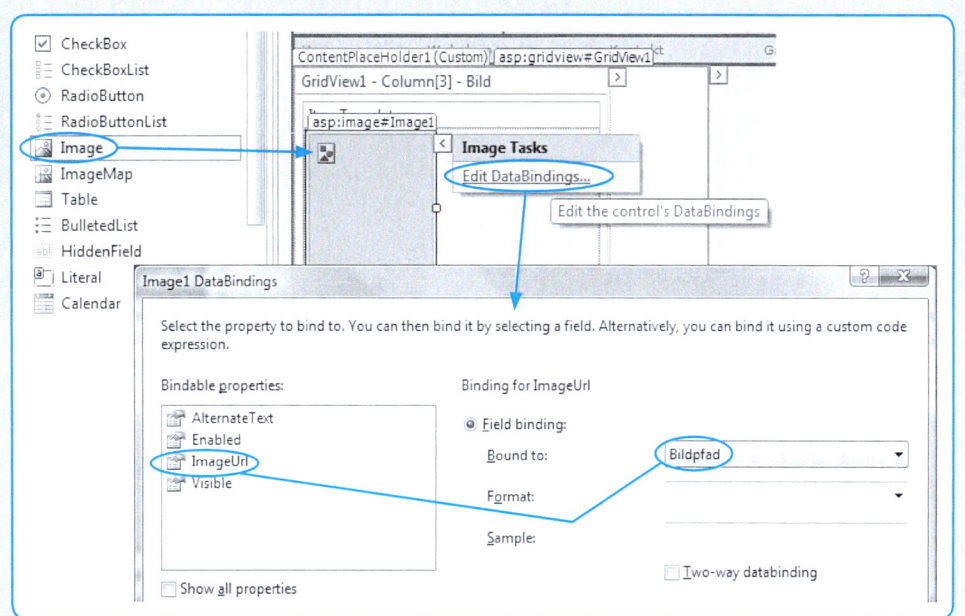

⑥ Nachdem Sie bereits das Feld **Bild** in ein **TemplateField** konvertiert haben, können Sie nun im **GridView-Tasks**-Menü die Option **Edit Templates** anklicken und das **Label**-Control durch ein **Image**-Control ersetzen. Entfernen Sie das **Label**-Control mit der Taste [Entf] und ziehen Sie ein **Image**-Control aus der Toolbox in den Bereich **Item Template**. Ändern Sie die Breite des Bildes unter **Width** auf 100 Pixel und entfernen Sie eine eventuell vorhandene Höhenangabe unter **Height**! Klicken Sie im **Image-Tasks**-Menü auf **Edit DataBindings** und wählen Sie für die Eigenschaft **ImageUrl** unter **Bound to** das Feld **Bildpfad** aus!

### Ü 3.31: Preisliste mit GridView-Control erstellen ★
Erstellen Sie in der Webanwendung **Elektro Binder** die Contentpage **Preisliste.aspx**, die alle Produkte mit der Kategorie, der Bezeichnung, dem Preis sowie mit dem Bild in einem GridView darstellt!

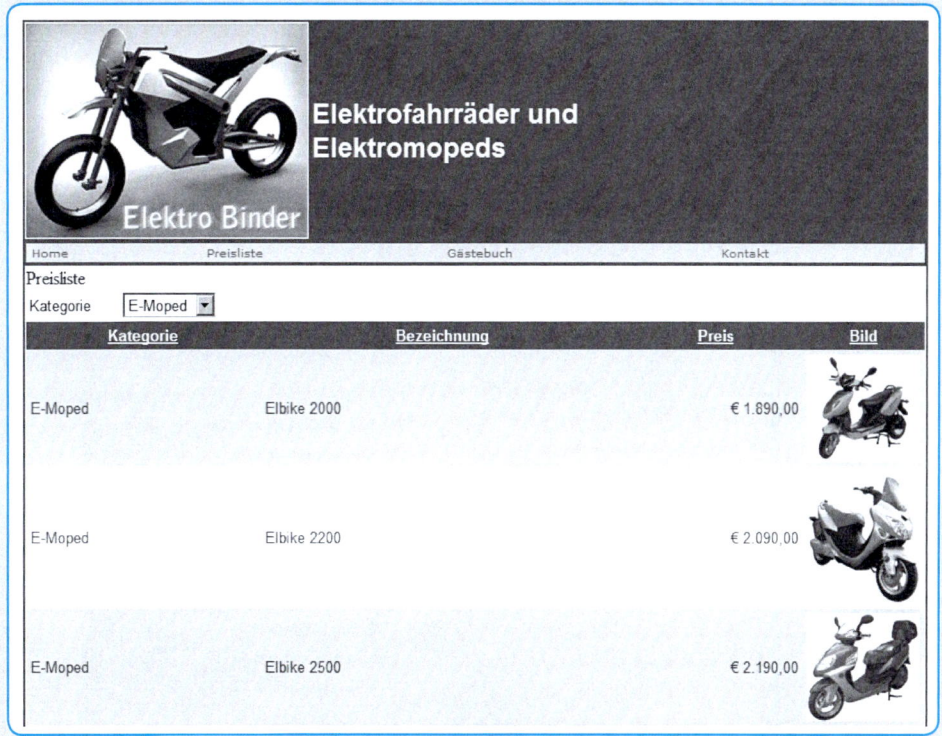

Angewandte Informatik HTL

## 2 Formulare für die Dateneingabe
### Kontaktformular mit dem *DetailsView*-Control erstellen

In kundenbezogenen Webapplikationen ist es häufig erforderlich, Eingabeformulare zur Verfügung zu stellen, damit die Benutzer Daten in der dahinterliegenden Datenbank abspeichern können. Auf diese Art und Weise können Sie z. B. Kontaktformulare, Fragebögen oder Gästebücher erstellen.

Die folgende Abbildung zeigt ein Eingabeformular, das wir im Rahmen des nächsten Lehrbeispiels erstellen.

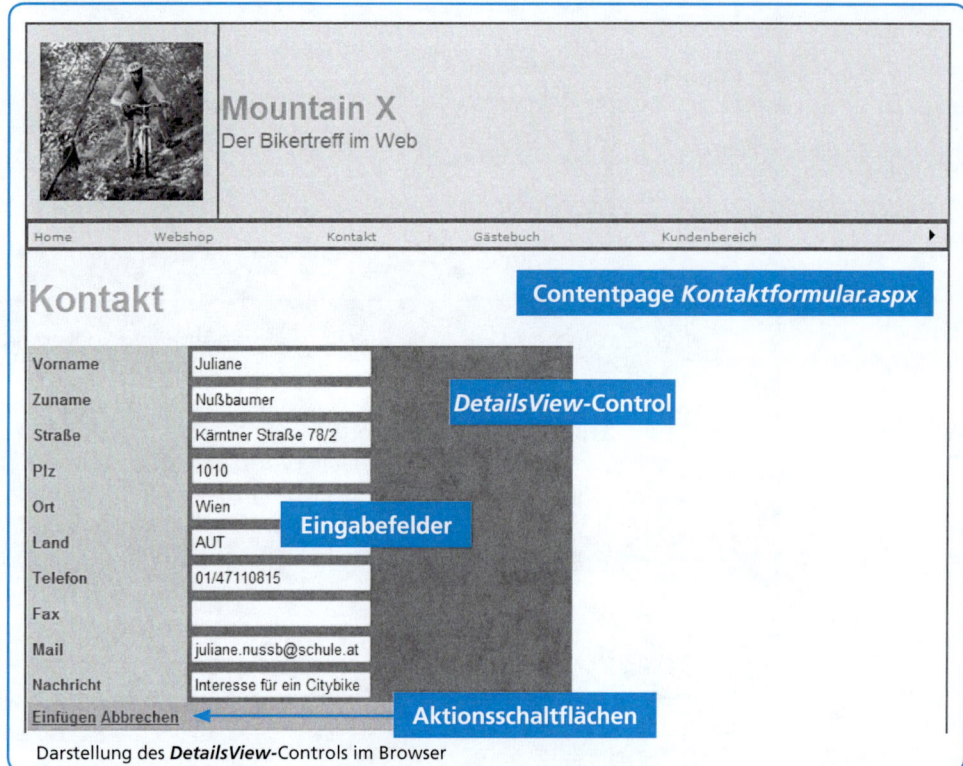

**L 3.29: Eingabeformular mit dem *DetailsView*-Control erstellen**
Erstellen Sie für die Mountain-X-Webapplikation die Contentpage **Kontaktformular.aspx** mit dem oben abgebildeten Eingabeformular als DetailsView!

Lerneinheit 4: Datenbankanbindung

❶ Erstellen Sie die Contentpage **Kontaktformular.aspx** über **Website | Add New Item | Web Form!** Definieren Sie als Titel den Namen **Kontaktformular** und wechseln Sie in die **Design-Ansicht!**

❷ Ziehen Sie ein **DetailsView-**Control aus dem Bereich **Data** der Toolbox in den Content-PlaceHolder der Contentpage! Klicken Sie im **DetailsView-Tasks**-Menü auf die Option **Auto Format** und wählen Sie ein passendes Layout, z. B. **Simple.** Wenn Sie das GridView markieren, können Sie die Schriftart und -größe über die Symbolleiste verändern.

Die **Advanced**-Optionen sind nur für Tabellen mit aktiviertem Primärschlüssel verfügbar. Fehlt der Primärschlüssel oder verwenden Sie eine Abfrage, gibt es keine **Advanced**-Optionen.

Achtung:
Fügen Sie erst am Schluss den Primärschlüssel **KontaktID** hinzu!

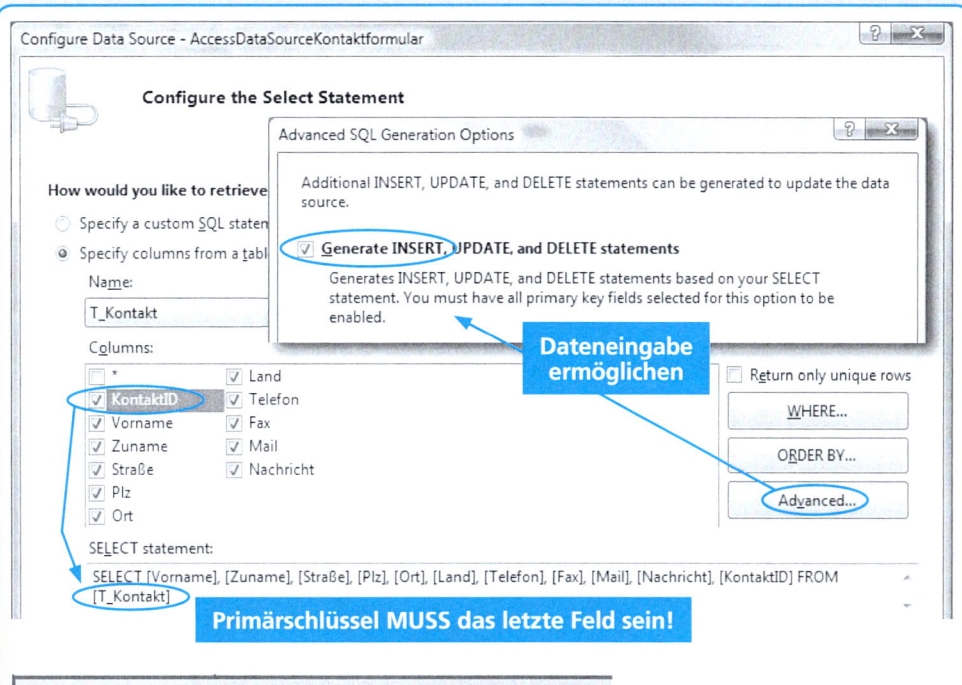

❸ Öffnen Sie im **DetailsView-Tasks**-Menü das Kombinationsfeld **Choose Data Source** und wählen Sie darin den Eintrag **<New Data Source>** aus. Verknüpfen Sie die Access-Datenbank **MountainX.mdb** im Ordner **App_Data.** Verwenden Sie aus der Tabelle **T_Kontakt** alle Felder, die im Kontaktformular angezeigt werden sollen. Achten Sie dabei auf die Reihenfolge, in der Sie die Felder anklicken – sie entspricht genau der Anordnung der Felder im DetailsView. Überprüfen Sie, ob im **SELECT**-Befehl der Primärschlüssel nur ganz am Ende vorkommt. Falls nicht, entfernen Sie alle Felder und beginnen Sie erneut mit dem Markieren in der gewünschten Reihenfolge. Klicken Sie auf die Schaltfläche **Advanced** und aktivieren Sie die Option **Generate INSERT, UPDATE and DELETE statements!** Schließen Sie den Dialog ab!

❹ Aktivieren Sie im **DetailsView-Tasks**-Menü die Option **Enable Inserting** und ändern Sie die Eigenschaft **DefaultMode** bei den **DetailsView-Propertys** auf **Insert.**

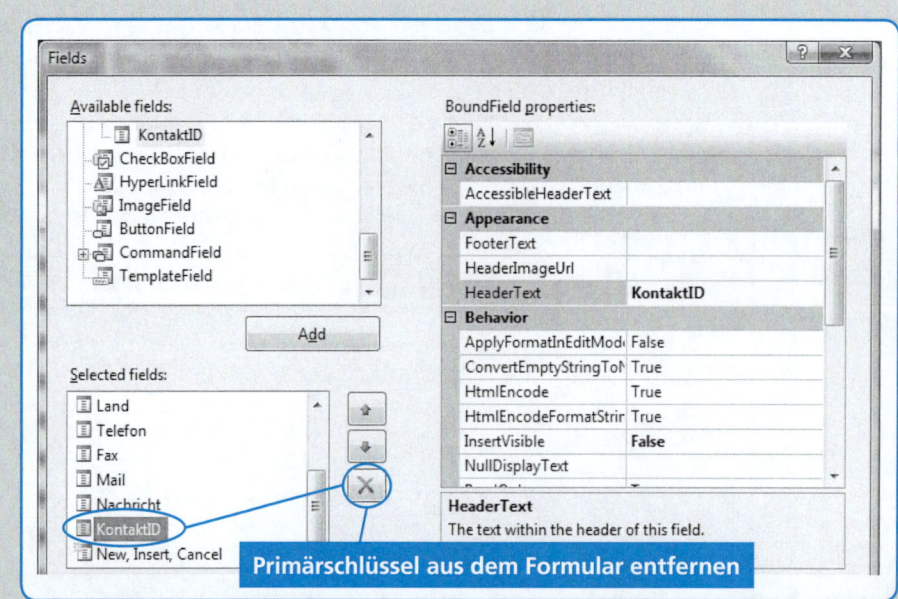

Klicken Sie im **DetailsView-Tasks**-Menü auf **Edit Fields** und entfernen Sie den Primärschlüssel **KontaktID** aus der Liste **Selected fields!** Da der Primärschlüssel ein Autowert ist, vergibt die Datenbank hierfür automatisch einen Wert. Klicken Sie auf **OK!**

Der Primärschlüssel muss aus dem **INSERT**-Befehl entfernt werden, da er als Autowert definiert ist.

Wird der **Autowert**-Primärschlüssel nicht aus dem **INSERT**-Befehl entfernt, so erzeugt die Datenbank beim Ausführen des Befehls einen Laufzeitfehler.

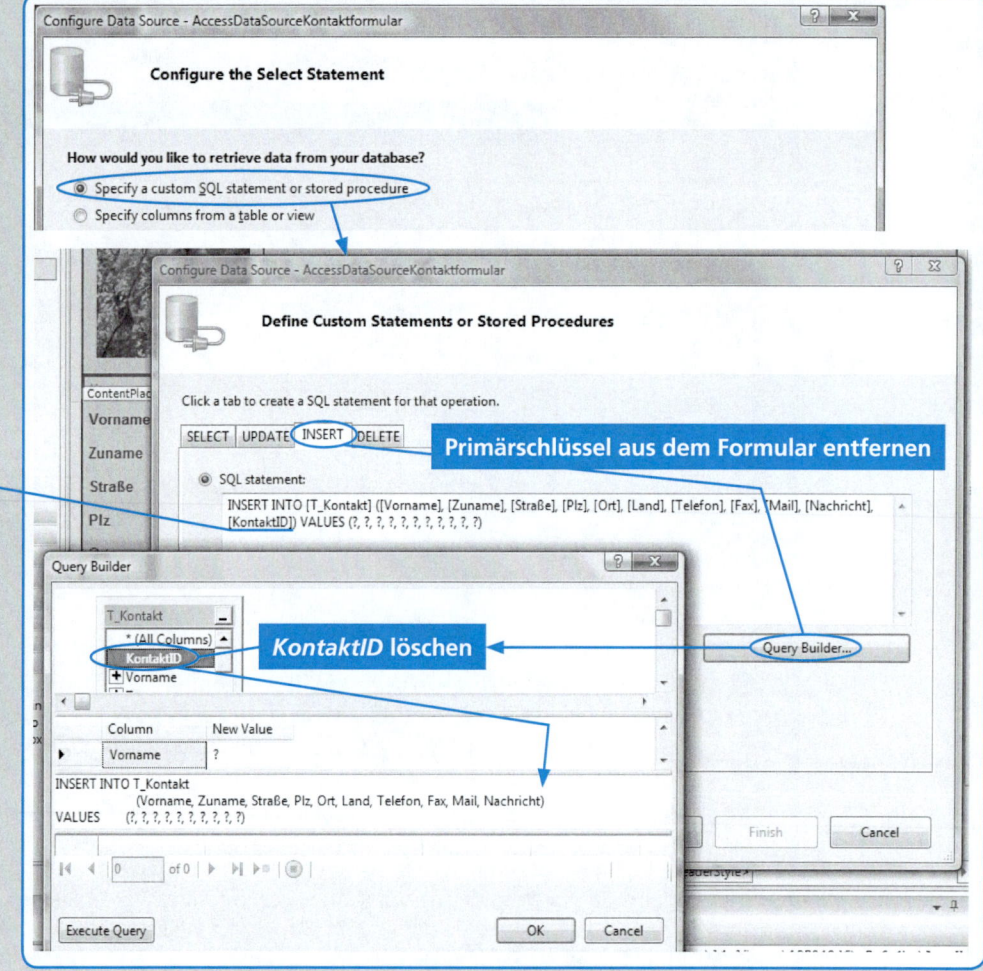

Klicken Sie im **DetailsView-Tasks**-Menü auf **Configure Data Source!** Wählen Sie **Specify a custom SQL statement or stored procedure** und adaptieren Sie den **INSERT**-Befehl mit dem **Query Builder.** Entfernen Sie die **KontaktID** aus dem **INSERT**-Befehl und speichern Sie alles!

**Ü 3.32: Kontaktformular anlegen** ★
Erstellen Sie in der Webanwendung **Elektro Binder** die Contentpage *Kontaktformular.aspx!* Benutzer der Webseite sollen ihren Vor- und Zunamen, die E-Mail-Adresse sowie eine Nachricht eingeben und in der Access-Datenbank abspeichern können!

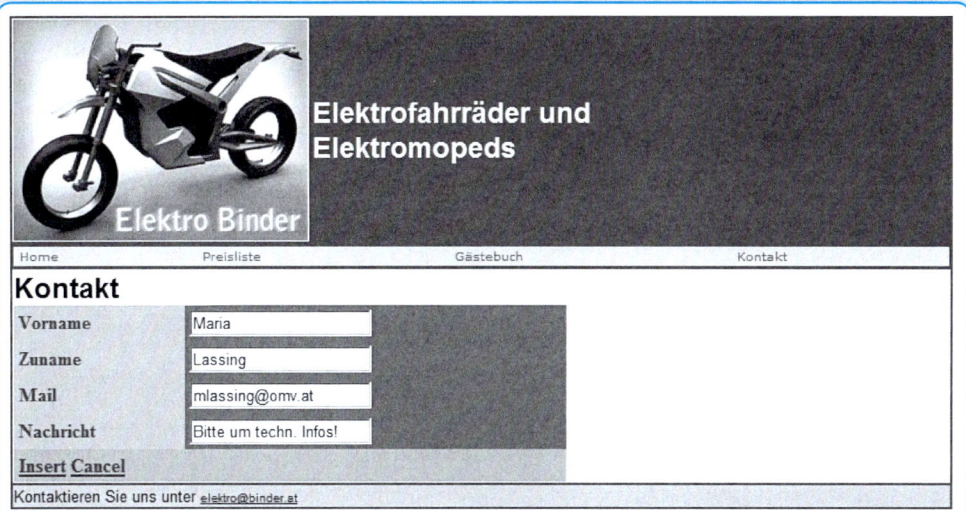

**Ü 3.33: Gästebuch** ★★★
Erstellen Sie in der Webanwendung **Elektro Binder** die Contentpage *Guestbook.aspx!* Verwenden Sie zur Anzeige der Gästebucheinträge ein **GridView** mit der Tabelle *T_Guestbook!* Eingegeben werden Vorname, Zuname und Gästebucheintrag in einem **DetailsView** im Einfügemodus. Das Datum und die Uhrzeit werden automatisch von der Datenbank gespeichert.

**Hinweis:** Die Ausgabe des Datums erfolgt mit dem **Formatstring** *{0:d}*, die Ausgabe der Uhrzeit mit *{0:t}*.

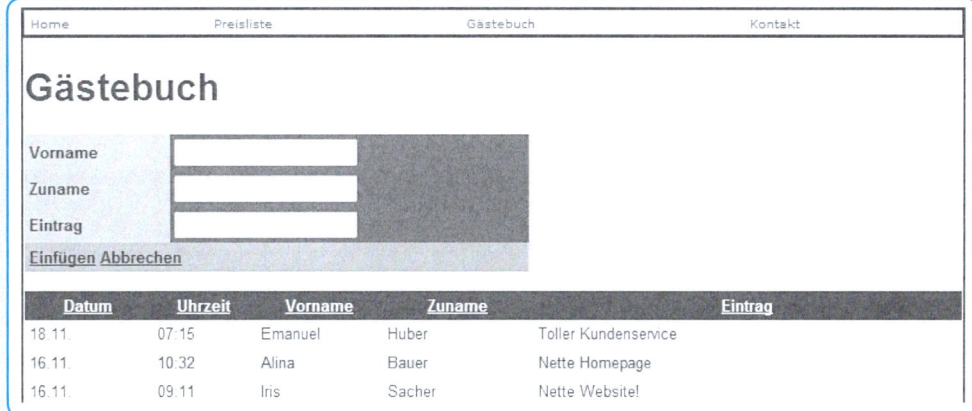

**Neue Gästebucheinträge automatisch anzeigen:**
Damit das Gästebuch-GridView nach der Eingabe eines neuen Eintrags diesen automatisch anzeigt, muss ein Befehl ausgeführt werden, der das GridView aktualisiert.

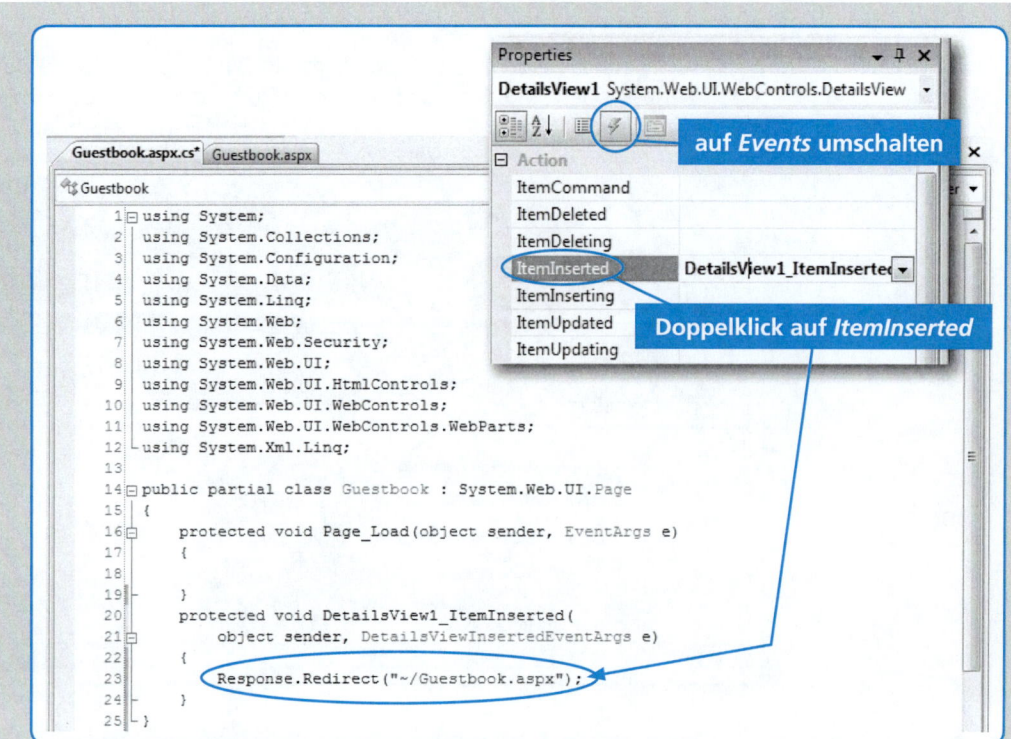

Zur Aktualisierung der Datensätze im GridView kann alternativ auch **GridView1.DataBind()** verwendet werden.

Der Befehl **Response.Redirect(Url)** bewirkt den Aufruf der unter **Url** angegebenen Webadresse.

## 3 Interaktive Formulare
### Filter mit Querystring

Die Preisliste in Ihrem **Bikeshop Mountain X** sieht zwar schon ganz brauchbar aus, aber sehr benutzerfreundlich ist die Auswahl der Produkte noch nicht. Was noch fehlt ist eine **Suchfunktion.** Auf der Startseite soll der Benutzer einen beliebigen Text eingeben können, der als **Filterkriterium** für die **Anzeige der Produkte** dient.

**L 3.30: Textfeld für die Suche nach Produkten**
Erstellen Sie für die Mountain-X-Webapplikation auf der Startseite ein Textfeld und einen Button zur Suche nach Produkten, deren Bezeichnungen den Suchbegriff enthalten!

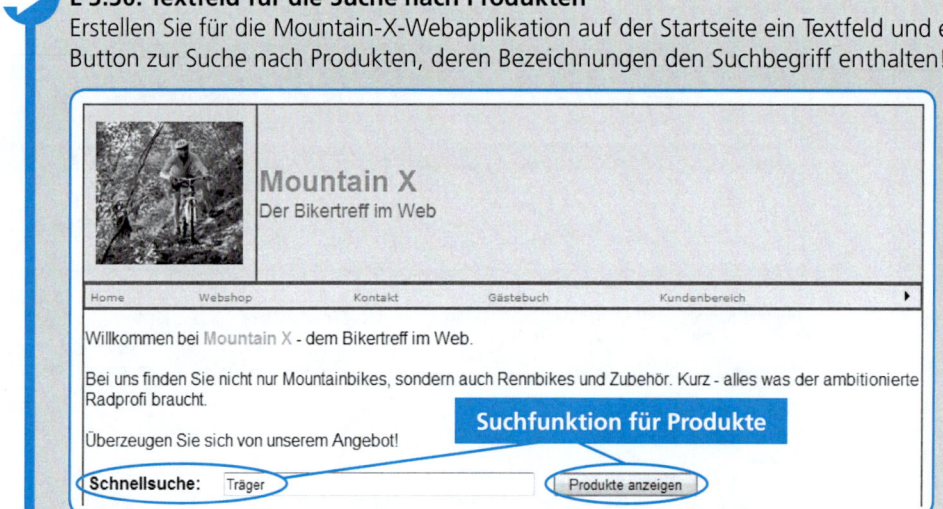

182 — Angewandte Informatik HTL

## Lerneinheit 4: Datenbankanbindung

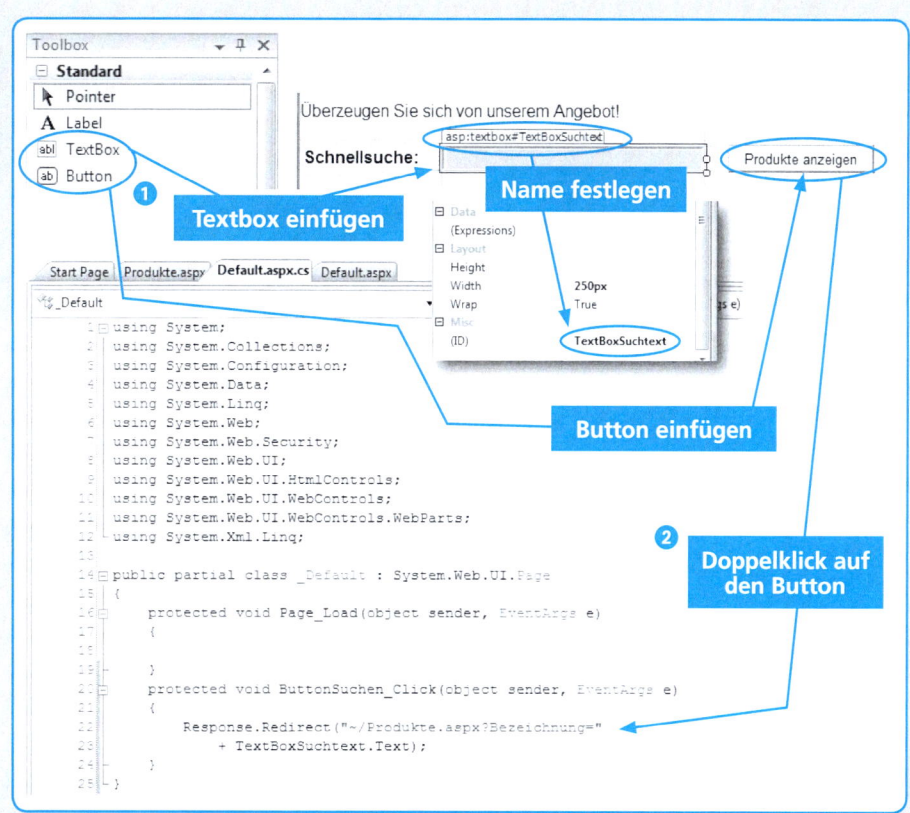

① Öffnen Sie die Webseite **Default.aspx** und fügen Sie im **ContentPlaceHolder** eine Tabelle mit einer Zeile und drei Spalten ein! Geben Sie in der ersten Spalte den Text „Schnellsuche:" ein, in die zweite Spalte ziehen Sie eine **Textbox** aus der Toolbox und in die dritte Spalte einen **Button**. Ändern Sie die Namen der beiden Controls in den Propertys unter **ID** in **TextBoxSuchtext** und **ButtonSuchen!** Ändern Sie die Beschriftung des Buttons in der Eigenschaft **Text** in „Produkte anzeigen"!

② Doppelklicken Sie auf den Button und geben Sie in der Ereignisprozedur den folgenden Befehl ein:

***Response.Redirect("~/Produkte.aspx?Bezeichnung=" + TextBoxSuchtext.Text);***

Der Befehl ruft nach dem Anklicken des Buttons die Seite **Produkte.aspx** mit dem Parameter **Bezeichnung** auf und übergibt als Wert des Parameters den vom Benutzer in die Textbox eingegebenen Suchtext.

Der Aufruf für den Suchtext „Träger" lautet ***~/Produkte.aspx?Bezeichnung=Träger.***

Als *Default value* (Standardwert) wird der Joker % festgelegt, damit ohne die Angabe eines Filtertextes alle Datensätze angezeigt werden.

Für die GridView-Spalte *Bezeichnung* soll ein Filterkriterium festgelegt werden.

Das *QueryString*-Feld ist die Bezeichnung nach dem Fragezeichen in der Webadresse.

Die Übergabe von Parametern als Zusatz zur Webadresse wird als *QueryString* bezeichnet, z. B. *~/Produkte.aspx?Bezeichnung=Träger*.

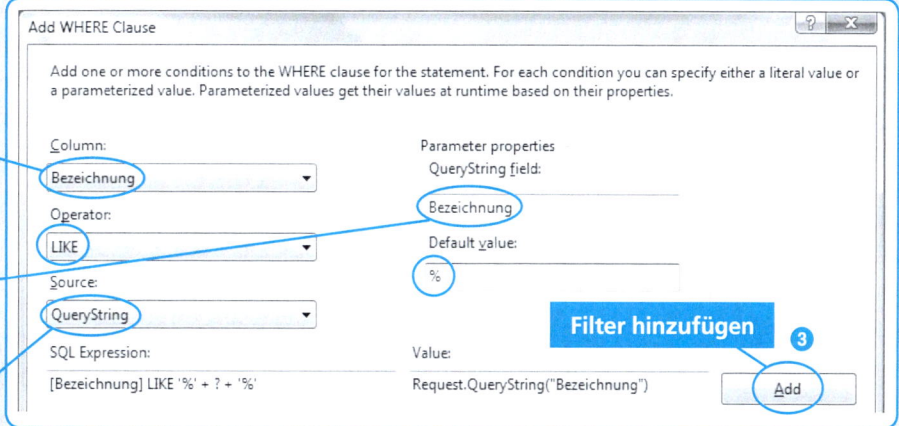

③ Speichern Sie die Webseite **Default.aspx** und schließen Sie sie! Öffnen Sie die Seite **Produkte.aspx**, markieren Sie das **GridView** und wählen Sie im **GridView-Tasks**-Menü die Option **Configure Data Source!** Klicken Sie im Dialog **Configure the Select Statement** auf die Schaltfläche **WHERE** und fügen Sie den **QueryString**-Filter hinzu!

## Filter mit einem Kombinationsfeld

Die **Preisliste** der Webanwendung von **Mountain X** bietet im Moment noch keine **Auswahlmöglichkeit** für die einzelnen **Artikelkategorien**. Über ein *DropDownList*-**Control** wählt der Benutzer eine gewünschte **Kategorie aus**, die dann als Filterkriterium für die Darstellung der Preisliste verwendet wird.

### L 3.31: *DropDownList*-Control zur Auswahl von Kategorien

Erstellen Sie für die Mountain-X-Webapplikation auf der Webseite *Produkte.aspx* ein Kombinationsfeld zur Auswahl der Kategorie, deren Produkte in der Preisliste dargestellt werden!

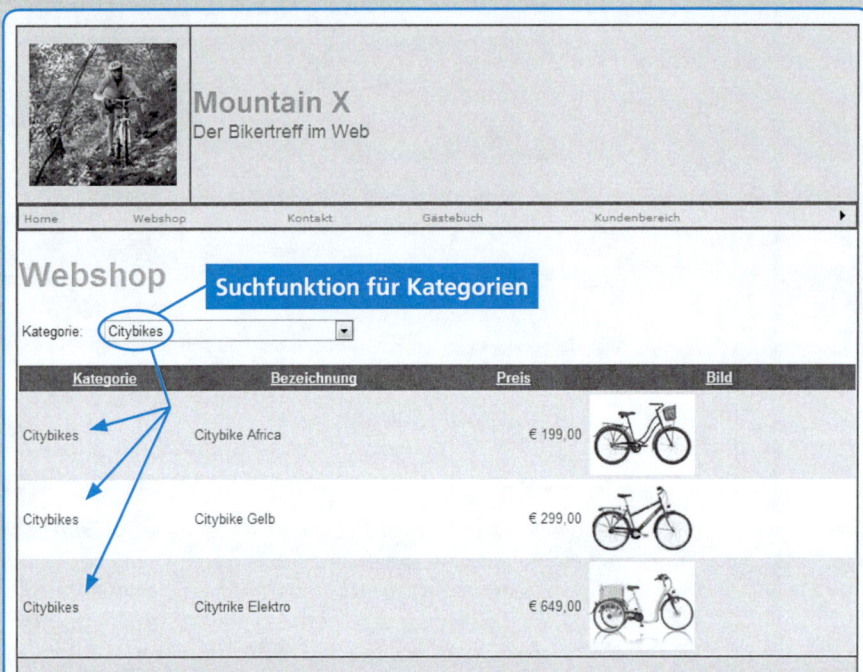

Die Auswahl „Citybike" bewirkt die Einschränkung der Produktliste auf die ausgewählte Kategorie.

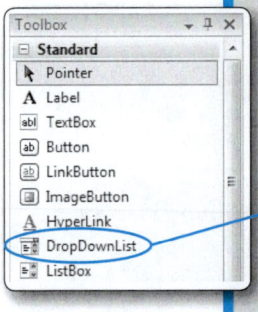

*AutoPostBack* bedeutet, dass eine Zustandsänderung des Controls einen **Reload der Webseite** auslöst.

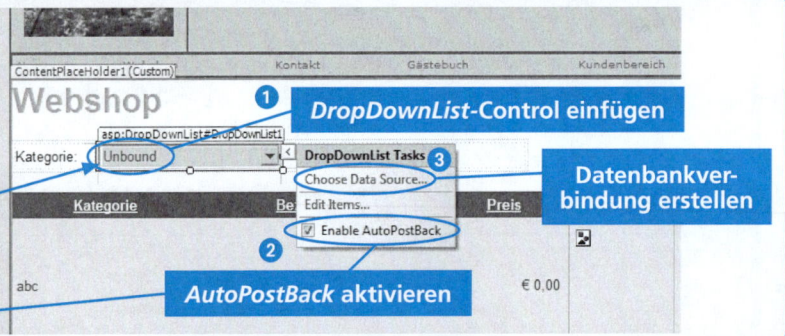

❶ Öffnen Sie die Webseite *Produkte.aspx* und fügen Sie über dem vorhandenen GridView eine Tabelle mit einer Zeile und zwei Spalten ein! Schreiben Sie in die linke Spalte den Text „Kategorie:" und fügen Sie in die rechte Spalte ein *DropDownList*-**Control** aus der Toolbox ein.

❷ Aktivieren Sie im *DropDownList-Tasks*-Menü die Option **Enable AutoPostBack**!

❸ Klicken Sie im *DropDownList-Tasks*-Menü auf **Choose Data Source** und wählen Sie eine neue Datenverbindung mit **Add New Data Source**! Geben Sie der Datenbankverbindung den Namen **AccessDataSourceDropDownListKategorie** und wählen Sie die Datenbank **MountainX.mdb**.

Wählen Sie aus der Tabelle **T_Kategorie** alle Felder mit **\*** aus und definieren Sie unter **ORDER BY** eine **aufsteigende Sortierung (Ascending)** für das Feld **KategorieBezeichnung**!

Schließen Sie den **Dialog** mit dem *Finish*-Button auf der letzten Seite ab!

Lerneinheit 4: Datenbankanbindung

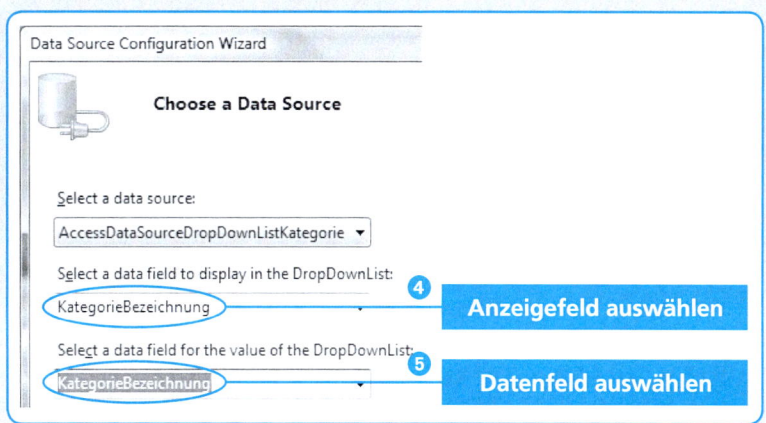

④ Wählen Sie im nun folgenden oben abgebildeten Dialog **Choose a Data Source** das **Anzeigefeld** *KategorieBezeichnung,* da dieses Feld im Kombinationsfeld dargestellt werden soll. Es wird aufsteigend sortiert angezeigt, da wir dies zuvor so festgelegt haben.

⑤ Wählen Sie als **Datenfeld** ebenfalls das Feld *KategorieBezeichnung,* da Sie nach Textinhalten besser filtern können.

Das **Datenfeld der** *DropDownList1* wird mit dem korrespondierenden **GridView-Feld** verknüpft.

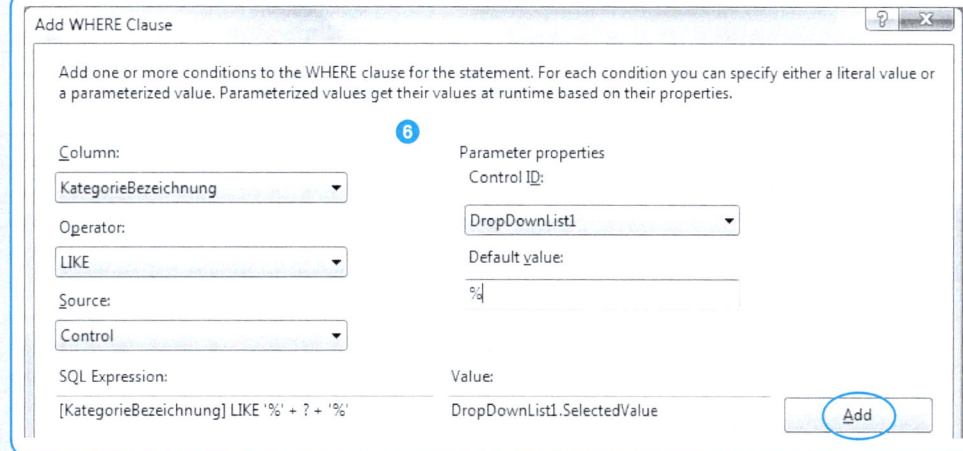

⑥ Bearbeiten Sie die Option **Configure Data Source** im *GridView-Tasks-*Menü und klicken Sie im zweiten Dialog auf den Button **WHERE,** um einen weiteren Filter einzufügen!

Wählen Sie als **Filterkriterium** unter *Column* das Feld *KategorieBezeichnung,* ändern Sie den **Operator** auf *LIKE,* definieren Sie als **Datenquelle (Source)** das Control *DropDownList1* und geben Sie als Standardwert **(Default value)** den Joker **%** ein! Fügen Sie den Filter mit der Schaltfläche **Add** hinzu und schließen Sie den Dialog ab!

 **Ü 3.34: Produktsuche ★**

a) Erstellen Sie in der Webanwendung **Elektro Binder** eine **Textbox** und einen Button für eine Suchfunktion in der Produktliste! Der eingegebene Text soll als Filterkriterium für die Artikelbezeichnung verwendet werden. Benutzen Sie dafür einen Querystring!

b) Erstellen Sie in der Produktliste der Webanwendung **Elektro Binder** eine **DropDownList** mit einem Filter für die Produktkategorie!

Mr. What und Ms. Check

Wie kann ich trotz Kombinationsfeld alle Produkte anzeigen lassen?

Dazu müssen Sie ein paar Zeilen programmieren. Schauen Sie sich das Expertenwissen auf der nächsten Seite an, dort erfahren Sie, wie das funktioniert!

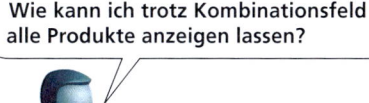

Expertenwissen für besonders Interessierte

## Achtung! Expertenwissen: Kombinationsfeld verbessern

Das Kombinationsfeld über der Produktliste funktioniert an sich wunderbar, aber es gibt keine Möglichkeit, alle Produkte anzeigen zu lassen. Da in der Liste immer irgendeine Auswahl getroffen werden muss, wird die Produktliste immer auf diese Auswahl eingeschränkt.

Um die Bedienung zu verbessern, fügen Sie der Liste einen **Leereintrag** hinzu. Wenn der Leereintrag ausgewählt wird, erscheinen alle Produkte ohne eine Einschränkung durch den Filter. In der Code-Beside-Datei **Produkte.aspx.cs** ergänzen Sie die folgenden Befehle:

```csharp
using System;
using System.Collections;
using System.Configuration;
using System.Data;
using System.Linq;
using System.Web;
using System.Web.Security;
using System.Web.UI;
using System.Web.UI.HtmlControls;
using System.Web.UI.WebControls;
using System.Web.UI.WebControls.WebParts;
using System.Xml.Linq;

public partial class Produkte : System.Web.UI.Page
{
    protected void Page_Load(object sender, EventArgs e)
    {
        int index = DropDownList1.SelectedIndex;
        DropDownList1.DataBind();
        DropDownList1.Items.Insert(0, "");
        try
        {
            DropDownList1.SelectedIndex = index;
        }
        catch (Exception)
        {
            DropDownList1.SelectedIndex = 0;
        }
    }
}
```

Zuerst wird eine eventuell vorhandene Auswahl zwischengespeichert. Nun wird der Leereintrag in die Liste eingefügt und anschließend der ursprünglich gewählte Eintrag markiert. Falls dies nicht möglich ist, wird der Leereintrag markiert.

Lerneinheit 4: Datenbankanbindung

 Üben

Übungsbeispiele

### Ü 3.35: Gästebucheinträge ★★
Erstellen Sie die Webseite **DailyGuestbook.aspx** und zeigen Sie darin alle Gästebucheinträge eines Tages an! Verwenden Sie als Filter für das Datum ein Kalender-Control!

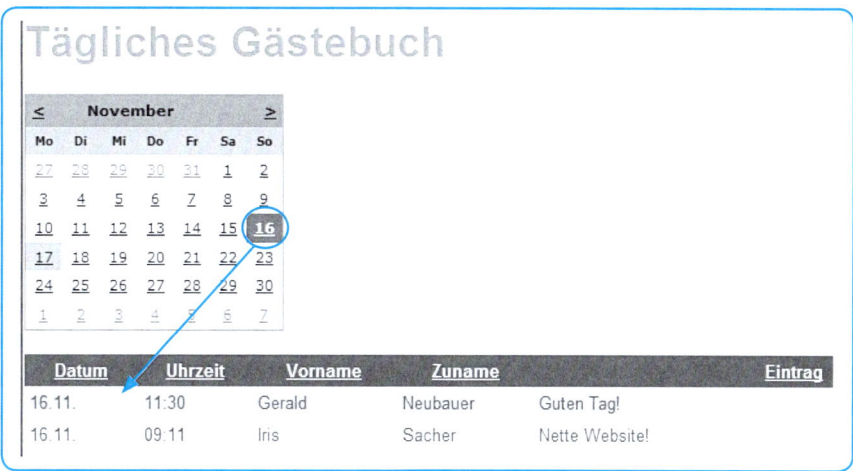

Die Ausgangsdateien zu allen Übungsbeispielen im Schritt ÜBEN finden Sie unter der ID: 1342.

### Ü 3.36: Webanwendung „Winzer König" erstellen ★★
Erstellen Sie die Webanwendung **Winzer König** und verwenden Sie dafür die Datenbank im SbX!

a) Erstellen Sie eine Masterpage mit dem Firmenlogo von **„Winzer König"** sowie mit einem Navigationsmenü für die Webseiten **Default, Weine** und **Gästebuch!**

b) Erstellen Sie die Webseite **Weine.aspx** mit einem GridView, das alle Weine der Abfrage **A_AlleWeine** ausgibt! Geben Sie statt der Bildpfade die Bilder in einem **Image**-Control aus!

c) Erstellen Sie die Webseite **Gästebuch.aspx** mit einem DetailsView für die Eingabe und mit einem GridView zur Darstellung der Gästebucheinträge!

d) Erstellen Sie die Webseite **Default.aspx** mit einer Textbox für die Suche nach bestimmten Wein-Bezeichnungen! Verwenden Sie dafür einen **QueryString**-Filter auf der Seite **Weine.aspx!**

### Ü 3.37: Webanwendung „Computerservice" erstellen ★★
Erstellen Sie die Webanwendung **Computerservice** und verwenden Sie dafür die Datenbank im SbX!

a) Erstellen Sie eine Masterpage mit einem Navigationsmenü für die Webseiten **Default, Fehlermeldung** und **Fehlerliste!**

b) Erstellen Sie die Webseite **Fehlermeldung.aspx** mit einem DetailsView im Einfügemodus! Binden Sie das DetailsView an die Tabelle **T_Fehlermeldung** in der Datenbank!

Sie finden Ü 3.38 mit automatischer Aufgabenkontrolle unter der ID: 1342.

c) Erstellen Sie die Webseite **Fehlerliste.aspx** mit einem GridView, das alle noch nicht gelösten Fehler anzeigt! Verwenden Sie dafür die Abfrage **A_OffeneFehlermeldungen!**

erledigt:
Ü 3.38:

### Weitere Übungen im SbX

### Ü 3.38: Controls ★
Vervollständigen Sie die Übersicht zu den Controls in der Toolbox!

### Ü 3.39: H2Ö-Webapplikation ★★★
Erstellen Sie eine Webapplikation für die H2Ö GmbH!

Angewandte Informatik HTL

# Sichern

**In dieser Lerneinheit haben Sie sich mit der Erstellung dynamischer Webanwendungen mit Datenbankzugriff beschäftigt.**

*GridView*-Control
Mit dem **GridView**-Control können **Inhalte von Listen oder Tabellen** dargestellt bzw. bearbeitet werden.

*DetailsView*-Control
Das **DetailsView**-Control ermöglicht die Darstellung sowie die **Bearbeitung von Daten** eines Datensatzes wie in einem **Formular.**

Template-Field
Ein Feld in einem **GridView-** oder **DetailsView-**Control kann in ein **Template-Field** umgewandelt und danach flexibler bearbeitet werden. Beispielsweise kann ein Template-Field ein **Bild mithilfe eines Image-Controls** oder ein Datum mit einem Kalender-Control darstellen.

Feldformate
Die Formatierung von Datenfeldern erfolgt mit dem **DataFormatString.** Dieser kann z. B. auf **{0:c}** für **Währung** (Currency), **{0:d}** für **Datum** oder **{0:t}** für **Uhrzeit** festgelegt werden. In jedem Fall muss die Eigenschaft **HtmlEncode** auf **False** eingestellt werden.

SQL-Befehle
**Verknüpfungen zwischen Datacontrols und einer Datenbank** werden über die SQL-Befehle **SELECT, INSERT, UPDATE** und **DELETE** hergestellt. Die Befehle werden von Visual Studio automatisch erstellt.

*QueryString*-Parameter
Die **Übergabe von Filterkriterien von einer Webseite zu einer anderen** erfolgt mithilfe von **QueryString**-Parametern, die von einem Datacontrol mittels **Filter** angewendet werden können.

Programmierung
**Erweiterte Funktionen** von Controls in ASP.NET-Webseiten können mit den **Programmiersprachen Visual Basic** und **Visual C#** programmiert werden.

SbX
ID: 1343
Zusätzlich zu dieser Zusammenfassung finden Sie im SbX eine Audio-Wiederholung zur Wiedergabe mit dem Audio-Player und als MP3-Datei sowie eine Bildschirmpräsentation.

# Wissen

**W 3.11: Kontrollfragen und -aufgaben**

1. Wodurch unterscheiden sich **GridView-** und **DetailsView-**Controls?

2. Mit welchem Control kann ein Eingabeformular für eine Tabelle einer Datenbank realisiert werden?

3. Wofür werden Template-Fields verwendet?

4. Mit welchem Feldformat-String kann eine Zahl im Währungsformat ausgegeben werden?

5. Welcher SQL-Befehl wird für die Ausgabe von Daten in einem **GridView-**Control verwendet?

6. Mit welchem Befehl kann vom Programmcode aus eine andere Webseite aufgerufen werden, z. B. mit einem **QueryString-**Parameter?

## W 3.12: Weinhandlung Schöppele

Die Ausgangsdateien zu Aufgabe W 3.12 finden Sie unter der ID: 1344.

Die Website der Weinhandlung Schöppele soll für Bestellungen aus der Gastronomie um einen Webshop erweitert werden. Die bereits vorhandene Datenbank **Schoeppele.mdb** wird dafür weiterverwendet. Erstellen Sie mit Visual Studio eine ASP.NET-Webanwendung in C#. Der Ordnername für das Webprojekt lautet „Schoeppele". Kopieren Sie die gleichnamige Access-Datenbank in den Ordner **App_Data.**

Für den Webshop soll gemäß dem OO-Paradigma möglichst allgemein und abstrakt programmiert werden. Eventuell werden später noch weitere Produkte über den Shop verkauft. Daher soll es ein Interface **IProdukt** geben, von dem alle späteren Produktklassen ableiten können.

Erstellen Sie für das folgende Interface und die Klasse im Ordner **App_Code** eine neue Klassendatei mit dem Namen **Produkt.** Implementieren Sie darin wie folgt:

### Interface *IProdukt*

1. Erstellen Sie das öffentliche Interface **IProdukt** mit der Methode **Verkaufen.**
2. Die Methode **Verkaufen** verwendet als Argument die Variable **Menge** (Int32).
3. Das Interface schreibt die Get-Propertys **ProduktID** (Int32) und **Umsatz** (Double) vor.

### Klasse *Wein*

1. Erstellen Sie die öffentliche Klasse **Wein,** die das Interface **IProdukt** implementiert.
2. Deklarieren Sie darin die Eigenschaften **ProduktID** (Int32), **Preis** (Double) und **Menge** (Int32).
3. Implementieren Sie die Methode **Verkaufen** und erhöhen Sie darin die Eigenschaft **Menge** um den Wert des übergebenen Arguments. Stellen Sie sicher, dass die übergebene Menge größer als 0 ist, andernfalls erzeugen Sie mit **throw** einen Laufzeitfehler mit dem Text „Menge ungültig".
4. Erstellen Sie eine Konstruktormethode für **Wein**-Objekte. Dafür ist die Angabe der **ProduktID** sowie von **Preis** erforderlich. Die Menge wird im Konstruktor mit 0 initialisiert.
5. Implementieren Sie die beiden vorgeschriebenen Get-Propertys.
6. Programmieren Sie die statische Methode **GesamtUmsatz** (Double). Sie erhält ein Argument vom Typ **List<IProdukt>** und berechnet den Umsatz aller sich darin befindlichen Objekte mithilfe einer **foreach**-Schleife.

**Tipp:** Verwenden Sie zur Umsatzberechnung das Get-Property **Umsatz** (Menge·Preis), das vom Interface vorgeschrieben wird.

Erstellen Sie die **Website** für die Weinhandlung Schöppele wie folgt:

1. Erstellen Sie eine leere Seite mit dem Namen **default.aspx.**
2. Erstellen Sie ein **GridView**-Control und verbinden Sie es mit der Abfrage **A_Weine** der Datenbank.
3. Verwenden Sie ein passendes **AutoFormat** für das GridView.
4. Erstellen Sie den Unterordner **Pics** und kopieren Sie die Produktbilder aus der Angabe hinein.
5. Ändern Sie das GridView so, dass statt dem Bild-URL das entsprechende Produktbild dargestellt wird.
6. Der Preis im GridView soll im EUR-Währungsformat angezeigt werden.
7. Fügen Sie dem GridView eine neue Spalte mit einem Template-Field hinzu. Im Template-Field erstellen Sie einen Button mit der Beschriftung „Bestellen". Ordnen Sie der Eigenschaft **ToolTip** die **ProduktID** aus der Abfrage zu, so dass die **ProduktID** angezeigt wird, wenn der Benutzer kurz mit der Maus auf dem Button verweilt.
8. Erstellen Sie **Paging** (PageSize =5) und **Sorting** für das GridView.

ID: 1344

### Weitere Aufgabe im SbX

#### W 3.13: Webanwendung
Bearbeiten Sie die Projektaufgabe zur Erstellung einer Webanwendung!

Ein kurzer Wissens-Check bevor's weitergeht!

## Wissens-Check

| | ☺ | 😐 | ☹ |
|---|---|---|---|
| Ich kann Daten aus einer Datenbank in einer Webapplikation darstellen und verändern. | | | |
| Ich kann mit einem *GridView*-Control Datenobjekte präsentieren. | | | |
| Ich kann Eingabeformulare mit dem *DetailsView*-Control für Tabellen von Datenbanken erstellen. | | | |

# 4 Softwaredesign und -modellierung

Stellen Sie sich vor, Sie sind als Projektmitarbeiter/in bei einer Versicherung, bei einer Bank oder in einem Industriebetrieb damit betraut, die Einführung einer neuen betrieblichen Software zu begleiten. Zu Ihren Aufgaben gehören die Dokumentation betrieblicher Abläufe und die Eignungsprüfung der angebotenen oder der zu entwickelnden Software. Zur Lösung dieser Aufgaben setzen Sie verschiedene Diagramme ein, die Sie in diesem Kapitel kennenlernen.

Sie beschäftigen sich mit
- der objektorientierten Analyse,
- Mindmaps, Use-Case-Diagrammen, Klassendiagrammen und Objekten,
- dem ER-Diagramm und seinen Bestandteilen sowie
- der Erstellung der Dokumentation und Projektkalkulation.

### Lerneinheit 1: Unified Modelling Language

| | |
|---|---|
| **Lernen** | **192** |
| 1 Datenmodelle und Analyse | 192 |
| 2 Mindmaps | 194 |
| 3 Use-Case-Diagramm | 195 |
| 4 Klassendiagramm | 197 |
| **Üben** | **200** |
| **Sichern** | **201** |
| **Wissen** | **202** |

### Lerneinheit 2: Datenmodellierung

| | |
|---|---|
| **Lernen** | **204** |
| 1 Relationales Datenmodell | 204 |
| 2 Entity-Relationship-Diagramm | 205 |
| 3 Zusammengesetzte Attribute | 206 |
| 4 Schlüsselattribute | 207 |
| 5 Virtuelle Attribute | 208 |
| 6 Fehlende Werte | 209 |
| 7 Kardinalität | 210 |
| **Üben** | **212** |
| **Sichern** | **213** |
| **Wissen** | **213** |

### Lerneinheit 3: Relationale Auflösung

| | |
|---|---|
| **Lernen** | **215** |
| 1 ER-Diagramm zeichnen | 215 |
| 2 Relationale Auflösung | 216 |
| 3 Normalisierung | 219 |
| 4 Normalformen | 221 |
| **Üben** | **222** |
| **Sichern** | **223** |
| **Wissen** | **224** |

### Lerneinheit 4: Anforderungsdefinition und Dokumentation

| | |
|---|---|
| **Lernen** | **225** |
| 1 Softwareerstellung | 225 |
| 2 Lastenheft und Pflichtenheft | 226 |
| 3 Darstellung von Prozessen und Algorithmen | 230 |
| 4 Projektkalkulation | 234 |
| **Üben** | **238** |
| **Sichern** | **240** |
| **Wissen** | **241** |

Informieren Sie sich mit dem ergänzenden Material im SbX, trainieren Sie mit Online-Übungen und wenden Sie Ihr Wissen an!

Ms. Check

Angewandte Informatik HTL

## Lerneinheit 1
# Unified Modelling Language

**SbX**
Alle SbX-Inhalte zu dieser Lerneinheit finden Sie unter der ID: 1410.

Im Rahmen der Dokumentation von Softwareprojekten werden betriebliche Prozesse in vereinfachte Modelle übertragen. Für die Modellierung werden Diagramme und Werkzeuge der Unified Modelling Language (UML) verwendet. Das Use-Case-Diagramm sowie das Klassen- und Objektdiagramm sind weit verbreitet und werden in der Praxis sehr häufig eingesetzt, um betriebliche Abläufe mit objektorientierten Programmiersprachen umsetzen zu können.

# Lernen

SbX ID: 1411

## 1 Datenmodelle und Analyse
### Modellhafte Abbilder der Wirklichkeit

Anhand von **Hierarchien**, wie z. B. Abteilungen oder Profitcenter, werden Unternehmensorganisationen gegliedert.

Zur Beschreibung der Art und Weise, wie Daten in einem Computer gespeichert werden, gibt es verschiedene **Datenmodelle.** Einige dieser Modelle finden Sie auch im Bereich der betriebswirtschaftlichen Organisationslehre, wie z. B. das **hierarchische Datenmodell** in Form der **Stablinienorganisation** oder das **Netzwerk-Datenmodell** bei der **Matrixorganisation.**

### Arten von Datenmodellen

**❶ Hierarchisches Datenmodell**

**Hierarchische Datenmodelle** ermöglichen sehr rasches Suchen und Sortieren von Daten.

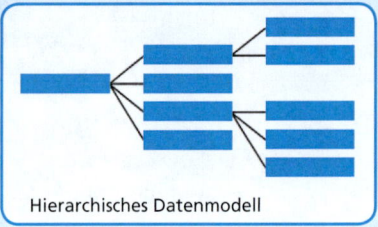
Hierarchisches Datenmodell

Das **hierarchische Datenmodell** kennen Sie vom Dateisystem Ihrer Festplatte (Laufwerksbuchstabe, Ordner, Dateien). Wir nennen dieses Modell auch eine **Baumstruktur.** Ganz links befindet sich die **Wurzel** (Root). Von ihr sind alle Objekte abhängig, die weitere abhängige Objekte haben können.

**❷ Netzwerk-Datenmodell**

Das **Netzwerk-Datenmodell** wird z. B. in Peer-to-Peer-Netzwerken eingesetzt.

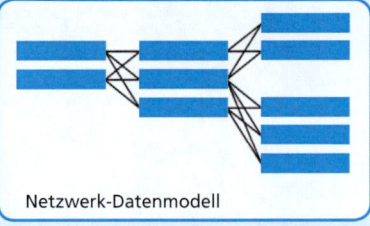
Netzwerk-Datenmodell

Beim **Netzwerk-Datenmodell** kann es **Abhängigkeiten** zwischen **allen Datenobjekten** geben. Wenn Sie im Internet eine Webseite aufrufen, stellen Sie eine Abhängigkeit zwischen Ihrem PC und einem Internet-Host (Server) her. Auf diese Art und Weise kann jeder PC mit jedem Host kommunizieren und umgekehrt.

**❸ Relationales Datenmodell**

Das **relationale Datenmodell** ist das am häufigsten anzutreffende Datenmodell in Datenbanksystemen.

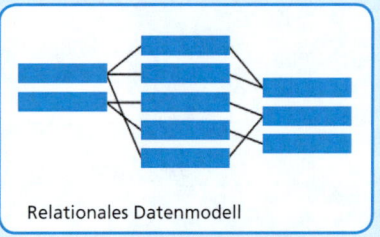
Relationales Datenmodell

Wenn Sie die ersten beiden Modelle kombinieren, so erhalten Sie das **relationale Datenmodell.** Ein **Datenobjekt ist von einem oder mehreren Datenobjekten abhängig.** Daraus ergeben sich drei Arten von Abhängigkeiten, die wir als **Beziehungen** bezeichnen: **1:1, 1:n** und **n:m**.

Das relationale Datenmodell wird auch als **Entity Relationship Modell (ER-Modell)** bezeichnet.

### ④ Objekt-Datenmodell

Ein wichtiges Prinzip beim **Objektmodell** ist die **Vererbung,** durch die ein effizienteres Programmieren möglich wird.

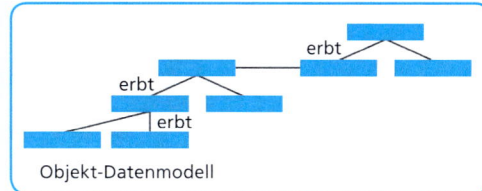
Objekt-Datenmodell

**Objekte** sind **modellhafte Abbilder der Wirklichkeit.** Das **Objekt-Datenmodell** wird vor allem im Bereich der **Softwareentwicklung** eingesetzt. In der nächsten Lerneinheit erfahren Sie dazu mehr.

 **Ü 4.1: Datenmodelle** ★★

Um welches Datenmodell handelt es sich in diesen Beispielen?

a) Die österreichische Polizei möchte ihre Befehlsstruktur speichern.
b) Ein Sushi-Restaurant möchte die Rezepte und Zutaten verwalten.
c) Ein Baumarkt möchte alle Produkte in Produktgruppen und Produktuntergruppen gliedern und speichern.
d) In einem Programm sollen Benutzergruppen, Benutzer und Benutzerrechte verwaltet werden.

## Softwaredesign

Am Anfang des **Designprozesses** für eine Software-Anwendung stehen die **Problemanalyse** und die **Anforderungsdefinition.** Hierbei werden Fakten über jene Prozesse und Daten gesammelt, die später in einem **objektorientierten Datenmodell** dargestellt werden sollen.

Das Ergebnis der objektorientierten Analyse (OOA) ist ein Modell, das alles **Wesentliche hervorhebt** und alles **Unwesentliche weglässt.**

**Objektorientiertes Design (OOD)** ist der **Vorgang,** ein **System der Wirklichkeit** in einem **objektorientierten Modell abzubilden.**

## Objektorientiertes Vorgehensmodell

**Der Softwareentwicklungsprozess gliedert sich in drei Phasen:**

- Objektorientierte Analyse (OOA)
- Objektorientiertes Design (OOD)
- Objektorientierte Programmierung (OOP)

Beim **Wasserfallmodell** bildet das Ergebnis einer Phase die Voraussetzung für den Beginn der nächsten.

**SbX**
Eine Bildschirmpräsentation mit allen Abbildungen zum Schritt **LERNEN** finden Sie unter der ID: **1411.**

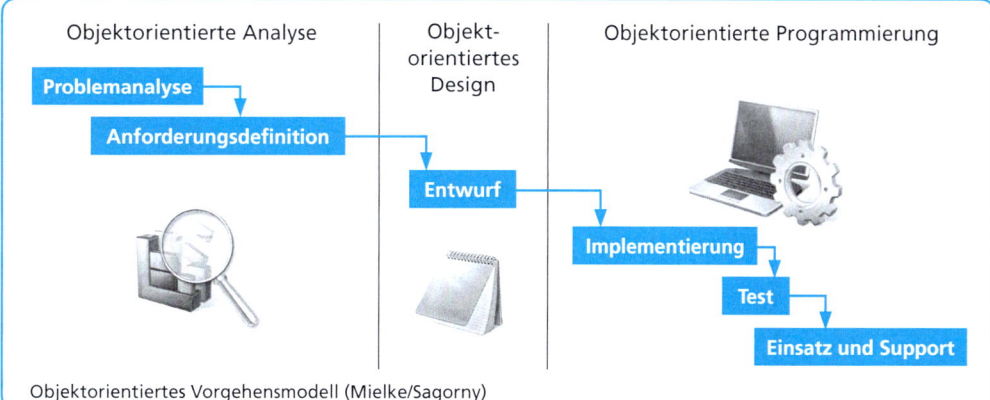
Objektorientiertes Vorgehensmodell (Mielke/Sagorny)

Das **Wasserfallmodell** ist ein **Vorgehensmodell für den Softwaredesignprozess.** Es ist ein Bestandteil der **Softwaretechnik,** die eine eigene wissenschaftliche Disziplin bildet und sich mit allen Aspekten des Softwareentwicklungsprozesses beschäftigt.

Lernen  Üben  Sichern  Wissen

## 2 Mindmaps
### Erstanalyse und Strukturierung

**SbX**
Das Programm FreeMind finden Sie unter der ID: 1411.

Für die **Problemanalyse** eignet sich die **Erstellung von Mindmaps.** Im SbX finden Sie das kostenlose Tool **FreeMind,** mit dem Sie übersichtliche Mindmaps erstellen können.

In einer Mindmap werden **Informationen gesammelt, geordnet und strukturiert.** Das folgende Beispiel zeigt den Erstentwurf einer Pizzeria mit Restaurant und Lieferservice.

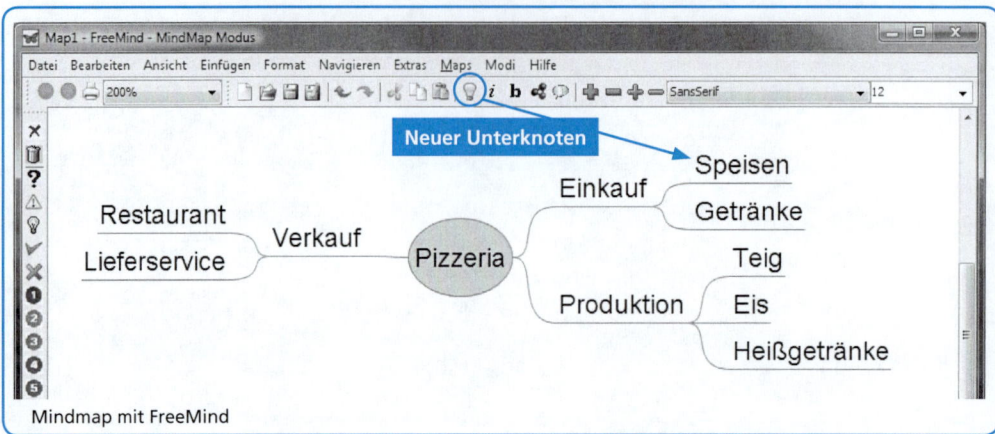
Mindmap mit FreeMind

Mindmaps sind simpel in ihrem Aufbau, flexibel und leicht erweiterbar. Das Restaurant könnte z. B. in einer weiteren Mindmap dargestellt werden, ebenso der Pizza-Lieferservice.

Die Unterknoten „Verkauf" und „Produktion" sind ausgeblendet.

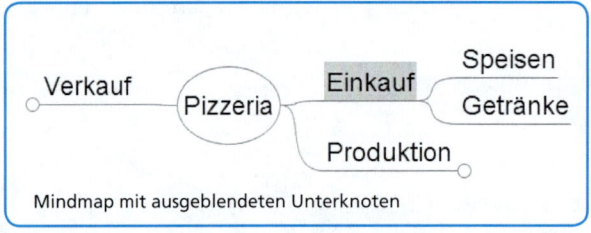
Mindmap mit ausgeblendeten Unterknoten

Wie die Abbildung zeigt, verbessert das **Ausblenden von Unterknoten** die Übersicht. Um mehr Details angezeigt zu bekommen, kann jeder Unterknoten wieder eingeblendet werden.

Mr. What und Ms. Check

**Können Mindmaps auch mit Papier und Bleistift gezeichnet werden?**

Das manuelle Zeichnen kommt dem kreativen Arbeiten entgegen. Häufig werden Mindmaps auch in Kleingruppen entwickelt und auf Flipcharts oder Tafeln gezeichnet.

**Ü 4.2: Mindmap** ★★
Erstellen Sie eine **Mindmap** für eine **Autovermietung** und strukturieren Sie dabei die folgenden betrieblichen Prozesse:
1. Beraten, Auskunft
2. Reservieren
3. Mietvertrag abschließen
4. Mietwagenübergabe/-übernahme
5. Mietwagenrücknahme/-rückgabe
6. Rechnung

Neben den Mindmaps spielen im Rahmen der objektorientierten Analyse **Use-Case-Diagramme** eine wesentliche Rolle, um die Anforderungen an eine Software festzulegen.

## 3 Use-Case-Diagramm
Anforderungsdefinition

Am Beispiel der Pizzeria haben Sie gesehen, dass ein komplexes System mithilfe von Mindmaps in mehrere Subsysteme zerlegt werden kann, um einen besseren Überblick zu erhalten. Jedes dieser Subsysteme wird anschließend als **Anwendungsfall (engl. Use-Case)** in einem Diagramm genauer beschrieben.

Ein **Use-Case-Diagramm** stellt innerhalb eines **abgrenzbaren Systems** verschiedene **Anwendungsfälle** und deren **Beziehungen** untereinander dar. Außerdem werden jene **Akteure** dargestellt, die an den Anwendungsfällen beteiligt sind.

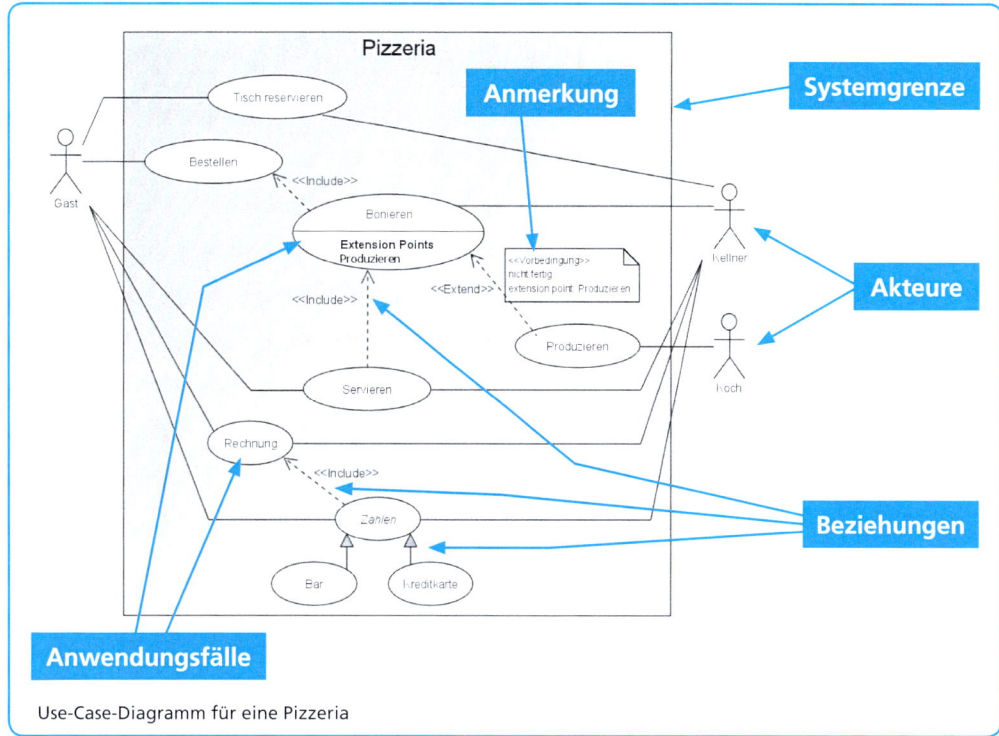

Use-Case-Diagramm für eine Pizzeria

### Bestandteile des Anwendungsfalldiagrammes

**❶ Die Systemgrenze wird als Rechteck dargestellt.**

Die Systemgrenze beschreibt einen Geschäftsprozess, z. B. den Verkauf im Restaurant, den Einkauf von Speisen und Getränken oder die Produktion von Pizzateig.

**❷ Akteure, die an einem Geschäftsprozess beteiligt sind, werden als Strichmännchen mit ihrem Rollennamen außerhalb der Systemgrenze eingezeichnet und durch eine Linie mit einem Anwendungsfall verbunden.**

Die Akteure **Gast** und **Kellner** sind z. B. am Anwendungsfall **Bestellen** beteiligt. Akteure werden in der Einzahl beschriftet.

**❸ Ein Anwendungsfall wird als Ellipse in das Diagramm eingezeichnet.**

Anwendungsfälle werden durch Linien (= Kanten) miteinander verbunden, um Beziehungen darzustellen, z. B. erfordert die Zahlung das Ausstellen einer Rechnung für den Gast.

Beziehungstypen:

● **Include**-Beziehung: Der **Anwendungsfall Rechnung** ist in die Ausführung des Anwendungsfalles **Zahlen** inkludiert, eine Rechnung ist für das Zahlen **unbedingt erforderlich.**

Die *Include*-Beziehung wurde früher mit *uses* bezeichnet. Seit UML 2.0 wird *include* verwendet.

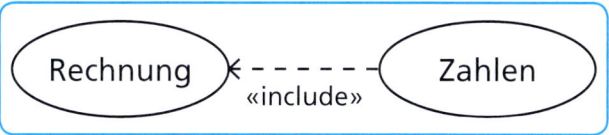

**Anmerkungen** enthalten zusätzliche Informationen zu Use-Cases, Akteuren oder Beziehungen.

● **Extend-Beziehung:** Der **Anwendungsfall** *Bonieren* **kann** den Anwendungsfall *Produzieren* **erweitern.** Das *Produzieren* ist nicht zwingend erforderlich, z. B. bei Getränken.

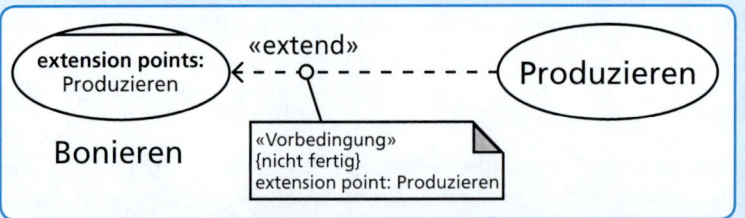

**Abstrakte Elemente** werden entweder mit dem Schlüsselwort *{abstract}* oder **kursiv** dargestellt.

● **Generalisierungsbeziehung:** Der Anwendungsfall *Zahlen* ist **abstrakt,** die Bezahlung erfolgt **entweder mit Kreditkarte oder bar.**

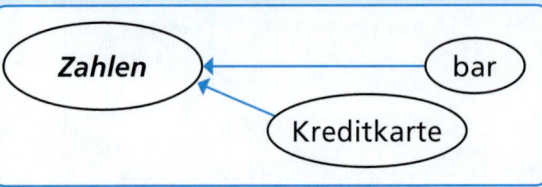

### Ü 4.3: Use-Case-Diagramm ★★

Erstellen Sie ein **Use-Case-Diagramm** für eine **Autovermietung!** Berücksichtigen Sie die folgenden Anwendungsfälle:

1. Beraten, Auskunft
2. Reservieren
3. Mietvertrag abschließen
4. Mietwagenübergabe/-übernahme
5. Mietwagenrücknahme/-rückgabe
6. Rechnung

Auf der Kundenseite gibt es Interessenten, Kunden und Fahrer. Ein Interessent wird automatisch zu einem Kunden, wenn er einen Mietwagen reserviert oder einen Mietvertrag abschließt.

Auf der Unternehmensseite gibt es Reservierungs-, Übergabe- und Rücknahmemitarbeiter.

## Use-Case-Diagramm erstellen

### ❶ Auswahl des Systems und Definition der Systemgrenzen

Ein Use-Case-Diagramm wird häufig für ein abgrenzbares Teilsystem entwickelt. Das Gesamtsystem wird durch mehrere Use-Case-Diagramme beschrieben.

### ❷ Identifikation der Akteure (Rollen) des Systems

Links und rechts werden die Akteure des Systems eingezeichnet. Für die einzelnen Rollen müssen im späteren Programm z. B. unterschiedliche Berechtigungen vorgesehen werden.

### ❸ Anwendungsfälle mit deren Beziehungen einzeichnen

Die Akteure initiieren Anwendungsfälle, die weitere Anwendungsfälle auslösen können. Ein Anwendungsfall beinhaltet die Geschäftslogik, die später in Form von Klassen und Objekten programmiert wird.

### ❹ Identifikation der Zusammenhänge zwischen den Akteuren und den Anwendungsfällen

Durch die Zusammenhänge zwischen den Akteuren und den Anwendungsfällen ergeben sich zusammenfassbare Softwarekomponenten.

Lerneinheit 1: Unified Modelling Language

Mr. What und
Ms. Check

Wie kann ich in Visio das Schlüsselwort *include* statt *uses* einstellen?

 Im Menü **UML** können Sie unter **Stereotypen** neue Begriffe erstellen, z.B. *include.* Achten Sie darauf, dass Sie als **Basisklasse** den Eintrag **Generalisierung** auswählen!

Die Akteure agieren im Rahmen der Anwendungsfälle (= Geschäftsprozesse), die in der Geschäftslogik, den Klassen, abgebildet werden. Klassen fungieren dabei als Container für die Eigenschaften (Daten der Objekte) und die Methoden (Prozesse der Objekte).

## 4 Klassendiagramm
### Objektorientiertes Design

Die Geschäftsprozesse aus dem Use-Case-Diagramm werden im Rahmen der **Entwurfsphase** (= objektorientiertes Design, OOD) in Form von Klassen in einem **Klassendiagramm** dargestellt.

Das Klassendiagramm ist ein in der Praxis sehr häufig verwendetes UML-Diagramm. Es dient der Kommunikation zwischen dem Softwareentwickler und dem Benutzer und stellt die **statische Struktur einer Software** dar, ohne dabei auf technische Details, z.B. die spätere Implementierung, einzugehen.

### Darstellung von Klassen und Objekten

❶ **Klassen und Objekte werden als Rechtecke gezeichnet.**
Eine **Klasse** wird durch ein **Rechteck mit dem Klassennamen** repräsentiert, ein **Objekt** mit dem **Objektnamen** und dem **Namen der Klasse** getrennt durch einen **Doppelpunkt**.

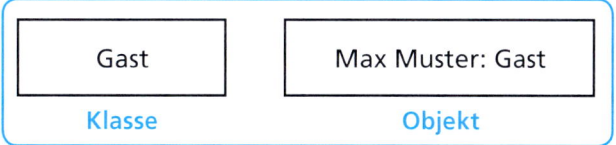

❷ **Klassen und Objekte können mit ihren Eigenschaften und Methoden dargestellt werden.**
Zur Darstellung der Eigenschaften und Methoden wird das **Rechteck in drei Teile gegliedert.** Oben werden der **Klassenname** bzw. der **Objektname** angegeben. In der Mitte werden die **Eigenschaften** und unten die **Methoden** aufgelistet.

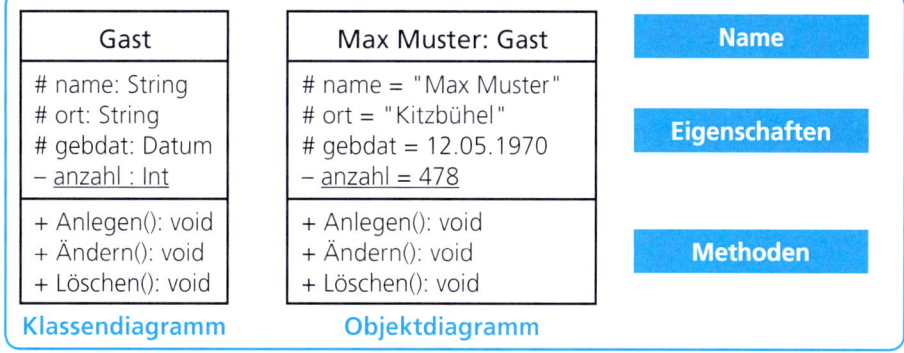

Bei den **Eigenschaften einer Klasse** werden die **Datentypen** angegeben, bei jenen der Objekte die konkreten Ausprägungen.

Angewandte Informatik HTL

❸ **Die Sichtbarkeit der Eigenschaften und Methoden wird durch Symbole markiert.**
Die Zugriffsbeschränkungen auf die Bestandteile von Klassen bzw. Objekten werden mit den folgenden Symbolen dargestellt:

| Symbol | Sichtbarkeit |
|---|---|
| – | private |
| # | protected |
| + | public |

❹ **Klasseneigenschaften und -methoden (statische Elemente) werden unterstrichen dargestellt, Objekteigenschaften und -methoden werden nicht unterstrichen.**
Die Verwendung statischer Elemente wird durch das **Unterstreichen** der entsprechenden Eigenschaften bzw. Methoden eingezeichnet.

### Ü 4.4: Klassendiagramm analysieren ★
Beantworten Sie die folgenden Fragen zum Klassendiagramm der Klasse **Auto**!

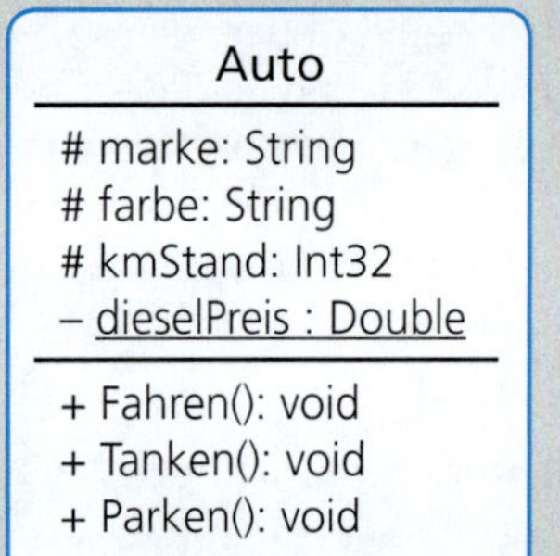

```
         Auto
 # marke: String
 # farbe: String
 # kmStand: Int32
 – dieselPreis : Double

 + Fahren(): void
 + Tanken(): void
 + Parken(): void
```
**Klassendiagramm**

1. Welche Zugriffsbeschränkung gilt für die Eigenschaft **Marke**?
2. Welche Zugriffsbeschränkung gilt für die Methode **Fahren**?
3. Ist die Eigenschaft **dieselPreis** eine Objekt- oder eine Klasseneigenschaft?

### Ü 4.5: Klassendiagramm erstellen ★★
Erstellen Sie ein Klassendiagramm für die Klasse **Flugzeug** mit den Objekteigenschaften **Typ, Passagieranzahl** und **Meilen**. Alle Eigenschaften der Klasse **Flugzeug** sind **protected**. Es gibt die Methoden **Fliegen, Tanken** und **Service**. Alle Methoden sind **public**. In der Klasse **Flugzeug** gibt es weiters die private Klasseneigenschaft **Kerosinpreis**.
**Datentypen:** **Typ** = String; **Passagieranzahl, Meilen** = Int32; **Kerosinpreis** = Double;

**Klassendiagramm**

## Beziehungen zwischen Klassen

In einer Pizzeria gibt es nicht nur Gäste. Weitere Klassen stehen miteinander in einer Beziehung, z. B. **Gast bestellt Pizza** oder **Koch produziert Pizza.** In einem **Klassendiagramm** werden häufig mehrere **Klassen sowie deren Beziehungen** dargestellt.

Eine **Assoziation** ist eine **Beziehung zwischen** zwei oder mehreren **Klassen.**

**Hinweis:**
Zur Wahrung einer besseren Übersicht wurde in diesem Beispiel auf die Darstellung der Eigenschaften und Methoden in den Klassen verzichtet.

**Aggregation** und **Komposition** sind eine **Teil-Ganzes-Beziehung.**

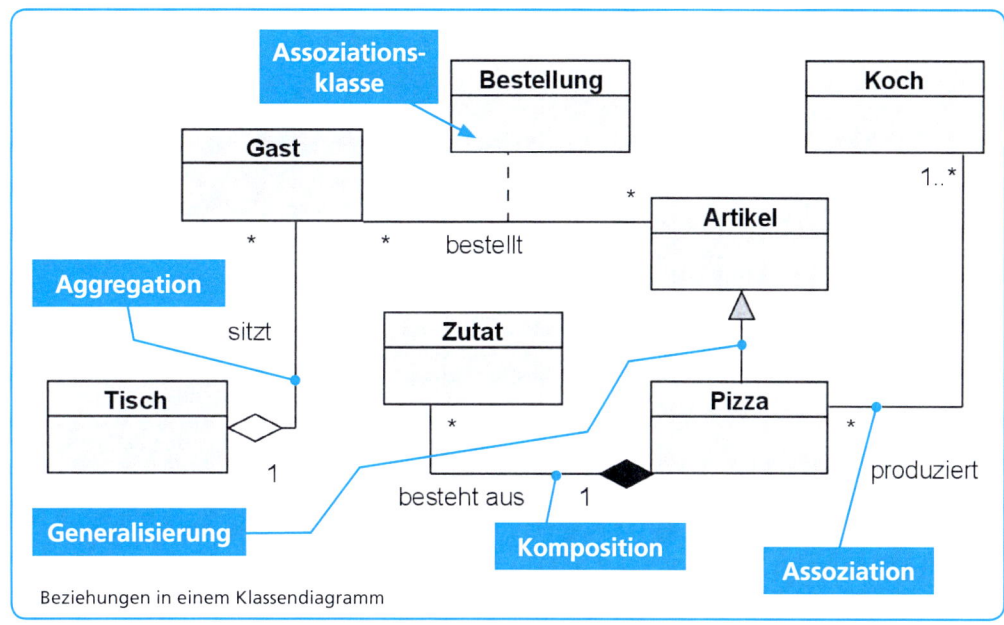

Beziehungen in einem Klassendiagramm

## Arten von Beziehungen

### ❶ Die Assoziation ist die allgemeinste Form einer Beziehung.

Die Köche der Pizzeria produzieren verschiedene *Pizza*-Objekte. Dabei gibt die **Kardinalität** an, wie viele Objekte eines Typs während der Programmausführung existieren können, z. B. ein Koch produziert keine oder eine Pizza oder mehrere Pizzen (0..*), eine Pizza wird von mindestens einem Koch produziert (1..*).

Die **Kardinalität** wird auch als **Multiplizität** bezeichnet.

| Kardinalität | Bedeutung |
|---|---|
| 1 | genau ein Objekt; die Angabe von 1 kann auch entfallen |
| 0..1 | kein Objekt oder ein Objekt |
| 0..* | kein Objekt, ein Objekt oder mehrere Objekte (alternativ: *) |
| 1..* | ein Objekt oder mehrere Objekte |
| 3..5 | drei bis fünf Objekte; z. B. auch 3..* für mindestens drei Objekte |
| 5, 6 | fünf oder sechs Objekte |

Statt *0..\** darf auch * angegeben werden.

Zur **Festlegung der Kardinalität** wird hinterfragt, **wie viele Objekte mit einem Objekt der gegenüberliegenden Seite** vorkommen können.

### ❷ Die Generalisierung ermöglicht die Darstellung einer Vererbungshierarchie zwischen einer Basisklasse und deren Subklassen.

Die **Generalisierungsbeziehung** wird mit einem **Pfeil** dargestellt, der **zur Basisklasse** zeigt.

Die Subklasse *Pizza* ist eine spezielle Form der Basisklasse *Artikel* – eine Pizza ist ein Artikel. Pizzen werden von den Köchen produziert, andere Artikel, z. B. Getränke, müssen nicht produziert werden.

❸ **Die Assoziationsklasse enthält die Eigenschaften einer Beziehung.**
Zwischen den Klassen *Gast* und *Artikel* besteht eine n:m-Beziehung. Um die Eigenschaften der Beziehung, z.B. Bestelldatum oder Menge, speichern zu können, wird die **Assoziationsklasse** *Bestellung* verwendet.

❹ **Die Aggregation ist eine Zusammensetzung.**
Die Beziehung bei der **zusammengesetzten Klasse** wird mit einer **Raute** versehen.

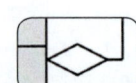

Eine **schwache Aggregation** wird mit einer **leeren Raute** symbolisiert.

- Bei einer **schwachen Aggregation** wird die **Raute nicht ausgefüllt**. Die **Einzelteile** sind von der Zusammensetzung **unabhängig** und können auch ohne die Zusammensetzungsklasse bestehen. Eine **n:m-Beziehung** ist möglich.

  Ein *Gast*-Objekt existiert auch dann, wenn der Gast nicht an einem Tisch sitzt.

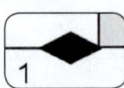

Eine **Komposition** wird mit einer **ausgefüllten Raute** symbolisiert.

- Bei einer **starken Aggregation (= Komposition)** wird die **Raute ausgefüllt**. Die **Einzelteile bilden die Gesamtheit** und sind von ihr **abhängig** – sie können ohne die Gesamtheit nicht bestehen. Die Kardinalität der Zusammensetzungsobjekte kann entweder 0..1 oder 1 sein, eine n:m-Beziehung ist nicht möglich.

  Eine Zutat kann ohne Pizza nicht verkauft werden, z.B. der Teig oder das Tomatenmark.

Mr. What und Ms. Check

 Könnte die Klasse *Pizza* statt einer Komposition auch eine schwache Aggregation sein?

 Theoretisch ja, wenn die Pizzazutaten separat verkauft werden, z.B. wenn Sie die Oliven, die normalerweise auf die Pizza kommen, roh essen würden. Wenn aber die Zutaten ausschließlich als Pizzabelag dienen, handelt es sich um eine Komposition.

> Eine **Komposition** kann als **private innere Klasse** programmiert werden.

**Ü 4.6: Klassendiagramm mit Beziehungen** ★★
Erstellen Sie ein **Klassendiagramm** mit den Beziehungen für eine Autovermietung!
a) *Pkw* und *Lkw* sind Autos, die Klasse *Auto* ist abstrakt.
b) Die Klassen *Sportwagen, Limousine* und *Minivan* sind *Pkw*.
c) Ein Kunde mietet mindestens ein Auto. Ein Auto kann von mehreren Kunden gemietet werden. Erstellen Sie für diese Beziehung die Assoziationsklasse *Verleih*!
d) Die Klasse *Rechnung* besteht aus *Verleih*-Objekten. Ein *Verleih*-Objekt existiert mit der Übernahme des Autos durch den Kunden und kann später einer Rechnung hinzugefügt werden.
e) Eine Mahnung enthält Rechnungen. Eine Mahnung ohne Rechnung gibt es nicht.

# Üben

Übungsbeispiele

**Ü 4.7: Elektronikshop** ★★
Erstellen Sie ein Use-Case-Diagramm für den Verkauf von Elektronikbauteilen und definieren Sie selbst die dafür erforderlichen Anwendungsfälle. Verwenden Sie die Akteure **Kunde, Verkäufer** und **Registrierkassa**.

#### Ü 4.8: Formel-1-Rennen ★★
Erstellen Sie ein Klassendiagramm für ein Formel-1-Rennen und verwenden Sie dafür die Klassen **Auto, Rennwagen, Safetycar, Reifen, Motor, Person, Fahrer, Boxenteam** und **Platzierung.** Zeichnen Sie zwischen den Klassen die richtigen Beziehungen ein, benennen Sie sie und geben Sie die Multiplizitäten an. Verfeinern Sie das Klassendiagramm und geben Sie für jede Klasse die Eigenschaften und Methoden an!

#### Ü 4.9: Werkzeug-Webshop ★★★
Martha Engelbrecht betreibt einen Werkzeug-Fachhandel und plant den Einsatz eines Online-Shops.

a) Erstellen Sie im Rahmen der objektorientierten Analyse eine **Mindmap** für die erforderlichen Geschäftsprozesse. Orientieren Sie sich dafür an den nachfolgenden Angaben.

b) Zeichnen Sie ein **Use-Case-Diagramm** und bilden Sie darin die folgenden Anwendungsfälle ab: Werkzeug bestellen, Bestellung bestätigen, Rechnung erstellen und versenden, Zahlung leisten, Zahlungseingang verbuchen, Ware versenden

c) Zeichnen Sie ein **Klassendiagramm** und bilden Sie darin folgende Klassen ab:
- Kunde (Eigenschaften: Name, Adresse; Methoden: Neu, Ändern, Löschen)
- Artikel (Eigenschaften: Nummer, Bezeichnung, Warengruppe, Verkaufspreis, Umsatzsteuer, Lagerbestand; Methoden: Einkaufen, Verkaufen)
- Bestellung (Artikelnummer, Menge, Preis, Datum; Methode: Bestellen)
- Werkzeug erbt von Artikel.
- Zubehör erbt von Artikel.
- Rechnung (Eigenschaften: Rechnungsnummer, Datum, Kunde, Liste von Bestellung; Methode: Bezahlen)
- Überweisung, Nachnahme und Kreditkarte erben von Rechnung.

Sie finden Ü 4.10 mit automatischer Aufgabenkontrolle unter der ID: 1412.

erledigt: ✔
Ü 4.10: ☐

### Weitere Übungen im SbX

#### Ü 4.10: Klassendiagramm ★
Vervollständigen Sie die Übersicht zum Klassendiagramm!

#### Ü 4.11: Use-Case-Diagramm ★★
Korrigieren Sie das Use-Case-Diagramm!

#### Ü 4.12: H2Ö GmbH ★★★
Erstellen Sie ein Klassendiagramm für die H2Ö GmbH!

# Sichern

In dieser Lerneinheit haben Sie die UML sowie Mindmaps, Use-Case- und Klassendiagramme kennengelernt.

**Objektorientiertes Vorgehensmodell**
Das objektorientierte Vorgehensmodell lässt sich in die drei Phasen **objektorientierte Analyse (OOA), objektorientiertes Design (OOD)** und **objektorientierte Programmierung (OOP)** gliedern.

**Objektorientierte Analyse**
In der objektorientierten Analyse (OOA) werden **Mindmaps** und **Use-Case-Diagramme** verwendet, um die **Geschäftsprozesse** der realen Welt **modellhaft zu beschreiben.**

**Objektorientiertes Design**
Im Rahmen des objektorientierten Designs (OOD) werden die **Ergebnisse der Analysephase** in **Klassen- bzw. Objektdiagrammen modelliert.**

| | |
|---|---|
| Objektorientierte Programmierung | Die objektorientierte Programmierung **formt Softwareapplikationen aus den Klassendiagrammen,** indem eine **objektorientierte Programmiersprache,** wie z. B. C#, C++ oder Java, verwendet wird. |
| Mindmap | Mindmaps sind **Diagramme zur Informationssammlung und -strukturierung.** Sie werden z. B. zur **Analyse von Geschäftsprozessen** verwendet, indem der Prozess im Mittelpunkt und die einzelnen Arbeitsschritte und Akteure in Form von **Knoten** dargestellt werden. |
| Use-Case-Diagramm | Ein Use-Case-Diagramm bildet die **Anwendungsfälle mit ihren Beziehungen** innerhalb einer **Systemgrenze** ab. Die Anwendungsfälle werden durch **Akteure** (= Rollen) außerhalb der Systemgrenze ausgelöst. |
| Klassendiagramm | In einem Klassendiagramm werden **Klassen** mit ihren **Eigenschaften und Methoden** sowie mit ihren Beziehungen untereinander dargestellt. |
| Beziehungen zwischen Klassen | Die **Generalisierungsbeziehung** bezeichnet eine **Vererbungshierarchie** zwischen einer Basisklasse und ihren Subklassen. Die **Assoziation** wird mit den **Kardinalitäten** (= Multiplizitäten) der betroffenen Klasseninstanzen dargestellt. Die **Aggregation** und die **Komposition** sind **Teil-Ganzes-Beziehungen** mit schwachem oder starkem Zusammenhang. |
| Objektdiagramm | In einem Objektdiagramm wird ein **Objekt zu einem bestimmten Zeitpunkt** mit seinem **aktuellen Zustand** (= Eigenschaftswerten) dargestellt. |

ID: 1413

**Zusätzlich zu dieser Zusammenfassung finden Sie im SbX eine Audio-Wiederholung zur Wiedergabe mit dem Audio-Player und als MP3-Datei sowie eine Bildschirmpräsentation.**

ID: 1414

### W 4.1: Kontrollfragen und -aufgaben

1. In welchen Phasen des objektorientierten Vorgehensmodells können Sie das Anwendungsfall- und das Klassendiagramm einsetzen?
2. Erklären Sie den Unterschied zwischen der Include- und der Extend-Beziehung beim Use-Case-Diagramm!
3. Welche Möglichkeiten zur Darstellung der Kardinalität gibt es beim Klassendiagramm?
4. Wie wird eine Generalisierungsbeziehung grafisch dargestellt?
5. Erklären Sie den Unterschied zwischen Klassen- und Objektdiagramm!
6. Wodurch unterscheidet sich eine Komposition von einer Aggregation?
7. Kreuzen Sie an, worum es sich bei den folgenden Beziehungen handelt!

Sie finden Aufgabe 7 mit automatischer Aufgabenkontrolle unter der ID: 1414.

erledigt: ✓

Aufgabe 7: ☐

| Beschreibung der Beziehung zwischen Klassen | Generalisierung | Assoziation | Aggregation | Komposition |
|---|---|---|---|---|
| Tischler, Lieferant – ist – Person | | | | |
| Tischler – fertigt – Möbel | | | | |
| Lieferant – liefert – Werkstoff | | | | |
| Möbel – besteht aus – Arbeit | | | | |
| Holz – ist ein – Werkstoff | | | | |
| Möbel – besteht aus – Werkstoff | | | | |

8. Erstellen Sie aus den Klassen und Beziehungen in Aufgabe 7 ein Klassendiagramm für eine Tischlerei und stellen Sie die Klassen **Person, Tischler** und **Lieferant** vollständig dar!

### W 4.2: Use-Case-Diagramm
Korrigieren Sie die Fehler im abgebildeten Use-Case-Diagramm!

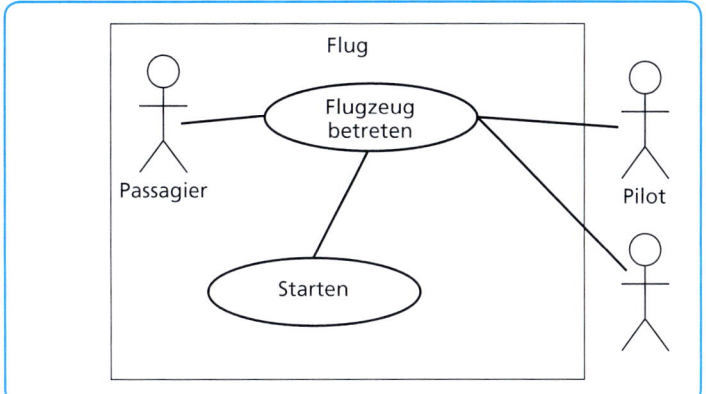

**Weitere Aufgaben im SbX**

Sie finden W 4.3 mit automatischer Aufgabenkontrolle unter der ID: 1414.

erledigt: ✔

W 4.3: ☐

### W 4.3: Anwendungsfälle
Vervollständigen Sie die Übersicht zu den Beziehungen zwischen Anwendungsfällen!

### W 4.4: Projektverwaltung Creative Media GmbH
Programmieren Sie die Klassen laut vorgegebenem Klassendiagramm in C#!

### W 4.5: Klassendiagramm
Erstellen Sie ein Klassendiagramm nach Vorgaben!

Ein kurzer Wissens-Check bevor's weitergeht!

## Wissens-Check

|  | ☺ | 😐 | ☹ |
|---|---|---|---|
| Ich kann den objektorientierten Softwareentwicklungsprozess als Vorgehensmodell beschreiben. |  |  |  |
| Ich kann Mindmaps sowie UML-Diagramme für die objektorientierte Analyse und das objektorientierte Design verwenden. |  |  |  |
| Ich kann Mindmaps, Use-Case-, Klassen- und Objektdiagramme erstellen. |  |  |  |

 Lernen　Üben　Sichern　Wissen

## Lerneinheit 2
# Datenmodellierung

In dieser Lerneinheit lernen Sie die Modellierung von Datenbanken mithilfe des Entity-Relationship-Diagramms kennen. Sie beschäftigen sich mit
- Entitäten, Beziehungen und Attributen,
- zusammengesetzten und virtuellen Attributen,
- Schlüsselattributen und fehlenden Werten sowie mit
- der Kardinalität von Beziehungen.

**SbX**
Alle SbX-Inhalte zu dieser Lerneinheit finden Sie unter der ID: 1420.

# Lernen

**SbX** ID: 1421
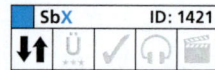

## 1 Relationales Datenmodell
### Struktur einer Datenbank

In **Datenbanken** (z. B. Microsoft Access) und Datenbanksystemen (z. B. Microsoft SQL-Server, Oracle, DB2 und MySQL) wird das **relationale Datenmodell** angewendet. Es wurde in den frühen 1970er-Jahren vom englischen Mathematiker **Edgar F. Codd** entwickelt.

**Dr. Edgar Frank Codd** (1923–2003) war ein englischer Mathematiker und entwickelte bei IBM das relationale Datenmodell.

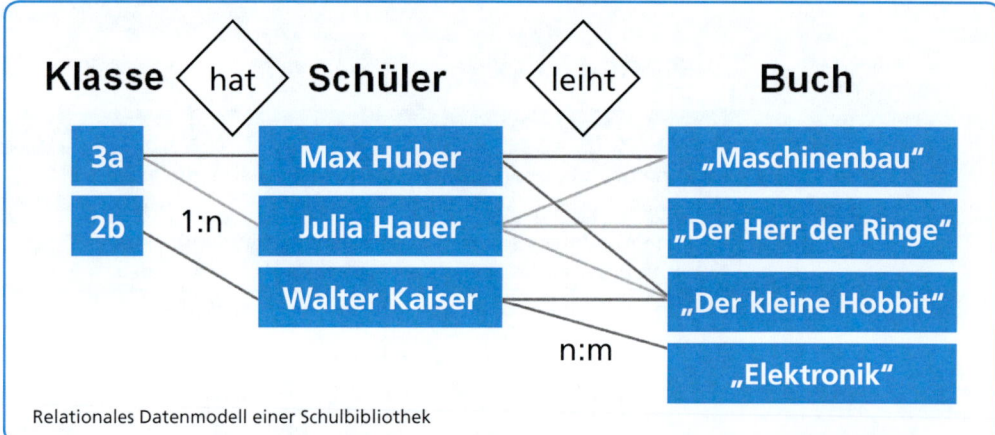

Relationales Datenmodell einer Schulbibliothek

**SbX**
Eine Bildschirmpräsentation mit allen Abbildungen zum Schritt LERNEN finden Sie unter der ID: 1421.

Mr. What und Ms. Check

 Wie funktioniert das relationale Datenmodell?

 Das Buch „Maschinenbau" wurde z. B. von Max Huber und Julia Hauer entliehen. Max Huber hat sich aber auch das Buch „Der kleine Hobbit" ausgeborgt. Die Beziehung „Schüler leiht Buch" ist eine n:m-Beziehung. In eine Klasse gehen mehrere Schüler, ein Schüler besucht jedoch nur eine Klasse. Das ist eine 1:n-Beziehung.

Das **relationale Datenmodell** wurde für den Einsatz in **Datenbanksystemen** entwickelt.

## 2 Entity-Relationship-Diagramm
Modellierung einer relationalen Datenbank

Nachdem Sie bereits die Diagramme der Unified Modelling Language (UML) kennengelernt haben, steht nun die Modellierung von relationalen Datenbanken im Mittelpunkt. Ein **Modell** beschreibt ein Abbild der Wirklichkeit. Die Modellierung relationaler Datenbanken erfolgt mit dem von **Peter Chen** entwickelten **Entity-Relationship-Diagramm (ER-Diagramm, ERD)**.

**Dr. Peter Chen** entwickelte 1976 das ER-Diagramm und ist seit 1983 Professor für Informatik an der Louisiana State University, USA.

In der **Chen-Notation** werden Entitäten, Beziehungen und Attribute dargestellt. Der Typ der Beziehung *Schüler_leiht_Buch* ist als n:m-Beziehung dargestellt.

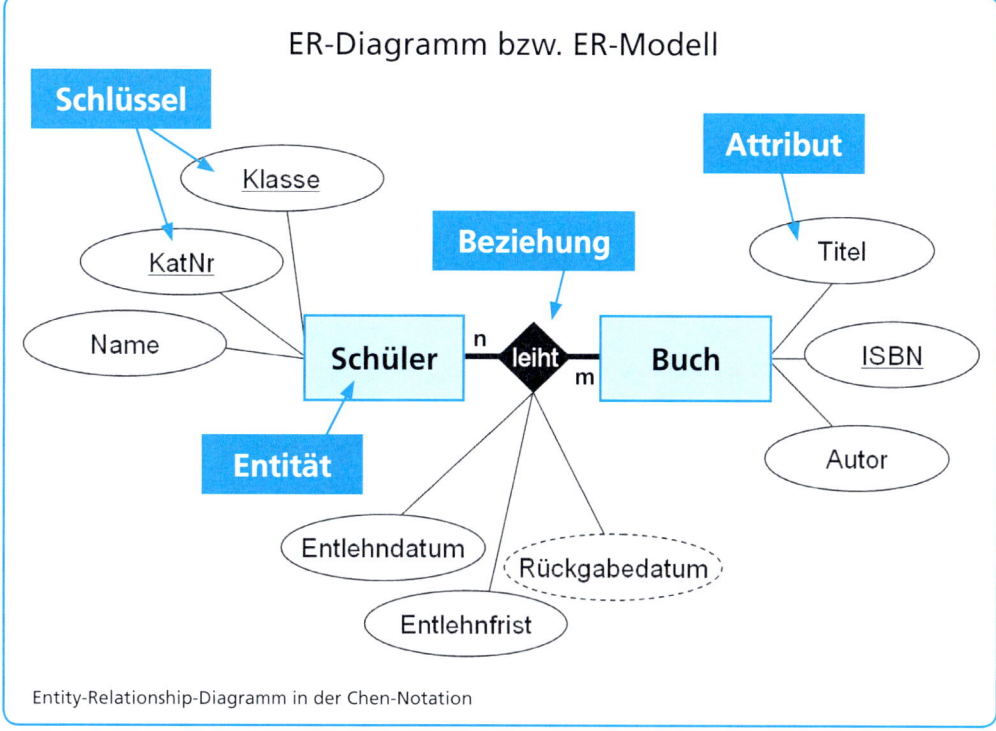

Entity-Relationship-Diagramm in der Chen-Notation

### Bestandteile des Entity-Relationship-Diagramms

**❶ Entitäten sind eindeutig unterscheidbare Objekte. Exemplare (Instanzen) sind konkrete Ausprägungen einer Entität.**

Die Entität **Schüler** hat die Exemplare „Max Muster" aus der 3a, „Julia Hauer" aus der 3a, „Walter Kaiser" aus der 2b usw.

**❷ Beziehungen sind Assoziationen zwischen Entitäten. Auch Beziehungen haben Exemplare (Instanzen).**

Ein Schüler leiht ein Buch aus. Die Beziehung **leiht** hat die Exemplare „Max Muster leiht *Maschinenbau*", „Julia Hauer leiht *Maschinenbau*", „Julia Hauer leiht *Der Herr der Ringe*".

**❸ Attribute sind Eigenschaften von Entitäten oder Beziehungen.**

Attribute von **Schüler** sind z. B. „Katalognummer" und „Name". Attribute der Beziehung **leiht** (Schüler leiht Buch) sind z. B. „Entlehndatum" und „Entlehnfrist".

**❹ Die Attribute einer Entität sind vom Schlüsselattribut abhängig.**

Schüler „Max Muster, 3a" hat die Katalognummer 1. Kein anderer Schüler der 3a hat diese Katalognummer. **Klasse** und **Katalognummer** sind das **zusammengesetzte Schlüsselattribut** eines Schülers.

Lernen  Üben  Sichern  Wissen

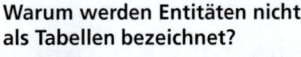

**Ü 4.13: ER-Modell skizzieren** ★★
Nehmen Sie ein leeres Blatt Papier zur Hand und zeichnen Sie
a) die Entitäten *Lehrer* und *Schüler* sowie die Beziehung *unterrichtet,*
b) die **Attribute** zu den Entitäten und zur Beziehung sowie
c) die **Schlüsselattribute** zu den Entitäten.

Mr. What und Ms. Check

**Warum werden Entitäten nicht als Tabellen bezeichnet?**

Das ER-Diagramm ist ein Modell – keine Datenbank. Um diesen Unterschied auszudrücken, gibt es die Begriffe Entität und Tabelle. Im Rahmen der **relationalen Auflösung** werden Entitäten in Tabellen transformiert, Attribute werden zu Feldern der Tabelle.

Die Entität *Schüler* enthält das Attribut *Name,* das seinerseits aus dem Vor- und dem Zunamen besteht. In einer Datenbank sollte es möglichst keine zusammengesetzten Attribute geben, denn das Sortieren und Filtern ist bei zusammengesetzten Attributen meist schwierig.

## 3 Zusammengesetzte Attribute
Attribute müssen atomar sein.

**Zusammengesetzte Attribute** werden im ER-Diagramm mit Linien zwischen den Attributteilen dargestellt.

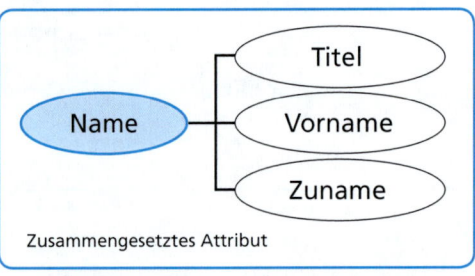
Zusammengesetztes Attribut

In der Entität *Lehrer* gibt es das Attribut *Name,* z. B. mit dem Exemplar „Dr. Heinrich Specht". Bei genauerer Betrachtung wird Ihnen auffallen, dass das Attribut *Name* aus drei Teilen besteht: *Titel, Vorname* und *Zuname.*

Ein weiteres Beispiel ist die **Sozialversicherungsnummer,** die aus einem vierstelligen Code und dem Geburtsdatum besteht.

Auch **Schlüsselattribute** können zusammengesetzt sein, z. B. *Klasse* und *Katalognummer* der Entität *Schüler.*

Mr. What und Ms. Check

**Ist die Katalognummer ein Schlüsselattribut für die Entität *Schüler*?**

Die Katalognummer allein genügt nicht, da in der Entität *Schüler* mehrere Klassen mit den gleichen Katalognummern vorkommen. Daher muss ein Schlüsselattribut für die Entität *Schüler* sowohl die Klasse als auch die Katalognummer enthalten. Es ist ein zusammengesetztes Schlüsselattribut.

**In einer HTL und MTL lauten die Klassenbezeichnungen z. B. 3ah und 2bm. Handelt es sich hierbei um zusammengesetzte Attribute? Falls ja, warum?**

Ja. Die Ziffer steht für den Jahrgang, der erste Buchstabe (a, b, c) für die Klasse und der zweite Buchstabe (h oder m) für die Schulform (höhere oder mittlere technische Lehranstalt).

 **Ü 4.14: Zusammengesetzte Attribute** ★
Zerlegen Sie die zusammengesetzten Attribute!
a) Sozialversicherungsnummer: 8967120480
b) Autokennzeichen: KS377AM
c) Speicherdatum/Uhrzeit: 08.06.2009 17:33:12

## 4 Schlüsselattribute
### Identifikation für Exemplare

Ein Schlüsselattribut identifiziert ein Exemplar einer Entität oder Beziehung.

### Arten von Schlüsselattributen

> Primärschlüssel werden im ER-Diagramm unterstrichen dargestellt.

**❶ Ein Primärschlüssel identifiziert ein Exemplar einer Entität oder Beziehung eindeutig.**

Die Entität *Schüler* hat z. B. folgende Exemplare:

| Klasse | KatNr | Vorname | Zuname |
|---|---|---|---|
| 3a | 01 | Klaus | Auer |
| 3a | 02 | Robert | Bach |
| 3b | 01 | Julia | Adam |

Der **Primärschlüssel** der Entität *Schüler* besteht aus der *Klasse* und der *Katalognummer*, z. B. „3a01", „3a02" und „3b01".

Der Primärschlüssel muss eindeutig sein, um die Exemplare eindeutig identifizieren zu können. Daher erstellen Sie bei der Anlage einer Tabelle in einer Datenbank für den Primärschlüssel einen **Index ohne Duplikate.** Dieser Index erlaubt nur eindeutige Schlüssel. Access und SQL-Server erledigen dies automatisch, sodass Sie sich darum nicht explizit kümmern müssen.

> Fremdschlüssel werden im ER-Diagramm üblicherweise nicht dargestellt.

**❷ Ein Fremdschlüssel verknüpft ein Exemplar mit dem Primärschlüssel eines anderen.**

Der Primärschlüssel eines Lehrers ist seine Sozialversicherungsnummer. Jede Klasse hat einen Klassenvorstand, der ein Lehrer ist. Die Entität *Klassenvorstand* könnte dann z. B. folgende Exemplare aufweisen:

| Klasse | Lehrer-Sozialversicherungsnummer |
|---|---|
| 3a | 1234-120368 |
| 3b | 3428-091159 |

Die *Klasse* ist ein **Fremdschlüssel,** der die Exemplare von *Klassenvorstand* mit den **Schülerexemplaren** verknüpft.

Die *Lehrer-Sozialversicherungsnummer* ist der **Fremdschlüssel,** der die Exemplare von *Klassenvorstand* mit den **Lehrerexemplaren** verknüpft.

Über die **Verknüpfungen** ist es nun möglich, folgende Aussage zu formulieren: „Lehrer Dr. Heinrich Specht mit der Sozialversicherungsnummer 1234-120368 ist Klassenvorstand der Schüler Klaus Auer und Robert Bach." Diesen Zusammenhang kann eine **Abfrage** in Access bzw. eine **Sicht (View)** in SQL-Server herstellen.

Die folgende Abbildung veranschaulicht das Zusammenwirken des **Primärschlüssels** *Klasse* der **Entität** *Klasse* und des **Fremdschlüssels** *Klasse* der **Entität** *Schüler.* Mehrere Schüler besuchen eine Klasse.

Fremdschlüssel
Primärschlüssel

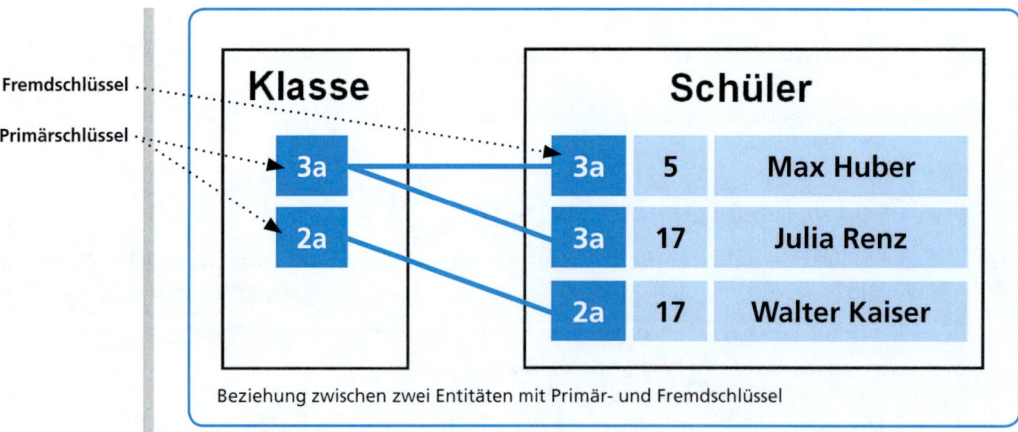

Beziehung zwischen zwei Entitäten mit Primär- und Fremdschlüssel

Mr. What und Ms. Check

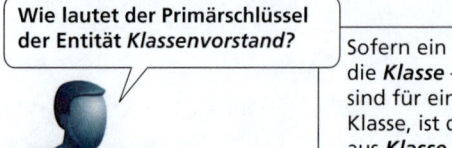

**Wie lautet der Primärschlüssel der Entität *Klassenvorstand*?**

Sofern ein Lehrer mehrere Klassen leitet, ist der Primärschlüssel die *Klasse* – sie muss eindeutig sein, denn zwei Klassenvorstände sind für eine Klasse nicht erlaubt. Leitet ein Lehrer nur eine Klasse, ist der Primärschlüssel ein zusammengesetztes Attribut aus *Klasse* und *Lehrer-Sozialversicherungsnummer*.

## 5 Virtuelle Attribute
### Abgeleitete bzw. berechnete Attribute

**Redundanz** bedeutet, dass Daten mehrfach gespeichert werden. Virtuelle Attribute führen zu redundanten Daten.

Attribute, die aus anderen Attributen einer Entität abgeleitet bzw. berechnet werden können, werden **virtuelle Attribute** genannt. Sie werden strichliert in das ER-Diagramm eingezeichnet.

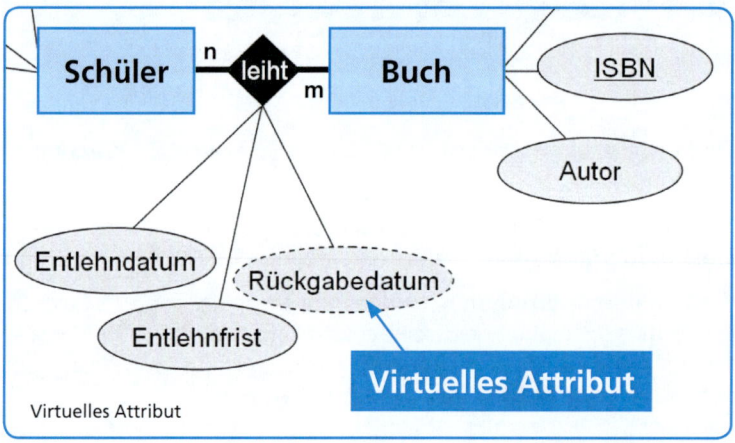

**Anomalien** können durch **Redundanz** entstehen.

Das *Rückgabedatum* kann aus den Attributen *Entlehndatum* und *Entlehnfrist* berechnet werden. Es ist ein **virtuelles Attribut.** Problematisch sind virtuelle Attribute deshalb, weil sie zu widersprüchlichen Daten führen können. Wir nennen dies eine **Anomalie.** Sie tritt z. B. auf, wenn das berechnete Rückgabedatum ein anderes Ergebnis liefert als das gespeicherte Datum.

**Virtuelle Attribute** können zu **Anomalien** in einer Datenbank führen und sollten daher vermieden werden.

Lerneinheit 2: Datenmodellierung

Auch das **Alter** einer **Person** ist ein **virtuelles Attribut.** Es resultiert aus der Differenz zwischen dem Tages- und dem Geburtsdatum. Das Alter zu speichern wäre falsch, da es sich ständig verändert. Sie müssen sich also gut überlegen, welche Attribute Sie tatsächlich für Ihre Datenbank verwenden.

### L 4.1: Virtuelle Attribute
In einem Autohaus hat die Entität *Auto* folgende Exemplare:

| FzNr | Marke | Type | max. Tank-inhalt in l | Benzin-vorrat in l | Verbrauch l/100 km | Reichweite in km |
|---|---|---|---|---|---|---|
| 1 | Audi | A4 | 65 | 50 | 6,2 | 806 |
| 2 | BMW | 530D | 75 | 34 | 7,1 | 479 |
| 3 | Kia | Sorento | 70 | 66 | 8,9 | 742 |

Welches Attribut ist ein **virtuelles Attribut?**

Da sich bei jedem Autoexemplar die Reichweite durch das Fahren und Tanken ständig verändert, handelt es sich dabei um ein virtuelles Attribut. Die Reichweite ist von den Attributen *Benzinvorrat* und *Verbrauch* abhängig.

### Ü 4.15: Elektrohändler ★★
Ein Elektrohändler möchte eine Datenbank zum Fakturieren der Aufträge erstellen. Folgende Entitäten wurden bereits definiert:

**fakturieren:** eine Rechnung über gelieferte Waren ausstellen

**Kunde** (KNr, Vorname, Zuname, Firma, Straße, PLZ, Ort, Telefon)
**Rechnung** (RNr, Datum, KNr)
**Rechnungsposten** (RNr, ANr, Menge, Verkaufspreis)
**Artikel** (ANr, Bezeichnung, Lagermenge, Einkaufspreis, Verkaufspreis)

In der Datenbank sollen nach Möglichkeit keine virtuellen Attribute vorkommen. Welche Gründe könnten dafür sprechen, dass das Attribut **Verkaufspreis** redundant gespeichert wird?

Mr. What und Ms. Check

Darf ich virtuelle Attribute in einer Datenbank speichern?

Generell sollten Sie das unterlassen, um Anomalien zu vermeiden. Es gibt aber Situationen, in denen Redundanz unbedingt erforderlich ist, da sonst falsche Ergebnisse entstehen könnten. Eine Preiserhöhung bei den Artikeln des Elektrohändlers aus **Ü 4.15** darf die Preise auf den alten Rechnungen z. B. nicht beeinflussen.

## 6 Fehlende Werte
*Null* ist nicht 0.

*Null* (gesprochen „Nall") bedeutet **kein Wert.**

Was passiert, wenn ein Attribut **keinen Wert** hat? Sehen Sie sich dazu folgendes Beispiel an:

| Klasse | KatNr | Vorname | Zuname |
|---|---|---|---|
| 3a | 01 | Klaus | Auer |
| 3a | 02 | Robert | Bach |
| 3b | 01 | Julia | Adam |
| 3b |  | Viola | Vogel |

Angewandte Informatik HTL

Die Schülerin **Viola Vogel, 3b,** hat **keine Katalognummer.** Wie Ihnen bereits bekannt ist, bilden *Klasse* und *Katalognummer* gemeinsam den Primärschlüssel für die Entität *Schüler.* Was passiert mit der Verknüpfung, wenn es keine Katalognummer gibt?

### Fehlende Werte

**❶ Wird für ein Attribut kein Wert eingegeben, ist der Wert des Attributs *Null*.**

Die Katalognummer von Viola Vogel hat z. B. den Wert *Null.*

**❷ *Null* führt zu Fehlern, wenn es Teil einer Bedingung oder Berechnung ist.**

Eine Bedingung oder Berechnung verlangt nach berechenbaren oder logisch auswertbaren Werten. Diese können numerisch oder alphanumerisch (Text) sein. Ist jedoch kein Wert vorhanden, so kann die Berechnung nicht durchgeführt werden. Die Folge ist ein Fehler.

In einer Abfrage soll z. B. das Alter aller Lehrer berechnet werden. Ist die Sozialversicherungsnummer bei einem Lehrer nicht vorhanden, z. B. weil das Geburtsdatum nicht eingegeben wurde, kann das Alter nicht berechnet werden. Die Abfrage funktioniert nicht.

**❸ Bei Schlüsselattributen ist *Null* unzulässig.**

Eine Verknüpfung zwischen einem Primärschlüssel und einem Fremdschlüssel basiert auf einer Bedingung, nämlich der Gleichheit beider Schlüssel. Fehlt ein Schlüsselwert, so kann die Verknüpfung nicht aufgebaut werden. Das Ergebnis ist eine Anomalie. Schlüssel sind daher immer Pflichtfelder und dürfen niemals *Null* enthalten.

Mr. What und Ms. Check

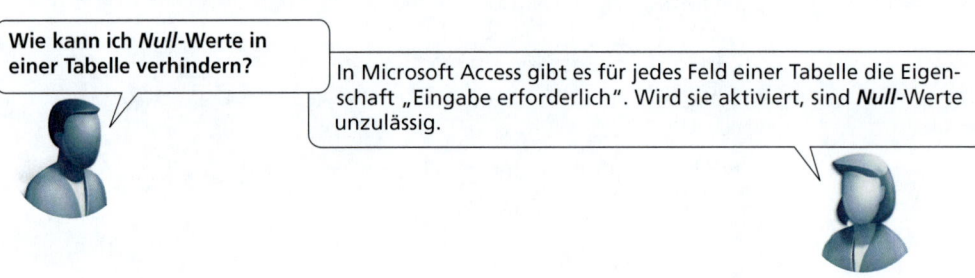

Wie kann ich *Null*-Werte in einer Tabelle verhindern?

In Microsoft Access gibt es für jedes Feld einer Tabelle die Eigenschaft „Eingabe erforderlich". Wird sie aktiviert, sind *Null*-Werte unzulässig.

## 7 Kardinalität
### Beziehungstypen

Die Kardinalität oder auch Konnektivität gibt den Grad einer Beziehung an. Es werden drei Typen unterschieden:

### Grade von Beziehungen

**❶ 1:1**

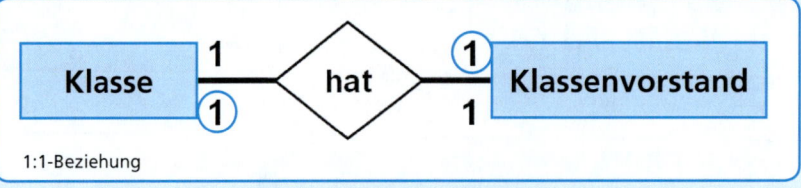

1:1-Beziehung

Eine Klasse hat wie viele Klassenvorstände? Einen.
Ein Klassenvorstand hat wie viele Klassen? Eine.

## Lerneinheit 2: Datenmodellierung

**② 1:n**

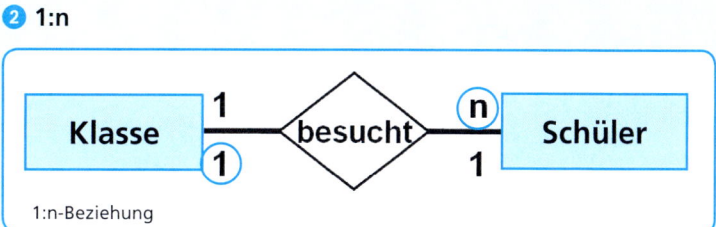

Eine Klasse hat wie viele Schüler? Mehrere.
Ein Schüler besucht wie viele Klassen? Eine.

**③ n:m**

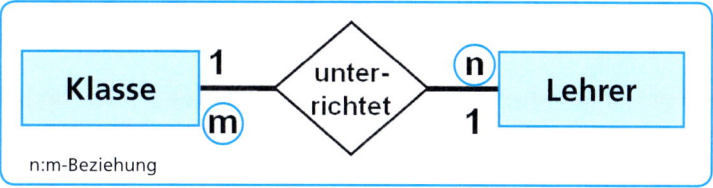

Eine Klasse wird von wie vielen Lehrern unterrichtet? Von mehreren.
Ein Lehrer unterrichtet wie viele Klassen? Mehrere.

*Mr. What und Ms. Check*

 **Wie kann ich den Grad einer Beziehung feststellen?**

 Sie fragen, wie viele Instanzen der zweiten Entität (z. B. *Lehrer*) mit einer Instanz der ersten Entität (z. B. *Klasse*) verknüpft werden können: In einer Klasse unterrichten n Lehrer. Danach fragen Sie umgekehrt. Ein Lehrer unterrichtet in n Klassen. Die größere Kardinalität bleibt auf beiden Seiten stehen: n Lehrer unterrichten m Klassen.

 **Ü 4.16: Kardinalität ★★**

Bestimmen Sie die Kardinalität der folgenden Beziehungen!

a) Kunden beauftragen Projekte.
b) Rechnungen enthalten Artikel.
c) Jeder Termin hat ein Datum.
d) Ein Schüler geht in eine Klasse.
e) Studierende belegen ein oder mehrere Studienrichtungen.
f) Fernsehanstalten spielen Filme.
g) Schauspieler spielen in Theaterstücken mit.
h) Gast konsumiert Cocktail.
i) Kunde leiht DVD.
j) Cocktail besteht aus Zutaten.
k) Schaltung besteht aus Bauteilen.
l) Haus hat Fenster.
m) Mitarbeiter leitet Mitarbeiter.
n) Name besteht aus Vor- und Zuname.
o) Supermarkt verkauft Artikel.

 # Üben

Übungsbeispiele

### Ü 4.17: Schule ★★
In einer Schule gibt es folgende Entitäten:

**Klasse** (<u>Klasse</u>, Sozialversicherungsnummer)
**Schüler** (<u>Klasse</u>, <u>Katalognummer</u>, Name = Vorname + Zuname, Straße, PLZ, Ort)
**Lehrer** (<u>Sozialversicherungsnummer</u>, Name = Titel + Vorname + Zuname, Alter)
**Fach** (<u>Fachkürzel</u>, Fachbezeichnung)
**Unterricht** (<u>Klasse</u>, <u>Sozialversicherungsnummer</u>, <u>Fachkürzel</u>, Wochenstunden)

Eine Klasse besteht aus mehreren Schülern. Ein Schüler besucht eine Klasse. Ein Lehrer kann Klassenvorstand von maximal einer Klasse sein. Eine Klasse hat nur einen Lehrer, der auch Klassenvorstand ist. Ein Lehrer unterrichtet ein Fach oder mehrere Fächer in einer Klasse. Eine Klasse hat mehrere Fächer und diese werden von mehreren Lehrern unterrichtet. Es kann auch vorkommen, dass ein Fach von mehreren Lehrern unterrichtet wird (z. B. Gruppenteilung in den Sprachen oder im EDV-Unterricht).

a) Nennen Sie alle **Primär- und Fremdschlüssel,** die in diesem Beispiel vorkommen!
b) Nennen Sie alle **zusammengesetzten Attribute,** die in diesem Beispiel vorkommen!
c) Nennen Sie alle **virtuellen Attribute,** die in diesem Beispiel vorkommen!
d) Zeichnen Sie das **ER-Diagramm** mit den Beziehungen und Attributen in der Chen-Notation!

### Ü 4.18: Großbäckerei ★★★
In einer Großbäckerei werden folgende Entitäten vermutet:

**Backware** (BNr, Bezeichnung, Haltbarkeitsdauer, Verkaufspreis)
**Produktion** (PNr, PDatum, BNr, Menge, Ablaufdatum)
**Auftrag** (KNr, ADatum)
**Kunde** (KNr, Name, Adresse)

Ein Kunde erteilt pro Tag maximal einen Auftrag. Die von den Kunden beauftragten Backwaren werden an einem bestimmten Tag (Produktionsdatum) für die Produktion geplant. Das Ablaufdatum der produzierten Backwaren muss feststellbar sein. In einer Produktionscharge werden die Backwaren aus mehreren Kundenaufträgen zusammengefasst. Backwaren können in mehreren Produktionschargen vorkommen.

a) Unterstreichen Sie die **Primärschlüssel** der Entitäten!
b) Nennen Sie die **Fremdschlüssel** der Entitäten!
c) Nennen Sie alle **Beziehungen** und ihre Kardinalität!
d) Entfernen Sie das **virtuelle Attribut** aus den Entitäten und nenne dessen Namen!
e) Zeichnen Sie das **ER-Diagramm** mit den Beziehungen und Attributen in der Chen-Notation!

ID: 1422

**Weitere Übungen im SbX**

### Ü 4.19: Reisebüro ★★
Bearbeiten Sie die Übungsaufgabe zum ER-Diagramm Reisebüro!

### Ü 4.20: Autohaus Apfelgruber ★★
Bearbeiten Sie die Übungsaufgabe zum ER-Diagramm Apfelgruber!

### Ü 4.21: H2Ö GmbH ★★★
Bearbeiten Sie die Übungsaufgabe zum ER-Diagramm H2Ö GmbH!

212      Angewandte Informatik HTL

## Sichern

In dieser Lerneinheit haben Sie sich mit dem Entity-Relationship-Diagramm und seinen Bestandteilen, den Entitäten, Beziehungen und Attributen, beschäftigt.

| | |
|---|---|
| ER-Diagramm | Das **Entity-Relationship-Diagramm (ERD)** wurde von Peter Chen zur **Modellierung relationaler Datenbanken** entwickelt. Es enthält **Entitäten, Beziehungen** mit ihrem Grad und **Attribute.** Zusätzlich werden zusammengesetzte Attribute, Primärschlüssel und virtuelle Attribute im ER-Diagramm eingezeichnet. |
| Entität | Entitäten sind **eindeutig unterscheidbare Objekte.** Exemplare sind konkrete Ausprägungen einer Entität. |
| Beziehung | Beziehungen sind **Assoziationen zwischen Entitäten.** Auch sie haben Exemplare. |
| Attribut | Attribute sind **Eigenschaften von Entitäten oder Beziehungen.** Die Attribute einer Entität sind vom Primärschlüssel abhängig. |
| Zusammengesetztes Attribut | Zusammengesetzte Attribute, wie z. B. **Name** oder **Sozialversicherungsnummer,** bestehen aus weiteren Attributen. |
| Schlüsselattribute | Ein **Primärschlüssel** identifiziert ein Exemplar einer Entität oder Beziehung eindeutig. Ein **Fremdschlüssel** verknüpft ein Exemplar mit dem Primärschlüssel eines anderen Exemplars. |
| Virtuelles Attribut | Virtuelle Attribute sind **von anderen Attributen ableitbar.** Sie können zu **Anomalien** in einer Datenbank führen und sollten vermieden werden. |
| *Null* | *Null* bedeutet **fehlender Wert** und ist für **Schlüsselattribute nicht zulässig,** da dies zu **Anomalien** führen könnte. |
| Kardinalität | Die Kardinalität gibt den Grad einer Beziehung an: **1:1, 1:n oder n:m.** |

SbX ID: 1423

Zusätzlich zu dieser Zusammenfassung finden Sie im SbX eine Audio-Wiederholung zur Wiedergabe mit dem Audio-Player und als MP3-Datei sowie eine Bildschirmpräsentation.

## Wissen

### W 4.6: Kontrollfragen und -aufgaben

1. Nennen Sie die wesentlichen Bestandteile eines ER-Diagramms!
2. Erklären Sie den Unterschied zwischen Primär- und Fremdschlüssel!
3. Nennen Sie ein Beispiel für ein zusammengesetztes Attribut!
4. Was versteht man unter einem virtuellen Attribut?
5. Welche Grade von Beziehungen gibt es?
6. Geben Sie die Kardinalität der folgenden Beziehungen in einer Bautischlerei an!
    a) Kunde bestellt Carport.
    b) Carport enthält Bauteile.
    c) Mitarbeiter produziert Bauteile.
    d) Geschäftsführer ist Mitarbeiter.

### W 4.7: Mitarbeiterdatenbank
Zeichnen Sie ein ER-Modell nach folgenden Vorgaben:
a) Ein Unternehmen hat Filialen, in denen Mitarbeiter/innen arbeiten.
b) Die Filialen haben Verkaufsmitarbeiter/innen.
c) Die Arbeitszeiten aller Mitarbeiter/innen werden täglich erfasst.
d) Für jede Mitarbeiterin/jeden Mitarbeiter werden die SVNr, der Name und das Gehalt erfasst.
e) Für jede Filiale werden eine Filialnummer und die Adresse gespeichert.
f) Zeichnen Sie die Primär- und Fremdschlüssel aller Entitäten ein.

SbX
ID: 1424

**Weitere Aufgabe im SbX**

### W 4.8: ER-Diagramm
Korrigieren Sie das fehlerhafte ER-Diagramm!

Ein kurzer Wissens-Check bevor's weitergeht!

## Wissens-Check

|  | ☺ | 😐 | ☹ |
|---|---|---|---|
| Ich kann Datenmodelle aufzählen und Bestandteile eines ER-Diagramms nennen. | | | |
| Ich kann Begriffe eines ER-Diagramms erklären. | | | |
| Ich kann die Kardinalität einer Beziehung richtig erkennen. | | | |

*Lerneinheit 3: Relationale Auflösung*

## Lerneinheit 3
# Relationale Auflösung

In dieser Lerneinheit erfahren Sie, wie ein ER-Diagramm gezeichnet und in Tabellen aufgelöst wird. Sie beschäftigen sich mit

- dem Zeichnen von ER-Diagrammen,
- der relationalen Auflösung sowie
- der Normalisierung und den Normalformen.

**SbX**
Alle SbX-Inhalte zu dieser Lerneinheit finden Sie unter der ID: 1430.

## Lernen

**SbX** ID: 1431

### 1 ER-Diagramm zeichnen
Abbilden der Wirklichkeit

Für einen **Sushi-Lieferservice** soll ein ER-Diagramm erstellt werden. Sie überlegen sich zunächst, welche Entitäten benötigt werden:

1. Es gibt **Gäste**, die den Lieferservice in Anspruch nehmen.
2. Es gibt **Speisen**, z. B. Sushi, Sashimi, Maki, California Rolls, die von Gästen bestellt werden.
3. Die Speisen sind in die **Speisearten** Vorspeise, Hauptspeise und Dessert eingeteilt.

### Schritt 1: Entitäten und Beziehungen

Ein ER-Diagramm sollte möglichst einfach aufgebaut sein.

Sie erkennen die Entitäten *Gast, Speise* und *Speiseart.* Nun überlegen Sie sich die **Kardinalitäten der Beziehungen** zwischen den Entitäten:

Ein **Gast** bestellt mehrere **Speisen**. Eine Speise kann von mehreren Gästen bestellt werden. Frau Gruber kann z. B. Maki und Sushi bestellen. Umgekehrt kann Sushi von Frau Gruber und Herrn Maier bestellt werden. Es handelt sich also um eine **n:m-Beziehung**.

Eine **Speiseart** gehört zu mehreren **Speisen**. Eine Speise gehört zu einer Speiseart. Zu den Vorspeisen gehören Sushi, Maki, Sashimi usw., aber Sushi ist auf jeden Fall eine Vorspeise. Es handelt sich um eine **1:n-Beziehung**.

Zwischen **Gast** und **Speiseart** gibt es keine sinnvolle Beziehung.

Bei einem **ER-Diagramm** gibt es nicht DIE richtige Lösung – es kommt immer darauf an, was möglich und erlaubt sein soll.

Nun können Sie die Entitäten und ihre Beziehungen zeichnen:

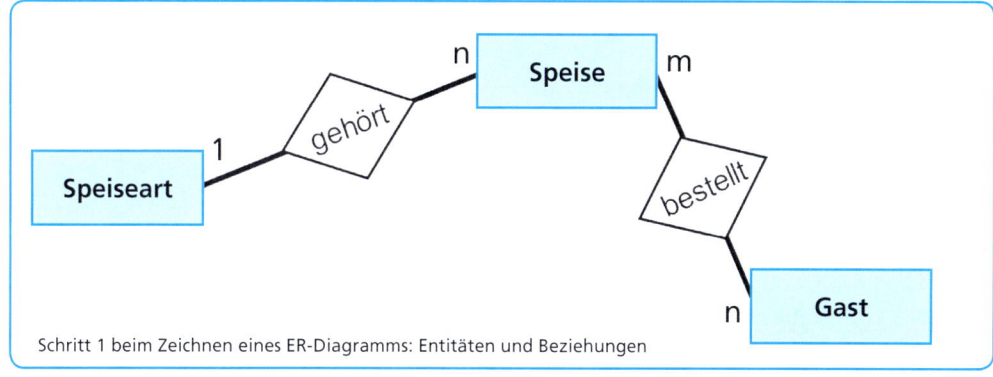

Schritt 1 beim Zeichnen eines ER-Diagramms: Entitäten und Beziehungen

**SbX**
Eine Bildschirmpräsentation mit allen Abbildungen zum Schritt LERNEN finden Sie unter der ID: 1431.

Angewandte Informatik HTL

## Schritt 2: Attribute und Primärschlüssel

Nun überlegen Sie sich die **Attribute** und **Primärschlüssel** der drei Entitäten:

**Speiseart** (Code, Bezeichnung)
**Speise** (Nr, Bezeichnung, Preis)
**Gast-bestellt-Speise** (Datum, Lieferzeit, Menge)
**Gast** (Nr, Name, Adresse)

Als **Primärschlüssel** für *Speiseart, Speise* und *Gast* verwenden Sie eine **eindeutige Nummer.**

Bei der Beziehung *Gast-bestellt-Speise* würde das Datum alleine dazu führen, dass ein Gast an einem Tag die gleiche Speise nur einmal bestellen könnte. Wenn ein Gast also nach einiger Zeit (am selben Tag) erneut die gleiche Speise bestellt, würde Ihre Datenbank dies nicht zulassen. Daher verwenden Sie hier einen **zusammengesetzten Primärschlüssel** aus *Datum* und *Lieferzeit*.

Die Entität *Gast* enthält die **zusammengesetzten Attribute** *Name* (= Vorname + Zuname) und *Adresse* (= Straße + PLZ + Ort).

*Häufig wird das Einzeichnen der zusammengesetzten Attribute übergangen. Es werden dann sofort die atomaren Attribute eingezeichnet.*

*Ein **atomares Attribut** ist nicht mehr weiter zerlegbar.*

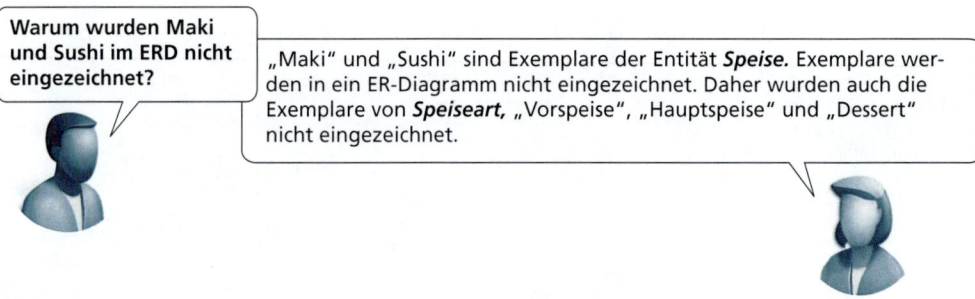

Schritt 2 beim Zeichnen eines ER-Diagramms: Entitäten, Beziehungen und Attribute

*Mr. What und Ms. Check*

**Warum wurden Maki und Sushi im ERD nicht eingezeichnet?**

„Maki" und „Sushi" sind Exemplare der Entität *Speise.* Exemplare werden in ein ER-Diagramm nicht eingezeichnet. Daher wurden auch die Exemplare von *Speiseart,* „Vorspeise", „Hauptspeise" und „Dessert" nicht eingezeichnet.

## 2 Relationale Auflösung
### Entitäten werden zu Relationen.

*Relation bedeutet Tabelle.*

Um das Entity-Relationship-Diagramm in eine Datenbank eingeben zu können, müssen Sie die Entitäten in Relationen umwandeln. Unter der relationalen Auflösung verstehen wir die Umwandlung in Tabellen.

## Beziehungen auflösen

### ❶ Auflösung einer 1:1-Beziehung

**Relationale Transformation:**
Entität → Relation
1:1-Beziehung bleibt
Attribut → Feld

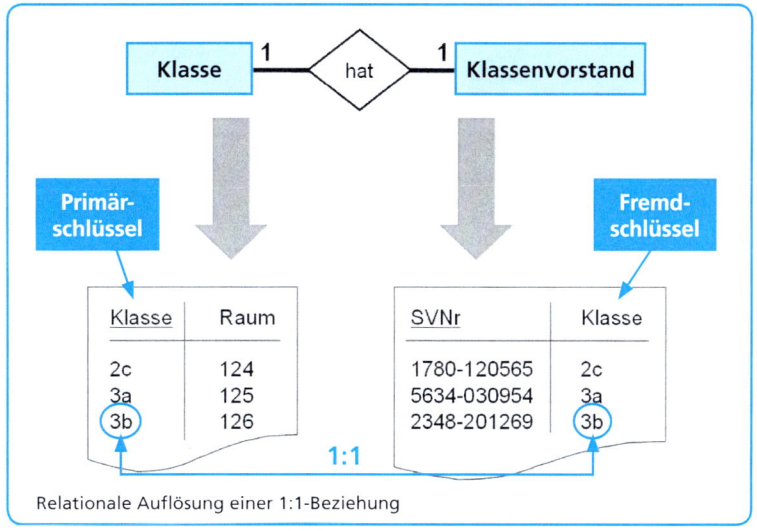

Relationale Auflösung einer 1:1-Beziehung

Die Entitäten **Klasse** und **Klassenvorstand** werden zu Tabellen. Die Attribute werden zu Feldern der Tabellen. Die Primärschlüssel werden als Primärschlüsselfelder in den Tabellen festgelegt *(Klasse* und *Sozialversicherungsnummer).*

Als Fremdschlüssel kann bei einer **1:1-Beziehung** einer der beiden Primärschlüssel in der jeweils anderen Tabelle verwendet werden. Hier wurde die Klasse als Fremdschlüssel in der Tabelle **Klassenvorstand** herangezogen.

Der Index bestimmt den Grad der Beziehung in einer Datenbank.

Da es sich um eine **1:1-Beziehung** handelt, muss für die Klasse in der Tabelle *Klassenvorstand* ein **Index ohne Duplikate** angelegt werden. Dadurch wird verhindert, dass ein Lehrer in mehreren Klassen Klassenvorstand sein kann.

### ❷ Auflösung einer 1:n-Beziehung

**Relationale Transformation:**
Entität → Relation
1:n-Beziehung bleibt
Attribut → Feld

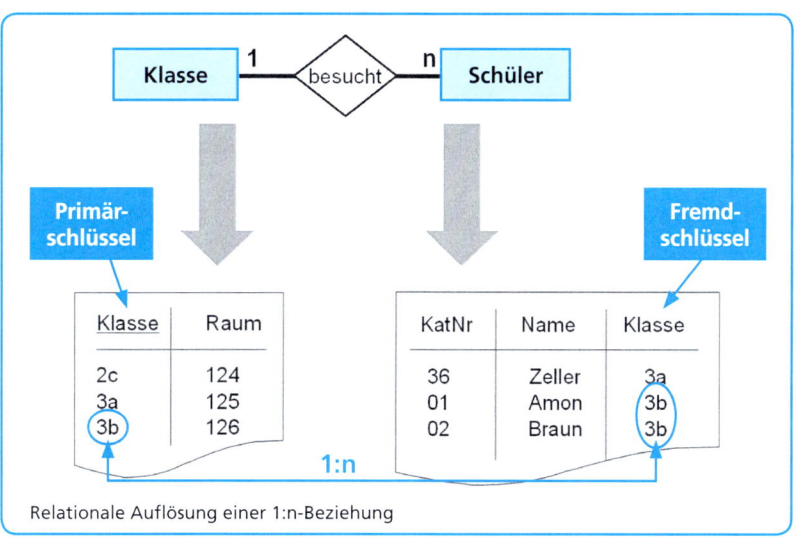

Relationale Auflösung einer 1:n-Beziehung

Die Entitäten **Klasse** und **Schüler** werden zu Tabellen. Die Attribute werden zu Feldern der Tabellen. Die Primärschlüssel werden als Primärschlüsselfelder in den Tabellen festgelegt *(Klasse* und *KatNr).*

Bei einem **Schlüsselfeld** sollte aus Geschwindigkeitsgründen immer ein **Index** eingesetzt werden.

Bei einer **1:n-Beziehung** wird der Primärschlüssel der 1-Tabelle als Fremdschlüssel der n-Tabelle festgelegt. Hier ist der Fremdschlüssel *Klasse* in der Tabelle *Schüler.*

Da es sich um eine **1:n-Beziehung** handelt, muss für *Klasse* in der Tabelle *Schüler* ein **Index mit Duplikaten** angelegt werden.

Angewandte Informatik HTL

**Relationale Transformation:**
Entität → Relation
n:m-Beziehung → Beziehungsrelation
Attribut → Feld

### ❸ Auflösung einer n:m-Beziehung

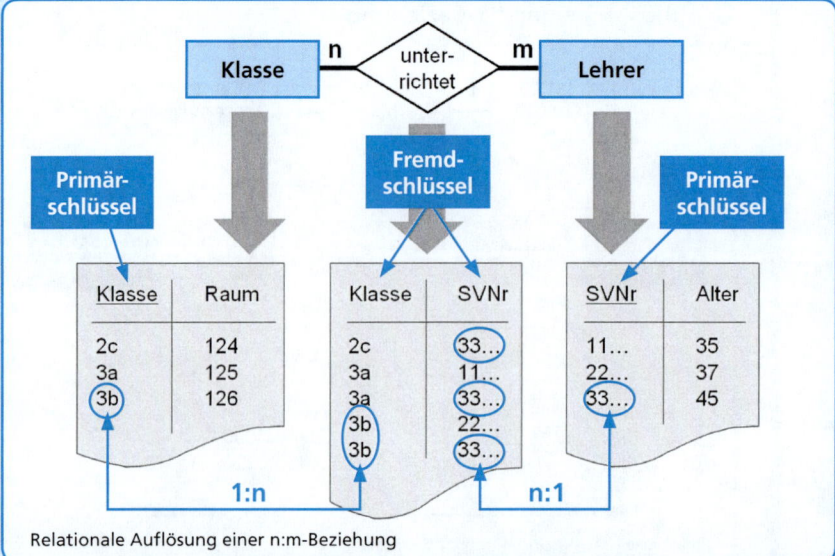

Relationale Auflösung einer n:m-Beziehung

Eine Datenbank erlaubt nur 1:1- und 1:n-Beziehungen zwischen Tabellen. Daher müssen wir eine **n:m-Beziehung in zwei 1:n-Beziehungen auflösen:**

Die Entitäten werden zunächst in Tabellen aufgelöst. Ihre Attribute werden zu Feldern der beiden Tabellen. Die Primärschlüssel sind die Schlüsselattribute, die immer einen **Index ohne Duplikate** erhalten. Hier sind das *Klasse* und *Lehrer*.

Im nächsten Schritt erstellen Sie aus der Beziehung eine neue Tabelle: **die Beziehungstabelle.** Sie bekommt den Namen *KlasseUnterrichtetLehrer*, also eine Kombination aus den beiden Tabellen, die sie verknüpft, und dem Namen der Beziehung. In dieser Tabelle legen Sie als Fremdschlüssel die beiden Primärschlüssel aus *Klasse* und *Lehrer* an. Die Fremdschlüssel repräsentieren die n-Teile (mehrere gleiche Schlüssel), daher erstellen Sie einen **Index mit Duplikaten.**

Die **Beziehungstabelle** enthält in unserem Beispiel die beiden Fremdschlüssel *Klasse* und *Lehrer.* Aber wo befindet sich der Primärschlüssel?

Die **Beziehungstabelle** erhält immer die **n-Teile** der Beziehungen.

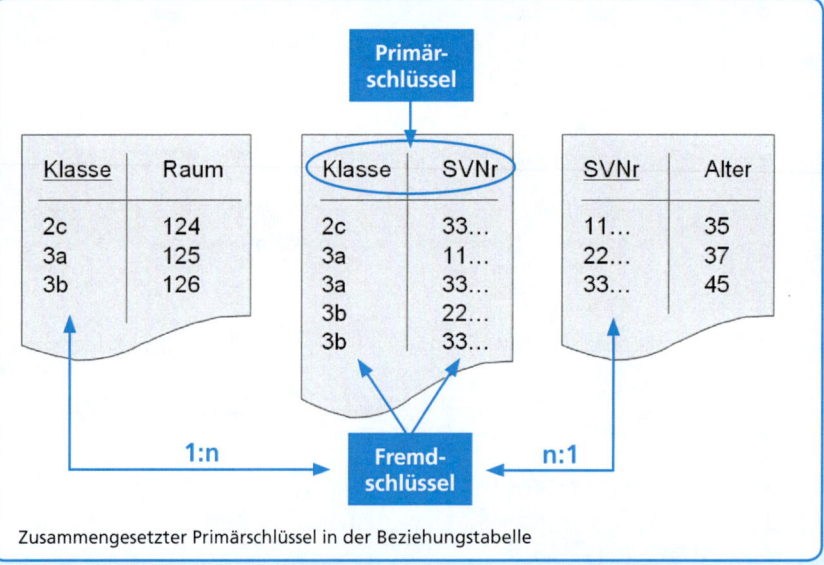

Zusammengesetzter Primärschlüssel in der Beziehungstabelle

Der **Primärschlüssel** ist eine Kombination der beiden Fremdschlüssel, also ein **zusammengesetzter Schlüssel.** Da ein Primärschlüssel keine Duplikate erlaubt, die beiden Fremdschlüssel für sich betrachtet jedoch sehr wohl, ergibt sich daraus Folgendes: Ein Lehrer darf in einer Klasse nicht mehrfach angelegt werden. Da dies aber durchaus der Fall sein kann, nämlich wenn ein Lehrer unterschiedliche Fächer in einer Klasse unterrichtet, müssen Sie das Fach noch zusätzlich in den Primärschlüssel einbeziehen.

**Ü 4.22: Relationale Auflösung** ★★
Führen Sie die relationale Auflösung für das abgebildete ER-Diagramm durch!

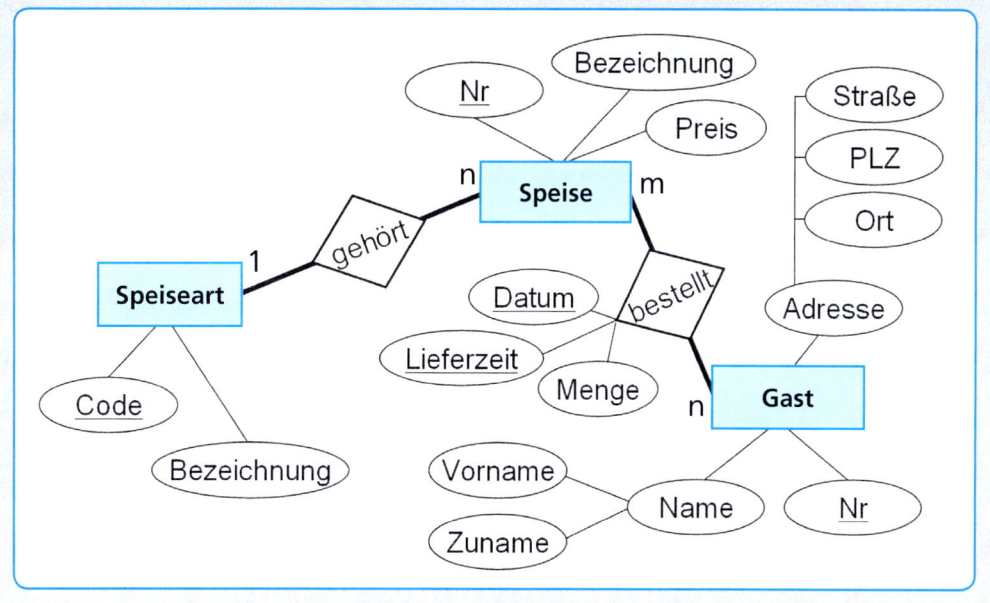

## 3 Normalisierung
Optimierung der Datenstrukturen

Im Zuge der Normalisierung wenden Sie bestimmte Kriterien auf eine Datenbank an, damit sie einen festgelegten Zustand erreicht, der Inkonsistenzen (Unstimmigkeiten) vermeidet. Dieser festgelegte Zustand ist eine **Normalform.**

1NF = 1. Normalform
2NF = 2. Normalform
3NF = 3. Normalform

Sie bringen Ihre Datenbank nun Schritt für Schritt durch die Anwendung bestimmter Regeln von der ersten bis in die dritte Normalform. Danach gäbe es noch weitere Normalformen, z. B. die Boyce-Codd-Normalform, die vierte und die fünfte Normalform, die wir aber nicht behandeln. In der Praxis sollte jede Datenbank mindestens der dritten Normalform (3NF) entsprechen.

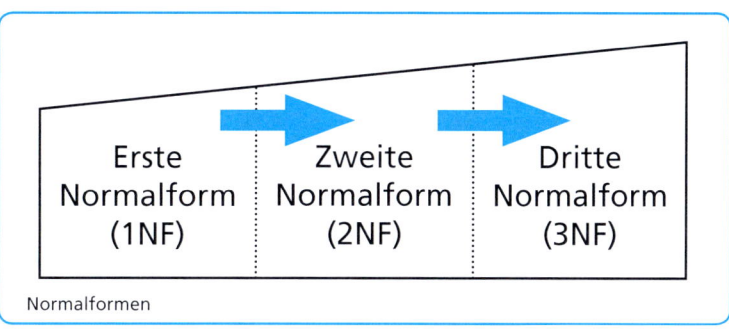

Normalformen

Die wichtigsten **Gründe für das Normalisieren** einer Datenbank sind:
1. Vermeidung von Redundanz (doppelten Einträgen)
2. Vermeidung von Anomalien (widersprüchlichen Daten)
3. Konsistenz (Vollständigkeit und Richtigkeit)
4. Vereinfachung der Wartung

Mr. What und Ms. Check

**Wie kann ich eine Normalisierung meiner Datenbank durchführen?**

Indem Sie das ER-Diagramm verwenden, die relationale Auflösung durchführen und danach die Regeln der Normalformen anwenden.

## Relationen-Notation

Für Entitäten, Beziehungen und Attribute haben Sie bisher die grafische Darstellung des ER-Diagramms benutzt. Bei der relationalen Auflösung wird die Relationenschreibweise verwendet. Die Entitäten werden nun als Relationen bezeichnet.

### L 4.2: Relationale Auflösung

Die relationale Auflösung der Entitäten **Klassenvorstand, Klasse, Schüler** und **Lehrer** lautet:

$R_{Klassenvorstand}$ = **Klassenvorstand** (Klasse, SVNr)

$R_{Klasse}$ = **Klasse** (Klasse, Raum)

$R_{Schüler}$ = **Schüler** (Klasse, KatNr, Vorname, Zuname)

$R_{Lehrer}$ = **Lehrer** (SVNr, Titel, Vorname, Zuname)

$R_{Unterricht}$ = **unterrichtet** (SVNr, Klasse, Fach, Wochenstunden)

Im Rahmen der Normalisierung werden die Normalformen verwendet, um die Datenbank in einen **normalisierten Zustand** zu versetzen.

### Ü 4.23: Relationale Auflösung und Relationen-Notation ★★

Führen Sie die relationale Auflösung des abgebildeten ER-Diagrammes durch und geben Sie die Tabellen in Relationen-Notation an!

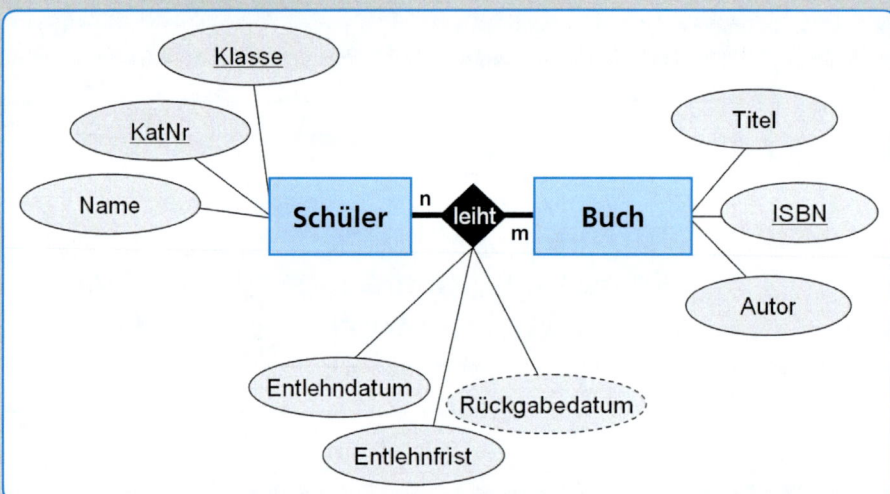

Relationale Auflösung in Relationen-Notation:

$R_{Schüler}$ =

$R_{Buch}$ =

$R_{Leiht}$ =

## 4 Normalformen
### Zustände einer Datenbank

Die wichtigsten Normalformen sind die 1NF, 2NF und 3NF.

**❶ Erste Normalform: Jedes Attribut einer Tabelle ist unteilbar.**

Eine Information in einem Attribut ist dann unteilbar, wenn sie nicht weiter in Einzelinformationen zerlegt werden kann. Als Attributwerte sind keine Aufzählungen oder Listen erlaubt.

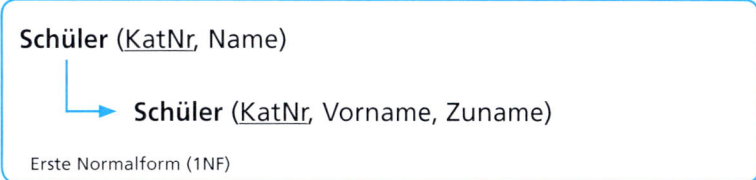

Schüler (KatNr, Name)

→ Schüler (KatNr, Vorname, Zuname)

Erste Normalform (1NF)

In diesem Beispiel muss das Feld **Name** in seine Bestandteile, z. B. Vorname und Zuname, aufgeteilt werden.

**❷ Zweite Normalform: 1NF und alle Attribute müssen vom gleichen Primärschlüssel abhängen.**

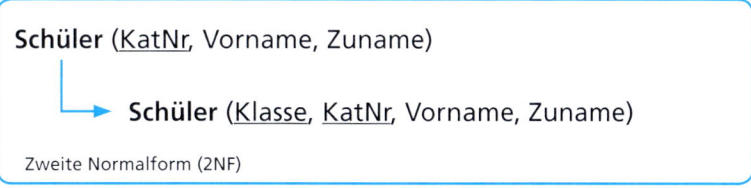

Schüler (KatNr, Vorname, Zuname)

→ Schüler (Klasse, KatNr, Vorname, Zuname)

Zweite Normalform (2NF)

In diesem Beispiel ist der Primärschlüssel **Katalognummer** für alle Schülernamen der unterschiedlichen Klassen nicht ausreichend, da es z. B. die Nummer 1 in jeder Klasse gibt. Die Klasse muss als weiteres Schlüsselfeld hinzugefügt werden.

**Transitive Abhängigkeiten** sind mehrdeutige Beziehungen innerhalb einer Tabelle. Ein Klassenvorstand ist z. B. nicht nur einem Schüler zugeordnet, sondern auch einer Klasse.

**❸ Dritte Normalform: 2NF und es darf keine transitiven Abhängigkeiten geben.**

Schüler (Klasse, KatNr, Vorname, Zuname, Klassenvorstand)

→ Schüler (Klasse, KatNr, Vorname, Zuname)
→ Klassenvorstand (Klasse, LehrerNr)

Dritte Normalform (3NF)

In dem Beispiel ist der Klassenvorstand nicht dem Schüler, sondern der Klasse zuzuordnen. Daher muss für diese Abhängigkeit eine eigene Tabelle erstellt werden. Im Falle einer Änderung des Klassenvorstands muss nicht jeder Schüler aktualisiert werden. Es genügt, den neuen Lehrer in der Tabelle **Klassenvorstand** der Klasse zuzuordnen.

Mr. What und Ms. Check

Muss eine Datenbank immer in die 3NF gebracht werden?

Generell ja. Es gibt aber Fälle, wo dies nicht sinnvoll ist, wie z. B. die redundante Speicherung von Preisen bei Artikeln und Rechnungsposten.

Im nächsten Schritt kann die Datenbank z. B. in Microsoft Access oder SQL-Server angelegt werden.

# Üben

**Übungsbeispiele**

### Ü 4.24: DVD-Sammlung ★★
Frau Hütter will ihre DVD-Sammlung in einer Datenbank verwalten:
1. Auf jeder DVD befindet sich ein Film. Filme kommen nicht doppelt vor.
2. Zu jedem Film sollen Titel, Laufzeit, Sprache, Genre, DolbyDigital (ja/nein), die Schauspieler und der Regisseur gespeichert werden.
3. In einem Film spielen mehrere Schauspieler, ein Schauspieler spielt in mehreren Filmen.
4. Jeder Film hat einen Regisseur, ein Regisseur führt in mehreren Filmen Regie.
5. Jeder Film ist einem Genre zugeordnet. Für jedes Genre gibt es mehrere Filme.

**Erledigen Sie folgende Aufgabenstellungen:**
a) Zeichnen Sie das ER-Diagramm für die DVD-Sammlung mit allen Entitäten, Beziehungen und Attributen in Chen-Notation.
b) Führen Sie die relationale Auflösung des ER-Diagramms durch und geben Sie das Ergebnis in Relationen-Notation in der dritten Normalform an.
c) Erstellen Sie die Datenbank in Access oder SQL-Server.

### Ü 4.25: Baufirma ★★★
Die Firma Unibau möchte ihre Auftragsverwaltung in einer neuen Datenbank speichern:
1. Es gibt drei Kundengruppen: Privatkunden, Großkunden und Händler.
2. Jeder Kunde kann mehrere Aufträge erteilen. Ein Auftrag ist immer einem bestimmten Kunden zugeordnet.
3. Mit einem Auftrag werden mehrere Artikel bestellt. Jeder Artikel kann in mehreren Aufträgen bestellt werden.
4. Jeder Artikel ist einer Artikelgruppe zugeteilt. Eine Artikelgruppe besteht aus mehreren Artikeln.
5. Ein Auftrag wird in eine Rechnung übernommen. Auf einer Rechnung können mehrere Aufträge verrechnet werden.
6. Ein Kunde zahlt die Rechnung unter Umständen in Raten. Es kann mehrere Zahlungen zu einer Rechnung geben. Eine Zahlung kann sich auch auf mehrere Rechnungen beziehen.

**Erledigen Sie folgende Aufgabenstellungen:**
a) Zeichnen Sie das ER-Diagramm für die Auftragsverwaltung mit allen Entitäten, Beziehungen und Attributen in Chen-Notation.
b) Führen Sie die relationale Auflösung des ER-Diagramms durch und beschreiben Sie das Ergebnis in Relationen-Notation in der dritten Normalform.
c) Erstellen Sie die Datenbank in Access oder SQL-Server.

### Ü 4.26: Videothek ★★★
Der Besitzer einer Videothek beschreibt sein Geschäftsmodell wie folgt:
1. Die Videothek verleiht Filme an Kunden. Jeder Kunde kann beliebig viele Filme ausleihen. Ein Film kann von vielen Kunden ausgeliehen werden. Ein Film kann auch mehrmals pro Tag verliehen werden.
2. Von den Kunden werden Kundennummer, Name und Adresse gespeichert. Jeder Kunde erhält einen PIN-Code, über den er/sie seine Bestellungen genehmigt.
3. Es gibt Filme auf Video und DVD. Zu jedem Film werden Filmtitel, Spieldauer und der Name des Verleihers gespeichert.
4. Jeder Film ist einer Kategorie zugeordnet. Kategorien sind z. B. Science Fiction, Heimatfilm, Kriegsfilm, Komödie etc.
5. Es gibt drei Preistarife: Aktion, Standard, Aktuell. Jedem Film ist ein Tarif mit einem Preis zugeordnet. Ein Tarif kann für mehrere Filme gelten.
6. In jedem Film spielen mehrere Schauspieler mit, ein Schauspieler spielt in mehreren Filmen.

7. Wenn die Nachfrage für einen Film groß ist, werden mehrere Exemplare derselben DVD eingelagert. Jede DVD erhält eine eindeutige Nummer. Zu einem Film kann es mehrere DVDs geben (z. B. acht DVDs zu „Avatar – Aufbruch nach Pandora").

Zeichnen Sie das ER-Diagramm für die Videothek mit allen Entitäten, Beziehungen und Attributen in Chen-Notation und führen Sie die relationale Auflösung bis zur 3NF durch.

### Ü 4.27: PC wieder flott ★★★

Im Elektronikbetrieb „PC wieder flott" werden Personalcomputer repariert. In der Firmendatenbank soll jede Reparatur erfasst und damit eine Grundlage für die Kostenaufnahme geschaffen werden. Es gibt 15 Ersatzteile mit unterschiedlichen Kosten, die in die zu wartenden Computer eingebaut werden (Mainboard, Festplatte, Prozessor, Speicherchips, DVD-Laufwerk usw.). In der Firma sind Mitarbeiter/innen in unterschiedlichen Lohnkategorien tätig (Kollektivvertrag, Lehrlinge, Ferialpraktikanten/Ferialpraktikantinnen), die unterschiedliche Arbeiten an einem PC erledigen. In der Datenbank sollen die Gesamtkosten für eine Reparatur berechnet werden können. Dafür werden die Lohnkosten für die Reparaturdauer, die Ersatzteilkosten und die Gemeinkosten (Büro, Schriftverkehr, Buchhaltung) mit einem fixen Aufschlag von 20 % auf die angelaufenen Reparaturkosten kalkuliert. Erstellen Sie ein ER-Diagramm und den Entwurf einer relationalen Datenbank und überprüfen Sie, ob das Datenmodell normalisiert ist! Welche virtuellen Attribute müssen durch welche realen Attribute abgeleitet werden können?

ID: 1432

**Weitere Übungen im SbX**

### Ü 4.28: Reife- und Diplomprüfung ★★★
Bearbeiten Sie die Übungsaufgabe zum ER-Diagramm Reife- und Diplomprüfung!

### Ü 4.29: Kfz-Werkstätte ★★★
Bearbeiten Sie die Übungsaufgabe zum ER-Diagramm Kfz-Werkstätte!

### Ü 4.30: Restaurant ★★
Bearbeiten Sie die Übungsaufgabe zum ER-Diagramm Restaurant!

### Ü 4.31: Autohaus Apfelgruber ★★
Bearbeiten Sie die Übungsaufgabe zum ER-Diagramm Apfelgruber!

### Ü 4.32: H2Ö GmbH ★★
Bearbeiten Sie die Übungsaufgabe zum ER-Diagramm H2Ö GmbH!

# Sichern

ID: 1433

**In dieser Lerneinheit haben Sie sich mit der relationalen Auflösung von ER-Diagrammen und mit den Normalformen beschäftigt.**

| | |
|---|---|
| Relationale Auflösung | Bei der **relationalen Auflösung** wird aus jeder Entität eine **Relation.** Zusätzlich muss eine **n:m-Beziehung** in eine **Beziehungsrelation** umgewandelt werden. |
| 1. Normalform | Eine Tabelle ist in der **ersten Normalform (1NF),** wenn jedes **Attribut unteilbar** ist. |
| 2. Normalform | Die **zweite Normalform (2NF)** liegt vor, wenn die Tabelle in der ersten Normalform ist und alle Attribute vom **gleichen Primärschlüssel abhängig** sind. |
| 3. Normalform | Eine Datenbank ist in der **dritten Normalform (3NF),** wenn sie in der zweiten Normalform ist und **keine transitiven Abhängigkeiten** vorliegen. |

ID: 1433

**Zusätzlich zu dieser Zusammenfassung finden Sie im SbX eine Audio-Wiederholung zur Wiedergabe mit dem Audio-Player und als MP3-Datei sowie eine Bildschirmpräsentation.**

# Wissen

## W 4.9: Kontrollfragen und -aufgaben

1. Was ist eine Beziehungsrelation?
2. Warum muss eine n:m-Beziehung aufgelöst werden?
3. Erklären Sie die Unterschiede zwischen 1NF, 2NF und 3NF!
4. Warum sollte sich eine Datenbank mindestens in der dritten Normalform befinden?
5. Warum kann Redundanz in bestimmten Fällen erforderlich sein? Nennen Sie dafür ein Beispiel!
6. Nennen Sie einige Unterschiede zwischen einem ER-Diagramm und einem Klassendiagramm!
7. Wie beurteilen Sie die folgende Aussage: „Eine Datenbank in der 3NF verhindert jede Art von Anomalie." Nehmen Sie dazu kritisch Stellung!

## W 4.10: ER-Modell Mitarbeiterverwaltung

Zeichnen Sie ein ER-Modell nach folgenden Vorgaben:

a) Eine Filiale wird von einem Mitarbeiter geleitet, ein Mitarbeiter leitet eine Filiale.
b) Eine Filiale hat mehrere Verkaufsmitarbeiter. Ein Verkaufsmitarbeiter ist einer Filiale zugeordnet. Ein Verkaufsmitarbeiter ist ein Mitarbeiter.
c) Die Arbeitszeiten aller Mitarbeiter werden täglich erfasst.
d) Für jeden Mitarbeiter werden die SVNr, der Name und das Gehalt erfasst.
e) Für jede Filiale werden eine Filialnummer und die Adresse gespeichert.
f) Zeichnen Sie die Primärschlüssel aller Entitäten ein.
g) Zeichnen Sie die Kardinalitäten der Beziehungen ein.

### Weitere Aufgaben im SbX

**W 4.11: Dritte Normalform**
Bringen Sie die Datenbank in die dritte Normalform!

**W 4.12: Autohaus Apfelgruber**
Bearbeiten Sie das Step-by-Step-Tutorial „Autohaus Apfelgruber" zur Erstellung einer Datenbank mit MS Access!

*Ein kurzer Wissens-Check bevor's weitergeht!*

## Wissens-Check

|  | ☺ | 😐 | ☹ |
|---|---|---|---|
| Ich kann ein ER-Diagramm eigenständig zeichnen. | | | |
| Ich kann ein ER-Diagramm in Relationen auflösen. | | | |
| Ich kann Relationen in die erste, zweite und dritte Normalform bringen. | | | |

/ Lerneinheit 4: Anforderungsdefinition und Dokumentation

# Lerneinheit 4
# Anforderungsdefinition und Dokumentation

> [ SbX ]
> Alle SbX-Inhalte zu dieser Lerneinheit finden Sie unter der ID: 1440.

In dieser Lerneinheit beschäftigen Sie sich mit dem Zustandekommen eines Auftrages im Allgemeinen und eines Softwareauftrages im Speziellen. Dabei geht es vor allem auch darum, Strukturen und Abläufe des realen Lebens zu erkennen und in schriftlicher Form effizient abzubilden. Außerdem wenden Sie sich der Textverarbeitung zu, da sie bei der Abwicklung und Dokumentation von Projekten eine große Rolle spielt – insbesondere dann, wenn umfangreiche Dokumente entstehen und aufgrund vieler Beteiligter Seriendokumente erforderlich sind. Abschließend beschäftigen Sie sich mit dem vertiefenden Einsatz der Tabellenkalkulation.

 Lernen  SbX   ID: 1441

## 1 Softwareerstellung
### Modelle für den Softwareentwicklungsprozess

Die tatsächlichen Abläufe der Softwareerstellung in einem Softwareengineering-Unternehmen sind sehr komplex, vielschichtig und in einem Buch für Einsteiger in die Informatik nicht wirklich realitätsnahe darzustellen.

Wir werden uns daher stark vereinfachten Modellen zuwenden. Abgeleitet aus dem Boehm'schen Wasserfallmodell können Sie sich den Softwareentwicklungsprozess als in Serie geschaltete Aktivitäten vorstellen. Diese Darstellungsart ist einerseits übersichtlich, andererseits jedoch sehr starr. Bei der **sequenziellen Abarbeitung** des Prozesses darf ein Schritt erst begonnen werden, wenn der vorherige Schritt vollständig beendet wurde. Das ist jedoch in der Praxis nicht praktikabel, da dadurch der Prozess zu lange dauern würde.

> sequenziell = ein Schritt nach dem anderen

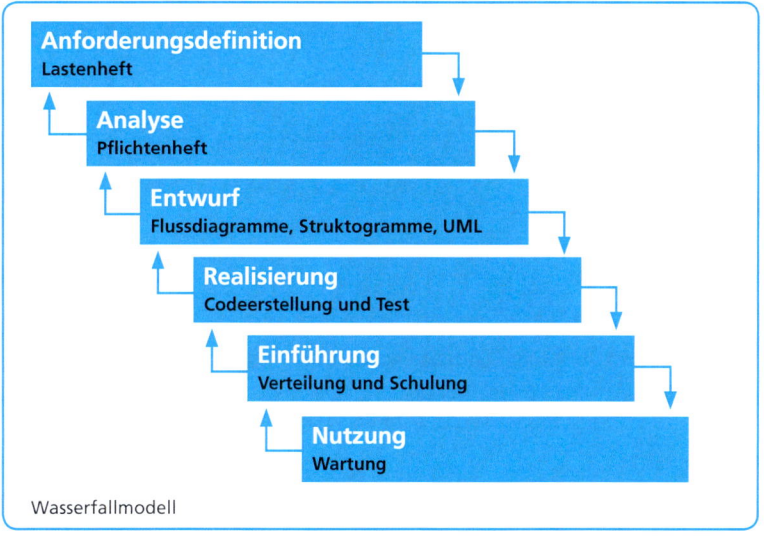

Wasserfallmodell

> [ SbX ]
> Eine Bildschirmpräsentation mit allen Abbildungen zum Schritt LERNEN finden Sie unter der ID: 1441.

Man kann den Entwicklungsprozess der Softwareproduktion aber auch als einen **vom Groben ins Detail gehenden Prozess** darstellen, welcher von der Anforderungsdefinition bis zur Programmierung von Modulen und wieder zurück zum Abnahmetest des fertigen Produktes führt. Diese Betrachtungsweise wird in der Fachwelt als **V-Modell** bezeichnet.

Angewandte Informatik HTL

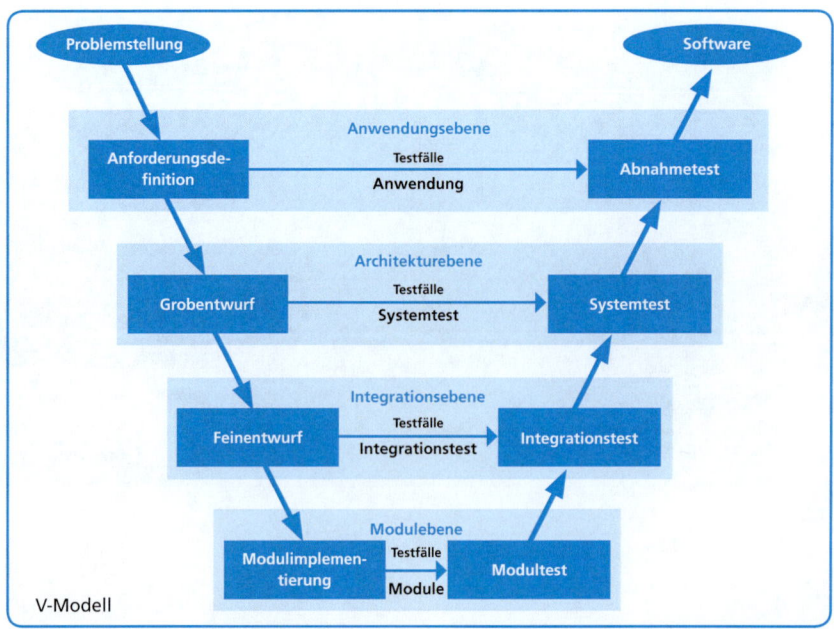

Bei diesem Modell wird ein besonderes Augenmerk auf die Testung in den einzelnen Ebenen gelegt. In der Theorie geht man zwar auch hier von einer sequenziellen Abarbeitung aus, in der Praxis beschäftigen sich Entwicklerinnen und Entwickler durchaus schon mit einzelnen Modulen, bevor alle Details der Feinarchitektur geklärt sind. Außerdem versuchen Softwarehersteller immer wiederkehrende Anforderungen an Softwareprogramme mit Grundmodulen abzudecken, sodass eine Wiederverwendbarkeit gegeben ist.

## 2 Lastenheft und Pflichtenheft
### Anforderungen festlegen

Stellen Sie sich vor, ein Kunde möchte ein Softwareprogramm haben, welches es in dieser Form am freien Markt nicht zu kaufen gibt. Er beauftragt daher eine Firma, die in der Lage ist, ein solches Programm zu schreiben.

Nehmen wir an, dass wir der Auftragnehmer, also die Firma sind, die den Auftrag zur Programmierung erhält. Wir bekommen von unserem Auftraggeber, also von unserem Kunden, ein sogenanntes **Lastenheft** in welchem er beschreibt, was er haben möchte.

Das **Lastenheft** beinhaltet die **Gesamtheit der Forderungen an die Lieferungen und Leistungen** eines Auftragnehmers.

Das Lastenheft enthält also die technischen und inhaltlichen Vorgaben, die an die gewünschte Software gestellt werden. Es dient als Grundlage zur Einholung von Angeboten.

Sobald wir das Lastenheft haben, müssen wir uns überlegen, auf welche Forderungen wir wie eingehen werden. Daraus ergibt sich quasi ein Umschreiben des Lastenheftes zu einem **Pflichtenheft,** sodass in unserer Firma klar ist, worauf bei der Realisierung des Programmes geachtet werden muss. In diesem Pflichtenheft steckt schon einiges an Know-how unserer Firma und es hat schon mit unserer Art der Auftragsabwicklung zu tun.

Das **Pflichtenheft** ist eine Art **interner Auftrag,** welcher **detaillierte Realisierungsvorgaben** für die Programmiererinnen und Programmierer enthält.

Egal welches Modell der Softwareerstellung wir anwenden, die Definition der Anforderungen an das fertige Endprodukt wird immer am Anfang des Prozesses stehen. Der Kunde erstellt das Lastenheft und das Softwarehaus das dazupassende Pflichtenheft.

## Aufbau und Inhalt des Pflichtenhefts

Anforderungen an ein Pflichtenheft sind in der DIN 69905 beschrieben. Nach dieser Norm wäre z. B. folgenden Struktur (in Anlehnung an Balzert) zulässig:

**❶ Zielbestimmung der Software**
- Muss-Kriterien: müssen unbedingt und auf jeden Fall erfüllt werden
- Soll-Kriterien: sollten soweit wie möglich und soweit wie sinnvoll umgesetzt werden
- Kann-Kriterien: sollten, soweit noch ausreichend Kapazitäten (Zeitbudget und finanzielle Mittel für das Projekt) vorhanden sind, umgesetzt werden
- Abgrenzungskriterien: sollten bewusst nicht erreicht werden

**❷ Produkteinsatz**
- Anwendungsbereich der Software
- Zielgruppe
- typische Umgebungsbedingungen während des Betriebes der Software

**❸ Produktübersicht und Produktfunktionen**
Übersicht sowie genaue und detaillierte Beschreibung der einzelnen Produktfunktionen bezüglich der Anwendung der Software, aber auch bezüglich der Administration und Benutzerverwaltung

**❹ Produktdaten**
Langfristig zu speichernde Daten aus Benutzersicht, wie z. B. Benutzernamen, Kennwörter, Registrierungen und Statistiken des Programms

**❺ Produktleistungen**
Anforderungen bezüglich Zeit und Genauigkeit, Möglichkeiten von Korrekturen

**❻ Qualitätsanforderungen an die Software**
Welche Qualitätsmerkmale sind primär von Bedeutung? Die Software eines Bankhauses wird das Hauptaugenmerk auf Fehlerfreiheit, Genauigkeit und Nachvollziehbarkeit legen. Ein Computerspiel wird hingegen die akustischen und grafischen Merkmale in den Mittelpunkt stellen.

**❼ Benutzungsoberfläche**
Grundlegende Anforderungen an die Kommunikationsstruktur mit Dialogen, Schaltflächen, Menüs, Untermenüs und Zugriffsrechten

**❽ Nichtfunktionale Anforderungen**
Einzuhaltende Gesetze und Normen, Sicherheitsanforderungen, Plattformabhängigkeiten

**❾ Technische Produktumgebung**
- Software für Server und Client getrennt ausgewiesen: Welches Betriebssystem und welche anderen Softwareprodukte sind erforderlich?
- Hardware für Server und Client getrennt ausgewiesen: Mindestanforderungen an die Hardware (inkl. Netzwerksfestlegungen)
- Orgware: organisatorische Festlegungen und Rahmenbedingungen
- Produktschnittstellen: Schnittstellen zu anderen Softwareprodukten

**❿ Spezielle Anforderungen an die Entwicklungsumgebung**
- Software, z. B. Programmierplattformen und Entwicklungstools
- Hardware: Mindestanforderungen an die Hardware (inkl. Netzwerksfestlegungen)
- Orgware: organisatorische Festlegungen und Rahmenbedingungen
- Entwicklungsschnittstellen: Schnittstellen zu anderen Entwicklungsprojekten und -tools

**⓫ Gliederung in Teilprodukte**

**⓬ Ergänzungen**
Welche weiterführenden Programmteile wären noch möglich?

**⓭ Glossar**

Betrachten wir die normgemäße Überschriftenstruktur, so müssen wir erkennen, dass Pflichtenhefte umfangreiche Textwerke sind. Das Pflichtenheft eines Software-Programmierauftrages ist in der Regel in Buchstärke ausgeführt. Das bedeutet, dass so ein Pflichtenheft nicht nur inhaltlich eine Herausforderung darstellt, sondern auch textverarbeitungsmäßig gut geplant sein muss.

> Bei der Erstellung umfangreicher Dokumente, müssen Sie vor allem auf drei Dinge achten:
> 
> ❶ Das Dokument muss **gegliedert** sein.
> 
> ❷ Der gesamte Text muss auf Basis geeigneter **Formatvorlagen** erstellt werden, sodass Sie abschließend Inhaltsverzeichnis, Abbildungsverzeichnis und Index automatisch erstellen können.
> 
> ❸ In den **Kopf- und Fußzeilen** müssen sich die wesentlichen Dokumentinformationen befinden, sodass sich der Leser orientieren kann.

## Gliederung

Gliederung bedeutet, dass alle Überschriften auf Basis von Überschriftsformatvorlagen erstellt werden. Gliederungen sind im Gegensatz zu Nummerierungen für die dokumentüberspannende Strukturierung vorgesehen.

**Die gebräuchlichste Form der Gliederung stammt vom österreichischen Philosophen Ludwig Wittgenstein:**

**Ludwig Wittgenstein:**
\* 1889 in Wien,
† 1951 in Cambridge

Wittgenstein-Gliederung in Word

- Überschriften der obersten Hierarchie erhalten einstellige Nummern, z. B. 1, 2, 3 u.s.w. (in Word erhalten diese die Formatvorlage **Überschrift 1**).
- Überschriften der darunterliegenden Hierarchie erhalten zweistellige Nummern, z. B. 1.2, 1.3 oder 3.6 (in Word erhalten diese die Formatvorlage **Überschrift 2**).
- Überschriften der dritten Hierarchie erhalten dreistellige Nummern, z. B. 1.2.1, 1.2.2, 1.2.3 u.s.w. (in Word erhalten diese die Formatvorlage **Überschrift 3**).

Wurde ein Dokument gegliedert geschrieben, können **Inhaltsverzeichnisse** mit der Menüleiste *Verweise | Inhaltsverzeichnis | Inhaltsverzeichnis* automatisch erstellt werden. Analog dazu können auch **Abbildungsverzeichnisse** automatisch eingefügt werden, wenn die Abbildungsbeschriftungen auf Basis der Formatvorlage **Beschriftung** erstellt wurden.

## Serienbrief und Seriendruck

Serienbriefe sind Textverarbeitungsdokumente, die **mit einer Tabelle zusammenarbeiten** können. Im Textdokument befindet sich ein Text mit Verweisen auf bestimmte Daten aus der Tabelle, die beim Ausdrucken automatisch eingefügt werden. Das können z. B. die Anrede, der Vorname und Nachname usw. sein.

Druckt man ein solches Dokument aus, werden die Daten in jedem einzelnen Dokument aus verschiedenen Zeilen der mit dem Text verknüpften Tabelle übernommen. Der erste Brief richtet sich also an die erste Person in der Tabelle, z. B. Herrn Adam Eder, der zweite an die zweite Person, z. B. Frau Eva Stadler, usw. Eine wirklich tolle Sache! Man braucht das Dokument nur einmal schreiben, dann mit der Datentabelle verknüpfen und schon hat man hunderte persönliche Dokumente geschaffen.

Im Rahmen eines Softwareprojektes könnten auf diese Weise Ausschreibungen für Teilaufträge an Firmen oder Einladungen zu einführenden Schulungen verfasst werden. In Ihrer Schule werden vielleicht Elternbriefe oder Einladungen zu Informationsveranstaltungen mithilfe von Serienbriefen erstellt.

Mr. What und Ms. Check

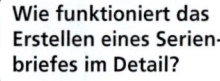

Wie funktioniert das Erstellen eines Serienbriefes im Detail?

Mit jedem Textverarbeitungsprogramm etwas anders. In Word z. B. mit der Menüleiste *Sendungen* und einer Tabelle mit Daten!

Die Menüleiste **Sendungen** beinhaltet alle notwendigen Schaltflächen. Sie beginnen mit der Schaltfläche **Seriendruck starten** und rufen den **Seriendruck-Assistenten** auf. Danach folgen Sie den Schritten des Assistenten. Sie sollten die Tabelle mit den einzufügenden Daten bereithalten.

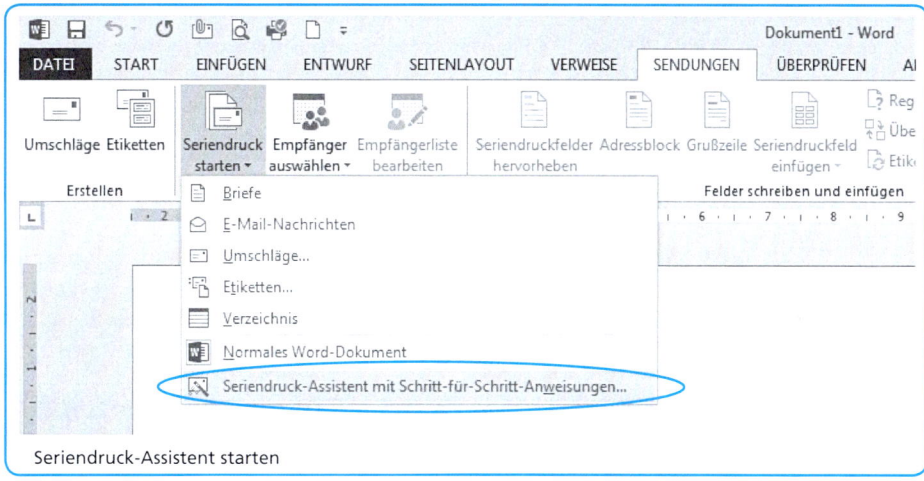

Seriendruck-Assistent starten

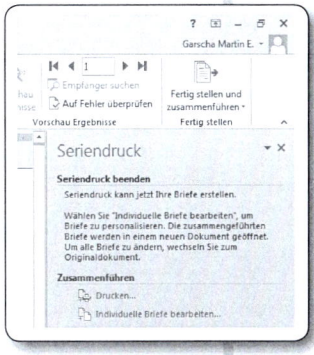

Seriendruck-Assistent

Im dritten Schritt des Assistenten müssen Sie die Datenquelle auswählen. Im vorliegenden Beispiel ist das eine Excel-Arbeitsmappe mit dem Tabellenblatt „Sonstige Daten", die Daten (Anrede, Vorname und Nachname) zu Personen enthält.

Nun können Sie das Dokument schreiben und Seriendruckfelder einfügen (Menüleiste **Sendungen | Felder schreiben und einfügen | Seriendruckfeld einfügen**). Wenn Sie die Datenfelder der Tabelle als Seriendruckfelder verwenden wollen, müssen Sie die Option **Datenbankfelder** wählen.

**Hinweis:** Sehr oft hängt von der Anrede „Frau" oder „Herr" die Endung des vorangestellten Adjektivs ab. In diesem Fall ist es möglich, eine **Wenn-Dann-Sonst-Bedingung** zu verwenden (Menüleiste **Sendungen | Felder schreiben und einfügen | Regeln | Wenn... Dann... Sonst...**).

Im Schritt 5 des Assistenten können Sie einzelne Personen der Liste an- oder abwählen. Mit dem letzten Schritt starten Sie den Seriendruck.

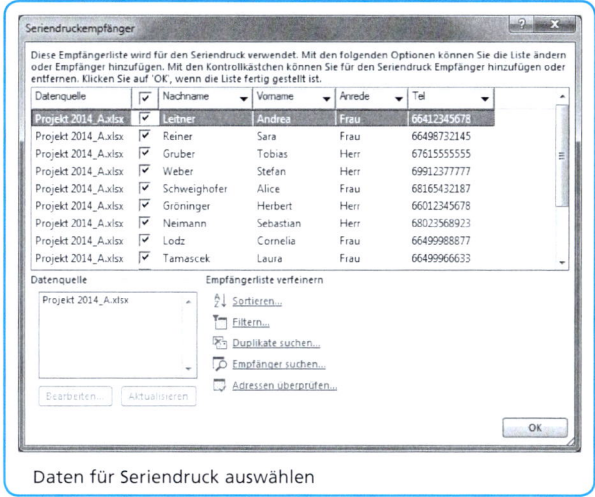

Daten für Seriendruck auswählen

**Ü 4.33: Serienbrief** ★★
Erstellen Sie aus der Excel-Adressliste im SbX einen Serienbrief für das Dokument „Informationsschreiben". Erstellen Sie das Hauptdokument und verwenden Sie Regeln, wo es Ihnen sinnvoll erscheint. Speichern Sie das Hauptdokument unter „Serienbrief" ab.

**SbX**
Die Ausgangsdateien zu Ü 4.33 finden Sie unter der ID: 1441.

▶ Lernen  ◉ Üben  ◉ Sichern  ◗ Wissen

## 3 Darstellung von Prozessen und Algorithmen
### Flussdiagramme und Struktogramme

Die nachfolgend beschriebenen typischen Darstellungsformen von Abläufen können vielfach verwendet werden. Sie können damit z. B. den Ablauf eines Vorganges im täglichen Leben darstellen, aber auch den Ablauf eines Computerprogrammes. Als die gängigsten Formen gelten das **Flussdiagramm**, das **Nassi-Shneiderman-Struktogramm** und seit einigen Jahren die Gruppe der **UML-Diagramme.** Will man Hierarchien oder Organisationsstrukturen darstellen, eignen sich Funktionsbäume bzw. Organigramme am besten.

### Flussdiagramme

Flussdiagramme (engl. Flowcharts, genormt mit DIN 66001) sind besonders zur Beschreibung von Abläufen geeignet. Sie werden daher eher zur Festlegung von betrieblichen Vorgängen und Prozessen verwendet und sind mittlerweile ein unverzichtbares Mittel bei technischen Beschreibungen und in Verfahrens-, Prozess- und Arbeitsanweisungen des Qualitätsmanagements.

| Programmablauf | Symbol |
|---|---|
| Beginn oder Ende eines Ablaufes/Prozesses | Start/Stopp |
| **Dateneingabe** (meist über Tastatur) bzw. **Datenausgabe** (z. B. über einen Drucker) | Ein-/Ausgabe |
| wird für alle Aktivitäten des Prozessablaufes verwendet; sicher das am häufigsten verwendete Element in Flussdiagrammen | Anweisung |
| Mit diesem Symbol wird eine **Teilung des Ablaufes** angezeigt. In Abhängigkeit der Erfüllung einer Bedingung wird entweder der eine oder der andere Pfad weiter verfolgt. | Bedingung → Nein ↓ Ja |
| Ein **Unterprogramm** ist ein kleines Programm, welches aufgerufen werden kann und dann eine bestimmte Aufgabe erfüllt (z. B. eine Passwortabfrage). | Verweis |
| Ein Schritt, dem zwingend eine Aktivität folgen muss; das könnte z. B. eine Prüfung sein, der eine Entscheidung (Verzweigung) folgt. | Vorbereitender Schritt |
| **Übergabestelle** zu einem anderen Flussdiagramm. Hat beispielsweise der zweite Ablauf nach einer Verzweigung keinen Platz, kann er an einer anderen Stelle mit diesem Symbol beginnend dargestellt werden. | 1 |
| Wird ein Programmteil mehrfach wiederholt, so spricht man von einer Schleife. Die **Schleifenbegrenzungssymbole** zeigen an, wo die Schleife beginnt bzw. wo sie endet. Die Anzahl der Wiederholungen hängt von der Erfüllung bzw. Nichterfüllung einer angegebenen Bedingung ab. | Schleifenbegrenzung / Schleifenbegrenzung |

Die aneinandergereihten Symbole beschreiben in sehr kompakter Art und Weise den Ablauf. In der Praxis werden mitunter **Spalten** neben dem Flussdiagramm angereiht (Verantwortlichkeitsmatrix), in welchen die Verantwortlichkeiten und die In- bzw. Outputs bei den einzelnen Schritten festgelegt werden.

Das nachfolgende Beispiel des Ablaufes eines Verkaufsprozesses veranschaulicht den Einsatz von Flussdiagrammen mit Verantwortlichkeitsmatrix in der betrieblichen Praxis. Es könnte sich beim vorliegenden Flussdiagramm um den Verkaufsvorgang für die Entwicklung einer Softwarelösung handeln.

Lerneinheit 4: Anforderungsdefinition und Dokumentation

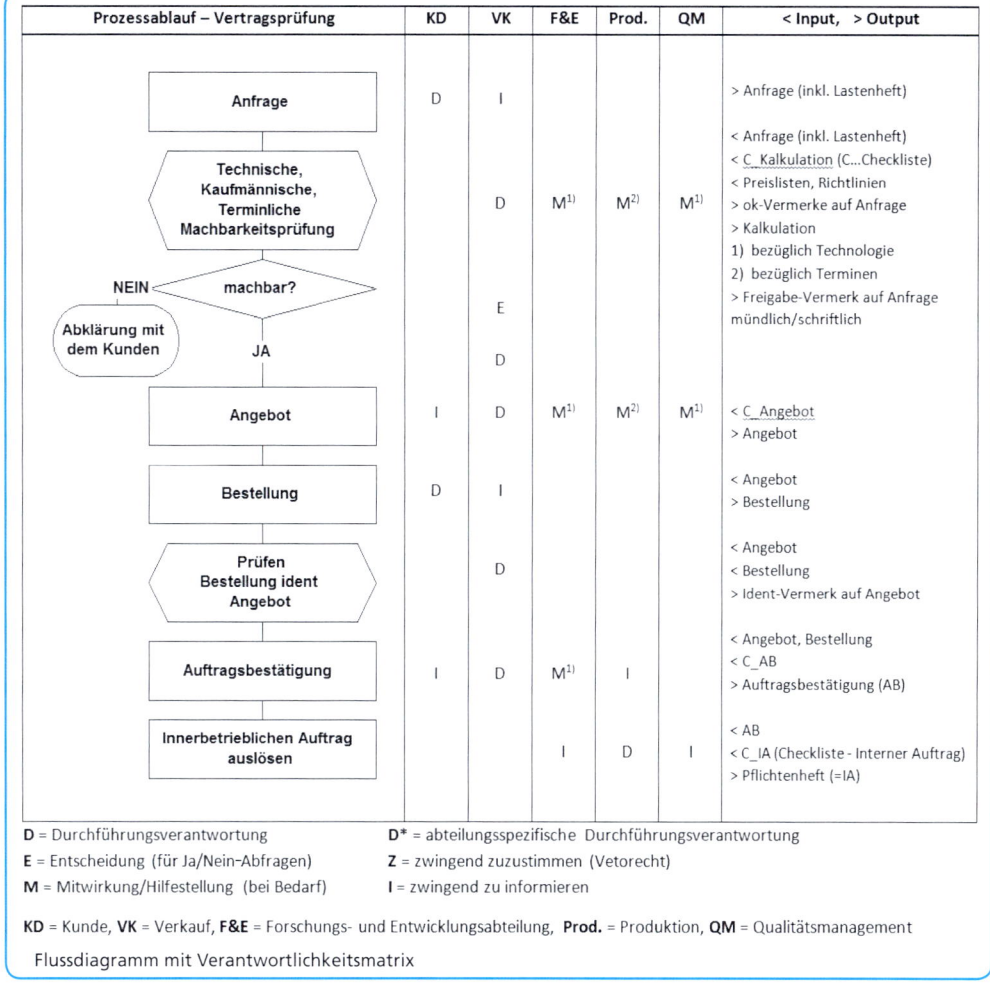

Flussdiagramm mit Verantwortlichkeitsmatrix

In der Softwareentwicklung können Flussdiagramme auch zur Darstellung von **Umfeldszenarios** der zu entwickelnden Software verwendet werden.

In der Praxis werden Flussdiagramme mit entsprechender Software erstellt. Diese gibt die Symbole mit Erklärungen vor, ermöglicht eine schnelle Arbeitsweise und auch eine optisch ansprechende Gestaltung (siehe nachfolgende Darstellung eines Flussdiagramms, erstellt mit MS Visio).

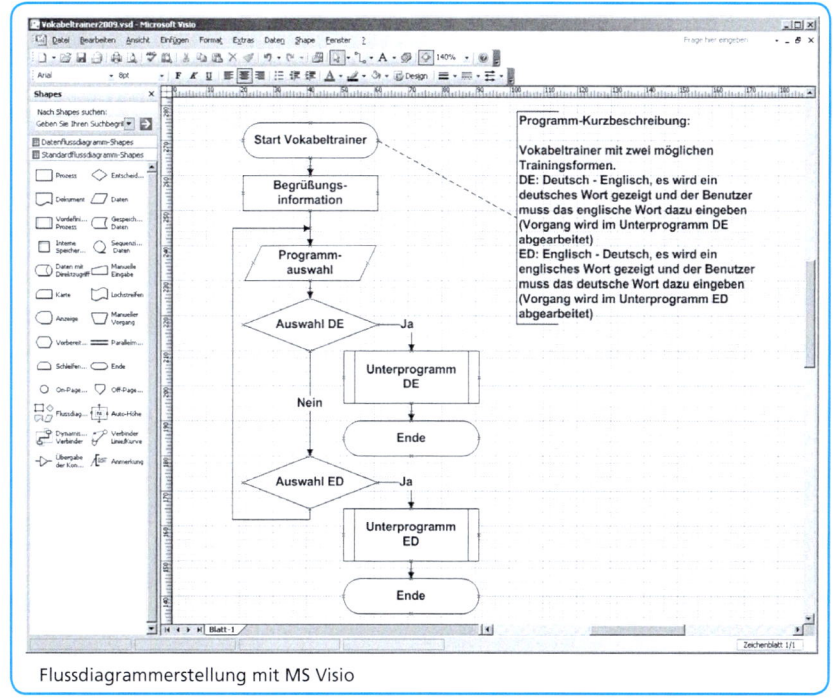

Flussdiagrammerstellung mit MS Visio

Angewandte Informatik HTL 231

# Nassi-Shneiderman-Struktogramm

**Dr. Isaac Nassi** und **Dr. Ben Shneiderman** entwickelten 1973 das nach ihnen benannte Struktogramm.

Das Nassi-Shneiderman-Struktogramm (genormt mit DIN 66261) wird vor allem zur Beschreibung von Programmstrukturen kleinerer Programme verwendet. Die Symbole sind rechteckig und werden zur Ablaufdarstellung ineinander verschachtelt, was zu einem extrem kompakten Erscheinungsbild führt.

| Programmablauf | Strukturblock |
|---|---|
| Normale Anweisung, Operation, Aktivität während des Prozessablaufes (z. B. Berechnung eines Ergebnisses anhand einer bestimmten Formel) | Anweisung 1 / ... / Anweisung n |
| **Schleifensymbol** mit der **Wiederholbedingung am Beginn** der Schleife: Wird die Bedingung nicht erfüllt, wird die Schleife kein einziges Mal ausgeführt. | Bedingung / Block |
| **Schleifensymbol** mit der **Wiederholbedingung am Ende** der Schleife: Wird die Bedingung nicht erfüllt, dann wird die Schleife zumindest einmal ausgeführt. | Block / Bedingung |
| **Verzweigung** Verzweigt den Programmablauf aufgrund der Auswertung einer Bedingung; liefert die Auswertung den Wahrheitswert WAHR (bzw. true), wird der Block 1 ausgeführt, ansonsten der Block 2. | Bedingung / wahr – falsch / Block 1 – Block 2 |
| **Fallauswahl** Verzweigung in viele verschiedene Fälle in Abhängigkeit des Wertes einer Variablen. | Bedingung / W1 – W2 – Wn / B1 – B2 – Bn |

## L 4.3: Erstellung eines Struktogramms für einen Vokabeltrainer

In einer Tabelle befinden sich Wörterpaare mit je einem deutschen und einem englischen Wort. Die Anzahl der Wörterpaare ist vorgegeben. Das Programm zeigt dem Benutzer das deutsche Wort an und fragt mittels Dialog nach dem englischen Wort. Der Benutzer gibt nun ein englisches Wort ein. Wenn das vom User eingegebene Wort mit dem englischen Wort der Tabelle übereinstimmt, wird ein Dialog „Richtig…" ausgegeben und die Zählvariable der richtigen Antworten um 1 erhöht. Stimmt das vom Benutzer eingegebene Wort nicht mit dem Wort aus der Tabelle überein, kommen der Dialog und die Zählvariable der falschen Antworten zum Einsatz. Am Ende des Programms wird dem User eine Statistik seiner richtigen und falschen Antworten angezeigt.

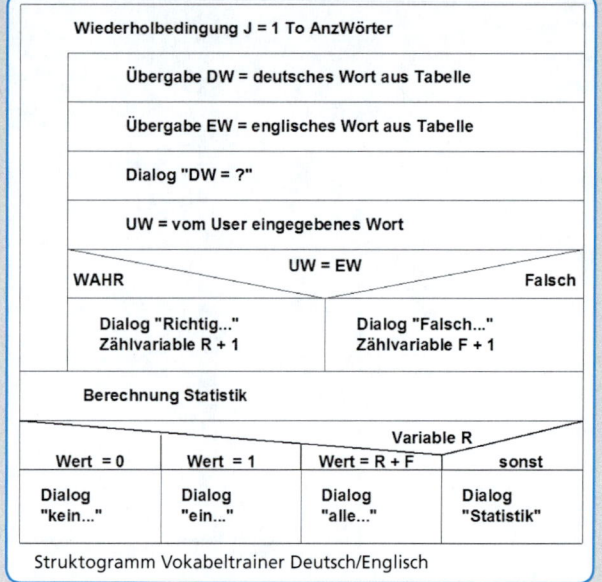

Struktogramm Vokabeltrainer Deutsch/Englisch

## Organigramme und Funktionsbäume

Strukturen und Hierarchien, insbesondere in der Organisationsentwicklung, lassen sich sehr gut mit sogenannten **Organigrammen** darstellen. Ausgehend von der obersten Funktion bzw. Stelle werden die untergeordneten Funktionen bzw. unterstellten Organisationseinheiten dargestellt. Man erkennt also sehr gut, wer wem vorgesetzt bzw. wer wem unterstellt ist.

Das nachfolgende Organigramm zeigt die Organisationsstruktur eines Softwareprojektteams.

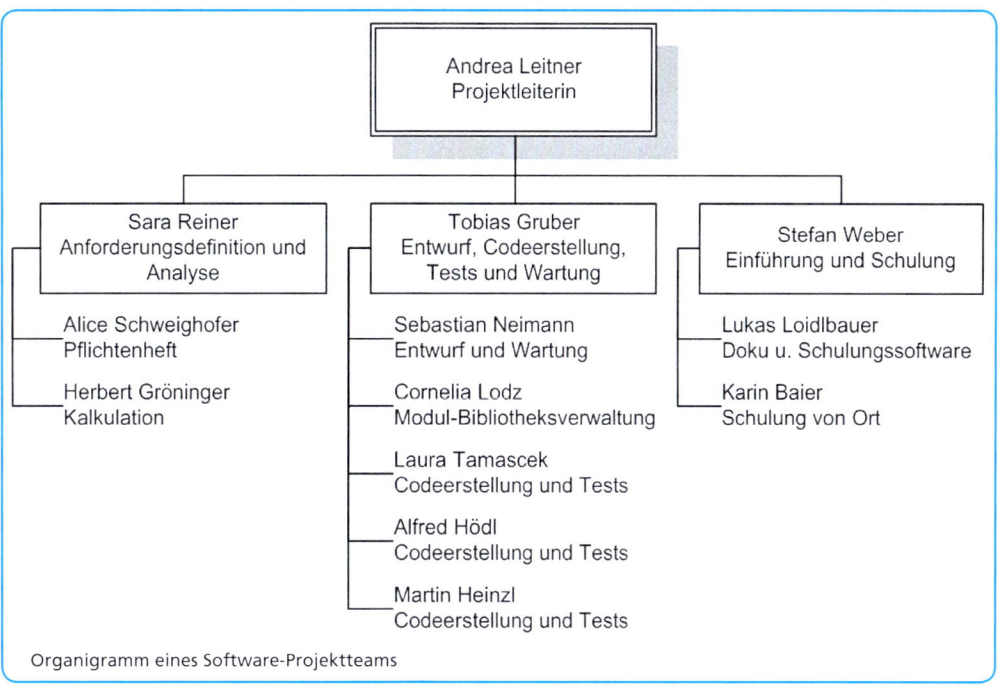

Organigramm eines Software-Projektteams

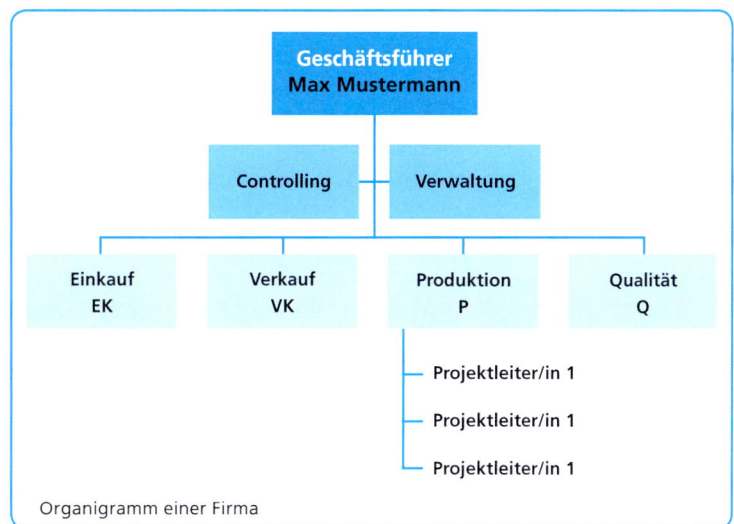

Organigramm einer Firma

**Organigramme,** welche die Organisationsstruktur in einer Firma darstellen, orientieren sich sehr oft an folgender Darstellungsregelung, was jedoch nicht als zwingend anzusehen ist:

- **Kästchen = Stelle einer Führungskraft:** Das bedeutet, es gibt eine Stellenbeschreibung und diese ist sehr oft maßgeschneidert für die Führungskraft. Ändert sich die Person, können sich auch die mit der Stelle verbundenen Verantwortungen und Befugnisse ändern.
- **Einträge ohne Kästchen = Arbeitsplatz:** Das bedeutet, es gibt keine Stellenbeschreibung, sondern eine personenunabhängige Arbeitsplatzbeschreibung. Ändert sich die Person, ändert sich die mit dem Arbeitsplatz verbundene Arbeitsplatzbeschreibung nicht.

In ähnlicher Art und Weise können die **Funktionen eines Programms** dargestellt werden. Die baumartige Struktur wird dann dazu verwendet, Hauptgruppen, Funktionen und Unterfunktionen dazustellen. Für unseren bei den Flussdiagrammen und Struktogrammen bereits beschriebenen Vokabeltrainer könnte ein umfangreicher Funktionsbaum wie folgt dargestellt werden.

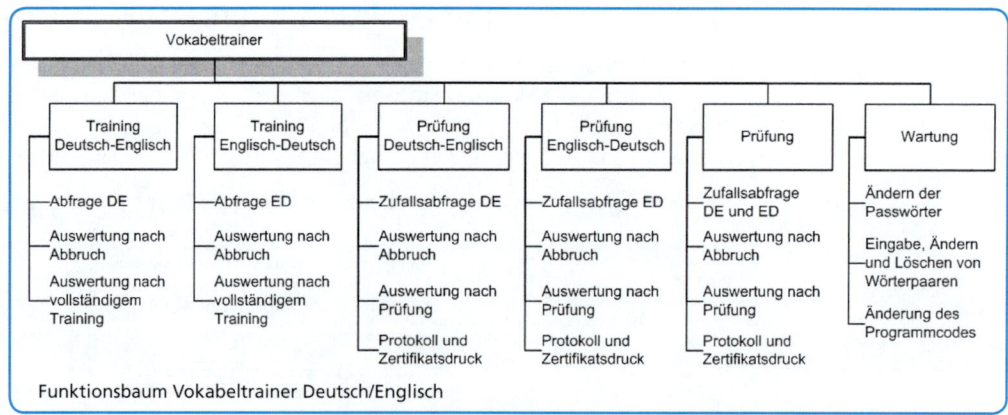

Funktionsbaum Vokabeltrainer Deutsch/Englisch

Ganz allgemein gesprochen dienen Funktionsbäume dazu, die **Mehrschichtigkeit von Systemen oder Prozessen sichtbar** zu machen. Der Baum detailliert die Struktur von Ebene zu Ebene genauer.

## 4 Projektkalkulation
Zielwertsuche und Solver

Wir wollen die Thematik der Projektdokumentation und der Projektkalkulation an einem Beispielfall aufrollen. Nehmen Sie an, das Bundesministerium für Unterricht, Kunst und Kultur vergibt an ein Softwarehaus den **Auftrag zur Programmierung eines Schulverwaltungsprogrammes,** welches geeignet ist, alle Lehrer/innendaten und alle Daten der Schülerinnen und Schüler von der Volksschule an bis zur Matura zu verwalten.

Der dem eigentlichen Softwareerstellungsprozess vorgeschaltete **Vertragsprüfungsprozess** (entspricht dem Verkaufsvorgang) könnte analog dem Flussdiagramm „Prozessablauf-Vertragsprüfung" aussehen. Ein wesentlicher Teil der Anfrage wäre das **Lastenheft.** Die Machbarkeitsprüfung, die Angebotslegung und die Auftragsbestätigung werden in Zusammenarbeit der Abteilungen Verkauf, Forschung und Entwicklung sowie Produktion abgearbeitet. Der innerbetriebliche Auftrag wird in Form eines **Pflichtenheftes** ausgesprochen. Das mit der Produktion der Software beauftragte Entwicklungsteam wird das Projekt in Anlehnung an das V-Modell abarbeiten. Alle Schritte des Verkaufsvorganges (Vertragsprüfungsprozesses) können als Teil des Schrittes „Anforderungsdefinition" des V-Modells gesehen werden.

Aufgrund der Kalkulation gibt es bereits Abschätzungen an aufzuwendenden Stunden. Beinahe die gesamten Kosten des Softwareprojektes entstehen durch die Arbeitsstunden der Mitarbeiter/innen. Daher werden wir uns in diesem Beispiel nur mit dieser Art von Kosten auseinandersetzen. Weiters wurde bereits ein Projektteam gebildet und dessen Struktur in Form eines Organigramms festgelegt.

### Zielwertsuche

Die Zielwertsuche verändert eine Eingabezelle eines Berechnungsmodells solange, bis in der Zielzelle ein bestimmter Zielwert erreicht wird. Die erste Abschätzung, wie viele Stunden bei einem Durchschnittskostensatz von EUR 50,– und einer Angebotspreisobergrenze von EUR 200.000,– maximal benötigt werden dürfen, können wir mit der Zielwertsuche (Menüleiste **Daten | Datentools | Was-Wäre-Wenn-Analyse**) ermitteln.

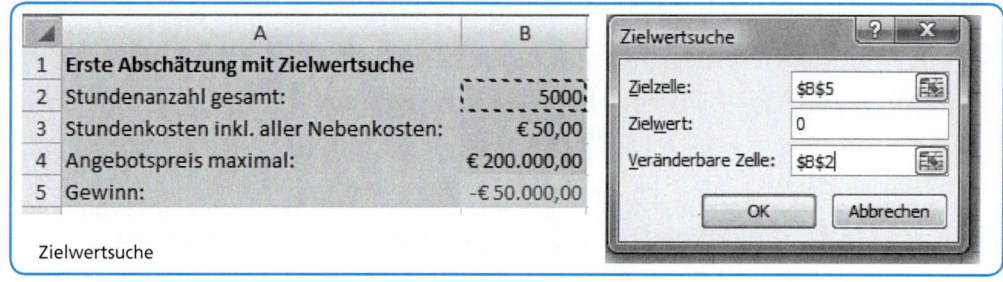

Zielwertsuche

## Lineare Optimierung mit dem Solver

Ähnlich der Zielwertsuche ist auch die lineare Optimierung mit dem Solver ein iterativer Prozess. Sie müssen folgende Zellen definieren:

① **Zielzelle:** Deren Inhalt soll minimiert, maximiert oder auf einen bestimmten Betrag gebracht werden.

② **Veränderbare Zellen:** Sie stellen die Eingabeparameter dar. Die Inhalte sollen so verändert werden, dass in der Zielzelle ein Minimum, Maximum oder ein bestimmter Wert errechnet wird.

③ **Nebenbedingungen:** einzuhaltende Wertgrenzen von Zellen

Wenn das Projektteam steht und die Stundenabschätzungen vollständig vorliegen, geht es an die Optimierung der Arbeitsaufteilung. Dieses Problem werden wir mit dem Solver lösen.

Nicht jede Mitarbeiterin und jeder Mitarbeiter kann alles und nicht jede Mitarbeiterstunde kostet gleich viel. Daher wurde ein Kostenberechnungsmodell geschaffen (siehe folgende Abbildung), das auf die unterschiedlichen Stundenkosten der verschiedenen Mitarbeiterinnen und Mitarbeiter eingeht.

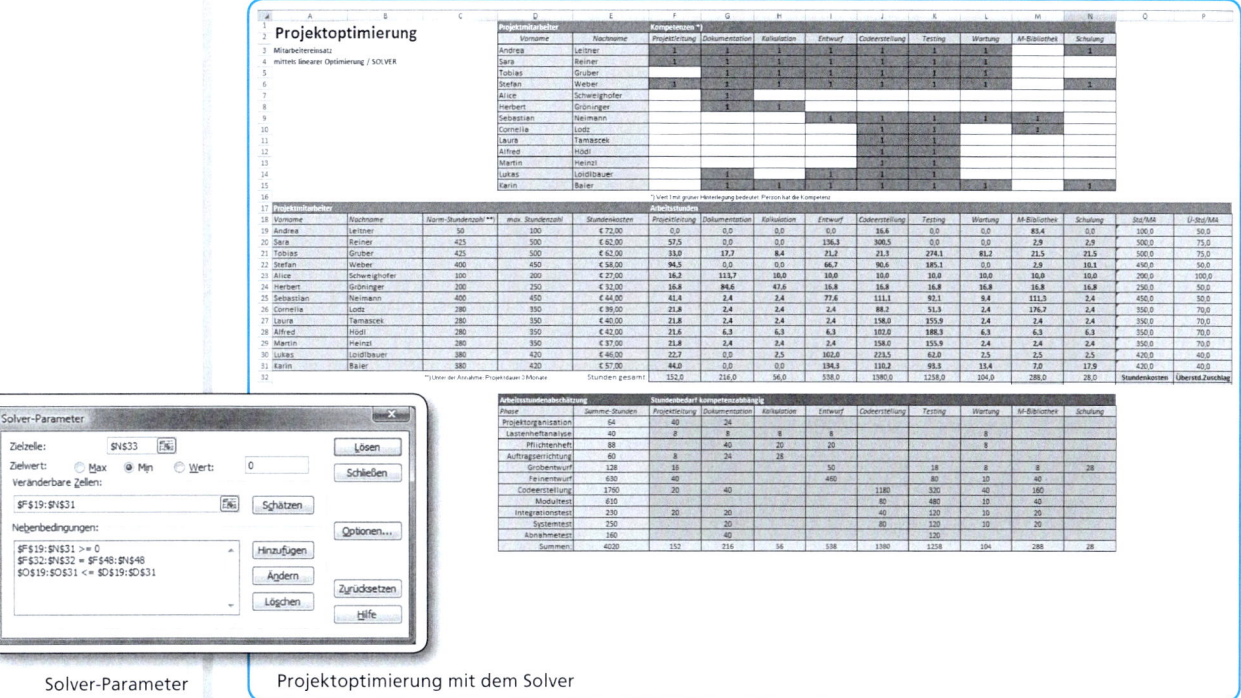

Solver-Parameter

Projektoptimierung mit dem Solver

Die **Kompetenzen der Mitarbeiter/innen** werden durch die grünen Felder des Bereiches **D1:N15** festgelegt. Die eingetragene **1** in den Zellen bedeutet, dass die Mitarbeiterin/der Mitarbeiter der jeweiligen Zeile die Kompetenz der Spalte besitzt.

Im mittleren Bereich **A17:E31** werden den Namen der Mitarbeiter/innen ihre Normstundenzahl, ihre maximal zur Verfügung stehende Zahl an Stunden und ihre Stundenkosten zur Seite gestellt. Die **Normstundenzahl** ist jene Anzahl an Stunden, welche die Mitarbeiterin/der Mitarbeiter im betrachteten Projektzeitraum zu normalen Stundensätzen zur Verfügung steht. Die maximale Stundenanzahl jedoch ist inklusive möglicher zu leistender Überstunden. Für Überstunden werden 50 % Zuschlag berechnet.

Im Bereich **F17:N31** werden die zu leistenden Arbeitsstunden aufgaben- und mitarbeiterbezogen eingegeben. Diese Zellen stellen die **veränderlichen Zellen der linearen Optimierung** dar. Seitlich angrenzend werden in den Spalten O und P die Summen an Gesamt- und Überstunden berechnet.

Mithilfe von Summenprodukten werden in den Zellen O33 **(=SUMMENPRODUKT(E19:E31; O19:O31))** die Stundenkosten zu Normalsätzen und in P33 **(=SUMMENPRODUKT(E19:E31; P19:P31)\*0,5)** die Kosten der Überstundenzuschläge errechnet. Beide zusammen ergeben die Gesamtkosten (N33). Die Zielzelle N33 muss somit minimiert werden.

Der Bereich **D35:N48** beinhaltet die Stundenabschätzung der Experten und ist unverzichtbarer Teil des Modells, um eine wichtige Nebenbedingung (siehe nachfolgend Punkt 2) formulieren zu können.

Die drei erforderlichen Nebenbedingungen sind folgende:

1. Die zu leistenden **Arbeitsstunden** dürfen **nicht negativ** sein!
   **F19:N31>=0**
2. Die Summen des **kompetenzabhängigen Stundenbedarfs** müssen gedeckt werden!
   **F32:N32=F48:N48**
3. Die gegebene **maximale Stundenanzahl der Mitarbeiter/innen** darf nicht überschritten werden!
   **O19:O31<=D19:D31**

Wenn Sie das Modell fertig aufgebaut haben, können Sie den Solver starten (Menüleiste **Daten | Analyse | Solver**).

Mr. What und Ms. Check

Wie kann ich nur Stunden entsprechend der Kompetenz ausgeben?

Ich bilde in der Zeile 32 nicht einfach die Summen der Arbeitsstunden, sondern das Summenprodukt aus Arbeitsstunden und dazugehöriger Kompetenzspalte. Das wäre also für die Arbeitsstunden *Entwurf*, die in der Zelle I32 errechnet werden, die Formel **=SUMMENPRODUKT( I3:I15;I19:I31)**.

Sollte der Solver nicht installiert sein, können Sie dieses AddIn in den Excel-Optionen unter **AddIns** aktivieren.

**Hinweise:** Beim vorliegenden Beispiel wurden in den Optionen des Solvers folgende Werte eingetragen: Höchstzeit: 20 Sekunden; Iteration: 100; Genauigkeit: 0,001; Toleranz: 5 % und Konvergenz: 0,00001.

Die **errechneten zu leistenden Stunden** stellen nur **Richtwerte für die Planung** und Einteilung dar und müssen im Projekt nicht auf Punkt und Beistrich eingehalten werden.

**Einige interessante Erkenntnisse können aus der Optimierung gewonnen werden. An dieser Stelle soll nur auf 3 Besonderheiten hingewiesen werden:**

1. Obwohl **Andrea Leitner** die designierte **Projektleiterin** ist, wurden ihr vom Solver keine Stunden gegeben! Warum? Sie ist offensichtlich zu teuer. In der Realität würde sie aber sicher die Projektleitungsstunden übernehmen, zumindest einen nicht unbeträchtlichen Anteil davon.
2. Die Mitarbeiterin **Alice Schweighofer** hat eine **Normalstundenanzahl von 100 Stunden** und wird fast doppelt so viel eingesetzt. Es ist offensichtlich billiger, ihr die Überstundenzuschläge zu bezahlen, als einen teureren Mitarbeiter einzusetzen.
3. Das Ergebnis sagt ganz klar aus, wer die **Hauptlast der Schulungen** zu tragen hat: Karin Baier.

## Pivottabellen und Pivot-Charts

Pivottabellen dienen zum raschen und vielseitigen **Analysieren von Daten**. In Pivottabellen können Sie definieren, welche Daten in die Zeilenköpfe und welche in die Spaltenköpfe aufgenommen werden sollen. In den Kreuzungsfeldern aus Zeilen und Spalten können Daten berechnet werden (wie z. B. Anzahlen, Summen, Mittelwerte …).

Wir werden dieses Werkzeug zum Analysieren der Arbeitszeitaufzeichnungen verwenden.

## Lerneinheit 4: Anforderungsdefinition und Dokumentation

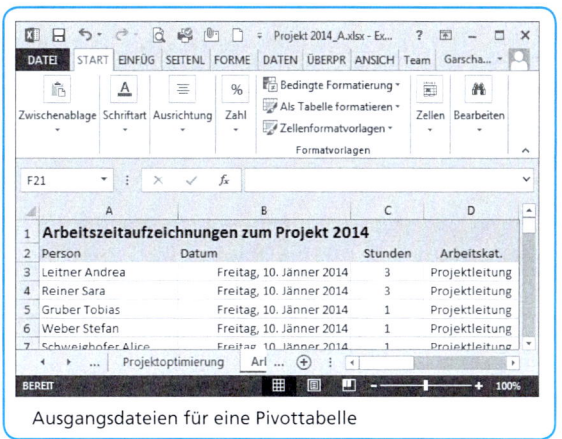
Ausgangsdateien für eine Pivottabelle

Ausgehend von der Tabelle mit den Arbeitszeitdaten (Person, Datum, Anzahl der Stunden und Tätigkeit bzw. Arbeitskategorie) erstellen wir mit ein paar Mausklicks eine Auswertungstabelle und ein Pivotdiagramm.

Wechseln Sie dazu in die Menüleiste **Einfügen | Tabellen | PivotTable.** Anschließend wird das Dialogfenster **PivotTable erstellen** angezeigt, in welchem Sie die Datenquelle und den Erstellungsort (Bereich im bestehenden Tabellenblatt oder neues Blatt) der Pivottabelle festlegen können.

Den Aufbau der Pivottabelle legen Sie anschließend durch die **Verwendung der Feldliste** fest. Wir benötigen eine Auswertung, in welcher wir den einzelnen Projektmitarbeitern (Zeilenköpfe) die Arbeitskategorien (Spaltenköpfe) gegenüberstellen und im dazwischenliegenden Datenbereich die Anzahl der geleisteten Stunden darstellen. Anhand der so entstandenen tabellarischen Darstellung der Daten kann man beispielsweise erkennen, dass der Mitarbeiter Weber Stefan 129 Stunden Entwurfstätigkeiten, 123 Stunden Codeerstellungsarbeit und 110 Stunden Testing geleistet hat.

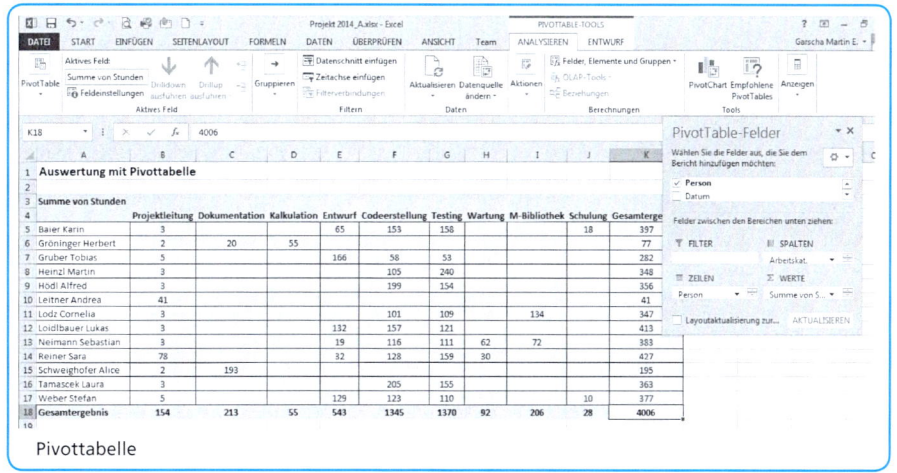
Pivottabelle

Sobald Sie eine Zelle des Pivotbereiches markiert haben, erscheinen zwei zusätzliche Menüleisten: **Optionen** und **Entwurf.** Darin befinden sich alle wesentlichen Schaltflächen zum Thema PivotTable, z. B. auch zur Erstellung eines speziellen PivotCharts (Diagramms).

Über einen eigenen PivotChart-Filterbereich kann das so entstandene Diagramm auf die Darstellung verschiedener Teilmengen unserer Daten eingeschränkt werden. In der Abbildung sehen wir z. B. die Stundenverteilung bezüglich der Arbeitskategorie „Projektleitung".

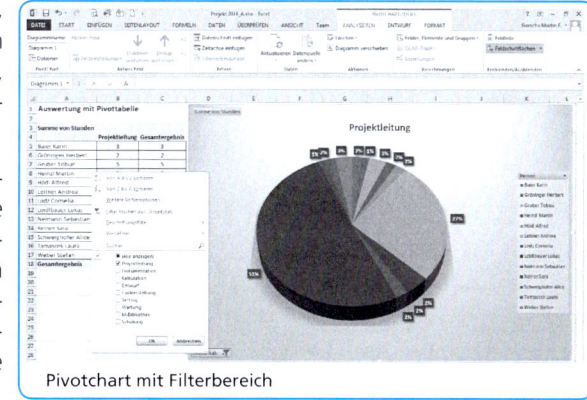
Pivotchart mit Filterbereich

**Mr. What und Ms. Check**

Wie kann ich die Darstellung für die Entwurfsarbeit statt für die Projektleitung bekommen?

Sie wählen im Pivot-Chart-Filterbereich nur die Arbeitskategorie *Entwurf*.

# Üben

**Übungsbeispiele**

### Ü 4.34: Pflichtenheft ★
Erstellen Sie ein gegliedertes Dokument, das als firmeneigenes Vorgabedokument zur Erstellung von Pflichtenheften der Softwareabteilung der H2Ö GmbH dienen soll. Halten Sie sich dabei an das Schema von Balzert und fügen Sie außerdem ein Inhaltsverzeichnis ein. Das Dokument sollte sich durch eine schöne Titelseite und informative Kopf- und Fußzeilen auszeichnen.

### Ü 4.35: Nummerierungen und Gliederungen ★★
Schreiben Sie eine gegliederte Anweisung der H2Ö GmbH bezüglich des standardmäßigen Verkaufsprozesses. Sie könnten dazu auch die Abbildung „Flussdiagramm mit Verantwortlichkeitsmatrix" heranziehen. **Hinweis:** Die Anweisung sollte unbedingt Überschriften und Nummerierungen enthalten!

### Ü 4.36: Flussdiagramm ★
Erstellen Sie ein Flussdiagramm, das Ihren üblichen Ablauf am Morgen vom Aufwachen bis zum Eintreffen in der Schule beschreibt.

### Ü 4.37: Struktogramm ★★
Erstellen Sie ein Struktogramm zu folgender Programmieraufgabe: In zwei Tabellen befinden sich Arbeitszeitaufzeichnungen zweier Projekte nach immer dem gleichen Muster.

| Person | Datum | Stunden | Arbeitskategorie |
|---|---|---|---|
| Schweighofer Alice | Freitag, 09. Jänner 2009 | 8 | Dokumentation |
| Reiner Sara | Montag, 12. Jänner 2009 | 8 | Entwurf |
| Schweighofer Alice | Montag, 12. Jänner 2009 | 8 | Dokumentation |
| Gröninger Herbert | Montag, 12. Jänner 2009 | 10 | Kalkulation |
| Gruber Tobias | Montag, 12. Jänner 2009 | 8 | Entwurf |
| Gröninger Herbert | Dienstag, 13. Jänner 2009 | 4 | Dokumentation |
| Gröninger Herbert | Dienstag, 13. Jänner 2009 | 4 | Kalkulation |
| Schweighofer Alice | Dienstag, 13. Jänner 2009 | 8 | Dokumentation |
| Gruber Tobias | Dienstag, 13. Jänner 2009 | 8 | Entwurf |
| Reiner Sara | Dienstag, 13. Jänner 2009 | 4 | Projektleitung |

Das Programm soll herausfinden, ob die Daten richtig sein können. **Vorgabe:** An einem Tag kann eine Mitarbeiterin/ein Mitarbeiter nicht gleichzeitig an zwei Projekten gearbeitet haben, wenn die Gesamtarbeitszeit an diesem Tag 14 Stunden überschreiten würde. Alle Fälle, bei denen dies festgestellt wird, sollen in einer dritten Tabelle ausgegeben werden.

### Ü 4.38: Organigramm ★
Erstellen Sie ein Organigramm für Ihre Schule. Besprechen Sie dieses mit Ihren Klassenkolleginnen/-kollegen und Lehrerinnen/Lehrern.

## Ü 4.39: Zielwertsuche ★★
Sie haben vor, EUR 100.000 in ein Projekt zu investieren. Nach fünf Jahren erwarten Sie einen Ertrag von mindestens EUR 10.000, sodass Sie insgesamt EUR 110.000 haben.
1. Wie hoch müsste der Zinssatz auf einem Sparbuch p.a. (per anno = pro Jahr) sein, um nach fünf Jahren einen Betrag von EUR 110.000 zu haben (ohne Berücksichtigung der KESt)?
2. Wenn alles bestens läuft, erwarten sie einen Ertrag von EUR 50.000, sodass Sie nach fünf Jahren insgesamt EUR 150.000 haben. Wie hoch müsste dann der Zinssatz für das Sparbuch sein, wenn Sie davon ausgehen, dass Sie 25 % an Kapitalertragssteuer abführen müssen?

## Ü 4.40: Solver ★★★
Eine Firma produziert vier verschiedene Produkte, welche unterschiedlich viele Einzelteile (A bis F) verbrauchen. Die Verkaufspreise der Produkte und Einkaufspreise der Teile sind bekannt.

| Einzelteile | Preis | max. Stückzahl | Bedarfsmatrix für | | | |
|---|---|---|---|---|---|---|
| | | | Produkt I | Produkt II | Produkt III | Produkt IV |
| Teil A | € 14,50 | 5000 | 5 | 3 | 8 | 3 |
| Teil B | € 16,70 | 2500 | 6 | 2 | 1 | 6 |
| Teil C | € 11,20 | 6500 | 22 | 7 | 10 | 3 |
| Teil D | € 18,10 | 7000 | 9 | 3 | 15 | 12 |
| Teil E | € 19,90 | 5000 | 5 | 2 | 10 | 12 |
| Teil F | € 21,30 | 3500 | 2 | 2 | 1 | 6 |
| | | | Marktpreise | | | |
| | | | € 999,00 | € 249,00 | € 849,00 | € 899,00 |

Welche Produkte müssen Sie in welchen Mengen bei vorhandenen maximalen Stückzahlen der Einzelteile A bis F fertigen, um einen maximalen Gewinn zu erzielen?

## Ü 4.41: Pivottabelle ★★
Sie haben eine Tabelle mit nachfolgend dargestellter Struktur.

| KdNr | Firma | Artikel | BestNr | Stück | Jahr | Umsatz | Land |
|---|---|---|---|---|---|---|---|
| 101 | Mère Paillarde | 1 | 2009-10004 | 35 | 2009 | 35.000,00 | Frankreich |
| 102 | Franchi SA | 1 | 2009-10001 | 60 | 2009 | 60.000,00 | Spanien |
| 102 | Franchi SA | 2 | 2009-10001 | 31 | 2009 | 62.031,00 | Spanien |
| 110 | Morgenstern | 3 | 2010-10009 | 30 | 2010 | 59.966,00 | USA |

**Werten Sie die Daten aus:**
1. Umsätze in Abhängigkeit von Kunden und Jahren (Pivottabelle und Pivotchart)
2. Stückzahlen in Abhängigkeit von Kunden und Artikeln
3. Umsätze in Abhängigkeit von Ländern und Artikeln

ID: 1442

## Weitere Übungen im SbX
### Ü 4.42: Geschäftsbrief ★★
Erstellen Sie eine Anfrage zur Beschaffung von 20 PCs für die Programmierabteilung in Form eines Serienbriefes. Achten Sie dabei auf die Einhaltung der Regeln zur Erstellung von Geschäftsbriefen gemäß ÖNORM A 1080.

### Ü 4.43: Zielwertsuche ★
Ermitteln Sie bei gegebenen variablen und fixen Kosten eines Produktes sowie des zu erzielenden Preises den Break-even-Point der zu produzierenden Stückzahl.

### Ü 4.44: H2Ö GmbH ★★★
Die H2Ö GmbH betreibt an verschiedenen Standorten Abfüllanlagen und an anderen sogenannte Verteilzentren, das sind Lagerhäuser in Großstadtnähe. Minimieren Sie die Transportkosten von den Abfüllstandorten zu den Verteilzentren, wobei Sie beachten müssen, dass die Kapazitäten der Herstellung nicht überschritten werden dürfen und der Bedarf in den Verteilzentren gedeckt sein muss.

 # Sichern

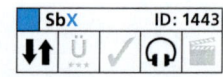

In dieser Lerneinheit haben Sie sich mit den Abläufen und der Dokumentation und Kalkulation eines Softwareentwicklungsauftrages beschäftigt.

**Softwareerstellung**
Der Ablauf der Softwareerstellung wird durch verschiedene **Modelle** beschrieben. Sie haben das streng **sequenzielle Wasserfallmodell** und das **V-Modell** kennengelernt, das den einzelnen Schritten Anforderungsdefinition, Grobentwurf, Feinentwurf und Modulimplementierung entsprechende Tests gegenüberstellt.

**Lastenheft**
Das Lastenheft beinhaltet die **Gesamtheit der Forderungen an die Lieferungen und Leistungen eines Auftragnehmers.**

**Pflichtenheft**
Das Pflichtenheft beantwortet die Frage, welche **Forderungen des Lastenheftes durch die Softwarefirma wie erfüllt** werden. Das Pflichtenheft ist eine Art **interner Auftrag,** welcher detaillierte Realisierungsvorgaben für die Programmiererinnen und Programmierer enthält. Anforderungen an ein gutes Pflichtenheft werden in der DIN 69905 beschrieben.

**Gliederung**
Gliederung bedeutet, dass ein **Dokument** eine **Hierarchie bei allen Überschriften** einhält. Das bedeutet, dass alle Überschriften auf Basis von **Überschriftsformatvorlagen** erstellt werden, welche die Hierarchiestufe ausdrücken. Für gegliederte Dokumente kann man Inhaltsverzeichnisse automatisch erstellen lassen.

**Serienbrief, Seriendruck**
Serienbriefe sind **Textverarbeitungsdokumente,** die mit einer Tabelle zusammenarbeiten können. Das heißt, im Textdokument befinden sich **Verweise auf bestimmte Daten** aus einer Tabelle, welche **beim Ausdrucken automatisch eingefügt** werden.

**Flussdiagramme**
Flussdiagramme dienen der **Beschreibung von Abläufen und Prozessen.** Die dabei verwendeten Symbole sind nach DIN 66001 genormt.

**Nassi-Shneiderman-Struktogramm**
Es wird vor allem zur **Beschreibung von Programmstrukturen kleinerer Programme** bzw. von **strukturierten Algorithmen** verwendet. Die dabei verwendeten Symbole sind nach DIN 66261 genormt.

**Organigramme, Funktionsbäume**
Sie dienen dazu, die **Mehrschichtigkeit von Systemen oder Prozessen sichtbar** zu machen. Der Baum detailliert die Struktur **von Ebene zu Ebene genauer.**

**Zielwertsuche**
Die Zielwertsuche **verändert eine Eingabezelle eines Berechnungsmodells** solange, bis in der **Zielzelle ein bestimmter Zielwert erreicht** wird. Bei der Zielwertsuche können jedoch **keine Nebenbedingungen** definiert werden.

**Solver**
Ähnlich der Zielwertsuche ist auch die **lineare Optimierung** mit dem Solver ein **iterativer Prozess.** Sie müssen folgende Zellen definieren: **Zielzelle, veränderbare Zellen, Nebenbedingungen.**

**Pivottabellen**
Pivottabellen dienen zum raschen und vielseitigen **Analysieren von Daten.** Sie können definieren, welche Daten durch die **Zeilenköpfe** und welche durch die **Spaltenköpfe** strukturiert werden. In den **Kreuzungsfeldern** können **Daten berechnet** werden (wie z. B. Anzahlen, Summen, Mittelwerte …).

**SbX ID: 1443**
Zusätzlich zu dieser Zusammenfassung finden Sie im SbX eine Audio-Wiederholung zur Wiedergabe mit dem Audio-Player und als MP3-Datei sowie eine Bildschirmpräsentation.

# Wissen

### W 4.13: Kontrollfragen und -aufgaben
1. Beschreiben Sie das V-Modell der Softwareerstellung!
2. Worin besteht der Unterschied zwischen Lastenheft und Pflichtenheft?
3. Worin besteht der Unterschied zwischen Nummerierung und Gliederung?
4. Wozu dient der Seriendruck? Was benötigen Sie, um einen Serienbrief erstellen zu können?
5. Nennen Sie die wichtigsten Symbole für die Erstellung von Flussdiagrammen!
6. Mit welcher Art von Diagramm würden Sie die Organisationsstruktur einer Firma darstellen?
7. Was sind Pivottabellen? Unter welchen Umständen würden Sie diese verwenden?

### W 4.14: Struktogramm und Programmablaufplan
Erstellen Sie für das folgende C#-Programm

a) ein **Nassi-Shneiderman-Struktogramm** und

b) einen **Programmablaufplan**

und verwenden Sie dafür ein geeignetes Tool auf Ihrem PC, z.B. Nessi oder MS Visio.

```
double kapital = 0;
do
{
  Console.Write("Kapital: ");
  kapital = Console.ReadLine();
  if (kapital > 0 && kapital < 1000)
    Console.WriteLine("3 % Zinsen: "
       + (kapital * 0.03).ToString("C"));
  else
    kapital = 0;
} while (kapital == 0);
```

## Wissens-Check

*Ein kurzer Wissens-Check bevor's weitergeht!*

| | ☺ | 😐 | ☹ |
|---|---|---|---|
| Ich weiß, was Lasten- und Pflichtenhefte sind. | | | |
| Ich kann gegliederte Dokumente erstellen. | | | |
| Ich kann Serienbriefe erstellen und ausdrucken. | | | |
| Ich kann Algorithmen als Flussdiagramm, Struktogramm und als Funktionsbaum darstellen. | | | |
| Ich kann Projekte mithilfe von Zielwertsuche und Solver kalkulieren und optimieren sowie in Pivottabellen darstellen. | | | |

# 5 Netzwerke

Netzwerke ermöglichen die effiziente Zusammenarbeit von Mitarbeiterinnen und Mitarbeitern in Unternehmen. Diese kommunizieren miteinander, erhalten Informationen, Formulare oder Berichte und arbeiten gemeinsam an verschiedenen Projekten. In nahezu jedem Unternehmen gibt es heute ein Computernetzwerk, meistens sogar mit einer Anbindung an das Internet. In diesem Kapitel beschäftigen Sie sich mit

- dem grundlegenden Aufbau und der Bedienung von Rechnernetzen,
- der Installation einer strukturierten Verkabelung,
- der Datenübertragung in Netzwerken,
- der Administration von Rechnern in einem Netzwerk,
- dem Netzwerkprotokoll TCP/IP sowie
- den Bedrohungen, denen ein Netzwerk ausgesetzt ist.

### Lerneinheit 1: Datenübertragung

| | |
|---|---|
| **Lernen** | **244** |
| 1 Grundlagen und Begriffe | 244 |
| 2 Übertragungsmedien | 246 |
| 3 Netzwerkarchitekturen | 248 |
| 4 Übertragungsverfahren | 251 |
| 5 Netzwerkkomponenten (Network Devices) | 252 |
| 6 Strukturierte Verkabelung | 253 |
| 7 Zugriffsverfahren | 254 |
| 8 Ethernet-Standard | 255 |
| 9 Wireless LAN | 256 |
| **Üben** | **258** |
| **Sichern** | **260** |
| **Wissen** | **261** |

### Lerneinheit 2: Netzwerkprotokolle

| | |
|---|---|
| **Lernen** | **262** |
| 1 Schichtenmodelle | 262 |
| 2 TCP/IP | 265 |
| 3 Adressierung | 268 |
| 4 Anwendungsprotokolle | 272 |
| 5 Troubleshooting | 276 |
| **Üben** | **279** |
| **Sichern** | **280** |
| **Wissen** | **281** |

### Lerneinheit 3: Netzwerksicherheit

| | |
|---|---|
| **Lernen** | **282** |
| 1 Datenverlust | 282 |
| 2 Computerviren | 283 |
| 3 Bedrohungen aus dem Internet | 285 |
| 4 Firewalls | 288 |
| **Üben** | **289** |
| **Sichern** | **290** |
| **Wissen** | **291** |

SbX

**Dieses Kapitel finden Sie auf Englisch unter der ID: 1511.**

Informieren Sie sich mit dem ergänzenden Material im SbX, trainieren Sie mit Online-Übungen und wenden Sie Ihr Wissen an!

Ms. Check

> Lernen ⊙ Üben ⊙ Sichern ⊙ Wissen

## Lerneinheit 1
# Datenübertragung

**SbX**
Alle SbX-Inhalte zu dieser Lerneinheit finden Sie unter der ID: 1510.

In dieser Lerneinheit beschäftigen Sie sich mit der Datenübertragung zwischen mehreren PCs. Sie lernen die Komponenten kennen, die Sie zum Aufbau eines lokalen Netzwerkes und zum Anschluss an das Internet benötigen. Weiters sehen Sie sich die Bestandteile einer strukturierten Netzwerkverkabelung an.

# Lernen

SbX ID: 1511

**SbX**
Sie finden das Kapitel 5 auf Englisch unter der ID: 1511 (nur in der SbX-Online-Version, siehe Seite III).

## 1 Grundlagen und Begriffe
### Was Netzwerke sind und welche Netzwerktypen es gibt

Ein Netzwerk ist eine **Verbindung mehrerer elektronischer Geräte** (z. B. Computer) zum Zweck des Datenaustauschs (Daten, Musik, Sprache, Video) oder der gemeinsamen Nutzung von Komponenten (Drucker, Server usw.), für verteilte Anwendungen oder auch für die Kommunikation zwischen ihren Benutzern. Die einfachste Form eines Netzwerks ist die Verbindung zwischen zwei einzelnen Computern.

**SbX**
Eine Bildschirmpräsentation mit allen Abbildungen zum Schritt LERNEN finden Sie unter der ID: 1511.

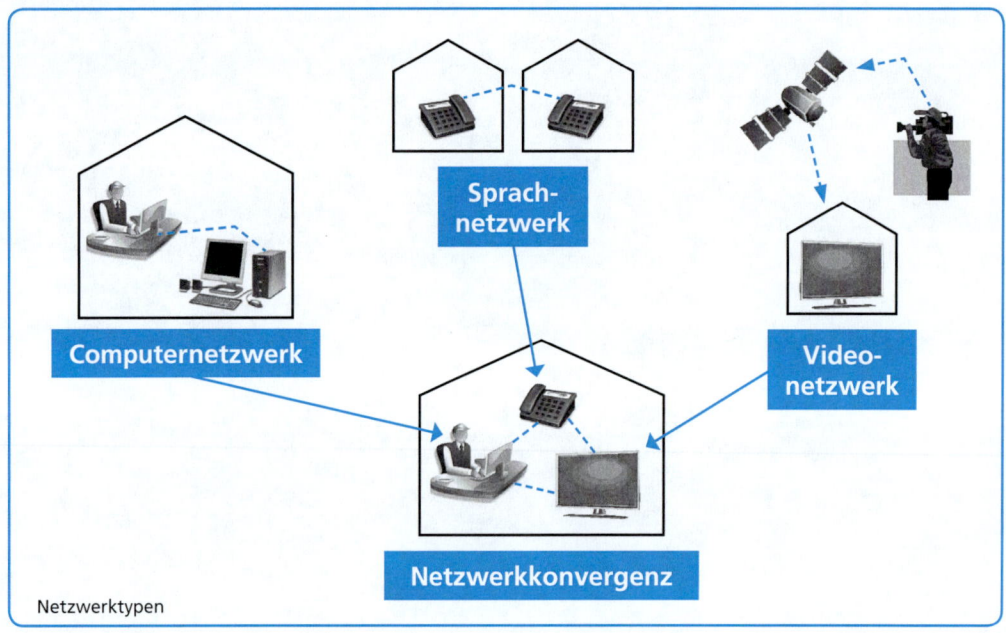

Netzwerktypen

**Verwendungszwecke von Netzwerken:**

- Gemeinsame Benutzung von Musik- und Video-Dateien
- Online-Lernen und -Forschen
- Mit Freunden chatten
- Urlaubsplanung
- Einkaufen

Ein anderes Kriterium zur Klassifikation von Netzen ist, deren **Ausbreitungsgrad** zu betrachten.

Lerneinheit 1: Datenübertragung

PAN = Personal Area Network

LAN = Local Area Network

MAN = Metropolitan Area Network

WAN = Wide Area Network

GAN = Global Area Network

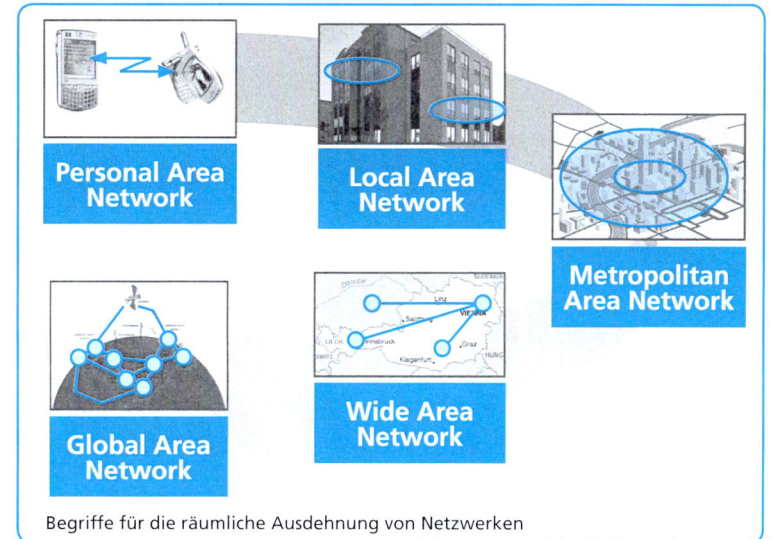

Begriffe für die räumliche Ausdehnung von Netzwerken

Sendeleistungsklassen bei Bluetooth:
Klasse 1: bis 100 m
Klasse 2: bis 40 m
Klasse 3: bis 10 m

Ein lokales Funknetzwerk wird als **Wireless-LAN (WLAN)** bezeichnet.

Ein **Virtual Private Network (VPN)** ermöglicht die verschlüsselte Übertragung von Daten über das Internet.

## Begriffe für die räumliche Ausdehnung von Netzwerken

❶ **Ein Personal Area Network (PAN) oder persönliches Netz ist eine Verbindung von Geräten über eine kurze Distanz.**

Ein Beispiel für ein PAN ist ein **Bluetooth-Netzwerk** zwischen einem Handy und einer Freisprecheinrichtung sowie einem Notebook, das über das Mobiltelefon eine Internet-Verbindung aufbaut. PANs haben eine **Reichweite von wenigen Metern**.

❷ **Ein Local Area Network (LAN) ist ein privates Netz innerhalb eines Gebäudes oder kleinen Geländes mit einer Reichweite von wenigen Kilometern.**

In einem LAN werden die Geräte per Funk, Kupferkabel oder Lichtwellenleiter verbunden. LANs werden zur Verbindung von Geräten in Unternehmen benutzt, um Informationen auszutauschen und Ressourcen (z. B. Drucker) gemeinsam zu nutzen.

❸ **Ein Metropolitan Area Network (MAN) versorgt eine Stadt oder Gemeinde mit einem Internetzugang.**

In größeren Städten sind Funknetzwerke sehr verbreitet, die den Benutzern einen Breitband-Internetzugang anbieten.

❹ **Mit einem Wide Area Network (WAN) oder Stadtnetz können Betriebe ihre Filialen verbinden.**

Als WAN wird eine Verbindung von Netzwerken oder Rechnern bezeichnet, die sich nicht am gleichen Ort befinden. Für WANs kann eine eigene Telefonleitung in Form einer Wähl- oder Standleitung gemietet werden. Mit speziellen Verschlüsselungsverfahren, wie z. B. **VPN,** können WANs auch über das Internet genutzt werden.

❺ **Ein Global Area Network (GAN) ist ein weltumspannendes Netzwerk.**

Das bedeutendste GAN ist heute das Internet. Es verbindet viele Millionen Rechner und Endgeräte, ermöglicht das Telefonieren mittels Voice-over-IP und Multimedia-Anwendungen wie Online-Radio und -Fernsehen.

Im Lauf der Zeit haben sich viele verschiedene **Möglichkeiten der Verkabelung** und der Kommunikationsstrukturen sowie zahlreiche Anwendungsgebiete entwickelt:

● Die **Hardwaregrundlagen** für den Aufbau eines Netzes sind das Kabel (Kupfer, Glas), Netzwerkkarten und Leitungen. Die Verbindung kann aber auch drahtlos erfolgen.

● **Netzwerkprotokolle** legen fest, wie die Kommunikation in einem Netzwerk erfolgen soll. Manche Protokolle sind von einem Hersteller abhängig, andere von einem Betriebssystem, wieder andere sind offen, wie z. B. die Internet-Protokollfamilie TCP/IP.

● Die **Anwendungsgebiete** reichen vom einfachen Dateiaustausch über die gemeinsame Nutzung von Hard- und Software bis hin zu komplexen Anwendungen.

Lernen  Üben  Sichern  Wissen

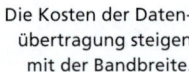 **Ü 5.1: Ausdehnungsbegriffe** ★

Um welchen Ausdehnungsbegriff handelt es sich bei den folgenden Netzwerken?
1. Die Benützung der Google-Suchmaschine, um herauszufinden, wer der aktuelle Kommissionspräsident der EU ist.
2. Die Verbindung des Notebooks mit dem PDA, um die Kontaktdaten zu synchronisieren.
3. Der Download der Schularbeitsangabe vom Schulserver auf den PC im Lehrsaal.
4. Die Einwahl ins Internet über das städtische Funknetzwerk.
5. Ein Lehrer wählt sich von zuhause aus in den Schulserver ein, um eine Datei herunterzuladen.

## 2 Übertragungsmedien
### Funknetzwerk, Kupferkabel und Lichtwellenleiter

Ein **WLAN**-Accesspoint verbindet mehrere Geräte in einem Funknetzwerk. WLANs sind bequem, aber unsicher, wenn die Datenübertragung unverschlüsselt erfolgt.

In einem lokalen Netzwerk (LAN) stehen prinzipiell drei Medien für die Übertragung von Daten zur Verfügung: **Luft, Kupfer und Glasfaser.** Vor allem für kleine Netzwerke im Heimbereich sind Funknetze sehr beliebt, da man sich das Aufstemmen der Wände für die Verlegung von Kabeln erspart. Das Aufstellen eines WLAN-Accesspoints ist allerdings mit einem gewissen Risiko verbunden. Wer es verabsäumt, seinen Funksender ordentlich abzusichern, öffnet ein Netzwerk nach außen – womöglich, ohne es zu ahnen!

Die Kosten der Datenübertragung steigen mit der Bandbreite.

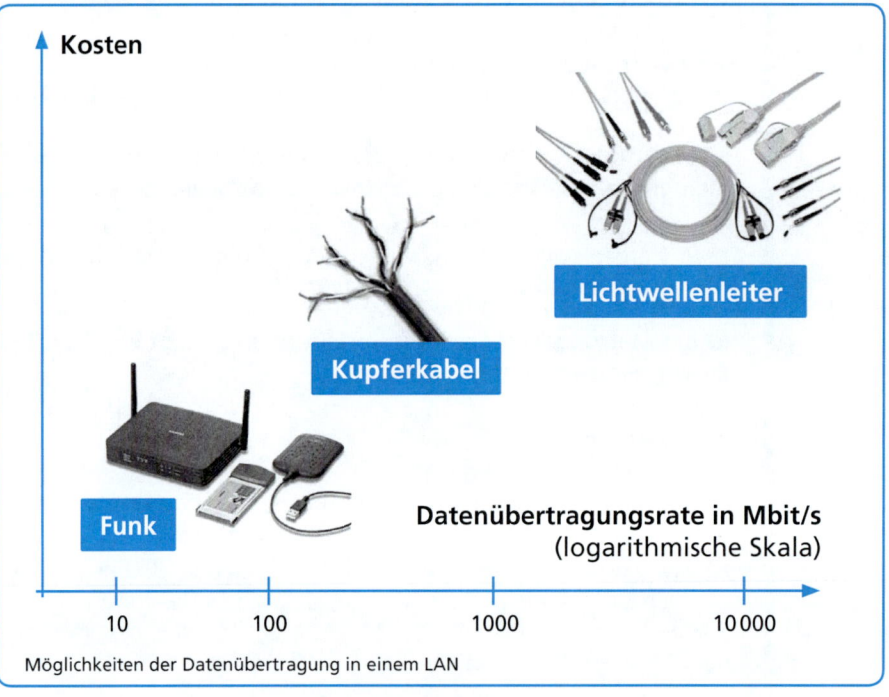
Möglichkeiten der Datenübertragung in einem LAN

### Übertragung von Daten in einem LAN

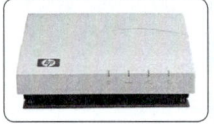
WLAN-Accesspoint

❶ **Funkwellen breiten sich in der Luft aus und können auch feste Gegenstände, wie z. B. Mauern, durchdringen.**

Vorteile von Funknetzwerken sind die Mobilität der Endgeräte und der Wegfall des Verkabelungsaufwands. Funknetze werden vor allem in Heimnetzen in Form von Wireless-LAN (WLAN) oder Bluetooth eingesetzt. Die Datenübertragungsraten sind bei Funknetzen eher niedrig.

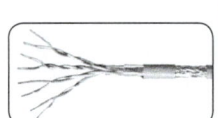
Geschirmtes Verlegekabel der Kategorie 5e

❷ **Kupferkabel sind günstig und ermöglichen die Verbindung von Computern mit hohen Datenübertragungsraten.**

Verbreitet sind Kabel mit verdrillten Leitungspaaren (Twisted Pairs). Die Kabel der Kategorien 5e und 6 sind aufgrund ihrer geringen Kosten im Verhältnis zur hohen Datenübertragungsrate von 1 Gbit/s am weitesten verbreitet.

*Lerneinheit 1: Datenübertragung*

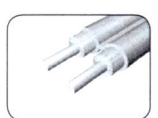

Lichtwellenleiter

Ein **Backbone** ist eine Datenleitung mit sehr hoher Bandbreite, die zentrale Netzwerkelemente verbindet.

**STP** = Shielded Twisted Pair

**UTP** = Unshielded Twisted Pair

Beispiele für ungeschirmte Kabel sind Telefonkabel und Stromkabel.

❸ **Lichtwellenleiter werden für Hochgeschwindigkeitsverbindungen bzw. zur Überbrückung weiter Entfernungen eingesetzt.**

Lichtwellenleiter (LWL) haben den Vorteil einer sehr geringen Signaldämpfung. Daher können Daten nahezu verlustfrei über weite Strecken übertragen werden. Der geringe Durchmesser von Glasfasern ermöglicht zudem die Bündelung hunderter Lichtwellenleiter im Datenfernverkehr. Im LAN werden LWL vor allem im **Backbone** zentraler Netzwerkelemente eingesetzt.

## Twisted-Pair-Kabel

Twisted-Pair-Kabel bestehen aus einem oder mehreren verdrillten Paaren aus Kupfer, die geschirmt (STP) oder ungeschirmt (UTP) ausgeführt sein können. Die Adernpaare sind verdrillt, damit ein „Übersprechen" (Übertragen der Signale) zwischen zwei benachbarten Adern reduziert wird. Die am meisten verbreitete Anwendung des verdrillten Leitungspaars ist das **Telefonnetz**.

❶ **UTP-Kabel haben keine Schirmung.**

Diese Kabel sind vor allem außerhalb Europas weitverbreitet. Das Verlegen der Kabel ist weniger aufwendig. Hersteller, wie z. B. Avaya, bieten mit CAT6-UTP-Kabeln Übertragungsraten von bis zu 1 Gbit/s an, z. B. mit dem Produkt „Avaya Systimax Gigaspeed".

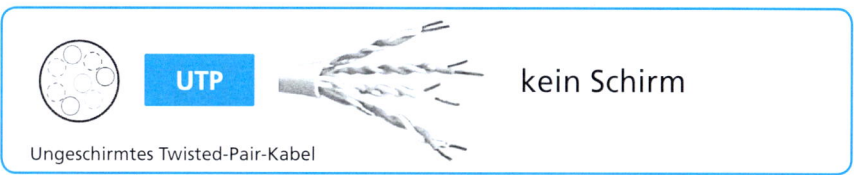

❷ **FTP-Kabel besitzen einen Folienschirm. S/FTP-Kabel haben zusätzlich einen Geflechtschirm.**

Die gebräuchlichsten Kabel in Europa sind FTP- bzw. S/FTP-Kabel. Die **Schirmung** soll störende, elektromagnetische Einstreuungen ableiten. Die Ableitung erfolgt an einen gemeinsamen **Erdungspunkt** (Potenzialausgleich). Aufgrund der zusätzlich erforderlichen Erdung ist die Verlegung geschirmter Kabel aufwendiger als die Verlegung ungeschirmter Kabel.

❸ **Bei STP-Kabeln besitzt jedes Adernpaar einen eigenen Folienschirm (= Paarschirm). S/STP-Kabel haben weiters einen Gesamtgeflechtschirm.**

Paarweise geschirmte Kabel sind dicker und aufgrund der mehrfachen Schirmung aufwendiger zu verlegen. Dafür können über diese Kabel hochfrequente Signale übertragen werden, weshalb sie besonders für Multimedia-Anwendungen und Kabel-TV geeignet sind.

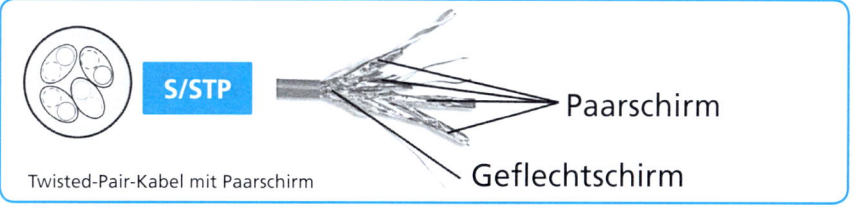

## Kategorien

Die **Kategorien** (engl. Categories, CAT) legen Normen für Twisted-Pair-Kupferkabel fest.

Was versteht man in Zusammenhang mit der Netzwerkverkabelung unter Kategorien? Die Kategorie bezeichnet den **Standard eines Kupferkabels** und aller dazugehörigen passiven Komponenten, wie Patchpanel, Datendose und Patchkabel.

**❶ Kategorie 3 (CAT3)**

Kabel der Kategorie 3 ermöglichen eine maximale Datentransferrate von **10 Mbit/s.**

Bei **CAT5 und CAT5e** beträgt die maximale Kabellänge **100 Meter.**

**❷ Kategorie 5 (CAT5) und Kategorie 5e (CAT5e)**

Am weitesten verbreitet sind Kabel der Kategorie 5. Je nach Art der Zertifizierung (Messung) unterscheidet man CAT5 und CAT5e. Bei CAT5e gelten strengere Grenzwerte für die Messung der Verkabelung. CAT5 bietet eine Datentransferrate von bis zu 100 Mbit/s über zwei Leitungspaare. CAT5e ermöglicht unter Verwendung aller vier Leitungspaare eine Datentransferrate bis 1 Gbit/s. Bei CAT5 und CAT5e beträgt die maximale Übertragungsfrequenz 100 MHz.

Bei **CAT6** beträgt die maximale Kabellänge **90 Meter.**

**❸ Kategorie 6 (CAT6)**

Mit CAT6 können Datenübertragungsraten bis **1 Gbit/s** erreicht werden. Die maximale Übertragungsfrequenz beträgt **200 MHz.** Eine Besonderheit stellt **CAT6a** dar, womit eine Datenübertragungsrate von bis zu 10 Gbit/s (10-Gigabit-Ethernet) möglich ist.

**❹ Kategorie 7 (CAT7)**

Bei **CAT7** handelt es sich derzeit um einen **Normvorschlag** (Draft). Mit CAT7-Kabeln sind Übertragungsfrequenzen von bis zu **600 MHz** möglich.

### Ü 5.2: Datenübertragung ★

1. Eine Tischlerei mit vier Computern und einem Drucker möchte diese gerne vernetzen, um Daten austauschen zu können. Welche Form der Datenübertragung wäre empfehlenswert?
2. Frau Lorin möchte ihren PC an das Internet anschließen, doch der Anschluss befindet sich ein Stockwerk tiefer. Welche Form der Datenübertragung sollte sie wählen?
3. Warum sind die einzelnen Adernpaare im Twisted-Pair-Kabel verdrillt?

## 3 Netzwerkarchitekturen
### Netzwerktopologien

Der **Bauplan eines Netzwerks** wird Netzwerkarchitektur genannt. Dieser Plan kann entweder physisch oder logisch beschrieben werden.

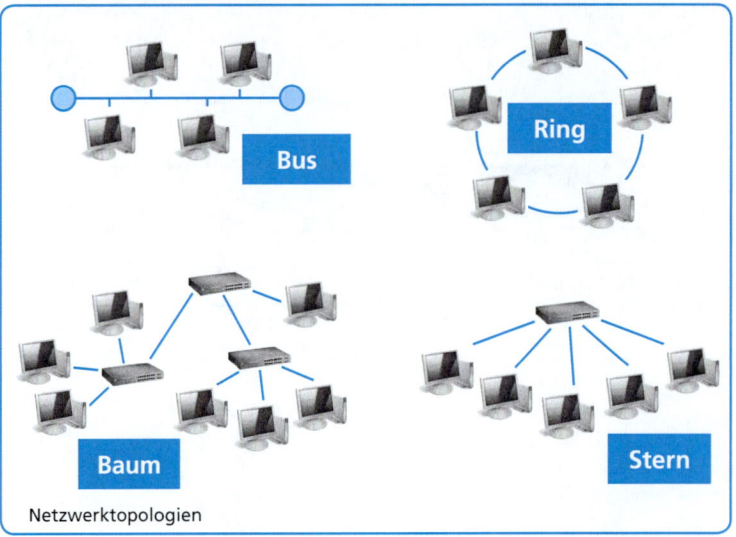

Netzwerktopologien

248   Angewandte Informatik HTL

Lerneinheit 1: Datenübertragung

## Bus-, Ring-, Baum- und Sterntopologie

Ist der Bus unterbrochen, so fällt das Netzwerk komplett aus.

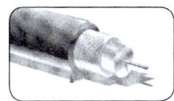

RG58-Koaxialkabel

Bei einem **Token-Ring** handelt es sich zwar logisch betrachtet um eine Ringtopologie, physisch gleicht die Anordnung der Netzwerkkomponenten unter Verwendung von MAUs (Multistation Access Unit = Ringleitungsverteiler) einem Stern.

Die **Schwachstellen** bei Stern- und Baumtopologien sind die aktiven Kopplungselemente.

❶ **In einer Bustopologie sind Geräte über ein Kabel miteinander verbunden. Das Kabel ist an beiden Enden terminiert.**

Die Bustopologie finden wir in unserem PC z. B. bei den Datenbussen PCI und PCI-Express. Auch S-ATA, P-ATA und USB sind Bustopologien. Im Bereich der Netzwerkverkabelung ist das früher eingesetzte Thin-Ethernet (RG58) aufgrund seiner Fehleranfälligkeit mittlerweile bedeutungslos geworden.

Im Bereich der Datenübertragung (logischer Aufbau eines Netzwerkes) hat die Bustopologie eine große Bedeutung, da das verbreitete **Ethernet logisch** betrachtet eine **Bustopologie** darstellt.

❷ **Ein Ringnetz verbindet alle Geräte zu einem Ring.**

In der Praxis kommt die Ringtopologie im Token-Ring-Netzwerk zum Einsatz, das IBM in den 1980er-Jahren entwickelte. Über eine Zweidrahtleitung werden alle Geräte zu einem Ring verbunden. Die Informationsweitergabe erfolgt von Gerät zu Gerät über einen sogenannten Token. Ein Token ist ein Bitmuster. Ist die Verbindung an einer Stelle unterbrochen, funktioniert das Ringnetz dennoch. Erst bei zwei Unterbrechungen kommt es zum Ausfall des Netzwerkes.

❸ **In einer Sterntopologie werden alle Geräte an eine zentrale Komponente angeschlossen. Mehrere Sterne ergeben einen Baum.**

In den heute weitverbreiteten Ethernet-LANs finden wir nahezu ausnahmslos die Stern- bzw. Baumtopologie vor. Über **aktive Kopplungselemente** (Hub bzw. Switch) werden die Geräte miteinander verbunden. Der Ast eines Baums wird auch als **Kaskade** bezeichnet.

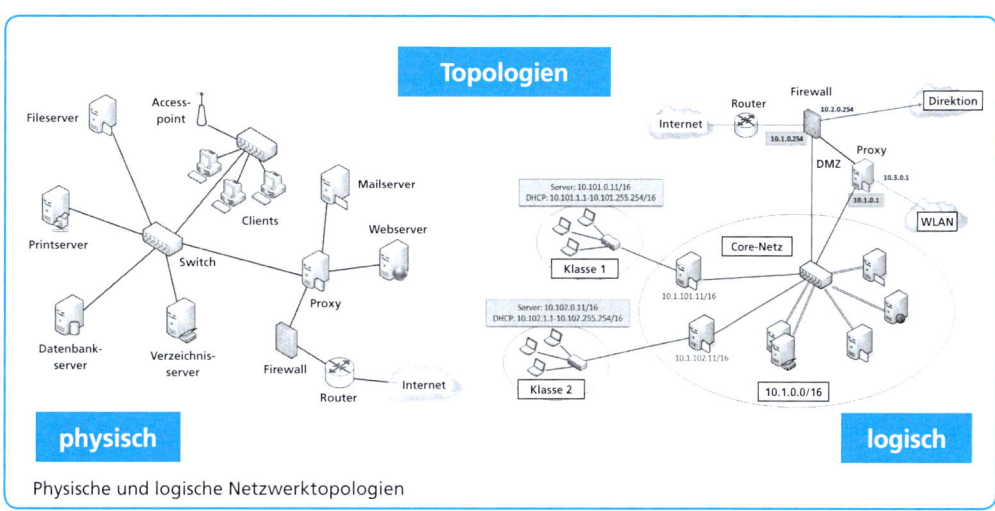

Physische und logische Netzwerktopologien

**Physisch** bezeichnet die Art und Weise der Verkabelung (Wo sind die Kabel im Haus verlegt?), die Zuordnung der RJ45-Dosen und der zugehörigen Plätze auf Patchpanel und Switch. **Logisch** bezeichnet den tatsächlich gerichteten Datenfluss im Netzwerk. Die physische und logische Topologie müssen nicht identisch sein.

Mr. What und Ms. Check

Welche Netzwerktopologie hat eigentlich das Internet?

Das Internet ist eine Mischung aus vielen Topologien, da es sowohl einzelne PCs als auch ganze Netzwerke verbindet.

Welche Netzwerktopologie weist die höchste Ausfallsicherheit auf?

Die Sternstruktur weist die höchste Ausfallsicherheit auf, da bei einer Unterbrechung eines Kabels nur ein Netzwerkteilnehmer ausfällt. Es folgen Baum-, Ring- und Busstruktur.

Angewandte Informatik HTL

## Peer-to-Peer-Netzwerk

In einem Peer-to-Peer-Netzwerk gibt es keinen dedizierten (ausgezeichneten) Server. Alle an einem Peer-to-Peer teilnehmenden Hosts sind gleichberechtigt.

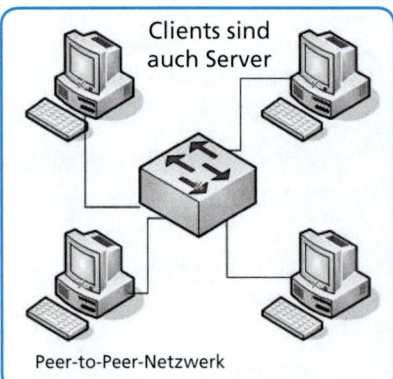
Peer-to-Peer-Netzwerk

**Vorteile eines Peer-to-Peer-Netzwerks:**
- leicht zu implementieren
- wenig komplex
- geringere Kosten, da kein eigener Server notwendig
- wird oft in Heimnetzen und kleinen Firmen verwendet

**Nachteile eines Peer-to-Peer-Netzwerks:**
- keine zentrale Administration
- nicht sehr sicher
- nicht skalierbar
- alle Geräte können als Client und als Server dienen, was die Performance beeinträchtigen kann

## Client-Server-Architektur

In einer Client-Server-Architekur gibt es bestimmte Geräte (Server), die Dienste anbieten, und Clients, die diese Dienste nutzen können. Die Dienste, die von Servern angeboten werden, reichen vom einfachen Dateiserver, der Dateien im Netzwerk verwaltet, über Druckserver, Mail- und andere Kommunikationsserver bis hin zu speziellen Diensten wie Datenbank- oder Anwendungsserver.

Die Server bieten nicht nur Dienste an, sondern ermöglichen auch eine zentrale Netz-Administration. Server sind üblicherweise die stärksten und am besten ausgebauten Rechner im Netz. Sie besitzen große Festplattenkapazitäten und schnelle CPUs.

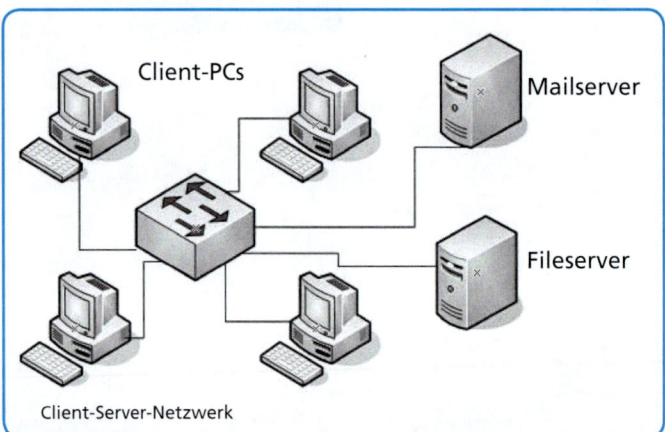
Client-Server-Netzwerk

### Ü 5.3: Client oder Server? ★

Bei welchen der folgenden Beispiele handelt es sich um eine Clientanwendung, bei welchen um eine Serveranwendung oder um beides?

1. Martina verbindet sich ins Internet, um eine Datei herunterzuladen. Ist Martinas PC ein Client, ein Server oder beides?
2. Tom verbindet sich zu einer E-Learning-Website. Fungiert Toms PC als Client, als Server oder als beides?
3. Matthias hat einen dedizierten Computer, auf dem er seine Musikdateien der eigenen Familie zur Verfügung stellt. Seine Schwester Teresa lädt sich einen ganzen Ordner mit ihrer Lieblingsmusik herunter. Arbeitet der Computer von Matthias als Client, als Server oder als beides?
4. Max und Peter haben ein Videospiel auf ihren beiden Computern. Sie spielen dieses Spiel über das Netzwerk. Ist Peters PC ein Client, ein Server oder beides?

Lerneinheit 1: Datenübertragung

## 4 Übertragungsverfahren
Wie gelangen Informationen von einem Ort zum anderen?

### Kanal- und Paketvermittlung

**❶ Kanalvermittlung (Circuit Switching)**

Zum Aufbau einer Verbindung wird beim Circuit Switching ein fester Leitungsweg gesucht, der für die gesamte Dauer der Verbindung reserviert und ausschließlich für die Kommunikation zwischen den beteiligten Partnern genutzt wird. Bei einem Telefongespräch wird von der Telefongesellschaft ein Gesprächskanal für die Dauer des Gesprächs exklusiv bereitgestellt. Wir mieten also die Leitung exklusiv für die Gesprächsdauer und bezahlen dafür zeit- und entfernungsabhängig (Punkt-zu-Punkt) – unabhängig davon, ob wir Informationen übermitteln oder schweigen.

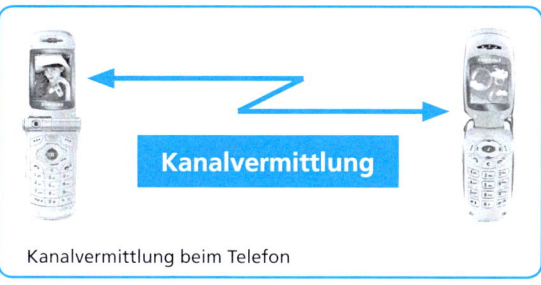

Kanalvermittlung beim Telefon

**❷ Paketvermittlung**

*Voice-over-IP*
*Beim Telefonieren über das Internet wird die Paketvermittlung benutzt.*

Bei der Paketvermittlung zerlegt der Absender die Information in viele kleine Datenpakete. Eine Datenleitung wird von vielen Paketen gleichzeitig benutzt. Die Weiterleitung der Pakete wird von **Routern** veranlasst. Computer zerlegen die Information in viele kleine Datenpakete, die nacheinander ihren Weg durch das Netzwerk antreten. Sie werden über verschiedene Stationen (Router) vermittelt und automatisch weitergeleitet. Es kann sogar passieren, dass einzelne Datenpakete verlorengehen. In einem solchen Fall werden diese Pakete einfach erneut versendet. Der Empfänger setzt anschließend die Information aus den einzelnen Datenpaketen in der richtigen Reihenfolge zusammen.

Paketvermittlung im Netzwerk

*Mr. What und Ms. Check*

Welches Übermittlungsverfahren ist kostengünstiger?

Da sich bei der Paketvermittlung viele Netzwerkteilnehmer ein Kabel teilen, kann die Bandbreite optimal genutzt werden und die Kosten für die Datenübertragung sind deutlich niedriger.

Was passiert, wenn ich während der Arbeit an meinem PC das Netzwerkkabel herausziehe?

Du bist für andere Netzwerkteilnehmer nicht erreichbar und du kannst natürlich nicht auf andere Netzwerkressourcen zugreifen. Sobald du das Kabel ansteckst, sollte alles wieder funktionieren. Unvollständige Pakete werden erneut gesendet.

# 5 Netzwerkkomponenten (Network Devices)
## Geräte, die ein Netzwerk verbinden

Kopplungselemente sind Geräte, die dazu dienen, ein Netzwerk zu verbinden.

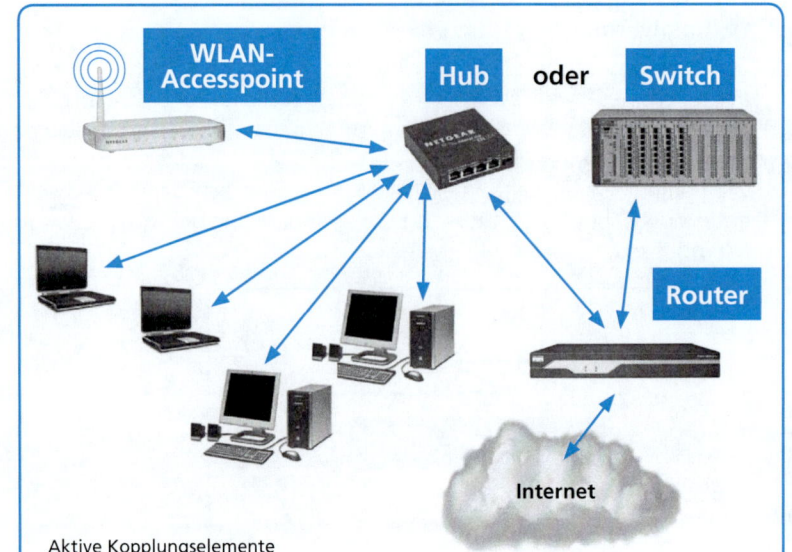

Aktive Kopplungselemente

**WLAN-Accesspoints** haben einen Switch integriert, sodass ein PC auch über ein Kabel angeschlossen werden kann.

**Hosts:** PCs, Server, Netzwerkdrucker

**Peripheriegeräte:** lokal an einen PC angeschlossene Geräte, z. B. Drucker, Scanner

**Netzwerkmedium:** Kabel

### Hub, Switch, Router und WLAN-Accesspoint

❶ **Ein Hub verbindet Computer, indem er jedes eingehende Datenpaket an alle angeschlossenen Geräte übermittelt.**

Hubs verursachen in größeren Netzwerken einen enormen Datenverkehr (Traffic), was zu fehlerhaften Datenpaketen aufgrund von Kollisionen (Collisions) führt. Ein Hub ist ein Layer-1-Gerät. Die Bedeutung von Hubs ist heutzutage eine untergeordnete, da ein Switch nur unwesentlich mehr kostet und mehr bietet.

4-Port-Hub, 100 Mbit/s (Netgear)

❷ **Ein Switch verbindet Computer, indem er jedes eingehende Datenpaket an den richtigen Empfänger weiterleitet.**

Ein **Switch** arbeitet auf dem **Layer 2,** merkt sich alle angeschlossenen Geräte und leitet die Datenpakete an ihr jeweiliges Ziel weiter. Die Netzwerkbelastung wird im Vergleich zum Hub deutlich reduziert. Eine Sonderform bilden **Layer-3-Switches,** auch Router-Switches genannt. Mit ihnen lassen sich Subnetze in Gebäuden (virtuelle LANs, VLANs) realisieren. Der links abgebildete Cisco Catalyst-Switch ist ein **Layer-4-Switch.** Diese Geräte bieten zusätzlich Quality-of-Service (QOS), womit für bestimmte Anwendungen, wie z. B. Datenbankzugriffe, eine höhere Bandbreite reserviert werden kann. Allerdings kosten diese so viel wie ein durchschnittlicher Mittelklassewagen.

Modularer Layer-4-Switch, 1 Gbit/s (Cisco)

❸ **Ein Router verbindet zwei Netzwerke, indem Datenpakete an das Zielnetzwerk weitergeleitet werden, wenn sie nicht für den Adressraum des eigenen Netzes bestimmt sind.**

Ein **Router** arbeitet auf **Layer 3,** vergleichbar einer Sortiermaschine. Er hat die Aufgabe, Datenpakete an ein bestimmtes Ziel weiterzuleiten.

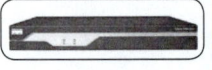

WAN-Router (Cisco)

❹ **Ein WLAN-Accesspoint verbindet mehrere Geräte in einem Funknetzwerk. Ein WLAN-Router ermöglicht zusätzlich die Verbindung zu einem anderen Netzwerk.**

Ein Accesspoint ist ein Switch für mobile Geräte und kann auch an die Netzwerkverkabelung angeschlossen werden. Geräte für das Heimnetzwerk haben oft auch einen WAN-Router für den Internetanschluss eingebaut (z. B. für ADSL).

WLAN-Accesspoint (Netgear)

Der Begriff **„Layer"** bedeutet **„Schicht"** und bezieht sich auf das **OSI-Referenzmodell,** das die Art der Kommunikation in einem Netzwerk festlegt. Das OSI-Schichtenmodell wird in **Lerneinheit 2** behandelt.

# 6 Strukturierte Verkabelung
## Eine flexible, moderne und dennoch unabhängige Lösung

Eine strukturierte Verkabelung ermöglicht den Anschluss unterschiedlichster Netzwerkgeräte. Alle Komponenten müssen jedoch einer Norm entsprechen. Am weitesten verbreitet sind derzeit strukturierte Verkabelungen mit Twisted-Pair-Kabeln der Kategorie 5 bzw. 6. Mit diesen Kabeln sind Datenübertragungsraten von bis zu 1 Gbit/s möglich.

Bei **Cat6a** beträgt die maximale Übertragungsrate 10 Gbit/s.

### Ebenen der strukturierten Verkabelung

❶ **Die Primärverkabelung verbindet Gebäude.**
Zwischen Gebäuden sollten Lichtwellenleiter verlegt werden.

Lichtwellenleiter mit ST- und SC-Stecker

❷ **Die Sekundärverkabelung verbindet Stockwerke.**
Die Stockwerke innerhalb eines Gebäudes sollten mit Lichtwellenleitern oder Kupferkabeln mit einer hohen Datentransferrate (z. B. 1 Gbit/s) versorgt werden.

❸ **Die Tertiärverkabelung verbindet die Endgeräte.**
Von jedem Stockwerksverteiler führen Verlegekabel sternförmig zu den Datendosen für die Endgeräte. Diese werden über Patchkabel mit der Datendose verbunden.

Twisted-Pair-Kupferkabel mit RJ45-Stecker

19-Zoll-Verteilerschrank der Tertiärverkabelung beim ÖAMTC (Foto: HP)

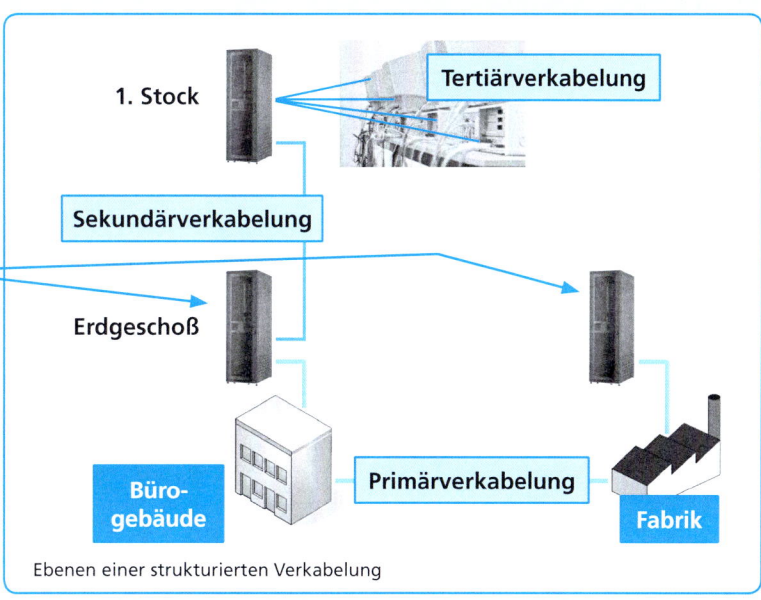

Ebenen einer strukturierten Verkabelung

Wenn sich eine Verkabelung nur innerhalb eines Gebäudes befindet, entfällt die Primärverkabelung. Befindet sich die Verkabelung nur auf einer Ebene, so entfällt auch die Sekundärverkabelung. In der Folge sehen Sie sich die Tertiärverkabelung etwas genauer an. Welche **passiven Komponenten** benötigen Sie, wenn Sie zu Hause eine strukturierte Verkabelung aufbauen wollen?

### Passive Komponenten der Tertiärverkabelung

Netzwerkadapter = Network Interface Card (NIC)

❶ **Sofern der PC noch keinen Netzwerkanschluss hat, muss ein Netzwerkadapter eingebaut werden.**
Ein moderner PC hat bereits einen Netzwerkadapter integriert. Andernfalls kann ein kostengünstiger Adapter gekauft und eingebaut werden.

Netzwerkkabel = Patchkabel

❷ **Der Netzwerkadapter wird mit einem Netzwerkkabel an die Datendose angeschlossen.**
In Büro- und EDV-Räumen befinden sich Datendosen, die mit einem Stockwerksverteiler oder einem zentralen Verteilerschrank verbunden sind.

Verteilerschrank =
19-Zoll-Rack

❸ **Im Verteilerschrank kommen alle Verlegekabel zusammen und werden mittels Patchkabel an die aktiven Kopplungselemente angeschlossen.**

Benötigen Sie einen neuen Netzwerkanschluss, müssen Sie im Verteilerschrank das richtige Kabel „patchen" (= verbinden). Eine solche strukturierte Verkabelung kann für Computer, Telefon, Fax und Multimediadienste verwendet werden.

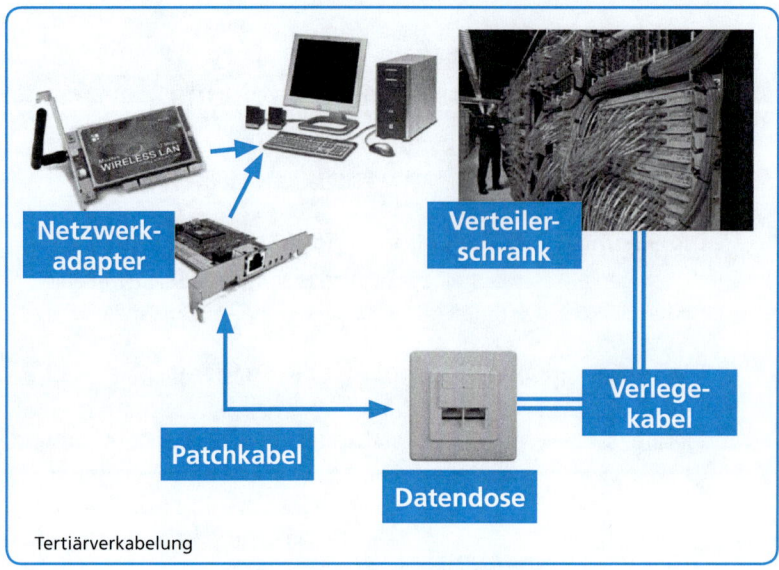

Tertiärverkabelung

**Aktive Komponenten,** wie Hubs, Switches, Router und PCs, gehören **nicht** zur **strukturierten Verkabelung.**

### Ü 5.4: Strukturierte Verkabelung Tischlerei ★★
Entwerfen Sie auf einem Blatt Papier für eine kleine Tischlerei mit angeschlossenem Büro eine strukturierte Verkabelung. Das Büro besteht aus vier Arbeitsplätzen. Darüber hinaus soll es die Möglichkeit geben, auch in der Produktionshalle Maschinen an das Netzwerk anschließen zu können.

## 7 Zugriffsverfahren
Zugriff auf das Übertragungsmedium

### Carrier Sense Multiple Access with Collision Detection (CSMA/CD)
Ein Zugriffsverfahren regelt den Zugriff von Rechnern auf ein gemeinsames Übertragungsmedium, z. B. ein Netzwerkkabel. Das Ethernet-Protokoll benutzt als Zugriffsverfahren **CSMA/CD**.

**Protokoll:** Satz von Regeln (Vereinbarung, nach der Daten zwischen Systemen ausgetauscht werden)

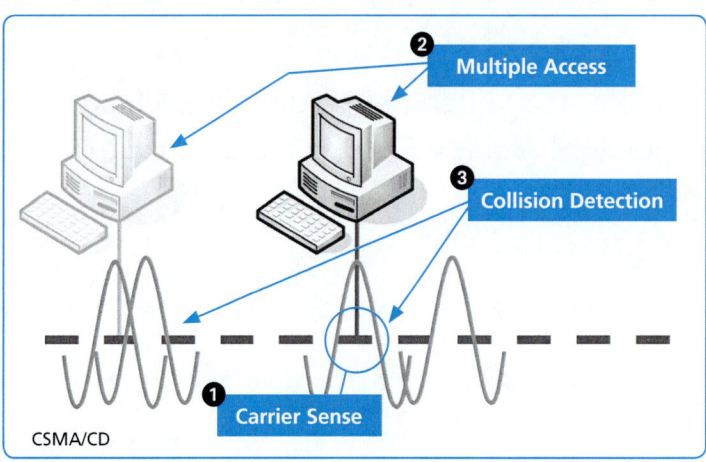

CSMA/CD

Lerneinheit 1: Datenübertragung

## CSMA/CD-Zugriffsverfahren

**❶ Jeder Rechner hört die Datenleitung ständig auf Signale ab (Carrier Sense).**
Erst wenn die Leitung frei ist, wird ein Signal gesendet. Die Leitung wird aber weiterhin abgehört.

**❷ Mehrere Rechner können an eine Datenleitung angeschlossen sein (Multiple Access).**
Es kann passieren, dass nach dem Warten auf eine freie Leitung zwei Rechner gleichzeitig zu senden beginnen. Es entsteht eine Kollision.

**❸ Kollisionen werden erkannt und führen zu einem neuerlichen, aber zeitversetzten Senden (Collision Detection).**
Wird von einem Netzwerkteilnehmer eine Kollision erkannt, sendet dieser sofort ein **JAM-Signal** und alle Rechner stoppen die Signalübertragung. Jeder Rechner wartet eine **zufällig gewählte Zeitspanne (Backoff),** bevor er wieder mit dem Senden beginnt. Da für jeden Rechner eine andere Backoff-Zeit berechnet wird, kommt es theoretisch zu keinem gleichzeitigen Senden mehr – außer es handelt sich um ein **Netz mit entsprechend vielen Rechnern (Collision Domain).**

> Die Verwendung von **Switches** anstatt Hubs **reduziert** das Auftreten von **Kollisionen.**

### Token-Passing-Zugriffsverfahren
Im Gegensatz zum CSMA/CD Zugriffsverfahren, das Kollisionen erlaubt, ist das Token-Passing-Zugriffsverfahren in einem Token-Ring-Netzwerk deterministisch – jede Station bekommt innerhalb eines bestimmten Zeitraums die Möglichkeit, Daten zu senden.

Ein Token (bestimmtes Bitmuster) wandert von Gerät zu Gerät. Dieses Token kann den Zustand „frei" oder „belegt" aufweisen.

**Die Übertragung von Daten erfolgt folgendermaßen:**
❶ Arbeitsstation A wartet, bis das Token den Zustand „frei" aufweist.
❷ Danach übergibt A die Daten an das Token, die zur Station B verschickt werden sollen.
❸ Anschließend transportiert das Token die Daten zur Station B.
❹ Station B erkennt, dass die Daten für sie bestimmt sind, und übernimmt die übertragenen Daten. Die Station B übergibt dem Token anschließend eine Empfangsbestätigung.
❺ Das Token transportiert die Empfangsbestätigung nach Station A.
❻ Die Station A nimmt die Empfangsbestätigung entgegen und gibt das Token wieder frei.

## 8 Ethernet-Standard
### IEEE-Standard 802.3

> Das **Institute of Electrical and Electronics Engineers** (IEEE; sprich eye-triple-e) ist ein weltweiter Berufsverband von Ingenieuren aus den Bereichen Elektrotechnik und Informatik.

**Ethernet** wurde in den 1970er-Jahren am **Xerox Palo Alto Research Center (PARC)** entwickelt und avancierte in den 1990er-Jahren zur weltweit verbreitetsten LAN-Technologie. **Ethernet** ist die Bezeichnung für die Normenfamilie **IEEE 802.3.** Weitere wichtige LAN-Technologien der IEEE-Standards sind z. B. **802.5 (Tokenring)** und **802.11 (WLAN).**

### Funktionsweise von Ethernet

> **MAC** = Media Access Control

**❶ Jedes Ethernet-Endgerät, wie PC, Notebook oder Netzwerkserver, hat eine weltweit eindeutige 48-Bit-Netzwerkadresse (MAC-Adresse).**
Die **MAC-Adresse** kann auf jedem PC über *Start | Ausführen* und die Eingabe von *ipconfig /all* abgefragt werden.

```
Verbindungsspezifisches DNS-Suffix:
Beschreibung. . . . . . . . . . . : VIA Rhine II Fast Ethernet Adapter
Physikalische Adresse . . . . . . : 00-0C-76-A6-F5-0E
```

Der Befehl *ipconfig /all* zeigt die MAC-Adresse des Netzwerkadapters an.

**Aktive Kopplungselemente** zur Datenübertragung in einem Ethernet sind Repeater, Bridges, Hubs und Switches.

Ethernet-Hub (Longshine)

Ethernet-Switch (HP)

❷ **Ethernet verwendet die Bustopologie.**

Auch wenn mithilfe von Repeatern, Hubs und Switches physisch eine Stern- oder Baumtopologie entsteht, ist Ethernet **übertragungstechnisch (logisch)** eine **Bustopologie,** da sich alle Endgeräte eine Leitung teilen. Repeater und Hubs fungieren als Signalverstärker und verteilen ein Signal an alle angeschlossenen Segmente bzw. Endgeräte.

❸ **Ethernet verwendet das Zugriffsverfahren CSMA/CD.**

Da sich in einem Ethernet alle Geräte eine Leitung teilen, kommt es zwangsläufig zu einer Kollision, wenn zwei PCs gleichzeitig senden möchten. Um einen reibungslosen Datentransport zu ermöglichen, wird das Zugriffsverfahren **CSMA/CD (Carrier Sense Multiple Access with Collision Detection)** verwendet. Wird eine Kollision festgestellt, wartet jeder Netzwerkteilnehmer automatisch eine unterschiedlich lange Zeit, bis er einen neuen Sendeversuch startet.

❹ **Durch den Einsatz von Switches können Kollisionen reduziert werden.**

Im Gegensatz zu einem Hub, der ein eingehendes Signal an alle Netzwerkteilnehmer weitergibt, speichert ein Switch die MAC-Adressen der angeschlossenen Geräte und sendet das eingehende Signal an den richtigen Empfänger. Die Netzwerkauslastung und die Wahrscheinlichkeit für das Auftreten von Kollisionen werden somit deutlich reduziert.

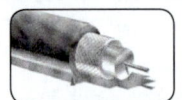

Koaxialkabel

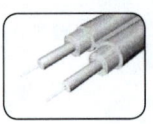

Twisted-Pair-Kabel

Lichtwellenleiter

Die folgende Tabelle enthält beispielhaft einige verbreitete **Ethernet-Standards.**

| IEEE-Standard | Übertragungsmedium | Kabeltyp | Übertragungsrate |
|---|---|---|---|
| 802.3a (10Base2) | Koaxialkabel | RG58 | 10 Mbit/s |
| 802.3i (10Base-T) | Twisted-Pair-Kabel | CAT3, 2 Paare | 10 Mbit/s |
| 802.3u (100Base-TX) | Twisted-Pair-Kabel | CAT5, 2 Paare | 100 Mbit/s |
| 802.3ab (1000Base-T) | Twisted-Pair-Kabel | CAT5e, 4 Paare | 1 Gbit/s |
| 802.3j (10Base-F) | Lichtwellenleiter | Single-/Multimode | 10 Mbit/s |
| 802.3x (100Base-FX) | Lichtwellenleiter | Single-/Multimode | 100 Mbit/s |
| 802.3z (1000Base-SX) | Lichtwellenleiter | Single-/Multimode | 1 Gbit/s |
| 802.3ae (10GBase-SR) | Lichtwellenleiter | Multimode | 10 Gbit/s |

## 9 Wireless-LAN
### Komponenten für Funknetzwerke

In Ergänzung zu drahtgebundenen Netzen setzen sich überall dort, wo es keine Möglichkeit der Kabelverlegung gibt, sowie im Heimbereich Drahtlosnetzwerke (engl. Wireless LAN, kurz WLAN) durch. Die Übertragung zwischen Geräten erfolgt mittels elektromagnetischer Wellen. Drahtlose Technologien gibt es schon seit langer Zeit (z. B. Funk, Mikrowellen, Satellit, Infrarot).

**Vorteile von WLAN:**
- Mobilität: Leichte Möglichkeit für den Client, sich zu verbinden
- Skalierbarkeit: kann leicht für weitere Benutzer freigeschaltet werden
- Flexibilität: überall und jederzeit verfügbar
- günstig in der Anschaffung
- reduziert die Installationszeit

**Nachteile von WLAN:**
- Interferenzen zwischen anderen Geräten
- Datensicherheit

Lerneinheit 1: Datenübertragung

## WLAN-Standards

| Standard | Frequenzbereich | max. Daten-transferrate | Netto-Datenüber-tragungsrate | Reichweite (Indoor) |
|---|---|---|---|---|
| IEEE 802.11 | 2,4 GHz | 2 Mbit/s | 0,9 Mbit/s | ~20 m |
| IEEE 802.11a | 5 GHz | 54 Mbit/s | 20–23 Mbit/s | ~35 m |
| IEEE 802.11b | 2,4 GHz | 11 Mbit/s | 4–6 Mbit/s | ~38 m |
| IEEE 802.11g | 2,4 GHz | 54 Mbit/s | 19–22 Mbit/s | ~38 m |
| IEEE 802.11n | 2,4 oder 5 GHz | 300 Mbit/s | 74–120 Mbit/s | ~70 m |
| IEEE 802.11ac | 5 GHz | 1300 Mbit/s | ~400 Mbit/s | ~50 m |

*IEEE 802.11 wurde bereits durch seine Nachfolgestandards ersetzt.*

*IEEE 802.11g+ ermöglicht eine max. Datentransferrate von 108 Mbit/s.*

## Komponenten für Funknetzwerke

❶ **WLAN-Router dienen dem Anschluss weniger PCs über ein Patchkabel sowie über Funk. Der integrierte Router stellt die Verbindung zum Internet her.**

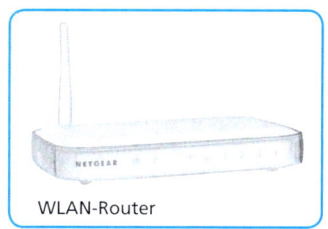
WLAN-Router

**WLAN-Router** wurden für den Einsatz in **Heimnetzwerken** entwickelt und erlauben den Zugriff nur weniger Geräte, z. B. PC, Notebook oder WLAN-Handy.

WLAN-PC-Card für Notebooks

❷ **WLAN-Accesspoints ermöglichen den Anschluss weniger PCs über ein Patchkabel sowie über Funk. Der integrierte Router stellt die Verbindung zum Internet her.**

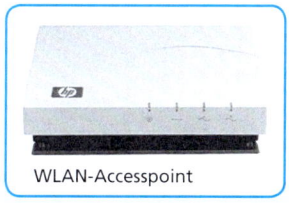
WLAN-Accesspoint

Für den Einsatz in größeren Funknetzen eignet sich ein **Accesspoint,** der nicht nur eine höhere Sendeleistung hat, sondern auch eine große Anzahl an **Funkclients** unterstützt.

WLAN-USB-Stick für PCs und Notebooks

❸ **Eine WLAN-Netzwerkkarte verbindet den Client mit dem Accesspoint oder dem WLAN-Router bzw. direkt mit einem anderen Client.**

Eine Direktverbindung zwischen zwei PCs via WLAN wird als **Ad-hoc-Netzwerk** bezeichnet. Unter einem **Infrastruktur-Netzwerk** verstehen wir hingegen die Verbindung eines Clients mit einem WLAN-Router oder einem Accesspoint.

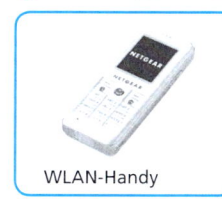
WLAN-PCI-Netzwerkkarte

❹ **Mit einem Voice-over-IP-Telefon kann über das Internet telefoniert werden.**

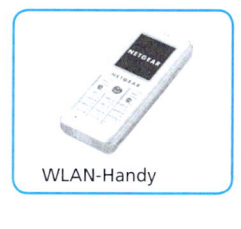
WLAN-Handy

Ein bekannter Anbieter von **Voice-over-IP-Internettelefonie** ist **Skype.** Moderne Smartphones ermöglichen sowohl das Telefonieren über UMTS als auch über WLAN. Zusätzlich gibt es spezielle WLAN-Handys, z. B. von Netgear, mit denen ausschließlich über das Internet telefoniert werden kann.

Als Netzzugangsverfahren in 802.11-Netzen kommt **CSMA/CA** zum Einsatz (Carrier Sense Multiple Access with Collision Avoidance). Wie der Name vermuten lässt, werden Datenkollisionen von vornherein vermieden. Anders als bei CSMA/CD sendet eine Station, die ein freies Übertragungsmedium (in diesem Fall den entsprechenden Funkkanal) vorfindet, nicht einfach ihre Daten, sondern eine Sendeanforderung (RTS). Daraufhin warten andere sendebereite Stationen; die erste Station, die das RTS gesendet hat, sendet ihre Daten, nachdem ihr die Empfängerstation ihre Empfangsbereitschaft (CTS) signalisiert hat. Abgeschlossen wird die Datenübertragung durch ein ACK-Signal, daraufhin kann die nächste Station ihren Sendewunsch bekanntgeben.

Beim Aufbau eines WLANs ist darauf zu achten, dass die Verbindung zu einer Drahtloskomponente über das richtige WLAN erfolgt. Dies geschieht mit der sogenannten **SSID (Service Set Identifier).** Die SSID wird verwendet, um den Netzwerkgeräten mitzuteilen, wie das WLAN-Netzwerk heißt. Alle Geräte, die am gleichen WLAN teilnehmen wollen, müssen dieselbe SSID verwenden.

## WLAN-Sicherheit

Eine der größten Herausforderungen beim Einsatz von Wireless-Technologien bleibt die Sicherheit. Um ein Mindestmaß an **Sicherheit** zu gewährleisten, bietet die 802.11-Spezifikation eine optionale Verschlüsselung der Frames an.

**Der Zugriff auf ein WLAN kann durch folgende Maßnahmen eingeschränkt werden:**

**SSID**
= Service Set Identifier, Name eines Accesspoints bzw. WLANs

- Änderung der **Default-Einstellungen** (Passwort)
- Ausschalten der Versendung der **SSID** (wenn möglich)
- **MAC-Adressen-Filterung:** Ein MAC-Filter lässt nur noch in einer Tabelle eingetragene Netzwerkkarten zu.

Die **MAC-Adresse** ist der 48-Bit-Code einer Netzwerkkarte.

- **Traffic-Filterung**
- **Authentifizierung** im WLAN
- **Verschlüsselung**

**WEP**
= Wired Equivalent Privacy

– **WEP:** Verwendet 40 Bit oder 104 Bit lange Schlüssel.

– **WPA:** Generiert dynamische Schlüssel bei jeder Verbindung eines Clients mit dem Accesspoint. WPA verwendet 128-Bit-Schlüssel. Daher ist dieses Verfahren sicherer als WEP.

**WPA**
= Wi-Fi Protected Access

SbX ID: 1512

### Übungsbeispiele

SbX

Sie finden diese Übungsbeispiele mit automatischer Aufgabenkontrolle unter der ID: 1512.

erledigt: ✔

Ü 5.5: ☐
Ü 5.7: ☐

### Ü 5.5: Ausdehnung von Netzwerken ★★

Welche Form der Ausdehnung von Netzwerken wird hier verwendet?

| Anwendungsbeispiel für ein Netzwerk | Begriff für die räumliche Ausdehnung |
|---|---|
| a) Sie verbinden Ihren Laptop mit dem Desktop-PC, um Ihre Daten zu sichern. | |
| b) Sie laden sich für ein Wander-GPS die aktuellen Landkarten aus dem Internet herunter. | |
| c) Ihre Lehrerin gibt von zuhause aus die Noten in das Notenauskunftssystem der Schulhomepage ein. | |
| d) Ein Intersport-Shop verbindet sich mit dem Zentrallager, um sich über den Lagerstand eines bestimmten Artikels zu informieren. | |
| e) Sie telefonieren im Auto mit einer Bluetooth-Einrichtung. | |
| f) Sie aktualisieren den Druckertreiber Ihres HP-Deskjet-Tintenstrahldruckers über das Internet. | |

### Ü 5.6: Strukturierte Verkabelung ★

Skizzieren Sie für die folgenden Beispiele eine strukturierte Verkabelung und zählen Sie die benötigten Komponenten auf!

a) Eine Schule will eine neue Laptop-Klasse für 25 Schülerinnen und Schüler ausstatten. Die Klasse liegt im dritten Stock des Schulgebäudes. Die EDV-Räume und der Server-Raum befinden sich im Erdgeschoß.

b) Der Festplatten-DVD-Rekorder im Wohnzimmer eines Einfamilienhauses soll mit dem Desktop-PC im Arbeitszimmer im ersten Stock verbunden werden. WLAN kommt nicht in Frage, da die Hausbesitzer keinen zusätzlichen Elektrosmog wünschen.

c) Eine Zuckerfabrik will das Bürogebäude mit der 400 Meter entfernt liegenden Produktionsstätte verbinden. Alle Gebäude befinden sich auf dem Firmengelände.

### Ü 5.7: Übertragungsmedien ★
Kreuzen Sie für die folgenden Geräte alle Übertragungsmedien an, die diese benutzen!

| Gerät | Funk | Kupfer | LWL |
|---|---|---|---|
| a) WLAN Router 802.11g, 1 × WAN, 4 × RJ45 10/100 Mbit/s | | | |
| b) Layer-3-Switch, 48 × RJ45 10/100 Mbit/s, 2 × SC 1 Gbit/s | | | |
| c) WAN-Router, 1 × WAN, 1 × RJ45 100 Mbit/s | | | |
| d) 8-Port-Hub 10/100 Mbit/s | | | |
| e) Netzwerkadapter RJ45 10/100 Mbit/s | | | |
| f) Netzwerkadapter ST 1 Gbit/s | | | |

### Ü 5.8: ADSL ★
Sie besitzen einen Internetzugang über ADSL. Derzeit ist es nur möglich, mit einem PC das Internet zu nutzen. Nun haben Sie sowohl in das Wohnzimmer als auch in das Arbeitszimmer ein Kabel verlegt und jeweils eine Anschlussdose montiert. Welches Gerät müssen Sie kaufen, damit das Internet von allen Anschlussdosen aus verfügbar ist?

### Ü 5.9: Netzwerkdiagramm ★★★
Zeichnen Sie ein Netzwerkdiagramm für Ihre Schule. Berücksichtigen Sie dabei die örtlichen Gegebenheiten, die Anzahl der EDV-Räume und die Anzahl der PCs in sonstigen Räumen (z. B. in der Direktion, den Kustodiaten, dem Lehrer/innenzimmer).

### Ü 5.10: WLAN ★
Ein Lehrer will zuhause ein WLAN mit möglichst hoher Sicherheit installieren. Welche Empfehlung würden Sie diesem Kunden geben?

a) Alle Defaultwerte belassen. Das ist am sichersten.

b) Nur den MAC-Adressenfilter aktivieren.

c) WPA, MAC-Adressenfilter, SSID verstecken, DHCP ausschalten.

d) WEP-Verschlüsselung aktivieren.

e) SSID verstecken.

f) DHCP ausschalten.

g) WLAN ist grundsätzlich vollkommen unsicher und sollte daher niemals verwendet werden.

## Weitere Übungen im SbX

### Ü 5.11: Ausdehnungsbegriffe ★
Vervollständigen Sie die Übersicht zu den Ausdehnungsbegriffen von Netzwerken!

### Ü 5.12: Netzwerktopologien ★
Ergänzen Sie die Grafik zu den Netzwerktopologien!

# Sichern

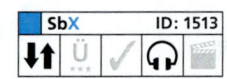

In dieser Lerneinheit haben Sie unterschiedliche Größenordnungen von Netzwerken, deren Topologien und Übertragungstechniken sowie die strukturierte Verkabelung kennengelernt.

| | |
|---|---|
| Ausdehnungsbegriffe | Ein **Local Area Network** (LAN) verbindet Geräte **innerhalb von Gebäuden** bzw. zwischen Gebäuden auf einem Grundstück. Ein **Wide Area Network** (WAN) verbindet Geräte **in unterschiedlichen Orten bzw. Ländern**. |
| Datenübertragungsmedien | Als Datenübertragungsmedien kommen **Funk** (z. B. Bluetooth und WLAN), **Kupferkabel** (z. B. Twisted-Pair-Kabel) und **Lichtwellenleiter** in Frage. |
| Topologien | Eine Topologie bezeichnet den **strukturellen Aufbau eines Netzwerkes.** Man unterscheidet **Bus-, Ring-, Stern-** und **Baumtopologie**. |
| Kanalvermittlung | Für **Telefongespräche** wird die Kanalvermittlung verwendet. Dabei steht den beiden Gesprächspartnern eine Leitung exklusiv zur Verfügung. Die Vergebührung erfolgt **nach der Zeit**. |
| Paketvermittlung | In **Computernetzwerken** werden aufgrund der Paketvermittlung gleichzeitig die **Datenpakete vieler Rechner** über eine Leitung transportiert. |
| Aktive Kopplungselemente | Zur **Verbindung von Netzwerkgeräten** werden aktive Kopplungselemente, wie z. B. Hub, Switch und Router, benötigt. Die Geräte arbeiten auf unterschiedlichen Ebenen (Layern) des OSI-Referenzmodells: **Hub** = Layer 1, **Switch** = Layer 2 oder höher, **Router** = Layer 3. |
| Hub | Ein Hub **verteilt alle eingehenden Pakete** an die angeschlossenen Geräte. Hubs arbeiten auf der Basis des **OSI-Layers 1** und verursachen in großen Netzwerken enorm **viele Kollisionen**. |
| Switch | Ein Switch liest aus dem empfangenen Datenpaket die **MAC-Adresse des Empfängers** aus und leitet es an ihn weiter. Switches basieren auf dem **OSI-Layer 2** und können **Kollisionen verhindern**. |
| Router | Ein Router **verbindet zwei Netzwerke**. |
| Strukturierte Verkabelung | Eine strukturierte Verkabelung stellt die **Verbindung aller Netzwerkgeräte in einem LAN** her. Sie besteht aus der **primären** (zwischen Gebäuden), der **sekundären** (zwischen Stockwerken) und der **tertiären Verkabelung** (zwischen Endgeräten und Stockwerksverteilern). |
| Zugriffsverfahren | Ein Zugriffsverfahren regelt den **Zugriff von Hosts** oder Netzwerkgeräten **auf ein gemeinsames Übertragungsmedium**. Das bedeutendste Verfahren ist das **CSMA/CD-Verfahren**, das Ethernet verwendet. |
| Ethernet | Ethernet ist in der **Norm IEEE 802.3** spezifiziert und legt **Kabeltypen, Stecker** sowie **Protokolle** fest. |
| WLAN | WLAN bedeutet **Wireless-LAN** und ist im Rahmen der **Normenfamilie IEEE 802.11** definiert. WLAN wird überall dort verwendet, wo es **keine Möglichkeit der Kabelverlegung** gibt. Verbreitet sind Geräte der Standards IEEE 802.11a, 802.11b und 802.11g. Die Reichweite der WLAN-Funksignale ist außer von der Entfernung und dem verwendeten WLAN-Standard auch von den räumlichen Verhältnissen abhängig, z. B. Stahlbeton- oder Holzwand. |
| WLAN-Sicherheit | Zur Absicherung von WLANs sollte das Versenden der **SSID deaktiviert** werden. Weiters sollte als **Verschlüsselung WPA2** verwendet werden sowie die **MAC-Adressenfilterung** eingerichtet werden. |
| SbX ID: 1513 | Zusätzlich zu dieser Zusammenfassung finden Sie im SbX eine Audio-Wiederholung zur Wiedergabe mit dem Audio-Player und als MP3-Datei sowie eine Bildschirmpräsentation. |

Lerneinheit 1: Datenübertragung

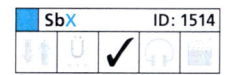

### W 5.1: Kontrollfragen und -aufgaben

1. Erklären Sie die Unterschiede zwischen Hub, Switch und Router!
2. Welche Übertragungsverfahren kennen Sie?
3. Worin besteht der Unterschied zwischen einem Peer-to-Peer-Netzwerk und einer Client-Server-Architektur?
4. Nennen Sie fünf Ausdehnungsbegriffe für Netzwerke und erklären Sie die Unterschiede!
5. Worin besteht der Unterschied zwischen einem Bluetooth-Netzwerk und einem WLAN?
6. Beschreiben Sie eine WAN-Verbindung mithilfe eines selbst gewählten Beispiels!
7. Nennen Sie je ein Beispiel für den Einsatz eines Kupferkabels und eines Lichtwellenleiters!
8. Was hat der Begriff Voice-over-IP mit der Paketvermittlung zu tun?
9. Beschreiben Sie das Zusammenwirken der Komponenten bei einer strukturierten Verkabelung!

### W 5.2: Gärtnerei

In einer Gärtnerei sollen fünf PCs im Büro und zwei PCs im Gewächshaus vernetzt werden. Die wichtigste Netzwerkanwendung ist eine Auftragsverwaltung (Datenbank), die auf einem Server im Büro läuft. Die beiden PCs im Gewächshaus greifen nur selten auf die Datenbank zu. Büro und Gewächshaus befinden sich auf demselben Grundstück, sind aber zwei getrennte Gebäude. Erstellen Sie eine Netzwerkplanung nach EN 50173-1!

### W 5.3: Strukturierte Verkabelung für Zweigniederlassung

Die H2Ö GmbH plant für eine neue Zweigniederlassung eine strukturierte Verkabelung. Vom Geschäftsführer erhalten Sie folgende Informationen:

a) Es gibt insgesamt drei Gebäude (Büro, Verkauf und Lager), die mit Lichtwellenleitern zu verbinden sind.

b) Im Büro befinden sich zwei PCs im Erdgeschoß (Portier), insgesamt zwölf PCs, zwölf Telefone sowie sechs Drucker und zwei Faxgeräte im 1. Stock. Für die Verbindung der Stockwerkverteiler und die Tertiärverkabelung sind CAT6-Kabel zu planen.

c) Im Lager befinden sich drei PCs und ein Drucker.

d) Im Verkaufslokal sollen drei Kassen-PCs (Point of Sale), drei Laserdrucker und acht Telefone installiert werden.

e) Der Serverraum befindet sich im Erdgeschoß neben dem Portier.

Erstellen Sie eine Netzwerkplanung für diese strukturierte Verkabelung!

Sie finden W 5.4 und W 5.5 mit automatischer Aufgabenkontrolle unter der ID: 1514.

erledigt: ✔

W 5.4: ☐

W 5.5: ☐

### Weitere Aufgaben im SbX

#### W 5.4: Datenübertragung
Lösen Sie das Kreuzworträtsel zum Thema Datenübertragung!

#### W 5.5: Tertiärverkabelung
Vervollständigen Sie die Übersicht zur Tertiärverkabelung!

Ein kurzer Wissens-Check bevor's weitergeht!

## Wissens-Check

|  | ☺ | 😐 | ☹ |
|---|---|---|---|
| Ich kann räumliche Ausdehnungsbegriffe von Netzwerken beschreiben. |  |  |  |
| Ich kann Beispiele für Netzwerktopologien aufzählen und Anwendungen für Kanal- und Paketvermittlung nennen. |  |  |  |
| Ich kann den Aufbau einer strukturierten Verkabelung erklären. |  |  |  |

▶ Lernen  Üben  Sichern  Wissen

## Lerneinheit 2
# Netzwerkprotokolle

**SbX**
Alle SbX-Inhalte zu dieser Lerneinheit finden Sie unter der ID: 1520.

Jeder PC im Internet verwendet zur Datenübertragung das Netzwerkprotokoll TCP/IP. Wenn Sie mit dem Internet arbeiten möchten, müssen Sie auf Ihrem PC dieses Protokoll richtig einrichten. In dieser Lerneinheit beschäftigen Sie sich mit dem TCP/IP und Sie erfahren, wie Sie eine Netzwerkverbindung mit dem Internet konfigurieren können.

▶ **Lernen**

SbX  ID: 1521

## 1 Schichtenmodelle
### Das ISO/OSI- und das TCP/IP-Referenzmodell

ISO = International Organization for Standardization

OSI = Open Systems Interconnection

In der Netzwerkwelt haben sich **Schichtenmodelle** etabliert. Komplexe Vorgänge werden in einzelne Schritte zerlegt. Jeder Schritt wird als Schicht dargestellt, die Schichten sind übereinander gestapelt. Jede Schicht sorgt dafür, dass an den Schnittpunkten zur nächsten Schicht Schnittstellen vorhanden sind. Das bedeutet, dass der innere Aufbau der Schichten bedeutungslos ist, solange ihr Verhalten an der Schnittstelle gleichbleibt. Somit ist es möglich, den Aufbau einer Schicht zu verändern, ohne dass das Gesamtsystem beeinflusst wird.

Das **OSI 7-Schichtenmodell** wurde von der ISO im Jahre 1984 entwickelt. Es wurde als **Grundlage für Kommunikationsprotokolle** entworfen. Bei der Kommunikation (nicht nur zwischen Hosts, sondern auch zwischen Menschen) ist darauf zu achten, dass diese bestimmten Regeln folgt. So ist es z. B. wichtig, dass der Sender den Empfänger nicht mit Informationen überflutet, sodass dieser die Informationen nicht mehr aufnehmen kann. Darüber hinaus sollte sichergestellt sein, dass die Information auch korrekt ankommt und nicht irgendwo im Netz verschwindet. Aus diesem Grund hat man sich darauf geeinigt, die Host-Kommunikation in 7 Schichten zu unterteilen.

Schichten des ISO/OSI-Referenzmodells:
7. Anwendungsschicht
6. Darstellungsschicht
5. Sitzungsschicht
4. Transportschicht
3. Vermittlungsschicht
2. Sicherungsschicht
1. Bitübertragungsschicht

**SbX**
Eine Bildschirmpräsentation mit allen Abbildungen zum Schritt LERNEN finden Sie unter der ID: 1521.

| 7 Application Layer | Anwendungs- |
| 6 Presentation Layer | schichten |
| 5 Session Layer | |
| 4 Transport Layer | Transport- |
| 3 Network Layer | schichten |
| 2 Data Link Layer | |
| 1 Physical Layer | |

Schichten des OSI-Referenzmodells

262  Angewandte Informatik HTL

Lerneinheit 2: Netzwerkprotokolle

Häufig verwendete Netzwerkprotokolle in LANs sind **TCP/IP, IPX/SPX, Appletalk** und **NETBEUI**.

**IPX/SPX** ist ein von der Firma Novell verwendetes Netzwerkprotokoll.

**Appletalk** ist ein Netzwerkprotokoll der Firma Apple.

**NETBEUI** ist ein von Microsoft entwickeltes, sehr einfaches, dafür aber sehr schnelles Netzwerkprotokoll.

Das **OSI-Referenzmodell** besagt, dass bei einer Verbindung zwischen zwei Hosts jede Schicht des Hosts A mit der gleichen Schicht des Hosts B kommunizieren kann. Dazu werden den Daten in jeder Schicht bestimmte Informationen in einem **Header** vorangestellt oder in einem **Trailer** am Ende angehängt. Die Informationen im Header und Trailer enthalten z. B. Quelle und Zieladresse des Datenpakets oder die Information, welchen Weg die Daten während der Übertragung nehmen sollen. Die einzelnen Schichten brauchen nicht zu wissen, wie die Schichten darunter oder darüber arbeiten. Sie müssen nur wissen, wie die Daten an eine andere Schicht zu übergeben sind. Im Gegensatz zum TCP/IP-Modell beschreibt das OSI 7-Schichtenmodell **kein spezifisches Protokoll**.

Die **sieben Schichten** des OSI-Modells können in zwei Gruppen eingeteilt werden: **Transport- und Anwendungsschichten**.

❶ Die **Bitübertragungsschicht (Physical Layer)** definiert die Verfahren zur Übertragung von Bit über einen Kommunikationskanal (Übertragungsmedium). Sie legt die elektrischen, mechanischen und funktionalen Parameter für die physikalische Verbindung zweier Einheiten fest.

❷ Die Hauptaufgabe der **Sicherungsschicht (Data Link Layer)** ist die Aufteilung der Eingangsdaten in Datenrahmen (Data Frames). Diese Schicht enthält auch Funktionen zur Fehlererkennung, Fehlerbehebung und Datenflusskontrolle (Maßnahme gegen Datenüberschwemmung). Die **MAC-Adresse** (physikalische Adresse) befindet sich auf dieser Ebene.

❸ Die **Vermittlungsschicht (Network Layer)** dient hauptsächlich der Übertragung der Datenpakete. Sie ist zuständig für die Wahl der Datenwege (Routing) vom Sender zum Empfänger. Sind die Protokolle zweier Netze unterschiedlich, so hat diese Schicht für die Umsetzung zu sorgen. Die **IP-Adresse** (logische Adresse) befindet sich auf dieser Ebene. Die Fehlerbehandlung in dieser Schicht bezieht sich auf Fehler, die bei der virtuellen Verbindung auftreten: Erkennen und Beseitigen von Duplikaten, Beseitigen permanent kreisender Pakete, Wiederherstellen der richtigen Datenpaket-Reihenfolge usw.

❹ Die **Transportschicht (Transport Layer)** hat die Aufgabe, Daten von der Sitzungsschicht zu übernehmen, diese – wenn notwendig – in kleinere Einheiten zu zerlegen, sie an die Vermittlungsschicht zu übergeben und sicherzustellen, dass alle Teile richtig am anderen Ende ankommen. Die Transportschicht stellt eine vollständige Endpunkt-zu-Endpunkt-Kommunikation zwischen Sender und Empfänger zur Verfügung.

❺ Die **Sitzungsschicht (Session Layer)** ist verantwortlich für den Aufbau, die Durchführung sowie den Abbau der Verbindung. Sollte die Verbindung im Fehlerfall unterbrochen werden, so hat diese Schicht auch für den Wiederaufbau der Verbindung zu sorgen.

❻ Die **Darstellungsschicht (Presentation Layer)** interpretiert die Daten für die Anwendung. Hier erfolgt die Codierung/Decodierung (ASCII, EBCDIC) sowie die Festlegung der Formate und Steuerzeichen.

❼ Die **Anwendungsschicht (Application Layer)** verschafft den Anwendungen Zugriff auf das Netzwerk (zum Beispiel für Datenübertragung, E-Mail, Virtual Terminal, Remote login etc.). Auf dieser Schicht sind Protokolle, wie z. B. http, ftp, smtp, angesiedelt. Die Schicht 7 besteht also trotz ihres Namens nicht aus den eigentlichen Anwenderprogrammen – diese setzen auf dieser Schicht auf.

## Aktive Kopplungselemente und ihre OSI-Schichten

❶ **Mit einem Hub oder Switch verbinden wir Rechner in einem Netzwerk. Diese Geräte sind protokollunabhängig, denn sie arbeiten auf der Ebene der Netzwerkschichten.**

Hub

Ein **Hub** leitet sämtliche Netzwerkpakete, egal welchen Protokolls, **an alle angeschlossenen Geräte** weiter.

Ein **Switch** liest die **MAC-Adresse** des Zielrechners aus und leitet das Netzwerkpaket, egal welchen Protokolls, **an das Ziel** weiter.

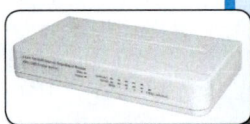
Router

❷ **Mit einem Router verbinden wir Rechner in verschiedenen Netzwerken. Beide Netze verwenden das gleiche Netzwerkprotokoll, z. B. TCP/IP.**

Ein **Router** leitet Pakete **zwischen unterschiedlichen Netzen mit dem gleichen Protokoll** weiter.

❸ **Eine Firewall ist ein Zugangsschutzsystem. Regelwidrige Pakete werden verworfen oder Daten herausgefiltert.**

Microsoft ForeFront UAG enthält einen Paket- und einen Contentfilter sowie einen Proxy.

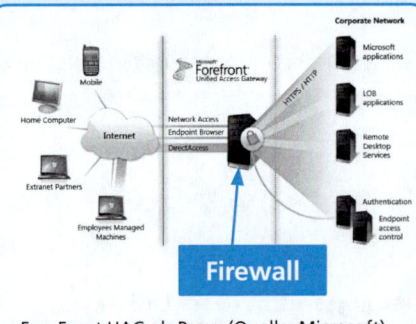
ForeFront UAG als Proxy (Quelle: Microsoft)

**Paketfilter-Firewalls** sperren einzelne Zugänge (Ports) für Anwendungen, wie z. B. FTP. Diese Anwendungen können dann nicht verwendet werden.

**Contentfilter-Firewalls** sind in der Anwendungsschicht angesiedelt und prüfen auch die übertragenen Daten. Sie filtern z. B. gefährlichen Code (Script-Viren) oder unerwünschte Wörter (z. B. game, sex etc.) aus den Paketen heraus und lassen diese nicht an die Benutzer durch.

**Personal-Firewalls** bieten häufig Paket- und Contentfilter-Fähigkeiten. Sie werden am Client-PC installiert und sollen unbefugte Zugriffe von bzw. auf installierte Programme verhindern. Im Lieferumfang von Windows 8.1 und Windows Server 2012 R2 sind Personal-Firewalls enthalten.

❹ **Ein Proxy vermittelt zwischen Client und Server und kann als Cache und Content-Firewall dienen.**

Er leitet Anfragen von LAN-Benutzern in das Internet weiter und vermittelt auch die Antworten an die Benutzer. Meist speichert ein Proxy die Ergebnisse der Anfragen, sodass bei einer neuerlichen Anfrage kein Internetzugriff mehr nötig ist (Caching). Er fungiert meist auch als Contentfilter-Firewall. Ein Beispiel für einen Proxy ist der Microsoft ForeFront UAG.

## Switch-Typen

Ein **managebarer Switch** ermöglicht die Konfiguration einzelner Ports, um diesen eine maximale Bandbreite zuzuordnen, z. B. 1 Gbit/s für Server, 100 Mbit/s für Clients.

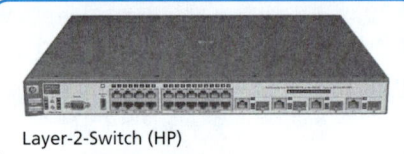
Layer-2-Switch (HP)

Ein **Layer-2-Switch** arbeitet auf Basis der **OSI-Schicht 2**. Er liest die MAC-Adresse des Empfängers aus dem Datenpaket aus und sendet dieses an jenen Port, an dem sich der Rechner mit der gewünschten MAC-Adresse befindet.

Ein **Layer-3-Switch** ist eigentlich ein **Router**, da er auf der OSI-Schicht 3 basiert und die IP-Adressen aus den Datenpaketen ausliest. In der Praxis werden diese Geräte auch als Router-Switch bezeichnet.

Layer-3-Switch (HP)

Ein **Layer-3-Switch** (auch Router-Switch) basiert auf der **OSI-Schicht 3**. Er ist in der Lage, dynamische **virtuelle LANs** (VLANs) anhand der IP-Adressen zu bilden und zwischen ihnen zu routen. Mithilfe von VLANs lassen sich z. B. Abteilungen in Unternehmen sehr flexibel voneinander trennen, ohne dass eine Änderung der IP-Adressierung erforderlich ist.

**Layer-4-Switches** ermöglichen die Beschränkung der **Bandbreite** für bestimmte **Anwendungen**. Ein managebarer Layer-2-Switch kann dies nur portbezogen (pro PC) und damit für alle Anwendungen, die darauf laufen.

Ein **Layer-4-Switch** verwendet zusätzlich die **OSI-Schicht 4**. Diese Geräte können den Datenverkehr anwendungsbezogen steuern. Anhand der Port-Information in den Paketen kann bandbreitenkritischen Anwendungen, wie z. B. Voice-over-IP oder Multimedia, eine Verarbeitungspriorität eingeräumt werden. Dieses Konzept wird auch als **Quality of Service (QoS)** bezeichnet.

Layer-4-Switch (Cisco)

## 2 TCP/IP
### Das TCP/IP-Referenzmodell

Beim TCP/IP-Referenzmodell werden die sieben OSI-Schichten zu vier TCP/IP-Schichten zusammengefasst.

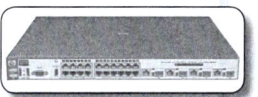

Ethernet-Switch (HP)

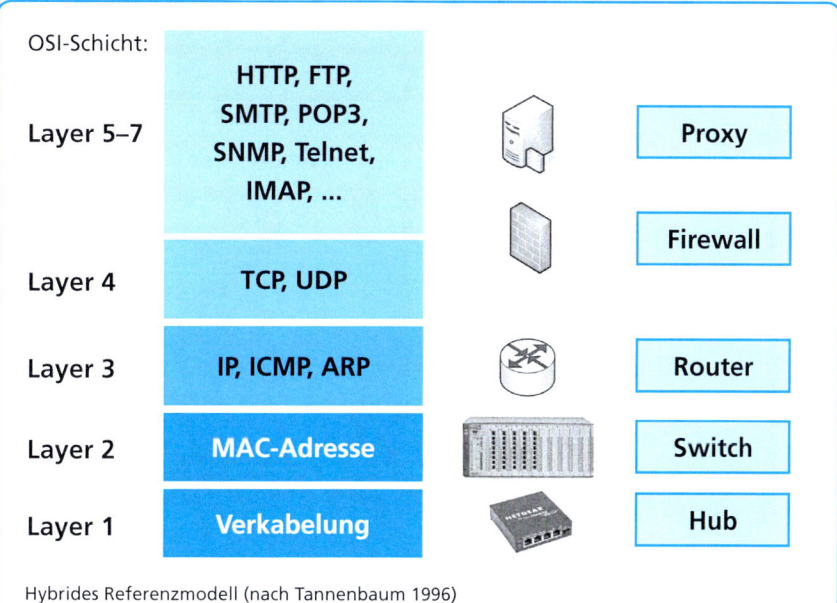

OSI-Schicht:

| Layer 5–7 | HTTP, FTP, SMTP, POP3, SNMP, Telnet, IMAP, ... | | Proxy |
| Layer 4 | TCP, UDP | | Firewall |
| Layer 3 | IP, ICMP, ARP | | Router |
| Layer 2 | MAC-Adresse | | Switch |
| Layer 1 | Verkabelung | | Hub |

Hybrides Referenzmodell (nach Tannenbaum 1996)

| Application | HTTP, FTP, SMTP, POP3, SNMP, Telnet, DNS, DHCP ... | Anwendungsschicht |
| Presentation | | |
| Session | | |
| Transport | TCP, UDP | Transportschicht |
| Network | IP, ICMP, ARP | Internetschicht |
| Data Link | Ethernet Tokenring FDDI | Netzwerkschicht |
| Physical | | |

Protokollschichten des ISO/OSI- und des TCP/IP-Referenzmodells (nach Tannenbaum 1996)

### Das TCP/IP-Referenzmodell

TCP/IP umfasst die OSI-Schichten 3 bis 7.

Ein **Hub** arbeitet auf Basis der **OSI-Schicht 1**.

Ein **Switch** arbeitet auf Basis der **OSI-Schicht 2**.

❶ In der Netzwerkschicht werden Netzwerkverkabelung, Topologie und Zugriffsverfahren zusammengefasst. Diese Schicht gehört nicht zu TCP/IP.

Ob wir Lichtwellenleiter, Kupferkabel oder WLAN benutzen, spielt für TCP/IP keine Rolle. TCP/IP setzt auf der Netzwerkschicht auf. Geräte wie ein Hub und ein Switch arbeiten auf Basis der Netzwerkschicht. Sie sind daher mit allen Netzwerkprotokollen, wie z. B. TCP/IP, IPX/SPX, Appletalk oder NETBEUI, verwendbar.

▶ Lernen   ◉ Üben   ◉ Sichern   ◉ Wissen

**ARP** verbindet die OSI-Schichten 2 und 3. Es stellt die Verbindung zwischen den protokollunabhängigen Schichten 1 und 2 und TCP/IP her.

**TCP** benutzt einen **3-Way-Handshake** für die gesicherte Datenübertragung.

❷ **Die Internetschicht ist für die Adressierung und die Umwandlung der IP-Adressen in MAC-Adressen zuständig.**

Die Internetschicht umfasst die Protokolle **IP, ARP und ICMP.** Dabei geht es um die Identifikation und Erreichbarkeit der Netzwerkteilnehmer:

- Das **Internet Protocol (IP)** regelt die IP-Adressierung (IP-Adresse und Subnetzmaske).
- Das **Address Resolution Protocol (ARP)** ordnet die IP-Adressen der Netzwerkgeräte ihren MAC-Adressen zu.
- Mithilfe des **Internet Control Message Protocols (ICMP)** kann eine Netzwerkverbindung getestet werden (Befehl „ping").

❸ **Die Transportschicht stellt die Verbindung zu anderen Netzwerkteilnehmern sicher und regelt die Zuordnung der transportierten Daten zu einer Anwendung.**

Mit dem **Transmission Control Protocol (TCP)** werden Daten gesichert übertragen. Geht ein Datenpaket verloren, muss es erneut gesendet werden. Der Großteil aller TCP/IP-Anwendungen verwendet dieses Protokoll.

Mit dem **User Datagram Protocol (UDP)** lassen sich Datenpakete rascher übertragen, dafür erfolgt keine Transportsicherung. UDP wird z. B. bei der DNS-Namensauflösung und bei Voice-over-IP sowie einigen Multimedia-Anwendungen eingesetzt.

❹ **Der Benutzer arbeitet mit Anwendungen, wie z. B. mit dem World Wide Web (HTTP), mit Filetransfer (FTP) oder E-Mail (SMTP).**

Zu TCP/IP gehören auch Protokolle für Anwendungen, wie das **Hypertext Transfer Protocol (HTTP),** das **File Transfer Protocol (FTP),** das **Simple Mail Transfer Protocol (SMTP)** oder das **Simple Network Management Protocol (SNMP).**

Wie funktioniert die Datenübermittlung mittels TCP/IP?

### Das Matrjoschka-Prinzip

Zur Übermittlung werden die Anwendungsdaten, z. B. eine Suchanfrage an den Webserver von Google, mit einer dazugehörigen schichtspezifischen Markierung (Header) verpackt. Das funktioniert wie bei den bekannten russischen Puppen, den Matrjoschkas:

Die Datenübermittlung folgt dem **Matrjoschka-Prinzip.**

**Schritt 1:** Die Anwendungsdaten werden mit einem HTTP-Header versehen.

**Schritt 2:** Das HTTP-Paket wird an die Transportschicht weitergereicht und dort mit einem TCP-Header markiert.

**Schritt 3:** Das TCP-Paket wird an die Internetschicht übergeben und dort um die IP-Adressen des Absenders und des Empfängers erweitert.

**Schritt 4:** Das IP-Paket wird an die Netzwerkschicht weitergeleitet und um die MAC-Adressen des Absenders und des Empfängers ergänzt.

Nun macht sich das Paket, sozusagen eine große Matrjoschka mit vielen kleineren in sich eingeschlossenen, auf den Weg zum Google-Server. Welchen Weg das Paket dabei wählen wird, ist ihm zu diesem Zeitpunkt nicht bekannt. Das Paket wird über zahlreiche Kreuzungsknoten (Router) geleitet, bis es schließlich beim Empfänger ankommt. Nun wird es in der umgekehrten Reihenfolge wieder ausgepackt. Der Google-Webserver verarbeitet die Daten der Suchanfrage und generiert eine entsprechende Antwort, die ihrerseits wieder in jeder Schicht verpackt und auf den Rückweg geschickt wird.

Mr. What und Ms. Check

Worin unterscheiden sich TCP und UDP?

Bei TCP wird eine gesicherte Verbindung zwischen zwei Netzwerkteilnehmern aufgebaut – ähnlich einem Telefonat. Beide Teilnehmer verständigen sich darüber, ob alle Pakete angekommen sind. Bei UDP ist dies nicht der Fall.

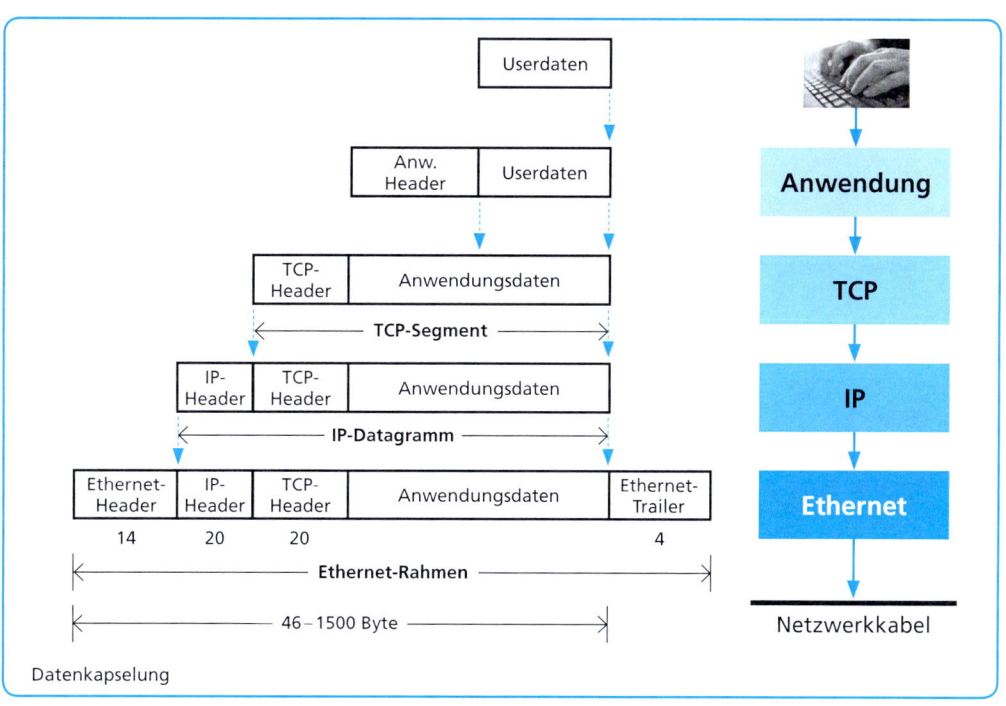

Datenkapselung

Mr. What und Ms. Check

**Was haben Ports mit Anwendungsprotokollen zu tun?**

Anwendungsprotokolle sind z. B. HTTP, FTP, SMTP, POP3, SNMP, Telnet, DNS, NFS oder RIP. Jeder Anwendung wird in der Transportschicht ein eigener Port zugeordnet, über den dann TCP bzw. UDP mit der Anwendung kommunizieren.

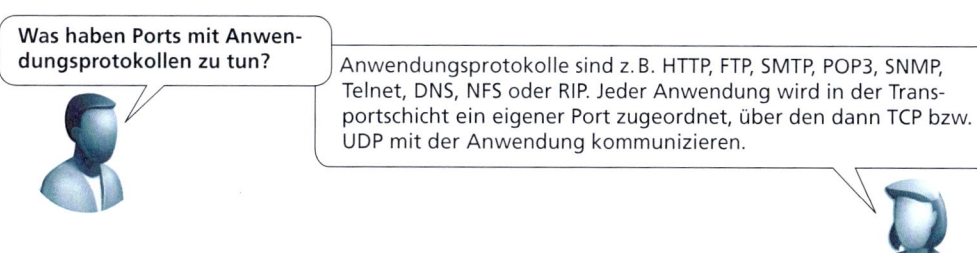

Einen **Port** kann man sich wie die Durchwahl bei einer Telefonanlage vorstellen. Unter der Telefonnummer erreichen Sie die Firma. Wollen Sie hingegen direkt eine bestimmte Person sprechen, so wählen Sie die entsprechende Durchwahl.

| OSI-Schicht | TCP/IP-Schicht | Protokolle | Einheiten | Kopplungselemente |
|---|---|---|---|---|
| Anwendung (Application) | Anwendung | HTTP, HTTPS, FTP, Telnet, IMAP, SMTP, LDAP, POP3, DNS, SNMP ... | Daten | – |
| Darstellung (Presentation) | | | | |
| Sitzung (Session) | | | | |
| Transport (Transport) | Transport | TCP, UDP, SPX | Segmente | Layer-4-Switch |
| Vermittlung (Network) | Internet | ICMP, IP, IPX | Pakete | Router, Layer-3-Switch |
| Sicherung (Data Link) | Netzwerk | Ethernet, FDDI, Token-Ring | Rahmen (Frames) | Switch, Bridge |
| Bitübertragung (Physical) | | | Bit | Hub, Repeater |

## 3 Adressierung
### IP-Adresse und Subnetzmaske

Zur Datenübertragung zwischen Hosts im Internet muss sichergestellt sein, dass die Daten über das Netz zum richtigen Zielrechner gelangen.

**TCP/IP gewährleistet dies über folgende Mechanismen:**
- **Adressierung:** Über IP-Adressen, die jeden Rechner im Internet eindeutig identifizieren, erfolgt die Zustellung an den richtigen Rechner.
- **Routing:** Gateways leiten die Pakete an das richtige physikalische Netzwerk weiter.
- **Multiplexing:** Protokoll- und Portnummern stellen sicher, dass die Daten im Zielrechner an den richtigen Anwendungsprozess übergeben werden.

*Host = Rechner bzw. Server*

Jeder Netzwerkteilnehmer in einem TCP/IP-Netzwerk muss eine **eindeutige Kennung** haben. Diese Kennung ist die **IP-Adresse** in Kombination mit einer Subnetzmaske. Die IP-Adresse besteht aus **vier Byte,** auch **Quads** genannt. Die Subnetzmaske besteht ebenfalls aus vier Byte. Die IP-Adresse in einem Netz darf nicht mehrfach verwendet werden. Die Subnetzmaske muss für alle Hosts, die sich im gleichen Netz befinden, gleich sein, sonst ist keine Kommunikation zwischen den Hosts möglich.

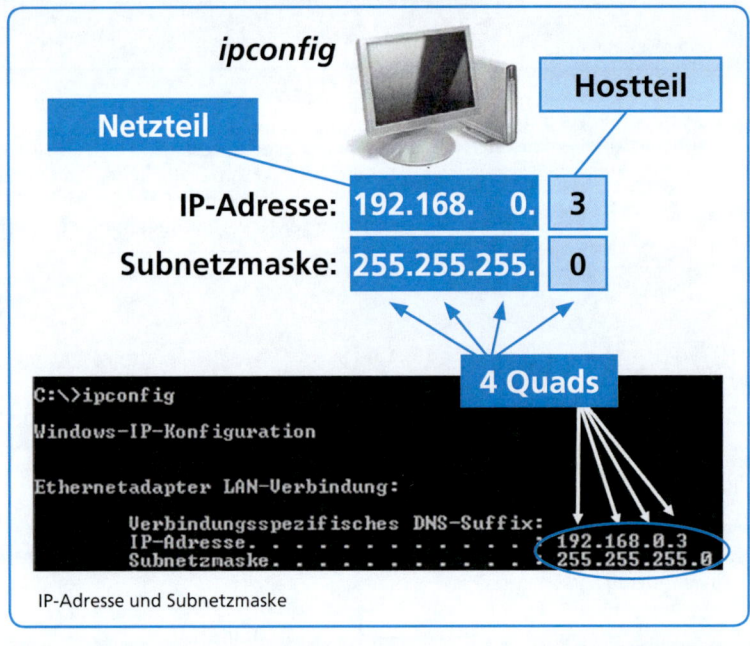

IP-Adresse und Subnetzmaske

### Netz- und Hostteil

❶ **Die Subnetzmaske teilt die IP-Adresse in einen Netz- und einen Hostteil.**

Die Unterscheidung in den Netz- und Hostteil verstehen wir leichter, wenn wir die **Subnetzmaske im Binärformat** darstellen. **Maskierte Bit** (1) stehen für den **Netzteil, nicht maskierte Bit** (0) für den **Hostteil.** Der Wert 255 bedeutet, dass alle Bit dieses Quads zu einem Netzwerk gehören, da 255 der Binärzahl 11111111 entspricht. Der Wert 0 bedeutet, dass alle Bit des Quads zu einem Host (Rechner) gehören. Ein Quad der Subnetzmaske kann auch maskierte und nicht maskierte Bit enthalten, wie z. B. 11111100 = 252.

*Die Verwendung maskierter und unmaskierter Bit innerhalb eines Quads wird als **Subnetting** bezeichnet.*

❷ **Eine IP-Adresse besteht immer aus der Adresse und der Subnetzmaske. Die IP-Konfiguration des eigenen PCs kann mit dem Befehl *ipconfig* ermittelt werden.**

Die Abbildung oben zeigt das Ergebnis des Aufrufs von ***ipconfig*** in der Eingabeaufforderung von Windows. Die IP-Adresse und die Subnetzmaske werden für jede Netzwerkkarte in unserem Rechner angezeigt.

*Befehle: ipconfig (Windows) ifconfig (Linux)*

## Adressklassen

RFC = Request for Comments; Vorschläge für Standards im Internet

In Abhängigkeit von der Länge des Netzteiles einer IP-Adresse wurden bis 1993 verschiedene Adressklassen (standardisiert mit **RFC 791** im Jahr 1981) verwendet. Die wichtigsten waren:

Klasse-A-Netz:
z. B. 10.1.12.200

Klasse-B-Netz:
z. B. 132.132.1.1

Klasse-C-Netz:
z. B. 197.10.63.19

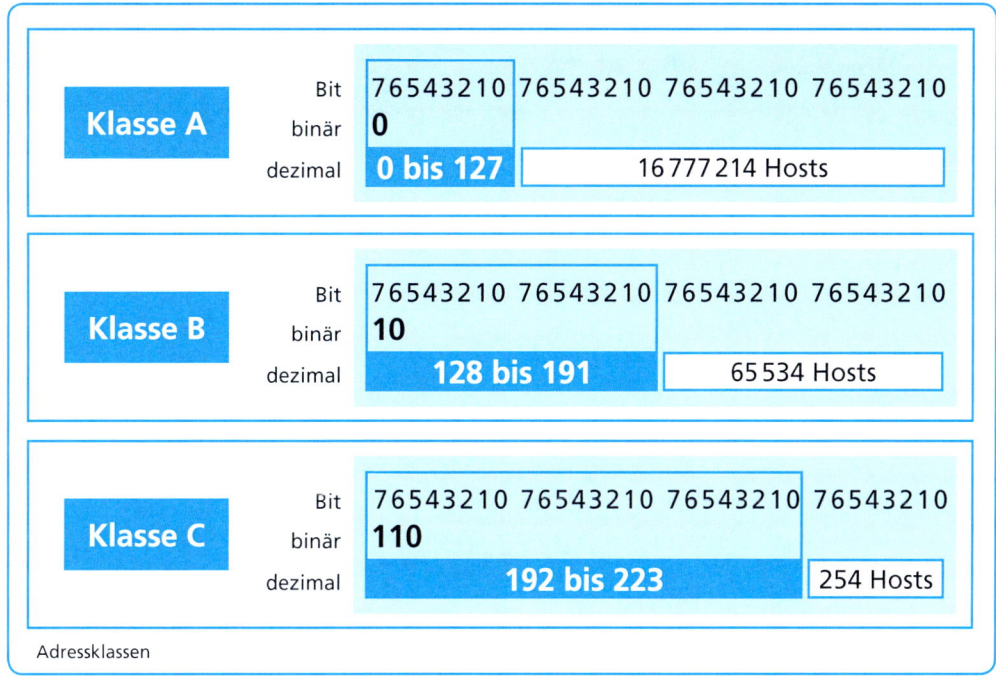

Adressklassen

## Adressklassen A, B und C

**❶ Bei einem Klasse-A-Netz ist das Bit 7 des ersten Quads 0. Der Netzteil umfasst ein Quad.**

In einem Klasse-A-Netzwerk liegt das erste Quad der IP-Adresse zwischen 0 und 127. Für Hostadressen verbleiben 24 Bit. Daraus ergeben sich maximal 16 777 214 mögliche Rechneradressen für jedes Klasse-A-Netzwerk ($2^{24} - 2$).

**❷ Bei einem Klasse-B-Netz sind die Bit 7 und 6 des ersten Quads 1 und 0. Der Netzteil umfasst zwei Quads.**

Das erste Quad liegt zwischen 128 und 191. In Klasse-B-Netzen können maximal 65 534 Hosts verwaltet werden ($2^{16} - 2$).

Weitere Adressklassen:
Klasse D:
224.0.0.0 – 239.0.0.0
Klasse E:
240.0.0.0 – 255.0.0.0

**❸ Bei einem Klasse-C-Netz sind die Bit 7 bis 5 des ersten Quads 1, 1 und 0. Der Netzteil umfasst drei Quads.**

Das erste Quad liegt zwischen 192 und 223. In Klasse-C-Netzen können bis zu 254 Rechner verwaltet werden ($2^8 - 2$).

### Ü 5.13: Adressklassen ★

Zu welcher Adressklasse gehören die folgenden IP-Adressen?

a) 132.132.67.23
b) 10.0.1.15
c) 191.168.14.28
d) 210.0.58.89

## Private IP-Adresse

**Private IP-Adressen** gehören zu bestimmten Adressklassen und werden im Internet nicht geroutet. Sie können von jedem für private Netze verwendet werden.

 Lernen  Üben  Sichern   Wissen

| Klasse | Netzadressbereich | CIDR-Notation | Anzahl der Adressen |
|---|---|---|---|
| A | 10.0.0.0 – 10.255.255.255 | 10.0.0.0/8 | $2^{24} - 2 = 16\,777\,214$ |
| B | 172.16.0.0 – 172.31.255.255 | 172.16.0.0/12 | $2^{20} - 2 = 1\,048\,574$ |
| C | 192.168.0.0 – 192.168.255.255 | 192.168.0.0/16 | $2^{16} - 2 = 65\,534$ |
| C | 169.254.0.0 – 169.254.255.255 | 169.254.0.0/16 | $2^{16} - 2 = 65\,534$ |

Das Netz **169.254.0.0/16** wird für nicht konfigurierte Netzwerkgeräte verwendet.

**APIPA** = Automatic Private IP Addressing (nach RFC 3330); wird auch als ZeroConf bezeichnet.

## APIPA

Das Netz **169.254.0.0/16** wird für **nicht konfigurierte Netzwerkgeräte** verwendet, um diesen eine **automatische IP-Adresse** zuzuweisen. **Automatisch konfigurierte Geräte** befinden sich im gleichen Netz und können so miteinander kommunizieren.

**CIDR (Classless Inter-Domain-Routing)** ermöglicht klassenlose Netze.

## CIDR-Notation

Bei dieser Notation werden statt der Angabe der Subnetzmaske nach der IP-Adresse jene Bit angegeben, die in der Subnetzmaske auf 1 gesetzt (maskiert) sind, z. B. statt der Subnetzmaske 255.0.0.0 wird nur kurz /8 geschrieben.

**DHCP** = Dynamic Host Configuration Protocol

## Hostadressen zuordnen

Damit ein Host auf Netzwerkressourcen zugreifen kann, muss der Netzwerkkarte entweder eine **statische IP-Adresse** zugewiesen oder eine **dynamische IP-Adresse** muss von einem **DHCP-Server** bezogen werden.

Sollen Geräte in einem Netzwerk miteinander kommunizieren können, so muss der Netzteil bei jeder IP-Adresse gleich sein. In der Abbildung sehen Sie verschiedene Geräte mit ihren IP-Adressen. Alle Geräte befinden sich im gleichen Netz, nämlich 192.168.0.0/24. Die dazugehörige Subnetzmaske enthält 24 maskierte Bit und ist somit für jedes Gerät 255.255.255.0.

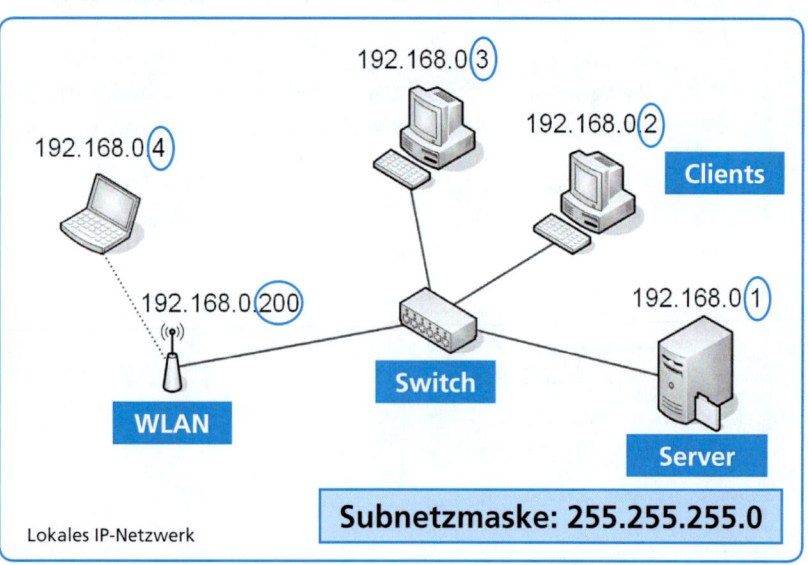

Lokales IP-Netzwerk

Mr. What und Ms. Check

Darf ich für ein Gerät eine beliebige Hostadresse wählen?

Im abgebildeten Beispiel sind die Adressen 192.168.0.0 und 192.168.0.255 nicht zulässig. 0 steht als Adresse für das Netzwerk selbst. 255 ist die Broadcast-Adresse. Ein Broadcast ist ein Rundruf von einem Netzwerkteilnehmer an alle anderen, z. B. bei ARP.

270     Angewandte Informatik HTL

Innerhalb eines IP-Netzes darf eine **Hostadresse nur einmal verwendet** werden. Wenn in einem Netz zwei Geräte die gleiche IP-Adresse haben, so kommt es zu einem **IP-Adressenkonflikt** und **beide Geräte sind nicht mehr erreichbar.**

**Ü 5.14: Subnetzmasken** ★
Wie viele Hosts können mit den folgenden Subnetzmasken adressiert werden?
a) /12
b) /30

## Reservierte Adressen in einem Netz

Wir haben bereits besprochen, dass in jedem Subnetz die kleinste und die größte mögliche Adresse für Hosts nicht verwendet werden dürfen.

- Die **kleinste mögliche Adresse** eines Subnetzes besteht im Hostteil ausschließlich aus nicht maskierten Bit, z. B. 192.168.0.0/16 oder 192.168.56.0/22. Sie **bezeichnet das Netz** selbst.

- Die **größte mögliche Adresse** eines Subnetzes besteht im Hostteil nur aus maskierten Bit, z. B. 192.168.255.255/16 oder 192.168.59.255. Diese Adresse wird für **Broadcasts** (Rundrufe) verwendet.

## Unicast und Broadcast

**❶ Ein Datenpaket mit nur einer Zieladresse wird als Unicast bezeichnet.**

Eine Verbindung zwischen zwei Hosts ist üblicherweise ein **Unicast.** Dabei wird ein Datenpaket **ausschließlich an den Empfänger übermittelt,** sofern ein **Switch** als Kopplungselement dient.

Bei Verwendung eines Hubs wird ein Unicast-Paket an alle angeschlossenen Netzwerkteilnehmer gesendet, die nicht betroffenen Geräte verwerfen aber alle nicht für sie bestimmten Pakete.

**Multicast:**
Für die effiziente Verteilung von Software werden häufig Multicast-Adressen verwendet, wofür die IP-Adressen 224.0.0.0 bis 239.255.255.255 vergeben werden.

**❷ Wird ein Datenpaket an eine Broadcast-Adresse gesendet, wird es automatisch an alle Geräte im Netzwerk verteilt.**

Bestimmte Anwendungen, z. B. ARP, DHCP und einige Netzwerkspiele, verwenden einen **Broadcast** als **Rundruf** an alle Netzwerkteilnehmer.

Ein **Broadcast** an die IP-Adresse **255.255.255.255** wird als **Limited Broadcast** bezeichnet. Dieser Rundruf ist an **alle Hosts des eigenen Netzes** gerichtet.

Um **alle Hosts in einem bestimmten Subnetz** ansprechen zu können, wird ein **Directed Broadcast** durchgeführt. Die Directed-Broadcast-Adresse des Netzes besteht aus dem Netzteil sowie im Hostteil ausschließlich aus maskierten Bit, z. B. 10.255.255.255/8, 192.168.0.255/24 oder 192.168.59.255/22.

**Ü 5.15: IP-Adresse** ★
In einem Netzwerk hat jeder Host die Netzwerkmaske 255.255.0.0.
1. Welche der folgenden IP-Adressen gehören zum gleichen Netz wie der Server mit der IP-Adresse 172.16.0.1?
   a) 172.12.1.5
   b) 172.16.0.9
   c) 172.16.20.1
   d) 10.12.255.8
2. Welche IP-Adressen dürfen für Hosts nicht verwendet werden?
3. Wie viele Hosts sind in einem Klasse-C-Netz maximal adressierbar?

## 4 Anwendungsprotokolle
### DNS, HTTP, FTP, SMTP, POP3, IMAP

Domain Name System **(DNS)**

Hypertext Transfer Protocol **(HTTP)**

Simple Mail Transfer Protocol **(SMTP)**

Post Office Protocol Version 3 **(POP3)**

File Transfer Protocol **(FTP)**

Simple Network Management Protocol **(SNMP)**

Die Anwendungsprotokolle bauen auf den TCP/IP-Protokollschichten auf. Sie ermöglichen die Verwendung verschiedener Dienste, wie z. B. von **World Wide Web** oder **E-Mail**. Häufig verwendete Anwendungsprotokolle sind z. B. DNS, HTTP, FTP, SMTP und SNMP.

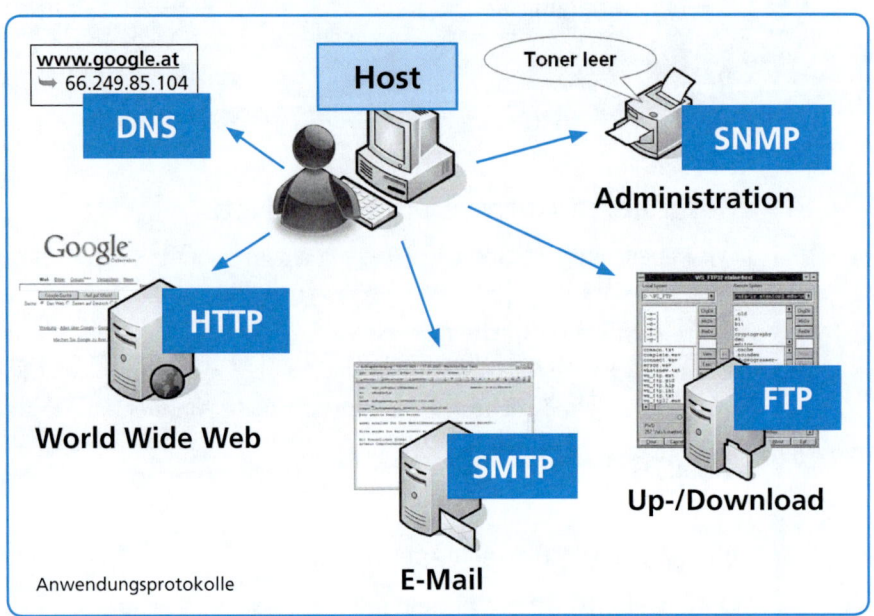

Anwendungsprotokolle

Mithilfe von **DNS** (Domain Name System) können Namen anstelle der IP-Adressen verwendet werden.

### HTTP, SMTP, FTP und SNMP

❶ **Das Protokoll für das World Wide Web ist das Hypertext Transfer Protocol (HTTP).**

Das **HTTP** wurde 1989 von **Timothy Berners-Lee** entwickelt. Es ermöglicht die Anforderung von beliebigen Dateien mittels HTTP-GET-Befehl von einem Host (Webserver). Dieser Host hört auf den Port 80 und wird über einen Rechnernamen, z. B. **www.google.at**, erreicht. Die Übersetzung des Rechnernamens in eine IP-Adresse übernimmt das DNS-Protokoll. Das HTTP ist ein verbreitetes Protokoll für das **World Wide Web.**

❷ **Das Protokoll zum Versand von E-Mails ist das Simple Mail Transfer Protocol (SMTP). Den Empfang von E-Mails regelt häufig das Post Office Protocol 3 (POP3).**

In der Regel bemerken wir SMTP und POP3 gar nicht, da Mailprogramme, wie z. B. Outlook, mit diesen Protokollen im Hintergrund arbeiten. Nur bei der Konfiguration der E-Mail-Einstellungen muss die entsprechende SMTP- und POP3-Adresse des Mailservers eingegeben werden.

❸ **Das File Transfer Protocol (FTP) ermöglicht den Austausch von Dateien.**

FTP wird z. B. zum Upload einer Homepage auf den Webserver des Providers verwendet. Universitäten, Schulen und Unternehmen bieten außerdem Dateien zum Download via FTP an. Da das HTTP ähnliche Möglichkeiten wie FTP bietet, verliert dieses Protokoll im Internet zunehmend an Bedeutung.

❹ **Das Simple Network Management Protocol (SNMP) ermöglicht die Überwachung von Netzwerkgeräten im LAN.**

Mittels SNMP kann sich der Systemadministrator alarmieren lassen, wenn z. B. im Netzwerkdrucker der Toner leer wird oder der Datenverkehr auf einem Switch überhand nimmt etc.

**Ü 5.16: Protokolle** ★
a) Wie lautet die IP-Adresse von **http://www.orf.at**?
b) Welcher Domainname verbirgt sich hinter **http://85.158.224.50/**?

## Domain Name System (DNS)

Die Entwicklung des **World Wide Webs** machte es erforderlich, anstatt der Eingabe kryptischer IP-Adressen, **Namen** für den Aufruf von Webseiten benutzen zu können. Im folgenden Beispiel will ein Client die Seite von Google aufrufen und gibt dazu als Adresse **http://www.google.at** ein.

**Paul Mockapetris** erfand 1983 das **DNS**, das später als **RFC 882 und 883** standardisiert wurde.

Die **DNS-Abfrage** kann mit dem Befehl *nslookup* durchgeführt werden (siehe Abschnitt „Troubleshooting").

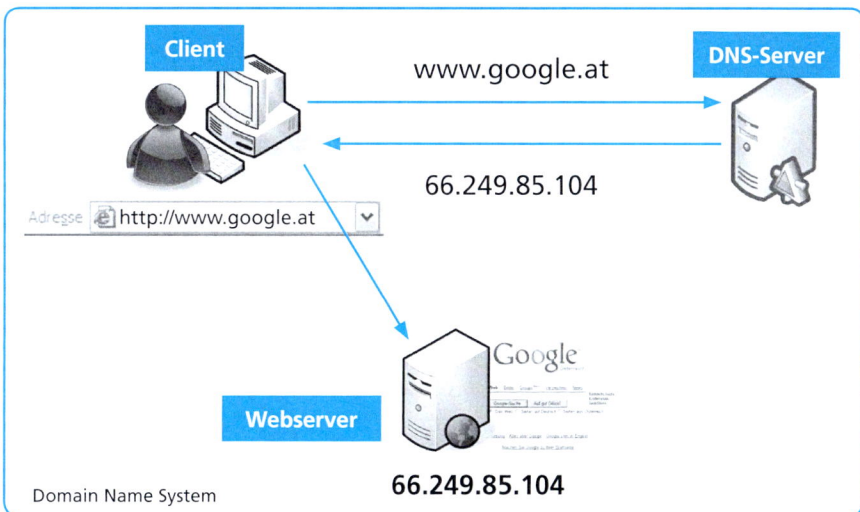

Domain Name System

Für eine Domäne muss es einen DNS-Dienst geben. Dies gilt nicht nur für das Internet, sondern auch für LANs, wenn ein **Domänen-Controller** laufen soll.

❶ **Namen sind im Netzwerk nicht adressierbar. Sie müssen in IP-Adressen aufgelöst werden.**

Verteilte **Datenbanken** im Internet oder im LAN enthalten **Tabellen** aller **Rechnernamen** und der dazugehörigen **IP-Adressen**.

❷ **Ein Forward-Lookup gibt auf Anfrage eines Namens die korrespondierende IP-Adresse aus.**

Die Abbildung oben zeigt einen **Forward-Lookup** für den Namen **www.google.at**. Das DNS liefert die IP-Adresse zurück.

❸ **Ein Reverse-Lookup sucht auf Anfrage einer IP-Adresse den korrespondierenden Namen.**

Ein **Reverse-Lookup** liefert den Namen für eine IP-Adresse zurück.

## DNS im Internet

Das **Internet** wird in Namensräume, sogenannte **Top-Level-Domains (TLD)**, eingeteilt. Wir unterscheiden **länderspezifische** und **allgemeine** Top-Level-Domains. Die folgenden Tabellen geben einen Überblick über einige verbreitete und bekannte TLDs:

| Top-Level-Domain | länderspezifisch |
|---|---|
| .gov | US-Regierung |
| .mil | US-Militär |
| .at | Österreich |
| .de | Deutschland |
| .ch | Schweiz |
| .eu | Europäische Union |
| .uk | Großbritannien |
| .cc | Kokosinseln |
| .tv | Tuvalu |

| Top-Level-Domain | allgemein |
|---|---|
| .com | Unternehmen |
| .edu | Bildungseinrichtungen |
| .org | Nicht kommerzielle Organisationen |

Arme Länder, wie die **Kokosinseln** und **Tuvalu**, vermarkten ihre TLDs international und erwirtschaften damit einen großen Teil ihrer Einnahmen. Tuvalu erhielt beispielsweise für den Verkauf der .tv-TLD 50 Mio. USD.

**Timothy J. Berners-Lee** wurde 1955 in London geboren. 1989 erfand er am CERN in Genf das **World Wide Web**. Er ist Vorstand des **W3C**, der Organisation, die das WWW standardisiert.

## Hypertext Transfer Protocol (HTTP)

Das **HTTP** wurde 1989 gemeinsam mit **URI** und **HTML** von **Timothy Berners-Lee** am europäischen Kernforschungslabor **CERN** in Genf entwickelt. Damit wurde der Grundstein für das **World Wide Web** gelegt.

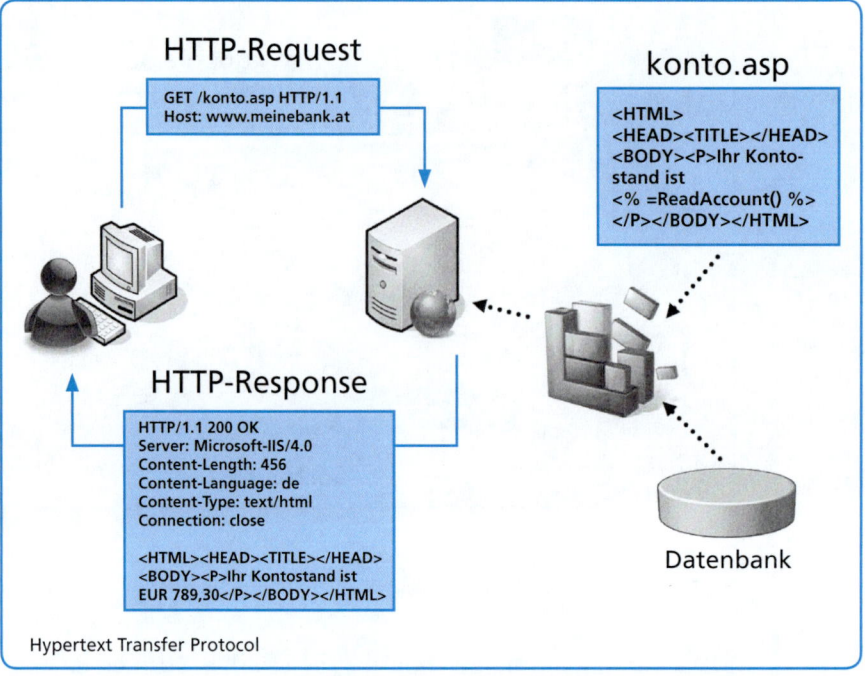

Hypertext Transfer Protocol

❶ **HTTP ist ein zustandsloses Protokoll zur Übertragung von Daten.**

Die Abbildung zeigt eine typische HTTP-Verbindung. Diese verlangt nach einem gesicherten Transport über TCP. In HTTP 1.1 können über eine einzige TCP-Verbindung alle angefragten Daten übermittelt werden, z. B. die HTML-Seite und die dazugehörigen Grafikdateien.

HTTP ist zustandslos, d. h., es kann auf früher gesendete Informationen nicht zurückgreifen. Dieser Umstand führte zur Entwicklung von speziellen Technologien, wie z. B. Cookies. Ein Cookie ist eine kleine Textdatei am Rechner des Clients. Über ein Cookie können z. B. bei einem Webshop Warenkorbinformationen vom Webserver abgerufen werden.

Zusätzlich kann der **URI** Benutzername und Passwort vor dem Servernamen sowie den Portnamen danach enthalten, z. B. **ftp://admin:123@www.my-server.at:65200/file.txt**.

❷ **Der Uniform Resource Identifier (URI) ist eine Kombination aus Protokoll und Ortsangabe des Inhaltes, der IP-Adresse bzw. des Namens.**

Den typischen Aufbau einer URI veranschaulicht die Abbildung.

❸ **Die Hypertext Markup Language (HTML) ist ein Dokumentformat zur Auszeichnung von verlinkten Textseiten.**

HTML verwendet Tags, wie *<B>Wichtig</B>,* um Texte zu kennzeichnen. Die Struktur und die einsetzbaren Tags für eine HTML-Seite wurden vom **W3C** (World Wide Web Consortium) standardisiert.

**SbX**
Eine Linkliste zu HTML finden Sie unter der ID: 1521.

```
<!DOCTYPE HTML PUBLIC "-//W3C//DTD HTML 4.01//EN"
      "http://www.w3.org/TR/html4/strict.dtd">
<html><head><title>Titel der Seite</title></head><body>
   <p>Inhalt der Seite</p><img src="grafik.jpg"><br>
   <a href="http://www.orf.at">Nachrichten</a>
</body></html>
```

## Mailprotokolle: SMTP, POP3 und IMAP

Simple Mail Transfer Protocol **(SMTP)**

Post Office Protocol Version 3 **(POP3)**

Internet Message Access Protocol **(IMAP)**

Rund um das Thema E-Mail sind drei Protokolle von Bedeutung. Die folgende Abbildung zeigt diese Protokolle und deren Funktionsweise.

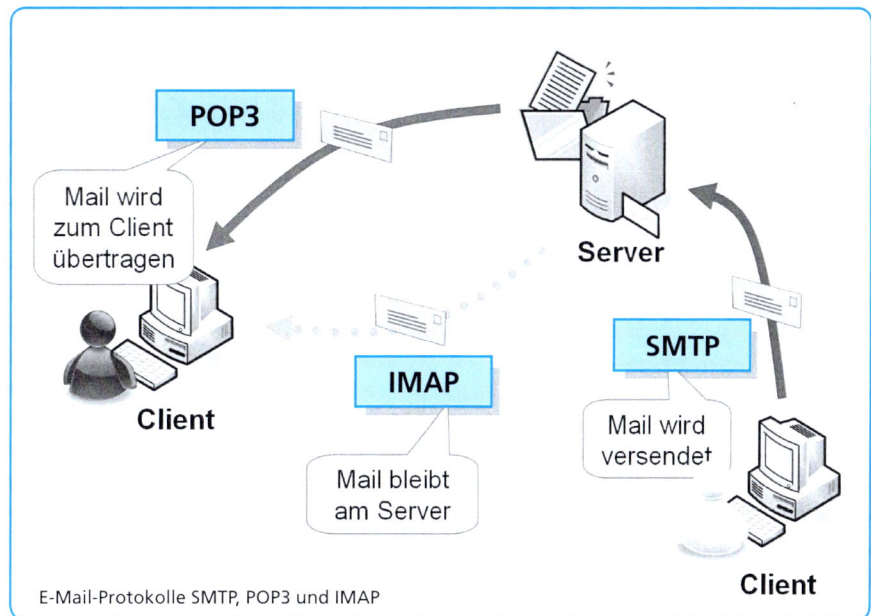

E-Mail-Protokolle SMTP, POP3 und IMAP

## SMTP, POP3 und IMAP

❶ **Der Versand von E-Mails erfolgt über das Simple Mail Transfer Protocol (SMTP).**

```
C:\> telnet mailserver:25

< HELO
> 250 Ok
< MAIL FROM:<max.muster@beispiel.at>
> 250 Ok
< RCPT TO:<webmaster@beispiel.at>
> 250 Ok
< DATA
> 354 End data with <CR><LF>.<CR><LF>
< Hier kommt ein Testmail<CRLF>.<CRLF>
> 250 Ok
< QUIT
```

Simple Mail Transfer Protocol (SMTP)

Mittels SMTP werden E-Mails auf einem Mailserver über den Port 25 versendet. Diese Aufgabe erledigen Mailprogramme, wie z. B. Microsoft Outlook, automatisch. Wir können mit einem Mailserver aber auch manuell kommunizieren, wie die Abbildung zeigt.

❷ **Das Herunterladen von Mails von einem Mailserver erfolgt über das Post Office Protocol Version 3 (POP3).**

POP3 ist ein sehr einfaches Protokoll und erlaubt auf einem Mailserver ausschließlich das Herunterladen und Löschen von E-Mails.

❸ **Mit dem Internet Message Access Protocol (IMAP) können Mails am Server betrachtet, selektiert, auf Wunsch heruntergeladen oder gelöscht werden.**

Im Gegensatz zu POP3 verbleiben die E-Mails bei IMAP meist auf dem Mailserver und werden nur auf Wunsch des Clients heruntergeladen. IMAP ist bei Verwendung mehrerer Rechner, z. B. Heim-PC, Notebook und Firmen-PC, von Vorteil, da die E-Mails am Server immer zur Verfügung stehen.

## 5 Troubleshooting
### Identifizieren und Lösen von Problemen

Im Netzwerkbereich kann eine Vielzahl von Problemen auftreten. Wichtig ist es dann, strukturiert vorzugehen, um rasch zu einer Lösung zu gelangen. Die Vorgehensweise kann Bottom-up oder Top-down erfolgen (gemäß dem OSI 7-Schichtenmodell).

Bei der **Bootom-up-Methode** wird von der physikalischen Schicht aufwärts bis zur Anwendungsschicht vorgegangen. Bei der **Top-down-Methode** geht man umgekehrt von der Anwendungsschicht zur physikalischen Schicht. Da viele Probleme in den unteren Schichten ihre Ursache haben, ist es oft zielführender, sich von unten nach oben vorzuarbeiten.

### Software-Tools für Verbindungsprobleme

Bei Verbindungsproblemen gibt es für jedes Betriebssystem unterschiedliche Werkzeuge (Programme).

**Unter Windows sind dies folgende wichtige Tools:**

| Tool | Beschreibung |
| --- | --- |
| ipconfig | Zeigt die IP-Konfiguration des Hosts an. Standardmäßig werden nur die IP-Adresse, die Subnetzmaske und das Standardgateway für jeden an TCP/IP gebundenen Adapter angezeigt. |
| ipconfig /all | Zeigt zusätzlich die physikalische Adresse (MAC-Adresse) und den DNS-Server an. |
| ipconfig /release | Gibt eine per DHCP bezogene IP-Adresse für alle Netzwerkadapter frei. |
| ipconfig /renew | Erneuert die IP-Adresse für alle Netzwerkadapter. |
| ping | Testet die Verbindung zu anderen IP-Hosts. |
| arp | Ändert Übersetzungstabellen für IP-Adressen und physikalische Adressen bzw. zeigt diese an. |
| tracert | Zeigt die Route zum Zielhost an. |
| netstat | Zeigt die Netzwerkverbindungen an. |
| nslookup | Sucht nach der IP-Adresse eines bestimmten Hosts mittels DNS. |

Das „verbindungsspezifische DNS-Suffix" enthält den internen Domänennamen der Domäne, zu der dieser PC gehört – z. B. *orf.local* oder *intern.orf.at*.

```
PS C:\Users\Administrator> ipconfig

Windows-IP-Konfiguration

Ethernet-Adapter HyperV:

   Verbindungsspezifisches DNS-Suffix:
   Verbindungslokale IPv6-Adresse  . : fe80::9cd2:dae9:7d:11c5%29
   IPv4-Adresse . . . . . . . . . . : 192.168.1.11
   Subnetzmaske . . . . . . . . . . : 255.255.255.0
   Standardgateway  . . . . . . . . : 192.168.1.1
```
*ipconfig*-Befehl

```
Windows-IP-Konfiguration

   Hostname . . . . . . . . . . . . : Zeus
   Primäres DNS-Suffix  . . . . . . :
   Knotentyp  . . . . . . . . . . . : Hybrid
   IP-Routing aktiviert . . . . . . : Nein
   WINS-Proxy aktiviert . . . . . . : Nein

Ethernet-Adapter HyperV:

   Verbindungsspezifisches DNS-Suffix:
   Beschreibung . . . . . . . . . . : HyperVExtern
   Physikalische Adresse  . . . . . : 00-18-4D-EB-AC-DA
   DHCP aktiviert . . . . . . . . . : Nein
   Autokonfiguration aktiviert  . . : Ja
   Verbindungslokale IPv6-Adresse . : fe80::9cd2:dae9:7d:11c5%29(Bevorzugt)
   IPv4-Adresse . . . . . . . . . . : 192.168.1.11(Bevorzugt)
   Subnetzmaske . . . . . . . . . . : 255.255.255.0
   Standardgateway  . . . . . . . . : 192.168.1.1
   DHCPv6-IAID  . . . . . . . . . . : 587208781
   DHCPv6-Client-DUID . . . . . . . : 00-01-00-01-12-46-7A-17-00-22-15-15-D8-5A
   DNS-Server . . . . . . . . . . . : 192.168.1.101
                                      192.168.1.1
   NetBIOS über TCP/IP  . . . . . . : Aktiviert
```
*ipconfig /all*-Befehl

Lerneinheit 2: Netzwerkprotokolle

## Der Befehl *ping*

Der Befehl *ping* bedient sich des **Internet Control Message Protocols (ICMP)**, um eine Netzwerkverbindung zu überprüfen.

> **SbX**
> Abbildungen zu *ping*, *tracert*, *netstat* und *nslookup* finden Sie unter der ID: 1531.

 **Mit dem Befehl *ping* kann eine Netzwerkverbindung überprüft werden.**

Mittels *ping* können Sie einen **ICMP-Echo-Request** an einen Netzwerkteilnehmer versenden, der einen **ICMP-Echo-Response** zurücksendet, falls er erreichbar ist.

 **Mit der IP-Adresse 127.0.0.1 kann die eigene IP-Konfiguration überprüft werden, mit der eigenen IP-Adresse die Funktion der Netzwerkkarte.**

Mit dem Befehl *ping 127.0.0.1* wird die eigene Netzwerkkonfiguration überprüft. Die Adresse 127.0.0.1 steht für den **Localhost** und bezeichnet den eigenen Rechner – sie sollte also immer funktionieren. Mit dem Befehl *ping 192.168.1.11*, hier als Beispiel für die eigene IP-Adresse, kann die Verbindung zum nächsten Kopplungselement (z. B. Switch) überprüft werden.

### L 5.1: Versuche mit dem Befehl *ping*

**1. Versuch:** Mit *ipconfig* finden Sie die eigene IP-Adresse heraus. Versuchen Sie, diese anzupingen. Funktioniert der *Ping*?

**2. Versuch:** Stecken Sie das Netzwerkkabel ab und pingen Sie erneut. Funktioniert der *Ping*?

**3. Versuch:** Pingen Sie auf 127.0.0.1. Funktioniert der *Ping*?

Erklären Sie die Ergebnisse!

Ein *ping* ist **nicht erfolgreich,** wenn eine **Firewall** das Protokoll **ICMP** nicht zulässt. Die Adresse **127.0.0.1** wird als **Localhost** bezeichnet.

## Address Resolution Protocol (ARP)

Das Tool *arp* zeigt die Übersetzungstabellen für Übersetzungen von IP-Adressen in physikalische Adressen an, die von ARP verwendet werden.

Werfen wir nochmals einen Blick auf das OSI-Modell: In der **Schicht 2** (Data Link Layer) ist die MAC-Adresse des Netzwerkadapters festgelegt. Sie ist im Netzwerk eindeutig und vom Hardwarehersteller vorgegeben. In der **Schicht 3** (Network Layer) ist die IP-Adresse der Netzwerkkarte definiert. ARP verbindet die beiden Schichten, wie die folgende Abbildung verdeutlicht.

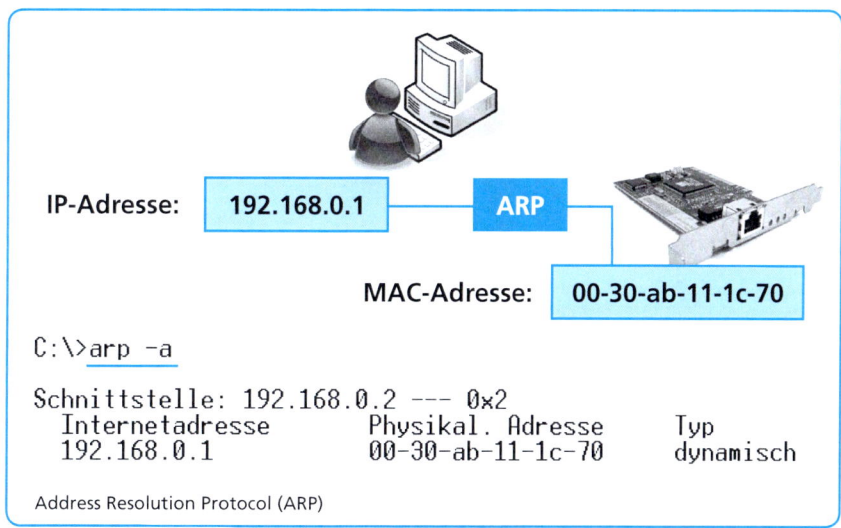

Address Resolution Protocol (ARP)

Angewandte Informatik HTL

Der **MAC-Adresse 00-30-ab-11-1c-70** wurde die IP-Adresse **192.168.0.1** zugeordnet. Die Zuordnungen befinden sich im **ARP-Cache** und können mit dem Befehl *arp –a* ausgelesen werden.

## Traceroute

*tracert* (englisch: traceroute) ist ein Diagnose-Werkzeug unter Windows, mit dem ermittelt werden kann, über welche IP-Router Datenpakete bis zum Ziel-Host weitergeleitet werden. Die folgende Abbildung zeigt die Routenverfolgung von einem PC im LAN zu **www.google.at** an.

```
PS C:\> tracert www.google.at
Routenverfolgung zu www.l.google.com [209.85.135.103] über maximal 30 Abschnitte:

  1    <1 ms    <1 ms    <1 ms  vood.lan [192.168.1.1]
  2    13 ms    14 ms    13 ms  XLFSNKRM01.net.uta.at [62.218.4.103]
  3    10 ms    11 ms    10 ms  dsl-ptp-6-97.net.uta.at [62.218.6.97]
  4    12 ms    16 ms    11 ms  c76wintx1-ten1-4.net.uta.at [212.152.192.70]
  5    11 ms    11 ms    10 ms  wen3-core-1.tengigabiteth11-0.swip.net [130.244.49.117]
  6    11 ms    11 ms    12 ms  wen1-core-1.pos10-0.swip.net [130.244.39.253]
  7    24 ms    24 ms    23 ms  fra36-core-3.pos0-12-0-0.swip.net [130.244.205.41]
  8    24 ms    25 ms    24 ms  fra36-core-2.tengigabiteth2-1.swip.net [130.244.206.18]
  9    24 ms    23 ms    24 ms  some.frankfurt.router.google.com [130.244.200.118]
 10    34 ms    32 ms    32 ms  209.85.255.172
 11    32 ms    32 ms    32 ms  72.14.233.106
 12    32 ms    32 ms    31 ms  209.85.241.83
 13    32 ms    31 ms    34 ms  72.14.239.54
 14    32 ms    32 ms    33 ms  mu-in-f103.1e100.net [209.85.135.103]

Ablaufverfolgung beendet.
```
*tracert*-Befehl

Jede Traceroute kann anders ablaufen, da die Wege der Datenpakete im Internet nicht vorherbestimmt sind.

## netstat

Das Programm *netstat* (englisch: network statistics) zeigt Protokollstatistiken und aktuelle TCP/IP-Netzwerkverbindungen an.

```
PS C:\> netstat

Aktive Verbindungen

  Proto  Lokale Adresse           Remoteadresse           Status
  TCP    192.168.1.11:50321       a212-152-163-11:http    SCHLIESSEN_WARTEN
  TCP    192.168.1.11:50323       mu-in-f99:http          HERGESTELLT
  TCP    192.168.1.11:50326       pop:pop3                SCHLIESSEN_WARTEN
  TCP    192.168.1.11:50327       pop:smtp                SCHLIESSEN_WARTEN
  TCP    192.168.1.11:50328       mail:pop3s              SCHLIESSEN_WARTEN
  TCP    192.168.1.11:51416       mu-in-f138:http         HERGESTELLT
  TCP    192.168.1.11:51417       mu-in-f103:http         HERGESTELLT
  TCP    192.168.1.11:51423       mu-in-f100:http         HERGESTELLT
  TCP    192.168.1.11:51424       mu-in-f103:http         HERGESTELLT
```
*netstat*-Befehl

## nslookup

Dieses Programm wird verwendet, um die IP-Adresse zu einem Namen zu erhalten bzw. umgekehrt. Wird der Name eingegeben, liefert das DNS die IP-Adresse zurück **(Forward-Lookup)**. Wird die IP-Adresse eingegeben, so wird der Name angezeigt **(Reverse-Lookup)**.

```
C:\>nslookup
> oe3.orf.at
Server:   ns2.asn-linz.ac.at
Address:  172.27.2.10

Nicht autorisierte Antwort:
Name:     oe3.orf.at
Address:  194.232.104.114

> 194.232.104.114
Server:   ns2.asn-linz.ac.at
Address:  172.27.2.10

Name:     oe3.orf.at
Address:  194.232.104.114
```
DNS-Abfrage mit *nslookup*

## Troubleshooting in der Praxis

Das Überprüfen der LEDs (der Netzwerkkarte oder eines Kopplungsgerätes, z.B. Switch) kann einen ersten Aufschluss darüber geben, ob es sich um ein Verbindungsproblem handelt. Wie schon erwähnt, liegen die meisten Probleme in den unteren Schichten, sodass es sich lohnt, hier mit der Analyse zu beginnen.

Eine **Netzwerkdokumentation** kann beim Problemlösen eine gute Hilfe sein. Netzwerkdiagramme und IP-Adressenschemen können für das Verständnis des physischen Aufbaues des Netzes sowie des logischen Datenflusses von großem Vorteil sein.

Für den End-User ist ein **Helpdesk** die erste Ansprechstation, wenn ein Problem auftritt, das er nicht selbst lösen kann. Helpdesks werden heute üblicherweise von ISPs sowie großen Herstellern von Hardware und Software betrieben, um die Anfragen und Probleme in geordnete Bahnen zu lenken.

**ISP** = Internet Service Provider

Vor der Kontaktaufnahme mit einem Helpdesk ist es wichtig, folgende Punkte zusammenzufassen:

**❶ Bei vermuteten Hardwareproblemen:**
- Seriennummer des Geräts, Kaufdatum
- Welcher Fehler tritt auf?
- Wann tritt der Fehler auf?
- Ist der Fehler reproduzierbar?
- Was wurde bereits getestet?

**❷ Bei Softwareproblemen:**
- Welche Änderungen wurden vorgenommen?
- Welches Betriebssystem wird eingesetzt?

*Übungsbeispiele*

### Ü 5.17: Ausdehnung von Netzwerken ★★
Führen Sie zu folgenden Servernamen bzw. IP-Adressen eine DNS-Abfrage mit **nslookup** durch und notieren Sie die Abfrageergebnisse!

a) www.google.at

b) 193.170.115.34

c) 195.114.99.123

d) www.whitehouse.gov

e) europa.eu

### Ü 5.18: IP-/MAC-Adresse ★
Wie lauten die IP-Adresse und die MAC-Adresse ihres PCs oder Notebooks?

### Ü 5.19: ARP ★
Zeigen Sie die aktuelle ARP-Tabelle an.

a) Welche IP-Adressen Ihres Netzes sind im ARP-Cache?

b) Begründen Sie, warum diese IP-Adressen im ARP-Cache sind.

### Ü 5.20: Traceroute ★
Über welche Route gelangen Sie zu **www.flickr.com**?

*SbX*
*Sie finden Ü 5.21 und Ü 5.22 mit automatischer Aufgabenkontrolle unter der ID: 1522.*

*erledigt:* ✔
*Ü 5.21:* ☐
*Ü 5.22:* ☐

### Weitere Übungen im SbX

### Ü 5.21: TCP/IP und Routing ★★
Bearbeiten Sie den Online-Test zu den Inhalten dieser Lerneinheit!

### Ü 5.22: IP-Adressierung ★★
Bearbeiten Sie den Online-Test zur IP-Adressierung!

 ## Sichern

**In dieser Lerneinheit haben Sie sich mit den Schichtenmodellen, der TCP/IP-Adressierung und den Anwendungsprotokollen beschäftigt.**

| | |
|---|---|
| OSI-7-Schichtenmodell | Das **OSI-Schichtenmodell** stellt die Grundlage für Kommunikationsprotokolle dar und umfasst sieben Schichten. |
| Hub | Ein Hub **verteilt alle eingehenden Pakete** an die angeschlossenen Geräte. Hubs arbeiten auf der Basis des **OSI-Layers 1** und verursachen in großen Netzwerken enorm viele Kollisionen. |
| Switch | Ein **Switch** liest aus dem empfangenen Datenpaket die **MAC-Adresse des Empfängers** aus und leitet es an ihn weiter. Switches basieren auf dem **OSI-Layer 2** und können Kollisionen verhindern. Ein Layer-3-Switch kann dynamische **virtuelle LANs** bilden. In Unternehmen wird diese Funktion verwendet, um den Datenverkehr der Abteilungen voneinander zu trennen. Layer-4-Switches sind in der Lage, über den verwendeten **Port** die **Art der Anwendung** zu erkennen. Dadurch kann für bestimmte Dienste, wie z. B. **Voice-over-IP** oder **Multimedia**, eine höhere Verarbeitungsgeschwindigkeit garantiert werden, was als **Quality-of-Service** bezeichnet wird. |
| Router | Ein **Router verbindet zwei TCP/IP-Netzwerke.** Dieses Gerät befindet sich auf dem **OSI-Layer 3**. |
| Firewall | Eine Firewall **analysiert alle Datenpakete bezüglich ihrer Regelkonformität,** wobei in Paketfilter und Contentfilter unterschieden wird. Eine **Paketfilter-Firewall** arbeitet auf **Port-Ebene** und kann den Datenverkehr einer bestimmten Anwendung unterbinden. Eine **Contentfilter-Firewall** arbeitet auf der **Anwendungsebene** und analysiert die gesendeten Daten, wie z. B. jene einer Webseite. |
| Proxy | Ein Proxy kann als **Zwischenspeicher für Internetabfragen** und als **Contentfilter** genutzt werden. Ein Beispiel für ein beliebtes Produkt ist der Microsoft ISA-Server. |
| TCP/IP-Mechanismen | Mithilfe der **Adressierung** (IP-Adressen), von **Routing** (Weiterleitung) und **Multiplexing** soll sichergestellt werden, dass die Daten zum richtigen Zielrechner gelangen. |
| ARP | Das **Address Resolution Protocol vermittelt** zwischen der **Ethernet-MAC-Adresse** und der **IP-Adresse.** ARP verwendet einen **Broadcast** für Adressanfragen. |
| DNS | Das **Domain Name System** ermöglicht die **Verwendung von Hostnamen** anstatt einer IP-Adresse. Das Internet ist in **DNS-Namensräume** eingeteilt **(Top-Level-Domains).** Hinsichtlich der DNS-Abfragen werden **Forward-Lookups** (Hostname ist bekannt, IP-Adresse wird angefragt) und **Reverse-Lookups** (IP-Adresse ist bekannt, Hostname wird angefragt) unterschieden. |
| HTTP | Das **Hypertext Transfer Protocol** ist ein **zustandsloses Protokoll zur Übertragung von Webseiten.** Es verwendet **Tags** zur Formatierung von Zeichen sowie für **Hyperlinks** und Grafiken. |
| Mailprotokolle | Das Protokoll zum **Versand von E-Mails** ist das **Simple Mail Transfer Protocol (SMTP).** Den **Empfang von E-Mails** regelt häufig das **Post Office Protocol Version 3 (POP3).** Mit dem **Internet Message Access Protocol (IMAP)** können E-Mails auf einem **Mailserver verwaltet** werden. |
| Troubleshooting | Um auftretende Probleme in einem Netzwerk rasch lösen zu können, können folgende **Tools** hilfreich sein: ***ipconfig, ping, arp, tracert, netstat, nslookup.*** |
| SbX ID: 1523 | **Zusätzlich zu dieser Zusammenfassung finden Sie im SbX eine Audio-Wiederholung zur Wiedergabe mit dem Audio-Player und als MP3-Datei sowie eine Bildschirmpräsentation.** |

# Wissen

## W 5.6: Kontrollfragen und -aufgaben

1. Wie heißen die sieben Schichten des OSI 7-Schichtenmodells?
2. In welche vier Schichten ist das TCP/IP-Referenzmodell eingeteilt?
3. Woran sind der Netz- und der Hostteil einer IP-Adresse erkennbar?
4. Was ist APIPA? Welcher Adressbereich wird für APIPA verwendet?
5. Was kann die Ursache dafür sein, dass der Host 172.16.0.1/16 den Host 172.16.100.10/16 nicht anpingen kann?
6. Warum kann der Host 192.168.1.1/24 die Adresse 192.168.2.1/24 nicht anpingen?
7. Wie lautet die IP-Adresse des Hosts in CIDR-Notation?

```
Verbindungsspezifisches DNS-Suffix:
Verbindungslokale IPv6-Adresse  . : fe80::9cd2:dae9:7d:11c5%29
IPv4-Adresse . . . . . . . . . . : 192.168.1.11
Subnetzmaske . . . . . . . . . . : 255.255.255.0
Standardgateway  . . . . . . . . : 192.168.1.1
```

8. Wie viele Hostadressen sind im Netzwerk 192.168.160.0/24 verfügbar?

## W 5.7: Proxy konfigurieren

Notieren Sie die aktuellen Proxy-Einstellungen Ihres Webbrowsers und führen Sie folgende Aufgaben durch:

a) Konfigurieren Sie Ihren Webbrowser für die Verwendung des Proxy-Servers mit der IP-Adresse 192.168.1.1 und dem Port 80. Versuchen Sie, eine Webseite aufzurufen.
b) Konfigurieren Sie Ihren Webbrowser für die Verwendung ohne Proxy-Server und versuchen Sie das Aufrufen der Webseite wie vorhin. Notieren Sie das Ergebnis/die Fehlermeldung!
c) Stellen Sie die ursprüngliche Konfiguration wieder her.

### Weitere Aufgabe im SbX

### W 5.8: TCP/IP und Routing
Beantworten Sie die Fragen zu TCP/IP und Routing.

## Wissens-Check

| | ☺ | 😐 | ☹ |
|---|---|---|---|
| Ich kann aktive Kopplungselemente ihren OSI-Schichten zuordnen. | | | |
| Ich kann die Schichten des OSI-Modells sowie des TCP/IP-Referenzmodells aufzählen. | | | |
| Ich kann wichtige Protokolle von TCP/IP nennen. | | | |
| Ich kann Netzwerkprobleme mithilfe diverser Tools lösen. | | | |

● Lernen  ◐ Üben  ◑ Sichern  ◯ Wissen

## Lerneinheit 3
# Netzwerksicherheit

In dieser Lerneinheit beschäftigen Sie sich mit den Bedrohungen und Gefahren, denen Ihr PC ausgesetzt ist. Sie erfahren, wie Sie Ihren PC davor schützen können, indem Sie regelmäßige Datensicherungen durchführen sowie Virenschutz-Programme und Firewalls installieren.

**SbX** — Alle SbX-Inhalte zu dieser Lerneinheit finden Sie unter der ID: 1530.

# Lernen

**SbX** ID: 1531

## 1 Datenverlust
### Mögliche Risiken für die Datensicherheit

Den Verlust von Daten, z. B. nach einem Stromausfall oder Programmabsturz, hat sicher jeder schon erlebt. Aber wie und warum können Daten verloren gehen?

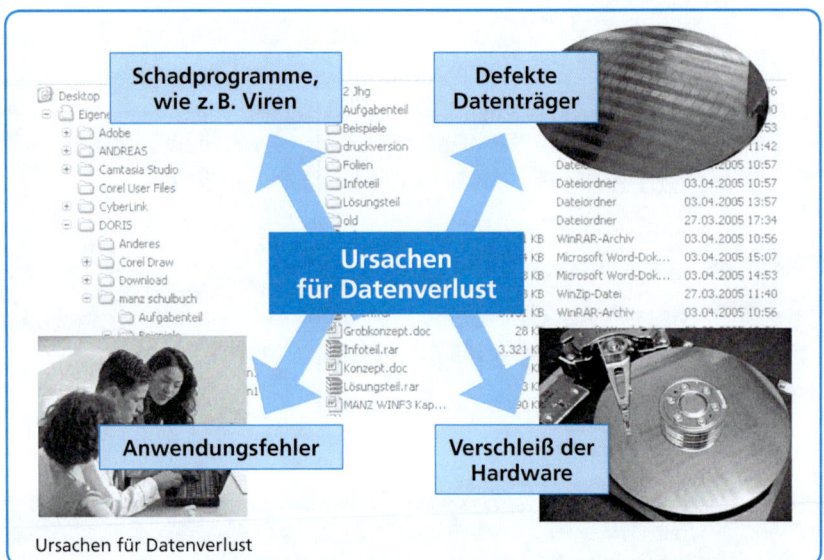

Ursachen für Datenverlust

**SbX** — Eine Bildschirmpräsentation mit allen Abbildungen zum Schritt LERNEN finden Sie unter der ID: 1531.

### Sicherheitsrisiken

**❶ Anwendungsfehler sind die häufigste Ursache für Datenverlust.**

Wenn wir z. B. eine neue Version einer Datei mit **Speichern unter** erstellen wollen, jedoch irrtümlich **Speichern** wählen, wird die alte Version überschrieben. Der Inhalt der ursprünglichen Datei ist somit verloren.

**❷ Kratzer auf optischen Speichermedien können zur Unlesbarkeit der Daten führen.**

Ein mehrere Zentimeter langer Kratzer auf einer CD oder DVD führt zur Unlesbarkeit der betroffenen Daten. Bei Filmen äußert sich dies in Szenensprüngen oder Tonaussetzern. Auch Verschmutzungen und Fingerabdrücke können die Lesbarkeit von optischen Datenträgern negativ beeinflussen.

Angewandte Informatik HTL

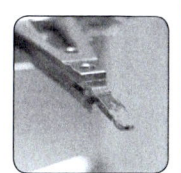

Headcrash bezeichnet das Aufsetzen des Schreib-/Lesekopfes auf der Plattenoberfläche.

❸ **Eine Schockbelastung der Festplatte kann zu einem Headcrash führen.**

Wenn ein PC Erschütterungen ausgesetzt ist, kann es passieren, dass der Schreib-/Lesekopf der Festplatte auf der Plattenoberfläche aufsetzt. Daten, die an dieser Stelle gespeichert sind, gehen dabei verloren. Es kann sogar zu einem Totalausfall der Festplatte kommen.

❹ **Elektromagnetische Felder, extreme Temperaturen und Spritzwasser können Daten zerstören.**

Ein Notebook gehört nicht auf die Boxen der Stereoanlage. Ein USB-Stick oder ein optischer Datenträger dürfen nicht in die pralle Sonne oder auf die Hutablage im Auto gelegt werden. Elektronische Geräte müssen vor Regen und Spritzwasser geschützt werden.

Im Unternehmensumfeld liegen die Sicherheitsrisiken im unberechtigten Zugriff auf Unternehmensdaten.

**Ü 5.23: Versicherung ★★**
Die Mitarbeiter einer Versicherung werden für ihre Kundenbesuche mit Notebooks ausgestattet. Diese werden zur Nachbearbeitung der Kundenbesuche im Firmennetz betrieben. Den Vertretern ist es gestattet, die Geräte für private Zwecke zuhause zu benutzen. Mit welchen Risiken muss die Versicherung rechnen? Wie können diese Risiken minimiert werden?

## 2 Computerviren
### Arten, Aufbau und Verbreitungswege von Schadprogrammen

Schätzungen zufolge gibt es täglich 20–30 000 neue Viren und Trojaner. (Handelsblatt)

Viren können für einen PC ebenso gefährlich sein, wie für Menschen eine Grippe. Ein Virus hat folgende Merkmale:

❶ Ein Virus richtet **Schaden** an. Harmlosere Viren geben seltsame Texte aus, gefährlichere Varianten löschen einige Dateien oder den gesamten Inhalt der Festplatte.

❷ Ein Virus kann sich **selbständig verbreiten** und dadurch **vermehren.**

Ein Computervirus ist ein **Programm** oder ein **Programmteil.** Wir können Viren in folgende Kategorien einteilen:

### Virenarten

❶ **Ein Bootvirus wird beim Start des PCs automatisch aktiviert.**

Boot = Systemstart

Bootviren setzen sich im **Bootsektor der Festplatte** fest. Wird der Computer gestartet, lädt sich das Virus automatisch. Bootviren haben sich früher über Disketten verbreitet. Heute geht ihre Bedeutung zurück, da das Internet eine noch raschere Verbreitung ermöglicht.

❷ **Als Dateivirus wird ein Schadprogramm in Form einer Datei bezeichnet.**

Dateiviren sind **Programmdateien,** z. B. Spiele oder vermeintliche Tools, die im Internet angeboten oder über E-Mail empfangen werden. Wird das Schadprogramm gestartet, infiziert es zunächst weitere Dateien, die dadurch ebenfalls zu Viren werden, und führt seine Schadroutinen aus, z. B. das Löschen von Daten oder das Versenden von Spam-Mails.

Liste verbreiteter Viren im Jahr 2012:
W32/Bagle!eml.gen   25,4 %
Worm.Mydoom-27     20,6 %
Heur.Phishing...Spoof  17,2 %
Worm.Bagle          12,7 %
Heur.Phishing...SSL  10,9 %
Worm.Mydoom.I        5,5 %
Worm.NetSky-14       2,5 %
(Quelle:
http://www.zid.tuwien.ac.at/security/virenstat/viren_stat_jahr.php?jahr=2012)

❸ **Makro- und Skriptviren**

**Makroviren** nutzen die **Makrosprache** eines Anwendungsprogrammes, z. B. **Visual Basic for Applications** (VBA) in Word oder Excel, und sind Bestandteil der Datendatei. Ein Word-Dokument oder eine Bildschirm-Präsentation in einem E-Mail-Anhang können ein Makrovirus beinhalten. Bevorzugt werden **Vorlagen** (z. B. .dot, .xlt) angegriffen, da diese für jedes neue Dokument verwendet werden.

**Skriptviren** werden in einer **Skriptsprache**, z. B. **Windows Scripting Host** (WSH) oder **Javascript**, erstellt. Ein sehr bekannter Vertreter dieser Gattung ist das **Loveletter-Virus,** das sich via E-Mail an alle Kontakte im Adressbuch weiterversenden konnte.

Täglich treten etwa 25 000 neue Malware-Programme auf. (F-Secure)

**Echte Viren bestehen aus mehreren der folgenden Teile, manchmal auch aus allen.**

① Der **Vermehrungsteil** enthält die Befehle für die Verbreitung des Virus.

② Der **Erkennungsteil** überprüft, ob der Computer bereits von demselben Virus befallen ist, und wirkt in diesem Fall nicht weiter.

③ Der **Schadensteil** wird manchmal auch als Payload („Nutzlast") bezeichnet. Er kann beliebigen Schaden am befallenen System anrichten – von unerwünschten Meldungen und Tönen über gelöschte Dateien bis hin zu formatierten Datenträgern.

④ Der **Bedingungsteil** kann dafür sorgen, dass das Virus nur unter bestimmten Umständen aktiv wird, etwa zu einem speziellen Datum oder nach Eingabe eines festgelegten Wortes.

⑤ Der **Tarnungsteil** schließlich versucht, das Virus vor dem Benutzer oder sogar vor Antivirenprogrammen zu verbergen.

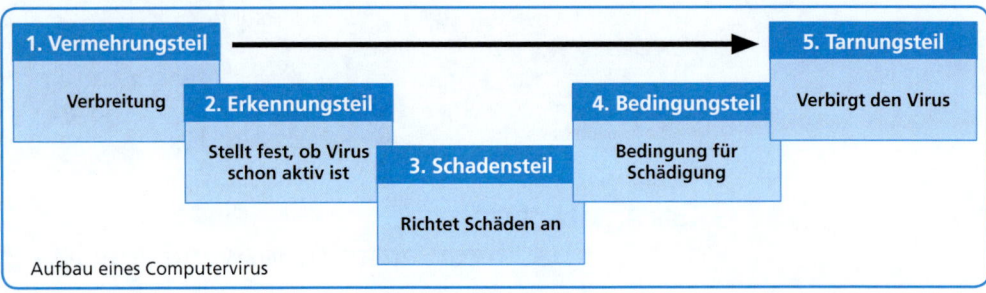

Aufbau eines Computervirus

Um sichergehen zu können, ob Ihr PC mit einem Virus infiziert ist oder nicht, sollten Sie ihn nach einer umfassenden Datensicherung mit einer **Antivirensoftware** untersuchen. Damit die Software vor Viren warnen kann, muss sie laufend aktualisiert werden. Die Hersteller von Antivirensoftware bieten automatische **Updates** über das Internet an.

Mithilfe von Antivirensoftware kann ein Virenbefall entdeckt und meist auch repariert werden. Aber auch Antivirenprogramme haben Schwachstellen.

## Schwachstellen von Antivirenprogrammen

Laut einer Studie von Integral haben 87 % aller Österreicher/innen eine **Antivirensoftware** installiert.

① **Viren in gezippten Archiven sind schwerer zu finden.**

Viele Virenscanner haben mit der Entdeckung von Viren in komprimierten Archiven Schwierigkeiten. Ein guter Virenschutz muss Viren in ZIP- und RAR-Dateien erkennen und isolieren, ohne das Archiv oder seine Daten zu löschen.

② **Nur bereits bekannte Viren können gefunden werden.**

88 % aller installierten Antivirenprogramme werden regelmäßig aktualisiert.

Gefunden werden nur Viren, die in der Signatur-Datenbank erfasst sind. Neue Viren werden erst nach der Aktualisierung der Antivirensoftware erkannt. Um neue Viren aufzuspüren, werden **heuristische Verfahren** zur Aufdeckung schädlicher Aktionen eines Programmes eingesetzt. Wenn eine bestimmte Anzahl verdächtiger Aktionen enttarnt wird, schlägt der Virenscanner Alarm. Diese Verfahren beanspruchen viel Rechenleistung und bieten dennoch keine umfassende Sicherheit, denn ein Virenprogrammierer testet sein Virus solange, bis es von den heuristischen Verfahren der einzelnen Scanner nicht mehr erkannt wird.

**Blended Threats** sind eine Kombination unterschiedlicher Bedrohungen, z. B. von Virus und Rootkit.

③ **Rootkits können Viren vor dem Virenscanner verstecken.**

Eine weitere Gefahr stellen sogenannte **Rootkits** dar. Diese Programme sind in der Lage, Prozesse zu verstecken. Auf diese Weise kann ein Schadprogramm nicht nur vor dem Benutzer, sondern auch vor dem Antivirenprogramm versteckt werden.

 **Ü 5.24: Antivirenprogramme** ★
a) Suchen Sie drei Online-Virenscanner im Internet!
b) Recherchieren Sie drei Antivirenprogramme und vergleichen Sie deren Kosten!

## 3 Bedrohungen aus dem Internet
„Elektronisches Ungeziefer"

Durch die steigende Anzahl der Internetuser wird das Internet für kriminelle Aktivitäten immer interessanter. Betrügereien im Internet nehmen stark zu.

**❶ Ein Wurm verbreitet sich (anders als ein Virus) selbständig in Netzwerken.**

Ein Wurm braucht nicht aktiviert zu werden und kann durch die Selbstverbreitung unter Umständen weitaus gefährlicher sein als ein Virus. Häufig werden Würmer als E-Mail-Attachments mit doppelten Dateiendungen, z. B. sexy.avi.exe, versendet. Im Explorer erscheint die Datei als vermeintliches Video, da die Dateiendung standardmäßig ausgeblendet wird.

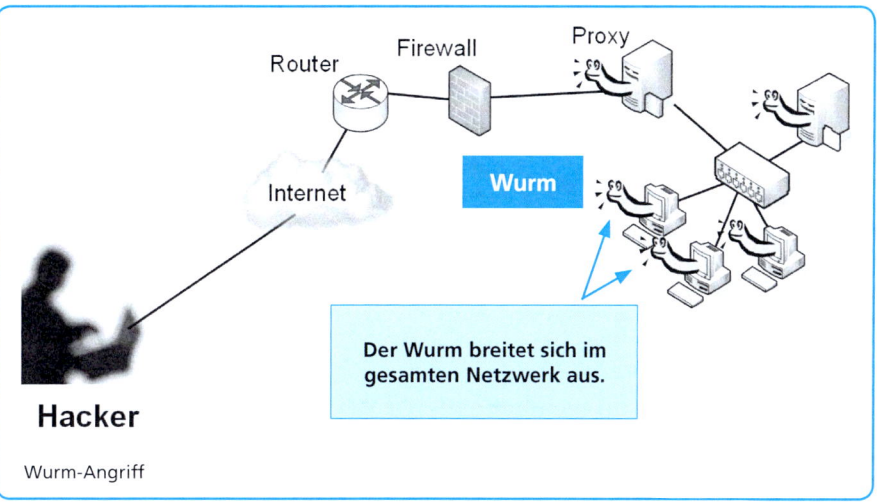

Wurm-Angriff

**❷ Ein Trojaner ist ein angeblich harmloses Programm, das aber „bösen" Code zur Öffnung einer Hintertür für Angreifer enthält.**

Auf jedem vierten privaten Rechner befindet sich ein **Trojaner**.

Trojanische Pferde verbreiten sich nicht eigenständig. Sie werden von Hackern zum Ausspähen von Systemen benutzt und halten Geheimzugänge, sogenannte **Backdoors,** offen. Damit wird es möglich, infizierte PCs fernzusteuern, um Daten zu manipulieren oder Netzwerke auszuspionieren. Infizierte Rechner fungieren häufig als **Drohnen** für weitere Angriffe.

**Drohnen** ermöglichen z. B. **Denial-of-Service-Attacken** (DoS) gegen Firewalls, Web- oder Mailserver.

**Anti-Trojaner-Software:** NetBuster, NoBO, The Cleaner

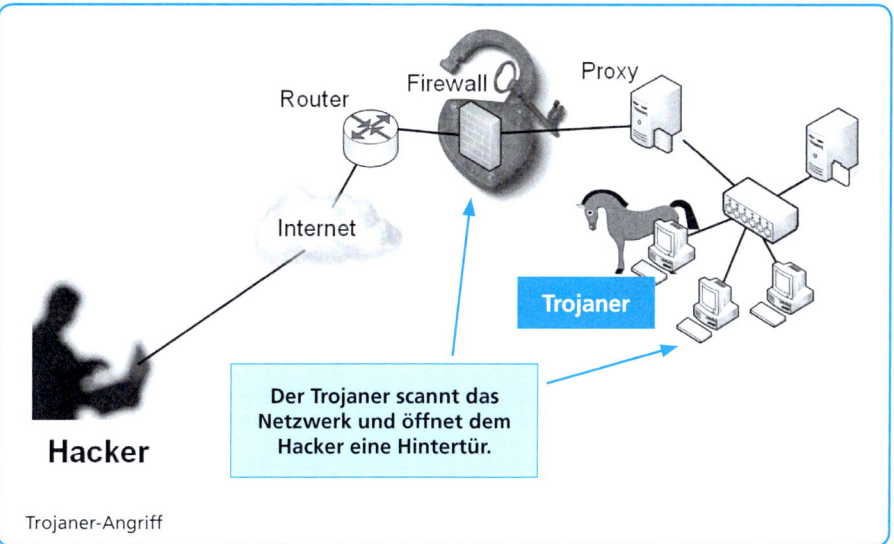

Trojaner-Angriff

▶ Lernen  ⏺ Üben  ⏺ Sichern  ⏺ Wissen

❸ **Als Spam oder Junk (engl. für „Abfall" oder „Plunder") werden unerwünschte Nachrichten bezeichnet, die dem Empfänger unverlangt zugestellt werden und werbenden Inhalt haben.**

Durch gezieltes Absuchen von Newsgroups, Internetseiten und E-Mail-Verzeichnissen sowie durch Diebstahl von Adressen in den Adressbüchern gehackter PCs kommen Spammer zu tausenden E-Mail-Adressen.

Da die händische Aussortierung von Spam viel Zeit und Geld kosten würde, werden heutzutage sogenannte **Spamfilter** eingesetzt, die die Mails beim Gateway überprüfen. Hier gibt es je nach eingesetzter Software dann die Möglichkeit, die Spams zu taggen (d.h., den Betreff der E-Mail z.B. mit \*\*\*Spam\*\*\* zu kennzeichnen) und dem Benutzer zuzustellen oder gar nicht zuzustellen.

> **SbX**
> Einen Link zu einer aktuellen Liste zu kursierenden Hoaxes finden Sie unter der ID: 1531.

❹ **Als Hoax (engl. für Jux, Scherz) wird heute meist eine Falschmeldung bezeichnet, die per E-Mail, Instant Messenger oder auf anderen Wegen (z.B. SMS und MMS) verbreitet, von vielen für wahr gehalten und daher an Freunde, Kollegen und andere Personen weitergeleitet wird.**

Auch Kettenbriefe, die per E-Mail weitergeleitet werden, können zu den Hoaxes gezählt werden. Im erweiterten Sinn kann ein Hoax auch als Computervirus betrachtet werden, das sich durch Social Engineering fortpflanzt, indem es nicht das Computersystem, sondern den Nutzer zu dessen Weiterverbreitung veranlasst. Hoaxes beginnen oft seriös. Danach erfolgt eine Information über eine angebliche Bedrohung oder Gefahr und schließlich die Aufforderung, den Text an möglichst viele Personen weiterzuleiten. Hoaxes kommen auch in Form von Kettenbriefen vor, die großes Unglück verheißen, wenn man die Kette unterbricht.

> **Phishing** setzt sich aus den Begriffen *password* und *fishing* zusammen.

❺ **Phishing: Mit gefälschten E-Mails und Webseiten locken Betrüger ihren Opfern die Zugangsdaten für das Online-Banking oder den eBay-Account heraus.**

Phishing-Mails enthalten häufig Rechtschreibfehler und sonderbare Formulierungen, wie das abgebildete Beispiel zeigt. Kreditinstitute fordern die Zugangsdaten niemals via E-Mail an, zumal diese in der Bank gespeichert sind. Die Transaktionsnummer (TAN) wird nur für das Überweisen benötigt.

> Viele Banken bieten auf ihren Webseiten Sicherheitsinfos zum Thema **Phishing** an.

> Die Betrüger leiten ihre Opfer zu **falschen Webadressen** (Fakes) um und verlinken zur echten Website, um beim Opfer den Eindruck von Glaubwürdigkeit zu erwecken.

> **Klicken Sie nie auf Links** in E-Mails, um Banking- oder Shoppingsites zu öffnen!

From: Administration der Bawag E-Banking <internet-banking@bawag.com>
To: Hostmaster <hostmaster@mediaclan.at>

**Phishing-Attacke**
Im verlinkten Formular werden die Zugangsdaten für das Konto sowie die TAN abgefragt.

Sehr geehrte Kundin,
Sehr geehrter Kunde,

Unser Staat ist in eine unangenehme Situation mit on-line-Banking geraten, infolgedessen wurde uns einen Rat gegeben, alle on-line-Konten von unseren Bankkunden zu überprüfen, um die "Tageskonten" zu bestimmen, die von den Missetätern benutzt werden, um gestohlenes Geld von den Konten unserer Kunden waschen zu können. Wir bitten unsere Kundschaften darum, eine Kontobestätigungsform, die sich auf unserer offiziellen Web-Seite befindet, auszufüllen.

Die Konten, die bis zum **12.11.05** darauf nicht angegeben werden, werden bis zur Feststellung der Voraussetzungen ihrer Eröffnung und Benutzung gesperrt. Dieser Prüfung werden sich sowohl die Privatkunden, als auch die Firmenkunden unterzogen.

Phishing-Mail         BITTE! DIE FORM AUSFÜLLEN!

Lerneinheit 3: Netzwerksicherheit

❻ **Ein Dialer wählt eine kostenpflichtige 0900er-Telefonnummer, um über die teuren Telefongebühren Internetdienste zu verrechnen.**

Die Nutzung kostenpflichtiger Internetangebote, wie z. B. der Download von Handylogos oder nicht jungendfreien Inhalten, wird über **0900-Telefonmehrwertnummern** verrechnet. Die Dienstleistung wird über die Telefonrechnung bezahlt. Zu extrem hohen Telefonkosten führt ein Dialer, wenn sich dieser im Hintergrund unaufgefordert installiert. Für jede Minute im Internet muss dann die hohe Gebühr für die Mehrwertnummer bezahlt werden. Dialer funktionieren nur bei Modem-Verbindungen.

❼ **Hacker sind Personen, die unter Umgehung aller Schutzmaßnahmen in fremde Computersysteme eindringen und dort Schaden anrichten.**

Hacker stehlen, verändern oder löschen Daten oder Programme von fremden Rechnern. Häufig missbrauchen sie ihre Opfer-PCs als Plattform für weitere Angriffe.

Kevin Mitnick, geboren 1963 in Kalifornien, war ein bekannter Computer-Hacker. Heute betreibt er eine Security-Firma. Weitere Informationen finden Sie unter www.kevinmitnick.com. (Bild: McCullagh)

❽ **Als Spyware werden Programme bezeichnet, die Daten ausspionieren.**

Mithilfe eines **Key-Loggers** können die Tastatureingaben eines Benutzers, also z. B. auch Accountdaten und Passwörter, protokolliert werden. Ein ausgeforschter Account (eBay oder Firmenzugang) kann seinen Besitzer in große Schwierigkeiten bringen. Auch **Adware** fällt in diese Kategorie von Bedrohungen. Die ausspionierten Surfgewohnheiten von Benutzern werden für eine gezielte Bannerwerbung eingesetzt.

 In Österreich regeln das **Telekommunikationsgesetz** und das **E-Commerce-Gesetz** den Versand von unverlangten E-Mails und SMS. Das Versenden von E-Mails zum Zweck der **Direktwerbung** sowie an **mehr als 50 Personen** sind **unzulässig**.

## Gegenmaßnahmen

Was können Sie tun, um sich bzw. Ihren PC vor diesen Bedrohungen zu schützen?

❶ **Verwenden Sie Antiviren-Software.** Die Virendefinitionen sollten regelmäßig, am besten täglich, aktualisiert werden.

Ein **Patch** ist ein kleines Softwareupdate.

❷ **Installieren Sie regelmäßig alle Patches.** Da es keine fehlerfreie Software gibt, ist es notwendig, bekannte Sicherheitslücken durch Patches zu schließen.

❸ **Verwenden Sie eine Firewall.**

❹ **Sichern Sie wichtige Daten regelmäßig.** Da heute eine externe Festplatte nicht mehr viel kostet, sollten Sie Ihre Daten täglich sichern.

❺ **Öffnen Sie niemals unerwartete E-Mail-Anhänge.** Löschen Sie Mails und Anhänge von Personen, die Sie nicht kennen, ohne diese Mails vorher zu öffnen. Auch die Lesevorschau stellt bereits ein Öffnen der E-Mail dar.

❻ **Arbeiten Sie im Alltag nicht mit Administrator-Rechten.** Für das tägliche Arbeiten sind in den meisten Fällen keine Administrator-Rechte erforderlich. Für das Installieren von Programmen richten Sie sich einen eigenen Benutzer ein, der berechtigt ist, zu installieren.

❼ **Wechseln Sie Browser und E-Mail-Client.** Manchmal kann es sinnvoll sein, auf weniger bekannte Browser und E-Mail-Clients umzusteigen, da hier weniger Bedrohungen lauern.

Unter www.heise.de/security/dienste/browsercheck/ können Sie die Sicherheitseinstellungen Ihres Browsers überprüfen.

❽ **Passen Sie die Sicherheitseinstellungen Ihres Browsers an.**

❾ **Geben Sie persönliche Daten oder Anmeldeinformationen niemals in ein Formular ein.** Banken, Versicherungen oder E-Commerce-Plattformen fragen Sie nie nach Ihren Zugangsdaten – es sei denn, Sie wollen Sich bei Ihrer Bank anmelden, um Transaktionen durchzuführen.

❿ Wenn Sie zu viele Spams bekommen, wechseln Sie Ihre E-Mail-Adresse oder verwenden Sie einen **Spamfilter**.

⓫ **Ändern Sie regelmäßig Ihre Passwörter.** Ein gutes Passwort besteht aus mindestens acht Buchstaben (Klein- und Großbuchstaben), Ziffern sowie Sonderzeichen.

⓬ Verwenden Sie eine **eigene Partition** für Ihre **Daten**.

Lernen  Üben  Sichern  Wissen

**Ü 5.25: Bedrohungen** ★★
Welche Bedrohung liegt in folgenden Fällen vor?
1. Mike lädt sich aus dem Internet ein Spiel herunter. Nach der Installation des Spiels stürzt der Computer ab und alle gespeicherten Daten sind verloren.
2. Eine Freundin schickt Ihnen eine E-Mail mit der Bitte, diese an alle Freunde und Verwandte weiterzuleiten. In dieser Mail geht es um ein sehr gefährliches Virus, dessen Verbreitung es gilt, zu unterbinden.
3. Sie bekommen eine E-Mail mit der Aufforderung, Ihre Kontozugangsdaten in eine Website einzugeben. Falls Sie dies nicht tun, wird Ihr Login in 10 Tagen gesperrt, da sich die Bank vor Betrügern schützen will.

## 4 Firewalls
„Grenzschutz" für Netzwerke und Rechner

Eine **Firewall** ist ein Instrument, das dazu entwickelt wurde, Außenseiter davon abzuhalten, Zugang zu Ihrem Netzwerk zu erhalten. Dieses Instrument ist in der Regel ein unabhängiger Rechner, ein Router oder eine Firewall in einer Box. Es soll den Zugriff auf Netze oder Rechner kontrollieren und nach bestimmten Regeln Zugriffe erlauben oder verwehren. Hierbei ist es sinnvoll, nicht nur Traffic von außen nach innen, sondern auch von innen nach außen zu regeln.

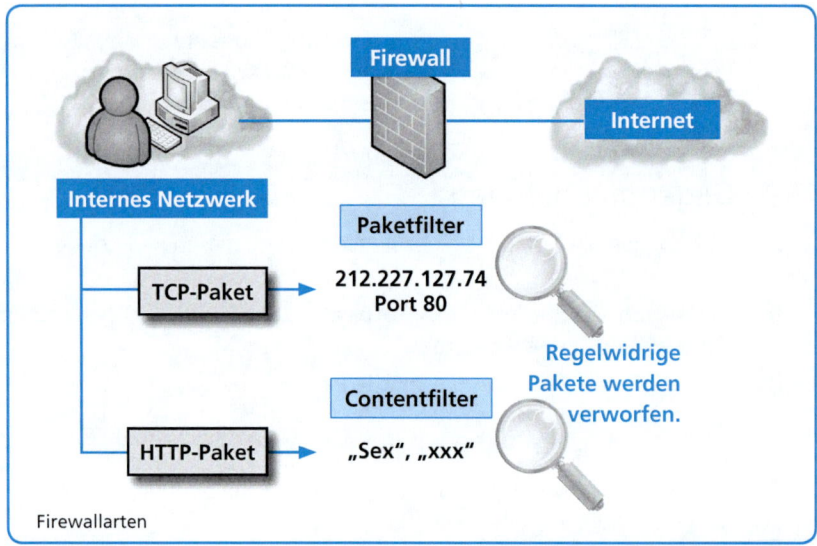
Firewallarten

❶ **Eine Personal Firewall schützt einen einzelnen Rechner eines Netzwerks auf Applikationsebene.**

Sie wird als Software installiert und lässt sich dann mehr oder weniger gut konfigurieren. Möchten sich einzelne Anwendungen mit dem Internet oder dem Netzwerk verbinden, so bekommt der Anwender/die Anwenderin eine Meldung. Es ist dann meist möglich, den Zugriff zu erlauben oder zu verbieten.

❷ **Eine Hardware-Firewall, die auf der Ebene von Paketfiltern arbeitet, erlaubt das Filtern von TCP/IP-Paketen.**

Diese Firewalls arbeiten typischerweise als **Gateway** und untersuchen den Datenverkehr nach bestimmten Regeln (engl. Ruleset). Diese Regeln werden vom Administrator festgelegt und sind meist nach dem Default-Deny-Prinzip aufgebaut.

**Eine Regel könnte lauten:** Erlaube den Traffic aus dem internen Netz auf Port 80 (http). Damit können Mitarbeiter/innen surfen. Eine weitere Regel könnte den E-Mail-Verkehr erlauben. In der letzten Regel wird dann jeglicher weitere Datenverkehr verboten.

*Nach dem Default-Deny-Prinzip ist jeder Zugriff verboten, der nicht explizit erlaubt wurde.*

## Proxy

Proxys (Stellvertreter) dienen als Vermittler zwischen Intranet (firmeneigenem Netz) und Internet. Sie verbergen den Ursprung einer Verbindung im Internet. Der Benutzer baut zunächst eine Verbindung zum Proxy-Server auf, der seinerseits (stellvertretend) die vom Benutzer gewünschte Verbindung zum Zielrechner (z. B. Website) aufbaut. Proxy-Server werden meist zusammen mit Firewalls an der Übergangsstelle vom Intranet zum Internet eingesetzt. Sie können oft auch als Cache-Server betrieben werden. Hier werden statische Seiten (oder Bilder) auf dem Proxy-Server zwischengespeichert. So können einerseits mehr Anfragen bewältigt werden und anderseits ist die Ladezeit für die Seite kürzer, da diese nicht mehr erneut heruntergeladen werden muss. Aufgrund der immer höheren Bandbreiten und der Tatsache, dass sich die Inhalte der dynamischen Webseiten oft ändern, ist die Bedeutung von Proxys zurückgegangen.

## Arten von Firewalls

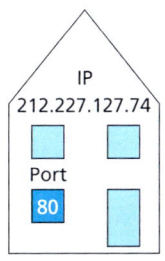

Jedem **Port** ist ein Raum des Hauses, wie z. B. das **World Wide Web** (Port 80), zugeordnet.

Die **IP-Adresse** ist die „Hausnummer" eines Netzwerkteilnehmers.

**FTP** = File Transfer Protocol

❶ **Eine Paketfilter-Firewall ist in der Lage, den Datenverkehr einer bestimmten Internetanwendung auf Portebene zu blockieren.**

**Internetanwendungen** sind einem **Port** zugeordnet, z. B. benutzt das WWW den Port 80. Jedes IP-Paket, das für einen **geblockten Port** bestimmt ist, wird von der Paketfilter-Firewall verworfen. Zusätzlich können bestimmte **IP-Adressräume gesperrt** werden.

Beispielsweise können alle Pakete für den Port 80, die von der IP-Adresse 212.227.127.74 **(galaxywars.de)** kommen, verworfen werden.

❷ **„Stateful Inspection" (zustandsgesteuerte Filterung) nennt man das Erkennen des Datenverkehrs zwischen Absender und Empfänger bei einem Portfilter.**

Datenpakete werden anhand der **IP-Adresse** und der **Portnummer** einem logischen Datenstrom **(Active Session)** zugeordnet. Dadurch ist die Firewall in der Lage, Antwortpakete auf anderen Ports durchzulassen.

Dies ist z. B. bei der Verwendung von **FTP** erforderlich, da dieses Protokoll zwei Ports benötigt. Der **Port 21 (Control Port)** ist für die Authentifizierung des Benutzers und die Übertragung der FTP-Kommandos zuständig, der **Port 20 (Data Port)** für die Datenübertragung.

❸ **Eine Contentfilter-Firewall prüft die Inhalte der übertragenen Datenpakete.**

Der Datenverkehr kann unterbunden werden, wenn eine HTML-Seite oder ein E-Mail **bestimmte Wörter,** wie z. B. „Sex" oder „xxx", enthält. Die Regeln sind einfach zu definieren, aber die Ausführung ist komplex. Dafür müssen die richtigen Pakete zusammengesetzt werden, damit eine HTML-Seite oder eine E-Mail als Ganzes erkannt, durchsucht und verändert werden kann. Anschließend muss die Seite wieder in Pakete zerlegt und an den Benutzer weitergeleitet werden.

## Üben

SbX ID: 1532

**Übungsbeispiele**

**Ü 5.26: Antivirensoftware** ★★
Welche Antivirensoftware ist auf Ihrem Schul-PC installiert?

**Ü 5.27: Wurmangriff** ★★
Im November 2005 breitete sich der W32/Sober.Y-Wurm per E-Mail aus. Welchen Betreff benutzte dieser Wurm? Wer wurde als Absender der E-Mail angegeben? Womit hat dieser Wurm gedroht? Recherchieren Sie die Antworten auf diese Fragen im Internet!

**Ü 5.28: Computervirus** ★★
Wann ist das erste Computervirus entstanden? Erstellen Sie einen geschichtlichen Rückblick!

Informationen zum „Kaspersky Lab" finden Sie unter **www.kaspersky.com**.

**Ü 5.29: Gefahrenstufen ★★**
Das „Kaspersky Lab" nutzt drei Gefahrenstufen, um eine Virusepidemie zu kategorisieren. Wann wird welcher Alarm ausgelöst?

**Ü 5.30: Firewalls ★★**
Recherchieren Sie im Internet drei Firewallprodukte (Hardwarefirewalls) für das Home-Office!

SbX ID: 1532

**Weitere Übungen im SbX**

**Ü 5.31: Bedrohungen ★**
Bearbeiten Sie das Übungsbeispiel „Bedrohungen aus dem Internet"!

**Ü 5.32: H2Ö GmbH ★★**
Erstellen Sie einen Leitfaden zum Thema IT-Sicherheit!

# Sichern

SbX ID: 1533

**In dieser Lerneinheit haben Sie Bedrohungen und Sicherheitsrisiken für die Programme und die Daten Ihres PCs kennengelernt.**

| | |
|---|---|
| Sicherheitsrisiken | Neben **Anwendungsfehlern** können eine hohe **Beanspruchung der Datenträger,** eine Schockbelastung der Festplatte, elektromagnetische Felder oder **Schadprogramme** die Daten zerstören. |
| Virenarten | Viren werden in **Boot-, Datei-** sowie **Makro- und Skriptviren** eingeteilt. |
| Virenaufbau | In der Regel besteht ein Virus aus fünf Programmteilen: dem **Vermehrungsteil,** dem **Erkennungsteil,** dem **Schadensteil,** dem **Bedingungsteil** und dem **Tarnungsteil.** |
| Virenschäden | Schäden, die durch Viren verursacht werden, sind z. B. **überlastete Mailserver, Systemausfälle, zerstörte Daten** oder **Verlust von Speicherkapazität.** Die größten Schäden entstehen durch das Suchen und Beseitigen von Schadprogrammen. |
| Würmer | Würmer **verbreiten sich über E-Mails** und offene **Netzwerkverbindungen.** |
| Trojaner | **Trojanische Pferde** werden von **Hackern** zum **Ausspähen von Systemen** verwendet, um danach den infizierten PC von außen **fernsteuern** und Daten manipulieren zu können. |
| Spam | Als **Spam- oder Junk-Mails** werden **unverlangte Werbemails** bezeichnet. |
| Hoaxes | Hoaxes sind **Falschmeldungen** bezüglich Viren, die jedoch keine Schäden an Hard- oder Software anrichten. |
| Phishing | Durch E-Mails wird versucht, an die **Zugangsdaten für das Online-Banking** zu gelangen. |
| Spyware | Mit Spyware können die **Surfgewohnheiten** ausspioniert und an Dritte weitergeleitet werden. |
| Firewall | Eine Firewall dient dazu, **Nicht-Berechtigten den Zutritt zu Ihrem Netzwerk** zu verwehren. Es wird zwischen **Hardware-Firewalls** und **Software-Firewalls** unterschieden. |
| Proxy | Ein Proxy dient als **Stellvertreter zwischen Intranet und Internet.** |

SbX ID: 1533

**Zusätzlich zu dieser Zusammenfassung finden Sie im SbX eine Audio-Wiederholung zur Wiedergabe mit dem Audio-Player und als MP3-Datei sowie eine Bildschirmpräsentation.**

Lerneinheit 3: Netzwerksicherheit

### W 5.9: Kontrollfragen und -aufgaben
1. Welchen Sicherheitsrisiken sind Unternehmen im IT-Bereich ausgesetzt?
2. Welche Merkmale hat ein Virus?
3. Beschreiben Sie die verschiedenen Programmteile eines Virus mit ihren Funktionen!
4. Wie gelangt ein Virus in einen PC?
5. Wie kann eine Vireninfektion erkannt werden?
6. Wo liegen die Unterschiede bzw. Gemeinsamkeiten zwischen Hoaxes und Spam?

### W 5.10: Hackerangriff simulieren
Rufen Sie die Website **http://193.171.231.91** auf und lösen Sie die Challenges. Unter **Information** bzw. **HowTo's** finden Sie Hinweise zur Lösung der Aufgaben.

Die Website „*got hacked?*" simuliert ein Gästebuch bzw. einen Webshop. Sie können gefahrlos experimentieren.

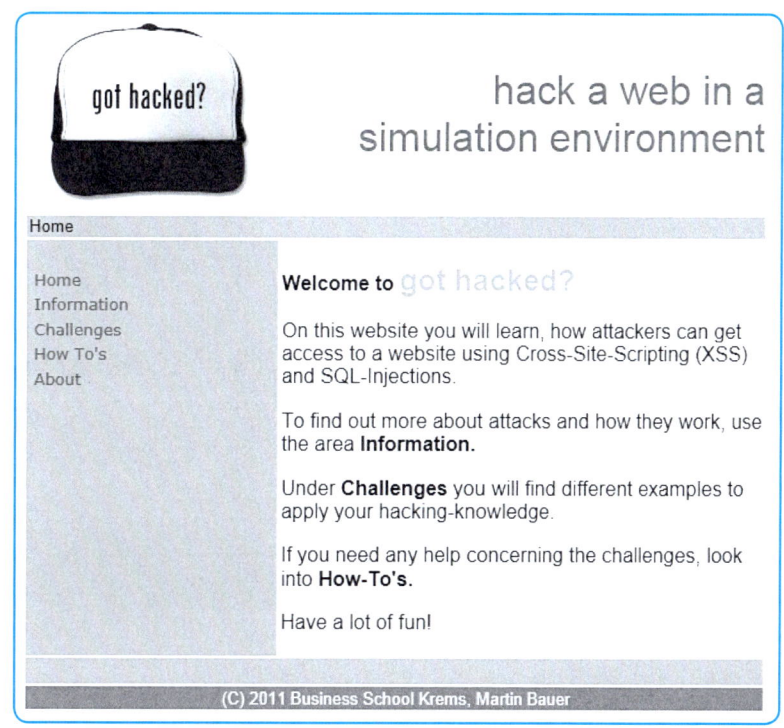

SbX

Sie finden W 5.11 mit automatischer Aufgabenkontrolle unter der ID: 1534.

erledigt: ✔

W 5.11: ☐

### Weitere Aufgabe im SbX

### W 5.11: Internetbedrohungen
Stellen Sie sich dem Quiz „Internetbedrohungen" mit fünf Fragen!

Ein kurzer Wissens-Check bevor's weitergeht!

## Wissens-Check

| | ☺ | 😐 | ☹ |
|---|---|---|---|
| Ich kann Bedrohungen für die Datensicherheit meines PCs erkennen und geeignete Gegenmaßnahmen einleiten. | | | |
| Ich kann Computerviren, Würmer und Trojaner unterscheiden und deren Funktionsweise erklären. | | | |

Angewandte Informatik HTL

# 6 Rechtliche Grundlagen

Zwei Schulfreunde tauschen MP3-Dateien auf einem USB-Stick aus, um sie am iPod zu hören. Eine Baufirma veröffentlicht eine Projektliste mit Kundendaten auf der Website. Der Besitzer eines Kraftfahrzeuges wird von seinem Händler per E-Mail daran erinnert, dass die § 57a-Überprüfung fällig ist. Fälle wie diese passieren täglich. Aber: Was davon ist rechtswidrig?

In diesem Kapitel beschäftigen Sie sich mit rechtlichen Fragen rund um den Einsatz von IT und Internet im Rahmen der Themenschwerpunkte Datenschutz und Urheberrecht einschließlich der Software-Lizenzmodelle. Im Mittelpunkt dieses Kapitels stehen zahlreiche praktische Beispiele, die die rechtliche Problematik veranschaulichen.

Sie beschäftigen sich mit
- dem Schutz persönlicher Daten durch das Datenschutzgesetz und den Aufgaben der Datenschutzkommission sowie
- den rechtlichen Bestimmungen des Urheberrechtsgesetzes.

**Lerneinheit 1: Datenschutz**

| | |
|---|---|
| Lernen | 294 |
| 1 Überblick über die IT-Gesetze | 294 |
| 2 Datenschutzgesetz | 296 |
| 3 Datenschutzkommission | 299 |
| 4 Datenverarbeitungsregister | 300 |
| Üben | 301 |
| Sichern | 302 |
| Wissen | 302 |

**Lerneinheit 2: Urheberrecht**

| | |
|---|---|
| Lernen | 304 |
| 1 Urheberrechtsgesetz | 304 |
| 2 Freie Werknutzung | 307 |
| ✓ Expertenwissen: Software-Lizenzmodelle | 309 |
| Üben | 311 |
| Sichern | 311 |
| Wissen | 312 |

Achtung! In diesem Kapitel teile ich mein Expertenwissen mit besonders Interessierten!

**Mr. Expert**

Informieren Sie sich mit dem ergänzenden Material im SbX, trainieren Sie mit Online-Übungen und wenden Sie Ihr Wissen an!

**Ms. Check**

Angewandte Informatik HTL

## Lerneinheit 1
# Datenschutz

**SbX**
Alle SbX-Inhalte zu dieser Lerneinheit finden Sie unter der ID: 1610.

Stellen Sie sich vor, Sie arbeiten als Praktikant/in in einer Rechtsanwaltskanzlei. In letzter Zeit gab es wiederholt Anfragen betreffend die Veröffentlichung von personenbezogenen Daten. Ein Klient möchte z. B. auf seiner Firmenhomepage eine Liste seiner größten Kunden in Österreich veröffentlichen und fragt an, ob dies rechtlich zulässig sei. Außerdem ist die Frage aufgetaucht, ob die Gewinner/innen eines Preisausschreibens auf der Homepage mit einem Foto präsentiert werden dürfen. Verschaffen Sie sich einen Überblick über das Datenschutzgesetz, um diese Anfragen beantworten zu können!

## Lernen

**SbX** ID: 1611

### 1 Überblick über die IT-Gesetze
Relevante Gesetze für die Informationstechnologie

Die folgende Abbildung gibt einen Überblick über jene österreichischen Gesetze, die die Informationsverarbeitung und deren Auswirkungen auf die Staatsbürger regeln.

Die österreichischen Gesetze gehen mit den **Richtlinien des europäischen Parlaments** konform.

**SbX**
Eine Bildschirmpräsentation mit allen Abbildungen zum Schritt LERNEN finden Sie unter der ID: 1611.

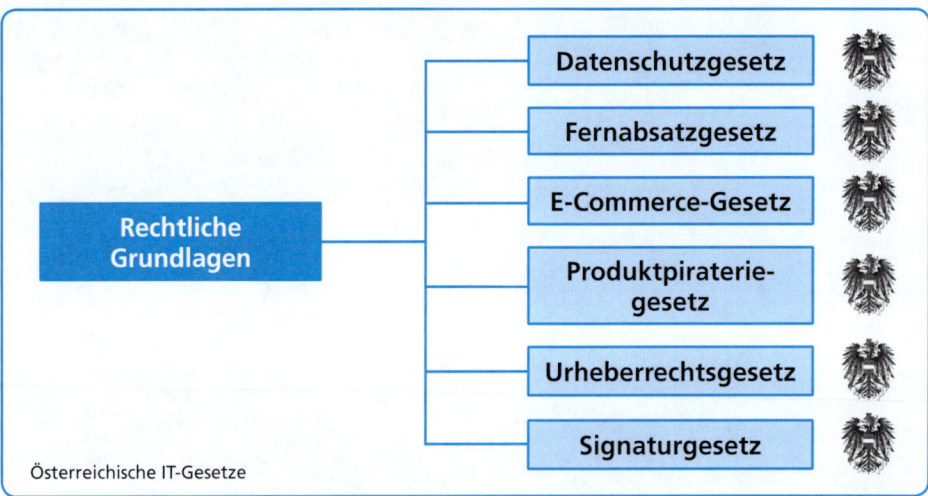

Österreichische IT-Gesetze

### Österreichische IT-Gesetze im Überblick

**❶ Das Datenschutzgesetz (DSG 2000) regelt das Grundrecht auf Datenschutz, die Verwendung von Daten, die Publizität, die Rechte der Betroffenen, die Kontrollorgane sowie die Strafbestimmungen.**

Das DSG 2000 ist die österreichische Umsetzung der europäischen Datenschutzrichtlinie 2002/58/EG. Der **Artikel 1** stellt eine **Verfassungsbestimmung** dar: das Grundrecht jeder Person auf Schutz ihrer persönlichen Daten. Im Unterschied zur EU-Richtlinie umfasst das österreichische DSG 2000 nicht nur natürliche Personen, sondern auch juristische (z. B. Unternehmen und Vereine).

Das Recht auf Schutz der persönlichen Daten ist ein Grundrecht im Verfassungsrang.

Logo der österreichischen Datenschutzkommission

Bei der **Datenschutzkommission** wird das Datenverarbeitungsregister geführt. Jede Person kann sich wegen einer behaupteten Verletzung ihrer Rechte nach dem DSG 2000 mit einer Beschwerde an die Datenschutzkommission wenden (vgl. **www.dsk.gv.at**).

Lerneinheit 1: Datenschutz

6 Rechtliche Grundlagen

**❷ Das Fernabsatzgesetz regelt Vertragsabschlüsse im Fernabsatz, z. B. im Internet.**

Eine **Novelle** erneuert gesetzliche Bestimmungen.

Das FernabsatzG 2000 ist die österreichische Umsetzung der europäischen Fernabsatzrichtlinie 97/17/EG. Es beinhaltet vor allem Novellen zum Konsumentenschutzgesetz und regelt die Form von elektronischen Vertragsabschlüssen für Konsumenten.

**❸ Das E-Commerce-Gesetz regelt den elektronischen Geschäfts- und Rechtsverkehr.**

**E-Commerce** ist der elektronische Geschäftsverkehr.

Private to Private (P2P)
Business to Business (B2B)
Business to Private (B2P)

Das ECG 2001 ist die österreichische Umsetzung der europäischen E-Commerce-Richtlinie 2000/31/EG. Es behandelt vor allem den internationalen elektronischen Geschäftsverkehr, und zwar Vertragsabschlüsse zwischen Privatpersonen (P2P), Unternehmen (B2B) sowie zwischen Unternehmen und Privatpersonen (B2P).

**❹ Das Produktpirateriegesetz regelt das Vorgehen der österreichischen Zollbehörden gegen die Einfuhr von gefälschten Produkten, wie z. B. Raubkopien.**

Das PPG 2004 ist die österreichische Umsetzung der europäischen Produktpiraterie-Verordnung Nr. 1383/2003 und regelt z. B. die Strafen bei der Einfuhr von Raubkopien in den Zollraum der EU.

**❺ Das Urheberrechtsgesetz mit seiner Novelle aus dem Jahr 2003 regelt das geistige Eigentum an Werken der Literatur und Kunst und dessen Schutzrechte.**

Das UrhG umfasst mit seiner Novellierung aus dem Jahr 2003 nun auch spezielle Bestimmungen für Datenbanken und Computersoftware. Es regelt die Nutzung, Verwertung, Vervielfältigung und Verbreitung von Werken.

**Digitale Signatur** bedeutet elektronische Unterschrift.

**❻ Das Signaturgesetz 1999 mit seiner Novelle aus dem Jahr 2001 regelt die Erstellung und Verwendung elektronischer Unterschriften sowie die Erbringung von Zertifizierungsdiensten.**

Das SigG 1999/2001 ermöglicht die Verwendung der elektronischen Unterschrift als Nachweis der Identität des Benutzers im Behörden- (E-Government) und Geschäftsverkehr (E-Commerce), wie z. B. zur Zeichnung einer elektronischen Rechnung. Der Vorsteuerabzug bei elektronischen Rechnungen ist nur dann möglich, wenn diese mit einer digitalen Signatur versehen sind.

Mr. What und Ms. Check

Welche rechtlichen Regelungen gibt es für die Nutzung des Internets?

Ein spezielles Recht zur Regelung des Internets gibt es nicht. Vielmehr regeln die einzelnen Bestimmungen vieler Gesetze und Verordnungen auch und vor allem die Verwendung des Internets, wie z. B. den E-Commerce, die Verwendung von Tauschbörsen oder die Nutzung von E-Mail.

**Europäische Richtlinien** formulieren den Mindeststandard für die lokale Gesetzgebung in den Mitgliedsstaaten der EU. Sie haben aber keinen rechtsverbindlichen Charakter. Die Parlamente der Mitgliedsstaaten bestimmen über die Umsetzung der europäischen Richtlinien in Form von Gesetzen. Dadurch können die **Gesetze der EU-Mitgliedsstaaten** zwar unterschiedlich streng sein, sie müssen aber den Mindestanforderungen der europäischen Richtlinien entsprechen.

**Ü 6.1: Richtlinie/Gesetz** ★★
Beschreiben Sie den Unterschied zwischen einer europäischen Richtlinie und einem Gesetz! Erklären Sie, warum das österreichische Datenschutzgesetz in manchen Punkten strenger als die europäische Richtlinie ist und nennen Sie dafür ein Beispiel!

Angewandte Informatik HTL

▶ Lernen  ● Üben  ● Sichern  ● Wissen

MUSTERUNTERNEHMEN

### L 6.1: IT-Gesetze
Sie arbeiten als Sachbearbeiter/in bei einem Rechtsberatungsunternehmen, zu dessen Klienten auch die H2Ö GmbH gehört. Die Abteilungsleiterin erteilt Ihnen den Auftrag, sich einen Überblick über die Gesetze, die die Arbeit mit der Informationstechnologie betreffen, zu verschaffen. Welche Bedeutung haben europäische Richtlinien und österreichische Gesetze?

a) Darf die H2Ö GmbH auf ihrer Homepage eine Liste ihrer Großkunden veröffentlichen?
Nein, Sie würde damit gegen das Datenschutzgesetz verstoßen.

b) Darf die H2Ö GmbH auf ihrer Homepage die Länder anführen, in die ihre Produkte exportiert werden?
Ja, sofern keine Kundennamen angeführt werden. Ein Land ist keine Person.

c) Welche rechtlichen Regelungen gibt es für die Nutzung des Internets?
Ein spezielles Recht zur Regelung des Internets gibt es nicht. Vielmehr regeln die einzelnen Bestimmungen vieler Gesetze und Verordnungen auch und vor allem die Verwendung des Internets, wie z. B. den Handel in Online-Tauschbörsen oder die Nutzung von E-Mail.

*Mr. What und Ms. Check*

**Darf ein Arzt auf seiner Homepage eine Liste seiner Patienten veröffentlichen?**

Nein! Er würde damit gegen das Datenschutzgesetz verstoßen. Bei derart schweren Verstößen sind sogar Strafbestimmungen anwendbar.

**Darf ich ein Lied von einer CD eines Freundes als MP3-Datei abspeichern und auf meiner Website zum Download anbieten?**

Sofern Sie die CD Ihrem Freund nicht gestohlen haben, sie also „rechtmäßig" erworben haben, dürfen Sie die CD kopieren und die Lieder auch als MP3-Dateien abspeichern. Aber Sie dürfen dies nur für Ihren privaten Gebrauch tun. Das wird von Juristen als Privatkopie bezeichnet. Jedoch würde das Veröffentlichen gegen das Urheberrechtsgesetz verstoßen. Auf Ihre Website dürfen Sie den Song nicht stellen und übrigens auch nicht via Peernetz, wie z. B. „Limewire", an andere weitergeben.

Wie kann der Schutz personenbezogener Daten gewährleistet werden? Was kann man tun, wenn man den Verdacht hat, dass persönliche Daten missbräuchlich verwendet wurden? Muss die Verarbeitung von personenbezogenen Daten gemeldet werden? Begeben Sie sich auf eine interessante Reise durch das Datenschutzgesetz, um alle diese Fragen zu klären!

## 2 Datenschutzgesetz
### Der Schutz personenbezogener Daten

*Die europäische Datenschutzrichtlinie schreibt den Mindeststandard für den Datenschutz in den Mitgliedsländern der EU vor.*

Das **Datenschutzgesetz** aus dem Jahr 2000 (DSG 2000) ist ein Bundesgesetz und basiert auf der europäischen Datenschutzrichtlinie. Es gliedert sich in zwei Artikel, wobei der erste Artikel eine **Verfassungsbestimmung** darstellt. Danach hat jede Person ein **Grundrecht auf den Schutz persönlicher Daten.** Das Gesetz gilt in Österreich für alle natürlichen und juristischen Personen, auch für alle Unternehmen der Europäischen Union, sofern diese eine Zweigniederlassung in Österreich betreiben.

### Prinzipien des Datenschutzes

**❶ Geregelt ist die Verwendung personenbezogener Daten.**

Personenbezogene Daten sind z. B. Vorname, Zuname, Geburtsdatum, Adresse oder von einer Person gekaufte Produkte eines Unternehmens. Unter Verwendung versteht man jede Art von Nutzung, also auch die Speicherung, Weitergabe, Änderung usw.

Lerneinheit 1: Datenschutz

Auch Behörden, wie das Finanzamt und die Sozialversicherungsanstalten, unterliegen dem Datenschutzgesetz.

❷ **Daten von Personen dürfen nur für die zuvor festgelegten Zwecke verwendet werden.**

Ein Arzt darf beispielsweise nur die für seine Tätigkeit unbedingt erforderlichen Daten seiner Patienten speichern (z. B. Name, Sozialversicherungsnummer, Diagnosen, Rezepte). Ein Arbeitgeber darf z. B. die Krankheiten der Angestellten nicht speichern, sehr wohl jedoch die Anzahl der Krankenstandstage, da diese für die Lohnverrechnung benötigt werden.

❸ **Die verwendeten Daten müssen sachlich richtig sein.**

Jede Person hat ein Recht auf Richtigstellung von falsch gespeicherten Daten. Bei Namens- oder Adressänderung muss z. B. eine Firma diese Daten korrigieren.

SbX
Eine Linkliste zum Thema Datenschutz finden Sie unter der ID: 1611.

❹ **Daten von Personen dürfen nur so lange gespeichert werden, wie sie dem ursprünglichen Verwendungszweck dienen.**

Ein ehemaliger Kunde eines Autohauses erhält z. B. jährlich ein Angebot zur § 57a-Überprüfung („Pickerl"), obwohl er das Auto längst verkauft hat. Er hat ein Recht auf Löschung seiner Daten.

| Datenschutzprinzipien | |
|---|---|
| Verwendung personenbezogener Daten | → Recht auf Auskunft |
| nur für eindeutig festgelegte und rechtmäßige Zwecke | → Recht auf Einsicht |
| sachliche Richtigkeit | → Recht auf Richtigstellung |
| Aufbewahrung nur für die Dauer der Verwirklichung des Zwecks der Erhebung | → Recht auf Löschung |

### Ü 6.2: Datenschutz ★★

Aufgrund der Androhung einer Klage seitens eines Lieferanten wird die Datenschutzpolitik des Getränkeherstellers Vitalis hinterfragt. Im Rahmen der letzten Geschäftsleitungssitzung wurden folgende Fragen aufgeworfen:

a) Wie kann ein Unternehmen den Schutz personenbezogener Daten gewährleisten?
b) Was kann getan werden, wenn man den Verdacht hat, dass persönliche Daten missbräuchlich verwendet wurden?
c) Welche Form der Verarbeitung von personenbezogenen Daten muss einer Behörde gemeldet werden?

Formulieren Sie für die nächste Geschäftsleitungssitzung konkrete Maßnahmen zum Schutz der personenbezogenen Daten, um dem Datenschutzgesetz zu entsprechen! Erstellen Sie eine Präsentation und beschreiben Sie die Maßnahmen auf jeder Folie im Notizfeld!

Mr. What und Ms. Check

Wie lang darf ein Autohändler seine Kundendaten speichern?

Die Bundesabgabenordnung (BAO) schreibt für Daten der Buchhaltung, und dazu gehören auch Kundendaten, eine Aufbewahrungsfrist von mindestens sieben Jahren vor.

Angewandte Informatik HTL

## Schutz von Daten

Wer personenbezogene Daten nicht sichert, verstößt gegen das Datenschutzgesetz.

**❶ Schutzmaßnahmen gewährleisten die Vertraulichkeit und Sicherheit der Daten.**

Jeder, der Daten verwaltet, muss Vorkehrungen zur Sicherung des Datenbestandes treffen und darüber Auskunft erteilen, welche Daten er verwaltet. Es sind geeignete Maßnahmen zu ergreifen, um Daten vor Verlust, Zerstörung und unberechtigter Weitergabe zu schützen. Eine Firma muss z. B. die Kundendaten sichern, das Netzwerk vor fremdem Zugriff schützen und die Angestellten über ihre Verschwiegenheitspflichten aufklären.

DVR = Datenverarbeitungsregister

**❷ Jede Person hat ein Auskunftsrecht über die von ihr gespeicherten Daten.**

Jede/r, die/der persönliche Daten verwaltet, muss die Art der Daten vor deren Verarbeitung beim **Datenverarbeitungsregister** melden.

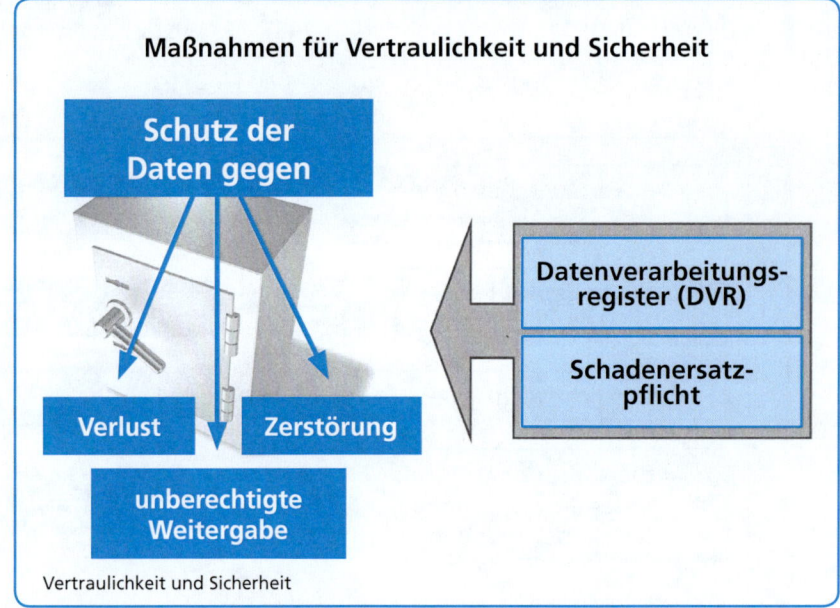

Vertraulichkeit und Sicherheit

Mr. What und Ms. Check

**Wie kann ich mich beim Datenverarbeitungsregister anmelden?**

In Österrreich führt die Datenschutzkommission das Datenverarbeitungsregister. Anmeldeformulare können Sie unter der Webadresse www.dsk.gv.at herunterladen.

**Ich möchte die Adressen meiner Freunde in einer Datenbank verwalten. Muss ich dafür eine Meldung beim DVR vornehmen?**

Nein. Anwendungen für persönliche oder familiäre Zwecke sind von einer Meldung ausgenommen.

**Ein Tischler möchte die Finanzbuchhaltung künftig elektronisch verwalten. Muss er für die Speicherung der Konten eine Meldung beim DVR vornehmen?**

Grundsätzlich ja, es gibt aber für Standardfälle eine Musterverordnung (z. B. für das Rechnungswesen). Sofern die zu verwaltenden Daten in der Musterverordnung enthalten sind, kann eine Meldung entfallen.

**Wie viel kostet die Meldung beim DVR und was erhält man im Zuge der Meldung?**

Die Meldung ist kostenlos. Der Melder erhält eine DVR-Nummer zugewiesen, die er in seiner Geschäftskorrespondenz anzuführen hat.

Die **Datenschutzkommission** führt das **Datenverarbeitungsregister (DVR).** Sie hat aber noch weitere Aufgaben, wie z. B. die Entgegennahme von Beschwerden und die Prüfung von behaupteten Datenschutzverletzungen.

Lerneinheit 1: Datenschutz

## 3 Datenschutzkommission
### Kontrollinstanz für den Datenschutz

Die **Datenschutzkommission** ist für die Einhaltung und die Überwachung des Datenschutzes zuständig. Sie führt auch das **Datenverarbeitungsregister** und ist Anlaufstelle für die **Beschwerdeführung** in Sachen Datenschutzverletzung seitens der Behörden.

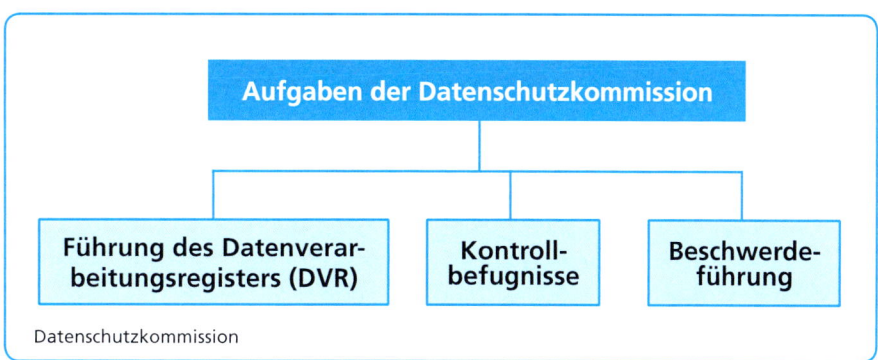

Datenschutzkommission

### Aufgaben der Datenschutzkommission

**❶ Die Datenschutzkommission führt das Datenverarbeitungsregister (DVR).**

Außerdem nimmt sie Meldungen entgegen und erteilt jeder anfragenden Person Auskunft über die von ihr gespeicherten Daten bei Unternehmen, Vereinen und Behörden.

**❷ Die Datenschutzkommission prüft Behauptungen von Personen, die eine Datenschutzverletzung vermuten.**

Jede Person kann sich an die Datenschutzkommission wenden, wenn sie eine Verletzung des Datenschutzes befürchtet. Die Kommission überprüft diese Behauptung und kann alle dafür erforderlichen Unterlagen sowie Einsicht in die Datenspeicherung verlangen.

Unter **www.ris.bka.gv.at/dsk** sind die Bescheide der Datenschutzkommission abrufbar.

**❸ Bei der Datenschutzkommission können Beschwerden über vermutete Datenschutzverletzungen eingebracht werden.**

Datenschutzrechtliche Verletzungen durch Behörden können bei der Datenschutzkommission beeinsprucht werden. Datenschutzverletzungen von Unternehmen oder Privaten sind bei Gericht einzuklagen.

**L 6.2: Datenschutzgesetz**
Ein Steuerberater veröffentlicht eine Liste mit den Namen und Adressen seiner Klienten auf seiner Website. Welche Möglichkeiten bietet das DSG 2000, wenn ein Klient nicht auf der Liste aufscheinen will?

Er kann die Datenschutzkommission anrufen und nachfragen, welche Daten der Steuerberater über seine Klienten speichert. Weiters kann er bei Gericht Unterlassungsklage einreichen.

**Ü 6.3: Auskunftspflicht ★**
Sie sind als Einkäufer/in bei einem Elektronikfachhändler tätig und erhalten einen Telefonanruf eines Lieferanten. Dieser möchte Auskunft darüber erhalten, welche personenbezogenen Daten über ihn gespeichert sind. Müssen Sie dem Lieferanten darüber Auskunft erteilen? Begründen Sie Ihre Antwort!

## 4 Datenverarbeitungsregister
### Meldepflichtige Datenanwendungen

**SbX**
Das DVR-Meldeformular finden Sie unter der ID: 1611.

„Nach den Bestimmungen des Datenschutzgesetzes hat jeder Auftraggeber vor Aufnahme einer Datenanwendung eine Meldung an das **Datenverarbeitungsregister** bei der Datenschutzkommission zu erstatten. Die Meldepflicht betrifft nur personenbezogene Daten, das sind Angaben über Betroffene, deren Identität bestimmt oder bestimmbar ist." (vgl. § 4 Z 1 DSG 2000)
(Quelle: Datenschutzkommission)

### Ausnahmen von der Meldepflicht

Laut **§ 17 Abs. 2 DSG 2000** sind von der Meldepflicht Datenanwendungen ausgenommen, die
- ausschließlich **veröffentlichte Daten** enthalten.
- die Führung von Registern oder Verzeichnissen zum Inhalt haben, die **von Gesetzes wegen öffentlich einsehbar** sind, sei es auch nur bei Nachweis eines berechtigten Interesses.
- **nur indirekt personenbezogene Daten** enthalten.
- von natürlichen Personen ausschließlich **für persönliche oder familiäre Tätigkeiten** vorgenommen werden (§ 45).
- für **publizistische Tätigkeit** gemäß § 48 vorgenommen werden.
- einer **Standardanwendung** entsprechen: Der Bundeskanzler kann durch Verordnung Typen von Datenanwendungen zu Standardanwendungen erklären, wenn sie von **einer großen Anzahl von Auftraggebern** in gleichartiger Weise vorgenommen werden und angesichts des Verwendungszwecks und der verarbeiteten Datenarten die Gefährdung schutzwürdiger Geheimhaltungsinteressen der Betroffenen unwahrscheinlich ist. In der Verordnung sind für jede Standardanwendung die zulässigen Datenarten, die Betroffenen- und Empfängerkreise sowie die Höchstdauer der zulässigen Datenaufbewahrung festzulegen.

**Private Datenanwendungen**, wie z.B. die Adressenverwaltung für die Weihnachtspost, unterliegen nicht der Meldepflicht.

**Standardanwendungen**, wie z.B. Buchhaltung und Kundenverwaltung, unterliegen nicht der Meldepflicht.

**SbX**
Die Anlage 1 zur Standard- und Muster-Verordnung 2004 finden Sie unter der ID: 1611.

Die folgende Abbildung zeigt das **Bundesgesetzblatt zur Standard- und Muster-Verordnung 2004**. In der **Anlage 1** sind alle Standardanwendungen aufgezählt.

# BUNDESGESETZBLATT
## FÜR DIE REPUBLIK ÖSTERREICH

| Jahrgang 2004 | Ausgegeben am 27. Juli 2004 | Teil II |

312. Verordnung:    Standard- und Muster-Verordnung 2004 – StMV 2004

**312. Verordnung des Bundeskanzlers über Standard- und Musteranwendungen nach dem Datenschutzgesetz 2000 (Standard- und Muster-Verordnung 2004 – StMV 2004)**

Auf Grund des § 17 Abs. 2 Z 6 und des § 19 Abs. 2 des Datenschutzgesetzes 2000 (DSG 2000), BGBl. I Nr. 165/1999, zuletzt geändert durch das Bundesgesetz BGBl. I Nr. 136/2001, und § 9 Abs. 2 des E-Government-Gesetzes (E-GovG) BGBl. I Nr. 10/2004, wird verordnet:

§ 1. (1) Die in **Anlage 1** enthaltenen Datenanwendungen gelten als nicht meldepflichtige Standardanwendungen im Sinne des § 17 Abs. 2 Z 6 DSG 2000.

(2) Die in **Anlage 2** enthaltenen Datenanwendungen gelten als gemäß § 19 Abs. 2 DSG 2000 vereinfacht zu meldende Musteranwendungen.

Standard- und Muster-Verordnung 2004 zum DSG 2000

### Ü 6.4: DVR-Nummer ★
Der ortsansässige Elektriker hat bei Ihnen zuhause eine defekte Sicherung repariert. Auf der Rechnung fehlt die DVR-Nummer. Welche Konsequenzen hat dies für die Rechtmäßigkeit der Rechnung? Muss der Elektriker eine DVR-Nummer beantragen?

Lerneinheit 1: Datenschutz

**Der überwiegende Teil der Datenanwendungen ist nicht meldepflichtig!** In diese Regelung fallen private Datenanwendungen, wie z. B. der Rufnummernspeicher in einem Handy, und Standardanwendungen. **Die wichtigsten Standardanwendungen sind:**

- SA001 Rechnungswesen und Logistik,
- SA002 Personalverwaltung für privatrechtliche Dienstverhältnisse,
- SA007 Verwaltung von Benutzerkennzeichen sowie
- SA022 Kundenbetreuung und Marketing für eigene Zwecke.

Die Anlage 1 zur Standard- und Muster-Verordnung 2004 finden Sie unter der ID: 1611.

Eine vollständige Liste aller Standardanwendungen gemäß der Standard- und Muster-Verordnung 2004 zum DSG 2000 finden Sie im SbX.

Nähere Informationen über die Meldepflicht von Datenanwendungen, Formulare für die Meldung sowie den Gesetzestext des DSG 2000 können Sie über die Website der Datenschutzkommission unter **www.dsk.gv.at** abrufen.

 Üben

Übungsbeispiele

Die Standard- und Muster-Verordnung 2004 finden Sie unter der ID: 1612.

### Ü 6.5: Datenschutz ★
Ein Werkzeugbauer möchte eine Buchhaltung und Lohnverrechnung sowie eine Kundendatenbank betreiben. Überprüfen Sie anhand der Standard- und Muster-Verordnung im SbX, welche Daten der Werkzeugbauer ohne Meldung verarbeiten darf!

### Ü 6.6: Golfclub ★
Frau Dr. Notnagl ist Präsidentin in einem Golfclub und möchte eine Mitgliederverwaltung in MS Access erstellen. Muss sie diese Datenanwendung beim DVR melden? Begründen Sie Ihre Antwort!

Den Bescheid der Datenschutzkommission finden Sie unter der ID: 1612.

### Ü 6.7: Arzthonorar ★★
Die Sozialversicherungsanstalt der gewerblichen Wirtschaft (SVA) kündigt einem Arzt den Kassenvertrag, worauf der Arzt soziale Härte einwendet. Die SVA erhält zur Berechnung und Vorschreibung der Pensionsbeiträge vom Finanzamt die Einkommensdaten des Arztes. Sie entgegnet, dass der Arzt im letzten Jahr ein Jahreseinkommen von 500.000 EUR versteuert habe. Von sozialer Härte könne da wohl keine Rede sein. Wie ist das Vorgehen der SVA aus datenschutzrechtlicher Sicht zu beurteilen?

### Ü 6.8: Fußballverein ★
Herr Fritz ist Mitglied im lokalen Fußballverein und möchte eine Mitgliederverwaltung erstellen. Muss Herr Fritz diese Datenanwendung beim DVR melden? Begründen Sie Ihre Antwort!

Sie finden Ü 6.9 mit automatischer Aufgabenkontrolle unter der ID: 1612.

erledigt: ✔
Ü 6.9: ☐

### Weitere Übungen im SbX
### Ü 6.9: Datenschutzprinzipien ★
Vervollständigen Sie die Übersicht zu den Datenschutzprinzipien!

### Ü 6.10: Datenschutz ★★
Bearbeiten Sie das Übungsbeispiel „Datenschutz"!

### Ü 6.11: H2Ö GmbH ★★★
Bearbeiten Sie das Übungsbeispiel „Datenschutz in der H2Ö GmbH"!

**In dieser Lerneinheit haben Sie einen Überblick über die rechtlichen Grundlagen im Bereich der Informationstechnologie erhalten und sich mit dem Datenschutzgesetz und seinen Bestimmungen näher beschäftigt.**

| | |
|---|---|
| Datenschutzgesetz | Das **DSG 2000** ist die österreichische Umsetzung der europäischen Datenschutzrichtlinie. Es regelt die **Verwendung personenbezogener Daten.** Das Grundrecht jeder Person auf Schutz ihrer persönlichen Daten ist eine Verfassungsbestimmung. |
| Datenschutzprinzipien | Die **Datenschutzprinzipien** umfassen das Recht auf Auskunft und Einsicht sowie auf Richtigstellung falscher und Löschung nicht mehr benötigter Daten. |
| Vorsichtsmaßnahmen | Es sind alle geeigneten Maßnahmen zu ergreifen, um den **Verlust,** die **Zerstörung** oder die **Weitergabe** von personenbezogenen Daten zu verhindern. |
| Datenschutzkommission | Zu den Aufgaben der Datenschutzkommission gehören die Führung des **Datenverarbeitungsregisters,** die Überwachung der **Einhaltung des Datenschutzgesetzes** sowie die Prüfung von vermuteten **Datenschutzverstößen.** |
| Datenverarbeitungsregister | Dem DVR sind grundsätzlich alle Datenanwendungen anzuzeigen, in denen **personenbezogene Daten** verwaltet werden. |
| Meldepflicht | Von der Meldepflicht **ausgenommen** sind z. B. **private Datenanwendungen** und **Standardanwendungen,** die im Rahmen der Standard- und Muster-Verordnung festgelegt werden. Standardanwendungen sind z. B. Rechnungswesen, Personalverrechnung und Kundenverwaltung. |

**SbX ID: 1613** Zusätzlich zu dieser Zusammenfassung finden Sie im SbX eine Audio-Wiederholung zur Wiedergabe mit dem Audio-Player und als MP3-Datei sowie eine Bildschirmpräsentation.

### W 6.1: Kontrollfragen und -aufgaben

1. Welche rechtlichen Regelungen gelten in Österreich im Zusammenhang mit der Informationstechnologie?
2. Welche Prinzipien sind im Datenschutzgesetz 2000 festgelegt?
3. Welche Rechte hat eine Person die eigenen personenbezogenen Daten betreffend?
4. Welche Vorsichtsmaßnahmen müssen für die Datenspeicherung ergriffen werden?
5. Welche Aufgaben erfüllt die Datenschutzkommission?
6. Welche Möglichkeiten hat eine Person, wenn sie gegen eine Datenschutzverletzung durch eine Privatperson, einen Verein oder ein Unternehmen vorgehen will?
7. Nennen Sie drei Beispiele, die nicht der Meldepflicht im DVR unterliegen!
8. Was versteht man unter dem Auskunftsrecht?
9. Darf ein praktischer Arzt die gespeicherten Adressen seiner Patientinnen und Patienten an die Apotheke seiner Tochter zu Werbezwecken weitergeben?

### W 6.2: YouTube-Video
Auf YouTube finden Sie ein Video, in dem Sie für einige Sekunden als Besucher/in einer Tanzparty zu sehen sind. Um Ihre Zustimmung zur Veröffentlichung hat Sie bislang niemand gefragt. Wie beurteilen Sie die rechtliche Situation hinsichtlich des Schutzes Ihrer persönlichen Daten? Welche Möglichkeiten sehen Sie, um gegen diese Veröffentlichung vorzugehen? Recherchieren Sie, welche Möglichkeiten Sie haben, um das Video bei YouTube entfernen zu lassen!

Sie finden W 6.3 mit automatischer Aufgabenkontrolle unter der ID: 1614.

erledigt: ✔

W 6.3: ☐

**Weitere Aufgabe im SbX**

### W 6.3: Datenschutz
Lösen Sie das Kreuzworträtsel zum Thema Datenschutz!

Ein kurzer Wissens-Check bevor's weitergeht!

## Wissens-Check

|  | ☺ | 😐 | ☹ |
|---|---|---|---|
| Ich kann Vorsichtsmaßnahmen des Datenschutzes und Aufgaben der Datenschutzkommission nennen. |  |  |  |
| Ich kann Standard-Datenanwendungen aufzählen und meldepflichtige Datenanwendungen im Sinne des DSG erkennen. |  |  |  |
| Ich kann eine DVR-Meldung durchführen. |  |  |  |

## Lerneinheit 2
# Urheberrecht

Für eine Projektarbeit möchten Sie verschiedene Firmenlogos und Produktfotos der Audi AG verwenden. Dafür kopieren Sie Texte und Bilder von der Audi-Homepage. Die PowerPoint-Präsentation soll außerdem mit einem Lied von Abba untermalt werden. Informieren Sie sich über die Bestimmungen des Urheberrechts, um die rechtlich korrekte Vorgehensweise einschätzen zu können!

*Alle SbX-Inhalte zu dieser Lerneinheit finden Sie unter der ID: 1620.*

# Lernen

SbX ID: 1621

## 1 Urheberrechtsgesetz
### Der Schutz geistigen Eigentums

Der Urheber eines Werkes hat das Recht, auch als solcher genannt zu werden (Persönlichkeitsrecht). Die Nennung kann mit dem richtigen Namen, anonym oder mit einem Pseudonym erfolgen, wobei der Urheber entscheiden kann, wie diese Nennung zu erfolgen hat.

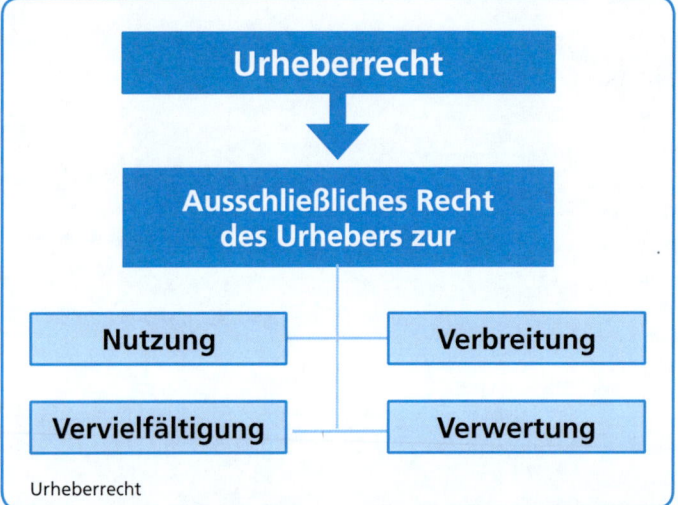
Urheberrecht

*Eine Bildschirmpräsentation mit allen Abbildungen zum Schritt LERNEN finden Sie unter der ID: 1621.*

Der Urheber darf über Nutzung, Verbreitung, Vervielfältigung und Verwertung seines Werkes entscheiden.

*Ein Copyright-Vermerk ist in Europa nicht erforderlich, um das Werk urheberrechtlich zu schützen.*

### Entstehen und Erlöschen des Urheberrechtes

**❶ Das Urheberrecht entsteht mit der Vollendung des Werkes.**

Eine Kundendatenbank ist auch dann urheberrechtlich geschützt, wenn sie keinen Copyright-Vermerk aufweist. Gleiches gilt für Webseiten, Fotos, Texte und Computerprogramme. Copyright-Vermerke verweisen auf das amerikanische Copyright. In der Europäischen Union ist jede geistige Schöpfung urheberrechtlich geschützt.

**❷ Die Rechte an einem Werk erlöschen 70 Jahre nach dem Tod des Urhebers.**

Die „Kleine Nachtmusik" von Wolfgang Amadeus Mozart darf von jedem gespielt, aufgezeichnet und vervielfältigt werden. Dies gilt aber nicht für die Aufzeichnung des Stückes durch die Wiener Philharmoniker oder für gedruckte Notenblätter, denn dafür liegt das Urheberrecht bei anderen.

## Lerneinheit 2: Urheberrecht

Eine Linkliste zum Thema Urheberrecht finden Sie unter der ID: 1621.

Das **Urheberrechtsgesetz** (UrhG 2003) gewann in den letzten Jahren zunehmend an Bedeutung. In Österreich verfügt jeder zweite Haushalt über einen Internetanschluss und damit über die Möglichkeit, digitale Kopien von Fotos, Musik und Videos herzustellen. Um die Rechtmäßigkeit ihres Vorgehens kümmern sich viele Benutzer leidlich wenig:

> **150 heimische Tauschbörsen-User zahlen Schadenersatz an Musikwirtschaft**
>
> Von den 275 Verfahren gegen österreichische Benützer von Internet-Musiktauschbörsen, die der Verband der österreichischen Musikwirtschaft IFPI Austria wie angekündigt eingeleitet hat, wurden bisher 150 größtenteils außergerichtlich beigelegt, wobei sich die ertappten Filesharer u. a. zur Zahlung von jeweils bis zu EUR 5.500,– Kosten- und Schadenersatz verpflichtet haben. Das Vorgehen gegen Downloader sieht die IFPI durch gerichtliche Grundsatzentscheidungen geklärt: So hat etwa in Österreich der Oberste Gerichtshof mit dem Urteil vom 26.7.2005 klargestellt, dass Internetprovider bei Gesetzesverstößen zur Auskunft über Name und Adresse der User verpflichtet sind. Weiters habe eine einstweilige Verfügung des Handelsgerichts Wien bestätigt, dass bei der Teilnahme an Filesharing Urheberrecht verletzt wird.
>
> Der Verband der österreichischen Musikwirtschaft wird die „Aktion scharf" im nächsten Jahr fortsetzen. Neben Österreich wird weltweit in weiteren 16 Ländern in Europa, Nord- und Südamerika, Asien und Australien mit rechtlichen Schritten gegen die illegale Verbreitung von Musik im Internet vorgegangen.
>
> Auszug aus „Der Standard" vom 16.11.2005

### L 6.3: Verbreitungsrecht

Peter möchte seiner Freundin in einer E-Mail ein Bild mit einer roten Rose schicken. Darf er aus der Google-Bildersuche ein Rosenbild kopieren und dieses in seiner E-Mail einfügen?

Nein. Er müsste den Betreiber der verlinkten Website fragen, ob dieser damit einverstanden ist, dass er das Bild verwendet. Wirklich problematisch wird es allerdings erst, wenn Peter das Bild z. B. auf seiner eigenen Website veröffentlicht. Die Nutzung von Bildern aus Clipart-Bibliotheken ist dagegen problemlos möglich, da die Urheber einer uneingeschränkten Nutzung zugestimmt haben. Im Zweifelsfall sollten die rechtlichen Hinweise der Betreiber dieser Seiten beachtet werden.

### L 6.4: Nutzungsrecht

Ein Lehrer sendet an eine Kollegin eine E-Mail mit einigen Schularbeitsaufgaben und dem Vermerk „Zu deiner privaten Verwendung". Darf die Kollegin die Schularbeitsaufgaben an andere Lehrerkolleginnen und -kollegen weitergeben?

Nein. Sie darf die Aufgaben nur für sich selbst verwenden. Selbst bei einer Nutzung in einer ihrer Schularbeiten müsste sie nachfragen, ob es in Ordnung wäre, wenn sie die Beispiele an ihre Schüler/innen weitergibt.

### L 6.5: Plagiat

Das Übernehmen von Textpassagen ohne einen Hinweis auf den Urheber wird als **Plagiat** bezeichnet.

Darf eine Schülerin/ein Schüler Textinhalte von Webseiten kopieren und im Rahmen einer schulischen Projektarbeit verwenden?

Ja, sofern der Autor/die Autorin (Urheber), der Name der Publikation bzw. Webseite und das Datum der Veröffentlichung angeführt werden (Zitierrecht). Allerdings ist das wörtliche Zitieren nur für kurze Textpassagen gestattet. Das seitenweise Kopieren von Texten aus anderen Arbeiten ist nicht zulässig!

## Wofür braucht man die Zustimmung des Urhebers?

Wie Sie in den Lehrbeispielen gesehen haben, bedürfen **die Vervielfältigung und die Verbreitung** der Zustimmung des Urhebers. Die Bearbeitung und die freie Werknutzung sind aber grundsätzlich zulässig.

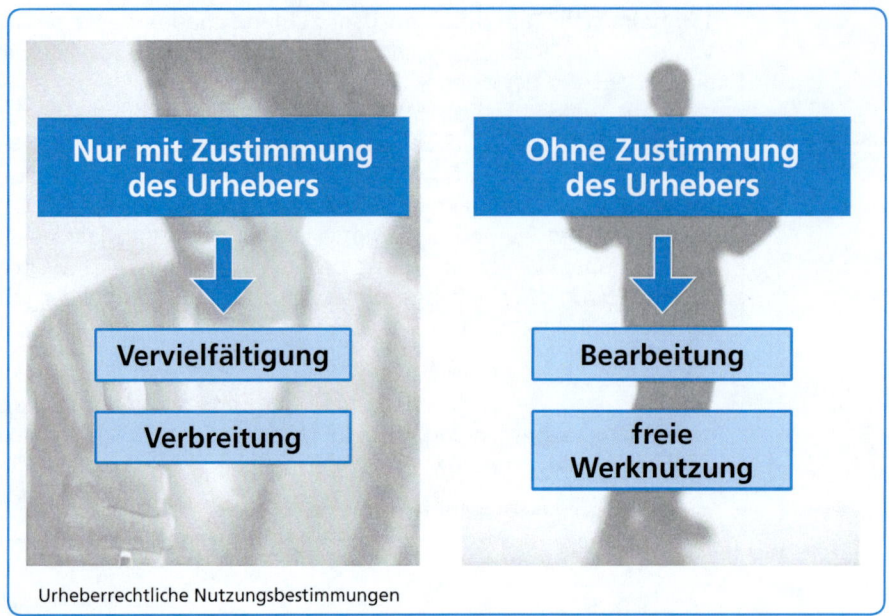

Urheberrechtliche Nutzungsbestimmungen

### Vervielfältigung, Verbreitung und Bearbeitung

❶ **Unter Vervielfältigung versteht man jede Herstellung einer körperlichen Kopie.**
Darunter fallen z. B. das Kopieren eines Bildes, der Tonmitschnitt eines Popkonzerts, das Kopieren eines Videofilms, das Bauen eines Hauses nach einem Plan, das Kopieren einer CD.

❷ **Unter Verbreitung versteht man die Weitergabe an andere, wie z. B. durch Veröffentlichung oder Upload.**
Mit der Darstellung eines Bildes auf der eigenen Website wird dieses veröffentlicht, also verbreitet. Auch der Upload einer MP3-Datei bei einer Musiktauschbörse ist eine Verbreitung.

❸ **Durch die Bearbeitung eines urheberrechtlich geschützten Werkes kann ein neues Werk entstehen, das selbst schutzwürdig ist.**
Im Rahmen eines Projektes verwendet ein Schüler z. B. eine Darstellung aus dem Internet, die er verändert und ergänzt. Für die neue Abbildung liegen die Urheberrechte beim Schüler und dem ursprünglichen Ersteller.

Eine **freie Bearbeitung** liegt vor, wenn das **Original zur Anregung** dient: Ein Maler wird z. B. von einem Bild dazu inspiriert, ein bestimmtes Motiv selbst zu malen. Abpausen fällt nicht unter eine freie Bearbeitung, sondern stellt eine Vervielfältigung dar.

Der **Upload** im Rahmen eines Peer-Netzes, wie z. B. **Kazaa** oder Limewire, stellt eine **Verbreitung** dar.

**Ü 6.12: Bildersuche** ★★
Darf mithilfe der Google-Bildersuche eine Landkarte gesucht, bearbeitet und auf einer Firmenhomepage abgebildet werden? Liegt eine freie Bearbeitung vor? Begründen Sie Ihre Entscheidung!

**Ü 6.13: Video** ★★
Eine Bekannte fragt, ob sie in einem Vortrag bei einer Händlertagung ein Video abspielen darf, das sie aus dem Internet heruntergeladen hat. Weiters möchte sie das Video anschließend den Händlern auf einer CD überreichen. Wie beurteilen Sie die rechtliche Situation?

Mr. What und Ms. Check

**Im Louvre mache ich ein Foto vom Bild der Mona Lisa. Darf ich das?**

Ja, solange Sie das Foto nicht als das Original anbieten.

**Darf ich dich in Anlehnung an das Bild der Mona Lisa malen?**

Ja, in diesem Fall liegt eine freie Bearbeitung vor.

## 2 Freie Werknutzung
Nutzung ohne die Zustimmung des Urhebers

Die freie Werknutzung ist auch ohne Zustimmung des Urhebers zulässig und kann in drei Formen eingeteilt werden:

### Formen der freien Werknutzung

*Zwischenspeicherung und Zitierfreiheit fallen unter die freie Werknutzung.*

**❶ Freie Werknutzung als Teil eines technischen Verfahrens**

Darunter fällt z. B. das Caching (Zwischenspeichern) von Informationen. So werden Internetseiten häufig auf einem Proxy gespeichert, um die Zugriffszeiten zu verkürzen.

*Software und Schulbücher fallen nicht unter die freie Werknutzung.*

**❷ Freie Werknutzung im allgemeinen Interesse**

Darunter fallen die Beweissicherung bei Gericht, die Vervielfältigung und Verbreitung zum Schul- und Unterrichtsgebrauch (gilt nicht für Schulbücher), die Aufführung von Werken in einem Geschäft zum Zwecke des Verkaufes und die Zitierfreiheit (genaue Quellenangabe erforderlich).

**❸ Freie Werknutzung im persönlichen Interesse (Privatkopie)**

Nach § 42 UrhG darf „jedermann … von einem Werk einzelne Vervielfältigungsstücke zum eigenen Gebrauch herstellen". Alle Personen (natürliche und juristische) dürfen „einzelne" Kopien (laut Rechtsprechung maximal sieben Stück) von einem Werk herstellen. Jedoch darf für die Herstellung der Kopien kein Kopierschutz umgangen werden.

*Wer einen Kopierschutz umgeht, macht sich strafbar!*

Die Verbreitung und Verwertung sind im Rahmen der freien Werknutzung nicht zulässig. Bei Computerprogrammen sind nur Sicherungskopien erlaubt – keine freie Werknutzung!

**Ü 6.14: Software ★**
Ein Schulfreund borgt Markus seine Original-Windows-7-DVD zur Installation des Betriebssystems auf dessen Notebook. Als der Klassenlehrer den Vorgang beobachtet, stellt er Markus zur Rede und verlangt Aufklärung. Markus meint, dass er nichts Unrechtes mache, da die Privatkopie im Rahmen der freien Werknutzung erlaubt sei. Nehmen Sie dazu kritisch Stellung und erklären Sie die rechtliche Situation!

Mr. What und Ms. Check

**Was bedeutet der Begriff „Raubkopie"?**

Eine Raubkopie ist eine illegal angefertigte Kopie.

Die Internetprovider sind zur Herausgabe der IP-Adressen verpflichtet. Wer eine Tauschbörse verwendet, ist nicht anonym!

### L 6.6: Tauschbörsen

Frau Mag. Heinz bereitet den Messeauftritt der H2Ö GmbH bei einer Spezialmesse für Trink- und Mineralwasser in Dubai vor. Sie sucht eine passende Hintergrundmusik zur Untermalung einer Produktpräsentation.

a) Darf Frau Mag. Heinz bei einer Musiktauschbörse eine MP3-Datei eines Musikstückes der Wiener Philharmoniker herunterladen?

Grundsätzlich ja, denn die Herstellung einer Privatkopie zur persönlichen Nutzung ist zulässig (freie Werknutzung). Sie muss beim Herunterladen allerdings beachten, dass sie die Datei nicht für den Upload freigibt. Da dies dem Grundgedanken von Tauschbörsen widerspricht, kann der Upload bei vielen Tauschbörsen nicht verhindert werden. Dieser ist jedoch strafbar.

b) Darf Frau Mag. Heinz das heruntergeladene MP3-Musikstück an einen Kollegen weitergeben?

Nein, denn die Verbreitung ist durch die freie Werknutzung nicht gedeckt.

c) Wenn Frau Mag. Heinz das gleiche Stück auf einer CD hat – darf sie die CD an einen Kollegen weitergeben?

Ja. Der Kollege darf einzelne Kopien der CD anfertigen, sofern die CD keinen Kopierschutz hat, und diese anhören. Aber er darf die Kopien nicht weitergeben.

d) Darf Frau Mag. Heinz das Musikstück, das sie auf einer CD hat, in eine MP3-Datei umwandeln (rippen) und diese auf der Messe in Dubai abspielen?

Sie darf das Lied in eine MP3-Datei umwandeln und zur eigenen Verwendung benutzen (z. B. im MP3-Player). Die öffentliche Aufführung der Kopie ist eine Verbreitung und daher nicht zulässig.

Die Verwendung von Tools zur Umgehung eines Kopierschutzes ist strafbar, der Besitz der Tools nicht.

e) Darf Frau Mag. Heinz von einer gekauften Film-DVD eine Kopie anfertigen?

Nein, da jede Film-DVD mit einem Kopierschutz versehen ist. Die Benutzung von Tools, die den Kopierschutz umgehen, ist strafbar.

f) Frau Mag. Heinz soll einen Vortrag an einer Tourismusschule halten. Sie findet in einem Schulbuch eine interessante Abbildung, die sie für die Schüler/innen kopieren und beim Vortrag einsetzen möchte. Darf sie das?

Nein, Schulbücher sind von der freien Werknutzung ausgenommen, da sie ihrem Wesen nach für den Unterrichtseinsatz gedacht sind.

g) Darf Frau Mag. Heinz eine Privatkopie von der Microsoft-Office-Original-CD der H2Ö GmbH anfertigen und auf dem Heim-PC installieren?

Nein, für Software gibt es keine Privatkopien. Hierfür sind nur Sicherungskopien zulässig.

Computersoftware ist von der freien Werknutzung ausgenommen und darf nur zu Sicherungszwecken für den eigenen Bedarf kopiert werden. Die Weitergabe und Vervielfältigung in Form der Privatkopie ist, anders als bei der CD, nicht erlaubt. Allerdings gibt es auch hier Ausnahmen, die unter dem Begriff „freie Software" zusammengefasst werden.

**Eine Linkliste zu Open-Source-Software finden Sie unter der ID: 1621.**

In den letzten Jahren wurde die **Open-Source-Software** immer beliebter. Häufig wird Open-Source mit **Linux** in Verbindung gebracht. Es gibt aber auch für Microsoft Windows zahlreiche Open-Source-Programme, wie z. B. OpenOffice, Gimp, Pov-Ray, Apache oder Mozilla. Eine Linkliste zum Thema Open-Source-Software finden Sie im SbX.

Lerneinheit 2: Urheberrecht

Expertenwissen für besonders Interessierte

## Achtung! Expertenwissen: Software-Lizenzmodelle

Software kann hinsichtlich des verwendeten Lizenzmodells in **proprietäre und freie Software** eingeteilt werden. Die folgende Abbildung gibt einen Überblick über die unterschiedlichen Lizenzformen und Begriffe.

**Proprietäre Software:** jede Software, die nicht frei ist.

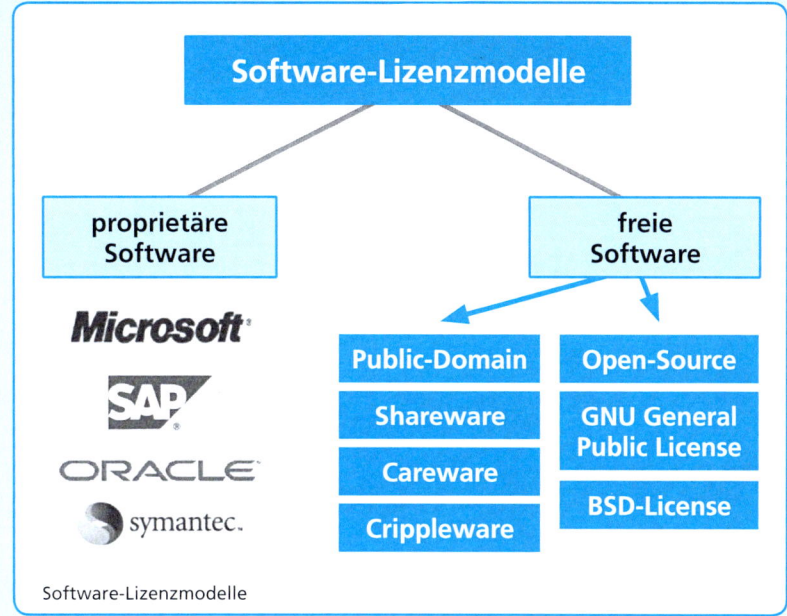

Software-Lizenzmodelle

### Lizenzmodelle bei proprietärer und freier Software

EULA = End User License Agreement

**❶ Die Lizenzierung proprietärer Software ist meist kostenpflichtig. Die Nutzungsrechte sind in der EULA des jeweiligen Softwareherstellers geregelt.**

Die Lizenzierung proprietärer Software, wie z. B. jener von Microsoft, SAP, Oracle, Symantec, Adobe etc., ist kostenpflichtig. Der Benutzer erhält ein eingeschränktes Nutzungsrecht für die Software, das in einem Lizenzvertrag für Enduser (EULA) geregelt ist. Eine Verletzung der EULA kann Schadenersatzforderungen seitens des Softwareherstellers nach sich ziehen.

Mit der Installation wird die EULA akzeptiert.

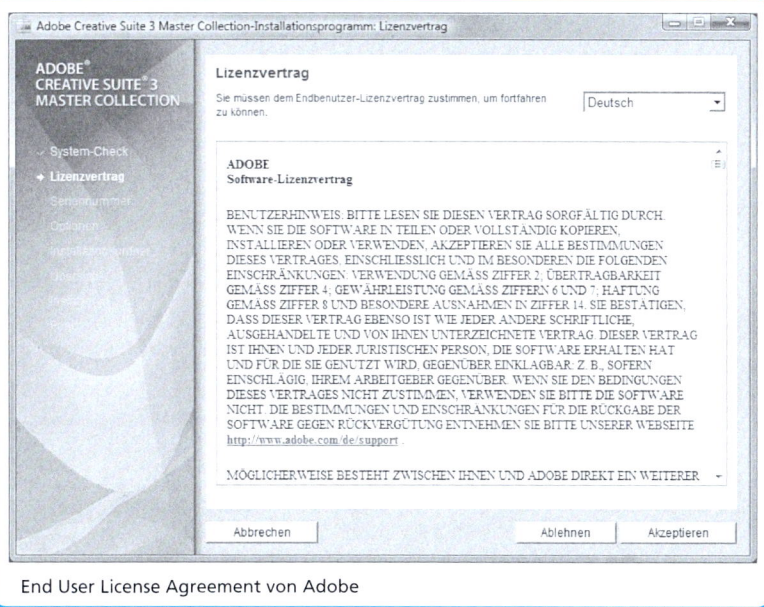

End User License Agreement von Adobe

Bei proprietärer Software ist eine Vervielfältigung oder Weitergabe der Lizenz nur mit ausdrücklicher Zustimmung des Lizenzgebers zulässig. Einzige Ausnahme bildet die Erstellung einer privaten Sicherungskopie des Datenträgers der Software.

Angewandte Informatik HTL

▶ Lernen  ⏸ Üben  ⏺ Sichern  ▶ Wissen

❷ Unter dem Begriff „Freie Software" werden alle Lizenzmodelle zusammengefasst, die eine kostenlose Nutzung der Software, deren Vervielfältigung und deren Weitergabe ermöglichen.

Freie Software wird in folgende Kategorien eingeteilt:

*OpenOffice und Linux sind Beispiele für Open-Source-Software.*

- **Open-Source-Software**
  Diese wird unter der **GNU General Public License** vertrieben und erlaubt die kostenlose Nutzung, Veränderung, Vervielfältigung und Verbreitung der Software. Bei Open-Source-Software ist der Quellcode enthalten, der auch verändert werden darf.

- **BSD-License**
  Der wesentliche Unterschied zwischen Open-Source und BSD besteht darin, dass die BSD-License den Autor nicht zur Herausgabe des Quellcodes verpflichtet.

- **Public-Domain-Software**
  Diese Software unterliegt in den USA keinem Copyright. Da in Europa aber das Urheberrecht auf jeden Fall gilt, hat sich hierzulande auch der Begriff **Freeware** eingebürgert.

*WinZIP ist ein Beispiel für Shareware.*

- **Shareware**
  Hierbei handelt es sich um kommerzielle, also proprietäre Software, die frei verbreitet werden darf. Nach einer festgelegten Probezeit muss die Lizenzgebühr entrichtet werden.

- **Careware**
  Careware-Autoren bitten um eine gemeinnützige Spende.

- **Crippleware**
  Crippleware ist eine Demoversion und soll einen Kaufanreiz für die Vollversion bieten.

Es gibt zahlreiche Unternehmen, die freie Software verkaufen (z. B. Suse oder Redhat). Der Kaufpreis wird für Datenträger und Handbücher verlangt. Die Lizenz ist gratis und darf auch beliebig oft kopiert werden.

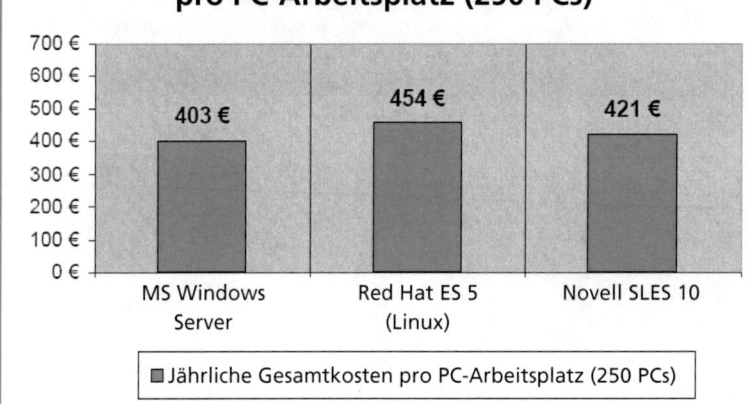

Serverinfrastrukturen im TCO-Vergleich (Quelle: Experton Group AG im Auftrag der Microsoft Deutschland GmbH)

**Ist freie Software gratis?**
Der Betrieb jeder Software kostet Geld für Support, Fehlersuche und -behebung, Schulung usw. Ob proprietäre oder freie Software in Summe günstiger ist, muss im Einzelfall genau geprüft werden. Dafür werden z. B. die Gesamtkosten der Nutzung einer Software (= Total Costs of Ownership) berechnet und verglichen.

*Ms. Check und Mr. Expert*

**Ist der Betrieb von freier Software mit Kosten verbunden?**

Der Betrieb jeder Software kostet Geld für Support, Fehlersuche und -behebung, Schulung usw. Ob proprietäre oder freie Software in Summe günstiger ist, muss im Einzelfall genau geprüft werden.

310  Angewandte Informatik HTL

# Üben

Übungsbeispiele

### Ü 6.15: Skriptum ★★
Herr Bruckner findet im Internet ein Skriptum zum Thema Webseitengestaltung. In der Fußzeile des Skriptums befindet sich folgender Hinweis: „© 2005 Ludwig Heine, Paderborn – Alle Rechte vorbehalten".

a) Darf Herr Bruckner das Skriptum im Rahmen eines Referats in der Schule zitieren? Begründen Sie Ihre Antwort!

b) Darf Herr Bruckner in der Fußzeile seinen eigenen Namen eintragen und das Skriptum danach für einige Seminarteilnehmer am WIFI kopieren? Begründen Sie die Antwort!

c) Darf Herr Bruckner eine Grafik aus dem Skriptum mit PowerPoint nachzeichnen und durch eigene Anmerkungen erweitern? Muss er unter diese Grafik den Namen Ludwig Heine schreiben? Begründen Sie Ihre Antwort!

### Ü 6.16: Schulbuch ★★
Frau Riedl ist Lehrerin in einer Volksschule. In einem deutschen Schulbuch findet sie eine geeignete Aufgabe für ihre Klasse. Darf sie eine Seite aus dem Schulbuch für ihre Schüler/innen kopieren, wenn sie die Zitierregeln genau einhält? Begründen Sie Ihre Antwort!

### Ü 6.17: Linux ★★
Darf Frau Moser eine Linux-Distribution unter der Open-Source-Lizenz aus dem Internet herunterladen, auf CD brennen und dann die CD um 10 Euro verkaufen? Begründen Sie Ihre Antwort!

### Ü 6.18 zum Expertenwissen: Freie Software ★
Worin unterscheiden sich Open-Source- und Public-Domain-Lizenzen?

### Ü 6.19 zum Expertenwissen: Proprietäre Software ★★
Wie ist die folgende Aussage zu beurteilen: „Microsoft stellt nur proprietäre Software her. Wer freie Software will, muss zu Linux greifen."

Sie finden Ü 6.20 mit automatischer Aufgabenkontrolle unter der ID: 1622.

erledigt: ✔
Ü 6.20: ☐

**Weitere Übung im SbX**

### Ü 6.20: Urheberrecht ★
Vervollständigen Sie die Übersicht zum Thema Urheberrecht und Nutzungsrechte!

# Sichern

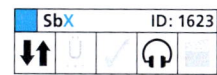

**In dieser Lerneinheit haben Sie das Urheberrecht, seine praktische Anwendung und die Software-Lizenzmodelle kennengelernt.**

Rechte des Urhebers — Der Urheber hat das **ausschließliche Recht** zur Nutzung, Vervielfältigung, Verbreitung und Verwertung seines geistigen Eigentums.

Zustimmung des Urhebers — Für die **Vervielfältigung und Verbreitung** ist die Zustimmung des Urhebers erforderlich. Zur Bearbeitung und freien Werknutzung bedarf es keiner Zustimmung durch den Urheber.

Bearbeitung — Durch die Bearbeitung eines Werkes kann ein **neues schutzwürdiges Werk** entstehen.

Freie Werknutzung — Unter die freie Werknutzung fallen das **Zwischenspeichern,** das **freie Zitieren** und die **Privatkopie.** Von der freien Werknutzung ausgenommen sind Computersoftware und Schulbücher.

**Proprietäre Software**

Proprietäre Software ist **meist kostenpflichtig.** Die Nutzungsrechte sind in der **EULA** des jeweiligen Softwareherstellers geregelt.

**Freie Software**

Unter dem Begriff der freien Software werden folgende Lizenzmodelle zusammengefasst: **Open-Source** unter der **GNU General Public License** (GNU-GPL), **BSD-License, Public-Domain, Shareware, Careware, Crippleware.**

SbX
ID: 1623

**Zusätzlich zu dieser Zusammenfassung finden Sie im SbX eine Audio-Wiederholung zur Wiedergabe mit dem Audio-Player und als MP3-Datei sowie eine Bildschirmpräsentation.**

### W 6.4: Kontrollfragen und -aufgaben

1. Für welche Formen der Nutzung geistigen Eigentums muss keine Zustimmung des Urhebers vorliegen?
2. Was bedeutet freie Werknutzung?
3. Wann verjährt das Urheberrecht?
4. Ist die Sicherungskopie einer Windows-Installations-DVD eine Privatkopie im Sinne der freien Werknutzung?
5. Ist es zulässig, eine Linux-DVD zehnmal zu kopieren und an Freunde zu verteilen?
6. Erklären Sie den Unterschied zwischen GNU-GPL und BSD!
7. Darf für eine Linux-Lizenz ein Nutzungsentgelt verrechnet werden?
8. Dürfen der Quellcode von Open-Source-Software verändert und das neue Programm als proprietäre Software gegen Entgelt lizenziert werden?

### W 6.5: Produktpräsentation

Für eine Produktpräsentation eines Autohauses sollen verschiedene Firmenlogos und Produktfotos der Audi AG verwendet werden. Dafür sollen auch Texte und Bilder von der Audi-Homepage kopiert werden. Die PowerPoint-Präsentation soll außerdem mit einem Lied von ABBA untermalt werden. Verfassen Sie einen Text mit Ihrer rechtlichen Einschätzung in Form einer E-Mail an die Geschäftsleitung des Autohauses.

SbX
Sie finden W 6.6 mit automatischer Aufgabenkontrolle unter der ID: 1624.

erledigt: ✔
W 6.6: ☐

**Weitere Aufgabe im SbX**

**W 6.6: Urheberrechtsgesetz**
Lösen Sie das Kreuzworträtsel zum Thema Urheberrechtsgesetz!

**Zum Schluss ein kurzer Wissens-Check!**

## Wissens-Check

|  | ☺ | 😐 | ☹ |
|---|---|---|---|
| **Ich kann die ausschließlichen Rechte des Urhebers aufzählen.** |  |  |  |
| **Ich kann die Bearbeitung bzw. freie Werknutzung erklären.** |  |  |  |
| **Ich kann Software-Lizenzmodelle unterscheiden.** |  |  |  |

# Stichwortverzeichnis

**A**bstrakte Klassen .......................................... 150
Abstrakte ........................................................ 150
Accesspoint ................................................... 252
Adressierung ................................................. 268
Adressklassen ............................................... 269
Algorithmen ................................................... 54
Allen, Paul ...................................................... 11
Animationen ................................................... 20
APIPA ........................................................... 270
Apple ............................................................. 10
ARP ............................................................... 277
Arrays ............................................................ 88
ASP.NET ....................................................... 158
Assembler ....................................................... 3
Assoziationsklasse ....................................... 200
Attribut ......................................................... 205

**B**edingte Schleifen ....................................... 82
Beziehung .................................................... 205
Bitmap-Grafiken ............................................ 21
Broadcast ..................................................... 271

**C**++ .............................................................. 3
Casting ........................................................... 67
Chen, Peter .................................................. 205
CIDR ............................................................. 270
Client-Server ................................................ 250
Codd, Edgar F. ............................................. 204
Codierung ...................................................... 56
Collections ................................................... 108
Compiler .............................................. 2, 57, 62
Computerviren ............................................. 283
Contentpage ................................................ 165
Cooper, Alan .................................................. 57
CSMA/CD ..................................................... 255
CSS ............................................................... 162

**D**atenbankzugriff ....................................... 173
Datenkapselung ........................................... 267
Datenmodelle .............................................. 192
Datenschutzgesetz ....................................... 296
Datenschutzkommission ............................. 299
Datenschutzprinzipien ................................. 297
Datenstrukturen ............................................ 64
Datentypen .................................................... 64
Datenverarbeitungsregister ............... 298, 300
Datenverlust ................................................ 282
DateTime-Klasse .......................................... 107
Datumsfunktionen ......................................... 34
Debugging ..................................................... 63
Destruktor ................................................... 132
DetailsView-Control ..................................... 177
Diagramme .................................................... 31
DNS .............................................................. 273
do-Schleife .................................................... 84

**E**igenschaften ............................................ 125
Eingabeformular .......................................... 177
Entität .......................................................... 203
Enumerator ................................................. 108
ER-Diagramm .............................................. 203
Ereignisanzeige ............................................... 5
Ethernet ...................................................... 255
Excel .............................................................. 25

**F**ehlerarten ................................................. 62

Felder ............................................................ 88
Filesystem .................................................... 5, 7
Filter ............................................................ 184
Firewall ................................................ 264, 288
Flussdiagramm ............................................ 230
foreach-Schleife ............................................ 81
Formatierung .................................................. 8
Formatvorlagen .............................................. 46
Formelfehler .................................................. 28
for-Schleife .................................................... 80
Freie Werknutzung ...................................... 307
Fremdschlüssel ............................................ 206
Funktionen .................................................... 92
Funktionsbaum ............................................ 233

**G**AN ........................................................... 245
Gästebuch ................................................... 181
Gates, Bill ...................................................... 11
GIF ................................................................. 22
Gliederung ................................................... 228
GNU General Public License ........................... 8
Grafikformate ................................................ 21
Grafikprogrammierung ............................... 114
GridView-Control ......................................... 173

**H**acker ....................................................... 285
Hejlsberg, Anders .......................................... 56
HTTP ............................................................ 274
Hub .............................................................. 252
Hyperlinks ................................................... 163

**I**f-Verzweigung ............................................ 75
IMAP ............................................................ 275
Instanzen ................................... 104, 124, 134
Interfaces .................................................... 152
ipconfig-Befehl ............................................ 276

**J**obs, Steve .................................................. 10
JPEG .............................................................. 22

**K**analvermittlung ....................................... 251
Kapselung ................................................... 127
Kardinalität ................................................. 210
Kategorien ................................................... 248
Kernel ............................................................. 5
Klasse .......................................................... 122
Klassendiagramm ........................................ 197
Konstanten .................................................... 65
Konstruktor ......................................... 131, 144
Konstruktorenverkettung ............................ 133

**L**AN ........................................................... 245
Lastenheft ................................................... 226
Laufzeitfehler ................................................ 98
Layoutfunktionen .......................................... 29
Lichtwellenleiter .......................................... 246
Lizenzmodelle ............................................. 309
Logische Funktionen ..................................... 35

**M**ailprotokolle ........................................... 275
MAN ............................................................ 245
Maschinensprache .......................................... 2
Masterpage ................................................. 165
Mastervorlagen ............................................. 19
Mathematische Funktionen .......................... 37
Math-Klasse ................................................ 107
Matrjoschka-Prinzip .................................... 266

Methoden ............................................. 92, 125
Microsoft .................................................... 11
Mikroprozessor ............................................ 2
Mindmaps ............................................... 194

**N**amespaces ......................................... 106
Nassi, Isaac ............................................. 232
netstat-Befehl ......................................... 278
Network Devices ..................................... 252
Netzwerkkonvergenz ............................... 244
Normalformen ......................................... 221
Normalisierung ........................................ 219
nslookup-Befehl ...................................... 278

**O**bjekte ........................................... 104, 122
Objektorientiertes Vorgehensmodell ........... 193
OLE-Objekte ............................................. 18
Operatoren .......................................... 77, 84
Organigramm .......................................... 233

**P**aketvermittlung .................................. 251
PAN ........................................................ 245
Partitionierung ............................................ 8
Peer-to-Peer ........................................... 250
Pflichtenheft ........................................... 226
Phishing ................................................. 286
ping-Befehl ............................................. 277
PNG .......................................................... 22
POP3 ...................................................... 275
Preisliste ................................................ 177
Primärschlüssel ....................................... 206
Programmablaufplan .......................... 56, 228
Projektkalkulation .................................... 234
Propertys ................................................ 129
Proxy ...................................................... 289
Prozeduren ............................................... 92

**Q**uerystring ......................................... 182

**R**ekursion .............................................. 96
Relationale Auflösung .............................. 216
Relationales Datenmodell ........................ 204
Richtlinien .............................................. 295
Router .................................................... 252

**S**chichtenmodelle ................................. 262
Schlüssel ................................................ 205
Seriendruck ............................................ 229
Shneiderman, Ben ................................... 232
SMTP ..................................................... 275
Softwaredesign ....................................... 193
Softwareschichten ....................................... 4
Solver .................................................... 235
Statische Elemente ................................. 136
Statische Webseite ................................. 161
Statistische Funktionen ............................. 37
Steganografie ......................................... 113
Stream-Klassen ....................................... 111
String-Klasse .......................................... 109

Stroustrup, Bjarne ..................................... 57
Struktogramm ......................................... 232
Strukturierte Verkabelung ........................ 253
Subklassen ............................................. 142
Switch .................................................... 252
switch-Verzweigung .................................. 78

**T**auschbörsen ....................................... 305
TCP/IP .................................................... 265
Topologien .............................................. 248
Torvalds, Linus B. ....................................... 8
tracert-Befehl ......................................... 278
Treiber ...................................................... 5
Trojaner-Angriff ....................................... 285
Troubleshooting ...................................... 276
Tux ............................................................ 9
Twisted-Pair-Kabel .................................. 247
Typkonvertierung ...................................... 67

**Ü**berschreben ...................................... 147

**U**hrzeitfunktionen .................................. 33
Unicast ................................................... 271
Urheberrechtsgesetz ............................... 304
Use-Case-Diagramm ............................... 195
User-Interface ............................................ 5

**V**ariablen ............................................... 65
Verdecken .............................................. 146
Vererbung .............................................. 123
Versiegelte Klassen ................................. 150
Verweistypen ............................................ 70
Virtuelle Attribute ................................... 208
Visual C#.NET ........................................... 56

**W**AN .................................................... 245
Wasserfallmodell .................................... 225
Wertetypen ............................................... 70
while-Schleife .......................................... 83
Wiederverwendbarkeit ............................ 143
Windows 8.1 ............................................. 12
Wittgenstein, Ludwig ............................... 228
WLAN ..................................................... 256
Wozniak, Steve ......................................... 10
Wurm-Angriff .......................................... 285

**Z**ahlenformate ....................................... 30
Zählerschleifen ......................................... 80
Zellbezüge ................................................ 28
Zufallszahlen ............................................ 71
Zugriffsmethoden .................................... 129

# Bildnachweis

Die Fotos auf den Seiten 8, 10, 11, 56, 57, 204, 205, 228, 232, 273 und 274 wurden mit freundlicher Genehmigung für den Abdruck freigegeben.

Fotos von Hard- und Softwareprodukten sowie Firmenlogos wurden für den Zweck der Publikation freigegeben und stammen vom Presseservice der jeweiligen Hersteller bzw. Organisationen:

- Hewlett Packard
- Microsoft
- Samsung
- Intel
- Netgear
- Assmann (Handelsmarke Digitus)
- Longshine
- Cisco
- Kerpen
- 3M
- Daetwyler
- Fluke

Produktunabhängige Fotos und Symbole in Abbildungen wurden dem Clipart- und Fotoservice von Microsoft entnommen.

Alle anderen Quellenangaben befinden sich direkt bei den Abbildungen.

Die übrigen Fotos und Abbildungen wurden von den Autoren selbst erstellt. Alle Rechte für diese Abbildungen liegen bei den Autoren.